U0963714

武汉大学百年名典

自然科学类编审委员会

主任委员 李晓红

副主任委员 卓仁禧 周创兵 蒋昌忠

委员 （以姓氏笔画为序）

文习山 宁津生 石 兢 刘经南
何克清 吴庆鸣 李文鑫 李平湘
李晓红 李德仁 陈 化 陈庆辉
卓仁禧 周云峰 周创兵 庞代文
易 帆 谈广鸣 舒红兵 蒋昌忠
樊明文

秘书长 李平湘

社会科学类编审委员会

主任委员 韩 进

副主任委员 冯天瑜 骆郁廷 谢红星

委员 （以姓氏笔画为序）

马费成 方 卿 邓大松 冯天瑜
石义彬 佘双好 汪信砚 沈壮海
肖永平 陈 伟 陈庆辉 周茂荣
於可训 罗国祥 胡德坤 骆郁廷
涂显峰 郭齐勇 黄 进 谢红星
韩 进 谭力文

秘书长 沈壮海

作者简介

石　峻（1916~1999）著名的中国哲学史专家、佛学家、教育家。湖南零陵（今永州市）人，曾用名石易元、石凤岗等。曾任武汉大学哲学系副教授兼图书馆主任、北京大学哲学系副教授、北京师范大学哲学系教授、中国人民大学哲学系教授兼博士生导师等。他执教年间，先后开过“哲学概论”、“伦理学”、“老庄哲学”、“孔孟哲学”、“逻辑学”、“史料学”、“中国近现代哲学”、“印度哲学”、“中国佛学”、“中国哲学史原著选读”等十余门课程。在长期的教学生涯中，他出过不少专著，还研究过佛学，教书育人，桃李满天下。

武汉大学

百年名典

石峻文集

石峻 著

武汉大学出版社
WUHAN UNIVERSITY PRESS

图书在版编目(CIP)数据

石峻文集/石峻著. —武汉：武汉大学出版社，2013.9
武汉大学百年名典
ISBN 978-7-307-11527-9

Ⅰ. 石…　Ⅱ. 石…　Ⅲ. 石峻(1916～1999)—哲学思想—文集
Ⅳ. B261-53

中国版本图书馆CIP数据核字(2013)第210250号

责任编辑:白绍华　　责任校对:刘　欣　　版式设计:支　笛

出版发行：武汉大学出版社　(430072　武昌　珞珈山)
(电子邮件：cbs22@whu.edu.cn　网址：www.wdp.com.cn)
印刷：湖北恒泰印务有限公司
开本：720×1000　1/16　印张:44.25　字数:630千字　插页:4
版次：2013年9月第1版　2013年9月第1次印刷
ISBN 978-7-307-11527-9　定价:132.00元

版权所有，不得翻印；凡购我社的图书，如有质量问题，请与当地图书销售部门联系调换。

《武汉大学百年名典》出版前言

百年武汉大学，走过的是学术传承、学术发展和学术创新的辉煌路程；世纪珞珈山水，承沐的是学者大师们学术风范、学术精神和学术风格的润泽。在武汉大学发展的不同年代，一批批著名学者和学术大师在这里辛勤耕耘，教书育人，著书立说。他们在学术上精品、上品纷呈，有的在继承传统中开创新论，有的集众家之说而独成一派，也有的学贯中西而独领风骚，还有的因顺应时代发展潮流而开学术学科先河。所有这些，构成了武汉大学百年学府最深厚、最深刻的学术底蕴。

武汉大学历年累积的学术精品、上品，不仅凸现了武汉大学"自强、弘毅、求是、拓新"的学术风格和学术风范，而且也丰富了武汉大学"自强、弘毅、求是、拓新"的学术气派和学术精神；不仅深刻反映了武汉大学有过的人文社会科学和自然科学的辉煌的学术成就，而且也从多方面映现了20世纪中国人文社会科学和自然科学发展的最具代表性的学术成就。高等学府，自当以学者为敬，以学术为尊，以学风为重；自当在尊重不同学术成就中增进学术繁荣，在包容不同学术观点中提升学术品质。为此，我们纵览武汉大学百年学术源流，取其上品，掬其精华，结集出版，是为《武汉大学百年名典》。

"根深叶茂，实大声洪。山高水长，流风甚美。"这是董必武同志1963年11月为武汉大学校庆题写的诗句，长期以来为武汉大学师生传颂。我们以此诗句为《武汉大学百年名典》的封面题词，实是希望武汉大学留存的那些泽被当时、惠及后人的学术精品、上品，能在现时代得到更为广泛的发扬和传承；实是希望《武汉大学百年名典》这一恢宏的出版工程，能为中华优秀文化的积累和当代中国学术的繁荣有所建树。

《武汉大学百年名典》编审委员会

出版说明

本书系我社《武汉大学百年名典》之一，收录了石峻先生一生中的重要学术文章及会议记录。本书成书过程中作了少量的订正与修改，以符合出版规范，整体基本保持原貌。

武汉大学出版社
2013年10月

前　言

石峻先生（1916—1999），学界尊称“石公”，是著名的中国哲学史学家、佛教学者、教育家。出身于湖南零陵（今永州市），中学时代在长沙度过，1934 年考入北京大学哲学系；1938 年毕业留校，先任汤用彤先生助手，后任西南联大讲师；1948 年任武汉大学哲学系副教授，兼图书馆主任；1952 年全国高等院校调整，调入北京大学哲学系，任副教授；1956 年，为筹建中国人民大学哲学系而调入该校，任副教授，兼哲学史教研室主任；1963 年升任教授，兼校务委员；“文革”期间，中国人民大学被撤销，随校集体下放，后任北京师范大学教授；1978 年中国人民大学恢复，任该校哲学系教授；1981 年，经国务院学位委员会批准，成为我国第一批中国哲学史专业博士生导师。

石峻先生一生好学，博览群书，知识渊博，学贯中、西、印，兼通多种语言，在学术界有“活字典”的美称。他在中国哲学史、佛教思想史、伦理学、古籍文献等诸多学术领域均有深厚的造诣，先后担任过中国哲学史学会副会长、顾问，中国现代哲学史研究会会长，中国宗教学会常务理事，中国伦理学会理事，国家古籍整理出版规划小组成员等学术职务，他的研究和学术活动，为这些学科的发展作出了贡献。

石峻先生是中国哲学史研究的一代名师。在此专业范围内，尤精于汉唐哲学、佛教哲学、中国近现代哲学、史料学等领域，对相关资料精熟博通，善于把握国内外的代表性研究，长期致力于方法论的思考和探索，视野开阔，观察入微，见解深刻，通过教学、著述、讲话、资料整理等各种方式，推动了这些研究领域的深化、拓展、科学化与系统化。他作为新中国以后最早从事中国近现代哲学史研究的学者之一，对此学科的建设具有开拓之功。

石峻先生是著名哲学史家及佛教史家汤用彤先生的弟子，也是中国人民大学中国哲学史专业及佛教思想史研究的创始人之一。在他们开辟的事业基础上，中国人民大学今已发展为国内该领域的重要据点之一，这样的成果，若无当初石先生那一代人艰难创业、带头领队、培养人才，是现在根本无法想象的。前人栽树，后人乘凉，后来之辈，更应饮水思源，再接再厉。

石峻先生一生忠于教育事业，勤勤恳恳，恪尽职守，教书育人，桃李满天下。他先后讲授过哲学概论、伦理学、老庄哲学、孔孟哲学、逻辑学、印度哲学、中国佛学、中国近现代哲学、中国哲学史史料学、中国哲学史原著选读等十多门课程，像他那样既肯于辛勤耕耘、又能胜任如此多门专业课程的教师并不多见。在他六十年的教学生涯中，长期坚持在课堂一线，从来不摆名教授的架子，谆谆教诲，循循善诱，工作一丝不苟。在教学方法上，力求教学与科研相结合，深入浅出①，主次分明，缓急适度，给学生提供消化和思考的余地。当今活跃在中国哲学史、佛教思想史、中国伦理学史等研究领域的许多学者，当初都曾受过他的教诲。在学生的心目中，石先生是一位学识渊博而又为人温厚的良师益友。

石峻先生给我们留下的宝贵遗产，并不限于他的学术方面，而是还有他为人处世的风范、纯洁正直的品格。对于国家和人民，他怀有一颗赤诚的爱心。仅举一例来说，1963年，石先生由副教授升为教授。当时正值“三年自然灾害”过去不久，国家困难，石先生与同期晋升教授的60人联名上书国务院，要求暂不领取正教授的工资，只要原有的工资即可。这个要求得到认可，于是他们当时名为教授，而实际拿的却是副教授的工资。以后由于接连不断的政治运动，他的教授工资一直没有得到兑现，直到1990年前后工资体制改革，

① 关于深入浅出，石峻先生最为推崇胡适，认为胡适善于把枯涩的学术问题讲得明白易懂。

除了物价补贴以外，在二十多年期间，他的工资一直没有增加。而在工资体制变更时，石先生由于“参加革命”较晚，结果他的工资比某些工作资历更短的人还低。对于这种不公正的待遇，石先生不仅从来不争，而且从无怨言，工作上照样任劳任怨，心甘情愿地为国奉献。

石先生为人正直，无论对待政治问题、马克思主义也好，还是对待具体个人也好，他从不见风使舵，不耍两面派的手腕，也不背后说人长短。例如他对马克思主义，从20世纪40年代就开始追求，认定它是真理，以后这个立场始终不改，直到90年代，依然强调以马克思主义指导中国哲学史的研究。这样的主张，既不是顽固不化、迂腐保守，也不是要装给人看或邀功请赏，而是发自他的内心，出于他自己的选择，跟那些随风倒、变色龙式的投机分子以及装腔作势的伪道学完全不是一回事。在当年频繁的政治运动中，有人练就了一副“政治油条”的本领，每逢开会，事先准备好两种相反的发言材料，然后在会上随机应变，左右皆可逢源，石先生对这样的做法深恶痛绝。跟随石先生多年，从来没听过他议论谁家的是非、传别人的闲话，口中从来不出粗言恶语，也不开低级趣味的玩笑，这种涵养不是一般人所能具备的。

石先生从不争名夺利，什么评奖获利之事，他不凑热闹；开大会上不上主席台，全听人家安排，对出头露脸的表面虚荣不感兴趣。结党营私、拉帮结派、网罗势力、私下串通之类，先生不屑为之，对待同事一视同仁，不搞拉一个打一个那一套。学生虽多，而不视为私有，也不要求学生服从老师，不轻易为私事使唤学生，偶尔不得已请学生帮忙，必郑重拜托、感谢酬劳，绝无颐指气使。从不抱非分之想，也不投机取巧、钻营谋利，不喜托人情、找关系，凡事凭自力，只要吃自己的良心饭就好。

石先生待人温厚，平易近人，以文会友，以道相交，善于留意他人的长处。对待比他年长的学者自不必说，即使对辈分低于自己的学者，也总是恭敬有加，以“先生”称之，所以他有许多相亲相敬的忘年交，例如楼宇烈先生就是其中一位。对于年轻学者或学生的问学请教，从来不推托，不摆谱，不卖关子，不打折扣，而总是热忱相待，鼓励提携，倾其所有，助其成长。在学术批评上，他经常告诫我们：既要服从真理，又应对事不对人，可以讨论人家的观点，而不要攻击其人。

石先生做事认真，追求完美，见识广，眼界高，大到写文章，小到留便条，每字一笔一画，从不潦草，因此他读书多而著作少，被学界称为“述而不作”。其实这也是因为他对学术极为认真，容不得半点马虎，既然一时还写不出十分满意的作品，那就等待时机成熟。我们读研究生时，他常告诫我们：不要急于发表文章，不成熟、有错误的东西，一旦发表出去，白纸黑字就很难改了，再后悔也来不及了。先生还说过：你们学中哲史专业，就相当于过去的所谓“科班”，科班的就要专，就要精，不能停留在浮泛的水平。石先生追求的是学问而非表现，他以学术安身立命，以文章为神圣事业，以学问上的草率从事、投机取巧为耻辱，其敬业精神于此可见。

上面提到的大多是石先生不做何等事，那么他平时做什么呢？石先生是一位教师、学者、典型的“书生”，平日所做，主要就是教书、读书、买书、散步、思考，有时再加写作。他在人间最好的朋友是齐良骥先生，物中最好的朋友就是书，一生都跟书本打交道，爱书如命。从50年代起，每月用60元买书，长年不辍，是中国人民大学四家藏书最多的学者之一。他的藏书主要是文史哲方面的，有线装古籍，也有外文原著，还有自己手抄的写本，其中不乏专业性的原版世界名著，如达斯古普塔(Dasgupta)的《印度哲学史》、拉达克里希南的(Radhakrishnan)《印度哲学》、彻尔巴斯基的(Stcherbatsky)《佛教逻辑》等。他自己的藏书大多看过，看过的地方都作有标记。看过的书很多，所以他在学术上见识广、要求高；跟书打交道，不用耍手段、斗心计，所以他在为人上很清白、很单纯。先生内心孤高，兼能明察人情世故，所以慧眼看书力透纸背，静观世事入木三分，每每于玄远抽象的议论看穿其背后包藏的世俗内涵。

这些只是我们看到的一点点。关于他的为学与为人，学界有口皆碑。正因为石先生道德、文章俱佳，所以才赢得学界的广泛尊敬和衷心爱戴。对于我们后学来说，石先生的为学与为人，堪称高山仰止，永远值得尊敬效法。在学术研究条件远远胜过石先生当年的今天，出书发文、堆积成果或许已非难事，但是在学问事业乃至为人处世方面，要想学到石先生那样的精神，达到他那样的境界，却还任重道远，需要我们不断地努力。在人文价值失落、金钱利益至上、虚浮夸张泛滥、欺世盗名猖獗的当今学术界，石先生那样的精神品格更是弥足珍贵，尤其值得提倡。

石峻先生曾在武汉大学执教数年，时间虽不算很长，但因此而与武汉大学结下深厚的情谊。在我们求学期间，常能听到他提起唐长儒、肖萐父、唐明邦等先生的名字。记得 1994 年 11 月，我陪先生去湖北黄梅参加禅宗学术会议，路过武汉，石先生带我在武汉大学校园参观，指点当年旧地，如数家珍，兴致盎然。最后在武汉大学正门前留影，加重语气高声说道："这是国立武汉大学！"听得出，先生的话语中饱含着对这所大学的深情与自豪感。

意想不到的是，在石先生调离武汉大学 60 年之后，这所历史悠久的著名学府还挂记着她历史上的各位先生。为纪念武汉大学建校百年，武汉大学出版社汇集该校百年以来名师的作品，出版一套《武汉大学百年名典》，石先生也被列入其中。先生在天有灵，定会为此而自豪，而高兴。作为学生，我们也为石先生感到荣幸和欣慰，并向武汉大学表示衷心的敬意。

受武汉大学教授麻天祥先生的委托，由我来整理编辑石先生的文集。我于 1982 年考入中国人民大学，先后随石先生攻读硕士、博士学位，留校任教以后也常从先生受教，十几年间幸蒙师恩，然而不曾有所回报，心下愧疚，于是甘心接受麻先生的委托。这部文集能在短时间内编成，是因为借助了各位师友的劳动成果。数年前，在向世陵、宋志明、方尔加、张利民、董群、杨庆中、蔡大梁、陈小兰、罗安宪以及当时中国人民大学诸位研究生的努力下，将石先生的作品收集、录入、校对、整理，先后结集为《石峻文存》(华夏出版社，2006年)和《石峻文脉》(华夏出版社，2012年)出版。这部文集里收录的作品，都是从以上二书的电子本中选取出来的，因此要向他们各位表示衷心的感谢。

石峻先生的作品至今尚未收齐，本书实际上也还是一部选集，不过这里把石先生的作品集为一册，更便于读者了解他的学术概貌。本书没有采用上面二书中分类编排的办法，而是将石先生的作品按年代顺序编排，目的是为了展示他学术研究与思考的发展历程。由于书中有些文稿的写作年代不详，编者只能根据相关资料或线索推测其完成的年代，所以难免有推测不准、编排不当之处。为便于读者阅读，在编辑过程中，对原来的电子本底稿做了一些修改或删节，如修正文字、标点，理顺文句或段落，核对引文，标明出典，改写文章题目，删去不必要的字句，改正文中错误，等等。修改的地方较多，为避繁琐，故未一一注明。改动的原则是“辞不害意”，即尽量不损害原作品的意思。由于编者水平有限，再加时间仓促，肯定会有编排整理上的疏漏错误，凡此之类，罪在编者，恳望读者批评指正。

本书除了收录有石先生生前发表过的作品之外，还有他生前未刊的遗稿、讲义、会议发言稿或发言记录等。先生的《伦理学讲义》，此次由董群教授重新作了修改编订。2006年《石峻文存》出版之际，石先生的老同学、老朋友任继愈先生以90高龄特为作序，如今任先生也已不在，编者斗胆做主，将此序文作为本书的“代序”。附录中有向世陵教授和杨名博士整理的《任继愈先生访谈录》，若与“代序”并读，可以了解任公眼中的石公为学与为人，以及二公之间的深情厚谊。附录里还有牟钟鉴先生辑录的《石峻教授学术讲话要点记录》、董群教授整理的《关于中国哲学研究的谈话》，这两篇也是反映石先生学术观点的重要资料。另外，关于石先生的生平和学术，杨庆中教授的《石峻先生学术》介绍最详，此次他又作了补充，读者可以从中了解石先生学术的要点，故亦编入附录。顺带说明，迄今已有很多学者写过回忆、叙述、评价石先生的文章，然因篇幅所限而割爱，敬请谅解。

最后，本书的编成与出版，全赖诸位师友、武汉大学麻天祥教授、禹燕民老师及武汉大学出版社的热情帮助，谨向他们致以衷心的谢意！

邢东风

2013年5月31日　于日本爱媛大学

代　序①

任继愈

回忆1934年考入北大哲学系的共有十六人，中间还有转系的，又经过抗日战争及其他变故，1938年在哲学系毕业的只有三人。三人中有一人赴美国留学期间死于肺癌，几十年间哲学系毕业生始终从事哲学史研究的只有我和石峻两人。我和石峻是多年老友，互相称名道姓，有时我称他为石公。

当年北平共有五所大学，国立大学有哲学系的只有北大、清华、教会创办的辅仁大学和燕京大学，很少学术交流。清华大学的哲学系注重逻辑学和美学，北大则注重中、西哲学史及佛教哲学。石峻学长(以下均称石公)和我都受北大学风熏陶，也都偏重中、外哲学史和佛学。

大学二年级时，我们俩曾打算翻译一本讲康德的英文小册子，他译前半，我译后半。后来日本侵华形势越来越紧张，同学们都关心时局，无心译书，这件事就不再提起了。当年北大的校风比较重自学，必修的课程不多，学满一百三十二个学分即可毕业，自学时间很多，图书馆出入自由，看书随便，石公看了不少俄国作家的小说(多为英译本)。除了哲学外，我们还旁听了一年的初等微积分。

真正朝夕相处，还是在大学三年级读完。抗战开始以后，北平沦陷，北京大学、清华大学及天津南开大学成立临时大学。师生可以到湖南长沙报到，我从山东到湖南长沙报到。由于长沙校舍不够，文学

---

① 本文原是任继愈先生生前为《石峻文存》(华夏出版社，2006年)写的序言，今作本书代序。——编者注

院、法学院的师生又从长沙迁到衡山脚下，租用圣经学院的校舍上课。半年后，又迁到昆明，学校改名为国立西南联合大学（这是后话）。

石公和我同住在一个宿舍，同室共六人。交往就多了，虽然只有半年，我们二人的交谈时间比在北平三年还要多，相互了解也更多了。我们都感到学哲学是个严肃的事业，要全力以赴，认真对待，不能潦草马虎，首先要把原著读懂，做学问没有捷径。石公已定下了他将从事佛教哲学和西方近代哲学的研究。

我们有一次同游南嶽，一同参加的还有几位外系的同学。参观佛教古迹“磨镜台”时，石峻讲了禅宗七祖怀让启发马祖道一的故事。大家听了石公的讲解，都敬佩他的博学多识。

新中国成立前，他应武汉大学哲学系之聘，一度离开北京大学。直到1952年，全国院系调整，全国各大学的哲学系教师都集中到北大哲学系。这时，北大哲学系的教授、副教授共达二十八人之多，主要任务是集中在一起学习马克思主义哲学，我和石公又聚在一起了。

全系教师以学习为主，只开“中国近代思想史”一门课，每周二学时，由石峻、任继愈、朱伯崑三人备课，轮流写讲稿，石公一人主讲，讲稿由人民出版社出版，书名为《中国近代思想史讲授提纲》。这是新中国成立后出版的由个人署名的第二部书，第一部由个人署名的著作是刘大年的《美帝侵华史》。

以这部书为契机，石峻同志后来成为中国近代哲学史学会的创始人，并被选为会长。

北大哲学系后来又开了一门“中国哲学史”课，是全系共同必修，两学年讲完，因粥少僧多，一门课分为四段，由四位教授分担。先秦段由冯友兰先生讲授，魏晋隋唐段由任继愈讲授，宋元明清段由张岱年讲授，近代段由石公讲授。这种开课方式只实行了一遍。1955年，国内各校又恢复或创建了哲学系，石公分配到中国人民大学，担负了中国哲学史挑大梁的工作，见面的机会少了。

新中国建立了学位制度，开始培养自己的硕士、博士。中国哲学史建立博士点，石公任博士生导师，为人民大学的学术建设做出了贡献。

石公博览群书，有口才，教学方法独具心得。他告诉青年教师，初次教书，要注意“少讲多说”。“少讲”，是讲课内容不宜过多，而讲述、分析时，要反复多讲几遍，语言也不怕重复，这样讲课，同学记得牢，效果好。这些宝贵的经验，是他几十年来教书的切身体验，值得重新提出来，供参考。

石公治学广博，眼界也高，对学术要求极严，他对学问谈论得多，写成文字的少。这个文集对他的造诣和学识来说，不过百分之一。他留下来文章不算多，这对他个人，对学术界都是不可挽回的损失。老朋友中像他这样性格的还有历史学家、古文字学家张正烺教授。他也没有把自己的学问写成书留下来。

石公嗜书爱书。每次买回新书，必先亲手用牛皮纸包书皮，其技术整齐方正，无人能及。我们老朋友去他的书房提出书名，请他把包着书皮的书取出，他能信手取下，百试不爽。我们都说他有“特异功能”。听说他临终前，已不能说话，手写了两个字留给家人，这两个字是“保书”。

石公生活朴素，无太多嗜好，喜喝酒，但量不大；喜散步，每天必散步一小时；喜旅游，全国名山大川，他没有去过的地方不多。他履幽谷深涧不怕险阻，有似徐霞客；他率性恬淡，有似陶渊明；他目空千古，而口不臧否人物，有似阮籍；他善处师友，而不善于理家，又有似我的老师熊十力先生。

环顾当前我国学术界，学风浮躁，自己没有读过的书也敢乱发议论，甚至以讹传讹，抄袭剽窃，不以为耻，反以著作等身自诩，欺世盗名，泛滥成灾。对照石公为人治学，岂能无愧疚？临文执笔，不禁泫然，戚然，怆然，惘然。

石峻字柏宓，与我同年、同学、同事数十年。欣逢他的文集出版，谨为短序，以志怀念。

2006年8月1日

目　　录

读近译《道德经》三种[①]

国际间学术思想之交流，其讬命多在翻译；然翻译本为难事，而思想作品之翻译则尤为不易，盖各大民族之文化思想，多自有其源流曲折。即以吾国老子《道德经》言之，影响固至广，而其演变亦至繁，解者往往依所处之时代及其熏染之学说，以推测古人之意旨。故严君平之《老子指归》，汉代之思想也；王辅嗣之《老子注》，魏晋人之思想也；释德清之《道德经解》，则明朝之理论也。然则今日如欲译《老子》，其取义遣辞，果何所依据，乃能得其本旨，自为极费筹思之事。昔唐太宗令玄奘"翻《老子》五千文为梵言，以遗西域。奘乃召诸黄巾，述其玄奥，领叠词旨，方为翻述。道士蔡晃、成英等，竞引释论《中》、《百》玄意，用通道经(《老子》)。奘曰：'佛道两教，其致天殊，安用佛言，用通道义，穷覈言疏，本出无从'"[②]。按玄奘者，中国文化史上译界第一流宗匠也，学兼华梵，犹不肯用巧背源，盖深悉两种文化思想不同，辞义互殊，以印度之空说难解中国之虚无也。

晚近欧西学人，于"东方学"渐知留意。如高本汉(B. Karlgren)、伯希和(P. Pelliot)辈，且以汉学名家，贡献不少。而中华重要典籍，若正经诸子，各国皆早已多有译本，然以近代西洋之格于环境，领会殊难，故每不惬人意旨。昔黑格尔(G. W. Hegel)尝闻《论语·乡党篇》之内容，乃斥为浅薄不足道，谓其陈义远在西塞罗(Cicero)之下，则一般外来学术纵贯理解之匪易可知。此固不必深究。但据外人所译我国经典以谈中华文化，必多失其实相。故今日我国人士因不满于异

---

① 本文原载于《图书季刊》(新)第2卷第2期，1940年6月。——编者注

② 道宣《续高僧传·玄奘传》。

邦人对祖国文化之误解，乃稍稍有以介绍“东方学”于西欧为己任者，如吴经熊、初大告、胡子霖诸公之英译《老子》，是其例也。

吴氏所译《老子》(*Lao Tzŭ's The Tao and its Virtue*)载于英文《天下月刊》第九卷(民国二十八年)第四、第五及第十卷(民国二十九年)第一各册。该刊主编温源宁氏并在九卷第四册特为介绍，称其于新近有关《老子》一书之字源研究 Etymology 与校勘 Textual Criticism 成绩，多所采取，则用功之勤可知。初氏在剑桥大学所译《道德经》(*A New Translation of Tao Tê Ching*)，伦敦佛教居士林(The Buddhist Lodge, London)1937 年出版，篇首有英国汉学家翟理期博士(Lionel Giles)《序文》，颇致赞许。译者《自序》并云依今人解本，章目内容且有校订，又博引王弼、傅奕、毕沅、王念孙、马叙伦、罗振玉、胡适各家之说，以通其义。用心如此，当非苟且之作。胡氏所译 *Lao Tsu Tao The Ching*，民国二十五年由成都加拿大教会印字馆(Canadian Mission Press, Chengtu)排印。其《自序》称研读《老子》有年，各家注疏之常见者，皆曾涉猎，则亦颇攻《老子》之学者也。《道德经》近数年中乃竟有三译本，吾人自应为之欣幸。余粗读一过，于其中商榷之点，略陈于下。

(一)译文体例

全书未可一概而论，大略言之，三本颇有不同。吴氏通西洋哲学，于其“译名”可见，如《老子》第一章“道可道非常道”，翻“常道”为 Tao - in - itself 之类是也。而各章附注(note)亦间有引西人之文以证其义者(如第 1，38，44，54，54，61，63，65，68，70，73，81 各章)。初氏译文，其字句结构形式不全依原书，如第一章“故常无，欲以观其妙；常有，欲以观其徼”(句读依初氏译文推测，他本不必如此)，译作：

From eternal non-existence, therefore, we serenely observe the mysterious beginning of the Universe;

From eternal existence we clearly see the apparent distinctions.

此中 serenely observe 与 clearly see 均用以译“观”字。又“妙”译为 beginning of the Universe，“徼”译为 apparent distinctions，皆意译也。敢以此一节与胡本所译：

> Therefore, because it is constantly non-existence, we want to see the mystery.
>
> Because it is constantly existent, we want to find the exist.

比较，可知后者特重直译。举此一事，可例其他。平心论之，翻译“文体”，如完全直译，必至难于索解，然或能不伤本。意译贵在传神，然倘译人契会有差，则不胜其蔽。至若引不同源流之思想以相比附，读者或能相应了解，但文义混杂，又难免乖其趣旨也。

（二）同文异译

此属翻译所难免之通病。如“常”之一字，吴本在第十六章“知常曰明”句译为 constant（全文作 To know the constant is called insight）；初本翻 eternity（全文作 Knowing eternity he is all embracing）；胡本作 constancy（全文作 Knowing constancy is called being well informed）。然在第五十五章之“知常曰明”，吴氏又改用 changless（全文作 To know the changless is to have insight）。初、胡二本虽“常”字英译仍旧，但全文亦大不同。初氏译作 To know eternity is to attain enlightenment，胡氏改翻 Knowing constancy means brightness。《老子》第四十九章“圣人无常心”一句，吴、胡二本皆译“常”作 fixed（全文两本皆作 The Sage has no fixed mind.）。初本于此一句意译为 The Sage has no self（to call his own），似更无依据。又如第十章“营魄抱一”，吴氏翻为 In keeping your Soul and Vital Essences together；初本作 Can you keep the Soul always Concentrated from Straying。但在第二十二章“是以圣人抱一”，吴本译 Therefore，the Sage embraces the one，初氏则译为 Therefore the Sage keep to one，“抱一”在两本前后所译皆不同。凡此虽为行文达义之便，不泥于一解，但究易生歧义。译人自应多加注意也。

（三）异文同译

与前节相反，即用同一外国字以翻多训。此同字在各章上下文中，虽自有其特殊含义，不容孤立生解。但读者如滞名而测其义，则所关自亦重要。如吴本以 empty 一字译第五章“虚而不屈”之“虚”（全文作 It is empty and yet it is inexhaustible）、第四十七章“大盈若冲”之“冲”（全文作 The greatness fullness Seems empty），及第五十三章“仓甚虚”之“虚”（全文作 And the granaries are very empty）。而第十一章“当其无，有器之用”，又英译曰：

It is upon the empty Space in the Vessel that its usefulness depends.

再如初氏用 Nature 一字译下列三字：1. 第四章“象帝之先”之“帝”（全文作 But it looks like the predecessor of Nature.）；2. 第十章“天地开阖，能为雌乎”之“天地”（全文作 Can you open and shut the gates of nature like a female?）；3. 第三十七章“百始皆谓我自然”之“自然”（全文作 The people would speak of themselves as following nature.）。而第二十五章“道法自然”，又译云：

Tao follows the Laws of its intrinsic nature.

皆其例也。

（四）以字之今义解古义

此可分为二：一则仅就原文辞句以今义翻之，不问其立说在全篇思想中关系如何。如《老子》第六十一章“大国者，下流也，天下之牝也”，胡本翻作：

The Country which wants to become great must occupy a low-lying situation where all the stream will flow into it.

可谓与下文陈义无关。在不谙原文者读之，恐以为有合于现代“国家资源论”矣。再则昧于字义之变迁，如第二十八章“故大制不割”，胡本翻此“制”为 system（全文作 Therefore, the great system does not cut）；

初本意译作 function（全文作 However, for a great function no discrimination is needed.）。又第四十八章“为学日益，为道日损”，胡氏译此“学”为 studies（按第二十章“绝学无忧”之“学”字及他章多同），未悉“学”作如此狭义，为时甚晚。吴、初二氏翻作 learning，虽意义稍广，但仍欠惬当，是又一例也。

（五）晦涩处之强解

此在今人谈古代典籍，多所难免，译者力求自适己意，而遗辞乃略有问题者。如《老子》第六十二章“道者万物之奥”，此中“奥”字本义如何，实难确定。译者擅为臆测，致三本译文各别。吴氏译 The hidden Reservoir（全文作 The Tao is the hidden Reservoir of all things）；初氏译 the Source（全文作 Tao is the source of all things）；胡本作 the most respectful and honourable（全文作 Of all things, the Tao is the most respectful and honourable）。第四章“湛兮，似或存”一句，胡氏译曰：

> Perfectly pure, it seems to have the appearance of eternal existence.

实颇费解。再第十三章：“吾所以有大患者，为吾有身。”胡本译为：

> Why do I have this great trouble, because I am self-conscious.

其“有身”作 self-conscious，何所根据？又如第二十七章：“故善人者，不善人之师；不善人者，善人之资。不贵其师，不爱其资，虽智大迷，是为要妙”，初氏英译曰：

> Therefore good men are bad men's instructors,
> And bad men are good men's materials.
> Those who do not esteem their instructors,
> Though expedient, are in fact greatly materials,
> And those who do not love their confused.

> This is essential subtlety.

其中 expedient 一字，殆为译“虽智大迷”句之“智”者无疑，在全篇内意义不明，较之英人魏莱(A. Waley)旧译 much learning through he may prossess，益加含混，皆强解之蔽也。

(六)句读

三书间有所本不同，译文随之异趣。如《老子》第一章：“无名天地之始，有名万物之母”，吴本读作：“无名，天地之始；有名，万物之母。”英译曰：

> It has no name, for it was anterior to Heaven-and-Earth.
> It has a name, for it is called “the Mother of all things.”

初本作：

> Non-existence is called the antecedent of heaven and earth;
> Existence is the mother of all things.

胡本作：

> Non-existence is the name given to the beginning of heaven and earth; while existence is the name given to the mother of all things.

初、胡本盖均读为“无，名天地之始；有，名万物之母”也。再如第四章“道冲而用之或不盈”(引文依河上公、王弼注本，开元苏辙本作“似不盈”，《淮南子》引作“弗不盈”)一句，原文是否另有问题，且不深论，此文吴氏读如：“道冲，而用之或不盈。”英译作：

> The Tao is like an empty bowl, Which in being used can never be filled.

且为注曰："The usual punctuation：——道冲而用之，或不盈。"This，however，conveys no Sense."胡氏句读亦同吴本，英译为：

The Tao is empty，but the use of it may not be full.

措辞更见显明。初本虽未附录汉文，但据其译文

Tao，when put in use for its hollowness，is not likely to be filled.

推测，则于原文必读为："道冲而用之，或不盈。"此虽似形式上所差甚少，而其陈义上则大不同矣。又如《老子》第三十七章屡称"无名之朴"，以此等书中内证，第三十二章第一句应读："道常无名朴，虽小，天下莫能臣也。"吴氏或未留意及此。初、胡二本同于原文重加编订，将"朴虽小"以下七句移置第三十七章以后，使语承上解，文理差可通顺，然是否恰当，亦难言也。

（七）译名

如《老子》书中"无为"一辞，在英文中可谓无相当名词可以代表者。胡本用音翻为 Wu-Wei，初氏直译 inactive（亦间有作 non-action 或 without action 者），吴本作 non-ado。专门学术用语用原音而不译义，本为往古译人之一通则，无可批评，但若用之过多，徒废译功，是不宜耳。初本翻 inactive 等，则颇有问题，盖不同民族之哲学体系所以易被异邦人误会，乃因往往仅就译文字面，依本国思想发展之途径而为之推测。英文 inactive 乃西洋哲学极普通之用字，自有其特殊意义，用以译《老子》"无为"似属不合，而易起误会。non-ado 一辞，常人罕用，译此可除前病，然究亦不易了解也。

以上所言，多为翻译思想作品之根本困难，本不足以为吴、初、胡诸氏病，而诸氏之译固应一般人之需要，不可求之过刻。根本说来，世界各种不同文化之最高理想，固常有相似可以观其会通，然此理想如形诸笔墨，则所取途径常殊，所用名辞亦不同（此自限于历史

环境)，甚难转述与异邦之人。昔鸠摩罗什译经之暇，曾叹翻佛书为华文之难，有曰："虽得大意，殊隔文体，有似嚼饭与人，非徒失味，乃令呕哕也。"①故严格论之，哲学书籍几不能翻译。然则诸公新译虽有不妥，吾人亦当相谅。而且自中西交通以来，本国经典之翻译，多假手外人，今乃能由国人自译，不能不谓为我国学术界之进步也。

民国二十九年三月三十日，昆明

① 梁·慧皎《高僧传》卷二本传。

读慧达《肇论疏》述所见[①]

引　言

日本《续藏》二编乙第二十三帙载有《肇论疏》三卷（后文简称《旧疏》），系陈慧达撰。原录作晋慧达，实误。盖晋并州竺慧达②，本名刘萨阿者，年代较肇早，当不得作《肇论疏》也。又陈朝小招提慧达法师，仅言："聊寄一序，托悟在中。"③查所见原书篇目次第，亦似与此不同④，则招提寺僧或亦未尝作疏，故此作者究是何人，尚待后考也。然安澄《中论疏记》之作（801—806 年），已有引称，而此疏所引均出南北朝以前著作，可知决在唐前。故现存《肇论》章疏，当推此为最早。日人新作目录谓只上中二卷，阙下卷，此录列《涅槃无名论》第一、《不真空论》第二，作上卷。次举《般若无知论》，附以隐士刘遗民书问《无知论》及肇法师《答刘隐士书》，最后为《物不迁论》，合称中卷，因言下卷已佚。然按本书《不真空论章》有云：

> 上明不迁，……今明不真之文，……而上《不迁论》正对执教之人，以明有诸法不动不迁。今明不真，直说万法以明真空

① 本文原载于《图书季刊》（新）第 5 卷第 1 期，1944 年 3 月。——编者注。

② 本传见《高僧传》卷十四。

③ 见所作《肇论序》。

④ 按招提慧达《肇论序》言："长安释僧肇法师，所作《宗本》、《不迁》等四论。"可知当时已冠有《宗本义》一篇，且或以《物不迁论》作第一，是与旧疏不同也。

之真。

《物不迁论章》首亦云：

上明佛果，此下二论，明生死因果相对。

据此则旧疏《物不迁论》决在《不真空论》前，而在《涅槃论》之后，但依新作目录，则前后倒置，日人目录自不足信也。余素好肇公之学，今读此疏，颇有所得，因杂引其文，证成所见，著于篇云。

一　证“宗本义”非僧肇作

现行《肇论》开卷冠有《宗本义》篇，但旧录仅载四论，而《宗本义》未著录，殊可致疑。今读慧达《肇论疏》，亦阙此一篇，则《宗本义》或为后人篡入，非僧肇所作也。

更有证者，自《宗本义》之思想体系言，杂糅各家之谈，于名相之辨实不精。如云：“本无，实相，法性，性空，缘会一义耳。”按肇公作《不真空论》，呵斥三宗义，举“心无”、“即色”、“本无”三家，而缘会与即色依理应属连类，盖均自现象以谈“空”也。但今《宗本义》，不在否认“本无”、“缘会”等各宗空义之殊致，形式上且自居一调和地位，肇公命意遣辞之无章，何得至于此耶？而《宗本义》下文复释言：“一切诸法，缘会而生，缘会而生，则未生无有，缘离则灭，如其真有，有则无灭，以此而推，故知虽今现有，有而性常自空，性常自空，故谓之性空，性空故，故曰法性，法性始是，故曰实相，实相自无，非推之使无，故名本无。”然《不真空论》引《中观》云：“物从因缘故不有，缘起故不无。”肇公曾详为论曰：“所以然者……夫无则湛然不动，可谓之无。万物若无，则不应起，起则非无，以明缘起故不无也。”而如《宗本义》之称实相本无，明为“待缘而后无”者，岂不与肇公不真空义相违？又《宗本义》曰：“言不有不无者……若以有为有，则以无为无，有既不有，则无无也。”而《不真空论》同释不有不无，则称："虽有而无，所谓非有，虽无而有，所谓非无。如此则非无物也，物非真物，故于何而可物。"其陈义又何为如是不同耶？又《宗本义》言："夫不存无以观法者，可谓识法实相矣……然则法相为无相之相，圣人之心为住无所住矣。"检《般若无知论》有曰："若以无相为无相，有何累于真谛耶？答曰：圣人无无相也。何者？若以无相为无相，无相即为相，舍有而之无，譬犹逃峰而赴壑，俱不免于患矣。是以至人处有而不有，居无而不无，虽不取于有无，然亦不舍于有无。"而《宗本义》之思想，即以无相为相，圣人则是能宅心本无者，盖去有存无，与肇公明至人不舍有无者，又似根本不同。又《宗本义》称："是以三乘观法无异，但心有大小为差耳。"此或与《涅槃无名论》所云"无为虽一，而幽鉴有浅深"（"会异"第十一）之义相关，然《涅槃无名论》为僧肇所作，亦颇有疑点①，且"心有大小为差"一句，是指有心可心，有境得照。肇公《般若无知论》引《宝积》曰："无心无识，无不觉知。"斯盖拟心已差，穷理尽智，极象外之谈也。《宗本义》此下陈述，更了无精义，兹故不论。

由此言之，《宗本义》决非僧肇之学，盖其立说均着眼于无相，摄末归本，即万有为本无之所无。慧达《肇论疏》、《不真空论章》破三家说引有释慧远本无义②，其立说颇相似，则《宗本义》之思想，肇公或同以为异执，岂可如后学之妄解其首标一义，作四论宗本者欤？

二　解庐山释慧远与刘遗民之学

肇公因出《大品》（403—405 年）之后，便著《般若无知论》，凡二千余言，明用寂体一之旨。约在弘始十年（408 年），竺道生南归，以此论示庐山隐士刘遗民，翌年（409 年），刘致书肇公，于此论有所谘难，俱载今本《肇论》。书称："《论》至日即与远法师详省之，法师亦

① 详附录。

② 详后"解庐山释慧远与刘遗民之学"。

好相领得意，但标位似各有本，或当不必理尽同矣。”可知慧远法师与刘遗民于肇公之论皆不契，则其学有不同亦显然矣。考慧远在佛学上最重要之作为《法性论》(慧达《肇论疏》曾引其文)，今佚，梁慧皎《高僧传》卷七本传引其文曰：

> 至极以不变为性，得性以体极为宗。

此语要义如何，吾人虽不能详，盖远公主神明不灭，与此陈义或有关，但自一方面言之，其所明“至极”，以不变为性，体极即不有，则亦在言本无也。慧达《肇论疏》述远师言：

> 法身独还，不疾而速也。不疾不徐为体，而疾速是用也。①

如此截分体用，所谓求宗而不顺化。与肇公明证动静相即，当有根本之异也。又慧达《肇论疏》《不真空论章》引庐山远法师本无义云：

> 因缘之所有者，本无之所无，本无之所无者，谓之本无，本无与法性同实而异名也。以性异于无者，察于性也。以无异于性者，察于无也，察性者不知无，察无者不知性。知性之为无性者，其唯无察也。

其所作《大智度论钞序》②亦言：

> 无性之性，谓之法性，法性无性，因缘以之生。生缘无自性，虽有而常无。

立言或均在依二谛以释有无，且谓“本无与法性同实而异名”，则远

① 隐士刘遗民《书问无知论疏》。
② 《出三藏记集》卷十。

公之学，命为本无宗亦未始不可，其思想且与前论《宗本义》多相合，亦大可注意也。

刘遗民，字程之①，所作《释心无论》②早佚，其学不得详，今依刘致肇问《无知论》以见其万一，如书有云：

> 不疾而疾，不徐而徐，是以知不废寂，寂不废知。

此盖发挥心体寂然不动，感而遂通之旨。故慧达《肇论疏》此下引《易》云：不疾而速，不行而至也。义释绝应而恒应，不为而有为。故理是心无论也。肇公言圣心不有不无，谓岂曰有而为有，无而为无，动而乖静，静而废用耶？故与遗民之学根本异趣。然今人之解《般若无知论》者，或以未研肇公《答问无知论》之文，则尝见不自知堕"庐山义"也。又刘于大乘毕竟空义——不有不无之谈，或意有未晤。故刘遗民书云：

> 若睹其变，则异乎无相，若唯照无相，则无会可抚。

察刘氏此言，是差以有为有，以无为无，而不知有无乃心之影响，言象亦影响之所攀缘耳。至人冥机潜运，故言象莫测。彼闻圣无知，谓等太虚，岂不谬哉！

刘遗民书又曰：

> 岂有真是而非是，至当而非当，而云当而无当，是而无是耶？若谓至当非常当，真是非常是，此盖惑悟之言本异耳。

总之，遗民立言，皆有所著。慧达《肇论疏》称："即舍一取一，未忘是非。"则如所称圣心之知，边见所存，其知即常人之识，般若

---

① 《庐山记》卷三有传。

② 见陆澄《法论》目录。

于诸法无取无舍之义，盖有未悟也。

三　论僧肇破道安性空宗义

隋吉藏《中观论疏·因缘品》①，就昙济作“六家七宗论”②，分为本无之二说——即道安“本无”与琛法师“本无异”者，特称肇公所破乃本无异宗。而且谓：“安公本无者，一切诸法，本性空寂，故云本无。此与方等经论，什（罗什）肇（僧肇）山门义（兴皇法朗及其门下）无异也。”今读慧达《肇论疏》，于《不真空论》见僧肇破异执引有安公义。其文曰：

> 第三解本无者，弥天释道安法师本无论云：明本无者，称如来兴世，以本无弘教。故方等深经，皆云五阴本无，本无之论，由来尚矣。须得彼义为是本无。明如来兴世，只以本无化物。若能苟解本无，即思想③息矣，但不能悟诸法本来是无，所以名本无为真，末有为俗耳。

细研此文，则安公之所以解本无者，在息异想，且或本于禅观。其作《安般经注序》云：

> 安般寄息以成守，四禅寓骸以成定也。寄息故有六阶之差，寓骸故有四级之别，阶差者，损之又损之，以至于无为。级别者，忘之又忘之，以至于无欲也。无为故无形而不因，无欲故无事而不适。无形而不因，故能开物。无事而不适，故能成务。④

---

① 日本大正新修《大藏经》第42卷。

② 详《名僧传抄·昙济传》。

③ 原文作“思异”，今依汤锡予师校改，见《汉魏两晋南北朝佛教史》，商务版，第247页。

④ 见僧祐《出三藏记集》卷六。

彼又尝称："万法有为，而此法渊默。"①则安公盖以至常至静状法性者也。查肇公《不真空论》有言："至人……极耳目于视听声色所不能制者，岂不以其即万物之自虚，故物不能累其神明者也。"《物不迁论》亦谓："岂释动以求静，必求静于诸动，然则动静未始异，而惑者不同。"苟能契神于即物，"复何惑于去留，踟蹰于动静之间哉"？其立言在不谈真以逆俗，而知安公性空之论，要在悟诸法本来是无，其根本义即不同②，则慧达《肇论疏》论破三家说，举道安性空宗义③，当有所见而云然也。

四　释"大顿悟"与"小顿悟"

竺道生④慧发天真，彻悟言外，常以入道之要，慧解为本，所倡各义(如法身无色、佛无净土、善不受报、阐提皆有佛性、应有缘义等)，皆笼罩旧说，妙有渊旨。其顿悟成佛之论，下接宗门之学，尤为中华学术开数百年之风气。唯生公著作现已散佚不全，其"顿悟成佛义"，今不得见。谢康乐(灵运)作《辨宗论》⑤述之，然亦未为圆到，而慧达《肇论疏》引释大小顿悟之辨甚精⑥。其陈生公之旨曰：

> 而顿悟者，两解不同。第一竺道生法师大顿悟云，夫称顿者，明理不可分，悟语极照。以不二之悟，符不分之理。理智恚(此字不明)释，谓之顿悟。见解名悟，闻解名信。信解非真，悟发信谢，理数自然，如果就(或是熟字)自零。悟不自生，必藉信渐。用信伪惑(伪字疑是伏字)，悟以断结。悟境停照，信成万品，故十地四果，盖是圣人提理令(原作今)近，使夫(疑是

① 见《合放光光赞随略解序》。
② 又安公之学，早晚不同，兹未能详。
③ 唐元康《肇论疏》言："安法师立义以性空为宗"。
④ 《高僧传》卷七本传。
⑤ 见《广弘明集》卷十八。
⑥ 见《涅槃无名论章》。

行字)者自强不息(原作见)。①

尝试论之，今人习闻晚世宗门之简易，徒见其取譬之近，而不明其见道之深，故于生公“顿悟成佛”之释，亦往往信口开河，差之毫厘，谬以千里，且不自觉也。夫中华内学之所谓“理”者，非常人之云“知”(knowledge)，亦非逻辑所称不矛盾之“真”也。盖此乃“心”(mind)“行”(of body)同趣，非言象所能得，且极照为“一”，必须见性自悟(反本为性)，觉即无相(实相无相)，理至迹灭。故此不分之理，体之无间，斯可称悟，是则必顿。若此者，不假外求。倘人言我言，如盲人之辨白黑，或学于仪表，不可言顿，且亦非渐，无有是处。故曰：“以不二之悟，符不分之理。”始谓之顿悟也。闻教积学，虽有伏累之功，然信解非真，悟发信谢。何者？知不自中，未为能照，盖相生于有封，称方非圆，宥于名言，则沉沦于影响，何足以语乎见道也！慧达《肇论疏》续云：

> 第二小顿悟者，支道琳师云：七地始见无生。弥天释道安师云：大乘初无漏慧，称摩诃般若，即是七地。远师云：二乘未得无有(当作生字)，始于七地，方能得也。瑶法师云：三界诸结，七地初得无生，一时顿断，为菩萨见谛也。

考顿悟之说，乃因于十住三乘之研求。慧达《肇论疏》引生法师(大顿悟家)云：断惑实是金刚(即第十住)。《疏》称小顿悟家如支道林等，盖多守滞文，皆谓顿悟于七住(即远行地，亦名安慧地)，有无双涉，初获无生(无生法忍)，而究竟证体，尚待进修三位(即八不动、九善慧、十法云等三位)，即必至于十地(即法云地)以后，金刚心现，乃得作佛②。故

① 全文字注依汤锡予师校改，见《汉魏两晋南北朝佛教史》，商务版，第659页。

② 《世说·文学篇注》引《支法师传》曰：“法师研十地，则知顿悟于七住。”

七住乃至十住，彼等以为其迹虽异，而语照则一。夫真理自然，悟即冥符，见则无差，何容阶级？如小顿悟家之论，定慧不等，法有二相，作此见者，实尚未悟体用之无间，而坠于支离，且亦自语相违也。

五　辨竺道生应有缘论与释法瑶应无缘义

佛性学说，为《涅槃经》之中心问题，诸家研求，多有见解不同，谈者各异。竺道生盛倡一阐提皆得成佛①，则其佛性即为众生本有之性，故生公曰：

> 禀气二仪者，皆是涅槃正因，三界受生，盖唯惑果。阐提是含生之类，何得独无佛性②。

其注《维摩》"于我无我而不二，是无我义"一句，有曰："无我，本无死生中我，非不有佛性我也。"按此所云佛性我即法身，本含识之真性，故阐提亦必有佛性，但不能谓众生现已成佛，故须待缘，生公作应有缘论，今佚，慧达《肇论疏》述其义云：

> 生法师云，感应有缘，或因（原文作同）生苦处，共于悲愍；或因爱欲，共于结缚；或因善法，环于开道，故有心而应也③。

然稍后有释法瑶者④，其学多与生公不同，如释佛性顿渐感应各

---

① 按"一阐提"或"一遮案提"，"一遮"谓贪欲，"案提"谓目的。合言之，即以贪欲为唯一目的之人。

② 见日本宗法师《一乘佛性慧日钞》引《名僧传》"卷十，大正新修《大藏经》卷七十。

③ 见《涅槃无名论章》。

④ 《高僧传》卷八有传。

义，皆自立学派①，其论应无缘义，慧达《肇论疏》云：

> 瑶（原作“埵”，实误）法师盛说无缘，因“卢舍那”为证（按贤首《梵网疏》云：梵本“卢舍那”，此云光明遍照义），一切诸佛身，同一卢舍那。但于迹中异，故彼此不同耳。

按佛性义在释体，而感应则在说体用之关系。生公与瑶法师之论感应有无缘义，皆自“持之有故，言之成理”。则其所以不同，或即本于佛性学说之各异。何者？生公言佛性本有，然成佛则必待缘。故其论证体自不能不言“感应有缘”。依唐均正《大乘四论玄义》卷七，瑶法师是执得佛之理为正因佛性者，此理是常。慧达《肇论疏》引法瑶释涅槃云：“妙绝于有无之域，玄越于名数之表。”②则圣人无心而应，亦即应无缘也。唯生公与瑶法师著论全缺，窥测实难，前文粗为臆说，聊备作者后日之参考云耳。

附录　说《涅槃无名论》之可疑

传称肇公于什亡之后，一日遇姚兴答安成侯嵩书③，颇涉涅槃无名之义，追悼永往。翘思弥厉，乃著《涅槃无名论》，论有十演九折，凡数千言④，且上表于秦王（陆澄《目录》未言及《上秦王表》，称“以仰述陛下无名之致”）。然此论文笔，不类肇公其他三论。反复研读，见与史实亦多不符，如《上秦王表》有曰：

> （肇）在什公门下，十有余载，虽众经殊致，胜趣非一，然涅槃一义，常以听习为先。

① 吾友韩慧卿有《论释法瑶之身价》，可参看。
② 见《涅槃无名论章》。
③ 载《广弘明集》卷十八。
④ 载现行《肇论》中。

按什公学宗般若，其高祖僧叡赞称“扇龙树之遗风”者也①。而僧肇又为中华三论学之祖，什公且尝许为“解空第一”②，其著作见存者，亦多与涅槃义无关③，所作《鸠摩罗什法师诔》④叹其师：

方隆《般若》，以应天北。

此与“上秦王表”不符之明证也。表又称《涅槃无名论》为翼秦王（姚兴）《答姚嵩书》而作，则依情理，肇公之学应与其说相契，今彼书云：

若定言有，则无以拔高士；若定明无，则无以济长流。是以圣人有无兼抱而不设者，此之谓也。然诸家通第一义，廓然空寂，无有圣人，吾以为殊太径庭，不近人情，若无圣人，知无者谁也。

今《上秦王表》且引其文，赞曰：“实如明诏！”但吾人细核其说，不特能所二分，且堕有得义，盖浅之乎其为论也。如《涅槃无名论》为僧肇所作，则又必为托无名以驳有名者⑤，十演之思想当即肇公之学。然如演《开宗》第一云：

五阴永灭，则万累都捐，……抱一湛然，故神而无功。

演《位体》第三云：

① 参看《大品经序》。
② 见元康《肇论疏》。
③ 按肇死在《涅槃》大本出世及《泥洹》六卷本译出之前。
④ 《广弘明集》卷二十三。
⑤ 按《大唐内典录》言无名子，乃托肇名之伪书。

然则圣人之在天下也，寂寞虚无，……感而后应，譬犹幽谷之响，明镜之像，……其为治也，故应而不为，因而不施。

又曰：

心非我生，故日用而不勤，纷纷自彼，于我何为？

演《超境》第五有曰：

六境之内，非涅槃之宅，故借出以祛之。

凡此所论，似皆与肇公《般若无知论》等思想不合①，其《难差》第八以下六章，则为持渐以驳顿者，反复陈述，究竟之道，于理无差。“此以人三，三于无为”之义，今读慧达《肇论疏》，知所难者，即生公大顿悟义，且引有释慧观师驳谢康乐（灵运）《辨宗论》背南停北之喻。据今所知，生公以前无持大顿者，生公立说想在江南，且亦远在肇死（414年）之后，则《涅槃无名论》之为伪作，可断然矣。

① 参看拙著《僧肇学述》。

略论中国人性学说之演变[1]

引　论

我国传统思想的精神，无论任何一家，最后皆求切乎人事，不特先秦儒家的开创人孔子说过："道不远人，人之为道而远人，不可以为道"②，乃至道家的理论，表面看来似乎非常玄妙，其实也并不如通常人所想象的纯属空谈，所以《老子》第七十章曾感慨地说："吾言甚易知，甚易行，天下莫能知，莫能行。"我们从这话也很可见到作者用心的一斑。此外墨家"尚同"，提倡"兼爱"，处处着眼在群众的福利上，那是更不用说了。以上儒、道、墨三家，可算是我国后来学术思想的根源。但其中墨家一派，本是承袭儒家思想的一种"反动"③，但因过分注重实际的效用，对于纯粹哲学，或一般所谓形上学的兴趣比较淡薄。这样，要严格地说，中国先秦哲学思想派别，大要不过儒道两家而已。

儒道两家思想，如上所说，皆是未尝离乎"人生"，那么，"人生"最根本方面的探讨——人性问题，必然各有所见。同时，彼此对于这个问题的看法，应该多少可以代表两家思想的差别。再则关于这个问题的演变，要有明确的认识，或者从某一方面可以帮助我们进而了解全部中国思想史的精神。

---

① 本文原载于《哲学评论》第9卷第3期，1944年9月。——编者注

② 《中庸》。

③ 参看《淮南子·要略篇》。

一 先秦

儒家的孔子，对于人性善恶问题，虽然没有明确的议论，只不过说：“性相近也，习相远也”①，但是他读《诗》到“天生蒸民，有物有则，民之秉彝，好是懿德”，曾叹称知“道”②，可见他是如何注意宇宙的法则性，难怪特别留心过去的文物制度，所以是极端推崇“礼教”的人。换句话说，他的人生学说实在是“伦理的”意义特别深刻(按《礼记·曲礼下》：“伦，犹类也;”《礼记·乐记》：“理，分也”)。我们知道，凡是“伦理的”问题，要更进一步地研究，从形式上的差别转到内容(意义)的区分，构成今日所谓“道德命题”，那便是善恶的判断。历史上整套思想虽少有直线式的推进，但是问题大多由不明晰进于明晰。所以此后的儒学大师孟子，对于“伦理行为”，因为注重内在的“人心之所同然”③，尝道：

> 人皆有不忍人之心。④

又曰：

> 恻隐之心，人皆有之。羞恶之心，人皆有之。恭敬之心，人皆有之。是非之心，人皆有之。⑤

他一方面虽说：“圣人，人伦之至也”⑥，即谓圣人是人类最理想的一种人格。然而在他思想的前提下，同时又不能不认为凡人跟圣人是

① 《论语·阳货篇》。
② 参见《孟子·告子上》。
③ 同上。
④ 《孟子·公孙丑上》。
⑤ 《孟子·告子上》。
⑥ 《孟子·离娄上》。

“同性”的，所以又说：“圣人与我同类者”①，以完成他性善说的论证。“伦理的”行为，到荀子转为特别注重事实的结果，或外在的“分”与“辨”，他道：

> 故人道莫不有辨，辨莫大于分，分莫大于礼，礼莫大于圣王。②

所以荀子虽然也说：“涂之人可以为禹”③，但是在他整个学说中，一般人在未成就圣人以前，似乎跟圣人究竟两样，所以他说：

> 涂之人百姓，积善而全尽，谓之圣人。彼求之而后得，为之而后成，积之而后高，尽之而后圣。故圣人也者，人之所积也。④

因为从形迹(分)上立说，才有所谓“积”的问题，义既是分别的、做作的，自然不能不说：

> 人之性恶，其善者伪也。⑤

“伪”就是在说人为的意思。这样看来，荀子跟孟子两人，一个道“性善”，一个称“性恶”，学说似乎全面冲突，其实不过于统一问题——道德行为根本的追求，彼此着重方面不同，遂成相反的结论罢了。至于他们注意人生伦理的意义则是一贯的，就是皆用相对的“善”或“恶”的判断去解答人性问题，这或者可以说是先秦儒家人生论的特点。

至于先秦道家思想，根据现存的《老子》、《庄子》各书所载，他

① 《孟子·告子上》。
② 《荀子·非相篇》。
③ 《荀子·性恶篇》。
④ 《荀子·儒效篇》。
⑤ 《荀子·性恶篇》。

们对于类似人生问题的讨论，注意的方面好像跟先秦儒家的代表孔、孟、荀等人有些不同，这自然跟两家的整个学说，尤其所谓“宇宙观”互有密切的关系，因为通常对宇宙有不同的见解，方有个别的人生学说。如今本《老子》第十六章说：

致虚极，守静笃，万物并作，吾以观复。夫物芸芸，各复归其根。归根曰静，静曰复命。复命曰常。知常曰明；不知常，妄作，凶。

他以为“静”是万物之“根”，亦即人性(命)之本。事实上，无非叫人不必拘泥形迹，方可有为。所以《老子》第二章又说：

天下皆知美之为美，斯恶已；皆知善之为善，斯不善已。……是以圣人处无为之事，行不言之教。万物作焉而不为始，生而不有，为而不恃，功成而弗居。夫唯弗居，是以不去。

此后《庄子》一书，本非一人一时所作，内容自然非常繁杂，这书的中心思想，严格讲来，或者与老子的多有差别，不过我们依然可以认为他们同是一派的学者。像《庄子·天道篇》说：

夫虚静恬淡，寂漠无为者，万物之本也。

这段话可能是说明“有生于无”的意思，也可能是所见到宇宙本真的一种描写。总之，从一方面看来，跟老子的“宇宙观”实在是非常接近的，所以庄子对于类似人性问题的讨论，也常见用“静”、“动”解说。如《庄子·庚桑楚篇》云：

彻志之勃，解心之谬，去德之累，达道之塞。贵、富、显、严、名利六者，勃志也；容、动、色、理、气、意六者，谬心也；恶、欲、喜、怒、爱、乐六者，累德也；去、就、取、与、

> 知、能六者，塞道也。此四六者不荡胸中则正，正则静，静则明，明则虚，虚则无为而无不为也。

这里所谓“正则静，静则明，明则虚，虚则无为而无不为也”，不是很明白在用“静”去模拟人的本真(性)，或修养可能达到的境界吗？《庄子》书中又讲“心斋”、“坐忘”等方法，我想与此也不无关系。此外，《庄子》一书，如《骈拇》，《马蹄》，《胠箧》各篇，也都在说明道德行为，外表一经固定，便可成为最不道德的根由，因此失去了人的本性(真)。看老庄一致不很注意宇宙人生中死板的形式法则，或外加的规律的意义，可算是我国先秦道家人生学说中独到的精神。

此外，有为儒者孟子所驳斥的与他同时代的告子一派，说“生之谓性”，又道：“食，色，性也。”①那是可以为善、可以为不善的，接近一种近世所谓“自然主义”(Naturalism)者的观点，与荀子学说注意矫性可以为善的精神不同，跟老庄一派“反本”即所以“复性”的理论不一样，因此我们不妨称他是我国先秦人性论的别派。

二　秦汉之际

依照当代多数学者的意见(如冯芝生先生等)，假定《礼记》、《易传》两书是秦汉之际儒家的作品。我们很明白地看出他们对于人性问题，可能是受道家的影响，大多采取一种调和的态度，折中的意见。换句话说，就是特别创出一种可谓通乎儒道两家的人性学说。其中最有意义而且影响我国后来思想比较深刻的，如《礼记·乐记篇》的性情学说：

> 人生而静，天之性也。感于物而动，性之欲也。物至知知，然后好恶形焉。好恶无节于内，知诱于外，不能反躬，天理灭矣。夫物之感人无穷，而人之好恶无节，则是物至而人化物也。

---

①《孟子·告子上》。

人化物也者，灭天理而穷人欲者也。

这段话，我们看它一方面用“静”、“动”分别“性”与“欲”，如说：“人生而静，天之性也。感于物而动，性之欲也。”思想的路数，依前节所论，实在可以通于道家，所以此后属于道家的《文子》一书也引用这个话说①。可是《礼记·乐记篇》人性论的后段，又明白地主张“不化于物”，以存“天理”，特别注重好恶的节制，因此“伦理的”意义颇深，故另一方面则与儒家思想又是相合的。

《礼记·中唐篇》的人性学说，所谓“天命之谓性，率性之谓道，修道之谓教”。此地他既未用“善”、“恶”的分别，也不曾用“静”、“动”去说明，所以只要“天命”两字的解释有别，人性的学说随见不同。若单就这几句话的字面，断章取义来讲，也是跟儒道两家的思想皆不冲突的。

此外，《易传》本是后来儒道两派同尊的经典，影响我国思想变迁最大。如王弼创通易理，下开魏晋玄风，佛学得以发扬，到北宋理学兴盛，提倡“本位文化”的儒学，反对外来的佛教，如张(载)、程(颐)诸子，也大多讲习此书，作排斥“异端”的根据，以自固其藩篱，可见《易经》这部书思想内容的别致了(拟另为文专论之)。其中类似人性问题的讨论，也多有可以通乎儒道两家的。如云：

易，无思也，无为也，寂然不动，感而遂通天下之故，非天下之至神，其孰能与于此?

他道“寂然不动，感而遂通”，可知也是用感应的道理说明宇宙人生的一种学说，跟《礼记·乐记篇》的思想实在大同小异。《易传》又说：

故神无方而易无体，一阴一阳之谓道。继之者善也，成之者性也。仁者见之谓之仁，知者见之谓之知，百姓日用而不知，故

① 参见《文子·道原篇》。

君子之道鲜矣。

看这段话，作者在思想上毫无疑义地假定有不限于“仁”与“知”的“本体”，所以说“仁者见之谓之仁，知者见之谓之知，百姓日用而不知”。可以明白他的用心，一方面说来，等于在各种相对的关系上更求一“绝对”，与《老子》十八章说的“大道废，有仁义；慧智出，有大伪”或“上德不德，是以有德”①等道家传统的思想，在仁义礼智之上，更求一“无所不在”的“道”作为出发点，他们思想的精深可算是非常接近。至于那所谓“继之者善也，成之者性也”的学说，一方面讲来，看重后来成就的是“性”（也有人解作生生不息的意思），跟先秦儒道两家的学说皆不相同，可是要牵强附会地去解读，不特能够避免儒家人性或善或恶的种种争执，同时叫它跟道家的人性论也不正面冲突，一样可说是一种调和折中的意见。因此宋明以后，尚见有人赞成这个学说的（如程明道、王船山等）。

以上秦汉之际的人性学说，如《乐记》、《中庸》、《易传》各书所代表，不十分严格地说，人们对于它的解释，大多可以通于儒道两家，我想那可算是这时期思想的特点，先秦儒道两家人性学说，无论是用相对的“善”、“恶”去说明，或者用相对的“静”、“动”去解释，总之，到此刻，两方面似乎只能说在形式上求得一种暂时的“混合”，前提未经合理的批判，实际不曾解决这个问题，所谓“善”与“恶”跟“静”与“动”两方面的相互关系究竟是如何，已然没有明确的答案。

三　两汉②

汉代是中国思想一大混成时代，就中以阴阳家言影响最广，那时

① 《老子》三十八章。

② 此两汉部分，石峻先生曾应《经世日报·读书周刊》所邀，另行以《略论两汉人性学说之演变》为题，发表于该刊1948年1月7日第73期上。发表时先生对个别地方做了补充修改，其主要修补处，下以脚注方式说明。——《石峻文存》编者注

无论任何一家的学说，几乎都染有它的色彩。所谓阴阳家言，多讲祸福吉凶、天人相应的道理，天是大宇宙，人便是一个小宇宙，天与人为同类。他们的“宇宙论”(Cosmology)是主张一种彻底的二元论，因此汉代思想家的“人性”学说，大多讲“性”与“情”对立，宇宙论又本注意在“构成”上，遂多把“人性”解作“质料”，可算是一种唯物的说明。汉代学者的人性论，既是根据他们的宇宙构成论推演出来的，因此与先秦乃至秦汉之际的思想、精神皆不契合。如汉代第一位大思想家董仲舒，《汉书》本传赞称他：“令后学者，有所统一，为群儒首。”他所作《春秋繁露·深察名号篇》论人性说：

> 身之有性情也，若天之有阴阳也。言人之质而无情，犹言天之阳而无其阴也。

《白虎通》这部书，可算汉儒讲章的通义，所论人性问题，也是一种二元论，如该书《情性篇》云：

> 情性者，何谓也？性者阳之施，情者阴之化也。人禀阴阳气而生，故内怀五性六情。

此外，纬书在东汉与经师之说本可互证，但也是一种二元论的学说。如《孝经·援神契》云：

> 性生于阳以理执，情生于阴以系念。①

根据以上所引各方面的议论，可知汉儒多分“性”与“情”为二元，以善归之于性，以恶归之于情②。他们依然从善恶方面去讨论人性问题，虽然参以阴阳家的宇宙观，还是上接先秦儒家思想，特别着重伦

① 《御览》八八一引。

② 参见傅孟真先生《性命古训辨证》下卷，第6页。

理方面的意义，所以董仲舒虽是阴阳家，也可算是儒家。此后有所谓古文经学运动，他们解经不用纬书、谶书以及阴阳家的思想，二元对立的宇宙观，影响因之减少，与董仲舒一派今文经学家的精神不同，渐见有转变为一元论的趋势。刘向、刘歆父子，虽是提倡“古学”的领袖，因受时代思想的影响，还不曾完全脱离阴阳家的色彩，且讲五行灾异①，但是根本精神已在变了。我们试看他的人性学说，王充《论衡·本性篇》云：

> 刘子政（向）曰：性，生而然者也，在于身而不发；情，接于物而然者也，形出于外（原文作“出形”，从孙人和先生校改），形外，则谓之阳；不发者则谓之阴。

这个人性学说，与他主张“性情相应，性不独善，情不独恶”的道理对照②，可知大约是根据《乐记篇》“人生而静，天之性也；感于物而动，性之欲也”的间接变化而来，可能是借用《中庸》所谓“已发”与“未发”的意思代替了“动”、“静”的名称，再参照当时流行的学说，加上“阴”、“阳”的配比。这样，性属“阴”而情属“阳”，与董仲舒一派人说性属“阳”而情属“阴”恰成反面，又不用“善”、“恶”说明，可算比较富于道家的精神。同时，以后的“古学”大师，如扬雄、王充等人，皆是继续这个精神，想更进一步地用道家的自然主义代替过去“今学”家的阴阳二元论以及天人感应说。宇宙观既有转变，人性学说随之便见不同。请看扬雄思想中的所谓“玄”，已经可算是一种一元论了。如《太玄经》有云：

> 夫玄也者，天道也，人道也。③
>
> 玄者，幽摛万物而不见其形者也。……阳知阳而不知阴，阴

① 参看《汉书·五行志》。

② 参看荀悦《申鉴·杂言下》。

③ 《太玄》卷十。

知阴而不知阳。知阴知阳，知止知行，知晦知明者，其唯玄乎”。①

但是，扬雄的思想体系实在没有完全脱离时代思潮的影响，因此又讲“象数”，所以他的人性学说成为一种“杂牌”：一方面可谓非“道”、非“儒”、非“阴阳”，另一方面则是亦“道”、亦“儒”、亦“阴阳”的学说。如扬子《法言·修身篇》云：

人之性也善恶混。修其善则为善人，修其恶则为恶人。气也者，所以适善恶之马也欤。

扬雄以后，桓谭等人继起反对阴阳家言②，王充集其大成，到他可算是一位彻底“经验派”的学者，立论都要“考之以心，效之以事。深虑之事，辄立证验”③，虽然也难免受时代的影响，有好些可笑的意见④，但是根本上已经用道家的一种“自然主义”代替了阴阳家的“天人感应”说，以宇宙是“一气所化”的见解，代替了过去的“阴阳二元论”。然而，把“人性”解作是一种“质料”的这种传统，依然不曾推翻。所以问题的答案虽然不同，思想的性质还是如一。这就是王充的气禀说，如《论衡·率性篇》云：

禀气有厚泊，故性有善恶也。

《非韩篇》又道：

---

① 《太玄》卷七。

② 参看《后汉书》卷二十八桓谭本传。

③ 《论衡·对作篇》。

④ 参看《论衡·乱龙篇》等。有人疑为伪作，不确。

《略论两汉人性学说之演变》补注：“又，胡适之先生早年虽亦有此假想，但后来已经自动放弃了。”——《石峻文存》编者

> 凡人禀气也，清浊贪廉，各有操行，犹草木异质，不可复变易也。

照他这样说，人性既是“禀气”，不可变易，好人生来便是一块好“料”，坏人生来便是一团“糟”，教育无能为力，所谓“用气为性，性成命定”①；“圣贤教化，不能复移易也”②。从一方面讲来，便是一种“个性论”，而且属于一种“命定论”③，换句话说，只有这人的性跟那人的性，没有所谓“一般的人性”了。所以他在《本性篇》中又说：

> 实者，人性有善有恶，犹人才有高有下也。高不可下，下不可高，谓性无善恶，是谓人才无高下也。

于是王充便借助孔子的话说：“中人以上，可以语上也；中人以下，不可以语上也”④；又：“唯上智与下愚不移”⑤，等等。我们想这恐怕原本是一种方便说法，并不能算是孔子人性论的根据。(王充)勉

---

① 《无形篇》。

② 《本性篇》。

③ 《略论两汉人性学说之演变》补注：“此点他方面可能同时受汉代察举官制流毒的影响，参看《论衡》中《逢遇》、《命禄》等篇，兹不详辩。”——《石峻文存》编者注

④ 《论语·雍也篇》。

在《略论两汉人性学说之演变》中，这段话改写如下：

虽然，在“行为”方面，即是各人表现在外的动作，王充依然不敢否认环境与习惯的影响。所以又说：

论人之性，定有善有恶，其善者固自善矣，其恶者固可教告率勉，使之为善(《论衡·率性篇》)。因为他究竟没有完全放弃汉代的宇宙构成论，还在认定“人之善恶，共一元气”(《率性篇》)，那么彼此间怎能毫无“感应”呢？于是王充在这个两难的前提下，一方面不惜与孔子“性相近也”的主张立异，另一方面却又只得借助他的某方面说法，如“中人以下，不可以语上也”(《论语·雍也篇》)。——《石峻文存》编者注

⑤ 《论语·阳货篇》。

强分类，以建立他的人性三品说：

> 余固以孟轲言人性善者，中人以上者也；孙卿（荀子）言人性恶者，中人以下者也；扬雄言人性善恶混者，中人也。①

这种“个性论”，既不同于儒家思想，也不合于道家精神，对于“人性”，可算毫无发明，因此他自己也觉得这个从权的说法是不十分圆满的，所以接着便说：

> 若反经合道，则可以为教；尽性之理，则未也。②

以上③，从董仲舒到王充，可以大略明了汉代人性学说的演变，无论“今学”家或“古学”家，宇宙构成论上尽管有“阴阳二元论”与“气化一元论”的差别，他们共同的特点是把“人性”当作一种“质料”，具体的东西，经验的对象，或者可算是一种唯物的说明。他们在思想史上的贡献，我想在把先秦儒家的“性善论”或“性恶论”追问到善恶起源的问题：假如人性是善的，恶从哪里来呢？如果人性是恶的，善又从哪里来呢？因此他们主张的“性”、“情”二元论或人性三品说，都避免了这个困难。同时很少有人讲“返本”或“复性”一类学说的。而儒家荀子一派的势力，在汉代远较孟子一派为广大，我想在理论上与此也不无关系。但是结果演成一种“命定论”，反而失去了

① 《论衡·本性篇》。

② 《论衡·本性篇》。

③ 在本段前，《略论两汉人性学说之演变》中有如下补充：此外，王充又作《定贤篇》（《论衡》卷二十六），论如何鉴定一个人的好坏贤愚。他主张应该放弃那一切不是与此相关的外在条件，因为那是可真可伪的，如个人的地位名誉等，须要另求根本，即是“观心”，所谓：“故心善，无不善也；心不善，无能善。”（《定贤篇》）用以比较王充对于其他问题的意见，就是特别爱好列举“物证”的思想，实在是更进一步，因为这样的讨论，可谓一方面即在结束汉儒之学，另一方面早已开启魏晋思潮的先声了。——《石峻文存》编者注

先秦儒家的根本精神。

四 魏晋

魏晋玄学上接“古学家”实事求是的精神，近本汉魏间流行的所谓“形名家”的政治理想，又采取了当时流行的多方面的意见，再折中于道家老子的学说而成。这个时代学术思想的根本精神是由具体事物论到抽象原理，从注意外物的“杂多”归到看重神理的“单纯”，可谓汉学一种合理的演化。他们新的思想方法是分别“言”与“意”的关系，用来讨论“体”与“用”两方面相互的一切问题①。玄学的建立者王弼尝说：“物无妄然，必由其理。统之有宗，会之有元，故繁而不乱，众而不惑。”②又道：“物有其宗，事有其主。”③特别注意物理的“宗统”，取消阴阳家的宇宙观，乃至“一气所化”的构成论。变汉学为“玄学”，于是汉代的无论哪种人性学说皆失其根据。

我们知道，王弼虽是主张“凡有皆始于无”④，但是他说的“无”不与“有”对，实在是“绝对”的意思，故曰：“道者，无之称也。无不通也，无不由也。”⑤所以他的“无”，有时也可名之“一”(one)，如《老子》第三十九章注曰：“物皆各得此一以成，既成而舍以居成，居成则失其母。”他这个“无”或“一”实在也都是“大全”(whole)的意思，所以又说：“夫执一家之量者，不能全家；执一国之量者，不能成国。穷力举重，不能为用。故人虽知万物治也，治而不以二仪之道，则不能赡也。”⑥这话就是说不能离开“大全”来讲“部分”的功能，因为“部分”是不能离开“大全”而有“存在性”的。换句话说，就是“体(全)用(分)不二”。这纯粹是一种“本体论”(ontology)。因此他的人

---

① 参看汤锡予师《言意之辨》，北京大学文科研究所油印论文之二。

② 《周易略例》。

③ 《老子》四十九章注。

④ 《老子》第一章注。

⑤ 《论语注疏》卷七引王弼《论语释疑》。

⑥ 《老子》第四章注。

性学说是："不性其情，何能久行其正？"①这里所谓"性其情"，论理应该是说"情"不能离"性"，"性"不可无"情"，若果以"性"属"内"而"情"发于"外"，即是"合内外之道"。所以王弼又说："圣人之情，应物而无累于物者也。今以其无累，便谓不复应物，失之多矣。"②根据他所讲"体用不二"的道理，推论到人性问题，必然是一种"性情不二"的学说③。因为玄学上知识方面的"体用之辨"，应用或体验到人生上便是"性情之论"。

此后向秀、郭象一派的玄学，主张"独化"，注重"分位"，形上学的出发点跟王弼虽有不同，但终极是可以相通的。因此人性学说，两人也并不是完全冲突。如《庄子·天运篇》"止可以一宿而不可久处，觏而多责"一段，郭象注曰："夫仁义者，人之性也。人性有变，古今不同也。故游寄而过去则冥，若滞而系于一方则见。见则伪生，伪生而责多矣。"又《马蹄篇》"及至圣人"一句，郭注曰："圣人者，民得性之迹耳，非所以迹也。"同节下段继注曰："夫圣迹既彰，则仁义不真，而礼乐离性，徒得形表而已矣。有圣人即有斯弊，吾若是何哉？"看郭象的用意，也是主张人"性"不可"系于一方"，泥于形迹，而失其本真。我们知道，王弼、郭象是魏晋玄学中最大两派的代表人物，前者"贵无"主"返本"④，后者"崇有"尚"独化"⑤，学说的面目虽有不同，但是他们对于人性问题，同注意在真伪方面：王弼可谓从宇宙不变的理则上(宗统)求契于真(性)，郭象是从万物变迁的形迹上说性(真)何得离。他们又皆认定真的方是人"性"，乃至以"全"为真，以"分"离"全"为伪，这点意见，两人也是一致的。同在"名教"之上，更求"自然"(性)作根据，都可算是先秦道家思想进一步的发挥，且有调和儒道两家思想的企图。

---

① 《周易注》。

② 《三国志·钟会传》注引何邵《王弼传》。

③ 参看汤锡予师《王弼圣人有情义释》，《学术季刊》文哲号。

④ 参看王弼《周易》复卦注。

⑤ 参看郭象《庄子·齐物论注》。

这样，人的“性”与“情”的问题，在玄学中知识上便成为“本”、“末”之争，或者所谓“空”(无)、“有”之辨，要用佛学的名词，即是“真”、“俗”二谛之论，或宇宙“性”与“相”的关系。人性问题扩大了。此后印度传来的佛教，尤其所谓“般若宗”的理论，原本是专门讨论宇宙“性”、“相”问题的，跟我国玄学的根本问题非常接近，因此大见风行。中国学者并时有新的见解，于是“或六家七宗，爰延十二”①，皆是从不同方面对待地(二谛)探讨宇宙“性”、“相”问题。后来僧肇受学鸠摩罗什②，本印土般若正宗的学说，作《不真空论》③，破斥“心无”、“即色”、“本无”三家的偏见，其实即是当时我国般若各宗的总检讨，主张名言之知(相)，别无实体(性)，不真即空，玄学上的争论遂告结束。

我们知道，思想上的问题，有讨论到不能再讨论的地步。穷极思变，随之印度的《大涅槃经》传入我国，这书的中心思想在说明“佛果”与“佛性”的关系。佛是觉的意思，即是印度“心性”问题的讨论，当时中国学者多加研求，因为见解不同，多生异说。依吉藏的《大乘玄论》卷三，出正因佛性十一家；《涅槃游意》说佛性“本有”、“始有”共三家，元晓《涅槃宗要》说佛性体有六师，均正《大乘四论玄义》卷七说正因佛性有本三家、末十家的分别。以上各书分家的根据，相互的关系，以及详细学说的内容，本文暂置不论。

总之，大多是讨论“因”情与“果”性的关系。此外，中国涅槃师的问题，所谓有无缘义，如竺道生④的《应有缘论》(今佚)，可能是表示“性”、“情”不二；释法瑶⑤的“应无缘义”，可能是表示“性”与“情”有别，因为感应在说“体”、“用”关系，亦即“性”、“情”的关

① 慧达《肇论序》。

② 关于僧肇，参见《高僧传》卷七本传；关于罗什，参见《高僧传》卷二本传。

③ 载今本《肇论》。

④ 参见《高僧传》卷七本传。

⑤ 参见《高僧传》卷八本传。

系，论理应该跟各人的佛性学说相通①，但是他们一致特别注意的，还是所谓“本有”或“始有”的问题。更浅明地说，若果人人本有佛性，依理则人人当下是佛；若果人人不即是佛，则可说明人们必须成佛后方有佛性。但若谓佛性要成佛后方有（始有），佛性则是后天的，经验所得，有生灭的，照印度思想，但凡有生灭的即不能说是佛性。这样，就有所谓佛性“本有”、“始有”之争，或“当常”、“现常”之辨，因为“常”者佛性之别称。这个问题，若用中国过去性善性恶等说来譬比，即是：若说性善，应不须教；若谓性恶，则虽教不成。两方面问题的性质，大略相似。后来玄奘大师因为对于这个问题不能得到一种满意的解释，是他所以要求法印度的动机之一②。但是佛性本有或始有的问题，特别是在中国涅槃家成为一大公案，作者疑心还是因为我国原有人性善恶等问题的讨论作背景，一旦与不同性质的印度思想接触，对于相近的问题，容易启发所致。为什么呢？因为印度哲学宗教史上，据作者所知，对于这个问题似乎不曾有怎样了不得的争论，这一点可以为证。而人性问题，或所谓“性”、“情”问题，在魏晋南北朝哲学史上的意义就可想而知了。

魏晋玄学家如王弼、郭象等人，对于人性学说的贡献，在把人之“性”与“情”的关系，根据一种形上学的眼光，扩大到宇宙“性”与“相”的关系，同时知识论上的意义也比较深入，汉代的“个性论”或“三品论”，从此没有哲学上的地位。此后南朝涅槃佛性各家的学说，可以说是从因果关系推论人性问题，结果告诉我们，把“人性”看作固定的或者不变的“质料”，只要思想犯有这个嫌疑，论理都要陷于矛盾。

五　隋唐

隋唐是佛教在我国盛极转衰的时代，各宗竞立，思想内容非常复

① 参看拙作《读慧达肇论疏述所见》，北平图书馆《图书季刊》。
② 参看拙作《玄奘思想的检讨》，《学灯》。

杂，好像很难寻出一个条理来。其中法相唯识一派，特重分析，比较繁琐，讲三性三无性的学说，转识可以成智，问题与整个佛教有关，因为印度思想气味太深，成为专家之学，不容易叫一般人领略、有所接受，所以虽然一时风行，对于我国后来思想的演变影响不大，可以不论。但是唯识学本身的发展，从陈、梁以前，地论师（旧法相宗）即有南北派的分争①，到玄奘新法相宗的建立，思想变迁的枢纽，亦即论辩的症结，如所谓“阿赖耶识”与“真如”为一为二，种子熏习问题，乃至真（净）妄（染）和合的关系，推广言之，也是“性”与“情”的一种讨论，作者并疑心是中国传统思想性质的一种反映，因为牵涉太广，本文只得从略。其他所谓“华严”、“天台”、“禅”三大宗，前两宗虽亦不免受同时法相宗学说的影响，但皆可算是“中国的”佛教，与后来思想关系甚大，详细的情形，本文限于节幅，自然也不能多说。不过它们共同的特点，可谓是一方面看重智慧，一方面注意修行，讲的都是“定慧双修”——即知即行。如华严宗大师法藏说：“理由修显，故事彻于理；行从理起，故理彻于事。互存互夺，故曰玄通。”②天台智者大师也道：

> 若偏修禅定福德，不学智慧，名之曰愚；偏学智慧，不修禅定福德，名之曰狂。狂愚之过虽小不同，邪见轮转，盖无差别。③

此外，禅宗一派，顾名思义，可知特重修行，所以早自中国禅宗初祖菩提达摩即以“理入”和“行入”并称④。此后禅宗演成南北两派，“顿”、“渐”分流，神会以后，南宗特盛⑤，更是高唱所谓“定慧等学”⑥，思想内容也可以想见一斑了。因为佛教原本是一种“解脱

① 参看湛然《法华玄义义释》第十八。
② 《华严妄尽还原观》。
③ 《小止观》。
④ 详道宣《续高僧传》本传。
⑤ 参看胡适之先生《菏泽大师神会传》。
⑥ 敦煌唐写本《神会语录》。

道”，为人生而知识是它的特点。同时我们明白，“宇宙”与“人生”的关系，从知识上说“体(性)”、“相”之辩，从人生论讲便是“性”、“情”；而“性”、“情”相互关系的一种见解，理论上又是“知”、“行”能否合一的根据。所以我想他们“知行合一”的方法，应该可以反证各家的“性”、“情”学说。其中如华严一派所讲的“法界缘起观”——理事无碍，天台宗所说的“融通二谛”论——即“假”即“空”即“中道”，乃至禅宗的“明心见性”说，这些理论，严格地讲来，自然各有独到的精神、特殊的面目，但皆可算是他们一种“知行合一”方法论的形上学。

隋唐一代思想的变迁，恰巧也是从注意知识或宇宙现象转到人生或心性问题。因此后来关于“性”、“情”的学说，成为一致的中心思想，根本问题一经接近，各宗遂渐见合流的趋势。有如体用一源，显微无间，妄尽还原，亦即本觉真心(或性)，乃至“顿悟成佛”(华严、天台并属顿教)，可算各宗一致的主张。而“无情有性”之说，禅宗大师神会、华严四祖澄观、天台九祖湛然并有此说，与宋明理学，思想上皆有直接的关系。此后宗密合会“宗”、“教”①，作《原人论》，竟杂糅诸家之说，以谈心性，称曰“一乘显性”，以名“了义实教”。他又依“人天教”的思想申明佛教与治道的关系，藉以融通三教(儒释道)，说：

> 孔老释迦，皆是至圣，随时应物，设教殊途，内外相资，共利群庶。②

甚至以沙门的戒律，本来跟儒家“礼教”的精神完全契合，所以宗密尝说：

> 天竺世教，仪式虽殊，惩恶劝善无别，亦不离仁义等五常而有德行可修。③

① 参看宗密《禅源诸诠集都序》卷上。

② 《原人论》序。

③ 《原人论》斥偏浅第二注。

并以“五戒”比“五常”①，又作《盂兰盆经疏》，发挥佛教中的“孝道”思想。同时，禅宗大师，尤其在唐武宗毁法以后，对于修行环境，不得不分别目的与手段，形式上大加改革②，以求适应中国伦理社会，足见佛教已渐为中国传统思想所改造，而失其独立存在之意义，终将转成儒学的附庸了。

与佛教平行发展的儒家思想，隋唐之际，朝廷经学多事训诂，少可称述。在野的，如王通以后有韩愈作《原道》、《原性》③，思想浮泛，而且他的人性三品说，可能是抄袭汉末王充的意见，论“性”、“情”的区分④，思想上也绝少发明。不过，从他一方面排斥佛老，一方面奢谈性道，我们便看出儒家人性学说即将变通的象征。而中国儒家《礼记·中庸篇》的思想，恰好可作沟通两家(儒释)学术的桥梁，满足各方面思想的需要(按《隋志》著录梁武帝《中庸讲疏》一卷，又此前有戴颙作《中庸传》，今并佚，其说不详，北宋释子如智圆、契嵩等人，皆讲《中庸》，理由或亦在此)，实际完成这个工作的，我想便是唐代李翱的有名的《复性书》。所以他也很自负，如《复性书》上篇说：

> 问曰：昔之注释《中庸》者，与生之言皆不同，何也？曰：彼以事解者也，我以心通者也。⑤

今按《复性书》总共三篇，对于“性”、“情”问题，调和各家之说，可算有独到的见解，较韩愈真是高明多了。上接佛学，下开理学，在中国哲学史上实是划时代的作品。我们知道，早从汉代第一部道家著作《淮南子》的主张性善⑥，可知道家的人性论，一方面讲来，可以跟

① 同书注。
② 参看杨亿《百丈清规》序。
③ 载《韩昌黎文集》。
④ 参见《原性》。
⑤ 《李文公集》卷二。
⑥ 参看《淮南子·人间训》、《齐俗训》等篇。

孟子的性善论不相冲突，因为皆是一种注意“反本”的学说。而南朝儒佛不分的梁武帝又曾说过：

礼云：“人生而静，天之性也；感物而动，性之欲也。”有动则心垢，有静则心净，外动既止，内心亦明，始自觉悟，患累无所由生也。①

则知“静”、“动”两方面本可用“明”、“垢”（不明）分别去解释。根据柳宗元作的《曹溪大鉴禅师（慧能）碑》文说：

孔子无大位，没以余言持世，更杨墨黄老益杂，其术分裂，而吾浮图说后出，推离还源，合所谓生而静者。②

则整个中国佛家思想的贡献，可说在分辨后来流行的杨墨黄老等“杂学”的人性论，再行归宗儒教，因他以为佛家的思想是合乎《礼记·乐记》所讲“人生而静，天之性也”的理论。乃至禅宗的“明心见性”说，也可算是一种性善论③，所以柳宗元又说六祖慧能禅师是：

其教人，始以性善，终以性善，不假耘锄，本其静矣。④

李翱在这个大混合的形势下，难免不受时代的影响。因此《复性书》对人性论的贡献，我想一方面在分别“性”与“情”，他说：

人之所以为圣人者，性也。人之所以惑其性者，情也。喜怒

① 梁武帝《净业赋》，见《广弘明集·统归篇》第十上。
② 《柳河东先生集》。
③ 参看《六祖坛经·决疑品》。
④ 《曹溪大鉴禅师碑》。

> 哀惧爱恶欲七者，皆情之所为也。情既昏，性斯匿也，非性之过也。①

一方面又以“性”与“情”不可相无，尝道：

> 性与情不相无也。虽然，无性则情无所生矣，是情由性而生。情不自情，因性而情，性不自性，由情以明。②

可知李翱的意见是：“性”、“情”本为一体，对待立名，其所以必须分别，则归本于人的知识上有“命”与“昏”或“觉”与“惑”的不同，故曰：

> 夫明者所以对昏，昏既灭，则明亦不立矣。③

照这样讲来，“性”与“情”的差别，不能说是“内”、“外”，不能说是“善”、“恶”，也不能说是相对的“静”、“动”，实际只是一个“明”与“不明”(昏)的问题，好比禅宗所谓“迷”与“悟”的不同，并非是绝缘的两种东西。这与隋唐各宗佛教的思想，并没有根本上的不同，不过李翱在说明他的思想体系时，受上面所说儒家融会佛家理论一派的影响，将《礼记·乐记篇》的“人生而静，天之性也”、《易传》中的“寂然不动，感而遂通天下之故”以及孟子所说的性“善”等并为一谈，而以《中庸》所说“诚明一体”的意思，如“诚则明矣，明则诚矣”④的思想贯通起来。李翱又曾接受梁肃⑤融通天台止观的学说，如云“物之所以不能复者，昏与动使之然也。照昏者谓之明，驻动者谓之静”⑥，

① 《复性书》上。
② 《复性书》上。
③ 《复性书》上。
④ 《中庸》。
⑤ 见所作《感知己赋》，此点陈寅恪先生已说。
⑥ 梁肃《止观统例》。

而讲明“复性”如何“静动皆离”①，以修养成为圣人。

照我们以上所说的看来，可知李翱的《复性书》是熔向来各家人性学说于一炉，可算是我国过去人性论的总调和。至于隋唐一代人性学说研究的贡献，我想也有几点可说：

（一）“性”与“情”的分别，不是构成质料的不同，只是一个“明”与“不明”的问题。从“性”、“情”的对立来说，虽然跟汉代思想形似，但是全部学说的精神，前后可谓根本不同。

（二）人性是“绝对的”，相对的“善”、“恶”不能说，乃至相对的“静”、“动”也不能说，表示一切伦理学说，或人生哲学的最后根据，须从“绝对”出发，方可不致陷于矛盾。

（三）因为讲“复性”，孟子性善论的意义被深刻化，而“至善”与“绝对”在论理上本不可分。荀子主张性恶论，不能“反本”，从此在中国哲学史上不再占重要的地位。

六　宋元明

宋元明理学的根本精神，简括地说来，或者在把政治建筑在心性之学的基础上，同时拿个人作本位，以求理想社会的实现，因此与隋唐思想面目不同，在中国哲学史上可以划一新的时代。这样，宋学的兴起，照我们以上所说，既然与理想的政治有关，那么这个时代思潮之所以成立，要从某种学术史的眼光，特别着重它的动机那一方面，自然应该以本朝胡安定（瑗）一般人的讲学，倡明“圣人体用，以为政教之本”②的主张作先导，而范仲淹、欧阳修等，也是转移这个风气的重要人物③，只是他们这些早期的思想还比较偏重政治，对于人性等专门问题的意见，我们少有可以称述的罢了。此后王荆公虽然十分博学，但是大体上还在继续这个精神，依然从“治道”与“学术”两不

① 《复性书》中。

② 《宋元学案》卷一。

③ 参看钱宾四先生《中国近三百年学术史》引论。

可分的观点，改定《三经新义》（今佚），此书思想内容，今日虽然不得其详，但是当时一种重要事业，并且影响不小，恐无疑义。不过，王荆公并非南宋朱子所推本的道学正宗①，这个缘由，我想从王荆公的人性学说，恍惚可以明白一二，如他说：

> 性者情之本，情者性之用。故吾曰：性情一也。②

又曰：

> 有情然后善恶形焉，而性不可以善恶言也。③

一方面讲来，他确有承先启后的思想，在宋明哲学史上实有特殊的意义④，可惜他只明白"性"、"情"之不二，却未了然"性"、"情"之非一，因此难免成为一种"无定性论"，故曰：

> 盖君子养性之善，故情亦善；小人养性之恶，故情亦恶。⑤

伦理行为既无内在的根据，势必流于一种"情的一元论"，所以他接着便说：

> 故君子所以为君子，莫非情也；小人之所以为小人，莫非情也。⑥

自然不能不另求善恶的标准于外，这样，何能"反本"或"复性"？叫他在理学史上不能居正统的地位，我想也不是偶然的了。

---

① 参见朱子《伊洛渊源录》。
② 《临川先生文集》卷六十七《性情》。
③ 《临川先生文集》卷六十八《原性》。
④ 详拙作《王荆公性情学说在宋明哲学中之意义》，未刊。
⑤ 《临川先生文集》卷六十七《性情》。
⑥ 《临川先生文集》卷六十七《性情》。

至于所谓正统理学家的思想体系，早期的，如周濂溪、邵康节诸人，若果单从他们的宇宙观一方面考察，我们以为实在不脱汉代“构成论”(Cosmogony)的色彩，这可能是受唐末五代道教学说盛行一时的影响，因为道教的思想大半保存汉代阴阳家的面目①，而周濂溪的《太极图》原本与道教有关②，邵康节所讲的“象数”，也是导源方外③，皆是历史上不可否认的事实。因此他们推论宇宙人生的关系，如周濂溪说：

> 二气交感，化生万物，万物生生而变化无穷焉，唯人也得其秀而最灵。④

邵康节说：

> 天与人相为表里，天有阴阳，人有邪正。⑤

一方面讲来，两人的根本理论，与汉代的思想面目可算非常接近⑥，不过，他们所讲的修养(行)方法，以及理论上的根据，还是继承隋唐的传统，与以上所论“宇宙与人生”的一套思想并无理论上的必然关系，简直可以说是个不相干的系统。如周子《通书》有曰：

> 圣可学乎？曰：可。曰：有要乎？曰：有。请闻焉。曰：一为要。一者，无欲也。无欲则静虚动直。静虚则明，明则通；动

---

① 参看日人小柳司气太著《道教概说》第一篇《道教之起源》、第四章《秦汉时代之宗教及学术》。

② 参看黄宗炎《太极图辩》、朱彝尊《太极图授受考》。

③ 参看《宋史·儒林传》朱震传。

④ 《太极图说》。

⑤ 《观物外篇》。

⑥ 参看董仲舒《春秋繁露·人副天数》等篇。

直则公，公则溥。明通公溥，庶矣乎。①

邵子论“性”、“情”的分别，说：

以物观物，性也。以我观物，情也。性公而明，性偏而暗。②

既然不脱时代的影响，可以说是儒、释、道三教思想的大糅合。

这样，我们以为后来张子(载)、程子(颐)的分别“天地之性”与“气质之性”，即在试行调和汉代思想中的宇宙构成论与唐末以后三教合流的人性学说，如周濂溪、邵康节等人思想体系的两方面，使成一个新的结构。如张横渠说：

太虚无形，气之本体，其聚其散，变化之客形尔。至静无感，性之渊源，有识有知，物交之客感尔。③

因为万物是有形质的，皆是“气”的变化，“太虚”无形，才是气的本体(质)，亦即“性”的渊源，因此人性是同一的，所以又说：

性者，万物之一源，非有我之得私也。④

“性”既同源，便只有形迹的改体，无所谓消灭，所以是永存的，因此与任何个人的存亡无关，故曰：

聚亦吾体，散亦吾体，知死之不亡者，可与言性矣。⑤

---

① 《圣学》第二十。
② 《观物外篇》。
③ 《正蒙·太和篇》。
④ 《正蒙·诚明篇》。
⑤ 《正蒙·太和篇》。

这样，何能用有形的“气”去说明无形的“太虚”，“有形”是相对的、可见的事物，“太虚”无形，是绝对的、超经验的对象，如此才能分“性”为二——“天地之性”与“气质之性”，而人以“天地之性”为“性”。所以说：

形而后有气质之性，善反之，则天地之性存焉。故气质之性，君子有弗性者焉。①

但是差不多同时的程明道，他的人性学跟张子稍有不同，不拿气的变化分作“无形”与“有形”的两个阶段，而直接从经验的“气质”上说，便道：

“生之谓性”，性即气，气即性，生之谓也。②

因为“气质”所表现的是特殊的事物，而善恶又属对待的判断，换句话说，没有“恶”的东西便没有“善”的东西，没有“善”的东西也就无所谓“恶”的东西，这样，便只得说善恶皆是人性了。故曰：

有自幼而善者，有自幼而恶者，是气禀有然也。善固性也，然恶亦不可不谓之性也。③

但是程明道不敢公开反对孟子，只得含糊其辞，“混视广义之善与狭义之善，而反复性善之说”④。如云：

“生生之谓易”，是天之所以为道也。天只是以生为道，继

① 《正蒙·诚明篇》。
② 《程氏遗书》卷一。
③ 《程氏遗书》卷一。
④ 《王静安先生遗书》，《静庵文集·论性》。

> 此生理者，即是善也。善便有一个元的意思，“元者善之长”。万物皆有春意，便是“继之者善也，成之者性也”。成却待他万物自成其(一作甚)性须得。①

又表示论人性的不易，便说：

> 盖“生之谓性”，“人生而静”以上不容说，才说性时，便已不是性也。②

到伊川才明白，相对的性善说，是不能从经验上找到理论的根据的。但是不说“性善”，则何以圣人“可学而至”③？亦即宋明理学的根本立场如何建立？因此不得不分“性”与“气”为二，说：

> 气有善不善，性则无不善也。人之所以不知善者，气昏而塞之耳。④

既然“气”不是“性”，又要表示“人之性一”⑤，于是伊川特别提出一个“理”字来，说：

> 性即是理，理则自尧舜至于途人，一也。才禀于气，气有清浊，禀其清者为贤，禀其浊者为愚。⑥

这个“性即是理”的主张，一方面讲来，把先秦到两汉一切比较注重伦理意义的人性学说，如或善或恶，乃至善恶对立等，在伦理上似乎

---

① 《程氏遗书》卷二上。
② 《程氏遗书》卷一。
③ 程伊川《颜子所好何学论》。
④ 《程氏遗书》卷二十一下。
⑤ 《语录》。
⑥ 《程氏遗书》卷十八。

皆可以多一种解释，同时给传统儒家思想一个新的面目，个人以为这是理学史上一大贡献。所以朱子尝说：

气质之说，起于张、程，极有功于圣门，有补于后学，前人未经说到，故张、程之说立，则诸子之说泯矣。①

细按张子与程子两家的人性学说，根据互有不同，此点朱子未加详辩。总之，人的“气质”要是绝对地与“理性”脱节，成为一种彻底的二元论，“理性”亦然失其作用。所以程子又说：

论性不论气，不备；论气不论性，不明。二之则不是。②

而张子与程子皆有“变化气质”之说，这是宋学人性论与汉代思想的不同，值得我们特别注意的一点。

说到集周、邵、张、程一系理学大成的朱子，他的人性学说大体是用周濂溪思想中的“太极”做终极本体，却又不惜与周子立异，给与这个名词一种新的解释③，说：

太极只是一个理字。④

可是以儒家思想的根本精神，这种伦理的意义，要求更深一层的根据。在人生学说，必不允许“理”与“事”脱节，所以他论到“理”与“气”的关系是：

天下未有无理之气，亦未有无气之理。⑤

① 《张子全书·正蒙注》。

② 《程氏遗书》卷六。

③ 参看冯芝生先生《中国哲学史》第十三章，第907页注；又《中国哲学史补·答张荫麟先生评中国哲学史》。

④ 《朱子语类》。

⑤ 《语类》卷一。

可是朱子要维护那个“性即是理”的根本主张，注意到“理”、“气”相生的关系，又不能不说“理在气先”，因为“性”，论理本有在先的意思，虽然不必是时间的次序。所以《语类》上说：

> 或问：必有是理然后有是气，如何？曰：此本无先后之可言。然必欲推其从来，即须说先有是理。①

朱子这个见解，虽与张子不同——一方面张子根据以“太极”为“气”之本源的道理，因而认为“天地之性”较“气质之性”在先，可是朱子另一方面又分“本然之性”与“气质之性”，他的人性学说，实在较近于伊川，便不能不说是有二元论的嫌疑了。但是，程朱一派的二元论，不注意宇宙的构成须有两种不同的“质料”，因此与汉儒思想性质不同。他这个“理”与“气”两方面，可能是表示现实道德的一种限制，“全”与“偏”的关系，“形上”与“形下”的区分。我们感官所接触的事物，皆有偏失，永远是不“圆满”(Perfection)的，至于“形而上”的“理”，那是不露“形迹”、无可抵触的，人既然以“理”为性，岂非“至善”？我们以为，这个“理性”，一则有丰富的“伦理”意味，可以象征一种“外在的秩序”，再则又能恍惚行为者纯真的动机，那种大公无私的心境。同时这种“理性”又不受个人的限制，人人本于一性，“圣人可学而至”也有理论的根据。因此可以说：政治的极则源出于心性，一而非二，理学的系统实际就算完成了。

但凡一切事物的“本性”(Essence)，即某事某物之所以为某事某物的“理”，似乎决不能不包含它自身的“存在”，因为不包含“存在”的“理”必定是空的，恐怕只能当作行为的一种法规，或见闻之知的一种名相，何能做万有的根源？而一物的“存在”，本又不能离开宇宙的全体抽象可得。所以，跟朱子同时的陆象山便有不同的见解，尝道：

---

① 《语类》卷一。

宇宙不曾限隔人，人自限隔宇宙。①

看这话，可知他是一定不赞成分别人性作两方面的，所以又说：

天理人欲之分，论极有病，自《礼记》有此言，而后人袭之。《记》曰："人生而静，天之性也，感于物而动，性之欲也。"若是，则动亦是，静亦是，岂有天理人欲之分？若不是，则静亦不是，岂有动静之间哉？②

明代王阳明推尊陆象山的系统③，本人发挥得更加透辟。不特同样主张"天理人欲不并立"④，简直明白地提出"无善无恶是心之体"（四句教之一）⑤。这个"心之体"便是"天命之性"（钱德洪说），因此又说：

性无定体，论亦无定体，……若执定一边便不是了。⑥

就是讲人"性"（指本体）是绝对的，无所谓善恶，因为善恶是相对的。若果以为于人有利的是"善"，于人有害的是"恶"，人的需要不能一定，则这时认为"善"的，在另一时又成为"恶"了。所以《传习录》上载有这样一个问答：

侃去花间草，因曰："天地间何善难培，恶难去？"先生曰："……此等看善恶，皆从躯壳上起念，便会错。……天地生意，花草一般，何曾有善恶之分？子欲观花，则以花为善，以草为

① 《象山全集》卷三十四《语录》上。
② 《象山全集》卷三十五《语录》下。
③ 参看王阳明《象山先生全集》叙。
④ 《传习录》上。
⑤ 《传习录》下。
⑥ 《传习录》下。

> 恶；如欲用草时，复以草为善矣。此等善恶，皆由汝心好恶所生，故知是错。

阳明曾更进一步地推论，说："善恶只是一物"①，引申他这个意思，可谓经验世界虽是善恶对立，但是那个"恶"并不能算是"宇宙的缺陷"②，因此"本然之性"与"气质之性"的分别，在伦理思想方面虽不失为一种颇有意义的学说，但在本体论(Ontology)上实在没有充分的根据。所以王阳明又说：

> 若见得自性明白时，气即是性，性即是气，原无性气之可分也。③

这里所谓"气即是性，性即是气"，与以前程明道说的"性即气，气即性"，两家学说根本不同，本文姑不置辩。且如以"本然之性"属"静"，"气质之性"有"动"，即难免"喜静厌动，流入枯槁之病"，于是阳明改以"致良知"为教④。尝说：

> 七情顺其自然之流行，皆是良知之用，不可分别善恶，但不可有所着。七情有着，俱谓之欲，俱谓良知之蔽。然才有着时，良知亦自会觉，觉即蔽去，复其体矣。⑤

他以"良知"为"本体"，不着意于善恶，与程朱一系不忘"气质"为"性"的学说，思想面目又是不同。阳明以后，未几，王学变为"狂禅"，那是很不幸的。至于有清三百年的学者，因遭亡国之运，大多

---

① 《传习录》下。

② 参看《王文成公全书》卷二十四《谕泰和杨茂(其人聋哑，自候门求见，先生以字问，茂以字答)》。

③ 《传习录》中，《启问道通书》。

④ 详钱德洪《阳明先生文录学说》。

⑤ 《传习录》下。

用心别有所在，纯粹思想方面，不是发挥前人的绪论，即求挽救末流的偏失，未敢“前无古人”，本文只得一并从略了。

附　　记

过去中国哲学的人性问题，我们如果从历史方面去考察，先行分析相应各时代全盘思想的因素，借此明了各家体系的特殊结构，再进而了解这个问题如何演进的原由，虽属一种极有价值的工作，可惜本文不能达成这个任务。论到思想史的研究，客观上的确有种种困难，一则同时代的各家，不特思想有个高低深浅，甚至方法也有根本不同，一个可以说是旧传统的残余，一个实在是新时代的托始。再则，前后各家的某一种讨论，面目相似，实际未必是同一问题，有时性质变了，有时范围改了，可能是同一问题的延长，也可能是另一问题的转换，我们都不能不特别注意，判断进退还在其次。因此，从以往各时代各大家体系中，推论某一问题的演变，可知不是件很容易的事了。尤其时代越晚，牵涉过去越多，困难更是增加。而中国人性论的纷争，又几乎有两千年的历史。清初王船山早已经知道各家所谓人“性”，对象未必一致①，但是并没有告诉我们彼此有什么不同，以及相互论理的关系究竟如何。近代章太炎先生作《原性》②，想用佛教的心理学判别各家的得失，王静安先生作《论性》③，借西洋哲学的眼光(康德 Kant)，从问题的性质加以“批导”(Kritik)。某方面讲来，皆有所见，只是这个问题的演变，均非他们注意的范围，不能供本文参考，个人觉得未免是遗憾罢了。

民国三十二年六月二十五日，昆明

---

① 参看《船山遗书》，《薑斋文集》卷一《知性论》。

② 见《国故论衡》。

③ 见《王静安先生遗书》，《静庵文集》。

评黄子通先生著《儒道两家哲学系统》①

我国哲学界先进、现任湖南大学教授黄子通先生，在抗战期间，讲学之暇，完成了一部整理中国过去哲学思想颇有价值的著作，名叫《儒道两家哲学系统》。这部书无论从作者所提示的方法以及该书的内容看来，在今日普遍好用西洋哲学范畴来整理中国思想的过程中，它的确能多少反映一种“时代的意识”，尤其在目前中国贫乏的出版界，我们以为真是值得再三推荐的一部好书。

论到近三十年来关于中国哲学史的研究与整理，自胡适之先生民国八年(1919 年)出版《中国哲学史大纲》上卷以后，一般多以冯芝生先生所著《中国哲学史》为最有名，关于他写作那部书的方法与目的，冯先生自己开宗明义就告诉了我们，说：

> 哲学本一西洋名词，今欲讲中国哲学史，其主要工作之一，即就中国历史上各种学问中，将其可以西洋所谓哲学名之者，选出而叙述之。②

这话就是说，人们写“中国哲学史”的，最好不必选出西洋哲学中所没有过的思想作材料，因为“哲学”不是中国固有的名词。金龙荪(岳霖)先生所作《冯著中国哲学史审查报告二》提到“中国哲学”这名称的种种困难问题，如“所谓中国哲学史是中国哲学的史呢？还是在中国

---

① 本文原载于《哲学评论》第 10 卷第 4 期，1947 年 4 月。——编者注

② 冯友兰《中国哲学史》，商务版，第 1 页。

的哲学史呢”①？恐怕就是针对冯先生以上所述这种写哲学史方法的态度上的进一步的追问。我们以为这的确是值得再三研究而且很有意义的问题。说到今日一般研究中国哲学史的青年，恐怕多半在遵循冯先生这同一的途径。可是在这种风气下，也有人提供了大体上属于另一方面的意见，那就是本书作者黄子通先生，他说：

> 我们研究古代的哲学家，首先应当注意他们的系统。在寻索系统的时候，首先应当研究一个哲学家的基本概念。研究基本概念或基本名词的时候，切不可用外国的概念或者外国的名词来比附。②

这段话，我想毫无疑义地是作者所拟定的研究中国哲学的最高原则，同时也就是作者写作本书的基本方法或态度。其间要义，似可略分二项说明：一是作者要特别注重各家哲学系统的完整性，二是反对用西洋思想概念来比附。关于第一项，即应特别注意各家哲学系统的一节，我想与冯先生的意见可能是没有出入的，因为冯先生在所著《中国哲学史》“哲学之统一”的一段中，也有大致相同的见解。所以他俩根本不同的观点恐怕还是在第二项，即不可用西洋思想概念来比附的一节。关于这个意见，本书作者黄先生在该书孟子哲学章中，说得最为透彻。他道：

> 近来研究中国哲学的人，脑筋中充满了许多西洋的名词、西洋的套子，贸贸然地把不相同的材料，用西洋的套子去套，或者把中西绝对不同的名词，活剥生吞地等同起来，于是乎对于中国哲学生了许多误解。并且还有许多西洋套子套不进去的材料，也

① 见冯著《中国哲学史》附录二。

② 《儒道两家哲学系统》，第1页。（以下所引同书文字，只注页码。——编者注）

> 就放弃而不研究了。①

又说：

> 千万不可以把两种不同文化之中的固有名词，生吞活剥地等同起来。其实，在哲学的领域中，中国的名词，可以与外国等同的，是极少的。如果不注意到这一点，非但可以误会西洋的思想，并且可以把中国民族固有的贡献也抹杀了。②

同时书中在比较讨论中西哲学思想的基本概念时，并多有举例，如论孟子哲学中的“心”，不等于西洋思想中的 mind③；如何孟子的“良知”“良能”说与康德(Kant)的“先在”(a priori)说不同④；再如说用黑格尔(Hegel)哲学中的“无”去比庄子的“道”，是不对的⑤；又谓老子的“道”非但比西洋的唯心派所说的“本体”还讲得好，并且比西洋的唯物论者所说的“物质”更好⑥。有的地方，作者简直在明白地宣扬过去中国哲学家造诣之高，如说：“天人合一的观念……随时可以发现。这样的成功，无论西洋的哲学家或是宗教哲学家，无不羡慕之至。”⑦这样引证，当可帮助我们了解作者的用心，无非在表明中国先贤思想性质如何跟西洋哲学问题不同，藉以显扬中华民族固有思想的独特精神。他的态度或方法，与今日通行关于“中国哲学史”著作显然有别。此外，作者还主张用科学的方法来说明中国的哲学，反对用古人的哲学来发挥自己的主张⑧，都可说是本书的特点。

---

① 第 52 页。
② 第 55 页。
③ 详第 52 页。
④ 详第 46 页。
⑤ 详第 88 页。
⑥ 详第 135 页。
⑦ 第 96 页。
⑧ 详第 117 页。

论到本书的内容，共分五章：（一）孔子哲学，（二）孟子哲学，（三）荀子哲学，（四）庄子哲学，（五）朱王哲学，本章又分“朱熹的哲学”与“王守仁的哲学”两节。书末，附录“老子哲学”一章（按《老子》一书，为先秦道家哲学重镇，该书列为附录，是否因为作者最后完成此篇，或者别有用意，不得而知）。

仅就上列章目看来，已可知本书所讲述的，皆为我国过去哲学大家，其余一般次要人物，均付阙如，且以儒道两家哲学系统为限。笔者曾细读全书一遍，知其尤以论“孔子哲学”与“孟子哲学”两章特为详尽。“荀子哲学”章以下，则篇幅递减。各章内容，组织多能自成结构，行文亦至为流畅。全书精到的地方甚多。如论孔子所说的“礼”如何在意义上与孟子所说的“礼”不同①；又说“礼”与阶级制度并无必然的关系②；关于“性”、“情”善恶问题，如何照朱子的说法，就不容易明白孟子的哲学系统③；又谓孟子的平等主义，即人皆可以为尧舜的思想，是从性善说中发挥出来的④；而荀子发明的“礼”学则与他的性恶说大有关系⑤；至于孟、荀学说的不同，因为一个说的“充”，所以处处注重在内部的与自然的发展，另一个说的“积”，所以处处注重在环境的影响与勉强的改进⑥。论到庄子的思想，他以为虽然受了老子影响，以绝对主义为出发点，而其结果，反不要追求本体，这是他超出于老子的地方⑦。又说庄子是注重现实的，他心中的宇宙不是虚幻的，这一点与佛家哲学本不相同⑧。讲到宋儒，作者认为从朱子的立脚点看来，他的宇宙论确与印度传来的本体论不同，他

① 详第20页。
② 详第21页。
③ 第46页。
④ 详第59页。
⑤ 详第82页。
⑥ 详第78页。
⑦ 详第101页。
⑧ 详第104页。

虽多少受了周子的影响，但是他的结论迥不相同①。至于论到明代大儒王阳明的哲学，他以为起点于心物合一，那是王学的秘论，也就是其宇宙论、知识论的基础②，并且说阳明的“致良知”好像十分简单，容易了解，实则他的思想比朱子更为细密③。他(王阳明)以心物合一的哲学为根本，以万物一体的话讲修身，这是有系统的哲学家，非寻常讲道德的人可比④。附录中论到《易经》与老子思想源流的关系，他说老子说到万物负阴而抱阳，可见得老子的形上学也是以正反相生为根据的，《易经》中所说的“一阴一阳之谓道”，恐怕也是从老子的哲学中发展出来的⑤。

如上这些讨论，或有出自作者的创见，或有本于前人的旧说。总之，但凡作者有所主张，都是非常坚定而且富于自信，同时发挥得也十分透彻，决不至让读者得一混沌莫明的印象，所以从推演古人思想的一点来看，我们认为本书的确是相当成功的作品。

我想用不着介绍，本书作者黄子通先生为今日我国深通西洋哲学的名家，对于整理中国以往的哲学，又能坚持如此审慎的态度，诚然难得。但在今日，事实上完全不借用西洋哲学名词来发挥中国义理，是否可能，亦属疑问。即以本书为例，作者虽一方面极力反对用西洋哲学范畴来套取中国古人的思想，但在事实上，作者比较讨论中西思想可以融通的地方亦复不少。如用亚里士多德(Aristotle)的心理学来解释荀子的思想⑥，说庄子所主张的形上学可与西洋人讲的“生机主义”(Organism)相比⑦。再如引伊川的话：“论性不论气不备，论气不论性不明。”作者以为这两句话真可以把理气说之真要处指出；而西洋哲学家如康德(Kant)亦有两句话与此相同，康德说：“只有概念而

① 详第109页。
② 详第210页。
③ 第22页。
④ 详第214页。
⑤ 详第221页。
⑥ 详第76页。
⑦ 详第104页。

没有观念，则概念是空的；只有观念而没有概念，则观念是盲的。”(Concept without percept is empty，Percept without concept is blind)①论到王阳明的哲学，他说王学的前提就是“心外无物”，巴氏(George Berkeley)以为物的存在就是因为我们的感官能够觉察，所以他说：“物的存在与觉察是一样的东西，假如没有这个心，万物就不能存在。”(Berkeley：Principles of Human Knowledge；pt. I. Sec. 3)阳明的绝对唯心论也就是这样的②。这些中西思想比较的讨论，在某种严格的意义下是否可以全无问题，本文暂置不论，但是它给读者的印象是否能与黄先生所提示的研究中国哲学的态度一致，恐怕还得看读者对于中西思想研究的深度如何来决定了。因此，关于中国过去哲学系统的研究，我想黄先生必能赞同我们以下这个修正的意见。因为有人把自己完全不了解的西洋哲学来比附自己又不十分明了的中国固有思想，弄得“牛头不对马嘴”，叫人更是莫名其妙，这种随便的态度，我们知道，那是黄先生所不能同意的。要是有人对于中西思想的内容与性质，确实都认识得非常深刻，并且真能体会到两方哲学的专门术语所代表的言外之意，可能异中见同，同中出异，我想亦不妨听其交互引证，以资发明。因为“知者尚言”，这也是人情所难免。所以我们没有理由可以反对别人用西洋哲学范畴来套取中国固有的思想，唯有希望中国今后对于西洋哲学以及中国固有思想的研究日增深密，那么一般既浅薄而又任意借用西洋哲学名词来比附中国固有思想的人们，他的著作便自然会影响日少、终归淘汰了。再则，作者提出关于中国过去哲学思想的研究，似应特别注重各家的系统一项，我们也有一个补充的意见，即是人们对于古人思想的研究，只知道枝节地去求了解，几乎完全忽略了那同一体系中各方面问题的相互关系，那是错误的。因此，黄先生这个意见是我们所非常赞同的。不过，对那思想上本来组织成精密体系的古代哲学家，我们在介绍时，亦不妨同样尽可能地还他一个本来面目，小心地指出他的漏洞，不然恐亦难免如黄先生所

① 详第114页。
② 详第120页。

说的“有了主张，然后批评古人的思想，就不免穿凿附会”①的恶习了。

末了，本书“庄子哲学”一章，引用原文一段，即《庄子·齐物论》上说的：

> 以指喻指之非指，不若以非指喻指之非指也。以马喻马之非马，不若以非马喻马之非马也。天地一指也，万物一马也。②

黄先生发挥得非常透彻详明，他说：

> 假如用两个指来做比喻，那末，与其让这个指说那个指不是指，还不如让那个非指说这个指不是指。同样的，与其让这匹马说那匹马不是马，不如让那匹非马说这匹马不是马。这两个比喻可以显出两层意思。一层意思是：无论是这个指或那个指都是一个指；无论是这匹马或那匹马都是一匹马。天地虽大，只不过是一个指；万物虽众，只不过是一匹马。第二层意思是：从“彼”方看来，无从知道“是”是“是”的；从自己一方看来，又只知道自己，不知道彼方。③

又道：

> 说了一个指，就等于说了一切的事物，有了一切的事物，就等于说宇宙的全体。所以有天地一指之说。说了一马就等于说万物，所以有万物一马之说。换言之，万物的责任，尽于一指。一指的责任能尽，则万物的责任亦就尽了。这就可以见一指一马的

① 第117页。

② 《道藏辑要》本《南华真经注疏》卷一，页五二。

③ 第93页。

> 责任，何等重大！以此推之，一我的责任，何尝不是如此？①

如上的解释，我们以为稍有可以商量之处，个人推测黄先生大约是一时疏忽，见到庄子书中别处类似的讨论，联想所及，偶尔不在意地采取了《庄子》郭象注文以及唐成玄英的疏解加以推衍。但是我们很怀疑郭象跟成玄英两人关于这段话的解释，可能全是错误的，我们以为《庄子》原文的用意恐怕是在反驳公孙龙一派的学说，因为今本公孙龙的《指物篇》说：

> 物莫非指，而指非指。②

《白马论》又说：

> 白马非马。③

那么庄子的意思可能是说：像你（公孙龙）用“指”来比喻说明它又是“非指”，何不干脆用那“非指”来比喻说明它是“非指”好了；与其说“白马非马”，何不用“非马”（例如狗或牛等）来说它是“非马”好了；却偏要说：“而指非指”，“白马非马”，徒兴争辩，那又何必呢？

我想只要黄先生不再大意，对于本书所引这一段《庄子·齐物论》的原文，当会同情我们以上的解释。

民国三十六年三月二十四日，北平

① 第90页。

② 《道藏》本《公孙龙子》卷中。

③ 《道藏》本《公孙龙子》卷上。

魏晋玄学与佛学手稿[①]

严君平《道德经指归》

《道德经指归》为严君平所作，其所可注意者有下列各点：其言“玄”、“天道”等宇宙学说不同魏晋以及之后，亦不同“道教”之说，颇堪注意也。

汉代宇宙学说多主元气有阶级之分，如太素、太始等。盖天、浑天之说为当代流行之说(此外尚有一说，共三种天文的学说)。三统之说(天、地、人——中和)，三正之说。

《道德经指归》以“道德”为体为本，此外“神明”、“太和”之说，皆不主元气阶级之说，盖采取浑天说者也。此浑天之说，王充反对之，然汉以后浑天之说盛行，清者上浮为天，浊者下凝为地。以清浊解释“太和”，自太和而天地。视“神明”可以离身体而存在，不同方士唯物之见。后佛教入华，“神明”之说大盛。故严君平在汉代“神明”之见，特可注意也，彼又分“神明”、“我”、“身”三层，普通少讲但又不同于佛说，此亦可重视也。

---

① 这里收录的严君平《〈道德经指归〉》、王弼《〈周易注〉之性质及理论》、《王弼〈易〉与古文学之关系》、《王弼〈周易〉之理论》、《魏晋玄学之问题与思想》、《支孝龙之论》、《慧远、三论、梁武帝等》、《禅宗、华严宗等》、《唐末至宋初之佛学》等九篇文章，系石峻先生生前遗稿，撰写年代不详。这些文章颇似读书笔记，又似未完成的草稿，内容主要涉及汉唐时代的玄学与佛教思想，原为分散的短文，亦无总标题。今将其汇集在一起，统称“魏晋玄学与佛学手稿”。因系文言写成，疑为石先生早年作品，故编排于此。——编者注

严君平《道德经指归》一书"以虚无为道德之本"，反对一切目的论(意志)的见解，其"自然"即自尔之义，物各有理，无所学而学者，自然而已。宇宙完全为一自然之世界，无主宰的观念(如"天"等)。"神明"非居主宰之地位，"神明"与"自然"合一。严氏又反对神仙住寿之说(引证原文略)，不主"神"之信仰，与王充《论衡》一书之精神有相契处，即占卜祭祀先知之类，皆所排斥也。王弼思想或有所自取也。

老子"绝圣弃知"，此"知"一般多解为reasoning、inference之知识，换言之，即有说有故之"知"，圣人之"知"不同于此。其"道德"乃直觉所得，盖推理之知不离"名"，有分别。"圣人无名"，即顿见全得之义。全故无名。有名、有分别即"有"，无名、无分别即"无"，故圣人任运而无"先识"之可言。《道德经指归》论"先识"一节，甚有新见(引文略)。"变无常□(可能选择：时、节)，故事不可先识。"王弼于此说有所采取，且"自然"则无先识之须，亦理之至明者也。名者，礼乐刑政之所由出，名物(选举)之所本，开"知故"之门，辨人物之宜，乃有礼乐刑政，即名教，祸乱之源，非政治上至善之规也(引文略)。严氏人生之见解，主沉冥，或曰邈冥、玄冥，后扬子《法言》亦言之。沉冥之人，其知不同于常人(引文略)，即为人不苟，不改其操，合乎"物理"(自然)者也(引文略)。"盛极必衰，物极必反"，扬雄《解嘲》之文明阐其义，其称"闻"者，或指严君平也。以上论列，皆严君平学说，特点为扬雄所推崇者也。

王弼《周易注》之性质及理论

一般多云王弼以《老》、《庄》解《易》，不同汉代经师之说，其义云何？汉代《老子》之解释如《指归》、《河上注》，杨树达《老子古义》所引，其说不同后代之说，即以《老子》为玄，亦唐宋以后人之见解也。且汉代各家之意见亦不一致，王弼实亦富于创造性之哲学，其以《老》、《庄》解《易》，非以前人之《老》解《老》，而实以其个人所见之《老子》以解《易》。一般多以王氏用力于《老》多，于《易》则少，未必然也。实则王氏用其创见解《老》并及于《易》，无所谓重轻于其间也。吾人欲明其道，首在了然汉代经学之变迁，从经学本身考其所以也。

(1)王氏之《易》。“费氏易”为古文学，未立于学官。其传略如下表：

(上略)……陈元——郑众——马融——郑玄——王弼……

(2)王弼仅注上下经六卷，《系辞》后无注，韩康伯补之。王氏何以不注《系辞》？此为哲学最有关者反如是。上下《经》多言占卜，则注之，其义为何？

(3)王弼注《易》于卷首多加《乾传》、《泰传》、《咸传》、《丰传》等，用义何在？

王弼《易》与古文学之关系

魏晋经学代表作为王弼《易注》、杜预《左传注》、范宁《谷梁传注》等，皆为古文学，其与魏晋新学之精神关系如何？或以古文学为对朝廷官学歧异。古文家亦相信阴阳之说，如刘歆，可知是否采阴阳家言不足为今古文唯一判分之标准也。

王弼经学源自荆州(刘表驻地)，此地别有《五经》新章注。刘表重文学，制礼做乐，当代经学大师如綦毋闿、宋忠，皆在所网罗。宋忠为古文学家，宋氏最以名家者为《太玄》、《法言》之研究，江东注易大家虞翻、陆绩皆诵宋氏《太玄》。四川李譔并王肃等皆讲宋氏所解《太玄》之说。虞、陆、李、王皆有易注。“性命与天道”之学普遍为当代所注意可知。所谓宋忠古文学成分多者，即谓多“自由精神”也，王肃伪造《孔子家语》以反对郑康成之学，亦其精神之表现也。荆州《五经章句》中《易注》或为宋忠之作亦未可知。《南齐书》王僧虔《诫子书》有云“荆州《八帙》”，可知荆州之《经》书为极完全也。又云此为“言家口实”，又曰“凡有几家”，可知荆州后订《〈五经〉章注》于一经或不止一家，且足证至南齐时，其书当为清谈家所诵习也。王弼之学或自此来，王粲为刘表师，王弼则粲之后裔，其学术源流之关系可知。曹操下荆州，宋忠之流始北徙，王粲等亦以此北上也。汉魏之际，家庭教育至关重要，则王弼与荆州之经学不无影响之关系也。

费氏易学为古文学，其性质如何？于此必先明《易》在汉代之本来面目。现行《易》分上下经，六十四卦，各有其名，各卦下有辞曰《卦辞》，又有“彖曰”曰《彖辞》，下“象曰”，又每爻有《爻辞》。上下经以外有《系辞》、《说卦》、《杂卦》。汉代《易经》恐与现行本不同。每卦之下有卦辞，再有爻辞，其他非所包括者也（如《春秋》经与《左传》本为二书）。故汉代之《易经》仅有卦辞与爻辞，其他皆为《传》，各有上下卷，亦如《系辞》，今乾坤卦之《文言》亦传也。《易经》之外有十翼，即指《传》言也。

司马谈《六家要指》引《易大传》“天下一致而百虑，同归而殊途”，可知其《大传》即今《系辞》也。又如各《彖辞》本为一长篇韵文也。何人变换《易》之组织如今本也？王弼首定如今本，或无疑义也。或说从渐变而来，或不确也。王弼于《易》亦如杜预之对《左传》，割裂《春秋》以入《左传》，王弼割裂《易经》以入《传》，果尔则上论三点又得其义矣。

《汉书·儒林传》：费氏易，长于占卜，不务章句，“徒以《彖》、《象》、《系辞》、《文言》十篇解说上下经”。汉代经学本重章句。《传》言大义，章句依文解字。前者较为自由。王弼学费氏解法不重章句，重以《传》释《经》，此古文家精神也。王弼以《传》注《经》，故只注上下经也。《乾传》、《泰传》等皆王弼加，则其以《传》为本，亦同杜氏《春秋》也。王弼如此番“复古”也，不过用其所见而已，故可谓“复古”，亦可曰“革命”也，颇同西洋文艺复兴时一部分学者之精神。

（1）何以王弼之易为古文？（2）王弼何以只注经上下篇？（3）王弼何以加《乾传》、《泰传》之字样？此之问题依上所说，即“以传解经”，同杜预《春秋经传集解》，则此三问题可得其端矣。杜预《左传序》“固当依传以为断”；又曰“《经》之条贯，必出于《传》”。《孔疏》“作《传》解《经》，则《经》义在《传》”。《周易》自王弼以后，始成今本。《三国志·高贵乡公本纪》记曹髦与儒生淳于俊讨论，关于《易》有曰：郑玄易“今《彖》、《象》不与《经》文相连，而注连之”。古时经、注单行，后受佛教书注影响，始有经、传合本。故《三国志》所载，系指郑玄之《易》的本子而言，非谓其已合《经》、《传》也。

王弼为《易》开一新路，为拒反对者之口实，并及反对章句之学，以“用《传》解《经》”为儒家本旨，盖章句乃汉人之说也。

王弼又作《论语释疑》，亦颇有其可注意之点。何晏《论语集解序》“训解至于今多矣，所见不同，互有得失”。王充《论语》有《问孔篇》，怀疑《论语》，所怀疑之点：(1)多“问多答异”之类。(2)孔子“言引费解”之处。《论语释疑》一书即对此等处为之解说。王弼用其“新义”注《易》乃及解《论语》也。

王弼《周易》之理论

王弼用“得意忘象，得象忘言”之新方法，以廓清“象数学”之虚妄。重在得意，则“象数”成下乘矣。体用不二为其主旨。“情”者对“伪(人为)”而言，“物无妄然，必由其理”。《周易》之《乾卦·文言》王注有曰：“夫识物之动，则其所以然之理皆可知也。”从“有”到“无”之“点”曰“几”，或曰“天门”(即从未形到已形之关键)。“几者，动之微，识之先见者也。”韩康伯《系辞注》：“适动微之会则曰几。”又曰：“几者，去无入有，理而无形。”故《易》之所以可讲吉凶祸福，即以知其理、识其动也(王弼不主先知，在一方面同严君平之说)。“知几，其神乎?”“随感而应”。王弼言圣人应物之“应”，即此意也。由此言之，则《易》非卜筮之书。《论语》：“假我数年，五十以学易，可以无大过矣。”王弼《释疑》有注：颜渊知过必改，圣人无过，故非圣人，是圣贤有别也。虽然，吉凶各有其理，然圣人则知其理。

王弼说《易》非纯作卜筮书看，有曰：“易以几，神为教。”补《论语释疑》“假我数年，五十以学易，可以无大过矣”以下注。《邢疏》引王弼曰：道者，“无不通也，无不由也”。即谓一切由于道或由于理也。天道的变化即人事吉凶的根据，人事的吉凶即天道变化之表现。道者大全，用无不该，故明乎天道，即可以晓吉凶也。知“动之微”即可应将来而毋事徘徊也。凡事如何行则如何应，盖凡物必由其理，固无若何神秘可言也。“圣人”有以见天地之赜，即明乎天地之理耳。

如何表现形而上学之理于形而下之器，或显“一”于“多”？如同一死也可以多方，“巧历不能定其算数”，穷无了时。玄谈者绝乎象外，事可以类别，以抽象之类可以概括“特殊”之方。圣人观象设卦，即欲在人事吉凶中讲天道变化，换言之，从事物之分位，或其必然之理，“类”为解说者也。分位是动，在变化中，或即“变化”自身。故“易”者道体，变之别说也。一卦六爻，每爻定变，“卦者时也”(时 = situation)，每“时”(情形)有其特别之点可以代表其精神者，爻之进退，即“时”之精神之进退也。“爻者，适时之变者也”，故“王弼之易，最重时位”。“识物之动，则其所由之理可知”(体用不二，being 与 becoming 不二)。韩康伯《易注》有言：“在理则昧，造形而悟，颜子之分也，失之于几，故有不善，得之于二，不远而复。”圣人与天地合德，与道同体(或与极同体)，“周与理会”。“圣人” = “理”(西洋有 God is reason 之语)。“《易》(者)戒过明训。”《纬书》有孔子点卦于“旅”，叹“吾道究矣”。有曰：“孔子旅人，则困可知矣；”“圣人不入乱邦；”“圣人通远处微，应变神化，……所以遇难不藏，身绝物不以形也。”

王弼注《易》最重时位。《南齐书·张绪传》：“(绪)常云：何平叔所不解《易》中七事，诸卦中所有时义，是其一也。”每卦代表一意义，即其“时”的意义，同一情形可以不同态度应付之，“时”包括多种情形，故可名“类”也。如“乾”卦可以阳、天、马、龙、君等表之，“坤”卦可以臣、地、牛等表之。此各种可能之代表皆系符号，其所表之“义”固无殊也。得意忘象乃可言理也。宇宙事物至为繁复，然可以“意”而类别也。故王弼曰：“象苟在健，何必马乎？类苟在顺，何必牛乎？义苟合顺，何必‘坤’乃为牛？义苟应健，何必乾乃为马？”郑康成有曰：“乾一清明无形。”宋忠说地有九等之差。乾者刚，坤者顺，“乾”指“大用”，即能“用形”的一方面，但“天”乃有形者，故不可等于乾也。“乾能统天”，《文言》有“此一章全以人事明之也”或“此一章全说天气以明之也”。可知可以不同之方面解说也。又如乾卦各爻多以龙说，唯九三以君子说，王弼之义，以为只须用义无违，初无若何关系也(乾——dynamical；坤——orderly)。乾坤二卦为一切根本，其他各卦皆系此二卦引申错综而成者也(崇自然、轻人为之义亦可引申而出)。

“复”卦亦值得注意。郑康成等说“复”是一阳始生、凡物盛极必衰等阴阳家言以解之，王弼之解释则与此大异。彼说“以无为本”，“失本始‘有’”也。故云：“复者，反本之谓也。”反本即反乎全体大用也，“以‘无’为心”(失本者以“有”为心)。“以有为心，则异类不应俱存”，争端乃起。王弼所说“自然”=“必然”。王氏对于“无妄”一卦有新解，不同以前旧说(参看《周易集解》)。个体有妄否问题，全体的真理(The whole or Truth)则不能有妄也。“全体”是永恒的(eternity)，个体为全体“所恒”。“恒”卦即表达此义。郑康成等解“恒”为久，“天地万物之情，见于所恒也”。并用“常道”二字解“恒”卦义。《老子》王注：“指事造形，非其常也。”又所谓“得其所恒”即“不失其所居”。昧其所可久之道。又如“旅”卦，王肃解为军旅，南北朝张轨解曰黄钺也。或有人训曰客旅，“旅”为“物失其主”之时(情形)，或“物皆失其所居”之时也。“恒”者得位，“旅”者失位之时也。“恒”可久之道，“旅”则反是，即最不久之道也。王弼解释卦义与前人不同，即在应用其“本体论”之见解于各方面也。

王弼除上之贡献，尚有几点可说。(1)王氏《易》引用《老子》义。(2)王弼《易注》重卑弱。(3)王弼《易注》中之政治理论(以君道言天道)。(4)王弼《易注》时位承应解。

一切皆原于“道”，则失其本如何可能，意者以为由于“知”的问题(但非普遍之知识)，所谓“昧其本真”或“昧其本然”也。王弼谓“圣人茂于人者神明也”，“明足以寻极幽微”，“神明茂故能体冲和以通无”。依此所论，则常人不能茂于“神明”。茂者盛也。茂者必其本有(得天独厚)。《老子注》第二章：“智慧自备，为则伪也。”神明出乎自然，圣人之本体即神明，即自备之智慧，非可以传者也，换言之，即非学所能得。王氏谓普通之明为“察察之明”，即普通之知识(knowledge)而智慧(wisdom)，换言之，常人之知不能离乎一切观念或分别而有知，即是“有名之明”。圣人之“明”内涵，显而易见如常人推理之知，以不自分别之“名”而得也。圣人之明曰“神明”，无为无造，圣人之明不明。

王弼对于“蒙”卦与“明夷”卦皆有创见，有曰：“蒙以养正，乃圣功也。”明显日月而不知。“明夷”本“伤”义，王弼谓“圣人晦其明也”。《注》：“藏明于内，乃得明也，显明于外，巧所辟也。”圣人之知为“象外之谈”，“以明夷莅众”。圣人之本体即智慧，故能体冲和以为用，常人无此明，故可以失其本也。故圣人之知，自一方面为蒙晦，但自他方面言则已可以寻其出微也。

王弼本前说对于“丰”卦之解释亦不全因于前人，按郑康成解“丰”为“大”也，王《注》谓“丰”为圣人治天下之作用。“丰”卦：“明以动故丰；”“无忧，宜日中。”王《注》：“丰之为义，阐弘微细，通夫隐滞者也。”如太阳可以光明普照。《易略例》：“明夷者，为暗之主；”“丰，此一卦明以动之卦也。”又曰：“明夷务暗，丰尚光大。”

魏晋玄学之问题与思想

魏晋南北朝之中心思想为“圣人”问题。

一、问题

最早之“圣人与天地合其德”，不过指圣人有与天地同其性质者。后渐变为与道同体之说，换言之，从 personal 的圣人变而为 pantheistic 的观点。“圣心”自圣人之性质(quality nature of a sage)渐变为“天地之心”。由此点，非中国本无此问题，不过自佛教法身等学说入华，使此问题特为显发，而更见精微也。广言之为“圣心”问题，狭言之为“圣知问题”。“圣人”之最早的定义“睿作圣”，质言之，即其“智慧绝伦”。在汉末则在有知人之明，以当时名家说流行，政论特重知人之明，如是则圣王一也。随见“道家”之说流行，《老》《庄》反知，天下之所以乱，多欲为过，皆“智”之罪也。最好人能无知无欲，老死不相往来，归于自然状态也。

王弼于名家与道家之说皆有所采取，以调和其矛盾。一方面在

《老子注》中讲绝圣弃知，一方面又谓“圣人茂于人者神明”，“寻极幽微”或“明并日月”。王弼用“大智若愚”，《易》“明夷”之明，晦而明，或曰“蒙”。《易》谓“蒙以养正，圣功也”。普通的知识“有名”，形而下者；圣人之知，非分析之知，形而上者之道见也。前者是察察之明，技巧为心。后者神明(divine wisdom)若晦，若谓前者为知，则后者是无知也。前者曰“有心”，后者则“无心”也，然此等分明皆依前者之标准以立说者。向、郭等反知指前者言，不反对指后者言。有知之知为欲望之源，是动的方面，无知之知是静的方面。王弼称前者为“伪”，后者为“情”。然圣人不能不应物，何晏以圣人静而不能再动，故曰“无情”。此“情”即王之“伪”也。王弼与何晏之说不同。问题在如何静而能动，晦而可明。较早此问题尚为 personal，其问题尚少，至说及宇宙本体，即其体本静而无知，何以其作用可为知而能动耶?

二、向郭(附张湛《列子注》)

在个人而言，即圣心在 personal stage 的时代，其问题仅在圣人如何不同于常人，后进而至论“宇宙本体”，则其根本问题已转移入“体用”问题矣。自佛教“法身”之说东来，中华一方面自个人立说，一方面又说“圣人与天地合其德”，其困难之点乃益显见。向、郭之说自“境界”不同立论。知为动因，并谓“夫吉凶悔吝生于动也，而知之所动，诚能揭荡天地，……故君人者，胡可以不忘其知哉”?① 好知则失其性，不安于命(性分)。在上以巧治民，民亦以巧应之，“攻之愈密，避之愈巧，治天下唯无任知”。“反知”非等于“废知”，故圣人“无知无心”非如槁木死灰也。《逍遥游》有小知大知之分，齐物则一也(各安其性分无别也)。《人间世》注：“言物无贵贱，未有不由心知耳目以自通也。”《德充符》注：“中知以下，至于昆虫……夫玄通泯合之士(上知)……(补)。”反知而非废知，然则圣人之心为如何耶?

① 《庄子注》卷四。

郭象注《庄》，明“自然”之义，无为而无不为，即无有“欲为”之理①，如是始可以得其性，如《缮性》篇有注曰：“夫无以知为，而任其自知，则虽知周万物而恬然自得也。”所谓无知而自得也。又如《秋水》注，目不知而见，行不知而走，如此之动，即是“天机”，无为而自然。不然，有所欲为，知其所知，则逆其天机，而非圣心矣。“至人……魄然忘其为而任其自动。”反其天机、“伤其神智”者谓之智巧，“巧者有为以伤神器也”。心体——神明，“才能”不过技术而已。圣虽不巧而有其神明，“神明绝伦”；而才艺固有限度，如圣人不能知非常经验之物、如月之他方为如何也。圣人不强知，有性分，故“应万机，泯然不知事之在己”。一切任之，一切应该如何即令其如何，“付之于物”——“心无情故”②。换言之，“不知所以知”，“不知所以然而然，故曰茫也。今夫不知所以知而自知矣”。依此意义讲，圣人之知可谓不知，盖一般之知无分别，而圣人之心则能齐物，故谓不知也。《大宗师》注：“天者，自然之谓也；夫为为者不能为，而为自为耳；为知者不能知，而知自知耳。自知耳，不知也；不知也，则知出于不知矣。”“知自知”则不能问其知之 why 与 how，而不知所以知也。依此义说，亦可谓圣人无心，即虽知而不能名为知，明而不能谓之明，以其绝知名认识，故未得名也。“不知”非一物也，“夫知者(普通的)未能无可无不可，故必有待也”。如此有待之知不能齐一万物。圣心同于变化而自然，虽有动作而无心，如流水引风，随感而应，不先不后，不“逆计”，不“推明”。引申有“与化为一”之义(郭象未有)，推而言之(非郭象所言)，知即化，感应不二，或圣心与其环境非二物也。与化为一，则僧肇《般若无知论》之思想也，故郭象之论圣心尚为 moral or spiritual，僧肇之论则是纯然 metaphysical 者。《庄子·德充符》注：“知与变化俱，则无往而不冥，此知之一者也。”圣知无对，无人我之分，故曰“自忘”，匪能无人，且能无己。内不能忘身，外不忘乎宇宙则不能随化。“遇物而应”——“无心而应”。

① 参看《人间世》注。

② 见《德充符》注。

无心而应者始可以治天下，许由等之不能治天下，以有心也。“无节碍”而自然，“物彼亦彼”，从此意义言，可谓圣心是“寂”，恒了如天然，“若视听而不寄之于寂，则有黯昧而不知也”。能“与物冥”，不能与变化隔绝，得其天机(神器)，亦以齐物(根据)也。

张湛思想不甚精微，大同于郭象《庄子注》，然有一点，张湛较郭氏更为明渐者，对于圣人之心“无私”特加发挥，因圣人无私，故能“冥寂”(圣心冥寂)。无念、无想、无意、无虑等，其义略同。《列子注》卷二：“夫心者何，寂然而无意想也；口者何，默然而自吐纳也”；“心既无念，口既无违……终日念而非我念，终日言而非我言。”(班固《白虎通》：“情，欲以时念也。”董子《繁露》：“心之所之谓意。”郑康成《礼记》注。《申鉴》后段论性情，以情意志等为同义，皆与性对。情有形态——state，personal，引申有考虑、动摇之义。亚里士多德《ethics》谓一般道德皆须考虑而行)“夫心者，寂然无想者也，若横生意虑，则失心之本矣”(“相”与“想”通用，等于 image)。《列子注》卷三：“此想谓觉时有情虑之事；”“昼无情念，夜无梦寐”(有人以此圣人无梦。为抄佛经之一例，以证其书之伪者)。“终日不言而无玄默之称，终日用知而无役虑之名。”《列子》卷八：“意引、偏惑随念想而转易。”圣心“不取于物”，不惑。《列子》卷四：“耳不惑于声，目不滞于色。”不偏不取，斯乃无惑。《般若无知论》于此问题有所讨论，如“不取者……故无惑取也”。《列子》卷四有言：“应物而言，而非我言，即物而知，而非我知。”换言之，圣人之知“无私”者也。“一切非私，但识而有之，心之惑也。”圣人无私亦“无知”之一解释，《般若无知论》亦有讨论，如：“则是圣人无私于知会，以成其私耳，斯可谓不自有其知。”上此二说，皆僧肇所反对而非其自说也。

三、僧肇《般若无知论》(无心、无知、无私)

又上之学说皆来自于无圣心之境，六家七宗之“心无宗”则主“无圣心”者也。支愍度立“心无义”①，慧远后，道恒心无说遂不见流

① 参看《世说新语》。

行。心无者谓心非有，即谓心非个体中之一物。王弼所说圣人尚有personal的意义，心无宗之圣人则非personal，此说原于大乘佛教，非当时常人所知见也。“无”=“空”字，无宗等于空宗，“无”对“有”而言，“本”有substance、ground之义，“本无”即“本”为“无”之义。“心无”有新旧二义，旧义为中国固有，新义则受佛教思想之影响者，今所讲“心无宗”即指新说而言。《世说·假谲》篇载支愍度与伧道人谋曰：“用旧义在江东，恐不办得食。便共立心无义。……无义那可立？”①“旧义者曰：种智是有，而能圆照。”②旧义与向、郭同为中国旧说，以“种智”为有，新义以“种智”为无，是根本有不同也。

“种智”即“一切种智”，亦即佛能知一切法或一切种智也，故“种智”即中华俗语之“圣心”是也(“有”——指事造形，形而下者，名器之域；“无”——非指一物，形而上者)。新义以“种智”“豁如太虚，虚而能知，无而能。居宗至极，其唯无乎”！故此“种智”或所谓主宰，即与宇宙不二之义。旧义言“虚妄不执”，新义指“种智”即宇宙本体。一切皆以此为体，而非personal。僧肇《般若无知论》，对于以前圣心或“有”或“无”之说加以批评，源自罗什东来，大乘佛教流行中土，僧叡在《毗摩罗诘提经义疏·序》中言：“格义迂而乖本，六家偏而不即；”“何以知之？此土先出诸经，于识神性空，明言处少，存神之文，其处甚多。《中》、《百》二论，文未及此，又无通鉴，谁与正之？”僧肇以为不能执“有”，亦不能执“无”。罗什有言：“夫言空以遣有，非去有以存空。”王弼贵无，向、郭崇有，僧肇主“非无”、“非有”，或曰“中道”。僧肇《不真空论》有曰：“契神于有无之间。”故不谈真以逆俗，不顺俗而遗真。从另一方面言，崇本者言“静”，贵“有”者言“动”，前者如王弼，后者如向、郭。《物不迁论》言“动静之际”有曰：“岂释动以求静，必求静于诸动；”“即动而求静，以知物不迁，明矣。”故物不迁非主静而言不变者也，《不真空论》曰：“即万物之自虚”，其立说之宗旨可见。

① 陈寅恪先生《支愍度学说考》对“无义”之解释不一定对。

② 依《世说注》补。

支孝龙之论

汉末至东晋以来，始与中华学术发生关系，此前之佛教，特一种社会之信仰或宗教而已。究竟佛教影响玄学，抑玄学改造佛教耶？则为可注意之问题。牟子《理惑论》虽为佛教辩护，且于思想转变有关，但于理论殊少建树也。支孝龙，西晋之名僧也，八达之一，与阮赡、庾凯等为友，胡母辅之，谢琨等皆以任达称(故有八达之号)。彼等但求性情投合否，不问阶级，互为议论。《高僧传》载："时或嘲之曰：……沙门何不全发肤去袈裟释胡服被绫罗？龙曰：抱一以逍遥，唯寂以致诚，剪发毁容，改服变形，彼谓我辱，我弃彼荣，故无心于贵而愈贵，无心于足而愈足矣。"现吾人试依彼"抱一以逍遥，唯寂以致诚"二语以考察当时中印学术交流之关系。按"抱一"、"逍遥"、"寂"、"诚"皆中国哲学原有名词，吾人若能了解汉魏间佛典之翻译情形，则可知其重要性之影响我中华学者。

最早之翻译，依西域语法转写汉文，如"闻如是"之例，皆特形难解之象。安世高译经之态度"贵本不饰，天竺古文，文通尚质，仓促寻之，时有不达"①。晋初尤沿此见不辍，因与中国学术相去过远，不甚易了，乃生反动，主以中华固有名词或本有文法以译佛经。三国以后，佛徒秉承者日众，华化益深，不知不觉已受中国思想之影响。此中著者，如支谦、康僧会之例。《法句经序》："仆初嫌其辞不雅。"可见其态度之一般。换言之，即主张多用中国固有之哲学名词是已。晋道安《般若经抄序》云："前人出经，支谶、世高审得胡本难继者也，叉罗、支越，斲凿之巧者也。巧则巧矣，惧窍成而混沌终矣。"②道安《鞞婆沙序》之意略同。此种意译之结果，中国乃影响外来之思想，换言之，用中国思想以揣测印度之思想，因此外来之思想乃特为中国学人所赏识，然非真对印度学术有若何真深了解也。支孝龙之论

① 释道安《大十二门经序》。

② 《出三藏记集》卷八。

可为例证。

支谦有《大明度无极经》，别译《摩诃般若波罗密多经》(Maha-prajna-paramita)。后来道教之“无极”抄自佛经，后且与太极对比，乃曰“无极而太极”之语。支谦读为 psagin apasamita，a 有“不”之义，于是有误解宇宙为“无极”者。巴利文 phassa，“接触”之义，特指内心与外物之接触(= contact，touch)，玄奘定译为“触”，但 phassa 指内心与外物之触，而非外物与外物之实际的接触也。汉译 phussa 为“更”，如“少不更事”之例，以“更”为动词，而 phassa 为名词。支谦译为“合”字，更加华化，换言之，以中国思想加入西域之思想躯壳中，如是则所了解者非西域之思想，而我国之思想也。支孝龙“抱一以逍遥，唯寂以致诚”观念，如“寂”在印度等于“禅定”(“禅”字为译音)，支则译“禅”为“寂”，引申可以为清静无为之义；“抱一”在印度为“守一”或“一心”、“一行”之义；“诚”指“一”；“逍遥”在印度亦其原义。当时人或有能了解其印度思想之气味，今人则鲜有知者，且误解为中华思想矣。谓魏晋玄学受佛学之影响，不如谓当时佛学受魏晋玄学影响之为当也。

汉末西晋佛教材料与理论有关者尤鲜，至东晋时则佛教忽尔大放光明，其故何欤？支孝龙所谓“抱一以逍遥，唯寂以致诚”，从理论方面说之，“寂”本“禅那”之意译，静坐之谓，华人引申之而有“清静无为”之义。“诚”有“一”字之义，刘向《反质》篇有云：“夫诚者一也，一者质也，君子有外文必不离内质矣。”故“唯寂以致诚”有禅定以得“一”之义。汉《了本生死经》注“……”①，西晋初译《度世品经》：“寂度无极，使意一定。”禅译寂，又可以“一心”翻译或解说之。如上同书：“一心度无极，寂定无错乱。”故支孝龙之论实有印度佛教的意味。既详中文，即含有中国意义，此并可有三解：一代表汉，二代表三国，三代表西晋。于此可见以上术语思想之变迁。

一、汉时，《太平经》有“守一”之说，此守一为一种法术，亦若禅法者，《太平经》谓是“长寿之根”，且有次第。当时所谓“抱一”，

① 原稿空缺。

如《河上公道德经注》等皆指坐禅之义。《太平经》且称藉此可以去肉身，《抱朴子》有“守一存真，乃能通神”，通者交通之义，故此“守一”亦可说是神仙家言也。于是可见当汉时之佛教，即为神仙家之言。康僧会《六度集经》第七卷言“禅度无极”，即“寂度无极”，解释曰“禅度无极者，……端其心，壹其意”。康氏《安般守意经序》亦谓“禅”是端其心、守其意，“意”者心之动（诚意与后来理学有关）。“壹其意”即诚也。能安般守意，则可“制天地，住寿命，……神德无限，六行之由也”。成神仙即可逍遥自由之谓。至东晋探较旧说，如大师道安早年之《安般守意经序》云：“得斯寂者，举足而大千震，挥手而日月扪。”

二、三国时，另有新说，与汉代旧解或亦有关，但实相去甚远，如阮籍《清思赋》言欲人思之诚，无忧而自在，有曰：“夫清虚了廓，则神物来染，……（依书补下节）。”亦在发挥前文之义，嵇康《养生论》、《达庄论》之解略同，然最代表其说者为《大人先生传》。其所说虽略近汉代朴素之神仙理想，然已多带澜缦及文学的想像，如言“徘徊无所终极”，“逍遥浮世，与道俱成”。重神而不重身，亦可见变化之微。又如相术，汉代言骨神，魏晋重神理，亦其关键也。《晋书》言阮籍“得意忽忘形骸”，亦重神之论也。“阮籍佯狂”，但《高僧传·宝志传》、《续高僧传》内“慕阮嗣宗之为人”，此所谓“狂”皆指无目的走，有彷徨之意，如三国时王肃《孔子家语》解释《小戴记》孔子之死，“逍”“遥”即乱走，所以表示飘摇之义。故有“阮籍佯狂乃有穷途之苦”，即在此世界可以表现其精神，而非离世成仙，其思想或理论已见转变矣。

三、西晋时，如支孝龙之论，匪特无神仙之想，而为一般人之人生态度。东晋时《弘明集》郗超《奉法要》有言“开士（菩隆意译）深行（坐禅），统以一贯”，可以得“空”。何谓空？不过一种态度。东晋末西晋初，谢敷《安般守意经序》：“开士行禅，非谓守寂，在游心于玄明矣。”“不假外以静内。”依此，则支孝龙之论已非印度之学说矣。“抱一”即须内心有把握或靠得住，外表则无关重轻，此非宗教态度，而为玄学之人生观点（此“守一”与后来“尽性”之说有关联）。其根本问题在“性情”，(性)心若坚定，可不为情搅。致支孝龙不久之《康僧渊传》：“浩始问佛经深远之理，(渊)却辨俗书性情之义。”①于是圣人有情无情乃成问题。《世说新语》载有其例(辨圣人无情)。晋《修行道地经》：“寂然加趺坐，如柱定难倾。”故可见当时佛徒名士共同之了解为人生态度或地位问题，且亦可用佛经或以《老》《庄》解释者也。

“圣心”(圣知、玄圣、般若、种智……)。

慧远、三论、梁武帝等

一、慧远

慧远曰：“佛是至极则无变”，“至极以不变为性，得性以体极为宗。”

虽然，慧远尚不免于著有也。见《高僧传》，此即涅槃的学说。

“自然”，有“决定”之义。如有甲即有乙，甲乙之关系即自然(必然之义)，《世说》慧远云：“易以感为体。”

慧远《明报应论》有曰：“感之而然，故诵之自然。”

自然——有——神。

“体极”，参看《沙门不敬王者论》②。政治与宗教之关系。

王者法天，故宇宙本体与政治元首存在天人相应也。

圣人——天——王者(时素王)。体极与兼化(教化)。

慧远曰：“体极不兼化。”圣人任运，不变性之自然。

“方外之宝”——参看慧远《三报论》。本体——spirited activity.(非木石的。)

从本无的观点，慧远的学说实不如王弼之彻底也。

慧远主神不灭论，当是认慧远为涅槃学说之一种解释。

① 《康僧渊传》，《高僧传》卷四。

② 载《弘明集》。

二、三论宗(吉藏的学说)

三论宗特别注重人生一方面，以大乘空宗为体，特重三论(尤重《中论》,《十二门论》为《中论》之略释，《百论》主破外道)。

《中论》亦名《中观》。观者禅观，故《中论》非只言论之书也。得中观以解脱，以中观为正法为体。般若者与正法相应，即涅槃，或曰证法身，以无所得故(断八倒，四句，八不)，其整个人格如是(严格言之，人格亦不可说)。生死中即证涅槃，无分别智而证中道，特重人生。三论宗之精神影响后世禅宗特大，禅宗与三论宗精神实一贯也。本来如此一句最足代表其气度："尼姑天然是女人做的。"亦即此义。吉藏学说最盛行江、浙、江西、两湖。后世禅宗即继承此种传统而得光大者也。

罗什观法(方法一方面)虽称大乘，但不脱小乘步骤，与中观有别。理学受禅宗影响最大者与体验、直探本体(本性)、本性之自然流露(或发现)最切要也。隋唐三论宗中衰，玄奘回国实大有关系也。后三论宗之根本义转入禅宗，亦思想史之递变。

吉藏上接摄山一派，尚隐居，盖山居而行此种修持故也。

魏晋玄学之境界则与上述有别(无方法以达此境界，故多流于狂放)，此方法之发现则三论宗与禅宗之贡献也。

主"空"者体用本来不二，著有者则尝未免堕于有间(体用两截)。

吉藏说玄学家之自然，如《庄子》(向、郭眼光下)者，谓一切由于造化，"造化本无所用"(独化)，自有而不他有，自有既有所执，尚未进于真自然，不如佛说之圆满也。

吉藏又释王弼之空义(王弼旧疏，乃指魏晋贵无之说)。"伯阳之道，道之虚无"①，吉藏以此贵无之说变诣正理也。又云："牟尼之道，道超四句。"所谓梁武帝新义"以真空为道体"，超乎有无四句，实受摄山影响也。

吉藏之无义圆到，则与魏晋"贵无"不同也。吉藏《中论疏》(尤其

---

① 参看《三论玄义》。

后半)至关重要，宜细参看。

三、梁武帝

从人生讲涅槃，梁武帝其例也。博学，其思想不甚精密，又杂佛玄，且言儒学。刘宋时代特重儒学，梁武帝亦同宋文帝倡五经，故梁宋时代不尚《庄》《老》空谈，皇侃《论语义证》是其代表作。又《大品般若》与《大般涅槃经》为当时重要佛典，《三慧经》更常讲习，则《大品》之节本也。梁武帝作有《中庸疏》，在思想史上最可注意之点也。

梁武帝以“真神”为“正因佛性”。正因(what)乃对缘因(how)而言。真神为“常”而“明”，神之本体。梁武帝又重《孝经》，性至孝。以崇拜佛之精神作孝之事业，今世法事亦杂糅儒佛者也。梁武帝主神不灭(其义见于诏文)，主修身①，以《礼记》、《中庸》之性命之义讲之。以《老子》“损之又损”义讲佛学上之“遣义”，又进而讲治国平天下之道：“自近及远，一念之善，千里斯应，一心之力，万国皆欢。”②(齐竟陵王一方面亦同梁武帝。)

梁武帝于摄山三论新学恐不真了解而堕于有也。

可参看《立神明成佛义》③。与境变迁(无明，用)，恒常不灭(明，体)。

梁武帝与慧远在最后更一致。佛性本有始有问题。

四、其他

唐以后之佛学以“心性”问题为主要思潮(包括禅宗、华严宗、天台宗等)。

宗密《原人论》(糅合禅与华严之说，以讲心性)。

相传天台主性善，华严主性恶。

柳宗元作《六祖碑》，谓“始于性善，终于性善”。唐玄宗时禅宗

① 《净业赋》。

② 见《金刚般若经赋文》，载《广弘明集》。

③ 载《弘明集》。

大师神会和尚时即有“无情有性”之论，可知此说起源甚早，不必始于华严澄观等也。故唐时中国学术之变迁，其主要问题为心性，如韩愈作《原道》、《原性》，梁肃（天台）作《止观义例》，李习之作《复性说》，《金钢錍》等亦讲心性问题，当是内外学者既皆以心性问题为主要潮流，中国经典中之《中庸》为最合适的著作，故智圆契嵩等皆讲《中庸》也。佛性即印度心性的学说。

南北朝之末年最主要之问题为始有本有的问题。

唐末宋初之主要问题为性善恶问题。

佛性学说为《涅槃经》之中心问题，不但此也，且为《十地经论》及《摄大乘论》之问题。《涅槃经》为空宗经典，后者为相宗经典，由此心性问题自空宗亦变为相宗之问题。玄奘求法之动机，其主要问题即于本有始有问题有所怀疑而起也（当常、现常），求《十七地经论》（《瑜伽师地论》）。

心性之善恶问题与佛性本有始有问题实有密切之关系也。

《涅槃经》有“本有今无”说。说佛法为三世有法，无有是处。盖“佛性”从本体上讲，可谓超时空之问题也。时间属于本体，而本体（全）不属于时空也。从部分的眼光，则本无今有或今有本无乃成问题也。

Spinga 所谓“intuition”即从全体的观点以讲全体也。从一方面，佛性本有，即本有，何以有众生而非佛，从另一方面《涅槃经》亦有始有之义。从染污得佛果，乃有此问题也。如此有一问题在，即佛性有生灭为无常矣。

Spinga 反对以错误以知识代替直觉（intuition）也。从全体始可了解全体，从部分的观点推测全体，必不可也。

本有于当，即本有当来成佛之理，即调和前本有当有之说也。实则此语有内在的矛盾。吉藏《大乘玄论》及慧远《大乘义章》皆有批评，可以参看。吉藏之说本于三论宗之观点也。《地论》乃相宗经典，其中于阿赖耶识与真如之关系，有所讨论。真谛书中有九识（真）与八识（真妄和合）之讨论，以九识即真如，但八识本有始有亦成问题也，种子本有熏习等问题，凡此皆与本有始有等问题有关系也。佛性现、当问题，至法相宗而为根本问题的研究，玄奘所谓未解决之问题即此也。《大乘起信论》于此中环境中发扬，而为调和作用之书，如宋初之《中庸》然。

《起信论》非伪作，亦如宋初《中庸》非伪作也。

“理”为常静而在污染之中，中国人固用以表佛性。

“理性真神”。

华严宗说“理”、“事”相对。理体 = reality，substance，事 = appearance，qualities。理、气相对。

“理气”与“事理”相对，为时甚晚，魏晋南北朝时之“理”学不如此也，如菩提达摩说“理入”、“行入”等。可参看菩提达摩“四行”①。

立刻渐悟实相，理入也。理入者，不待修行而直探本体也。地论师说对于佛理有二种见性之法：一“理”本有，二“行”则始有也。

见性悟理，故直入也，此为顿说。“行入”则渐说也。又言涅槃有两种也（性净涅槃、方便涅槃）。

在达摩时，顿渐相连而非相反也。

地论师说“理性真神”（本体），实为一种调和的学说。

理性真神——本有。

阿赖耶识——（用与无明）。

二者关系如何？

于是阿赖耶识之净的成分说为第九识（或无垢识、阿摩罗识），其染的成分说为第八识也。

体净用染如何说明？换言之，即性恶如何而起？于是有熏习的学说。无明可以熏真如，真如可以熏无明，则《起信论》之学说也。

《大乘起信论》与空有二宗学说皆不相合，故空有二宗人皆反对之，杂各家之说而皆与以相当地位，使本有始有的学说得所调和而流行也。

唐代以后，《起信论》之地位甚为重要。

唐代佛学几皆受玄奘之影响。

---

① 《续高僧传》。

慧远《大乘义章》。

窥基《法苑义林章》。

《宗镜录》(一大部分为法相的学说)。

华严为变相的相宗。

天台亦受相宗的影响:

唐代主要问题:①心性,②相宗。

《大乘起信论》则兼心性与相宗,因以流行也。唐代士大夫喜《起信论》或亦在此乎?

禅宗、华严宗等

禅宗本源于一种禅法,自南北朝以来即已然也,南北朝各宗派皆有其禅法(或观法)。南北朝时义学与文句相对,唐时则义学与禅法并行也。《高僧传》义解篇最重要,《续高僧传》中则习禅篇最重要者也。《法华》天台主一乘三昧观,华严主法界观,其他各宗莫不与禅观有关。

南北朝时禅宗与地论宗关系最密切,用《楞伽经》。唐时禅宗与三论宗关系最密切,用《金刚经》。坐禅不过方法,明心见性或成佛乃其目的也。

神秀四句偈即在讲坐禅也。

《神会语录》云:“不见身相,名为正定,不见心相,名为正慧。”到较高境界,不见身相,则是菩提也。

六祖四偈从见性本体上说。

六祖以后反对坐禅,皆是见性上说,实则彼辈尚多坐禅也。又以坐禅非唯一方法,或代以机锋用作见性也。

禅宗,粗言之,一种心的修正或“心学”也,非一种纯理论也。注重心的自证,即得道或见性得法也。心之自己发现自己,凭籍禅定方法或以坐禅,后则渐采多种方法如拂子一动、棍棒喝等,可以见性也。言下大悟,实即自悟也,此言不过一种凭籍也。禅宗之根本理论本同于禅法,其新的方法则中国人之创造也。禅宗说定慧等,智慧与人格合一，毫无滞凝，即整个人格之改造完成也。从第一地至六地，定慧不等，有注重有，有注重无，至七地则有无并观（非有，非无）或有无双遣，契于中道（空宗）。七地又名定慧等地。

菩提达摩禅法为“壁观”，不经过普通禅法之阶级，直探有无并观之境。当时人反对之，或以其不合大小乘家法也（大乘十地、小乘四念处）。直接成佛最为中国人所喜。

禅宗何以为中国的佛教？

法华三昧根据《中论》中、假、空。

华严法界观。

禅宗理论即空宗或三论宗。前者鸠摩罗什、僧肇、道生等是也。

三论宗但有理论，而乏方法之实现。禅宗能以空宗理论而以中国流行之方法实现之，故禅宗成为中国的佛教。

魏晋玄学家虽有近乎空宗之理论，而实则亦无适宜之方法也，如阮、何、王、嵇等欲以实现其玄学之人格也。禅宗上接魏晋玄学（尤如竺道生等），而进一步有方法的贡献。

达摩以四卷《楞伽》为传心法要，弘忍以后改用《金刚经》，达摩之学不见行于南方，乃去北方。北方当时最流行《十地经论》、《解节经》、《瑜伽经》等，即北方佛教理论家皆为地论师。在地论系经典中求一可以代表空宗之精神者，则《楞伽经》是也，故曰“我观汉地，唯有此经”。隋唐以后，禅宗人南渡，当时流行之书莫如《金刚经》，乃改用《金刚经》以发挥其理论也。达摩多处用地论师说，其言“理入”、“行入”，皆北方地论之名词，而非南方三论宗常用之名词也。以后禅宗人尝有不承认达摩“入道四行”为达摩之说，盖“理入”为顿而“行入”为渐也。后则弘顿门也，以无所得心悟入实相，契合本体故曰不动：“藉教悟宗，深信含生同一真性，……无自无他，凡圣等一。”

宗密谓禅宗是“顿悟自心本来清净，原无烦恼，此心即佛，毕竟无异，依此而修”。此与达摩之说原无多大出入也。又宗密曰：“唯达摩所传，顿同佛体，……得即成圣，疾证菩提。”意谓此禅得则顿成圣，然不如其他禅法之有层次而无其他过失也。其方法即中国之体验也。坐禅非目的而为方法，且人亦不能常坐禅也。且不坐禅时岂可放弃其心耶？或因此菩提达摩乃说行入也，时时是本体的显现。平常之心即佛性的表现。马祖曰："平常心是道。"行住坐卧，处处可以见性，定慧等学、止观等，或人格与理论合一，即行入也。

崇信禅师至天皇学道①，亦即行入也。

后来"作用见性"，即达摩"行入"之发挥也。坐禅的范围缩小，而表现目的(见性)之方法更广，引入到"作用见性"，是中国的，且下接宋元明儒学也。时时"收放心"、"活泼泼的"，如此更接近中国之学术，与自政治社会上出世之思想自远矣，多在日常行事上作工夫矣。

唐末至宋初之佛学

禅宗、华严宗与天台宗。

中心理论与重要问题差不多，且有混合之趋势。

唐初佛学大盛，和尚学问颇好，因此佛学盛极而孤立。再则唐代盛行各宗，各有其特点。

唐初有非常纯粹之印度学流入中国，如玄奘之法相唯识学是也。法相原于地论(北)、攝论(南)，玄奘以不满于地论师之说乃西行求法也。

北方四宗即华严地论之说，慧远《大乘义章》亦同也。

玄奘门下两派。窥基——正统，圆测——华严地论等，有关。

武后因政治的关系，特别提倡华严。

华严宗，中国性质颇多。

天台宗亦有混合的性质(隋炀帝等提倡之)。

争执的反动更有混合的趋势，以各宗之特点混合讲之，应注意之人物。

华严宗——澄观②。

---

① 可参看《景德传德录》。

② 参看《答太子问心要》、《传灯录》。

澄观最重要之著作《华严疏》、《华严法界玄镜》等。

澄观弟子宗密(唐末学术之代表)，主要著作为：《禅源诸诠集都序》、《原人论》(华严的学说)。

湛然(天台宗，受禅宗影响)——《法华玄义释签》、《止观》、《止观义例》、《金刚錍》。

北宋初年，天台宗大盛，宋帝亦赞助之①。

孤山智圆为最大师，受禅之影响，所作经疏至多，可参看。

智圆又号中庸子，作有《中庸注》，宜参看。

禅宗最重要著作：《古尊宿语录》、《碧岩录(或集)》，宋代最流行之禅籍：《传灯录》、契嵩《镡津文集》、大慧《宗杲语录》、延寿《宗镜录》(颇混杂，读其序可知，不如宗密远甚)。

心性之学且重修养工夫，为唐末各宗之特性。

①体用一原，显微无间，华严宗特倡之，其他各宗(如禅、天台)亦言之。一即一切，十玄门，事理无碍等，皆讲此也。

善恶问题。

五种性问题，说有一种无有佛性，此亦成为问题。阿赖耶识与真如之关系(不一不异)，或第八识与第九识之关系。新法相阿赖耶识与真如之关系少说。华严宗说真如与阿赖耶识一源。因此有说华严宗主性恶(天台宗亦不断性恶)。

推广言之，即性情问题。有情与无情是否皆有佛性问题。

可参看湛然《金刚錍》。

华严影响中国儒学。

②妄尽还原②，人原即妄尽，一真法界。

如来藏(胎字义)——佛性。

天台止观亦言妄尽还原。可参看《小止观》。

可参看梁肃《止观略例》。

“夫止观者，……物之所以不能复者，……”

---

① 可参看志磐《佛祖统纪》。

② 参看《原人论》。

因昏故“视”，因动故“止”也。亦妄尽还原之义也。亦略同宗密《原人论》也。李翱《复性书》即继此说者也。用《中庸》诚明无思无虑以讲之。《易》曰：“天下何思何虑。”

李翱与梁肃之关系虽甚密，但其学说之关系亦难言也。作有《感知已赋》，即指梁氏也。

③直指心性（禅宗尤倡之）。顿悟成佛，直见全体。华严天台皆顿教也，其方法则禅宗特别处也。

④佛教与教化（治道、名教）

最早出于人天教，即说明佛教与教化之关系或裨益。人天教说五常之道，或曰世间教（世教），天台、华严亦言之。最可注意者即契嵩《镡津文集》是也。按契嵩亦禅宗人也。契嵩亦讲《中庸》中和之义，以中庸中和与佛教中道一也。

指难取易，使儒释合流。

足以代表佛学衰而理学兴矣。

伦理学讲义①

第一编　绪论

第一分　伦理学之性质与范围

第一节　何谓伦理学

本节旨在解释“伦理学”之字源与含义及其引申意义或演变。

英文“Ethics”和“Ethical”都是从希腊文“伊梭司”(Ethos)来的，原义为风俗(Custom)或习惯(Habit)，引申有性格(Character)的意思。伦理学在英语或称“道德哲学”(Moral philosophy)，略与“Ethics”同义，是从拉丁文“摩理司”(Mores)变来的，也是指风俗习惯之义。胡适之先生译 Ethics 为“人生哲学”②。

“伦理”二字的意义是从具体的关系逐渐抽象化。“伦”，常也，君臣、父子、夫妇、昆弟、朋友为“五伦”。“伦”，类也，比也，等也，如俗曰“不伦不类”。从不变的分类转为不变的关系(道德的伦

---

① 本讲义为石峻先生生前遗稿，写作年代不详。按石先生自西南联大时期至20世纪50年代初期曾讲授伦理学课程，本稿应为当时授课之用；又从文中称孙中山为“总理”、称胡适为“胡先生”来看，很可能作于民国时期，故编排于此。本稿在《石峻文存》中已有收录，此次先由董群教授重新删订整理，然后再由邢东风修订。——编者注

② 参见胡适《中国哲学史大纲》。

理)的研究。“理”，条理，义理也，宜也。郑玄《礼记正义》说：“伦，犹类也，理分也。”汉代所谓“人伦”，即品评人物的高下，分为等级伦类，故叫做“人伦”。“善人伦”就是说他善于品评人物。

道德二字，“道”者，由也，路也。“德”者，得也。宋徽宗“御解”《道德经》说：“道者，人之所共由，德者，心之所自得。”许慎《说文解字》：“外得于人，内得于己”之谓德。故“道德学”者，亦可谓发生于合理的思考，即对于发生问题之道德风习为合理之思考也。“道德”连用乃近数百年之事。

附：东方哲学中伦理学范围之开展

梁启超谓中国如有所谓哲学，也只相当于西洋的人生哲学一方面。即其他学问之目的，皆以伦理学为归宿也，如《庄子》之重思辨以反对名家是其例也①。此点与印度佛教之重实用同②。知识论与宇宙论等，皆归于伦理学也。“其他曰‘为政以德’，曰‘孝治天下’，是政治学范围于伦理学也。曰国民修其孝悌忠信，可使制挺以挞坚甲利兵(以德服人者王，以力服人者霸)，是军学范围于伦理学也；攻击异教，恒以无父无君为辞，是宗教学范围于伦理也；评定诗文古辞，恒以载道述德眷怀君父为优点，是美学亦范围于伦理也。我国伦理学之范围，其广如此，则伦理学宜若为我国唯一发达之学术矣。”③

美国康奈尔大学教授悌利(Thilly)谓东方各国如中国、印度等只有宗教、神话、伦理学说等，而无哲学。其言似是而非。西洋多有为知识而知识，东方人多为人生而知识，只可谓所偏不同，而不能谓东方无哲学也。且中国人之讲人生，“通天人”，以一切其宇宙各方面之见解以证成其人生理论，不似一般仅以风俗习惯之比较为能事也④。然研究风俗之法有二：(甲)以证明为目的——考各民族在各

---

① 参见《庄子·天下》。

② 参见《箭喻经》。

③ 引自蔡元培《中国伦理学史》。——编者注。

④ 印度哲学史家 Dasqupta(1887—1952 年)已有评论，详见其 *A history of Indian philosophy*。

时代之风俗习惯而记述之。(乙)以实践为目的——在研究人生行为之价值，以指示吾人处事之正道，是则希腊人之所谓伦理学也。

第二节　伦理研究之对象

本节旨在辨别“伦理学研究”不同一般自然科学之所在。

自然现象、机械动作、低级动物动作，皆非道德的行为，不属伦理学研究之范围。行为不影响其他者，如孤岛一人之行为无道德意义之可言。“道德行为乃只限于人类之有意动作(Voluntary action)，即由人类意志之决定所发之动作是也。”以上证明为目的。

苏格拉底说：不经考察、不经批评的生活，是值不得人类去过活的。行为有两方面：“在一方面，道德的生活是具有目的的生活，其中含有思想和情感，理想和动机，评价和抉择。另一方面，行为又有其外表，他对于自然，尤其对于人间社会都具有关系。”

“道德学研究内心的历程，是研究内心历程之为外界情况所支配，或内心历程之施予改变于外界情况，道德学研究外表行动之为内心目的所支配，或外表行动之转移内心生活。”

道德行为之三要素：1. 行为者必须明知其所作为者究是何事。2. 必须抉择其所作所为，而且系为其所作所为的自身而另择之。3. 其行动必须是已成的固定品格之所表现——系统的，有目的的。也就是自觉、目的、系统三要素。

伦理学之发展，必须考虑两个方面的因素：1. 追求不变的应该的关系及内容是什么？2. 比较不同的风俗习惯(如死人葬礼之类)。“凡此某时某地行之而习惯者，易时易地观之，反为不自然，对此不自然之习惯，起为合理之批评，而思求一合理系统之解决，是则道德学之所由生也。道德学是从邪正善恶的立场去研究行为的科学——我们站在善恶邪正的立场，对于行为的判断，作一有系统的探讨，这便是道德学的目的。”

通常伦理学上讲到“行为”，指道德的行为；而对于非属道德的行为，则叫做行动或动作。行为必由内部之目的和外部之动作两方面合成。如只限于纯粹的内部目的，则属于心理学范围，而非伦理问题，例如恋爱、贪心、痴情、私愿等，若是纯粹的外部动作，能属于经济(如吃饭)、法律(如课财害命)、政治、社会学(如结婚、生儿、死丧等)等范围，而亦非伦理问题。但若逢到内部与外部发生接触处，显出一种具目的动作，就是所谓行为，这便为伦理问题①。

分析地考察一切伦理问题之先决条件为何？同时了解其应用之范围与可能性为何？似皆为吾人研究之对象。

第三节　伦理学研究之方法

此节旨在说明伦理学何以应为哲学之一部门。

一、比较的方法

如中国一夫多妻，西藏一妻多夫，西洋一夫一妻。乃至考察各民族之风俗习惯，而比较以求出其意义。

二、发生学的方法

从历史演变说明各种制度风俗之意义，乃至考校各民族在各时代之风俗习惯，解出其所以变迁之道德背景。伦理学最后在实践，非仅知何者为道德而已足，要在如何实现道德之理想也。

三、体验的方法

认为只需(当下的)把握其意义，不必注意于形式，有神秘主义的色彩(如爱情之类)，文学、美术等多包含之。如宋儒之静坐以观言意之辩——从不同仪节中把握其相同之意义(如天地境界)。盖形式变，不一定意义变，意义变，方为进步也。

道德行为之内外两方面：行为与目的(或动机)。

前二种方法，成为科学，无归宿，是片断式的，仅注意外表，不可以求得行为之意义。因相同之仪节不必代表相同之意义故也。

盖每一行为代表其整个“理念界”之抉择。体验的方法不能教人，而道德学必须教人也。后一种体验的方法被决定于“个人教育环境”，不足以言道德之改进。若不到天地境界，完全无私念，容易养成独断习气，各种不同原则，调和各方面矛盾以得进展。

---

① 参见《中国伦理思想》第6页。

四、哲学的研究

宇宙观和人生观不可分，人的宇宙观影响人生态度，故欲人生观正确，必先于宇宙存正确之认识。必须注意到宇宙观(知)和人生观(行)的关系，感情与知识的关系，“内”(心)“外”(物)的关系。

目的论的解释，求得“行为”与“至善”、“自由”与“必然”之关系，个人与宇宙之关系，此与社会科学所以不同也。美与丑的关系或距离，善恶与苦乐的关系，等等，不可以概念上之分别作为事实上之分别。伦理学为哲学之一部分，必须以形上学为基础(求出体用原则)，思考一切方面与至善之关系。而至善也与道德标准有关。同时，必须求出道德之必要条件，换言之，无如是条件者即不得称之道德行为。

知与行的关系，从“知”入手，且须内外兼顾，既须教人，又须实践也。知而不能行或行而不知者，皆非伦理学之对象也。

第四节　伦理学与其他科学之关系

此节旨在说明生活工具与目的或理想之关系。

伦理学与其他学科的关系，涉及与政治、经济、科学等学科的关系。

研究伦理学有其意义及重要性。因一切科学直接间接与人生有关，盖凡“工具”之学可以为利，也可以为害(举例科学的发明)，伦理学所研究之“善”，则只为目的，而不得为手段。

就一切科学之可以为实现道德理想之工具言，亦只有相对的价值。从一方面说，各种科学皆为“工具”，而伦理学所研究之对象“善”只为目的而不得为手段。但自另一方面说，一切科学的发明，都可以促进道德的生活，如医学的发明可以促进孝、爱等道德行为，或改进行为道德的方式，交通、经济等系统的研究可以防流弊。有人谓科学日进步则道德日堕落，盖一偏之见，不足信也。

伦理学与政治学以及社会学之关系，在孝必有父母，友谊必有朋友，忠必有国。换言之，须有社会始可有实现道德理想之对象，故道德的实现与政治社会有密切的关系也，不然，只有道德的动机而无道德的行为也。柏拉图、亚里士多德借以伦理学为政治学之一部，中国所谓内圣外王，盖政治建筑于伦理学上也。

伦理学与法律之关系，即其一切赏罚必以一种道德理想为归宿，否则不可以言法律。法者禁于已然之后，德者防于未然之前，是法律不过救道德之穷而已。

伦理学与教育学之关系，必先确立最高人格之理想，始可定教育之目的或方针。教育学若离开伦理学，则无归宿，如卢梭《爱弥儿》以个人天性的发展为善。性善、性恶论等皆为可影响教育之理论也。

第五节　伦理学的各方面

此节归结各种不同伦理问题最后之通性。

道德是实践的，有先后主次的问题。

一、宇宙与人生（即知和行）的关系的问题。这也是理论和实践的关系的问题，涉及知难行易、知易行难、知行合一等不同的观点。

二、“内心”与“外表”（即“动机”与“结果”）的关系的问题。也称为“心”、“物”关系。只有善意或好的行为而无好的动机，皆不得为善，或有人主张只有善意即为善者，如救人之危反伤其身之例，养羊之例。又如“爱”人之例，须有外表，不可只在内心。

是“心”决定“物”还是“物”决定“心”呢？康德曰：“世除善意之外，无有无条件之善者。”

三、“感情”与“理智”的问题，这涉及“欲”与“理”、公与私等。导欲从理，而不可无欲，盖无欲即无理也。苦行禁欲者皆主“感情”与“理智”对立。

四、“善恶”与“苦乐”或“利害”的问题。两者的相关性，善是乐，恶是苦，或者善恶与苦乐无关呢？是否只有善恶无利害呢？或凡善者必有“乐利”，恶者反是，但有“乐利”者则未必为善乎？

五、“自由”与“必然”的关系。道德必然以自由为前提，而必然又为宇宙之法则，则所谓道德，应作若何的解释。“必然”为道德之所需，道德故需乎自由，然亦有需乎必然。

六、目的与手段或“动机”与“效果”。有人主张择目的，不择手段，是否正确？如柏拉图所举“养羊”之例，如此，坏人可以假借为善之名义。

七、至善的内涵。涉及是非善恶判断的标准，这也是论境界。“知的”或“情的”，每一行为代表整个世界。

第六节　伦理学的先决问题

一、生活是有意义的，有价值的，否则只有一切否定，无善恶之分，无伦理学可言。

二、人类有大致相同的天性，或可能教育成相同的个性，承认这一点，始有伦理学可言，不然人各是非，无伦理学可言。

三、意志自由问题，人之一切必不完全为外界所决定，若人之一切完全为环境所决定，无伦理学可言。

四、目的论的见解。人类的行为并非像自然界中的行为那样没有目的，它不是盲目的。如果是无目的的行为，则无实践之可能性。

第二分　伦理社会“意识形态”之窥测

第一节　社会伦理与民族文化

此节旨在讨论“文化精神”与“文化类型”之区分，兼以比较希腊、犹太、印度之人生态度。

礼之功用，诸经典多有记载。《礼记·曲礼》云：“夫礼者，所以定亲疏，决嫌疑，别同异，明是非也。”《大戴礼记》云：“礼者，禁于将然之前，而法者，禁于已然之后。”《礼记·郊特牲》云：“礼之所尊，尊其义也。”《礼记·坊记》云：“礼者，因人之情而为之节文。”《论语·泰伯》云：“恭而无礼则劳，慎而无礼则葸，勇而无礼则乱，直而无礼则绞。”《论语·卫灵公》云：“君子义以为质，礼以行之。”

礼之用，有二方面，一方面为“节”人之情，一方面为“文”人之情。故凡文化之民族，其礼教虽可因时制宜，加以变通，但不可无礼教也。礼教为一民族文化精神之具体表现，凡人莫不有情感，欲表示情感，须有一定程式，否则即或过或不及，如今日之中国之社会。

各民族礼教取义不同，如西洋人以吻示诚，中国人以吻示戏，再如男女有别，取义其敬，男女相亲，或取义其爱，以前者之论为后者之行，则是失其礼而昧于文化精神，故不可以西洋伦理强诋中国伦理也。又如中国人对于桃花之情感，西洋人则多于“玫瑰”表出之，以过去各民族之文人学士赞颂有不同也。

附：论文化精神与文化类型

文化精神即似一种活力，即自强不息者。

论希伯来道德发展之一般性质，与希腊之比较。

希伯来道德发展之一般性质，如果与希腊道德发展之一般性质比较对照一番，便很易明了。虽有很多方面，是双方同有的，但是，其着重点和中心点究竟不同。发生作用的，在以色列也有政治经济的势力，在希腊也有宗教的势力。然而在以色列，道德的生活与宗教具有密切的关系。至于希腊，则道德的生活自有其独立的途径。希伯来人遵循良心的行为是以实行上帝的意志为其枢纽，至于希腊人则以寻求善之合理准则为其中心。希伯来人的范畴论题在正当，而希腊人的理想则在适度与谐和。希腊人以智慧或睿智为主要德性，而希伯来人则认定畏敬主宰为智慧之起点。希伯来人的社会理想是一个天国，希腊人的社会理想则是一个政治国家。如果将良心区分为两方面，一方是发现正道的思考，一方是力行正道的热欲，则希腊人重视前者，而希伯来人重视后者。在希腊人理智最为活泼，在希伯来人，情绪与志愿最为得势。希腊人的情感活动多半表现为要求适度与谐和之美的要求；希伯来人的情感作用，主于发起动机，而成为所谓“心”的成分之一，不然，便主于鉴赏已作的行为，随上帝的褒贬而成为愉快或愁恨。两种民族，研究起来都有趣味，不但可以说明不同种类的道德发展，而且现代化西方人的道德意识亦多半是由此而来，很有助于西方之了解。

关于印度方面，参看《金光明经》“舍身饲虎故事”及其他。

又如，道教与佛教，面目相似，如打坐与禅定，以及各种戒律。但前者在求长生与吾身，后者主无我以永恒，其“文化精神”决不一致也。

以具体事物寄托高尚之理想，有时具体事物未必相同，而高尚之理想则如一者，尤不可不辨。

第二节 一般道德之进展与知识(或曰道德学的研究与好的行为)

在未有道德学研究之前，已有若干好的行为，因为不如此，社会将不能存在也。又，在已有道德学之研究，仍有若干无知者之行“含于道德者”，但严格言之，亦与蚁蜂之合群、犬马之义无别，不可以言真道德也。故真道德必以“自觉”为唯一前提也。

一般道德进展之三期，相当于个人之幼年、少年、壮年之三期。

一、习俗的道德。习俗是静止的，社会是变化的，个人则于不知不觉间乃与社会采取统一观点。

二、公民的道德。以法律规定之遵循为唯一判断善恶之标准。

习惯对于行为之拘束已为现实法律所替代，如婚姻制之改进，开始有义务之观念。

三、反省的道德。以理性为最高之基础。由于法律与习惯冲突，道德律又与法律冲突，由此冲突之结果，即发生反省思考之行为，而追求道德判断之更深基础焉。

道德判断之标准，最初诉之于外界之规律，习俗与法律是已。迨后，则因此等规律之冲突，故转而诉诸内心之情感，即良心之判决是也。然良心之判断，亦难免于冲突(如忠孝不能两全)。外界之规律与内界之规律都有发生冲突之可能，于是吾人不能不为道德判断基础之考核，此即反省、思考、判断之所由生，而普通的道德系统之所由设也。如或忠或孝之例。

以知的程度判道德的程度，标志了自我之发现。

吾人苟欲对于道德意识之发展得一完全之认识者，则不仅须注意行为本身之演进，且须注意其平行之道德判断之发展。如文明人与野蛮人之风俗习惯有相同者，但其含义又有不同。又如同一中国之礼教，因各人了解深浅不同，其“意义”互殊。如祭祀，“君子以为文，而百姓以为神”①。

现代社会对于仪态与道德之有明白的区分，而习俗的道德则认定仪态就是道德。个人必须超越于习俗存在之赤裸裸的事实之上，去把握其意义，并利用其意义以指导自己。

从法律的名词变为道德的名词，则第一件必要的事情便是使整个的历程变为一个内心的历程。

人的思维能够发现较高的律令：(一)个人可以发现一个习俗的意义可能与其现行的形式正相反。(二)个人可以发现某一习俗比较其他习俗有较大的价值，可以加以变通。等等。

良心的权威要求绝对的认识，这就是“认识自我”。

《中庸》云：“自诚明谓之性，自明诚谓之教。”

信仰的正道，则表现一种思想，以为品格之事是精神的，是继续改造的，不宜拘泥于固定的规条而一成不变。各个行为也许不含规则，但是人生不只是一串个别的行动而已。

由柏拉图看来，凡此皆非真正独立的优美纯懿，都不可离开明亮敏慧的行动。例如勇，除非果曾预先见及所有的危险程度，便算不了真勇，只是孟浪的血气之勇而已。智慧乃人生一切关系的真正权衡，“非智不德”。

尼采举教人养羊之例以反对法律，说强权即公理。

柏拉图《理想国》之思想，全以“知”为前提。

亚里士多德说：“假使有人可以享受儿童所有的一切快乐，只需以终生只有儿童的理智为条件，吾人可以断言，必然无人愿意过活如此的生活。”

“人苟欲道德目的之性质能有真正之了悟，则彼必不致舍而不求，如彼于道德之目的与性质无了解，则纵为道德，亦不过出于偶然，不能算为真道德也。”

西洋道德进展之批判，本于“知”，故先团体而后个人。中国道德进展之批判，本于“情”，故先个人而后“团体”。

① 《荀子·天论》。

道德重知识，易有欺诈，《庄子》所谓盗亦有道。《老子》云：“国之利器，不可以示人。”《庄子·胠箧》所谓“并与其圣知之法而盗之。”道德重情，多真情，惰性大，不宜改进。孔子曰：“民可使由之，不可使知之。”①《老子》曰：“绝圣弃智，民利百倍。”又曰：“古之善为道者，非以明民，将以愚之。”又曰：“智慧出，有大伪。”

“由道德”（不自觉）与“行道德”（自觉）的区别②。

第三节　论中国礼教

此节除讲明中国各种礼制之“取义”，亦加附论：何以儒学可以代表中国社会？此种讨论，旨在从一般社会现实探究伦理思想之关键。

中国先秦儒、墨、道三家皆有一种“全体的观念”，影响后来甚大。

一、婚礼

《礼记·昏仪》云：“昏礼者，将合二姓之好，上以事宗庙，下以继后世也。故君子重之。”《礼记·哀公问》曾引孔子的话说：“大昏，万世之嗣也。”《易·序卦传》云：“夫妇之道，不可以不久，故受之以恒，恒者久也。”《礼记·曾子问》云：“嫁女之家，三夜不息烛，思相离也，取妇之家，三日不举乐，思嗣亲也。”《孟子·离娄上》则说：“不孝有三，无后为大。”

总之，男女之正当结合，非纯为个人享受，亦非仅解决个人性欲问题，乃有极深长之道德意义，并于家庭、社会、民族乃至人类皆有其责任也。

附论：孝

孝有不同的类型，曾子说：“大孝孝亲，其次弗辱，其下能

① 《论语·泰伯》。

② 参看《孟子》。

养”①

什么才是孝？孔子以敬为孝的核心，《论语·为政》：“今之孝者，是为能养，致于犬马，皆能有养，不敬，何以别乎？”

《中庸》认为孝的最高境界是对死者的孝：“夫孝者，善继人之志，善述人之事者也。……事死如事生，事亡如事存，孝之至也。”②

诸经典又说：“君子之所谓孝者，先意承志。”③“三年无改于父之道，可谓孝矣。”④“夫孝始于事亲，中于事君，终于立身。”⑤故孝即是父母志业之继续，始终无独立的个人，近代有某派学者以“个人为抽象而不存在”，其意颇同于此。

二、丧礼(人)

试以诸经典所说而论之。

《曾子问》：“慎终追远，民德归厚矣。”

《荀子·礼论》：“礼者，谨于治生死者也。生，人之始也，死，人之终也。终始具善，人道毕矣。故君子敬始而慎终，终始如一，是君子之道，礼义之文也。复原其生而薄其死，是敬其有知而慢其无知也。”

《礼记·檀弓》：“孔子曰：‘之死而致死之，不仁而不可为也。之死而致生之，不智而不可为也。是故竹不成用，瓦不成味，木不成斲，琴瑟张而不平，竽笙备而不和。’”又曰：“孔子谓为明器者，知丧道矣，备物而不可用也。”又曰：“唯祭祀之礼，主人自尽焉耳，岂知神之所飨。”

依古制，须守三年之丧，三年方得免于父母之怀，三日成服，冀其复望也。

---

① 《礼记·祭义》。
② 《礼记·中庸》。
③ 《礼记·祭义》。
④ 《论语·学而》。
⑤ 《孝经》。

三、祭礼

孔子曰："祭如在，祭神如神在。"①这是祭祀时的态度。祭礼较丧礼范围尤广，几成一种"人文的宗教"矣。

《荀子·礼论》云："祭者，志意思慕之情也，忠信爱敬之至矣，礼节文貌之盛矣。苟非圣人，莫之能知也。圣人明知之，士君子安行之。官人以为守，百姓以成俗。其在君子以为人道也，其在百姓以为鬼事也。"《荀子·天论》："故君子以为文，而百姓以为神。以为文则吉，以为神则凶。"《荀子·礼论》云："礼有三本：天地者，生之本也；先祖者，类之本也；君师者，治之本也。"中国后来有"天地君亲师"牌位。

《礼记·祭法》云："夫日月星辰，民之所瞻仰也，山林川谷丘陵，民所取财用也。非此族也，不在祀典。"《礼记·郊特牲》云："万物本乎天，人本乎祖，此所以配上帝也。郊之祭也，大报本反始也。"又曰："古之君子，使之必报之。"

《论语》云："曾子曰：慎终追远，民德归厚矣。"②

再如木匠供鲁班，酒家供葛仙，皆孔德所谓"人之宗教"，西洋人好以"多神"、"拜物"教之名以污中国。

附论：（以此为绪论之总结）论新旧道德问题

以新旧作好坏之代表之时代已成过去，中国现在已到批判时代。

不明了过去，即不能把握现在，盖过去人作业对于现代人生活有影响。凡对过去采一种完全藐视者，皆为一切真正改进之障碍（劲敌）。

学术思想须以过去之结论为起点，始有进步可言。

有历史文化民族之改革，所以与野蛮民族不同者何在？

"文化精神影响下之风俗习惯，对于奉行者之心理与行动两方面，相扶相倚，舍此论彼，则多失其真，散其本，如人手足离于躯

① 《论语·八佾》。

② 《论语·学而》。

干，尚以为可同其功能，有是理者？说欲以末节利弊之一二，论其全貌乎？由上所言，可知礼教之‘要’在取义。……但视文化之躯壳，即借以表现之工具或仪式为万不能变者，亦可谓昧于文化之事理。……故论者以为今日中国人之生活方式、社会伦常，即令可得从权不变，而忘其取义，即等于无中国之文化，反之，依时代需要，生活形式多变，故基于同一最高理想之扩充，则吾国家精神、民族文化乃自犹若常在也。唯何者可以代表我本位文化之最高理想，幸今日从事学术研究工作者详察焉。又目前一般国人对于他民族国家文化根本精神之取舍，亦多无定论，如或以科学代表西方之文明，或以宗教代表欧美之精神……凡此种种，不胜其详，窃以为不同民族文化之检讨，要在识其不可再行假设之前提，即所可能造就理想上最高之人格，再依论者之观点，为之权衡，或有当于事理之万一。虽然，已求得我民族文化之所应趋向(或最高理想)，在事实上仍不免有问题在，即生活形态为适应目前环境，满足将来发展条件，不能不提倡加以改革之际，先知先觉者固能洞其因革之由，然常人则每不明其故，因循往昔，此一般所谓文化有其惰性者，但惰性非即病源，以无惰性之民族，即无文化之象征也。然有人能本此时代之特殊情势与应行兴革之方案，作详明之发挥，以上接整个人类最高理想，质言之，即解决其所以为前代文化思想最合理一部继续发展之事实，非为退步，或为进化，此种理论之建立所以奠定新时代制度典章之基础，满足其时代国民精神方面之要求，使礼教仪节渐与其行事者之动机相契合，大众行为之心理与事理两方面，融溶无间，于是文化转入一新阶段矣。”①

凡过去真有价值之大思想家，皆为当代之革命家。

西洋所谓宗教改革、文艺复兴，其实即是研究原本《圣经》、希腊哲学，求其本以已脱离中古时代神学之羁绊而已，“以复古为解放”。

又，此种理论上史的说明，不特有理论上的价值，且有实践的意义。

---

① 拙作《中国文化工作之展望》。

凡无内心真情伴随之形式，皆是躯壳，其敝在不能持久，不能应变，如舞台上表演之温情何等逼真，又不可称孝，盖即以无其真相应之情也。

第四节 “革新”与“固有文化”之关键

此节旨在说明伦理学史家如何解出目前应行兴革之方案为过去吾人最合理一部思想继续发展之事实，并在其“理论上之价值”(Theoretical value)与“实践意义”(Practical meaning)。

第二编 本论

第一分 伦理问题之理论的研究

第一节 论所谓“人生之意义”

此节兼评“形式说”(Formalism)之空洞与不切实际。

一般事物之有无意义，即视其是否作为达到某种目的之工具，即“功用”的方面。人之生活非为手段而本身即当为目的，人生有无意义，我这个问题之发生，在误以人生为到达某种其他目的之手段故。此或与神教的信仰有关，要为不健全的人生观。匪特此也，人生各段无严格的目的与手段之分。如游览山水，沿途即可观览，非静待某名胜之来也。

“自杀”或者“消极”理论之不健全并加批评，知识论方面首在以经验世界之范畴推及超经验界，如□□之例；修养可以将此问题变成非问题，而不能取消事实，世界一切皆可为我用，反之皆为我缚。人之所以有□□，其实皆是自我建立之非我再相捣乱，若知非我为人之所建立者，则自由得矣。

一、论理想与实践之关系

以某种目的是否达到说人生有无意义，此种观点为直线式的，形式的，旁观的，并非真把握到人生的真谛。人欲达到某种目的(如成为一大学者)，有两方面须加注意：(一)理想变，后者则需因事(环境)制宜，故吾人生活理想之实现为弧线式或曲线式，而非直线式的。文化史之演进亦同。人生是整个的，而非部分的，故部分之失败往往为整个人生之最有意义者。如有人游览山水，蔽日以待，最后目的之达到，必无若何意义可说也。如一切不费力，则生活即无意义也。凡事困难越多，其成功之意义亦大(如婚姻制度)，又事之成功固有意义，而失败亦非无意义(如革命)。

二、续“理想与现实之关系”——过程

凡吾人所期望所理想者，必较目前所处之境界为高，换言之，即能解除当下生活之矛盾，自“有限之我”渐向“无限之我”迈进。何以名此种理想的行为曰“自我实现”耶？因“我”与“非我”对立本由“真我”或(Transcendental ego 超我)所自建立，换言之，我之所以为“有限”，本原于我，我之所欲实现者，即我之“真性”，故曰“自我实现”也。中国学人称曰“返本”、“复命”，或“失其本心”、“求放心”云云。

吾人须知客观独立之事物，实无任何矛盾或价值可言。自我实现不离心意识，故一切矛盾之对立，皆吾人心意识之“外在化”也。

第一，吾人常言，我之所以为恶，由于不知，或为某种情欲外物所蔽，固不承认所蔽之外物为“真我”也。

第二，又吾人欲求之对象，并认其可以补我之缺陷，以完成至足之人格(Perfection of personality)，则仍为实现“自我”也。

理想与实行之先后，为理论的或者逻辑的，非仅事实的也，盖理想为实行之目的(果)，同时又为实行之动力(因)也。

“自我实现”，从另一方面说，即自我之解放，此是和平的进展，而非斗争的强制也。中国文化如众灯，罗马文化如孤灯之例。

第二节　理想与实践(自我实现)之关系

此节述西洋伦理家所谓“自我实现”之(self-realization)要义。

伦理学说非“大本达道”也，它涉及知行问题，强调两者的合一。

一、伦理学虽是研究行为之理，但其目的在于可以实践，不可以实践之生活理论体系之研究，在训练吾人有一贯的看法，各种可以互相影响，不致陷于矛盾的苦恼（内心的宁静），行为可以因而不相互冲突而减少效率。不易为外界所改变，见“可欲”而心不乱。

二、（因在理想系统中，可以知其前后轻重，反之有多种理想而不条贯，则茫无头绪），生活理论系统的研究可以增进吾人“价值”之认识，得其高低，定其取舍的方针。

三、生活无一贯的理论基础，则其为善为偶然的。（合于善，与行善不同）。

四、生活的意义，由于自觉根于了解（如农夫不知自然之乐之例），盖一种行事可以代表整个之品性，联想此事在整个理想中之意义，无知（自觉）则为独立的，故无若何之可言。

以下采取“系统思想”代表的讲法，最后加以批评。（与问题式的讲法不同）一方面叙述各家之理论，最后附以一贯的批评。倘使更将此种原理再与他种场合所使用的种种原理详加比较，以查其是否条贯而不相矛盾之处，便寻求一个更高的原理加以调和，则吾人已是在迈步前进，进入道德学体系的境界。

知行问题。真“知”、“行”问题同一人事的两方面。换言之，舍某种“境界”即不能有某种知，不爱人不能了解爱，忤逆子不能理解孝之意义。

人有好恶之情，避恶就善，人之常情，人性唯有此种心向，道德理想如有实现可能，此西洋所谓“自我实现”（self-realization）是也。此种心理之来源，非吾人伦理学之研究对象，暂置不论。故知行先后特就逻辑而言，非事实也。（第一因即是目的因）此种上进的心理，中国先人多称“扩而充之”，各就当下之所知以至乎极。若不扩充而行乎至极，则为诚而未明；若只知而不行，是明而无诚。道德生活理论的研究是指导我们扩充的途径与情感的调剂，人之最大苦恼，即在对感情不知取舍之标准也。

不能行由于不知，不知由于不行。

Hegel（黑格尔）以为“善”非与“恶”对，而是克服“恶”之结果，故非仅“形式”的，如数学命题之对与不对也。

第三节　斥“纵欲”与“厌世”之偏见

此节评杨朱(或《杨朱篇》)派及西洋历史上类似此种思想者与叔本华厌世主义如何在宇宙论上有相同处，而其人生论相背驰之偏见。

宇宙论与人生论有密切之关系。

纵欲一派，暂以《列子·杨朱篇》所说为代表(又《力命篇》“力与命“之辨)。《杨朱篇》所持之意见与施勒尼派(Cyrenaics)所持极为相合，与伊壁鸠鲁派(Epicureans)亦相合。施氏派以“肉体的快乐在精神的快乐之上，肉体的苦痛为在精神的苦痛之下”。

“唯物论”与“机械论”之宇宙观。纵欲的人生观，一切皆由命定，人力莫可挽回。“天地不仁”，“天地万物，与我并生类也，类无贵贱，徒以小大智力而相制，迭相食，非相为而生之”。① 天地不仁，举虎狼蚊蚋之例以说明天地不仁。

柏列得莱(Francis Herbert Bradley)的伦理观——自我实现。

柏氏认为“自道德言，其目的的含蕴行为，而行为则含蕴自我实现”②，因为事实上，我们所能行“所能做的不论完全与否，就是去实现自我，此外不能做何事。而我们所能实现的，除偶然事情外，也只有我们的目的，或我们欲求的对象(the object of desire)，而我们所能欲求的，一句话，就是自我”③。但何以我们只能欲求自我呢？这从欲求的性质来讲，不能不如此的。我们所以欲求一对象，一方面是我们觉得它肯定不是我们自身的一个某物观念，另一方面是我们觉得如果缺少这一个某物，我们即有空虚与被否定之感；由这两种情感间的紧张关系，乃产生我们的欲求，促起我们的行动④。换句话说，这欲求对象虽不是我自己的，而我又不能不认为是我自己的或与自己同

① 《列子·说符》。
② 《伦理学研究》第 65 页。
③ 《伦理学研究》第 66 页。
④ 参见《伦理学研究》第 68 页。

一的，即不是我所欲求的。我所欲求的必然是在某一形式上的我自己，或某一状态中的我自己。我只能欲求这为自我所同一的对象。与我无关，或不为我所同一的对象，即不能成为我的欲求。例如我欲求饮酒，酒在为我所欲求时，酒即成为自我的一部分，而为自我所同一，所以实际上我们所欲求的还是我自己。

欲求只能欲求自我，因此，实现也只能实现自我。但所谋实现的自我是怎样一个自我呢？柏氏认为，所欲求实现的既不是我的某一特殊状态或其状态的总和，也不是一个孤立的自我，而是一个全体（A whole），实现“自我”之性质与“自我实现”不仅仅是实现一个自我，而是实现自我为一个全体，这可从我们之所欲而证明。我们所欲的，其特殊之所欲必为一个较大的欲望所包括。我们不能有孤立而特殊的目的，我们的眼光总是超出于当前，总是超乎此一环境或彼一环境，或地位，我们的目的总是被置于一较大的目的之下，我们总是此一或彼一情况为较大情景之一部，而在我们此一或彼一行为中，我们的目标是在实现某一较大的全体①，这是我们自己可以体验得到的。

次则我们所要实现的也不是孤立的自我或所谓“纯粹的个体”（pure individual），因为纯粹的个体是一个“抽象”，是一个虚构（a fiction），是事实上所没有的。任何一个自我或个体都不能离开全体而有其真实。一个体之所以为一个体，即由于其社会的关系。一纯粹的个体，即没有社会关系的加入，其所含绝没有另一个体，是不能想象其为何物。□□□人初多以我与他物为对立的，后渐悟立己立人之道，则个人与他人渐统一矣。

我们只能实现自我为一个全体。□□这一个全体是我们意志的内容，也是一个普遍的意志。不过这一个普遍的意志不是一个纯粹的普遍，不是一个没有杂多或没有内容的普遍，而是一个“具体的普遍”（concert universal），也就是同中有异，异中有同的普遍。这一个普遍不是纯粹形式的，所以和“为义务而尽义务”的学说不同，这一学说的根本错误，即在看普遍为纯粹形式的。其实，这一个普遍也是我们

① 参见《伦理学研究》第69页。

的"真自我，不是极端的统一，也不是极端的杂多，而是这两者的完全同一①。

次则，这一个普遍也不是有限(finite)，而是无限的(infinite)。所谓无限，不是没有止境的意思，也不是"非有限"(not the finite)的意思，而是有限与无限的统一的意思②。这有限虽为无限所否定，然却没有把它消灭。不过把它改变而保存于较高的统一中。这无限是包容一切改变、而不消灭一切的无限，也就是前面所述柏氏在《现象与实体》(appearance and reality)一书中所谓绝对或太极。

一、生时甚短，(暂时的)死后亦归消灭。人生数十年，并有老、幼、睡眠、病痛、哀苦。

二、生有善恶美丑，死则同归一朽骨。"万物所异若生也，所同者死也。……生则尧舜，死则腐骨；生则桀纣，死则腐骨。腐骨一矣，孰知其异？且趣当生，奚遑死后？"③

三、一切道德判断皆系欺骗愚昧者之制作，且为将来，实关现在。"法律习惯，亦或有用，乃对将来的利益而言，非目下所可享受者。"

四、人生各种感官之目的皆在快乐，不可守名而累实。

五、"人之生也，奚为哉？奚乐哉？为美厚耳？为声色耳？"若专为虚名而受实祸则大可不必。死后美名，更无所用，死后与我无关，"既死岂在我哉"④？

伊壁鸠鲁亦云："最凶顽者——死——与我们无关，因当我们存在时，死尚未至，及死至时，我们已不存在矣。"又曰："送死之道略矣。"

六、以肉体的快乐为在精神的快乐之上。"为拔一毛而利天下，不为也。"换言之，《杨朱篇》所选择而视为应行满足者，盖皆目下即

① 参见《伦理学研究》第77页。
② 参见《伦理学研究》第77页。
③ 《列子·杨朱》。
④ 《列子·杨朱》。

能满足之欲，甚容易满足之欲，至于需俟甚长时间、经过繁难预备方能满足者，则一概不顾。

批评：

一、真的快乐是超时空的，不能以长短计（如母子之爱，非比较的）。

二、不顾名誉则无有名誉之快乐。

三、设无法律保障，则人随时处于不安之生活状态，有何快乐可言？

四、凡快乐之发，必因先难后获。

五、人所希望之生活为幸福而非快乐。

总结：盖《杨朱篇》之根本意见即以为吾人宁可快乐而生一日，不可忧苦而生百年也。然各种快乐无论如何近在目前，皆必须用方法手段，始能得到。而此方法手段又往往甚为可厌苦。丝毫不牺牲而得到快乐，则必至一无所得。瓦特孙讥施勒尼一派之哲学，实教人得快乐而不必求之。

人对于过去，既无信仰；对于将来，又无希望，但安乐随顺，以俟死之至。此等哲学虽表面上是乐观的，而实际则是真正悲观的。人生本身是为目的，而非快乐之工具。

“厌世观”的理论：

一、吾人之生涯，苦痛多于快乐，故不若无生（感觉界之厌世观）。

二、人生之不幸，不唯其事实如是，而亦理所当然（道德界之厌世观）。

三、人类日益进化，而苦痛及罪恶之增加，与之为正比例（历史哲学之厌世观）。

第一种，感觉界之厌世观的表现：

一、亦算学及统计学之方式，列记人生苦感快感之数而后决算之，乃知苦感之总数远逾于快感之总数。

各种不同的生活苦乐，在数量上无法计算，又有先甘后苦，或先苦后甘之人生，或此方面为乐而彼方面为苦之事实，数量之比例亦不可得。

二、或谓“快乐”不外乎苦痛之除去，快乐之性质为消极者，而苦痛则为积极者，所谓快乐苦痛，实则苦痛之小大之别耳。

若快乐即情欲苦痛之除去，则夫情欲强大者，其快乐亦不得不随之强大，而事实乃反之，凡有强大之情欲者，营求而得之，其快乐不过小量而已。

快感与苦感非为同义，且吾人亦可谓“快乐”为积极的，而“痛苦”不过消极而已。

三、(欲望无满足之时)叔本华以意志之性质证明厌世主义。其说曰：意志者，本无意识，常为无鹄的之努力而已。彼不动于鹄的之意志，而显为盲动之生涯，故无可确指为满足者。且感情生活之内容，纯以苦痛危险、失望、恐怖构成之。缺陷之苦痛，驱召人而使之动作，不达其鹄则苦痛随之而增，幸而达之，虽有若去若得之乐之一瞬，而此快感者转瞬而消灭，绝无保持之望，故一切快乐之究竟乃失望而已。

四、(盲目的意志)叔本华又曰：人类之多数，诚不必遭际大不幸，而得初遂其幸福之生活。然生活之全体，徒为无鹄的之努力，其究也空虚而已。其意谓人生者，如在漏舟之中，尽力以救其沉没，其舟以时渐沉，而终不免于覆没。人生汲汲于避死而日近于死亦然，人生之无谓，所以如是者，造物不仁，赋吾人以希望未来之迷执也。然而一息尚存，则其迷执终不可破，且及其既死，而子孙又迷承之。呜呼！人生之可厌，盖如此耶。

叔本华尝曰：“若起死者于九泉而问之，汝欲再生乎？彼必答曰：否。”其言殆然，如观剧者，不必愿观同一之剧也，然而演剧之价值，并不以此而贬。

批评：

一、有生活如农夫之日出而作与日入而息，无可乐与可厌之感者。

二、唯因其有艰难痛苦之回忆，始有快乐可言。

三、真实之“可乐”与“可厌”，非时空间事物、可以变化言者，换言之，为“永恒的”（只有不真实的事方为偶然的——相对地说）。

四、人生本身为目的，而非快乐之工具。

五、不可以变例为常例。

六、叔本华所谓“意志”，实指不健全的意识（不可因噎废食）。

因永远有希望在前，故人生始有快乐可言，且欲望一经满足即不生新欲望，则人生满足某种欲望后，若何意义之可言？

第二种，道德界之厌世观的基础之一——性恶论的表现：

一、谓人生者，不幸也，无价值也，由客观界反复考察之，求所谓有何价值之内容，而不可得也。德与智，变则也；恶与愚，正则也。人生之所以不敢互事侵陵，徒籍外力而已（如刑法、警察等）。

二、（道德源于罪恶）彼等所自为道德者，苟倡之于光明界，其种类皆同。其好交际者，由于夸炫；其有同情也，由于自爱；其重名誉也，由于恐惧；其守平和也，由于怯懦；其勉慈善也，由于迷信。间有少数之人类，奸恶之特质超于愚钝者，必其意志较强，知识较多，故不为法律所制限，若猛兽之出柙然，蹂躏他人，无所不至。彼多数之怯懦、顽固、偏狭者，牛羊耳。少数之凶猛狡诈者，虎狼也。较此二种之范围，而有智德者仅少矣。自然之创造天才也，一世纪中不过二三人，其创造贤人亦然。

批评：

一、人之年龄、形状、贫富，虽可以计量，而道德及智慧之性质，无以计量也。

二、不可以偏概全，政客、学者尤为卑污之代表，现代有许多作文引起争执，多由于此。

三、人性有两方面，善恶之见由于主义不同。《孟子·告子上》：“恻隐之心，人皆有之；羞恶之心，人皆有之；是非之心，人皆有之。恻隐之心，仁也；羞恶之心，义也；恭敬之心，礼也；是非之心，智也。”又云：“仁义礼智，非由外铄我也，我固有之也。”《孟子·公孙丑上》：“今人乍见孺子将入于井，皆有怵惕恻隐之心，非所以内交于孺子之父母也，非所以邀誉于乡党朋友也，非恶其声而然也。由是观之，无恻隐之心，非人也。”举例：今人乍见孺子将入于井。反面：遇盗或逃或杀。

四、从容就义之德，如苏各拉底之死。杀身成仁，舍生取义者，固非全出于卑下，换言之，此派人根本忽略"性情可以转化"问题，即教育所以可能之根据(或实践伦理学的所以可能之根据)。

文明进步，而人类随之增其苦痛及邪恶云云，叔本华、卢梭乃其代表也。叔本华由感情界立说，而谓文明有增进苦痛之倾向。卢梭有道德界立说，而谓文明增进罪恶之倾向。

基督教有人类生活原为自足、随历史而渐为堕落之说。对于过去之回忆，恒注意其好的方面。又凡人以特别原因而不满意于现在者，恒称好过去之所长以耻之。

叔本华此说之论证，约举如下：

一、生物者，随其性质之进于复杂而益感苦痛者也，所谓文明进步者，即需要增加，而满足其需要之作用，亦随之而增加其意义。然则欲望也，困难也，失望也，宁不随之而增加乎?

二、人类者，随智慧之发达而益能洞察未来者也。动物者，于现在之生活感瞬时之苦痛而已，及其生活之大不利或生死，则固非其所预知也。人类则往往预见不幸之将临，老死之无以避，而恐怖之，忧虑之，以增其苦痛，是最大之苦痛也。畏死之念，常有迫人以自杀者。

三、人格有二，不仅有现实之己，而又有理想之己是也。理想之己，其受损也尤易，其感苦痛也尤剧。名誉之不得，恋爱之不遂，为苦痛最永之源泉。人之受诽谤、失名誉也，其苦痛远过于肢体之创伤也。重以此等伤残之机会随文明之进步而增益，盖文明之程度益高，则社会益复杂，人类相互依属之关系益纷多而深切，则人益立于抨击之冲。观农夫之生活大抵消闲，而政治家、著述家之生活一何殄悴，则思过半矣。

四、人类之生活益发展，则同情之感益发达，而人我之苦痛交迫之。动物者，见其同类之苦痛及死亡而漠然不为之动。人类则虽在野蛮蒙昧之时代，即已寄同情于周围之人，见其所爱者之疾病或死亡，若己身受无异，故最多善良者最多苦痛，盖有特别之苦痛，而又加以普通之苦痛也。无抑郁忧愁之痕，而能为善士伟人者，非吾所能想象也。

批评：

一、夫需要增进，则所以应其需要之作用，不亦与之增加乎？吾人缘是而动作日益复杂，则得施展其最伟大最发达之能力，而快乐之感亦随之而加剧矣。

二、智慧之增加，则预知将来之希望之可能实现而益乐。“故吾人敢质言人类之感情，因希望而益增恐怖，盖无所谓不幸矣。”

三、使不劳而获，则何以发展其高尚之才力乎？竞争胜利之时，所得快乐优足以偿之。

四、往于同情之苦痛，今我既得幸福以后之快乐，又足以偿之。谚曰：贻人苦痛，苦痛仅半，贻人快乐，快乐两倍。信斯言也。

总之，从一方面说，又有“无所谓之情感”，即不可以苦乐说者。又自历史、文明进步，物质环境虽有改善，苦乐之对象容有不同，而情感无所谓增减者。

第三种，道德界历史之厌世观——卢梭为代表：

他主张性善论，与叔本华不同。

彼以人类之原始状态无罪而有德者也，自文明进步而渐以浇漓。彼谓道德颓废之原因，当于科学艺术之发达求之。彼又谓道德颓废之直接原因：

一、在社会阶级之发达。其略曰：文明进步，而贫贱、富贵、主从之区别起，人性本善，而渐加以不良之进化，一方面使为君主者有倨傲骄奢残虐之行，又一方面使为臣下者有怯懦卑屈虚伪之习。

二、重以社会分化，而事物渐有背于自然评价之倾向。事物之自然价值，准实际需要之度而生者也。而在社会，则以便宜之价值代自然之价值，凡事物，有使之显著于社会者，其价值始贵，如珠玉本无何等价值，其所以有价值者，供文饰之需耳。自社会以此等为富贵之标准，而始得莫大之价值，此其价值由为他人所不能有而起耳。

三、知识亦然。在文明社会，有知识得以显著，然其知识非实际人生需要之知识也，有实际需要之知识者，常谨慎而聪明。而所谓文明与学识之所用，则屡屡与是反对，压抑人类健全之常识及自然之判断力，夺社会根本道德之文雅，而代之以虚伪浮华，腐败社会生活焉。彼于《民约论》中言当时文明及启蒙之关系曰：吾人有不德之名誉，不慎之理性，不幸福之快乐而已。此尤传诵一时者也。

批评：

卢梭之见解，亦复持之有故，而究不免失之偏颇焉。

一、由文明之进步，而社会分化，新生种种恶德，诚所不免，然种种美德，亦由是而生，不可忘也。为君主者，于前述诸恶德外，不亦尝有勇敢、大度、节制、严审诸德乎？为臣下者，于前述诸恶德外，不亦尝有忠节、致身、诚实诸德乎？

二、约翰·穆勒之论自然曰：人类贵重之性质，非自然之赐，而文明之效力也。吾人平心而观察之，勇敢、诚实、节制、正义、仁爱诸德，皆为后天之性质；而恐怖、虚伪、无节、粗野、利己，则为野蛮人类之特色焉。

三、吾人须知，设无一切不道德之存在，故柏拉德莱谓道德之目的在于超道德也，生活艺术性之重要，文明进步则道德之文化亦随之而进是矣。盖快乐及苦痛之感情，日益增剧，则德与不德之分化，始于人情具备之时，人类在最幼稚之阶段，彼此互相类似，尚无明了之区别；及文化进步，而各人善恶之知识渐彰，其间庸俗之流尚在中立之地位，善恶之地位，兼收而并蓄之，唯其特别人格者，始可确然为善恶之区别矣。一方面为神圣之爱，致身之忠，对于真理及正义之热忱，而另一方面为非常之败坏，虽然，即此两方面而对比之，善多于恶，恶之为变例，对比于善，而显著之作用，盖不容疑，而其事殆将与世界终古焉。厌世较纵欲为高，以纵欲者根本无理想，而厌世人则有理想，而以其无法实现者也。又厌世者理论亦理性之发展，而纵欲者则无理性之发展也。

总结本节的观点：

厌世主义之论证，率以历史生活之价值为在能绝对实现幸福、绝对完全之终局，此谬见也。此等终局，本非吾人之可期，盖历史之生活，所谓一无抵抗者，非吾人所能想象，而所谓绝对幸福，绝对完全之世界，不特吾人之黾勉无所用，而生活亦且废弃也。且生活之价值，本不在其终局，而在于全体之阅历，故特别之生活，皆各有其价值，如幼稚及青年之价值，初不在乎能达壮岁，而自有其幼稚时代、少年时代之价值，其在壮年及晚岁者亦然。此事亦得以历史证明之。吾人之思想，常希望将来时代之幸福及道德胜于前代，然使其不能尔，吾人固亦未尝归咎于历史。盖时代者，不徒为驯达完全正鹄之阶段，而又以其各遂固有之生活，有独立之价值也。

原始社会虽表面上无种种恶德，但亦无大的美德，此固然也。且其一切皆为个人的、欲望的、当下的，吾前已言之，一切道德皆表现其社会性，真正的个人为极端抽象与不可思议者，故真正的道德为不能社会各个方面而自有其独立意义也。

《论语·颜渊》："子贡问政，子曰：足食，足兵，民信之矣。子贡曰：必不得已而去，于斯三者何先？子曰：去兵。子贡曰：必不得已，而于斯二者何先？曰：去食。自古皆有死，民无信不立。"

文化思想之训练，即在升华人类之本能欲望，如食色等，而至真理之追求，与事业之发展也。不可"蔽于用而不知文"也。

第四节　辨苦乐与善恶之本义

此节评英国功利派之伦理学，论"性"、"情"之转化，说体用，附论"变化气质问题"。

第一，评英国功利派之伦理学。

"功利主义"之出发点非为个人，而欲求"道德"之理论基础，故非纵欲等可比。认幸福(乐)和困苦为善为恶，区别结果之为善或不善，并且是因为发现某种行为引起快乐，故判定其为善，某种行为引起痛苦，故判定其为恶。此种学说的近代表现，即是所谓的"功利主义"。边沁(1748—1832年)曾予以明爽的阐明。Utilitarianism，有译为"功用主义"，如唐钺译约翰·穆勒之 Utilitarianism 一书为《功用主义》(商务印书馆)。鄙意以为最好译为"福利主义"，以其出发点非个人也。"自然已经置人类于两个主权者统治之下，这两个主权者便是苦与乐，只有苦乐，指出我们应该做什么，亦只有苦乐，决定我们将做什么。一方面有是非善恶的标准，又一方面有因果的关联，两者都联系在苦乐的宝座之上。”

严格言之，无有一物可谓善或恶(只有足以产生或者阻遏苦乐者乃是如此)。再且，边沁说：“所谓功利主义原理者，乃是原理之依据行为对于行为当事人的苦乐特有增加或减少的趋势以赞许或贬斥各种行为也。”又说：“当事者全体最大的幸福便是至善，便是唯一的善，便是人类行为上普遍的可欲鹄的。”“只有依据这个原理，所谓‘是和非’，所谓‘应该’，应用在行为上，如有一种明了的意义，不然便没有了。”

上面一段话，并不是说一切是非的判断，都是自然而然地依据行为结果上的苦乐的计虑，乃是说我们的判断，只应该依据这种立场，因为只有依据这种立场，我们的判断始能存立。

(认定“善”即幸福、健全、快乐，“恶”即困苦、祸殃、痛苦)

“善与快乐或者幸福之一致无待证明。”——在功利主义的意中，幸福是人类行为的究竟目的，亦是行为所有的道德价值的究竟标准，乃是自然明显无待证明的定理。例如边沁说：“凡用以证明其他各物者，此物之本身不能再加证明，证明的连珠系统必须有一起始发端之点。”又如培因(Alexander Bain)说：“幸福是人类一切进程的适当鹄的，是一切正当行为的确定标准，乃是无法给予证明的定论。此项定论是一个究竟或终极的假定，只有凭籍人类的各项判断以为证验。”①

孟子说“可欲为善”，其斯之谓乎？

普遍快乐论之目的为“最大多数之最大幸福”(the attainment of the greatest happiness of the greatest number)，其意仅谓如有二快乐于此，一为少数人之最大快乐，一为大多数人之较少快乐，则吾人应择后者。故其说虽较纵欲为进步，然困难问题固不免也。

幸福或快乐观念上暧昧的根源——快乐(幸福)。

现于两种作用上，只有正当鹄的的场合中，则心目中视为鹄的者是一项快乐，而不在心目中或者至少不曾转移行为者，又是另一项快

---

① 见 *Moral Science*，第 27 页。

乐，衡量正义者却为此另一快乐行为错谬的关键，正在于快乐之引起行为者并非即是快乐之衡量行为的善恶者；行为者之发为行为，其所受的推动显非来自苦乐之行为的结果，而决定行为的道德价值者，乃是来自苦乐之于行为发动瞬间偶为人所强烈感觉者而已。

善有两种——如果一切行为的鹄的皆在幸福，而吾人仍需考量行为的结果，以指示吾人应当寻求何种幸福或快乐，则“幸福”或“快乐”一词便陷于极端暧昧的地位中。从一种观点，幸福揭示是非的标准，从另一观点，幸福又是一切错谬行为的渊源；幸福诱惑吾人，致使吾人不能运用正当的标准以控制行为，因而走入歧途。嘉来尔(Carlyle)辈皆以为此项差别既然如此涉及根本，则谓同一物件既是一切正当行为的标准，又是一切错谬行为的发动源泉，不免矛盾可笑。彼辈因而坚决主张福与德之根本抵牾。嘉来尔反对功利主义，说是一种“猪豚哲学”，认定宇宙是一猪槽，而道德则是在此猪槽中取得最大量的猪食。

第二，论性情之转化。

在中国哲学中，与西洋伦理家有类似“善恶”与“苦乐”对立之讨论，曰“性”与“情”之研究。关于“性”的善恶问题，是中国哲学史上最热闹的问题。在孔子以“性”与“习”对，所谓“性相近也，习相远也”①。孟子主“性善”，以为人皆有恻隐之心(仁)、羞恶之心(义)、辞让之心(礼)、是非之心(智)，但须扩而充之，即仁义礼智是也。告子曰：“生之谓性”，“性无善无不善也”；“性犹湍水也，决诸东方则东流，决诸西方则西流，人性之无分善与不善，犹水之无分东西也”。② 荀子言“性恶”，谓人性恶，以依人性之自然发展，必为恶，如争之类，“人之性恶，其善者伪也”③。墨子《当染》曰：“墨子见染丝而叹曰：染于苍则苍，染于黄则黄。”董子《春秋繁露》则以性属阳，以情属阴。王弼主“性其情同名”，何晏谓“吾人无喜怒哀乐”。韩愈

① 《论语·阳货》。

② 《孟子·告子上》。

③ 《荀子·性恶》。

分性有三等，李翱作《复性书》，以性之昏由于情。朱子心统性情，以后王船山、王国维等人皆有讨论。

从上讲来，我们可以知道“性其情”的意义。我们可以说，在理论上或修养上，必须以“性”为体，以“情”为用，换句话说，必须有更高一层的境界作根据，方能不执著一隅，方可以使情表现得恰到好处，若是执著一方面，必将有所蔽而不能自由，为感情的奴隶，为情所束缚而不能达到“道德的目的”。

一方面说来，一个人修养的境界是一，而表现此种作用为多，从另一方面说，此多(或情)皆是性的表现，但是此一方面所以有此一方面的作用，如孝子有孝子的行为，且自动有孝的行为，皆其整个人格的表现。若人只从作用方面去说性，各人所见不同，各人以各人所见为性，则各人有各人不同的性说，甚至仁义礼智，食色，皆可以为性，但皆未见性，何以故？以其部分离乎全体，则失其部分之作用矣。如人手足离于躯干，尚以为其功能有是理者。在知识方面说，知名而不知实，不可以为知，知实而不知名，亦不可以为知。如知名而不知实，以作用为性，而无其体，结果，以此名之性而应用之，而无其功能；反之，知实而不知名，如以此作全体之人格为非性，为欲望，为贪，而以之应用，此人格非其所欲，非其所贪，结果在教育上亦失其意义，在理论上失根据。再则，人固皆有性，即人人皆可有实现道德行为之可能，故曰人性为善，此性之潜能说，若有人已实现其行为，表现为情，则其性已与情不可分，即情是其性，从潜能到现实，即大不同，不可混为一谈。又同类行为，其境界不同，则其意义根本不同。如道德人之行为，其动机是利他的，故其情亦是利他的；反之，不道德人之行为，其行为表面是利他的，而实是利己的，前者之情与后者之情不可混为一谈。而一般谈性情问题者，往往以表现于外者统称之曰“情”，故在理论上有困难也。又如饮食男女，如果以自私之心行之，则将产生不道德之结果，若以道德之心而求之，则饮食男女即为道德的条件。换言之，即必须从“欲”方面去施行道德也，如一切制度法律皆须合乎人情。无欲(情)则道德亦无根据，将成为超人矣。人有成善之可能性，与谓其现实之不善，不可混为一谈。以不善人之情与善人之情同称为情，在理论上尤为不通。一般人性情学说所以不同，皆因从用方面谈，彼此各有不同，其性情学说所以常含矛盾，即在忽略修养一阶段，以改变后之情与改变前之情为一故也。又在道德理论上必须认人格之继续，必须在变中求一不变者在，以解答责任等问题，但此不变者乃是理论上需要，不可看得太死，当作一种实体，又若谓人皆愿为善，虽在行恶亦知有善，故人性善，但若知善而不能行善，则其所谓善或性乃指善可引起种种感情上的满足，如光荣、尊敬等，而自己之不善将引起种种感情上的压迫，故在无修养人之性亦系情耳。若知其苦而强行善，必不能忽略修养的阶段也。有人又谓人因修养可以至善，故曰性善，不知人不能实现之行为，无可实现之情，根本不能成为道德的前提也。

又如有人以为性恶，因改造而善，就一方面说固持之有故，言之成理，在理论上如无改造之可能，则又何能成善，且改造如果为机械的反应，则虽有合乎道德的行为，如马兽然，亦不可能有较高级之善也。又改造之善是形式的，必不能应变，亦不能成为道德的行为，故性恶说也只看到合理的一方面。所谓功用离其体，亦不能成其为作用也。至于三品说更无理论根据，就其不同说，何止万品？（分性为多品，在教育上必然主因人施教。）

至于善恶混，或分气质与义理之性，皆把人格分为二，亦所谓但见作用未见性，皆是躯壳上起念，需要为善，不需要为恶，如王阳明弟子去草问答之例，不足为训。若果性与情决然相反，则有内者可以无形于外，行于外者必匿于内，在道德理念有善心不可有善行，有善行者可以无善心，前者好的则是独善其身，坏的可以放荡不羁，终者，善行离于善心，则道德成为形式，凡形式的必不能持之久，且形式若无内心为之推动，其形式亦不可保，即可保，亦等机器人，绝无道德之可言也。

不与人发生关系，不能有道德的行为，人无喜怒哀乐等，则改变不可得，所谓人的关系亦不可能。人之所以不同于机械而有道德者以此。故在理论上不能无情，适度之情与不适度之情为善恶之根据，而不能谓无情也。不过能行其“适度之情”，不过之或不及，必需一番修养，有情而无“私执”、“我见”，不为感情之奴隶而已，因为“道德”一方面即在调和社会各方面之情，使不冲突而互惠耳。至于修养之方法(详后)，或以智慧，或以强制，或以避免，各有不同，不过最根本者在智慧，即须使人明了人与宇宙之关系，一切之真相，人与社会之关系有所根据耳。(故伦理学应以形而上学为根据也。)

若果以“生之为性”，或现在普遍所谓“本能”为性，则在不自觉的态度中，不可以善恶说，若以引申说，恰到好处为善，过之或不及为恶。若以修养所得“万物一体”的境界为性，则是超善恶的，因为普通所谓道德是利他的，多少有计较的意味，“万物一体”的人虽行道德的事，而其境界则是超道德的，但是“超道德境界”的人行道德的事，须以一般人之情为情，换言之，即无我也。

分“气质之性”与“义理之性”，割裂人格，虽可非议，但分别理想与事实，不以“成败论英雄”，如同欲救孺子，或以跛足而不能成，未可谓其性(心)坏，又有种种道德的理想，因有气质而不能圆满实现，如数学上定义之图，始终不能产生也。虽然，道德意义上行为以是产生焉。(道德是实行的，不是空想的。)又个人以限于气质之善是比较的，不是在谈“性之体”。

照我们看来，“性”与“情”是表示人格“一”与“多”的关系，此“一”与“多”是两方面去说，但吾人须注意此“一”与“多”非数量上的“一”与“多”不能相容也。又此“一”虽分而不可分，换言之，即是多行为中所呈现之“一”，非各占若干分之一也。又普通人之人格，亦有“一”与“多”的方面，为何不能说是“性其情”？因为他的“性”在某些方面是“一”，相对于别的方面又是多了。如某人有时希望“名”，有时希望“利”，有时“名”、“利”冲突，不得其可，便是多了。救他表现在“一”与“多”两方面皆是“多”，故说是“失其性”，换言之，即为欲望所扰乱而失其线索，散钱无串，是非不定也。(所谓不得安身立命之所)

我们在讲“自我实现”一章时，说人之“自私”乃系后天所加，故若能在知识宇宙本体本无界限，回向本真去所限制，后得自由，或所谓复性，在一方面说，了然其本来面目，但另一方面吾人始终以为了然后之本来面目与不自觉之本来面目，其形式虽相似，而其境界则大不同，在道德实践理论上，“复性”之“本来面目”有极大意义，所谓能“性其情”也。若以先后之本来面目为一，而谓性善，即昧于先后说，以逻辑之先后为事实之先后也。何谓事实之先与逻辑之先？换言之，逻辑以推论所出所本为先，事实以在时空上先后产生为序也。（又如“色”与“红”，红在色后〔逻辑的〕，何以故？有红者必有色，有色则不一定有红，但在事实上可有红叶、红花等同时现于眼前也）

现有之“本来面目”可善可恶，非善非恶，后者之“本来面目”，体上虽亦有是非善恶，但其用则是可善而不得恶，故其无善无恶，乃绝对善恶之意耳。主性善者有见于“一”、“多”之关系，故勉强可谓“知性”，其误在以破私以后之性与生来之性为“一”、为“常”，虽然亦非断——非常非断，所谓非断者，指其可能言；所谓非常者，指其非一言。如麦种与麦，非一非异。故《易》曰：“继之者善也，成之者性也。”故吾人以为，非经转化之性亦情，转化之后，则情即性、性即情也。

以恶为性，以下各家皆是，见于多而忽于一，形上形下，未能打成一片，故吾人以为皆未见性也。虽然，各人所言之性，含义有别，则字面虽有不同，用意未尝见异，以其着眼各有不同耳。

可以用以下图示来说明自我实现与性情之转化。

（一多相容，有体有用）非善非恶，有善无恶。　复性之我

（反本）（合）

↑

（离体之用，有多无一）有善有恶。　经验之我

（复无）（反）

↑

（非一非多）非善非恶，可善可恶。　本来之我

（本能）（正）

尼采谓人系“禽兽”之私心，而又欲被以圣贤之面目，故未免终

生苦耳①。盖亦忽于人之性情可以转化耳。

第五节　理性法则与行为

此节以评康德派伦理学为中心。

康德说："在世界之内，或在世界之外，无物可称为善而不附以条件，除非是善意(good will)。智慧、才识、判断以及别种名称的他种心能，或者勇敢、果决、坚韧等气质方面的性质，各别言之，都是好的，而且在许多方面都是可欲的，不过自然所施的此等恩惠，亦许成为极端恶劣的，倘若运用此等恩惠并且构成所谓品性的意志不是善的，此等恩惠正与幸运的恩惠一样，权力、财富、荣誉，甚至健康，都可以鼓起夸大、骄矜，如果没有善恶以纠正其于心神的影响，情欲的中和，自制与冷静的思辨，不仅在许多方面是好的，而且似乎并能构成人格的内在价值的一部分，然而仍然不配被称为善而不附以条件……因为若是缺乏善意，则凡此等等，都可以成为极端的恶。鄙夫的冷静，既使其更为危险，亦使其更为可厌。"②

我们谓其为善，是在加以好好运用的条件之下，倘若为一个品性恶劣者所操持，则适足以增加为恶的势力。有些善，我们视为工具与条件——如健康、财富以及事业上的成功等，凡此等等，都共讲道德的机会与势力，但其自身不必具有道德的价值，其得为一个道德善的一部分，乃是由于其所居住的地位，及其所有的前后关联人格、品性，则本身上具有一种尊严，不得视为求获他种善益的纯粹工具。

康德说："一个行为取得其道德的价值，并非得自其所达目的，而是得自其所由而决定之定理，所以其所依赖者……只在于其所依以发生之意志原理，而无关乎任何欲望对象……吾人在行为中所持有之目的或者行为的效果，而为吾人所视为意志的终鹄及渊源者，实不能给予行为以无条件的价值或道德的价值……价值之所在，只是在意志

① 参见《苏鲁支语录》。

② Kant, *Theory of Ethics*, Tr. by Albbot, 第9～10页。

的原理之中，而无关乎行为所能达到的终鹄。”①

我们应当同意康德而认定道德的价值无所依赖于欲望对象的实现，我们应当认定这一个人的价值恰在于其志存，于一种善良的结果，此外一概与他无干。

意志不是达到结果的唯一条件——所谓达到结果便是使志向成为实际的事实。

我们深知，有时可欲的结果之未曾实现，只是由于显然的事变，我们又深知，如果缺乏适当的性格，则结果的果然获得亦只是由于偶然的事变。再且，我们又深知，我们自身的态度，不仅是达到结果的一个重要条件，并且是常久在我们的控制下的唯一条件。所谓“我们的”，系指明这种条件的发动活跃是存乎己身的，所以就结果之有关于自身者来看，该项条件乃达到结果的关键，因此只需已具欲望，已有营干，成功之于意志，并非必要的。

康德的实践理论可以归纳为：

一、道德的鹄的，是必然的，绝对的，至尊的，非吾人得而任意取舍者。

二、道德行为是无条件的，其要求确定而不可移易。

三、道德的命令确定不易，而道德的要求亦复废偏普及。

康德的解答：此项议论的纯粹结论便是，只有脱离一切经验而特立独存的理性能具备道德的种种要求；凡于其起源或目的沾染经验者，便沾着自爱心，便是偏颇的、无常的、难必的、相待而有依赖的；道德规律则是无条件的、必然的、广遍的。所以就人类之为道德的生物言之，吾人必须在人身之上承认有一种理性的官能，表现为行为的规律，先乎欲望、快乐、苦痛等一切经验的存在。人类于其感官的本性以外，尚有纯粹理性的本性，表现在广遍律令具有绝对的威权的觉识之上。

康德的方法。康德的论证是以如下方式进行的：律令诚然是纯粹形式的，内容空洞（既然一切个别的鹄的皆是经验的，而且变动无

① Kant, *Theory of Ethics*, Tr. by Albbot, 第10页。

常），但其为纯粹形式的，乃是因其为广遍的，凡是具有广遍性者，决不能自相矛盾，吾人所必须作为的一切，只是于接受任何假定的行为原理时，都一概自问以此项原理能否加以广遍化，而不至自相矛盾，如果不能，其行为即错误；如果可能，其行为即正确。

评论：

一、在行为上的价值，乃在于帮助吾人脱离欲望情绪于其始初的浅薄表象上所发生的偏颇性，以获得一个较为统整而坚定的鹄的。

二、道德生活系统化与理智生活同。因错误不能有一贯之实施，故罪恶亦然。吾人错误之行为不能贯通于全系统，非个人而为社会的。

三、康德指明依据他的见解，道德意志或理性的意志，即其自身的鹄的，所以每一个理性的人都是一个目的，永非一个工具——此正吾人所以为一个人者。

换言之，“在行动上，必须以鹄的待人类，切勿把人类单单看作工具，无论对人对己”。所谓善者，皆系行动中之重视他人的幸福，正不减于其重视自己的幸福者。所谓“正义”者，乃是行为于其所及范围内结合各人彼此间相互冲突的兴趣及志向，以形成性情及志向上的一个共同整体者。

批评：基于实践伦理学的立场。

一、藉“意志”为错误行为之掩饰。

二、动机非单纯。

三、空洞无着，不切实际。

四、道德的归宿是社会的，而非纯粹个人的。

一个人当然不可用自己的意念好的理由去辩护自己，倘若自己的意念并不曾控制自己所作的外在行为，因而不曾控制由是所生的结果。一个人的善念恒久给予他人以痛苦，则我们对于其人的信实当然可以怀疑，即令不怀疑其人的信实，亦将判定其人须要道德启发与性格的改变。（意志为行为错误之掩饰。）

动机非单纯的——动机是复杂混合的，在究竟上，一种行为的动机乃是行为者的整个品性，因为有此整个的品性，某一套可能的结果始能掀动行为者，像慈惠、贪吝、感恩、报仇等，这类的动机都是抽象的，我们从事态的概括趋势中指出其动机，而于其助成的和间接的原因则尽行搁置。一切指定的动机多少都是死后的尸体，现存的动机，绝对没有像思维在事后所作成的那样简单。但是此项简单化可使需要仍加注意的某种因素得以显明，对于自己的动机，无人能加以完全正确的观省，对于他人的动机，其观察更为不能完全正确。

五、空间无着落之不切实际。将理性与经验连接，加以如是之绝对分离，结果便引起一个严重的问题——理性而完全独立于欲望经验及其结果之外者。正如康德之所郑重申明，乃是纯粹形式的①。换言之，是即谓理性是空洞的，未尝指定任何应做的具体事件，不能教人勤敏、谨慎或慷慨，亦不能教特定的人于特定的时间内特定的情况下有所施与或不事施与。其所教人者，只是道德乃是理性的，而要求人们遵从理性的律令。是所谓理性的律令者，又是人当遵从理性的律令而已。“理性的律令为何物”本是不可避免的问题，其解答亦只是顺从理性的律令而已。吾人如何能够打破此空洞的循环圈套，以求得到应作特定的事件之具体的知识呢？——只属消极的指导，而非积极的规定，但是不但欲知何种行为应禁止，且要知何种行为为应当。

六、依严格的逻辑论断，康德谓吾人须使欲望的鹄的普遍化，以观其能否成为一个广遍的律令，实是自相矛盾之论。因为依据康德之所见，欲望已是私人的，已是自爱心之一种形式，欲望的鹄的当然无有普遍化之可能。（社会分工原则。）

又应用康德之原则，必须先知其所须之假设，否则任何行为均可陷入矛盾。例如困厄之拯救、颓风之改革等，亦可陷入于矛盾，盖使每人均是行者，则任何人之为此者为不必须，盖使每人均救厄，则已无厄可救，如每人均爽约，则已无约可爽，以无人信约，则约根本不成立，安有约之可爽也？今以救厄为必须者，良以有厄之存在，且为人所忽视耳。其爽约与偷窃虽别，于前者行动之破坏性（救厄及改良道德之不得），乃吾人所欲希望之结果（即困厄之终止及不道德之铲

① 参见 *Albott's Kant*，第 33 页。

除)，后者之破坏行动反引入吾人所不欲之结果。今试问前者之结果，何故为人所欲求者之结果？为何而非所欲？则由康德之观点实不能置答。

附：康德之福德一致说

康德之伦理思想，虽以无条件之律令著名，然彼亦承认于道德律之外，复有道德目的之存在。(一)为吾人自己之完全，(二)为他人之幸福(至于所谓幸福之义如何，则康氏未有确切之规定也)。

第六节　释公私

此节论人我关系，并及“利己主义”与“利他主义”如何可以不相冲突。

“利己主义”与“利他主义”。所谓利己者，行为之动机系于己之利害者也。所谓利他者，行为之动机系于他人之利害者也。大抵道德论者，多以此二种动机为凿枘不相容，故以为种种行为，非出于利己心者，必系于利他，而非出于利他心者，必属于利己，因是而演为二种相反之道德原理焉。利他主义之原理曰：行为之有道德价值者，在其动机之纯然利他者也。利己主义之原理曰：以一己之安宁为种种行为之鹄的，不但不当禁止，而实为道德界不可不然之事。

一、利他。叔本华之言曰：凡行为必有动机。动机者，非利即害。利害者，非关于己，即关于他人。凡动机关于他人之利害者，其行为始有道德之价值，故道德价值者，生于利人悦人之行为，否则，其动机在一己之利害，则全为利己之行为，而无道德之价值。至于害人以利己者，则谓之恶而已矣①。

二、利己。人各图自存而已，是自然之秩序，而亦道德之秩序也。人各以其正当之幸福为鹄的，是即正当之行为，而道德之要求亦尽于此矣。人各自得其幸福，即所以助他人之安宁，盖人人正当之利害，故彼此相和而殊途同归者也。

① 参见叔本华《道德原理》。

"杨子取为我，拔一毛而利天下不为也"①；"阳生贵己"②；"不以天下大利，易其胫一毛"③。

人人不拔一毛，人人不利天下，则天下治矣，此其理想也。至于极端之利他主义，一方面看来，少数宗教家之行事颇有近似者(如印度佛教《金光明经》舍身故事)，然另一方面亦大多数为宣传之文字，劝善之书，未可尽信也。且人之思想亦有迷信成分者，如相信天堂往生之说，实际已非纯粹之利他主义矣。

至高之利己主义，其于论理界尚无所谓矛盾，且人人纯持利己主义而行之社会，尚为吾辈所能想象，人人纯持利他主义而行之社会，则直非吾辈所能想象矣。且如经验社会，以契约若卖买为基本，利己主义之原理，间有因之而实现者。盖经济社会中人，各以己之利害为鹄的，集同此鹄的之人，而后乃有此社会也。若粹然之利他主义实行，则人人各注意于他人之利害，而于己无与，社会将有土崩瓦解之势，其为不可行也至明。而粹然之利己主义，其不可行也亦然，盖基于利己主义之社会，虽若可以想象之，而非人之心理所能实现也。即如经济社会，虽注意于自己之利害，然而感情之影响，礼仪之离合，他人位置之关系，一己良心之劝阻，种种动机，常迭出而障碍之，人类果能仅有一利己之动机，而悉去其他之动机乎？果能舍皮相之利益，而择取正当之利益乎？眩于目前之利益，而失正当之利益，果吾人所能免乎？以争自利为是，吾恐社会之无从而维持也。

杨子为我(利己)，墨子兼爱(利他所以利己)，不以利他为手段，则"为我"之理想无法实现。博爱(利他)而不为我者，非神不足以言此。

以公私判义利——义利之辨。

孟子见梁惠王，王曰："叟不远千里而来，亦将有以利吾国乎？"孟子对曰："王何必曰利？亦有仁义而已矣。王曰：'何以利吾国？'

① 《孟子·尽心上》。

② 《吕氏春秋·不二》。

③ 《韩非子·显学》。

大夫曰：‘何以利吾家?’士庶人曰：‘何以利吾身?’上下交征利，而国危矣。”①

“不违农时，谷不可胜食也；数罟不入洿池，鱼鳖不可胜食也；斧斤以时入山林，材木不可胜用也。谷与鱼鳖不可胜食，材木不可胜用，是使民养生丧死无憾也。养生丧死无憾，王道之始也。五亩之宅，树之以桑，五十者可以衣帛矣。鸡豚狗彘之畜，无失其时，七十者可以食肉矣。百亩之田，勿夺其时，数口之家可以无饥矣。谨庠序之教，申之以孝悌之义，颁白者不负戴于道路矣。七十者衣帛食肉，黎民不饥不寒，然而不王者，未之有也。”②

根据这几段话，我们可以“公私之辨”推广言之，即中国所谓“义利王霸之辨”。这可有两种可能的结论，或两种不同的解释：第一，以个人之利为利，以他人之利为义，如贪官污吏之自私为利，办工厂兴学校等事，虽是有利的事，但是为他，故是义而不是利。“义”、“利”本不冲突，不过是公私之别而已。这种解释，虽未忽略动机，实际上是从效果上说的。第二，从心胸方面说，如张南轩则谓“学莫先于义利之辨，义也者，本心之所当为而不能自已，非有所为而为之者也。一有所为而为之，则皆人欲之私，而非天理之所存矣”。换言之，我们只要问于心安不安，实际上的利害得失，皆非所计，这种行为，有时于公众有利，有时甚至于个人也有好处，但皆非所注意，故理论上实已超过公私对立，或利己利人之上，而成为一种境界矣(详后)。董仲舒曰：“正其谊不谋其利，明其道不计其功。”

以上第一种解释以对他人有利之事为义，对己有利之事为利，义不与利脱节，而堕于空虚的形式主义，实有其见地，较之绝对的利己主义者与绝对的利他主义者实为进步，但其论理的根据是心理的而非逻辑的。所谓心理者，即各依主观以分别利己与利他，故社会有爱之正所以害之，如愚妇之溺爱其子者，其弊使道德容易成为主观之感情，他方面又易流为纯注重结果之“实用主义”。第二种解释亦同样

① 《孟子·梁惠王上》。

② 《孟子·梁惠王上》。

无形中为教育环境所决定。

论评：

一、绝对利己或利他主义之错误，在误以每人为一独立之单位，且可以自给自足者，故利己之事即必不利于他，利他之事即必不利于己，实在人与国家社会实为一有机体，个人之一切与国家社会之一切有关，他人之一切亦与个人一切在在相应也。个人的自由主义者在思想上亦犯有同样之错误。所以只有在于人有利、或不损人利己的条件下，始有个人自由可言。“国民者，实际连合而生存，其与各人之关系，犹躯干之于四支，四支由躯干发生，其有生命也，由于躯体之有生命也，各人曰国民而发生，其有生命、有动作也，亦由于国民之有生命也，各人为国民之一员而动作，其所言，则国语也，其所抱，则国民之思想也，其所感所欲，则国民之感情及欲望也。而国民之所以存立，则亦由各人生殖及教育之作用，此各人与社会之关系之在于客观界者也。及其现于各人之主观界，若意志，若感情，则遂不复有自他之区别，此吾人所亲历也。唯道德哲学者不承认之，而乃有粹然之利己主义与粹然之利他主义，各不相容，要亦违于事实之谬见而已。”由有其他一切关系而自我乃能扩而充之，故无他，实自少其我也。

二、以行为之动机核之，绝然利己利他之区别不可得也。因此同是一件事，可有多种不同的解释，见仁见智，各有不同。一行为之起也，其所以结合而为之原因者，有本于固有之意向者焉，有本于临时之事状者焉，人之意向或关于性质，或关于生活，其因已多，而临时事状，又包括有直接间接之请求、怂恿、谏止、赏誉、诽说之属，则犹复杂矣。为农夫者，耕耘获积，穷年而不倦，由于利己之动机耶？抑由于利他之动机耶？此无谓之问也。使吾辈问农夫曰：“汝之勤于田园也，为己乎？为人乎？”彼将以问者为妄诞，否则将答曰：“不如是，则田园将芜也。”曰：“田园将何以不可芜？”则曰：“是农夫之耻也。”彼其所以治其家者亦然。自伦理学者考察之，则知农夫之勤于田园以益井里，教其子弟以助国家，悉出于彼之所自愿，彼又务增进其生计界之动力，使必举彼之行为而区别之，若者为己，若者为人，则竟有所不能。要之，种种行为均为己而亦为人，合有意识及无意识为总量而决定之者也。凡举各种行为而别之曰若者为己，若者为家族，若者为社会，是与计快乐之数量者同，皆伦理学家误以概念之区别为事实之区别者也。

再如诗人或艺术家之创作，若自泄其所窥见之大秘密，自实现其精神界之理想而已，虽然，夫使世界有我而无他，则一切创造，诚皆无谓。无听者，演说家必不启口，无读者，则文士未必下笔，然当其经营之始，固不必专为他人设想，此亦可见凡事不可截然为利己或利他也。

三、以行为之效果核之，有“假公济私”之事，亦有“假私济公”者，如秦皇统一中国之例（王船山论之甚详）。无任何绝对独立之事，与我有关即与他人毫无利害关系，或于他人有利害关系而于我毫无影响者，质言之，无绝对独立之人格，亦无绝对独立之行事也。所谓纯粹自我或独立行事之利害，皆抽象之事物，思想之对象，与实际世界之人事固不类也。

人之行为能无影响于一己及他人之生活者，未之有也，故吾人考察一切之行为而判断之，势不能于人我之幸福皆有所注意。知昔人所谓对己义务与对人义务之区别，决非正当之部类也。背于对人之义务者，决不足以为对己之义务；背于对己之义务者，亦决不足以为对人之义务。例如个人身体之健康若纯为利己者，实则其影响关系之广大，有不可思议者。

若以个人为纯粹被决定者，绝对无“个性”可言，无“自由意志”可言，则亦为不合情理之谈，此于下篇（《自由与必然》一节）当另详之。

第七节　知行问题

道德学是对人类有意识行为之一种合理的研究，从价值的观点探讨善恶的本义，其理想必求人类可以实现的，最后又离不了形上学的根据，故知行问题在伦理学上占很重要的地位。

纯粹理论科学只管“知”的问题，一般社会上的风俗习惯，或独裁政权下只有“行”的问题，把“知”、“行”两方面联在一块来讨论，是伦理学上特有的问题。但是一般人对于“知”、“行”两个字的意义常用得混乱不清，我想至少有下列几种解释：

一、知——见闻之知，知其然而不知其所以然；行——身体的动作之行，行其然，而不行其所以然。

二、知——科学上的原则；行——科学的应用。

三、知——内——身体的活动，同一本体两方面的表现，如愚昧则忘行，知行平行。行——外——意识的活动。

四、知——指良知，知行表现体用的关系，一多的关系(王阳明的知行合一说)，知主行从；行——表现。

第一种所谓“知”、“行”，是指常识的“知”、“行”说(见闻之知)。所谓常识者，是关于每件事的知识都是一种独立的了解，各无关系，单凭口耳，如王充《论衡·无鬼论》所驳斥的主张，一方面说无可见的物质不能成鬼，一方面又说鬼是穿衣服的，便是好例。常识的行为，也不过所谓的全是一种身体的反应，今日如此，明天又如彼，全无一定的成见；或是一种逐欲的行为，一切不由自主，如迷于酒色之行；或是一种生理的本能，如大小便、呼吸之类。就一方面说来，这所谓“知”和“行”都是一种感官的动作，无若何理性法则可言，这种知行问题是生理学与心理学(学习)等研究的对象。知行可分，以不自相矛盾为第一义。

第二种所谓“知”、“行”，是指有理性基础的、有系统、有计划的行为。在一种系统的理论下，行为者可以依理论而有改造者，知不是一种死的见闻，行也不是一种生理反应，知行有不可分性。如工程师而兼工匠者，其知行实有不可分性，盖其理论的系统则求符合事实，事实的行为亦可矫正其理论，此种是“知难行亦不易”，如思想之形式与其内容不可分也。勉强可谓“知易者行亦易”、“知难者行亦难”。

吾人说“知难行易”者，往往指第二种“知”对第一种“行”说，如总理之学说，彼为先知先觉者，对其部下说法固应如此也。傅说主知易行难("非知之艰，行之唯艰"①)者，或以第一种"知"对第二种"行"，原则是死的，行事是活的，懂得死原则的，未必能适应活的要求，故曰"知易行难"，傅说是奉行君主及先王之言者，故宜若此也。上来二说，知行非就一人一事说也。

胡先生主"知难行亦不易"，是指第二种"知"对第二种"行"说。胡先生是学者，宜如此提倡也。

至于就个别的事说，可以对此人为难，对彼人为易，任何一种特殊的知识，可以对此人为易，对他人为难。知行难易，差不多都可以对此人此方面较难，而他方或较易(如知道花是红颜色与折花的行为，在色盲者以前者难而后者易，跛足者前者易而后者难，或两者皆难之例)。同是行也，做黑板比造房子易；同是知也，具体的比抽象的易，繁杂的比简略的难。用这种例子去证明知行难易关系，永远是不必然的，因为哲学上可以普遍证特殊，而不能以特殊证普遍的。如可以凡人皆有死证孔子有死，而不能以某人为坏人证其他皆为坏人也。(如此就个别事件说，知行有难有易，千差万别)至于以吾心证他心，从理性方面着眼，则与经验事实不同，盖理性非任何个人所得专有也。此心性全无人欲之杂即"本体"，"本体"非有二也。

就第三种知行说，同是一体之两面，无难易可说，仅有等级之差，在理论上，高级之知行较低级之知行为难。此所谓高级与低级分别之标准，在行为条理化之程度，知识系统化之高低。颠倒、矛盾、冲突愈少者，其等级愈高，理性之秩序，他方面即一切事物对于人类意义之秩序、价值之秩序，初无二也。(自然的知行合一)

第四种"知行合一"，乃王阳明之学说，此所谓"知"指"良知"(心之体)，"知"与"情"不可分，或人之一种根本立场与态度，"知行合一"即表示体用合一之义。用不可离体，离体之用乃偶然的事态，无必然性，未足以为用也；体而无用则等空虚，亦失其为体之义矣。

《传习录》云："爱曰：'如今人尽有知得父当孝、兄当弟者，却

① 《尚书·说命中》。

不能孝、不能弟，便是知与行分明是两件。’先生曰：‘此已被私欲隔断，不是知行的本体了。未有知而不行者，知而不行，只是未知。圣贤人（非同凡人）知行，正是要复那本体，不是着你只恁的便罢。……某常说知是行的主意，行是知的工夫；知是行之始，行是知之成。若会得时，只说一个知，以自有行在；只说一个行，已自有知在。’”

又曰：“行之明觉精察处便是知，知之真切笃实处便是行。若行而不能明觉精察，便是冥行，便是‘学而不思则罔’，所以必须说个知；知而不能真切笃实，便是妄想，便是‘思而不学则殆’，所以必须说个行。”①（知外无行，行外无知）

又曰：“《大学》指个真知行与人看，说‘如好好色，如恶恶臭’。见好色属知，好好色属行。只见那好色时已自好了，不是见了后又立个心去好。……今人却就将知行分作两件去做，以为必先知了，然后能行，我如今且去讲习讨论做知的工夫，待知得真了，方去做行的工夫。故遂终身不行，亦遂终身不知。”②

盖阳明之所谓“知”，专以德性之知言之，与寻常所谓知识不同，而其所谓“行”，则就动机言之，如《大学》之所谓“意”。“然则即知即行，良非虚言也。”③

体用合一的“知行合一”是最高级的知行合一，此种知行合一，须要努力，非自然的知行合一可比。王阳明学派末流因误解当下良知之义，以私欲为良知，最是坏事，忽略工夫，以为有所考虑皆是“人欲”，反更失良知之义矣。

如真的“良知”，或所谓真的本体，必须无一分人欲之私，但在实行上，今日的“良知”（善恶的观念）到什么程度就应该扩充到什么程度，平日“知”更进，行亦随之，总须以全副精力应付，方不失知行合一的本旨。

---

① 《王阳明全集》卷六《答友人问（丙戌）》。——编者注

② 《传习录》上。

③ 蔡元培《中国伦理学史》第188页。

良知的“知”，情理不分。所谓情理不分者，即情即理，求于行事上见理，非仅辩论而已也。

知的进步，行亦随之进步，你是某种的知识，如以为每个人皆是独立者，其行为必自私，其感情必“自爱而亲人”。如从他面的系统注意，则可利可害也(科学)。知得人与人是相互并存，则其行为必人我一致，“己所不欲，勿施于人”，“己欲立而立人，己欲达而达人”，故阳明《大学问》发挥“仁者与万物一体”，必人有“天地万物与我一体”之心胸，则我即本体，用佛教术语言之，即“法身”矣。

总括我们的意思，觉得“知”、“行”至少有四组不同的意义：

一、知——见闻，行——动作。二、知——原则，行——应用。三、知——意识，行——身体。四、知——体，行——用。

至于第一种的知是常识，第二组的知是科学，第三组的知行是自然的知行合一论，第三组是心理学或生理学研究的对象，无价值无意义可言，第四组的知是哲学(直觉)。

第一组是各别独立的了解。

第二组是片面的系统的了解。

第四组是直觉的了解(从全体的观点去了解部分)

第一组的知行无何必然的关系可言，可以知而不行，或行而不知。第二组的知行是“知行合一”，但可以知而不行，行则必知。第四组的知行合一是必然的“合一”。第三组的“知行合一”是自然的知行合一。第二组的知行可分开来工作，如工程师与工匠。第四组的知行是不能分的，固然大事须用他人，但其不能无行则为必然。

知行必平行，不在一阶层的知行，高者难，低者易，最高层之知行(或同阶层之知行)无难易比较之问题也。

知主行从，知先行后。因“知”在理论上是“一”，“行”是“多”也。

科学的知识是工具的知识，“良知”是价值的、目的的知识，故伦理终以第四组的知行为伦理学研究之对象也。

第八节 自由与必然

此节略论斯宾诺莎《伦理学》并及大乘佛教解脱论之要义。

意志自由问题渊源甚古，希腊时代即有人注意之。但特别提出此问题而注意之，则自西洋中古时代之神学家，其重要点有二：

一、上帝为宇宙之创造者，彼为至善之体，但现实世界实有种种罪恶，吾人非假设人类有自由意志不可(宗教上)。

二、人类一切行为果皆为必然(无意志自由)，则忏悔赎罪等皆不可能，或无意识，质言之，有意的道德改造为不可能(道德上)。

康德以前，欧洲思想有两大潮流：第一，是科学的潮流，换言之，即以必然的因果法则解释一切(或无自由可言)；第二，法国大革命前后的思想，以追求自由、平等、博爱为理想。(知识论的)康德一方面限制科学之范围，以意志非科学研究之对象，一方面承认意志之自由，实属一种调和论的意见。然自此形上学"意志"自由更成为重要问题矣。

在历史上，欲解说基督教义上之困难者有三说：

一、(道德的)说上帝赋与人以意志之自由，而道德始可能，盖善恶为相对之物，无恶即无善，有恶正所以成其善也。

二、(形上学的)说反对有创造世界之上帝，盖上帝若与世界为二，则在理论上为根本不可能者，上帝与世界为一，即泛神论之思想，如斯宾诺莎然。彼等则以善恶之分皆系人之观点，而非上帝之观点也，如人以于己有利者为善，害者为恶，皆是躯壳上起念，盖自其本身或上帝之观点言之，则皆无此等区别也，乞丐与贵人同样自足也。

意志自由，在别一方面即自法律之立场，亦有其重要意义，盖如一切必然，则赏善罚恶皆无理论之根据也。

三、亦有自经验主义的立场而根本反对有所谓"意志"者，如休谟等说意志不过各种心理状态下之抽象者，非实有其物也；又如霍布斯，谓精神之阅历，运动耳，在形而上学不能有意志之自由，犹之运动及物质，不能自虚无而发生也，就有相同之意见也(此派根本否认意志之存在实不合理)——科学的。如此则无道德之可能。

近曰主张决定论者，好以精神决定物质，或以物质决定精神，凡此种决定论，皆是一种常识的或方便的说法。所谓常识的或方便的说法者，即可互换而不致有矛盾也。以意志为独立存在之实体实不可也。

新黑格尔派以“自由”与“必然”是两位一体，如歌德谓蚕之吐丝亦“必然”亦“自由”也。

(形而上的)斯宾诺莎主必然论，以普通所谓“自由”，乃吾人不知其固耳。如此则自由不自由的问题，一方面讲来，等于自知不自知的问题。

政治之社会改革，教育之人格改造，在理论上皆欲以意志自由为基础。乃至法律之理论的根据，“道德批判”之所以有意义，皆以此为必要假定。

自由与必然：善恶问题与“自由”、“必然”。

在道德学上“自由”与“必然”之不可分。

道德固需“自由”，然亦有需乎“必然”。所谓必然者，即指意志之动作有其目的原因，意志依其一定之目的以决定其行动，故非任情纵欲、为无规律无秩序之活动。

由上观之，则道德一方面须有自由，他方面复须有必然，则道德生活之要求，不亦为矛盾乎？曰：非也。吾人苟能详审自由与必然之真性，则此类似乎之矛盾，必不致发生。盖所谓必然者，不过指一定之齐一动作与必然相关之意，而所谓自由者，则指某人之行为，乃其性格所自决(Self-determined)，非受其性格以外之事所决定之意。指人言之，各人皆以自己为“目的”、而非“手段”之谓也。故唯此必然之自由，方为真自由，亦即自由之真义(the true sense of freedom)。

动物之冲动，亦带连续性与可预测性，然在某时刻则相当独立，无有中心之统系。此即言，动物不具思想，故不能将各时刻之觉识，造成统一之系统。反之，人类则生活于性格界中，故苟彼之瞬间冲动，不能显其性格者，严格言之，即不能谓属之于彼。只有彼真觉其所行，即其行动纯发于其性格之中心时，方能谓为彼之行为。有必然者方可言自由(只有意志的行为方是道德的行为、道德学研究的对象，其他饮喝等生理现象是必然的，非道德学研究之对象)。

不自觉的习惯动作无所谓自由，故自由必基于自觉(知)也。吾人须注意者，即苟自我为非理性的，即不能谓为实在，真正实在之我，只有合理的自我(national self)。以其在发展中也。由是，则最高之自由，当为此合理之自我所有无疑。合理的自我之发展即必然，亦即自由也。斯宾若莎言真理能使人自由①。

人类行为所以不得自由，作感情或其他之奴隶，奴隶之生活即自觉不自由之生活也。其心胸为物所限，所谓知识不够，有由于必然而误以为有意的，如小儿见飘瓦则怒，大人则否之类是也。又由于不了解诸法实相，而有种种执着，如我见偏(边)见之类、常见断见之失是也。如人之年龄，物之生命，本随宇宙而有变迁者，若执以为常，宇宙万物本非独立之存在，各有影响，而以自我为独立之体，皆不得有自由也。若执以为断，则不负责任。在相等的观点、比较的看法之下，有自由与必然等种种对立相，直接绝对之实体，则“触事即真”也。最必然即最自由，以其自觉也。

人类所以不得自由，在为情见所束缚，以加与事物之意义为唯一之意义，吾人果能识其为一种执着，则此整个宇宙对于他的意义就不同了。

吾人只有认识必然时，始有意志之自由(偶然非自由)，所谓不自由者，即以不必然之事为必然而行之也。

妄动非自由。

违反必然性之动作为妄动，为盲目的冲动，其所谓自由，不过心理上的一时状态，而实不能自由也。只有顺性化性之行为方为自由也。由此言之，凡罪恶之行为，非自由的，亦非必然的也。盖罪恶之行为皆起于偏见我见，执于一方，为有限之我，故不得自由；又因执于一方面而离其全体，故亦不必然也。(然吾人之意见，以为如蚕之吐丝、饥思食、渴思饮之行为非道德学上之自由与必然，以其不自

① 详《自我之实现》。

觉也。)

相对的自由与绝对的自由。

所谓相对之自由，即有所待者，如人有财产、恋爱等；绝对之自由，无待而逍遥也。所谓绝对之逍遥，即其精神生活到达一种境界，毫无物累，毫无得失意，不有意地逆天，名教与自然合一。自然言自由，主体全，名教主见分，常必然，“担水斫柴无非妙道，洒扫应对可以化性至命”，则无所谓自由与必然之争，而已自道德入于超道德矣。故 Bradlay 曰：“道德之目的在于超道德。”

从这方面讲，道德须有最高之境界，其根据在须最高级之认识。所谓高级之认识，形上学所研究者，形上学本名(Evist principle or Philo.)，其定义为 being qua being，即宇宙本真之研究，科学仅各注意于一方面者不同，此伦理学所以为哲学之一部门，而且须以形上学为基础也。

善的来源，固须乎自由意志，然恶的来源亦须乎自由意志，今人每以自由为绝对的善，而忽略此种假定同时亦为恶之来源也。

第九节 “平等”与“差异”

卢梭在《民约论》上说，人生下来是平等的，这句话影响近代伦理思想很大，是人类从中古式的主仆、君臣等天生下来就不平等的封建意识解放出来的第一个口号。

从另一个方面来讲，“发展(自由)个性”也是近代伦理思想的主潮之一。所谓“发展个性”，换一句话说，当然就是表现一种“差异”，同时由于现代社会的必须“分工”，更无法让所有人们的生活方式一致，于是“差异”(或个性的自由发展)乃成为近代思想的要素。一切社会制度，即在确定此种“差异”的根据，如学位之高低，教职之上下，乃至军政官位之崇卑，在于无非表示追求“差异”之努力，各种不同程度的差异，办法虽有不同，但不能没有“差异”的表示，如共产党亦有“劳动英雄”之名，所以别于常人，否则善恶上下不分，取消一切价值观念，则人类失其求进步之动力，最后一切必致陷于停顿也。

但从表面看来，“平等”与“差异”是互相矛盾的，好像是两种不能调和的思想。其实不然。“平等”是反对人为的差异，以致违反了自然的差异。例如过去科举制度的所以被打倒，就是因为那种人为差异的办法已经不能真的选拔人才了，但是换了洋科举，个人发展的机会太平等了，用人的办法代以人事关系，其结果当然更坏了，使社会更不平等。我们要追求平等，其实是追求“真的差异”。

再如我们说现代学校的考试办法不合理，不能真的选拔人才，应该采取其他合理的办法，可是并不是用一切办法把一切差异等同了。不过注意各人发展的自由与均等，应该尽量求其实现罢了。

所以机会均等是指基础(生存条件)而言，非指上层建筑(文化事业的贡献)而言。有人以为只要基础相同，必然完全相同，事实上为不可能，即以苏联而论，亦未必每人皆有斯氏之政治才干也。但可以减少不必要之差异，则是事实也。

再有，言论出版之自由，为人人所应争取之平等，但出版之后，别人愿看不愿看，实行不实行，评论之好坏，皆不能强行平等。

质言之，只有在以“自由”为目标、能表现真差异为理想之前提下，始有真平等可言。而普通人以为平等混同、取消一切必要之差异为平等，则不特事实上为不可能，亦思想上所不能允许者也。

第十节　各种不同“价值”(合乎道德理想之行为)之冲突与调谐

任何一种有价值的道德行为，若果听其发展，最后就会变成不道德的行为了。如“优生”是一件好事，但“优生”的办法要实行到极端，就非淘汰所有的人不可，因为没有一个人可以说是毫无缺点的。

第二分　道德生活之实践的探讨

第一节　信仰与节制

本节述在一般道德上之功用及因道德最后标准或归宿在外所引起

的问题。

信仰之有关于实践之道德生活有二：

一、神之信仰；二、不朽之信仰。

大部分普通人之所以能实践道德生活者，厥赖二种信仰，即相信有赏善罚恶之鬼神存在，使其不敢为不善或不善德之生活，此种信仰非仅存在于一般愚夫愚妇之内心而已，且有若干科学家亦相信其存在者，其为普遍之意识可想而知。再则，不朽之信仰。中国向来有所谓三不朽之传说：即立德、立功、立言，非今所谓不朽之信仰。此所谓不朽之信仰，换言之，即指灵魂之不变是也。我可以欺骗他人于一时，但终必为彼所发觉，即死亦不能免。天堂地狱之信仰，实际亦由灵魂不灭之思想推演而来，此种信仰大有裨益于社会道德之维持，即以匪盗之凶悍，不罹刑罚斧钺之惨痛，而畏于神位之前，以至自首，其潜力可想而知矣。

虽然，神之信仰与灵魂不灭之信仰，可以在道德生活上发生重大影响，但终究不能为实践道德之最后根据者：

第一，缺乏知识上之根据，换言之，即吾人不能在知识上求得根据，无法证明其存在是矣。自国际交通发达以后，各民族之信仰往往有大相径庭者，于是不能不使人怀疑过去之信仰，而动摇其信心，丧失其功用。

第二，神之性质，随时代之进化，各方面之需要常有变更，如早期农业社会之“自然”信仰，今则渐失其地位是也。且凡信仰之仪式，皆多偏于保守，足以妨碍社会之进步也。

第三，“权威”之信仰，或佛教之所谓“圣言量”者，即不问是非，但求服从，其极虽可免流于放匪挟侈，行有规律之生活，但不求理论之自觉，则最多只能成一“合乎道德”之人，而不能成为自动道德之人也。但求普遍之自觉，在事实常有困难，故各种宗教多制定种种戒律，以为信徒之最高无上之神圣的根据；其弊在信仰者不自觉其何以须如此，徒有形式，始终不能实现高尚道德之理想也。

与信仰威权类似之措置，则法律之规定是也。彼法律者，并不示人此种行为何以当罚之人生理想，但规定有人如此则受罚，有人如彼则受赏之事实。使人因畏罹将来之痛苦而相率为善，则亦不得道德之真谛也。

较此法律更进一步之措施，则分别善恶好坏等观念，从人格或名誉等之好恶上以奖善惩恶是也，比如学校各种训育法程之规定，国民守则之守订，皆此类也。且此等规定多以时代环境等之需要而随时有所变改，忽于整个人格之改变，缺乏一贯制精神，亦信仰之类是也。

相应于各种信仰之实践而言，其道德的行为多属消极的(其间有积极者，亦勉强而行者也)，其间虽有程度高下之不同，但其为克制或强制则一也。所谓强制的，从知识上言，即其“合乎道德”的行为是盲目，即非自动的。如此之人，如知识上一旦证明其信仰之鬼神或灵魂非永存者，或其人一旦处于无法律行使之地域，或脱离人群而度其私生活，其放荡非法转有超于无信仰之普遍人者。以无威权、痛苦、名誉等强迫而行善者，则环境之改变可以并不影响其行为，非为强迫、或无所为而偶为恶者，亦容易改过迁善也。

虽然，信仰与节制在实践道德上有如此种种流弊，然在一般知识未普遍进步、尚不可即以废者，以其可以普遍推行故，已自觉者固可同样实行其生活方式，不过意义有不同耳。再则，个人如未真的达到最高道德的境界，即未能随心所欲不逾矩，换言之，即所欲与合理的生活未能完全合一，则在修养上自动地强制一段工夫终不可少，再则节制的时间愈久，则生活渐成习惯，俗谓“习惯成自然”，亦渐不觉其过分勉强也。此种习惯既经养成，随之知识方面与以教导，则更可根深蒂固，而忘其所以也。要之，必待先有最高知识、最后境界，而始可言道德，否则在事实上实有不可能也。

例如佛教虽为无神论，而在接引后进仍信神威，在工夫上虽言顿悟，言理不可分，在事实上则仍不乏渐修是也。

佛教有信道解脱与见道解脱，大顿悟小顿悟之分，皆与此问题颇有关系也。凡礼教之但主形式者，其变法皆在节制之列，如中国过去父子、夫妇等之种种规定，例如见父必拜，见长者必致敬等，亦陶养性情之一法，虽自外铄，亦不可全废，而免流于狂也。

理想上之道德生活必须内外一致，换言之，即不能但有内容而忽于形式，以道德非个人之事、而为对人有关之行为也。节制之生活，多暂时的，无永久性，舍本逐末，有礼无教，未把握道德生活之真意义与真精神，故不能做实践道德生活之理想的根据也。

总之，凡由信仰与节制所发生之道德行为，追求其最后根据，必为在外的，但标准在外，则其行为在理论上必为独断的，行其然而不知其所以然，皆此类也（如“五四”解放后之道德，成过渡时期之现象，而特行浅薄也）。

第二节　经济环境之改革①

相信一切不合理之现象皆由于物质的反映，换言之，即一切道德之改革，或一切行为之进步，须自物质环境之改革做起，此近世唯物论思想之道德观也。欲从社会经济环境之改革，如常有人谓文学、艺术、美术等为少数有关阶段之奢侈品，而根本否认其价值，不知文学、美术等本有两方面，一是质的方面，二是量的方面。质的方面为其程度深，不能为一般常人所了解，所须基础知识甚多。其过在于一般人知识水平之不高，要在提倡教育，而增进一般人之了解，不可反以一般人不了解而根本否认其价值也。再则能为大多数人了解之事物，亦自有其意义，不可因专家之鄙视而以为无存在之价值也。即以人而论，往往专家之名誉地位影响等不如通人，故专家亦不可过分鄙视通人也。

一、同一行为，因个人之了解不同，而有不同之意义。如田园之生活，在普通人多以为苦，而在一部分诗人则特以为乐，未可一概而论也。盖一切矛盾皆存于心理，而非存于物质，以桌椅之关系，固无矛盾之可言也。

二、社会分工，实为必须，不可强为一律，此与物质改革增进道德之困难一也。各种道德生活程度不同，以最高标准改革之，则不易成为事实，以最低标准普遍实施，则降低文化水准是也。如每人皆须过工厂之生活，势所不能，每人皆由深厚之哲学修养学之，行将不

① 在原文的目录中，这一节的题目作“环境与改革”。——编者注

可，是普遍生活之难实现也。

三、又现有新的社会主义，以经济的平等为最理想之社会，自由平等应为人生活之鹄的。实则若仅注意经济的平等生活，以为可以免除一切争端，未免等人类如动物，而以为人类仅有物质生活、食色之生活，而无较此更高之精神生活，接近于空想。且真高尚道德修养之人，此等食色之争夺等皆多不成问题矣。若非道德修养之人，则此方面争执一去，他方面争执又起，将永无宁静之一日也。且环境在道德上只是消极的条件，而无积极之意义，为有待之逍遥，而非无待之自由也。真正之自由平等是观念上的自由平等，故真正社会之进步，必须人类思想或观念有进步始可也。

虽然环境之改革，如音乐等可陶冶性情，和平庄严，改变人性于不觉，超于利害计算之场，亦人生意义之一方面也。故社会场中久处之人，有时见其父母或入教堂，人格更易为感动而发奋有为也。

四、社会(政治)机构一方面有其形式，别一方面亦有其精神，若袭其貌而忽其人，终见其不可也。任何科学可无国界，而凡社会伦理科学则必有国界、有传统，不可任意移植也。此近代社会主义者所应有特别注意者也。

五、人生是目的而非手段，如以道德最高之目的在环境之适应，而不能利用环境或改造环境，亦何道德理想或伦理价值之可言？环境可以改造，则人生非全被动者。在讲心物问题时，我们始终以为人可以改造环境，而且任何环境离开其精神部分则没有任何意义，换言之，即一切经济条件必建筑在道德上或精神文明上始有意义可言也，如盗贼之财，非法之利，始终不能认为合理的条件是也。推广言之，凡物莫不有其精神部分，即桌椅亦不能例外也。

六、且环境为多的方面，只从多的方面着眼，而忽于一的方面，亦见为一种形式主义，而未把握道德理想之真谛也。

且同一经济状况，知识学养不同，则其意义即有不同。如有钱、生活宽裕、自由，非不好也，然无知识学养之人则利用以作恶、吃喝嫖赌是也；有知识学养之人，则应用以做学问、兴事业、造福社会。其钱非不同也，或以造福他人，有道德上之价值，或以危害他人之利益，其差别不在经济环境明矣。若有极端唯物论者，则一切皆系决定，毫无道德价值可言；若谓环境常有变化，可以不加丝毫人力，则其变化亦系机械的，毫无道德意义之可言；若言环境可以决定人的一方面，人亦可以改造环境的一方面，显见非经济环境决定一切之思想矣。

七、又如有人以为终是物质（或经济）环境决定一切，盖此物质环境指人生过去一切、现在一切，包括文化传统、精神训练者，乃至一切外界之影响。然此谓全体决定部分，原无不可，此全体即已包括精神作用而言，又何必减简为物质，乃至经济耶？

八、虽然，最高之道德理想绝非可以物质（或经济）作决定论者，盖道德非仅内心之形式，而且需要外在之内容，换言之，即虽不是物质环境，然未尝离此物质世界也。盖人类知识学养非可人人至于高峰，未可于一般人个个求其至刚至大之理想。消极方面的，防患于不道德的一方面，尚有多少作用耳。人人有饭吃，人人有屋住，可以免一部分人迫于饥寒之扰乱耳。

且如鸟兽笼居而不乐，非食色不得满足、精神不得其乐也，人又何独不然？以为人以满足于食色之欲是人间之最高理想，亦可以将鸟兽入笼为其最乐之理想乎？

且凡物质环境足以改变或影响其人生观，或所给予快乐苦痛之感情愈多者，则其生活在感性中，其人之学养最浅，即未尝变化气质、脱于俗气也。凡有学养之人，则生活于理想中，虽不尝离于感官生活，而实能操纵感觉之生活也。

又凡随环境而变迁之人，则无一致之人格可言，一贯之生活理想，见于多而忽于一，故唯物论者最近流入感觉主义，以人如物，知他而无自知。其思想虽切实，然其流弊亦颇大也。

第三节　道德与知识

此节论今日西洋一部分哲学家依知识深浅判道德高下的伦理史观的利弊。

古代希腊哲学家苏格拉底（Socrates）有句名言，说“知识即道德”

(knowledge is virtue)。这句话的意思是说，不道德的行为所以发生，乃由于不知，因为每个人都是愿作有道德的人，而不愿做没有道德的人，虽然有人可能因不知而做出不合道德的事，但这也只是偶然的，如人不知炸弹之利害而不跑，因为等他知道炸弹的利害时，他就必跑而唯恐不先了。这是表示道德在本质上不能与知识脱节的意思。

因此愚昧的人绝对不能有高尚的道德，已不成问题了。这是就道德的本性(essence)说，至于就个别的事说，你有了最高境界，有了道德的动机，不即等于知道一切事物，如此，如欲事实上行为合乎理想之要求，必须有正确丰富之知识，道德愈高，所需知识愈高，一切教育即在增加知识以提高道德之准备，但知识为道德之必要条件，而非充足条件，此乃吾人所当注意者也。

知识有高低，道德亦随之有高低，大道德家必有大知识者也。

但是有相同的知识不定有相同的道德，知识是一种工具，可以为善，亦可以为恶，故教育可以产生大道德家，亦可以产生大坏人，皆此例也。

换言之，各部门的知识皆须与人生目的或理想配合，始有意义可言。

第四节　意境问题——论人格之扩充——并谈修养方法

此节讨论“体验”与一般知见不同，“境界”之高下只有知之“性”的问题，没有知之“量”的问题。

知识有种类，生活亦有种类，不在量之多少也。

一、常识——以为各个人是独立的，其生活是奴隶的，不自觉的，损人利己的，是最不道德的。

二、科学的——认识宇宙一方面的关系，从原则上抽象的认知有相同的，为互得其利而合作，其境界是自觉的，但是，利己的有损人，有道德而非最高的道德。

三、哲学的——认识万物一体的道理，离开一切外物即无自我，合内外，一人我，不患得患失，是最高的境界，所欲解决之问题，皆为人生最根本而共同的问题，故有永久的意义。

故人之境界之不同，不在其知识之量，而在其知识之种类与种质，此吾人所应特别注意者也。

人要最高的道德，从个人出发，需要一种修养。修养的方法有消极与积极的两方面，消极的方面是注重偏的方面，找出相反一方面的好处或坏处，如贪财的，即可多注意贪财的害处；好色的，即可多注意好色的坏处；看见世界是常的，即多注意变的方面；反之，看见世界是变的，即多注意常的，庶几可以纠正个人的偏失。看书亦复如是。所以叫人不凭主观，不偏私也。积极在人格之扩充，从己所不欲勿施于人、人的痛苦即是我的痛苦扩而充之，以万物与我为一体，则见愚者可怜之，狂者亦可怜之，心平气和，不随便与人计较，心胸广大，方可有为也。如作学问，为学问而学问，非为个人名利而学问，则任何个人皆不值得我攻击，若图攻击，则重视他人正所以自小个人也。

移情作用或升华作用，从低级以渐进于高级，如先爱个别事物之美，渐爱一类事物之美，以至文物制度之美，以至美之所以为美。而洋人对于爱之追求，中国人对于教之情感，皆趋于具体事物，即其类也。

最高的是从了解宇宙，进而实现人生。

但以上许多方法，亦不离开哲学的知识对整个宇宙人生的了解，不然总难免偏失，如今日之精神病者是也。

第五节　社会机构与道德（政治革命、政体之争）

独立的个人无所谓道德可言，以其行为与他人无关，且于后人无任何影响可言故也。以是严格言之，无所谓私德，以无德非公故也。故积极的道德只可在社会中求其实现，非在某种社会不能实现某种道德也。如在原始社会，人各自给矣，无父子之亲，无朋友之谊，今日若干道德，当亦无存在之可言。

至部落或宗法的社会，只有信仰、服从，只有团体，并没有个人，可以说只有习惯的道德，行其所当然而不知其所以然；从宗法社会以后，发现自我，乃有反省的道德，良心的道德，进而有自觉的道德，故社会机构与道德理想实有密切之关系也。

民主主义的国家，一般以为是比较合于实现道德理想的，因为每个人都有发言的机会，以多数人的利害关系代表一种是非的判断(道德上的)，可以产生一种大致合理的社会秩序，但不能产生最高的道德行为也(柏拉图《对话集》中有如此譬喻，吾人以知修鞋者修鞋，以知理发者理发，不以知修鞋者理发，此人人所知者，而在政治上主张“全民政治”，不特以不知政者管政，亦不特以鞋匠做理发匠也)。故民主政治之基础，在有健全之国民为基础，故社会机构虽难与道德理想之实现有关，但仍以有健全之个人为根本也。又如独裁政治，虽为一般认为最不合理之政治机构，以大众俱听命于个人也，就理论言，如此人之聪明才力确在众人之上，其道德亦高于众人，则亦未尝不可以实现道德理想也，柏拉图理想哲学家做国王，即是此种政治也(总理主张“权”与“能”划分，在此点亦颇有见地也)。凡个人权力太大，容易流于自私，强不知以为知，其危险性颇大，民主则以各人之利害关系常有不能一致，不允许有过分自私之主张也(英国自由贸易政策原理相同)。故吾人以为社会机构与理想之实现有相当的关系，但不必有绝对必然的关系，以最高道德理想为自发的、自主的，而非强制的也。

所以有人以为某种社会政治机构一旦改善，则道德理想可以绝对提高，皆是一种错误的眼光也(又一切制度皆对中人而言，此又不可不明也。盖任何社会之机构，皆有取巧或被利用之可能也)。虽然社会机构之健全，亦未可完全忽视也，其最重要之点，在有较稳重之局面，即在从政人士之进退，有客观之标准是也，如过去考试制度之内容，虽多不切实用，但其制度并非不合理者。吾人以为今日中国机构所以百病丛生，千疮百孔，多由于人士进退无客观标准是也。今日虽有考试制度，但人士之进退不能一律，是所以无多影响也。

又如以“分工”等办法以解决社会上种种不道德之现象者，盖亦注意社会机构与道德之关系也。

第六节　道德理想与道德实践

（个人主义的道德——优生学淘汰劣种，为多数人之利益，可为矣。达尔文以及优胜劣汰，但为实现道德之唯一方法则不可）以为提高道德即在提高人之理想性，使其能摆脱现实之欲望，盖人之所以有不道德之行为，皆非自愿，乃出于不得已者，如今日一般从政者之营私好货，皆其例也。故尼采乃有超人哲学之主张，以为一般人实是禽兽，沉于食色，而又必表面装为圣人，此天下所以大乱也。虽然，食色亦人性也，如此非人人皆为超人而后可，设人皆为超人，但不顾及他人，则社会行将解体，又何道德之可言耶？其实洒扫应对皆可以尽性至命，饮食男女中实现最高的境界，只要能操纵自己的感情，则感情生活即是理想实现的根据。如此难免以道德的、或理想的与现实为对立，离人性而别求道德，离多数人而言少数人之道德，则其道德即无可能实现之根据，其结果必等于一种空想无疑，或等于一种变相的自私，皆非道德之正执也。故一切道德理想，必以不离现实而又可能实现、顾及大多数人者为根据，其理想始有实现之可能也。故道德理想必以人性为根据，以可能实现为依归。一切道德理想实现之可能，即利用人性有欲望而变化之，使不与人争而已。（一）其实现理想之条件，又必须操之在我；（二）其动机必须不是自私的，否则一切即无普遍的规律性可言，此人可以如此，别人未必可以如此，则亦等于空想也。自尼采提出“超人哲学”，把人分为两种：即“圣人”与“禽兽”，主张圣人方可言道德理想，继以达尔文等“演化论”流行之后，主张优胜劣汰，适者生存，加以遗传学等之研究，主张“优生”以提高道德理想者，皆汲其流也。

批评：

若果道德的生活与人性隔绝，则将不成功道德之生活也。若果为少数而淘汰多数，其动机即非道德的，且何谓“优”等，其标准何在？亦须特别注意也。

道德理想的实现，必须有普遍必然性的根据者，方可谓之大本达道，否则只是少数人的“个性”而已。

何以民主政治较专制政治为合理？以人民知识普遍提高，则民主政治之流弊可以自灭也。

第七节　论政治制度与自由发展二者之利弊①

第八节　总结——实践道德的理论

此节对“伦理学的先决问题何以即是人生最后问题”进行回溯。

关于道德与其他科学之不同，可以概括为两点：第一，其他科学但求事实叙述之正确，而道德学须求理想之实现，故其他科学但有理论问题，而无实践问题也。第二，其他科学仅有事实或理论之解答，或解释，或解说词（explanation），而伦理学最后则须求问题之解决（solution）也。

故道德学之全体，除有“理论的研究”外，尚有“实践的探讨”也。前者重在“解答”此问题，而后者重在“解决”此问题也。但理论如与实践的研究无关，则理论是理论，事实是事实，彼此各自成一学科，而不能成为伦理学研究之理论的对象（或材料）也。

理论的困难即事实的困难，理论的缺陷同时表现为实践的困难，即事实的困难，其实即同一问题之两方面也。如在理论部分中我们说公私不能分，则在实践部分中，我们即主张社会机构不能离分子（个人）之健全而云道德理想之实现；又在如理论部分中，我们说不能以苦乐表善恶，因此在实践部分中，我们便说理论部分中如“知行”以及“自由与必然”等问题的两方面之不一不二的关系，在实践部分中即主张道德理想不能与事实脱节，道德行为不能与一切欲望（饮食男女）绝缘是也。

道德理想之实现必须是自发的，不自私的，部分不能决定全体（故信仰与节制及政治经济等之改革，在吾人不能认为最高之唯一方法也）。又道德的生活是一种“目的”的生活，而非工具的生活，故吾人于论“知识与道德”的关系，不得不予以限制也。

① 本节在原稿中只有标题，无具体内容。——编者注

附录：指定参考书

余家菊译：《道德学》
蔡元培译：《伦理学原理》
蔡元培著：《中国伦理学史》
向达译：《亚里士多德伦理学》
吴献书译：《柏拉图之理想国》
斯宾诺莎著，伍光建译：《伦理学》
T. H. Green：*Prolegomena to Ethics.*
F. H. Bradley：*Ethical Studies.*
Henry Sidgwick：*The Methods of ethics.*
J. S. Mill：*Utilitarianism.*
Jeremy Bentham：*Principles of moral and Legislation.*
Hartmann：*Ethies.*

漫谈佛典翻译[1]

近来出版的《翻译通报》，先后发表有关佛典翻译的文章不少，因为那是祖国文化史上一件大事，多数人参加这个讨论，除了可以提供一些重要的翻译史料外，在总结以往的成绩中，还可以吸取一部分有用的经验，因此我们以为是很有意义的。但在一些有关佛典翻译的重大问题，如译场组织、人事制度、工作方法等，多经同志们有系统地加以发挥，那么下文所能谈到的便难免不是一些枝节问题了。

佛典翻译能有日趋完善的制度以及较好的工作方法，都是翻译工作者长期摸索的成果，不是一上来就会如此的，何况有了理想，还须顾及条件，如人才、设备等，所以佛典的翻译，晚出的较为精细，早出的多见粗糙，各书的优劣，实在是不可同日而语的。这说明了过去比较完善的翻译工作计划，事实上的推行，也是经过不断努力来克服困难的。

翻译工作是用不同的语言来表达相同的实际，由于不同文体语法的牵制，加之各民族历史背景以及生活习惯的悬殊，譬喻之间，自然多有差别，一经转手，要想做到尽如人意，恐怕是不可能的，因此一部分人甚至说那比创作还要困难。翻译工作的客观需要，本是为了一切不懂原文的读者，所以在精通原作的人看得明白，并非理想，只有在一些不通原文的人读了，深切地了解，才成可贵，自然读者关于这门学问的基础训练，也不能一概不问。为了克服这些事实上的困难，过去佛典翻译大家，特别注意选择自己所擅长部门的著作，即是把个

---

① 本文是石峻先生生前遗稿，作于1951年。——编者注

人研究与翻译这两方面密切地结合起来，以求减少理解上的错误和困难外，他们同时有讲经的办法，在翻译前后，经常举行，我们以为除了有负责宣扬教义的目的，实在也是明确所译佛典内容的最好方法。隋唐一代大师讲经的办法可说是非常仔细的。例如这一个专门名词在原文有多少种不同的意义，本书是用的哪样解释，这段话要是反驳别派的意见，那么反对派有关的思想究竟是什么，皆得扼要地加以叙述，乃至篇章结构、全书要点，附带也有说明，这些讲经人的“口义”，大多由学生笔录下来，加以整理，作为研究的参考，如玄奘门下窥基所撰《成唯识论述记》便是好例，此书内容虽未免失之过分繁烦，但是他们这一套办法，把翻译、研究与讲授这三方面结合起来是有意义的。因为如此，译者对于所翻书的内容可以更深入地了解，更浅显地说明，并且这样训练，毫无疑义又可熟练表达的技巧，提高翻译的水平。正如有教学经验的人跟没有教学经验的人，转述同样事体，亦可显分高下。个人孤立来搞翻译，为应急需，实在也是不得已的办法，其间一些缺点，因为未通过公开的检查讲授，译者的疏忽，尤其是隐深的地方，自己很难一一发觉。例如目前极少部分马列主义经典著作的翻译，一般读者的确很不容易看懂，译者又多不自知有无错误，如此翻书的人，得有机会公开讲授，我想对于大家都是很有益处的。否则，今后出版界就应该广泛征求读者的意见，或者稍可补救以往这样的缺点。

谈到一般不通外语的人，对于原文的语法自然比较生疏，并无足怪，所以除非国文实在无法表达的意思，译者最好避免模拟外语结构，到一般国人多不了解的程度，同时音译的部分，除了人名地名之外，决不宜过多，乃至选字也要斟酌，用隋彦琮《辩证论》上的话说，就是译者要“诚心爱法，志愿益人，不惮久时”①，即是无处不存心为读者着想。针对着这个方向努力，一些有关技术性的问题，过去佛典翻译的办法，在长期的改进中，看来似乎也有一部分经验，如后期译场组织的人事分工上，便有所谓“润文”的，参加玄奘译场的有薛

① 《彦琮传》，《续高僧传》卷二。

元超、李义府等，参加义净译场的有李峤、韦嗣立等，可为代表。他们的专门任务就是修辞，这类人多半是国文根底较好，对于梵语倒不见得怎样深入，甚且可能是完全不懂，因其如此，他们“润文”当不致过分拘泥于外语的习惯，可以让译文更加“华化”，取得民族的形式。现在的翻译工作者在最后定稿时，往往不对勘原书，单观译文来斟酌辞句，用心或许是一样的。他们都不是存心反对吸取外国语文的长处，而在有意广泛寻求读者，扩大影响。再则“同义字”的选择应用，以及错字别字的校改，本是写好文章的一种非常细致的功夫，作者能得避免，自然需要比较长期的训练，译书更是不能例外。所以后来佛典译场中又有所谓“正字”的，顾名思义，即是专门负责改正文字上的错讹，如参加玄奘译场的玄应，撰有《一切经音义》，多数人知道他是当时有数的“字学名家”。现在人们译下一篇东西，有时请几位国文程度较好的同志看看，虽明知对于这门学问非所专长，但在用字上可能听取些意见，也许是同类的经验。此外一切专门名词，包括人名、地名的对音，要能避免各地不同方言的影响，尤其在集体工作中做到划一，方便读者记忆，也是要有标准的。因此佛典译场的人事分工中，“正字”之外，又有所谓“证梵”、“参译”之类，也就是核对原文的，他们负责译名的无误与一致。在后期佛典翻译中，可谓更进一步，对于一般专门名辞，音译之外，多附加意译。如“伐苏槃度”(Vasubandhu，人名)，必注曰：此言“世亲”；“僧伽罗”(Siamdotabv；hala，地名)，必注曰：此言“执师子”；“阿毘达摩”(Abhidharma)，必注曰：此言“对法”之类。这种办法，虽未免略嫌累赘，但事实证明，可有两重好处：一则对于通常读者，利用音义的关联，难于遗忘；再则懂得原文的人，虽见同音的字，也可以深知其异。因为过去佛典翻译本有这些讲究，所以今日国内外深通梵语的学者，仍然可以根据译文翻回去，大致不差。可惜这种工作，近代翻译工作者已多不再留意了。

翻译思想的作品，正确与否，关系尤为重大，对于一般不懂原文的读者，要能避免错误的联想，明确观念的本质，晋代道安总结佛典翻译的经验，有“五失本三不易”之论①，内说“好用文言”也是一失，我们以为是很有道理的。好比有的少年学生，参加考试，完全懂得的才敢用明白的话写下来，含糊的反多“大凑其文”，恐怕是一类的事实。因此要用所谓“典雅”的文章，来掩饰自己的糊涂，叫人看了，似是而非，决不能说是全错，办法虽属高明，且是一般读者不容易发觉的毛病，但实际最为害事，应该算是译者最不忠诚老实的表现。因此不特晋代道安所谓“三不易”的第一条就告诉我们要“既须求真，又须喻俗”，兼通梵华，同时对于翻译有研究的隋代彦琮也说：“宁贵朴而近理，不用巧而背源。”②他们前后都如此强调这个问题，可见是从工作中体会得来的重要原则。

翻译既然主要的是为了一般不通原文的读者，他们了解专门术语，尤其比较形象化的，多根据自己现有的学识与经验，加以比较与推测，所以要译名不让读者有错误的联想，以致走失原义，必须注意这个名辞音译用字可能引起误解的一些关节。例如大家常见佛典中的一册小书《般若波罗密多心经》，全名原系一半音译，一半意译，“般若波罗蜜多”是梵语 Prajnaparamita 的音译，“心”是梵语 hrdaya 的意译，但在吴承恩小说《西游记》中则皆错写作“多心经”，虽则可笑，这是有理由的。因为“多心”两字联读，恰是大众常说的话。又如《盂兰盆(经)》，虽是梵语 Ullambana 的音译，本义是“倒悬”，但在后来好些著作的解释，甚至包括一些不通梵语的大师(例如唐朝宗密所作《盂兰盆经疏》)，多以为那是一种什么盆子，如此“望文生义”，虽则错了，但是并非完全不可理喻的。佛典翻译的这些例子，今后由于国际文化的交流，教育的普及，同样的故事，可能是没有的。但是目前一切翻译工作者要坚持大众的方向，这样的小事，也是值得略为留意的。此外则有一种较为复杂而嫌别致的例子，如《般若波罗密多心经》上说的“色即是空，空即是色”，“色”是梵语 Rupa 的意译，本是形形色色之色，换句话说，就是指的物质现象，“空”是言其“无有自

① 详载道宣《续高僧传》卷二《彦琮传》引。

② 道宣《续高僧传》卷二本传。

性”。但是一般读者引用这句话的时候，则多有意或无意地解作男女色情之色，自成一套。这种联想，反映了不合理社会的现象，已经不是简单的用字问题了。

佛典内容虽是非常驳杂，而且派别甚多，然各种“说教”，皆在巩固其特殊地位，全盘思想体系我们今日应该严加批判，但是他们一些传道的办法，在努力寻求概念的明确性，不让反对派的观念混淆它的思想，尤其到寺院僧侣在社会上成为一种“剥削集团”之后，用心总算是很仔细的。有关这一方面的努力，对于今日翻译工作者，尚不失有部分可供参考的意义。例如某些外来观念是我国原本所没有的，换言之，就是复杂到不能用本土几个相当的字来代替的，他们宁用音译，如佛典中常见的“涅槃”(Nirvana)、“般若”(Prajna)、“瑜伽”(Yoga)之类。另外一种虽是意译，他们尽可能避免与传统思想即先秦儒道各家发生纠葛，如“真如”(Tathata)、“法身”(Dharma-kaya)、“因明”(Hetu-vidya)之类，也算是佛典翻译中的一些经验。唐代玄奘所立“五种不翻”的意见①，可算是对于这方面问题的一个总结。

与佛典翻译事业进展有不可分的关系，就是佛典目录学的发达。我国自汉以后，差不多各代都有撰述，其间详情，因非本文主题，不烦细说。到唐代的体例，增订得已够详密。暂以影响较为久远的智升所撰《开元释教录》一书为例，全部二十卷，不特转述了以往各大家目录学的贡献，对于一书翻译的经验并及译者生平，都有详细的记载。如这一部书某人何时起译，何时完成，主译之外，参加各项工作者是些什么人。某人译的是初译、二译、三译等，是全本或是删节，若果是一部分，相当于该全书何卷何章，属于何类，原本是真是伪，或真伪不定，乃至过去的翻译，现在是“有本”还是“无本”，可以考见的，都经记录，不仅是一种很好的翻译史料，实在也是对当前翻译工作者极有价值的参考书。一般说来，译本往往是后来居上，翻译者除了一些客观条件的改善，如工具书的增多之类，还有参考前人译本的便利，无疑也是一个重要因素。因此我们以为研究佛典翻译的历

① 详周敦义《翻译名义集序》。

史，对于佛典目录学的成绩，最好也略加注意。甚至今日要有计划有领导地展开全国的翻译事业，尤其关于各科经典著作部分，近世译书目录的整理，也不失为一项颇具意义的工作。

末了，本文所曾提及的佛典翻译大家，如道安(晋)、彦琮(隋)、玄奘(唐)辈，都能总结经验，公开发表，留供后来人参考，不把它当作秘密，以致湮没，这种地方，真是值得特别表扬，也是我们希望于当今一切翻译大家的。

1951年8月25日北京

纪念爱国知识分子章太炎逝世二十周年①

中国近代著名学者章太炎先生，在太平天国革命失败后的第四年（1868 年），出生在杭州一个地主知识分子的家庭。少年时因读有关满族统治者入侵和明代亡国的历史，特别是受到 17 世纪我国杰出的爱国思想家顾亭林、王船山等人的影响，就已经产生了反抗外来侵略的意识。1894 年中日战争失败，在民族危机进一步加深的刺激下，开始接受西方传来的新思想，并且自动参加了康有为组织倡导的变法维新的进步团体——“强学会”，又在梁启超所主编的《时务报》上发表文章，可见这时他的思想还没有突破改良主义的范围。戊戌变法失败后，因避清政府的缉拿，逃亡日本，在伟大革命家孙中山的影响下，才进一步转向革命。1900 年我国北部爆发了“义和团”反帝爱国运动，遭到八个帝国主义国家的联合进攻，接着是清政府的对外妥协投降，这就更加激发了他的革命爱国思想。1902 年他由日本回到上海，和蔡元培等人组织“爱国学社”，并主编《苏报》，积极鼓吹革命。1903 年发表《驳康有为非革命书》，系统地反驳了康有为一派的保皇思想。同时青年革命知识分子邹容（1885—1905 年）作《革命军》一书，极力宣传革命，他给作序，与《驳康有为非革命书》都印成小册子广泛传布，对当时宣传革命起了很大的作用，引起清政府的仇恨，查封了《苏报》馆，跟邹容一道被捕入狱。但是，此后他和革命人士仍然保持联系，并且组织了革命团体“光复会”。1906 年出狱到日本，正式加入孙中山所领导的革命政党——中国同盟会，并担任该会机关

① 本文原载于 1956 年 6 月 12 日《光明日报》。——编者注

刊物《民报》的编辑，从事宣传资产阶级民主革命的思想。他又曾为中国留日学生演讲“国学”，鲁迅先生在当时也受到了影响。辛亥革命后，任南京临时政府顾问，由于资产阶级革命的流产，他的思想跟着迷失了方向，曾经一度为袁世凯所利用，1914 年，他因反对袁世凯专制，被幽禁于北京，到袁世凯死后才释放。1917 年，孙中山在广州成立军政府，他任大元帅府秘书长，并随军北伐。晚年在蒋介石法西斯独裁的统治下，他这样一位爱国的学者、热情的政治家被迫走上了脱离现实的道路，1936 年老死在苏州。章太炎是一位对我国古代文化典籍有丰富知识的学者，如文字、声韵、文学、史学等各方面的研究，都有过不等程度的贡献。

作为近代爱国知识分子的章太炎，首先继承了中国历史上反抗外来侵略、热爱祖国的优良传统。他认为人数众多和历史悠久而具有高度文化的汉民族，不仅应该在政治上独立自主，而且在全国范围内其他方面也应当居于领导的地位，他根据这种民族主义的观点，作为反对清王朝一贯执行的民族压迫政策的理论根据，并借此揭穿改良派当时假借“满汉不分”和“满汉同种”等歪曲历史事实的言论用来掩饰少数满族贵族阶级专制统治压迫中国人民的反动本质。他又根据这种民族主义的观点，进一步与当时中国人民反封建的民主革命要求相结合，从而驳斥了改良派所宣传的“君主立宪”的政治主张。改良派以为只要依靠清朝皇帝个人的威权，颁布几道空洞的“诏令”，就可以很顺利地推行所谓民权政治(立宪)。他指出，当时的实际情况是“汉人无民权，而满洲有民权，且有贵族之权”，因此清朝皇帝决不可能变法立宪，即或立宪，而议院也都操纵在满族贵族的手里，汉人仍然没有政治权利，因此要想实现民权政治，就一定得革命，推翻清王朝的封建统治。

由于章太炎觉察到了中国革命形势的高涨，他指明只有革命才能够得到广大群众的拥护，并且认定只有经过革命斗争的锻炼，才会培养出有才能的领袖，如说：“华盛顿、拿破仑之微时，天下亦岂知有华盛顿、拿破仑者?”不特领袖人物的产生要靠革命，其实一般人民的智慧也是在斗争中发展起来的，所以革命正是提高人民智慧的最好办法，所谓“人心进化……经一竞争，必有胜于前者。”①因此，他认为革命并不是仅起破坏作用，而是同时也起着建设性的积极作用。如所谓：“公理未明，即以革命明之，旧俗之俱在，即以革命去之。革命非天雄大黄之猛剂，而实补泻兼备之良药矣。”②这样就进一步地驳斥了改良派认为中国人民文化教育程度太低、目前还不配谈革命、而革命只会造成混乱和破坏的反动观点，严重地打击了当时君主立宪派的改良主义的论调。

1906年，在革命的浪潮面前，清代封建最高统治者为了加强中央集权、欺骗人民和分化资产阶级，宣布了以九年为期实行“预备立宪”的骗局。章太炎写了《代议然否论》一文，反驳了资本主义国家的间接民权——代议制度是“未有不循私自环者”，并肯定这种以财产为标准的选举制度无论如何不能适用于中国。他坚持认为，在推翻清王朝的封建统治后，革命的前途只能是真正的“民主共和”，在列强日益加紧从事侵略的年代，中国人民如果不推翻清王朝的专制统治，则终究将变成“欧美之奴隶”。

章太炎当时所提出的这种民族主义革命思想，不仅是国内被压迫民族资产阶级和小资产阶级所领导的革命势力反对当时统治民族中执政贵族的斗争的反映，同时也表现了在帝国主义时代，东方一切殖民地半殖民地国家在争取民族独立解放运动中的共同愿望。所以他说：“民族主义非专为汉族而已，越南、印度、缅甸、马来亚之属，亦当推广及之。”③因此，章太炎的民族主义是反侵略的，是主张争取国际间的和平共处的。但是要实现这个目的，首先是西方国家必须放弃殖民主义，使亚洲各国能够独立自主，因此他又说：“真平和云何？曰：使欧美人不得占领亚洲，使亚洲诸民族各复其故国而已。”④章太炎这种民族主义的思想，在当时中国曾经号召了广大的群众走向革

① 《驳康有为非革命书》。
② 《驳康有为非革命书》。
③ 《复仇是非论》。
④ 《答祐民书》。

命。不可怀疑的，他对我国资产阶级的革命运动曾经起过巨大的推动作用。

最后必须指出，章太炎这种民族主义思想或所谓“种族革命论”，过去虽然曾经起过积极的进步作用，但和其他资产阶级民族主义一样，也不可避免地包含着反动的一面，那就是他在《中华民国解》、《原人》和《原种性》等重要论文中，未免过分夸大了历史上所谓“华夷”、“种族”、“血统”的区别，强调中华民族与其他民族文化的绝对界限，从而宣传了大汉族主义，带来了对国内少数民族的歧视和自私自大的落后的民族偏见，从而不可避免地在团结全国各民族乃至国际革命力量进行革命的斗争中，它将日益显示出他在思想上的弱点。同时，这种阶级局限性在事实上也妨碍了后来章太炎革命思想的进一步发展。

论玄奘留学印度与有关中国佛教史上的一些问题①

我国古代的大旅行家、僧人玄奘，俗姓陈，本名祎，河南洛阳人。依刘轲《大遍觉法师塔铭》所记，生于隋文帝开皇十六年(596年)，卒于唐麟德元年(664年)，享年六十有九②，是我国历史上著名的佛教大师，在当时交通那样不方便的年代，他敢于远游印度的那种不怕困难的精神，得到国内外人民的怀念③，以致逐渐把他一生的事迹神话化了，早在宋代已有《大唐三藏取经诗话》的出现，元代吴昌龄作《唐三藏西天取经》杂剧，更见发展便成明代文学家吴承恩长篇小说《西游记》的主角。玄奘在前代著名僧人旅行家法显、智严等“西行求法”事迹的鼓舞下，以唐太宗贞观初年私下出国，一路上真是千辛万苦，经历了十七年的长时期才回到中国。在印度入那烂陀寺(当时印度佛教的最高学府)，问学戒贤大师。后来在当地好几次大规模的学术辩论会上，他都取得胜利，因而享有极高的国际声誉，并且实际上已成为那烂陀寺的副院长之一，但玄奘始终不忘怀祖国，当时多少印度友人希望把他留下，一概婉言谢绝。由于唐帝国的强大，使得他在各方面的成就，自然得到了比前人更多的便利。归国时带来大批印度的文化典籍和各种佛教艺术品乃至花木种子，曾在当时的首都长安(西安)公开展览。回国后不久，与他的弟子辩机合作写成有

---

① 本文原载于《历史研究》1956年第10期。——编者注

② 玄奘生年，传说不一，陈垣先生所作《书慈恩传后》，对于玄奘年岁，曾有考订，可以参看，载《东方杂志》二十一卷十九号。

③ 参看唐段少卿《酉阳杂俎》前集卷之三。

名的《大唐西域记》一书，详论前后见闻一百三十八国(其中所闻者二十八国)，是今日研究古代中央亚细亚历史地理方面的重要著作，特别是认识我们伟大的邻邦印度过去的极有价值的文献。由于玄奘的声名和博学，当时的唐太宗一见面就非常赏识他的外交才能，但是他却谢绝了皇帝的从政劝告，请求专门翻译他带回来的大批佛典，有暇则兼事教学，在近二十年的努力下，总计译出经论一千三百三十五卷。此外，他还不时跟印度友人如智光、慧天等互通讯问，交换学术情报，并致送礼物。又应各方面的要求，把中国的古典哲学著作《老子》和印度已经失传的《大乘起信论》①翻回梵语，在中印两国文化交流史上作出了重要的贡献，当代印度著名学者拉德哈克里希南博士称赞他是“中印文化合作的象征”②，真不愧我国历史上一位杰出的文化使者。

玄奘通过长期的翻译实践，并总结以往这一方面的工作经验，有“五失本三不易”之论，比较两国语文的结构以及历史性的特点，提出了“既须求真，又须喻俗”的原则③，同时他在决定翻译某一部作品之前，往往比较各种不同的本子，精密校勘，又参考旧有的译本，审慎从事。在他的敦导下，改善了国家大规模翻译机构——“译场”的组织，动员了国内各方面有学问的著名僧人，按照他们各人的专长，集体分工，共同努力，因此在我国翻译事业的历史上是占有特殊地位的。他以终生忘我的劳动，不断地工作，想从佛教发源地系统地介绍世亲、护法一派的“唯识之学”于我国。本文想从玄奘出国以前，在他思想中未得解决的疑问，或是他所以要“西行求法”的目的，联系中国社会历史的发展，从思想继承性方面，多少提供中国魏晋玄学的讨论如何过渡到隋唐宗派佛学的线索。

我们参考有关玄奘的各种史传，知道他在出国以前，曾问学南

① 梁启超作《大乘起信论考证》，采取了一部分日本学者的意见，疑为伪作，不确。

② 见《印度与中国》。

③ 详道宣《续高僧传》卷二《释彦琮传》。

北。有明文订考的，如从慧景法师受《涅槃经》，从严法师学《摄大乘论》，去汉川从空、景二法师受学，后来到成都跟道基和他的弟子宝暹学《摄论》、《毗昙》，又曾从道振学《八犍度论》，从道深学《成实论》，从慧休学《杂心》、《摄论》，旋入长安从道岳学《俱舍》，依法常、僧辨受《摄论》。就中法常、慧休同是昙迁弟子，昙迁便是真谛的高足。按昙迁后来为北方"摄论宗"师，亦即融合南方"摄论宗"与北方"地论宗"者。道岳是僧宗弟子，僧宗并是真谛门下，慧休亦曾问学于他，并著《三藏(真谛)行传》。他如慧景、宝暹等也莫不是一脉相承。至于僧辨乃智凝弟子，智凝受学隋慧远大师，传《地论》相州北派之学。若赵州深法师乃是志念弟子，志念为隋朝名僧，曾从道宠受学，也属《地论》一派。总的看来，可知玄奘在出国以前虽所学甚广，但是主要方面则大体多属真谛一系的"摄论宗"，兼习"地论师"南北两派的学说。

据玄奘弟子慧立所撰有名的《大慈恩寺三藏法师传》首卷所记，他"西行求法"的原由是：

> 法师既遍谒众师，备飡其说，详考其义，各擅宗涂，验之圣典，亦隐显有异，莫知适从，乃誓游西方以问所惑，并取《十七地论》以释众疑，即今之《瑜伽师地论》也。

由此可以明白，玄奘对于他所承受的一派思想学说，乃至当时各家不同的解释，并皆有所怀疑，这个问题便是他决心游学印度的动机①，自然我们决不能把它看作唯一的原因，可是我们要能知道他的问题之所在，或者多少可以见得当时中国佛教思想论争的一般，可惜过去学人对此少有留意，但是他本人则一再提及，其中说得最明白的，如玄奘出发印度途中，启谢高昌王(麹文泰)表有云：

① 至于特别提到《瑜伽师地论》一书，可能是受到当时印度东来我国佛教学者波颇(戒贤弟子)宣传的影响，详道宣《续高僧传》卷三。

> 遗教东流，六百余祀，腾、会振辉于吴、洛，谶、什锺美于秦、凉，不坠玄风，咸匡胜业。但远人来译，音训不同，去圣时遥，义类差舛，遂使双林一味之旨，分成当现二常，大乘不二之宗，析为南北两道。纷纭争论，凡数百年，率土怀疑，莫有匠决。①

看了这段话，似乎足够帮助我们明了他出国前思想上的疑问兼及游学动机的一个梗概。不幸的是，欧西汉学家如《慈恩法师传》的英译者比尔(Samuel Beal)之流，对于这一段原文，几乎可以肯定地讲，完全不曾了解，翻译得真是错误百出，简直莫知所云②。于是这样重要的文献，在国外也多被人轻易地放过了。我们目前暂就前节所引玄奘一段“表文”大意，按有关问题，分别加以讨论如下：

一、有关佛经的翻译问题。佛教本是外土传来的一种信仰和学问，对于过去一般不谙原文的我国人士，欲求了解，当然只有根据译文，但是不正确的翻译每失原意，而通常读者又无可奈何，只能“望文生义”，于是往往弄得错上加错，所以要求能有一个正确的理解真是相当困难的事。因此，非是对于中外两方语文同有极深素养的人，不能很好地担负起翻译这个重任。可是我们知道，中国在唐以前译出的佛经，大多出自外人之手，或者是中外双方学者一种非常勉强的合作，单独由我国学者译出的确实太少，因为他们一般梵语的程度太不够了。如此让我们想到《续高僧传》一书评玄奘的翻译，说他能够“意思独断”，就是讲在原文的了解上，无待多事商量，个人即可决定。比较过去的情况来说，便知绝对是恭维他的话，前武汉大学教授朱东润却道那是道宣(《续高僧传》作者)有意讥诮玄奘的未能“将顺众意”，恐怕是太远乎事实了③。试看前引玄奘“表文”所称佛教入华以后六百年间的翻译大家，如“腾(摄摩腾)、会(康僧会)振辉于吴、

① 见慧立本、彦悰笺《大慈恩寺三藏法师传》卷一。

② 参看 Samuel Beal《玄奘传》, *The Life of Hiuen Tsiang*. pp. 31-32.

③ 参看朱东润《大慈恩寺三藏法师述论》，载《文史杂志》创刊号。

洛，谶(昙无谶)、什(鸠摩罗什)钟美于秦、凉，不坠玄风，咸匡胜业”，四者无一不是外国僧人，论到他们的汉文，也不是如后来传说的那么好。即以姚秦一代仅有的大师鸠摩罗什为例，他是玄奘以前最大的译家，翻出经论近三百卷，但是他的汉文皆须弟子润色①。其他一般学识平庸的，我想真是更不足道了。难怪过去北京大学梵文教授俄人钢和泰(Baron A. von Steel Holtein)拿了一部北齐时所译的佛经，用梵文原本对照解说，叫梁任公(启超)几乎笑倒了②。这样，一方面外国人的汉文程度是如此浅，另一方面我国人的梵文(或胡文)知识又是那样的不高明，一旦遇到了重大的疑问，双方实在很难同时交换意见，确定是非，试想怎样会产生出好的译本？所以玄奘才不禁有“远人来译，音训不同”的浩叹。

谈到整个外来的佛教，因为在印度经过了长期的演变，到此时已与本来的思想面目多不相同，它不特有南北地域的区分，先后大小乘的差别，甚且同是小乘，又有十八部纷纭的异论③，同属大乘，亦见有“空”、“有”不同的争论④。这些不同学派中不同的见解，当时人已感觉到很不容易确切地把握，更难笼统地批评它的是非得失。不仅印度的佛教已经是如此，论到往后流行我国的佛教，因为那是不加选择的输入，随之各人自己根据不同的要求和观点，又在任意地加以发挥，这样经过了长期的演变，其结果是只有复杂中更加混乱。所以玄奘接着才又感慨地说：“去圣吋遥，义类差舛。”这话无意中也告诉了他同时代的人，佛教并非是个一成不变的思想，好像一件器物那样简单，一到中国就整个儿地来了。另外也在表示我国人对于这种外来思想(佛教)的接受，历时既久，多能见到它的歧说纷纭，因此不愿再盲目地一味信仰先贤，免致矛盾百出，应该自家知所是非，可以定其取舍的时候了。所以此后寺院成为变相的门阀士族时，盛唐宗派佛学

① 参看慧皎《高僧传》卷七《释僧睿传》等。

② 详《大宝积经梵藏汉六种合刊序》。

③ 详《异部宗轮论述记》。

④ 详《成唯识论述记》、《大乘掌珍论》等书。

的特点，便是多以“判教”为一家思想的重心，如《华严五教章》(贤首大师法藏述)、《天台四教仪》(智者大师撰)，乃至宗密《原人论》之类，作者多在有意结合了我国封建统治阶级的思想和信仰(佛教以外的)，并从各方面考虑到当时的社会影响，按照自己的理解，从事统一安排先后传入的各种不同学说的高下，构成不同的系统，即思想上的宗派。因为他们都是从信仰出发，不敢明言那些不同的意见非是佛说，于是论断多陷于主观的揣测，少有历史事实的根据。但是存心进一步地求其可以统一这种外来的思想和信仰，使印度佛教能更好地为中国统治者、特别是僧侣阶级服务的目的则是一致的。

此外，与佛经的翻译直接有关，附带的还有一个译本完备不完备的问题。就是印度本土的大部分佛典，我们知道，原非一人一时所作，实在是一部丛书，因此有详有略，可分可合，如《般若经》有大小品之例，过去有时限于人力，或者由于经文原本的残缺，人们通常是只翻译了一些单卷，于是义理上每有不可通解的地方。佛教史上最有名的例子，如竺道生在《涅槃》大本未翻出以前，他高唱“一阐提皆得成佛”(按“一阐提”或“一遮案提”，“一遮”谓贪欲，“案提”谓目的，合言之，即以贪欲为唯一目的之人)，借口所谓出世法中，无有贵贱，人人平等，为一切作恶多端的豪门士族，不得已出家时，虽依然过着奢侈享乐的生活，也可使人们改变对他的仇恨，制造了理论的根据，因此当时便有人骂它是邪说，及至《涅槃》大本出世，则又果如所言①。到了隋唐时代，当然还不免有类似问题的存在。所以玄奘在西行途中，对王祥校尉劝他不必远游时，会有如下的申明，他说：

> 奘桑梓洛阳，少而慕道，两京知法之匠，吴蜀一艺之僧，无不负笈从之，穷其所解，对扬谈论，亦忝为时宗，欲养己修名，岂劣檀越敦煌耶？然恨佛化经有不周，义有所阙，故无贪性命，不惮艰危，誓往西方遵求遗法。②

---

① 详梁慧皎《高僧传》卷七《竺道生传》。

② 见慧立本、彦悰笺《大慈恩寺三藏法师传》卷一。

我们详考他所受学一派的根本经典，如现行玄奘自译百卷本《瑜伽师地论》(按此书名正译应作《瑜伽行地论》或《瑜伽道地论》)一书，在他以前，梁代真谛三藏译名《十七地论》，只得五卷，北凉昙无谶所译名《地持论》，但成十卷，可知均非全本。这样，便是“经有不周，义有所阙”，更增进他“西行求法”的决心了。

二、“当”、“现”二常的分辨。就是他表文上接着讲的：“致使双林一味之旨，分成当现二常。”按此所称“双林”，疑为娑罗双树之异名，传说是释迦入灭之地，应是用来象征佛法的本义。可知这句话的大旨便是在说，佛教原来一贯的道理，因为受了传译的种种影响，以致分化成了“当常”与“现常”的两派。虽然历史事实不会如此简单，但是他至少告诉了我们一部分的原因，特别是与中国思想家的关系。这个问题，玄奘在“基塔日自述诚愿文”中也曾提到，如云：

> 故有专门竞执，多滞二常之宗，党同嫉异，致乖一味之旨。遂令后学相顾，靡识所归。①

此外，唐太宗《大唐三藏圣教序》也有这样的话说：

> 昔者分形分迹之时，言未驰而成化，当常现常之世，民仰德而知遵。

据此看来，“当”、“现”二常之争，或者的确是他在出国前怀疑的主要问题之一。至于当时佛教中又见分别“形”、“迹”二门的道理，如《圣教序》所说，虽也同样是一个佛教烦琐神学中的重要争论，且与本节讨论多有直接的关系，为避免在问题上节外生枝，暂且不作详细的分辨。按“常”即梵语“涅槃”(Nirvana)的意释，也就是“佛性”一语的别称，而“佛”则原本是“觉”字的意译。所以“佛性”即是所谓“觉

① 见《沙门玄奘上表记》，又见《大慈恩寺三藏法师传》卷七。

性”或“悟性”（其实是一种神秘的不可知的境界）的异名。故“当”来、“现”有之争，即佛性“始有”、“本有”之辩。言“本有”者，主张佛性与生俱来，先天而有，其体是“常”，不可以言生灭故。言“始有”者，即“当果”说，谓佛性必须成佛后始得，当果而见，后天所有。不然，则人人本来是佛（所谓“觉者”），何以尚待修持？我们暂且不管成佛是否可能——那种问题本身就是虚构的，如何歪曲地反映了客观的社会等级制度，但是这个神学问题的现实意义，无可怀疑地，基本上则是在希望明确当时僧侣阶级中个人的统治地位是先天决定的还是后天努力修行的结果，怎样会从一个普通人变成统治者及其在思想转变过程中先后不同的关系。这种争论的扩大，从佛教的发展史来讲，固然部分要受到外来思想传播的影响，即自关中地方罗什等所提倡的一派学说（般若宗）盛极转衰之后，“成实”、“涅槃”相继风行，比较注重修行证果，中国佛学的根本讨论，乃渐从“知”的问题转到“行”的问题，其实更重要的是反映了当时佛教寺院内部上层当权派与被统治的下层，乃至统治者与统治者之间的矛盾已更见露骨和日形尖锐化了。往后传说一代大师传授“衣钵”，往往不敢公开举行，甚至秘密中被人发觉的继承人也难免有生命的危险，如有关著名的禅宗六祖慧能授记的故事，便是一个很好的例证①。这样，上接魏晋时代“玄学”的根本问题，亦即怎样才可以具体地调和“名教”与“自然”的冲突，幻想做到最高统治者可以是“无为而无不为”（按“无为”指“自然”一方面，“无不为”指“名教”一方面），换言之，就是人人在为巩固他的统治做了许多事，本人不用费心地一一过问，但又可以安享其成的主观愿望，在这种情况下，自然也可以考虑给予部属在自己工作范围内以一定的权利。这种相关的讨论给予上述问题的研究以无形的影响。当时我国学人，根据不同的立场和要求，对于佛教中理想的统治者，什么是根本的条件，什么是次要的条件，也各有推测，于是涅槃佛性的讨论乃成为南朝佛教的中心问题。其时流行学派之多，依唐均正《大乘四论玄义》卷七，有“本三家末十家”的分别。此外，吉藏《大乘玄

① 详《坛经》等书。

论》、元晓《涅槃宗要》亦都有记载，虽各书分析不尽一致，但基本问题则大体相同，可以互相参看。以下仅就玄奘出国前受学各家的思想，以及当时流行的情况，有关佛性“本有”、“始有”之辨的意见，略加转述，以见一斑。如“地论师”说佛性有二种义，吉藏《玄论》卷三论之曰：

> 但地论师云，佛性有二种：一是理性，二是行性。理非物造，故言本有；行藉修行，故言始有。

这是把“佛性”分作“理”与“行”的两方面，说“理”是不由造作的，可谓“本有”；“行”是有所作为，只能言“始有”。假说佛性一体，同具“理”、“行”两种属性，当然一方面可以说是“本有”，另一方面也可以说是“始有”，借此推论那两种不同的意见，本来并不冲突。“地论”师便是这样形而上学地处理“当”、“现”二常之争的一种学说，可见他们实在是不明白一般“理”、“行”两者辩证发展的关系，其目的无非在证明他们信仰的对象是一种精神的实体，即所谓“理性”的永恒存在罢了，此其一。其二，如“成实师”明“本有于当义”，均正说：

> 但解本有两家，一云本有于当。谓众生本来必有当（谓当来）成佛之理，非今始有成佛之义。《成实论》师宗也。

这是歪曲了事物的发展与其相对稳定性的关系，企图虚构两种不同性质的存在，从而形而上学地取消一件事物在不同时期会产生根本不同的情况，其间有“新陈代谢”的斗争。如说一个人同时可以既是少年，又是老年，于是某少年的概念好像便可以同时包括他未来的老年了。或者在说老年存在之“理”在少年时本已有了，只是潜伏着，不过要老年到来时才成现实。这样把“理”字的意义僵化了，看作永恒存在的精神实体，这就是《成实论》的客观唯心论。它与如前“地论师”那种分别“理性”与“行性”，因而既可说是“本有”，也可以说是“始有”的观点，同样是一种调和之见。这些分辩，一方面看来，不过徒然成为一种概念的游戏，显然，当时玄奘还不能满足这种似是而非的两可之论。

三、结束了“当常”与“现常”之辨的讨论，我们不妨再进一步地来谈与此密切相关的正因佛性问题，即在解说作为信仰对象的最高的“精神实体”，其实就是“神”，它的发生作用是有条件的还是无条件的，佛教史上所谓“应有缘”和“感应无缘”的分歧（前者如竺道生，后者如释法瑶），可谓与此密切相关。这一类的问题，不妨叫作“体用”之辩，在一定意义下勉强也可以说是在讨论一种“根据”与“条件”的关系。按所谓“正因”，约略相当于我们现在所谓的“内因”，所谓“缘因”，约略相当于我们现在所说“外因”。如麦芽之生长，种子是“正因”，日光水分等是“缘因”，所以但有“正因”若无“缘因”，则不能有果，但有“缘因”而无“正因”，则岂但无果，“因”亦不成。换句话说，所谓“正因佛性”为何？即在追问假想可能成佛的“内因”究竟是什么？“当常”与“现常”之辩，不过要求判明其间内因（正因）与外因（缘因）相互作用的关系。因此，正因佛性为何？与上节所论“当”、“现”二常之辩，实在是同一问题的两方面。当时我国僧人对此甚多主观的推论，乃有各家不同的学说，略见上述。总之，这也无非表示我国当时僧侣阶级个人出身和社会关系的复杂，在内部矛盾日益尖锐化时期，对于外来佛教信仰（如《涅槃》等经所说）特有的一种反映。根据玄奘学历，我们知道他在出国前实多受学真谛系统之“摄论宗”。关于真谛一系的佛性学说，元晓《涅槃宗要》有云：

> 第六师云，阿摩罗识真如解性为佛性体。如经言佛性者名第一义空，此真谛三藏义。

依均正《大乘四论玄义》所记末第九家以“无垢识”为正因佛性，恐怕也是在指这一派的佛性学说。至于玄奘同时也受影响的地论师一派的佛性学说，虽则他们内部的意见也未必完全一致，但是其中必有与前派不同的，如吉藏《大乘玄论》所说：以阿黎耶识自性清净心为正因佛性。

至于根据今日我们认为正确的辩证唯物主义来彻底批判“摄论

宗”与“地论师”两者错误的实质，那已不是这篇短文所能胜任的了。

考慧立在所著《慈恩法师传》第十卷中，也曾详细讨论玄奘的求法因缘，说：

> 至如黎耶是报非报，化人有心无心，和合怖数之徒，闻熏灭不灭等，百有余科，并三藏四含之盘根，大小两宗之钳键，先贤之所不决，今哲之所共疑，法师亦踌躇此文，怏怏斯旨。

可见玄奘出国前，对于佛教思想史上存在着的各种问题也多有了解，只是难得一个确切的答案罢了。其实此中某些繁琐神学问题的产生，原因也许非常简单，即一部分僧人可能是对于过去真谛三藏于八识(阿黎耶识)之上更立九识(阿摩罗识)义表示怀疑。又《摄大乘论》实际亦只说八识，不举九识(参详下文)。真谛是别依《楞伽经》及《决定藏论》(乃旧译《瑜伽师地论》之一部分)等，唱九识义。关于真谛之学说，圆测《解深密经疏》卷第三略记如下：

> 真谛三藏依《决定藏论》立九识义，如九识品说。言九识者，眼等六识，大同识论。第七阿陀那，此云执持，执持第八为我、我所，唯烦恼障，而无法执，定不成佛。第八阿黎耶识，自有三种：一解性黎耶，有成佛义。二果报黎耶，缘十八界。故《中边分别偈》云：“根尘我及识，本识生似彼。故彼论等说，第八识缘十八界。”三染污阿黎耶，缘真如境，起四种谤，即是法执，而非人执。依安慧宗，作如是说。第九阿摩罗识，此云无垢识，真如为体。于一真如，有其二义。一所缘境，名为真如及实际等。二能缘义，名无垢识，亦名本觉。具如《九识章》引《决定藏论·九识品》中说。

此真谛误“阿陀那”为第七“末那”一事，则其以“阿摩罗”(即庵摩罗)为第九识即“真如”，及以第八“阿黎耶”为“真妄和合识”等，所以成此推论，这可能是原由印度的师承不同，或者是真谛对于世亲的学说有所误解，均未可知。因为并不是什么特别重要的问题，所以就暂不拟作详细的讨论了。

四、“地论师”相州南北两派之争。紧接上文，我们要来研究玄奘自述“西行求法”的动机之一。根本问题且与前节相关，当时流行中国佛教史上的两个学派之争，即前引玄奘“表文”上所说的“大乘不二之宗，析为南北两道”。我们要是能够知道他所说的“南北两道”究竟是指的什么派别，便可以更加明了他的疑问。根据本文前节所述玄奘的求学经历，得知他在出国前，实际上承受了“地论师”多家的学说，因此这个南北两道思想的不同，我们似乎不能只看作泛指一般南北佛教的对立，而是更应该包含有与其所学专门教理上的分歧。原在北魏宣武帝时有梵僧菩提流支、勒那摩提及佛陀扇多合译的世亲《十地经论》，这是“地论宗”崇奉的根本正典，也就是大本《华严经》第六回中《十地品》的释论，所以后来华严宗鼎盛的时候，“地论师”就跟它融成一体了。道宣《续高僧传》首卷《菩提流支传》记三人当时译经的情形说：

> 当翻经日，于洛阳内殿，流支传本，余僧参助，其后三人乃徇流言，各传师习，不相询访。帝以弘法之盛，略叙曲烦，敕三处各翻，讫乃参校。其间隐没，互有不同，致有文旨，时兼异缀，后人合之，共成通部。见宝唱等录。

此文明说他们三人因为意见不同，“各传师习”，也许还与互争主译的地位有关，所以分地翻译。且《十地经》原有三本，经后人合为一部。究竟当时详情如何，今日我们或者难以断定，而“地论师”后来分成南北两派，则的确与此事不无关系。原为慧光师事勒那摩提，道宠师事菩提流支，分途传授，往后由于利害冲突，各自标榜，夸大思想上的分歧，即渐转成所谓“相州（河南彰德府）南北两道”，人们依地域称前者为相州南道，后者为相州北道。至于那两道的学说究竟如何地不同，依唐释湛然《法华玄义释签》卷十八云：

陈梁已前，弘《地论》师，二处不同。相州北道，计阿黎耶以为依持；相州南道，计于真如以为依持。此二论师，俱禀天亲（世亲），而所计各异，同于水火。

又《法华文句记》中亦云：

古弘《地论》，相州自分南北二道，所计不同。南计法性生一切法，北计黎耶生一切法。

其实这也是一种变相的正因佛性学说之不同，与“当”、“现”二常之争，都有论理上直接的关系。南派主张“法性生一切法”，但“法性”是“空”，即是在讲“一切如幻如梦如泡影”，从而否认客观现象的物质性，这是一种彻底的主观唯心论。但是这种简单的否定一切会给宗教信仰带来一系列的问题，就是既然没有物质的实体，那么是什么在轮回？什么在成佛？这一套迷信的宣传便都失掉了立足之点。北派主张“黎耶生一切法”，就是假说有一种不现形迹的、但又能集合各种行动的影响把它转移到后代去的“种子”，这种精神的实体，就是所谓“阿黎耶”（或作“阿赖耶识”，亦即“藏识”），他们说一切物质现象都是由这个莫名其妙的“阿黎耶”所产生的。这样在主观唯心论的基础上又加上了一些客观唯心论的因素。他们反对唯物论思想和为宗教服务的目的则是完全一致的。其实在印度有长久历史的所谓大乘“空”、“有”两宗的争论，简单说来，也不过是如此。但在我国封建社会的宗派佛学时代，联系到寺院经济剥削制度的特点，在佛教内部思想的斗争上，便可成为重大问题，甚至可以引起其他地区更多派别的纠纷，所以道宣《续高僧传》第七《道宠传》结尾有这样的议论说：

宠在道北，教牢宜四人，光在道南，教凭范十人，故使洛下有南北二途，当、现两说自斯始也。四宗五宗亦仍此起，今则阙矣，辄不繁云。

总括以上所说这等学派的争论，以及与此相关的各种不同意见，加之历代相传翻译上的一切疑难，真是有如玄奘表文上说的，“纷纭争论，凡数百年，率土怀疑，莫由匠决”。究竟谁是谁非，想从外来学说的发源地(印度)取得最后的裁判，借此调解中国佛教内部思想的纷争，站在僧侣阶级的立场为统一的祖国服务，这也许便是玄奘求法印度所欲解决的主要问题，叫他“不惜身命”决心西游的目的。

但是玄奘留学印度以后，究竟怎样来回答他过去的这些疑难呢？首先关于佛性学说的争论，无疑是采取了他印度的老师戒贤所传护法一派的意见，那就是所谓“有五种性”的说法：(一)声闻种性，(二)独觉种性，(三)如来种性，(四)不定种性，(五)无有出世功德种性。把人分为如上五类，说前四种人虽然不可能肯定有如何长短的时限，但最后都能达到一定的成果，至于第五种人，有情无性，则无论如何是不能成佛的，所以归根到底，还是先天决定的。跟六朝以来讲“涅槃”的学人所说“一切众生皆可成佛”的宗旨，显然有所不同，虽然如此，但是在世界观方面，主张也不应该就反对“一切有情之类，皆有佛性，皆当作佛”。这是为什么呢？因为在理论上肯定有一种人绝对不能成佛，即在佛的精神作用之外，还有客观独立存在的东西，那就等于否认了作为信仰的神的无边威力，从而使佛教的彻底唯心论陷于两难的境地。其次关于解释作为轮回依据的精神实体，则主张所谓“本(有)新(熏)合成种子论”，不同意说“种子”是固定本有的，新起行动的影响，也可参合进去，成为“种子”，实在同样是采取一种调和折中的态度。至于玄奘在印度曲女城大会上所作非常有名的“真唯识量”(如《宗镜录》所引)，则企图从认识论上根本取消作为感觉对象的实在性，从而建立一种彻底的主观唯心论的体系。自然，从这些神学问题的解答上，我们不可能要求作为佛教大师的玄奘是一个唯物论者。虽然如此，但是他一生在团结当时佛教内部为统一的祖国服务，在加强亚洲各国文化的交流方面，还是作出了不少的贡献，依然是值得我们纪念的。

以上略述玄奘“西行求法”所待解决的各项问题，对于它们的内容以及思想的性质，我们要是详加研讨，便知这些问题的所以产生，虽然不脱外来学说的影响，实在也是我国社会政治乃至文化发展中特有的一种反映。如关于翻译外来思想（佛教），因为不能深通原文，强解术语，相承日久，积累而成的疑问；或是由于魏晋玄学“本末有无”之辩，“自然”与“名教”之争影响下的余波。这种讨论的意义，显然与印度本土佛学问题，性质多少不同。至于以上这些佛教史上日积月累而成的冲突疑难，何以到玄奘时乃见著明，这个理由，我看一方面固然是由于他思想上的特别敏感，事实上恐怕是时代缘会使然。因为我国南北朝时期的佛教，由于政权对立的形势，兼在不同学风的影响下，一般染有贵族阶级生活习惯的僧侣，思想上本已多有不同地域的区分。隋朝在统一了中国之后，于是相应地在佛教上也来了一个集中研究的提倡，使各种信仰都能更好地为新建立的统一政权服务，玄奘生地洛阳，因此也成为全国佛学中心之一，如《慈恩传》首卷所说：“初，炀帝于东都（洛阳）建四道场，召天下名僧居焉。其征来者皆一艺之士，是故法将如林。”佛教各派领袖既然集合在一处研究，自然大家交换思想的机会日多，彼此不同的意见便更容易被人发觉。再则是社会上存在着的有历史传统的佛教与道教之争，乃至由封建统治阶级当权派与寺院经济在一定程度上的矛盾所引起的各项具体问题，他们为了巩固僧侣阶级的既得权利，为了适应新情况的需要，佛教思想内部虽在相互排斥中也有统一的要求。据说玄奘幼年就是一位勤学好问的人，且曾“遍谒众师，备飡其说”，他个人的疑难怎能不与日俱增呢？

最后，我们还要谈到不同民族文化的交流如何相互影响的重要问题。即人们要想真了解一种外来思想，尤其是各大家的哲学体系，往往牵涉的方面甚多，如社会性质和阶级立场等。对于外来佛教的研究，自然也不能例外。我们知道，原始佛教思想本是古代印度第二阶级（种姓）——帝王阶级（刹帝利）领导其他阶级共同对抗第一阶级——僧侣阶级（婆罗门）思想信仰的产物，后来同是佛教也有各种学派之争，乃至一致反对所谓“外道”之争，而佛家哲学的发展不过是他们长期间不断以更细致的唯心论来反驳一切新的带有唯物论因素思想的总结。佛教在印度有占统治地位的时代，也有没占统治地位的时代，但自传入中国以后，思想战线的情况跟原来本土多少不同，如佛教在印度是本国的，对中国来说则是外来的，因此过去一股反对佛教的思想往往与反对外族的侵略联系在一起，于是阶级矛盾之外又加上了反民族压迫的矛盾。中国封建社会最高统治者(例如唐太宗)往往同时提倡各种不同的宗教信仰，以为巩固中央集权的专制主义服务。中国历史上，一般在寺院经济的扩大剥削范围影响到政府的税收太大时则主张裁抑佛教，但是在相反的情况下，又实行保护佛教的政策，因为它首先可以为失败的政治人物安排出路，取得暂时缓和国内矛盾的效果。而历史上个别有才干的僧人，因为接近统治阶级当权派，他们不常被怀疑有可能篡夺自己地位的危险，反而容易得到信任和重用，其结果也影响到某些宗派的畸形发展，但寺院有时也可以成为反抗罪恶统治的据点，如此种种复杂的情况，使得中国佛教思想的重点问题随时有所转移。因此，对于中国佛教的研究，似乎决不能离开时空条件，对于内外各种思想斗争的情况，不能完全孤立抽象地来看。事实证明，作为佛教大师的玄奘本人一方面颇能懂得这个道理，例如为了明确他所介绍的一派思想的历史地位，显示后来居上，他回国以后的翻译并不限于自宗的典籍，如“一切有部”划时代的结集《大毗婆沙论》二百卷，小乘论藏部名作《俱舍论》，以及存心驳难前书的《顺正理论》(亦名《俱舍雹论》)，都是洋洋大著，乃至大乘空宗(般若宗)的正典、中国“佛藏”中第一巨构六百卷本《大般若经》，均出玄奘手笔。他在印度留学期间，个人且不惜与彼邦当时风尚立异，高倡“空”、“有”两宗不相违反，以为当今之争，失在传人。于是用梵文写下《会宗论》三千颂(今佚)，公开来表示他的意见①。为了解各种反对派思想的情况，玄奘在印度且曾广学婆罗门教经论，回国后还选译了中国“佛藏”中仅有的两种所谓外道书之一的《胜宗十句义论》(另一种是真谛译的《金七十论》)。问题在于，一切受社会历史条件所局限的民族文化，特别是一种特殊的宗教信仰，要想全盘地移植异土，希望得有同样的结果，事实上恐怕是很困难的，所以玄奘个人的事业，后来人真是难乎为继。当时从他受业的弟子，考诸史传，可谓荟

① 详慧立本、彦悰笺《大慈恩寺三藏法师传》卷四。

萃了各邦人士，长安俨然已经代替印度成了国际上佛学的中心，尤其是东亚各国求法的目的地了。关于玄奘个人努力工作的情况，《慈恩法师传》说，自唐高宗永徽改元(650年)以后，“专务翻译，无弃寸阴，每日自立程课，若昼日有事不充，必兼夜以续之。……至三更暂眠，五更复起，读诵梵本，朱点次第，拟明旦所翻。每日斋讫、黄昏二时，讲新经论，及诸州听学僧等，恒来决疑请义。……日夕已去寺内弟子百余人，咸请教诫，盈廊益庑，皆酬答处分无遗漏者。”梁任公因称之为“千古学者之模范”①。但是他这样孜孜不倦从事介绍的这种专门而又烦琐的记诵，除了以佛学为职业外，当时我国其他任何方面皆无此需要。就是后来佛教经院派讲述的人们，也只凭书本，咬文嚼字，但重文句，不注意理解，即如玄奘著名弟子窥基的《唯识论述记》，普光的《俱舍论疏》，虽说都是不可多得的著名的大书，为我们保存了许多印度古代的宗教哲学史料，应该肯定它的贡献，但也的确正同汉儒经生之业，真是“博而寡要”，且使这种研究更见脱离了社会现实的需要，因此唐代以后玄奘个人的名望虽高，但是他所介绍的一派法相唯识之学，后来除了极少数的人注意之外，在我国思想史上几乎招致中绝的命运。

综上所说，便可见得此一代高僧(玄奘)之所以发愿西游，联系有关我国佛教思想史的一些问题来加以考察，便知不是一件很单纯的“拜佛求经”，真可谓是具有重大的历史意义，那么玄奘个人今日为我们所不能忘怀的贡献，则不仅在加强了中印两大邻邦历史上文化交流的友谊而已。

(这是作者1940年暑假在昆明写成的一篇旧稿，现在加以整理补充，公开发表，除了文字不够通俗，更难免存在错误，供进一步研究中国佛教史的同志们参考。其中个别论点，曾承汤锡予、向觉明两位先生有所指正，并致谢忱。)

1956年4月1日，北京

① 详《佛典之翻译》。

《中国近代思想史参考资料简编》编者的话①

研究任何历史科学，只有根据马克思列宁主义的立场观点和方法，才有可能做出合乎事实的结论，这个一般的原则，在新中国的科学界是很少有人怀疑的，但是理解到这个总的原则，并不等于已经解决了所有的问题，因为每一方面的具体矛盾，虽是体现了客观事物普遍发展的规律，但皆有其特殊存在的形式，这些都需要深入钻研，作具体分析，才有可能得出正确的答案，这就说明了为什么不能简单地以历史唯物主义——社会发展史的基本原理来代替各种人类社会历史的研究。谈到中国近代思想史的研究，我们目前认为有下面几点值得特别注意：

（一）近代中国社会的复杂性，表现在由一个统一的大帝国逐步陷入半殖民地半封建社会的过程。鸦片战争以后，中国虽然开始产生了新的经济——民族资本主义经济，出现了新的阶级——资产阶级和无产阶级，但是封建主义和帝国主义这两个强大的敌人在全国范围内还是占统治的地位。这样，一方面就使它既不同于一个资本主义社会，主要限于资产阶级和无产阶级的矛盾，也不完全同于一个典型的封建社会，主要限于农民和地主的矛盾。另一方面，由于各国帝国主义的侵略和压迫，使它又不同于单独属于某一个帝国主义国家的殖民地，加之在国内又存在着统治民族和其他被统治各民族之间的矛盾。由于帝国主义的压迫和封建制度的束缚，中国民族资本主义的发展一

① 本文原载于《中国近代思想史参考资料简编》，三联书店，1957年。——编者注

直是很缓慢的。其中大资产阶级不是从封建官僚转化而来，就是跟帝国主义保持着千丝万缕的联系，带有浓厚的买办色彩。而国内各阶级和阶层之间的斗争，当帝国主义侵略者实行武装进攻也不同于他们采用政治、经济、文化等比较温和的形式进行压迫的时候，这样就使得近代中国社会，其主要矛盾和非主要矛盾的关系呈现着复杂的情况。

（二）近代中国的社会历史，比较过去任何时期都要变化得快，并且显明地表现了一种过渡时期的特点，一种“新”思想不久就会变成旧思想，为更“新”的思想所代替，一个人暂时具有进步意义的观点，一旦停留不前，很快会被人民革命的风暴和时代的巨轮把他推到后面去了，因此，作为软弱的中国近代资产阶级的代言人，几乎没有时间来得及建立起自己完整的哲学体系，他们往往从古今中外各方面任意采取个别一时有用的观点，杂凑起来，作为思想武器，仓促反战。在这种情况下，一个早年是进步的思想家，很可能晚年就变成了反动的人物，使我们对近代人物和思想进行全面评价时，不能不特别留心他们发表作品的年代，注意他们的思想先后不同的历史意义。此外，在分析他们思想的来源和组成部分时，根据他们引用的个别论点，就简单地把他归之于某家某派，显然也是不很妥当的。

（三）近代中国新资产阶级的出现，是在西方资本主义社会已经开始走下坡路、工人运动兴起、科学的社会主义出现以后的时期，完全不同于法国大革命以前的情况。反动的资产阶级思想家采用各种方式来对抗马克思主义的传播，所以通过近代中国资产阶级思想家从西方搬来的货色，主要已经不限于当年革命的唯物主义，而是更多地夹杂了一些流行的反动的唯心主义思想体系了。但是由于近代中国民族资产阶级尚有进步的一面，要求摆脱帝国主义的奴役和封建制度的束缚，建立一个独立富强的新中国，因此在某些问题上，既要说明他们思想的来源，又要在政治上把他们与西方露骨的反动的老师们区别开来，特别是要注意把其中采用的个别观点跟近代中国现实社会的阶级斗争结合起来进行考察，才有可能得出大致正确的结论。

（四）中华民族有悠久的历史，创造了灿烂的古代文化，产生过许多伟大的思想家、科学家、政治家、文学家和艺术家，中国人民又有抵抗外来侵略和反对专制压迫的优良传统，因此我们要是简单地把近代中国的一切进步思想都认为完全是从西方搬来的，抹煞了我国进步思想的继承性，那就等于割断自己的历史，这种民族文化虚无主义的观点，显然是非常错误的。但是，近代中国的思想决不是孤立发展的，随时要受到外来思想的影响，特别是先进的中国人为了探索救国救民的真理，不断向西方学习。因此，研究中国近代思想史，要是忽略了国际的环境，简单地只看作本国思想家的继承和发展，这样也是不能说明中国近代思想发生和发展的规律的。

（五）中国近代的历史是人民大众（各革命阶级）反帝反封建的历史，充满了群众性的革命事迹，中国近代进步思想在不同时期的表现，也往往成为一种思潮，多少带有群众性的文化运动，因此，近代著名的各种期刊和报纸就成了重要的思想史料，所以在每一个阶段，虽然也可以选出一些人物作为重点来加以研究，但事实上决不是这样几个人物就可以完全代表的，跟中国古代哲学及社会政治思想的研究比较，情况颇有不同。

以上这些特点，人们在作全面深入的研究时，都应该充分地加以考虑。

我们知道，研究任何一种问题，必须详细地占有资料，才有可能进行全面的分析，作出合乎科学的论断，这册《中国近代思想史参考资料简编》显然是不能满足这个要求的。本书是跟我们过去编的《中国近代思想史讲授提纲》（人民出版社，1955 年出版）密切配合，目的只是为了适应当前教学的需要，使同学们在不多的备课时间内，有直接阅读原始材料的机会。至于选择材料的标准，力求重点突出，以近代中国影响较大的社会政治思想和哲学思想为主，一些带有专门学术性质的论文则一概不选。我们着眼在中国近代思潮发展总的趋势，因此对于一个思想家，更多地注意他比较起进步作用的时期的东西，到他堕落成为反动人物以后，如康有为等人晚期的作品，暂行一律摒弃。至于不断进步的思想家，虽则比较全面地注意他各个时期的特点，但是因为限于“中国近代”的时间范围，所以“五四”运动以后，虽属十分重要的作品，一般也是少选甚至不选。我国伟大的革命民主主义者孙中山在接受十月社会主义革命胜利影响以后一些具有伟大历史意义的文献，现实主义文学大师鲁迅晚年革命思想的著作，就都没有选入。在资料的取舍方面，为便利读者，也注意到对一般不常见的作品，虽然并非最重要的，还是比较多选。另外一些非常重要的人物，因为他们的作品流传很广，目前比较容易见到，在本书有限的篇幅中，我们不得不作适当的精简，这样，就使全书内容在各部分的比例上，难免有不很恰当的地方，例如陈天华等人所占篇幅就略嫌多些。在排印时尽可能根据早期的底本，例如鸦片战争时期有关中国人民抵抗外国侵略和反对卖国投降的思想，采取了北京大学王重民教授等私人抄录下的原稿；有几篇章太炎的文章，不是采用后来经过修改的《章氏丛书》中的《检论》，而是根据早期出版的《訄书》之类。但是有的重要资料，为了准确可读，则又尽可能采取近人整理的成绩，如农民革命运动高涨时期太平天国思想史料，参照了罗尔纲先生新近出版的《太平天国文选》(上海人民出版社)。此外，为了初学者的方便，同时提供进一步研究的线索，我们对选文的作者或报刊，在全书结尾附有简要的注释。为保存原始资料的真实性，我们对于原文一律不加删改。因此在内容上，难免有公开宣传一种大汉族思想和对其他少数民族历史的歪曲，没有能从阶级观点来理解以满族贵族为首的封建专制主义的本质，以及把外国侵略的资产阶级政府和外国广大爱好和平的人民区别开来等，这些都充分表现了他们历史的和阶级的思想局限性。所以读者必须批判过去这些革命思想中的严重缺点，以便更深刻地认识到为什么只有马克思列宁主义是中国革命唯一正确的指导思想。

在编选这一册《中国近代思想史参考资料简编》的过程中，曾参考容肇祖先生 1950 年为当时“中国新哲学研究会”所整理的一部分资料，又得到了北京大学哲学系中国哲学史教研室许多同志们的帮助。其中标点校勘方面，马采同志用力较多。在体例上，中国科学院历史研究所第三所个别同志也提供了宝贵的意见，我们一并表示深切的感谢。因为成书仓促，一定存在着不少的缺点，希望读者尤其是专家们随时指正，作今后再版时的参考。

1956 年 3 月 18 日

谈中国哲学史的对象和范围
——在中国哲学史座谈会上的发言①

早在辛亥革命以前，我国一批受到西方资产阶级教育影响的前辈，已经开始了有关“中国哲学史”的研究，特别是在“五四”运动以后到全国解放的三十年间，陆续出版了不少的著作，即使不是采用了马克思主义观点的，因为参考了西方哲学史研究的成果，在扩大取材范围方面，比以往只限于宣传“道统史”的一批旧学者，无疑是前进了一步。但是由于时代和他们阶级的局限性，也带来了严重的缺陷，难免把西方资产阶级学者编排外国哲学史的形式，依主观意图制成套子强加在中国哲学史的研究上，一般只是简单地从字面上摘取可以比附西方哲学术语的片断来加以发挥，于是在中国哲学史上虽有贡献，但在西方哲学书中找不到外表相像的争论，自然也就完全不注意了。如此，中国哲学史就变成了不完备的西方哲学史，只是牵强附会地补充了若干我国古人的例证。他们这样把哲学观点完全孤立地抽象来看，因而脱离了中国社会历史的实际，抛弃了中国民族文化的一切特点，使得中国哲学史的研究无形中变成了宣传外国资产阶级哲学最理想的园地。例如胡适的《中国哲学史大纲》，有人认为简直是介绍美国杜威一派“实用主义”的教科书一样。在新中国成立以前的中国学术界，面对着这种情况，也有不同的反应，首先是少数受过传统旧学

① 本文原载于《教学与研究》1957 年第 3 期。在该期《教学与研究》中，本文及相关文章的总标题是《“中国哲学史”问题论稿》。本文又载于《中国哲学史问题讨论专辑》(科学出版社，1957 年)，题名为《论有关“中国哲学史”的对象和范围的讨论及其目前存在的一些问题》。——编者注

训练的“国粹派”，一般是不太了解西方哲学的，他们多半采取反对的态度，至于表现的方式也有不同，或者是批评这批“新”学者根本不懂中国哲学，或根据这批“新”的有关“中国哲学史”的著作中所用来比附的一点东西，从而宣传外国哲学的浅薄，不管它是进步的或反动的，唯物的或唯心的，总之，借口保存中国文化，最好从一切方面把它和西方完全对立起来。其次是带有买办色彩的深受外国资产阶级思想影响的哲学工作者，大致也有两种不同的表现，或者是把这种“中国哲学史”的结构形式，无原则地模仿得跟西方相似，尤其是对于迎合外国读者口味这一点特别加以赞扬，称之为接近“国际学术水平”；另外是一向不注意本国文化遗产的，他们认为只有像现代西方资产阶级哲学家所表述的形式，提出问题和解决问题的方案才算哲学，他们偶尔一翻中国古典哲学著作，感觉似懂非懂，面貌不同，从而肯定中国没有哲学，也可以说，对中国哲学史的研究，完全采取一种蔑视的态度。以上便是在半殖民地半封建的落后的旧中国所出现的各种“形式主义”对待祖国哲学遗产的面貌，他们始终没有也不可能把中国哲学史的研究引向科学的大道。在新中国成立以前，我国一些先进的马克思主义哲学史工作者在反对这样各种“形式主义”的思想方法方面作了不少有价值的贡献，他们都特别强调了中国哲学思想的研究一定要联系中国的社会性质和阶级斗争的情况等，把对古代哲学的研究和当前革命的需要密切地结合起来。但是由于他们写作是在反动统治时代，当时思想战线的情况跟目前很不相同，而且大多非常慎重地很少把自己的著作轻易地就叫做“中国哲学史”的。在新中国成立后，由于形势的发展，一般马克思主义理论的学习，在不同程度上都有所提高，加之科学研究上不断出现新的成就，因此我们也就不便根据当前所了解的哲学史的抽象定义来苛求于前人了。虽然如此，但是这些前辈学者的有关著作，无疑是我们今日研究中国哲学史必须参考的文献，特别是在教学上，我们究竟应该怎样来选择它的内容和用什么标准来指定同学阅读的范围，则的确是好些青年教师目前所遇到的具体困难了，他们表示要求进一步明确中国哲学史的对象和范围。为了响应党的号召，正在积极从事建设国家的社会主义新文化的时期，许多年青一代的中国哲学史工作者都初步地学习了马克思主义，同时热情地工作，他们极力争取在这一方面老专家的帮助下，早日把“中国哲学史”的研究提升到先进的国际水平，这种积极性应该肯定是非常可贵的。但是也有部分同志，因为对于这个艰巨的工作认识不足，未免表现太性急了一些，无意中选择了过于速成和简易的道路，在没有能坚决自觉地摆脱旧中国哲学史研究长期存在的各种“形式主义”观点影响的情况下，就会很自然地遭受到作为思想上懒汉的“教条主义”的侵蚀，可是在最近也普遍地感觉到了一些问题。另外，在“百家争鸣”方针的指导下，一些多年从事哲学史研究的专家，也更积极地参加了工作，通过独立思考，又从实践中提出好些具体问题，一时还未能很好地根据马克思主义的普遍原理，作出有足够说服力的合乎客观事实的结论，因此影响在教学和科学研究中也时常遇到一些暂时不容易回答的疑问。这次在北京大学举行的“中国哲学史的几个问题座谈会”，便是具体地反映了在这一学术研究领域中目前存在的一些思想情况，同时也就体现了要求如何为更进一步地运用马克思主义的普遍原理来结合中国哲学史的研究而斗争。

我现在只想围绕这次讨论中有关“中国哲学史”的对象和范围这个问题表示一点初步的意见。首先谈到目前存在的一种看法，认为不能用现代哲学的对象去看历史上的哲学发展，我不同意这种观点。过去历史上对于哲学的定义虽说随着时代的进展有不同的规定，但是我以为不必考虑要用过去这样一些不同的哲学定义来讲过去的哲学，而是要根据现在马克思主义的科学的哲学史的定义来系统地进行研究。但是又必须明确任何一门学科的定义本来只为指示我们研究的基本方向，从不限制探讨各方面有关的问题。过去不同时代为什么对于哲学有如此不同的定义，乃至过去同时代的不同学派也有不同的哲学定义？而且哲学对象的本身也处在经常变化之中。我们要唯物地来解释这个哲学史上的事实，但是决不能放弃作为马克思主义者的立场来讲哲学史，即是应用任何一种过了时的哲学定义来理解以往唯物主义的发展及其反对唯心主义的斗争。我们知道过去一切著名的资产阶级哲学史家，例如黑格尔、爱德曼、文德尔班等人，从不见例外地都是根据自己一派的哲学体系来讲哲学史的，虽然马克思主义哲学是一种科学，跟资产阶级的唯心主义体系不能等量齐观，但是关于这个立场问题，我以为无产阶级的学者应该而且必须向资产阶级的前辈学习。有人只拘泥于“哲学”一名的字义古今不同，从而反对根据马克思主义的科学的哲学史定义来研究“中国古代哲学史”，可能会有人说，连“哲学”这个名词也是日本人从希腊文翻译过来的，中国过去根本没有这个东西，更用不着讲根据哪一种定义来确定“中国哲学史”的对象和范围了。至于有人害怕这样的研究会损害到中国古代哲学的真实面貌，我以为那也是不必要的顾虑。他们看到从教条主义的研究方法所产生的暂时的简单化和公式化的毛病，却未想到那并不是创造性的马克思主义的研究方法应有的结论。本来恩格斯早就告诉了我们：“不把唯物主义的方法当作研究历史的指导的线索，而把它当作现成的公式，将历史的事实宰割和剪裁来适合于它，那么唯物主义的方法就变成它的反面了。”①一般的历史研究是如此，我以为中国哲学史研究的基本情况也是一样。所以，可能损坏了中国古代哲学一切真正有价值的东西的，决不是应用了马克思主义的科学的哲学史定义，而事实上恰得其反，采取了一切过时了的不正确的哲学的定义，或反马克思主义的教条主义的研究方法所必然产生的恶果。因为我们深彻地理解到研究过去是为了“那种只有在社会主义基础上才能出现的真正的进步”，同时又肯定“应该以各族人民的全部历史和他们历代的一切成就为依据”②。

其次要谈到的是一向作为我们工作指南的日丹诺夫同志在关于亚历山大洛夫著《西欧哲学史》一书讨论会上的全部发言。在个人今天看来，虽然不能认为是毫无可以批评的，例如他为了指明亚历山大洛夫忽视了马克思主义哲学的产生是哲学中革命的变革这一个基本的原理，使得他已不自觉地成了“资产阶级哲学历史家底俘虏”这一事实，说马克思以前“在那个旧时期哲学只是个别人们的事情，只是少数哲

① 《致恩史特的信》。

② 莫洛托夫《十月革命二十二周年》。

学家及其门徒所组成的哲学学派的专有的财产。这帮人都是脱离实际生活、脱离人民、与人民毫不相干的”。这种严厉的批评，对马克思以前哲学史上伟大的唯物主义者和进步的思想家来说，显然是过分夸大了他们的缺点，因而是不完全合乎历史事实的。把这一思想不适当地用来作为指导研究哲学史的原则，其结果必然会导致否认一切古典哲学家在历史上应有的地位。但是日丹诺夫同志根据马克思列宁主义经典作家们的指示，在这个发言中给哲学史所下的定义说：“科学的哲学史，是科学的唯物主义的世界观及其规律底胚胎、发生和发展的历史。唯物主义既然是从与唯心主义派别斗争中生长和发展起来的，那么，哲学史也就是唯物主义与唯心主义斗争的历史。”这个定义虽然非常简单，但是我认为基本上是正确的。最近任继愈同志在1月11日《光明日报》上发表《试论中国哲学史的对象和范围》一文，指出了它有三方面的缺点：（一）使人认为研究哲学史，仅仅是唯物主义战胜唯心主义的历史。特别是在中国哲学史方面感到困难，有些有价值的东西本来应当作为哲学史对象的，也只能忍心抛弃，因为它没有唯心和唯物主义的斗争。（二）对辩证法如何战胜形而上学的斗争这一严重事实重视不够。（三）没有给哲学史上的唯心主义的哲学流派以应有的历史地位。以上这些论点的提出，都或多或少地为了表示反对目前中国哲学史研究中的教条主义倾向，这种心情我想读者是完全可以理解的，但是也牵涉若干带原则性的问题，必须作进一步的讨论。

现在且从其中较为明确的第二点谈起。说日丹诺夫的发言中，“他没有充分指出哲学史的任务不仅在于阐明唯物主义战胜唯心主义斗争的规律，而且也在于阐明辩证法战胜形而上学思想斗争的规律”①，我想是不尽合乎事实的。我理解日丹诺夫同志说的“科学的唯物主义世界观”，实际上就是指的辩证唯物主义世界观，而不能只限于朴素的唯物主义和形而上学的机械唯物主义。而辩证法事实上不就是物质的运动变化发展的规律吗？离开了唯物主义和唯心主义的哲

① 任继愈《试论中国哲学史的对象和范围》。

学上两个基本派别，来孤立地考虑辩证法反对形而上学的斗争，是可能走上唯心主义道路的，所以不宜把这两种斗争绝对平列起来。因此，离开辩证法来谈唯物主义，虽然是目前我们一部分同志在思想战线上不可否认的弱点，但是不一定是日丹诺夫同志在这个问题上犯了错误。事实证明，他在这篇发言中正是批评了亚历山大洛夫这一方面的毛病，说："既然有马克思主义辩证法的存在，在哲学史中就应当包括辩证法产生的历史，表明辩证法产生的条件是什么。"至于引证毛主席在《整顿党的作风》这篇著名的论文中所说的，自从阶级社会存在以来，世界上的知识只有两门，一门叫做生产斗争的知识，一门叫做阶级斗争的知识。自然科学、社会科学就是这两门知识的结晶。哲学则是关于自然知识和社会知识的概括和总结，从而推论说："中国哲学史的对象应当是，关于自然知识和社会知识的概括和总结的认识过程在中国发展的历史"①，这样提出中国哲学史的定义，至少在形式上会给人一种印象，难免有忽视哲学理论的阶级内容的嫌疑，有可能放弃马克思列宁主义研究哲学史的基本原则——哲学中的党性原则的危险，其结果必然要导致取消哲学史上唯物主义和唯心主义两条路线的斗争。这与亚历山大洛夫把哲学史的对象规定为"人类对于周围宇宙的知识之前进、上升、发展的历史"，可能有同样性质的毛病。我们认为毛主席的关于哲学的定义是完全正确的。但是如果我们忽略立场来加以推论，借此有意无形地把它跟日丹诺夫同志关于哲学史的定义对立起来，则显然是不很妥当的。因为有关生产斗争的自然知识和有关阶级斗争的社会知识，在如何总结的问题上，不也就贯穿了唯物主义和唯心主义的斗争吗?

谈到在社会历史观方面有没有唯物主义因素的问题，我基本上同意李志逵、孙长江等好些同志们的论点，就是在马克思主义产生以前，社会历史观方面是唯心主义占统治地位，但是并不排斥有历史唯物主义的因素，而且在这些个别的观点上也有唯物和唯心的斗争，然而不等于说已经形成了唯物史观、有了历史唯物主义。既然日丹诺夫

---

① 任继愈《试论中国哲学史的对象和范围》。

同志在关于亚历山大洛夫著《西欧哲学史》一书讨论会上发言所说的“科学的唯物主义”是指的辩证唯物主义，而辩证唯物主义的普遍原理，乃是同样可以适用于自然观、社会历史观乃至思维现象的共同规律，因此决不能认为日丹诺夫同志是有意把社会政治思想、伦理学等——中国哲学史内容特别丰富的一方面——排斥在哲学史范围之外的。事实恰得其反，他在发言中号召苏联哲学研究工作者说：“现在应当是大胆地把苏维埃社会的理论、苏维埃国家的理论、现代自然科学的理论、伦理学和美学推向前进的时候了。”因此，根据日丹诺夫的发言，如任继愈同志所说，“就会在社会历史观方面留下了空白点”，从而可以证明他关于哲学史定义的种种不完备，特别是不能适用中国哲学史研究的情况吗？

我们研究中国哲学史，一方面固然要分别自然观和社会历史观的不同特点，肯定自然和社会有各自不同的发展规律，而且在马克思以前的哲学家，基本上还没有出现在这两方面自觉地建立统一的世界观，但是我们也要注意他们的自然观和社会历史观的相互渗透和影响如何错综复杂地交织在一起的事实。对于马克思主义哲学讲来，毫无疑问的则是一向肯定有包括自然和社会在一起的更有普遍性的规律。日丹诺夫同志说的“由于各种实证科学底发展，哲学的范围不断地缩小了(顺便的说一句，这个过程到现在还没有完结)。这种自然科学和社会科学从哲学权力束缚下解放出来的过程，无论对于自然科学和社会科学或对于哲学本身都是一种进步过程”①，我们完全同意这个看法。但是也必须指明，这并不等于说哲学发展的最高成就、辩证唯物主义普遍规律应用的范围也比过去的哲学相对地缩小了，相反地，应该是更见扩大了，例如关于上帝的信仰，甚至在资产阶级上升时期进步的哲学家也有认为不能用他们的哲学原理来解释的，现在对于一个马克思主义者说来，则是毫不奇怪的，并不是什么例外了。

说科学的哲学史是唯物主义反对唯心主义斗争的历史，这样是否就意味着过去唯物主义和唯心主义的斗争等复杂情况，我们就可以完

① 《在关于亚历山大洛夫著〈西欧哲学史〉讨论会上的发言》。

全不讲呢？个人认为还是要讲的，而且必须要讲，因为这些斗争也都是出现过的客观事实，我们要是完全抹煞了它的存在，那就是在片面地看问题，不是历史唯物主义的态度，何况唯心主义的历史本来就跟唯物主义的斗争是分不开的。所以相反地，我们应该加以研究，对于这些思想战线上的斗争，同样要总结它的规律，作出唯物主义的分析。根据事实，从而阐明在如何的社会历史条件下，既然没有不可以为人类认识的真理，如何又有产生各种虚伪的世界观的可能，同时反动统治阶级又是如何来为这些虚伪的世界观进行辩护的。这种分析的研究，一方面等于在清除过去唯心主义残余的影响，另一方面我认为实际上也就是一种唯物主义反对唯心主义的斗争。历史上唯物主义与唯心主义的斗争往往有利于唯物主义思想的发展，所以日丹诺夫同志在他的科学的哲学史定义中虽然只是简单地提到唯物主义反对唯心主义的斗争这个最本质的方面（事实上不可能把一切思想斗争的方面都提到），并不能因此认为我们这样做是离开了马克思主义的。但是，反对唯心主义的斗争，如果只采取谩骂和嘲笑的口吻，则显然是不能完成这种任务的。而且仅就谩骂和嘲笑这一点来说，现代的人也不见得比古人胜过多少，一个哲学工作者比一个非哲学工作者又高明了些什么？毛主席曾告诫同志们说："共产党不靠吓人吃饭，而是靠马克思列宁主义的真理吃饭，靠实事求是吃饭，靠科学吃饭。"①

我们说哲学史是唯物主义反对唯心主义斗争的历史，是否就意味着一概否认了唯心主义哲学体系中包含任何有价值的东西，就算"没有给哲学史上的唯心主义的哲学流派以应有的历史地位"呢？我认为问题并不这样简单。马克思主义者一向对于唯心主义思想作斗争，一方面在彻底粉碎它的体系，而另一方面正是为了挽救它们思想体系中哪怕是一点滴的正确可用的东西。例如唯心主义夸大了人类认识作用的主观能动性，从而利用主观吞没客观是完全错误的，我们要跟这种错误的思想进行坚决的斗争，但是我们如何进行斗争呢？我们是不顾事实地有意站在它的反面，即彻底否认人类认识作用的主观能动性去

① 《反对党八股》。

反对它，还是恰如其分地承认主观能动性呢？又如一般批评唯心主义歪曲了“事实的”真相，也不过是要矫正他的歪曲，并不等于要完全否定他所可能根据的任何事实。如果说唯心主义思想体系中排斥任何一点可能反映客观存在的合理因素，好像唯心主义者是全面生活在另一个世界，等于一切理论都是凭空掉下来的一样。要是肯定有这种完全与现实不相干的思想，可又能麻醉人们，起极大的危害作用，那就无异于彻底否认了作为唯物主义认识论的反映论的普遍原理，同时也就更加忽视了客观世界本来是通过矛盾来发展的这种辩证的根本性质，等于把历史上受到唯心主义思想影响的都看作一群瞎子或神经病患者，则显然是不尽符合客观真实情况的。所以马克思和恩格斯曾指出：“头脚倒置的世界观”也是由于“头脚倒置的世界”造成的事实。但是否因为唯心主义思想中包含了若干合理的因素，我们就应该取消哲学史上唯物主义和唯心主义两条基本路线的斗争呢？显然是不可以的。至于中国哲学史上有些哲学家的思想，因为限于史料和目前科学研究的水平，确实暂时不容易全面了解当时作者的复杂思想情况，简单地从它们之间划分唯心唯物的阵营，但这与认为哲学史上根本不存在唯心与唯物的对立的观点相比，我以为是不同性质的问题。在政治上我们常说要跟敌人学习，又说对于某一方面他是我们的先生，如此就不应该跟他所代表的反动政治路线作斗争了吗？至于有人认为没有唯心主义的提出问题，唯物主义就不可能得到日益完善的发展，因此应该充分估价唯心主义在哲学史上的地位和作用，这虽也看到了事实的一个方面，但是无疑地片面夸大了这种影响。我们作为马克思主义者，似乎应该更加注意到另一个方面，那就是由于科学的成就以及唯物主义思想的传播，怎样使得不同时期的唯心主义哲学被迫不得已地采取新的面貌这样一个客观的事实。抛开了被包含在唯心主义思想体系中的、歪曲地反映了当代各种科学的成就之外，我们很难说后来比较细致的唯心主义是比过去粗枝大叶的唯心主义更接近客观真理了。同时也要注意，哲学史上作为一个唯物主义者反对唯心主义，仅仅是为了唯心主义对于某些问题的提法不悦耳，还是因为生产斗争和阶级斗争中所产生的问题，必须根据事实和需要作出合理的解答呢？所以，推动唯物主义发展的主要因素，不应该只是唯心主义的一些抽象的错误观点。例如中国哲学史上唯物主义者主张"理在事中"，不可能仅仅是因为前期的唯心主义者提出了"理在事先"的缘故。

既然同志们一致认为哲学是上层建筑的一部分，我们要是不否认在历史上一切不同的哲学体系之间的斗争是与阶级斗争有关的事实，那么就决不能把唯心主义思想产生的阶级根源这一方面轻易抹煞。自然，把唯心主义思想产生的根源，简单地只归之于剥削阶级的本性，完全忽略了当时科学发展的水平乃至个人的社会斗争经验和文化修养等认识论方面的因素，显然也是非常错误的。但是，为了纠正理论上在这一方面的缺陷，因而对于唯心主义的产生只注意它认识论的根源，我想更是一种片面性的严重的误解。个人以为，问题不仅在要注意分别这两方面的根源，同时更重要的是深入研究这两方面相互影响的关系。哲学的党性原则告诉我们，不能把反动统治阶级的唯心主义体系和人民内部也有唯心主义思想这两件事等同起来。我以为这个原则不仅适用到当前的思想战线上，而且同样可以考虑适当地应用到哲学史的研究领域。所以，我们要是把历史上实际存在的为反动统治阶级服务的唯心主义思想体系，都简单地归结成为人类认识发展过程中必经的阶段，若果滥用了这个原则，就有可能把陈立夫臭名远扬的"唯生论"和马克思主义哲学的关系，只看作"由浅入深，由片面到更多的方面"①的发展，甚或把这样两条哲学上的基本路线，简单地都算作是一个人思想内部的变化，只是先后错误与正确的不同，并以这种情况来概括一切，从而取消了宣传唯物主义反对资产阶级唯心主义的革命的现实意义，把敌我之间的思想斗争都化为人民内部的批评与自我批评了，这是一个带有关键性的重大问题，必须充分地加以注意。我们同意不能把学术思想和政治问题等同起来，但是也反对无条件地将学术问题的论争跟政治斗争彻底割裂开来，因此，我们对反动学者的哲学观点，一定要联系他的反动阶级立场来加以批判。

---

① 《实践论》。

谈到中国哲学史的对象跟外国哲学史研究的对象是否一致的问题，我不同意目前存在的这样一种意见，他们夸大中国哲学的特点，到了要取消存在普遍性(共性)的程度，因而主张有与任何外国哲学史性质根本不同的对象。我认为其间有相同的方面，也有不同的方面。进行科学研究，就是要“由此及彼”和“由表及里”地来反复考察，在不同形态表现的思想斗争之中，进一步地来发现它们本质上的共同之点，同时在大体相似的问题上，也能深一层地分辨出这个“同中之异”。总之，不应该只停留在现象的形式上的比较。张岱年同志这话说得很对：“唯物主义与唯心主义都不是中国旧有的名词。但问题不在名词上，而在思想的实际上。”①举例来说，中国古代哲学上的“气”字跟西方哲学史上“物质”的概念，虽然名称不同，但是经过比较研究，发现它们之间有可以等同的方面，这是完全正确的。但是我们不能停留在这一步，也要在这个“异中求同”的基础上，充分地注意到还要保留不同的特点(或方面)，因为这样的范畴究竟是中国哲学历史的产物，又与中国哲学史上各方面争论的具体问题保持一定的联系，我们要通过这些相关的具体问题来说明以“气”与“理”互为先后这种唯物主义与唯心主义斗争的特点，并且不能忽略它是发生在中国，否则就难免把问题一般化和简单化了。因此个人认为，联系中国社会历史的发展、各种思想的斗争，来具体分析中国古代哲学范畴的形成，乃至不同时代如何被歪曲和不得不改用新的范畴的历史。例如魏晋时代“有”、“无”的争论是如何形成的，佛教唯心主义又是如何对于“有”、“无”的概念加以歪曲的，为什么宋明哲学又基本上改用“理”、“气”的范畴，这些哲学史上先后出现的思想斗争形式的微妙变化，也从一方面体现了中国唯物主义如何在斗争中发展的情况。这样深入地来进行中国哲学范畴历史的研究，我想对于改进目前中国哲学史研究中的教条主义倾向是有很大帮助的。

至于谈到中国哲学史的范围是否包括一般的社会政治思想、伦理学和美学的问题，目前多数同志认为，关于社会政治的观点、伦理学

① 《关于中国唯物主义思想的几个问题》。

的观点和美学的观点等，应该包括是毫无疑问的，但是否仅限于一些抽象的观点呢？我认为，若果有必要通过具体的例子来说明，也是没有什么不可以的。是否因为中国哲学史书中有了这样一些具体的例子就破坏了作为科学的哲学史的范围呢？是否就混淆了哲学和其他学科的对象呢？我想是不会的。哲学史的研究固然要特别注意科学的抽象，但是它与具体情况的联系，还是不能无原则地加以割断的。例如我们作思想家的阶级分析，时常要考察他一些政治上的具体主张。又如谈到中国近代思想史上所谓“道”与“器”的关系的争论，不可避免地要联系到怎样向西方学习的问题，以及这种观点对于反帝反封建的革命斗争的现实意义等。有人以为这样就是混淆了哲学史和政治思想史的对象，因而在理论上犯了重大的错误，我认为是不正确的。若果在中国古代，像墨子的“兼爱”、“非攻”等可以归入哲学史的讨论，而近代一些反帝反封建的思想就绝对不能包括在哲学史的范围之内，那就未免标准太不一致了。所以我认为，笼统地说哲学史的对象是否应该包括社会政治思想、伦理学和美学等这个提法是有些模糊的，问题在你对这样一些方面是如何理解的，有关问题是怎样处理的。我们反对把任何社会政治思想、伦理学和美学的内容都无原则地一概搬进哲学史的范围，但是也反对把任何有关社会政治思想、伦理学和美学的内容都必须从哲学史中清洗干净的做法。总之，我们要求理论必须结合实际，得通过具体的情况来说明抽象的法则，反对把兴趣只放在脱离实际的空洞的“理论”上。但是也不能将涉及的社会政治思想、伦理学和美学的具体事例、抽象观点和更带有普遍规律性的世界观在哲学史中并列起来，加之各个哲学家在历史上的贡献又很不一致，同时注意的方面也不尽相同，按实事求是的态度，不必要采取一律的办法。至于有人提到中国古代哲学有许多特点，尤其是关于修养方法的理论占著作中很大的篇幅，我们今天可不可以讲呢？个人以为，若果真是有贡献的地方，对于我们目前革命建设事业有用的东西，必要时还是应该讲的。我们可以说，中国历史上进步的哲学家有一向注意生活方式和工作态度的优良传统，但是在哲学史上必定要结合他的自然观、认识论和社会历史观等来讲，而不能只是孤立地来讲一些不相干的条目、生活琐节。但是像我国古代一部分道学家所主张的“洒扫应对，可以尽性至命”，对于这样的问题，个人以为就有必要结合具体情况来进行分析和批评了。再如宋明道学上“主静”和“主敬”的不同，便不仅是一种有关修养方法的争论，实在也代表了彼此有不同世界观。我们以为，目前教条主义影响在哲学史工作中突出的表现，就是他们从不注意中国不同历史时期的一切特点，也不喜欢研究任何过去实际存在的具体问题，而只是简单地从抽象的概念出发，见到书本上几句话，字面上好像可以把它划归唯心主义阵营的，就说那是代表没落贵族或大地主阶级的思想，见到书本上几句话字面上好像可以把它划归唯物主义阵营的，就说那是代表新兴地主阶级或中小地主的思想，有时再加上部分地反映了农民阶级的要求等，这样贴完标签，就算了事。彼此间的争论，也往往好用一般的概念来反驳一般的概念，用这样凭空扣帽子来抵抗那样凭空扣帽子的办法，事实上变成了两顶帽子在空中对舞，却不具体明确两人争论的焦点究竟在什么地方，从而阉割了唯物主义反对唯心主义斗争的丰富的实际意义、有血有肉的内容。例如目前有的同志见面就谈某人主张老子是代表没落贵族意识，某人主张老子是代表农民阶级思想，他们两人的见解根本对立，就不肯再深入追问一句，究竟这种对立的关键在什么地方？要是仔细考察一番，可能这人所谓的没落贵族意识和那人所谓的农民阶级思想，其实是指的一样东西，不过两人扣了不同的帽子罢了。因此所争的应该不是老子的思想是代表没落贵族或农民阶级的问题，而是这种思想应该怎样来理解、来进行阶级分析的问题。总之，我们必须注意在一切科学研究领域中，对待这个“抽象”与“具体”或“一般”与“特殊”之间那种“不即不离”（譬喻）的关系，必须辩证地来掌握，全面地来考察。否则，只要忽略了其间任何一方面的重要因素、基本环节乃至矛盾发展的情况，在进一步推论时，都有可能失足陷入唯心主义的危险，把本来存在的东西变成不存在了，本来有差别的东西变成没有差别了。所以马克思说：“一切存在物，一切生活在地上或水中的东西，都可以经过抽象归结到逻辑范畴上去，这样，就可以把整个现实世界淹没在抽象概念和逻辑范畴的大海中，这又有什么稀奇呢?"①

最后，我们还要附带地谈到有关目前中国哲学史研究中存在的一些情况。第一种情况是无意中忽略了唯物主义辩证法产生的社会历史条件，对于自发的辩证法的因素和自觉地将辩证法认为是客观事物发展的普遍规律，从而有意识地把它当作一种方法，应用它来改造世界的马克思主义，这种前后本质上的变革重视不够，于是谈到中国两千年前的哲学家如老子等人的辩证法观点，从表面上来看，好像就跟注解斯大林《联共党史》第四章第二节差不多了，而且在论述一切哲学家的思想时，又多半停留在经验主义的描述方法，枯燥乏味和千篇一律地在介绍他们如何解决思维和存在的关系问题，有无包含自发的辩证法因素和朴素的唯物主义的观点的问题。从对于一个哲学家的孤立论述来看，勉强也能自成体系，但是联系前后社会历史的发展，要寻找他们先后不同时期唯物主义思想的不同面貌乃至其间矛盾发展的规律就很难了，更谈不上通过这种研究来帮助指导当前革命实践的问题。所以，虽然如此研究了历史上不少的哲学家，可就是还没有条件能写出科学的哲学史来。这虽是短期间初步学习运用马克思主义观点研究中国哲学史不可避免的情况，但是为了克服这种弱点，我们都须要作更进一步的努力。第二种情况是去年苏联批评了哲学史家亚历山大洛夫的所谓"应时主义"的作风，也没有能引起一部分同志足够的警惕，还不免习惯于一种形式主义的思想方法，说好就一切都好，绝对的好，说坏就一切都坏，绝对的坏。于是对于一个历史上主观认为进步的哲学家也就无不向好的方面拉，相反的情况，则又无不向坏的方面拉。虽然表现得爱憎分明，这是好的，可就是难免离事实太远，科学性不强。甚至有这样的现象，一个人在作这篇文章为了表扬就采取第一种办法，在作另一篇文章时，为了批评就采取第二种办法。若果这样先后的不同是因为研究逐步深入的结果，我们完全同意这种实事求是的态度，自己可以彻底推翻个人以往错误的结论，要是客观情况不是真的如此，那就要引起我们及时的注意了。第三种情况是研究

① 马克思《哲学的贫困》。

现实社会革命斗争的经验和党的政策不够深入，因此多数人虽然知道要接受文化遗产，特别注意到思想的继承性，不能采取民族文化虚无主义的态度。但是究竟哪些东西是我们目前迫切需要的，在社会历史条件经过革命的变革之后，所谓批判地接受应该如何具体进行？即在批判它的错误和缺点的同时，怎样“细心地选择、保护和发展它的一切有益的成分”①？在戏剧和医学方面，“推陈出新”，我们已经取得了很大的成就，但在中国哲学史研究的领域，为了取得同样的效果，目的和任务是否需要更进一步地明确？

以上所谈到的情况，并非说作者就是例外，所以把问题提出，只是为了更方便地求得同志们的指教。

1957 年 1 月 20 日

① 陆定一《“百花齐放，百家争鸣》。

洪秀全的最重要的著作①

第一次鸦片战争的失败，不断激起国内各族人民反抗清政府的起义。但是这些农民起义运动，由于没有鲜明的政治目的和统一的领导，缺乏坚强的军事组织和严格的革命纪律，终于被清政府的军队各个击破。继这些小规模的、分散的起义失败之后，1851 年爆发了伟大的太平天国农民革命运动，正式揭开了中国近代民主主义革命的序幕。

太平天国革命的发动者洪秀全，广东省花县客家人，中农家庭，16 岁因家贫失学，助父兄耕田，18 岁(1830 年)受聘为本村塾师。他又是一个屡次应试得不到秀才的失意人。1843 年，时年 31 岁，在广东农民暴动的影响下创立了“拜上帝会”，利用原始基督教中某些自由平等的观念，宣传革命思想；配合了客观的要求，组织和发动群众，准备起义。

在太平天国革命运动正式爆发以前，就是在 1837 年到 1850 年间，洪秀全不断地在西方国家的基督教教义中寻找革命的真理。为了向广大群众进行宣传工作，1845 年洪秀全作《原道救世歌》、《原道醒世训》两篇，提出了民主主义的平等思想，激发了农民群众的反抗热情。1846 年又作《原道觉世训》，指出战斗的目标和革命的对象。这三篇重要的文件，便奠定了太平天国初期革命的理论基础。

在这些著作中，首先，洪秀全利用了基督教的上帝来打击当时封建社会的最高统治者——地上皇帝——的威权。宣传天下人不分贫富贵贱，都是上帝的子女，都可以自称为“天子”，都有同等的权利拜

① 本文原载于《读书月报》1957 年第 9 期。——编者注

上帝，在上帝面前，作为封建最高统治者的皇帝和人民是平等的。所谓“天父上帝人人共”，“普天之下皆兄弟”①。其次，洪秀全更进一步把基督教教义中的平等思想和中国古代的“大同”思想结合起来，指出了农民革命理想的远景，希望实现一个国与国之间和平相处的平等世界，所谓“分言之则有万国，统言之则实一家”②，乃至认为一切人与人之间都应该跟兄弟姊妹一般，“何得存此疆彼界之私，何可起尔吞我并之念”？“行见天下一家，共享太平”③，这就是为什么他要把这个农民革命的国家叫做“太平天国”的理由。后来在《原道觉世训》中，洪秀全又利用基督教的信仰，宣传只有“上帝”是真神，其他一切为人所崇礼的偶像都是妖魔，从而打击地主阶级用来压制农民的一切封建迷信和权威，乃至认为佛教和道教都是“贪图射利”之徒捏造出来“迷惑害累世人”的。他又把以清朝皇帝为首的封建统治者和一切站在地主阶级方面压制农民的封建权威，包括各种偶像的崇拜，都宣布为属于“阎罗妖”的系统，又把农民自己反抗封建统治的力量都集中表现为“皇上帝”，用“皇上帝”对抗“阎罗妖”的宗教的斗争形式，号召农民组织起来向封建统治阶级进行政治斗争。

太平天国1853年定都南京后，一方面根据革命实践的经验，如在军队中实行的配给制度，另一方面又把起义前所理想的社会远景制度化，进一步提出了中国历史上第一个农民革命的土地纲领——《天朝田亩制度》，在这个重要的历史文献中，通过某些具体规定表现了中国农民空想的农业社会主义思想，其中最重要的原则就是消除私有财产制度。它的内容可以从下列三项来说明：

(1)土地国有

即主张废除旧的土地私有关系，实行重新分配土地。至于重新分配土地的标准，是参考古书“周官”的模型，略为加以增损而制定的。详细的办法，就是把所有耕地按产额的多少分为九等，不论男妇，按

① 《原道救世歌》。
② 《原道醒世训》。
③ 《原道醒世训》。

人口平均分配给全体农民，“人多则多分，人寡则分寡”，“如一家六人，分三人好田，分三人丑田，好丑各一半”，并且规定土地为全体农民所共有，所谓“凡天下田，天下人共耕，此处不足，则耕彼处，彼处不足，则迁此处，凡天下田，丰荒相通，此处荒则移彼丰处，以赈此荒处，彼处荒则移此丰处，以赈彼荒处”，其目的在实现一个在经济上没有剥削的平等社会，做到“有田同耕，有饭同食，有衣同穿，有钱同使，无处不均匀，无人不饱暖也”。

(2)财产归公

太平天国在平分土地的基础上，又提出了建立农村公社式的组织和消灭私有财产的主张。按太平天国的征兵制度，是所谓“寓兵于农”的，就是有事则为兵，无事则为农，故其军队的组织也就是社会的组织。“凡二十五家中设国库一，礼拜堂一，两司马居之。”规定“凡当收成的，两司马督伍长除共二十五家每人所食可接新谷外，余则归国库，凡麻、豆、苎麻、布帛、鸡、犬各物及银钱亦然”。换言之，各种生产成品，个人不得私有，应该上交国库管理。

(3)按人口平均分配生活资料

(甲)生活必需品由国家分配：“人口岁给一石，小口五斗。”“凡天下每家五母鸡，二母彘，无失其时。”(乙)婚嫁费用由国家供给：“凡二十五家中所有婚娶弥月喜事俱用国库，俱有限式，不得多用一钱。”(丙)丧失劳动能力的人由国家抚养：“鳏、寡、孤、独、废疾、免役皆颁国库以养。”

此外，在《天朝田亩制度》中，又根据上述经济方面平等的原则，提出了一系列的政治和社会方面的改革方案。例如主张努力生产的农民也可以被选为政府的官吏或受到政府的奖励，乃至要求废除封建的买卖婚姻制，规定“凡男女婚姻不论财”等，可以说是中国历史上从来未有的创举。总之，《天朝田亩制度》的思想在主观上是企图在小生产的基础上，采用平均一切社会财富使各人消费和生活状况都平均化的手段，来实行一种社会主义的空想，这是完全不可能的。但另一方面，这种思想也启发了中国广大的农民，推翻旧的封建统治者，并不是为了给新的统治者以地盘，形成单纯的改朝换代，而是要实现一个无贫穷、无压迫的新的社会制度。

太平天国后期，在中国近代思想史上应该加以注意的人物是洪仁玕(1822—1864年)，他是洪秀全的同族兄弟，农民革命队伍中的知识分子。1859年，他私下从香港来到了当时革命的首都——南京，洪秀全很快封他为“天朝精忠军师顶天扶朝纲干王”，总理朝政。他特为写了一部有名的《资政新篇》，提出了革新政治的要求和关于资本主义建设的纲领。这个计划得到洪秀全的详细批示，并加以颁布。凡是洪秀全赞成的，他多批上“是”、“此策是也”或“钦定此策是也”等字样。但是也有由于洪仁玕缺乏了解革命斗争的艰巨性和复杂性，简单地抄袭了当时西方资本主义国家的办法，不全符合革命政权的需要，如主张“兴各省新闻官”，不受政府人员节制，亦不节制政府人员，接近一种今日所谓“新闻独立”的政策，洪秀全就在上眉批：“此策现不可行，恐妖魔反间，俟杀残妖后，行未迟也。”洪仁玕又空谈一般的“勿杀”，洪秀全则直接加以辨正，主张决不能把它跟目前的杀敌这件事混淆起来，批曰：“爷今圣旨斩邪留正，杀妖杀有罪，不能免也。爷戒勿杀，是诫人不好谋害妄杀，非谓天法之杀人也。”所以通过洪仁玕《资政新篇》的研究，除了可以说明太平天国后期资本主义思想的传播，根据这样一些批示，也可以论证洪秀全的坚定的革命立场。

有关记录太平天国革命运动的史料是很多的，新近张秀民和王会庵编有《太平天国资料目录》(上海人民出版社)，可供参考。一般读者可用罗尔纲编注《太平天国文选》(上海人民出版社)。本文所介绍的，只是代表革命领袖洪秀全在思想史上最重要的作品。对于太平天国的革命文献，人们要作进一步的研究，首先值得特别注意的是，必须随时留心要透过宗教的外壳来掌握革命思想的实际，不然就难免会把它看作荒唐的神话，觉得毫无价值可言了。再则是不同时期的著作可能有不同的论点，乃至同一种书，后期的印本往往在文字上有少许的修改，这都是部分地反映了太平天国革命思想前后的变迁，人们在作深入的研究时，也应该予以适当的重视。

郑观应的《盛世危言》①

从19世纪下半期起，中国开始有了一批向资产阶级转化的官僚、地主和商人。他们为了抵抗外国资本——帝国主义的侵略和摆脱封建政治势力对工商业自由发展的控制，要求一定的政治地位来保护他们的经济利益。这样，就使这个时期初步具有资产阶级观点的改良主义思想更加流行起来。虽然这种思想对于封建制度来说，还不是站在根本对立的地位，但在当时的社会历史条件下依然是有进步性的，因为它终究是与当权的封建统治集团顽固派进行了斗争。在中日甲午战争前后，出版了许多宣传这种“新思想”的著作，其中《盛世危言》无疑是影响后来较大的、最著名的一种。毛泽东主席在青少年时代也曾以极大的兴趣，仔细地阅读过这一本对“戊戌变法”的政治改良运动起过前导作用的代表作。

《盛世危言》的作者郑观应，生于1841年，广东香山(现中山)县人。1860年英法侵略军联合攻入北京，使他进一步感觉到民族的危机，决心放弃参加封建朝廷的科举考试，去上海经商，同时学习西方语言，后来曾亲身参加一些官督商办的工业，并担任过重要职务。他在工作期间，游历各处，经常注意考察研究中外政治的得失利病，把他认为有关“安内攘外”的办法，根据自己的认识，综合各方面的言论，随时整理，在报上发表，这就是本书的初稿。以后经过增删，于1862年收集成《救时揭要》，传至日本，曾有翻刊。1871年又出续集，分上下本，名曰《易言》。再后四年，将全稿三十六篇，由他的朋友沈谷人、谢绥之等删并成二十篇，仍名《易言》，在香港印行。

---

① 本文原载于《读书月报》1957年第11期。——编者注

1893 年又有增订，始改名《盛世危言》，以后并陆续出版二集、三集：计初编六卷，二编四卷，三编六卷。就以上三编的文章，按性质分类重排：(1)富国、(2)强兵、(3)开源、(4)节流，则是通行的“增订新编”。这部书不限于本人的作品，也有是作者赞同的见解，被选入本书的，例如“农功”可能系孙中山手笔，但是一样可以代表作者的思想。此外，他晚年又把一些杂著以及公私来往信件等，分类编排，印行《盛世危言后编》，这已在 1909 年辛亥革命的前夕了。

谈到《盛世危言》一书的内容，当时著名的改良主义者王韬 1880 年在《易言原跋》中亟称“于当今积弊所在，抉其症结，实为痛彻无遗”。而当时在写《庸书》的陈炽，1893 年为《盛世危言》一书作序，也大加称赞，说这书“综贯中西，权量今古，……淹雅翔实，先得我心”，甚至表示他目前没有必要再继续他的写作了。由此可见，这书是如何受到与他同时的一些改良主义者的重视。郑观应在他的《盛世危言初刊自序》中，把他全书的宗旨和内容作了概括的说明，就是他认为国家“富强之本，不尽在船坚炮利”，必须进一步学习西方，使“人尽其才”，“地尽其利”，“物畅其流”。在《西学》一篇中，特别强调了科学是“中国本有之学”，又明确地反对了当时两种阻止向西方学习的不正确的态度：一种是认为很难学会的苟安心理，另一种是认为不值得学的保守思想。出于他是一个改良主义者，虽然一方面提倡“西学”，但是又称“中学其本也，西学其末也，主以中学，辅以西学”，明确地表示无须根本推翻现行的政治制度和全盘接受资产阶级的学术思想。作者认为当时中国不如西方，像铁路、电报、邮政、银行、开矿、船政、纺织，乃至防海、练兵等无不一一谈到。而且又进一步地提到议院、考试、吏治、公法、税则等有关政治改革的方案和设立门报、医院等具体措施，实在是一个比较全面的计划。但他在全书第一篇冠以“道器”，又慎重地申明所变的只不过是“器”，而不是“道”。

郑观应《盛世危言》一书比较深刻的地方是，作者认识到外国资本主义国家侵略中国的目的，主要在夺取中国的经济利益。他觉得，西方资本主义国家内部经济的不断发展，必然要“以亚洲各国为取材之牟利之场”①。他认为，这种经济侵略甚至比军事侵略更为可怕。因此，他认为中国要真正富强，可抵抗外围的侵略，必须和外国资本主义列强进行“商战”。他反对洋务派宣称的买军火、练洋操就可以使中国富强的看法。他又认为，中国工商业所以不能发展的原因，就是由于“中国有困商之虐政，无保商之良法”，指出当时封建买办官僚是“护外商”而“削华商”，因此他主张设“商会”、立“商部”来保护新兴资产阶级的利益。他认为，“论商务之源”，首先要发展机器制造工业，所谓“各种机器能制造，则各种货物亦自能制造”。又说：“能自制机器，始得机器无穷之妙用。”针对当时官僚资本家的机构营私枉法，极力主张“欲扩充商务，当力矫其弊，不由官办，专用商办”的发展民族资本主义的政策。

这个时期的改良主义者郑观应开始认识到西方资本主义国家所以“富强”，并不仅在于“炮船之坚利，器用之新奇”，而是在于他们有保障资产阶级利益的政治制度——议会制度。他觉得这是西方资本主义国家富强之“体”；至于新式武器和近代交通工具，只不过是他们的富强之“用”。他批判当时害怕学习西方资产阶级政治制度的洋务派，认为他们所搞的新政是“遗其体而求其用”，因此就算“铁舰成行，铁路四达”，也是不足以抵抗外国侵略的。至于要使国际“公法”能有促进世界和平的作用，具体改革封建专制主义的政体问题，他依然是主张“必先立议院，达民情，而后能强国威，御外侮”②。

总之，郑观应所理想的政治制度只是想模仿像当时英国那样一种建立在封建地主阶级和新兴资产阶级相互妥协之上的君主立宪制度，甚至认为美国议院都是“民权过重”的。所以他说：“君主者权偏于上，民主者权偏于下，君民共主者，权得其平。”③由此可见，他对于封建官僚的腐败政治是不满意的，所以主张“君民共主”，但是他所谓“民主”的一面，具体说来，就是指的要给“有财产身家，善读书负

① 《商务》。
② 《议院》。
③ 《议院》。

名望”的地方绅商以一定的政治地位，还不是直接为一般广大的劳动人民争取任何的权利，那是很显然的。所以他这种改良主义思想的进步性，还是有很大的历史的和阶级的局限性。但是在中法战争后，由于民族危机的加深和洋务运动的开始破产，特别是封建买办官僚资本对民族资本自由发展的限制，让中国沦入半殖民地的地位，他们已经初步地认识到，没有政治的改革，是不可能实现经济要求的理想的。换言之，要想发展民族资本，使中国真正能够独立富强，首先必须改革封建的专制政体，这是改良主义思想的一个重要发展，我们必须予以充分的注意。但是他们这种改良主义的政治主张，在半封建半殖民地的统治秩序下，由于帝国主义和封建主义两座大山压在头上，企图依靠反动政权的庇护，走资本主义工业化的道路，使中国独立富强，那完全是一种根本不可能实现的幻想。这个问题，中国近代史已作了结论。

李大钊与陈独秀的思想

序论——“五四”运动与革命知识分子的道路①

资本主义世界经济体系第一次危机的形成，引起了世界大战，在这个战争时期(1914—1918年)，英、法、俄、德、意等帝国主义国家，都忙于生产军火，以全力从事大规模的战争，不得不暂时放松了对于中国的压迫。就在这个时期，中国的民族工业，首先是纺织、面粉、水泥、火柴等轻工业，得到了进一步的发展。因此民族资产阶级的力量加强了，同时无产阶级的力量有了更快的发展。但就全国范围来讲，这种新兴的民族资本主义，还是很微弱的。当时封建经济在中国还占重要的统治地位，阻碍着社会的发展。过去一般占统治地位的帝国主义经济，虽然在中国的势力暂时减弱了，但个别的帝国主义国家(如日本、美国)，却乘机发展，以更凶暴的方式扩大了对中国的侵略。这一切的矛盾，都反映到思想意识上来。由于资产阶级的辛亥革命(1911年)的失败，并没有能改变中国社会的性质，使封建传统思想仍俨然居于统治地位，而欧美资产阶级和小资产阶级的各种思想，又同时被零乱地介绍到中国来，但没有一种思想能够集中地表现广大人民的意愿，使短时期内中国思想界形成一个最混乱的局面。在竭力寻求自己国家的出路的知识分子，这时怀疑和苦恼更见增加了。作为当时革命知识分子的李大钊同志，1918年5月在《新的与旧的》一文中，表示了要求打破这种矛盾现状的强烈呼声。他说：“中国人

---

① 本文原载于《中国近代思想史论文集》，上海人民出版社，1958年。据原书“出版者说明”，该论文集收录了北京大学哲学系中国哲学史教研室教师于1952年撰写的15篇论文。本文是其中的一篇。——编者注

今日的生活，全是矛盾生活，中国今日的现象，全是矛盾的现象，举国人都在矛盾现象中讨生活，当然觉得不安，当然觉得不快。既然不安不快，当然要打破这种矛盾的生活，另外创造一种新生活，以安顿吾人的身心，安慰吾人的性灵。"①

第一次世界大战结束，"当时中国的资本主义经济已有进一步的发展，当时中国的革命知识分子眼见得俄、德、奥三大帝国主义国家已经瓦解，英、法两大帝国主义国家已经受伤，而俄国无产阶级已经建立了社会主义国家，德、奥（匈牙利）、意三国无产阶级在革命中，因而发生了中国民族解放的新希望"②。

当时中国这种社会阶级关系和思想潮流所引起的激烈变动，特别是列宁领导十月革命胜利的影响，在"巴黎和会"上中国外交失败的直接刺激下，就不能不产生为彻底的反帝反封建的1919年的"五四"运动。这一次爱国运动爆发的情况是：当时革命群众，主要是青年学生，举行示威，采取直接行动，袭击了当时的反动派——卖国亲日的官僚和军阀，并且很明白地提出反对日本帝国主义在"巴黎和会"上所提出的占有德国归还我国的青岛、胶州湾等处的无理要求，反对北洋军阀政府在巴黎和约上签字，高呼"外争国权，内惩国贼"等口号，于是便把辛亥革命以来反动派和革命派争相"保障外人之生命财产，尊重条约权利"等幻想求得帝国主义援助的这种局面打破了。

毛泽东同志指出："'五四'运动的杰出的历史意义，在于它带着为辛亥革命还不曾有的姿态，这就是彻底地不妥协地反帝国主义和彻底地不妥协地反封建主义。"③

1919年的"'五四'运动，在其开始，是共产主义的知识分子、革命的小资产阶级知识分子和资产阶级知识分子（他们是当时运动中的右翼）三部分人的统一战线的革命运动。它的弱点，就在只限于知识

---

① 《新青年》第4卷第5号。
② 《新民主主义论》。
③ 《新民主主义论》。

分子，没有工人农民参加”①。

但是发展到“六三”以后广大群众的爱国运动，中国工人阶级开始表现出自己的力量，并且开始接受马克思列宁主义的影响。如上海、唐山、长辛店等地的工人，以中国历史上第一次的政治罢工参加了全国人民的反帝国主义斗争，帮助斗争迅速地得到了胜利。中国工人阶级力量的兴起，推动了“五四”运动中的中国知识分子的左翼，使他们决心在工人中间进行革命工作。“五四”运动前期在思想战线上的口号是要求“民主”与“科学”，基本上还是资产阶级的新文化和封建阶级的旧文化的斗争，经过“五四”爱国运动，尤其在“六三”以后有工人阶级参加的广大群众运动之后，反对帝国主义的问题被提到重要地位。“五四”运动中革命知识分子的左翼，因受俄国伟大十月社会主义革命的影响，初步具有共产主义的理想，鉴于世界上第一个无产阶级专政国家的建立以及苏联政府自动放弃一切帝俄侵略中国权利的事实，便不能满足于过去的主张，仅仅吸收资本主义文化，仅仅拥护所谓德（民主）赛（科学）二先生了。他们开始学会“用无产阶级的宇宙观作为观察国家命运的工具，重新考虑自己的问题”②，初步认识到帝国主义的本质，而走俄国人的路，便是他们的结论。他们因此传播了中国必须实现社会主义的观点，传播了必须用马克思列宁主义来指导中国革命的观点。

李大钊同志在1922年《晨报》副刊上发表了一篇《十月革命与中国人民》，非常沉痛地讲明了中国近代史上这一个重大的转变。他说：“中国人民在近百年来，既被那些欧美把长成的资本主义武装起来的侵略的帝国主义残踏摧凌于他的铁骑下面，而沦降于弱败的地位，我们劳苦的民众，在二重乃至数重压迫之下，忽然听到十月革命喊出的‘颠覆世界的资本主义’，‘颠覆世界的帝国主义’的呼声。这种声音在我们的耳鼓里，格外沉痛，格外严重，格外有意义。”

可知中国人真正找到马克思主义，并且应用这个“放之四海而皆

---

① 《新民主主义论》，第693页。

② 毛泽东《论人民民主主义专政》。

准的普遍真理”，作为指导民族解放斗争的武器，是在中国工人阶级力量壮大以后，是在1917年俄国伟大十月社会主义革命胜利以后。正如毛泽东主席所说：“也只有在这时中国人从思想到生活，方出现了一个崭新的时期”，中国社会的面目就起了本质上的变化。“五四”运动促成了中国工人运动与马克思列宁主义的结合，为中国共产党的正式成立，准备了干部，创造了条件。从此中国人民在和强大的帝国主义以及国内一切反动派的斗争中，有了明确的方向和坚强的领导，结束了中国资产阶级民主革命的旧民主主义阶段，为今后我国新民主主义革命所取得的在全世界范围内具有历史意义的胜利，奠定了基础。

但是中国工人阶级开始获得这种科学的社会主义——共产主义的思想武器，不可否认地首先是得到了那些接受马克思列宁主义的先进知识分子传播这种学说的影响与结果。

在以马克思主义武装了的无产阶级及其政党为领导的中国新民主主义革命史中，先进的知识分子能进一步与工人阶级相结合，又与农民大众相结合，通过了变革社会的实践，使本身获得了比以前任何时代都没有得到过的力量，坚定了对于共产主义的信仰，李大钊同志就是这样卓越的代表之一。反之，在长期残酷的与曲折的革命斗争中，一部分人在思想上没有得到彻底改造，经不起历史的考验，害怕工农群众，发展了对于资产阶级的投降主义，并且坚持错误不改，终于叛变了革命的阵营，陈独秀就是这样一个典型的人物。

（Ⅰ）李大钊

一、李大钊同志的革命活动

李大钊同志又名李守常，河北省乐亭县人，1888年(光绪十四年)生，是中国无产阶级先进战士和中国共产党的创始人之一，被害于1927年(民国十六年)，时仅39岁。他出身贫寒，早年读书于北洋法政学堂，攻政治经济学，后来留学日本早稻田大学政治经济学系，此时就开始注意研究马克思的经济学说和列宁主义。1916 年夏回到上海，旋被《北京晨报》社聘为主任编辑。《北京晨报》在当时可算比较富有进步性的报纸。李大钊同志就在这个报纸上宣传民族革命的思想和马克思主义的学说，得到广大青年读者的欢迎。当时北京各学校的学生都要求当局聘请李大钊同志讲学。1918 年，北京大学聘为图书馆长兼史学系教授，后来改为政治经济学系主任。同年作《法俄革命比较观》（见《言治季刊》第三册），深刻地分析了这两次不同性质的革命，说："前者恒为战争之泉源，后者足为和平之曙光。"有力地粉碎了当时一切反动阶级对于俄国革命的无耻毁谤和歪曲。此后他从不放弃任何机会，传播马克思主义的革命思想，启发了当时年青的一代。

1919 年 5 月 4 日在北京爆发了有伟大历史意义的"五四"运动。这个伟大的运动，李大钊同志不仅是思想上的灌输者，而且是直接组织者和领导者。"五四"运动以后，文化上和思想上的革命运动就开始蓬勃起来。当时他是《新青年》杂志的编者之一，曾努力把这个刊物变为主要是宣传马克思主义的刊物，于是《新青年》第六卷第五号出版了"马克思主义专号"。李大钊同志发表了《我的马克思主义观》①，这是中国最早系统地介绍马克思主义的文献。

经过了一个时期宣传马克思的学说之后，李大钊同志就进行共产主义的组织活动了。早在 1918 年，就着手团结一批具有初步共产主义思想的知识分子，创立了"马克思主义研究会"，如先烈瞿秋白、邓中夏等，都在李大钊同志领导下加入了这个研究会，走上了马克思主义的道路。就在"五四"运动时期，他又直接间接领导了三个进步学生团体，这就是"新潮社"、"北京学生救国会"和"少年中国学会"。1920 年他在北京各学校发起了"社会主义研究会"，并组织了"共产主义小组"。1921 年 7 月中国共产党正式成立，李大钊同志是创始人之一。他是北方党的唯一创造者和领导者，也是全国党的坚强而优秀的领导者之一。在此期间，李大钊同志又比较系统地介绍了国际工人运动的历史，如 1920 年他在《新青年》第七卷第六号发表的

① 《守常文集》，第 109 ~ 144 页。

《五一运动史》①以及 1923 年在上海《申报》发表《1871 年的巴黎康妙恩》（按即“巴黎公社”）②，在中国革命过程中也起了一定的作用。

1922 年十月革命纪念日，李大钊同志在《北京晨报》副刊发表《十月革命与中国人民》，正式向北洋军阀政府提出抗议，同时号召群众“要严重地监视外交当局的对俄外交”，“要即日无条件地承认劳农政府。要即日无条件地开始中俄会议。不许一味信承资本主义国家外交团的意味来办理对俄外交。不许沿用媚强欺弱帝国主义的无耻的外交手段来办理对俄外交”③，进一步从事争取国际间革命的友谊，共同对帝国主义国家展开斗争。

李大钊同志原是辛亥革命时代的同盟会会员，在中国共产党成立以后，他深刻地认识到：只有民族统一战线，只有国共合作，才能展开广大的革命运动。他正确地估计了“中山主义的国民革命与世界革命”的关系。当时中国共产党帮助孙中山先生改组了国民党，使孙中山先生重新理解了三民主义，公开接受了当时最有利于中国民族解放运动的三大政策——联俄、联共、扶助农工，同时跟国民党顽固派斗争，扩大了无产阶级领导的统一战线，因而推进了革命形势的发展。在这些工作中，李大钊同志忠实地执行了党的指示，是起了一定作用的。

1926 年在北京发生“三·一八”流血惨案，李大钊同志亲自参加了这一次反帝运动的示威与巷战。李大钊同志虽头部受伤，却仍然从容不迫，镇静地指挥群众退却，他真是一位进攻在前而退却在后的勇敢的战士。

“三·一八”惨案后，李大钊同志为了坚持北方的革命工作，虽在极端困难的环境下，仍然留在北京，继续革命的活动。1927 年 4 月 6 日，奉系军阀张作霖在帝国主义指使下，搜查苏联大使馆，逮捕了李大钊同志。

李大钊同志被捕后，屡受严刑拷打，逼问口供，但是他始终坚贞

① 《守常文集》，第 164 ~ 178 页。
② 《守常文集》，第 179 ~ 188 页。
③ 《守常文集》，第 212 ~ 213 页。

不屈，在监狱里还尽量宣传共产主义，继续领导北方党的工作。李大钊同志在北洋军阀政府血腥的统治下，终于被判死刑，于4月28日竟被绞杀，同死者十九人。这一次北京许多同志被害，正发生在“四·一二”蒋介石反革命政变之后，我们应该看作中国革命高潮中，封建军阀和反动资产阶级的代表将进一步联合的表示。

二、李大钊同志的革命思想

1. 马克思主义在中国最早的传播

中国工人阶级是在俄国伟大十月社会主义革命胜利的影响下，找到马克思主义的，因此它的代表者李大钊同志一开始就接受了革命的马克思主义，而不是第二国际的改良主义。中国马克思主义的传播，开始曾遭受各方面的阻力，在当时反动的统治者中间，马克思主义是以日本资产阶级学者捏造的所谓“过激主义”的名字被流传着，成为一种恐怖的象征。当时军阀政府下令严禁“过激主义”。为登载李大钊同志的一篇《布尔什维主义的胜利》，《新青年》杂志的编者陈独秀被捕入狱，这就是当时统治阶级所表现出的惊慌失措的状态。

李大钊同志早年所写的《青春》和《今》，是马克思主义启蒙的纪念碑。他清醒地指出，青春是无尽的，“宇宙为有进化者，既有进化，必有退化”，“吾族青年所当信誓旦旦以昭示于世者，不再龈龈辩证百首中国之不死，乃在汲汲孕育青春中国之再生”①。他在《今》这篇文章里又特别着重地指示人们要注意“今”即“现在”的努力，谋将来的发展。因为“无限的‘过去’都以‘现在’为归宿；无限的‘未来’都以‘现在’为渊源。‘过去’、‘未来’的中国全仗有‘现在’以成其连续，以成其永远，以成其无始无终的大实在”②。他着重批判了两种不知爱“今”的人生观：其中第一种不知爱“今”的人可名厌“今”派。厌“今”的人又分两类，一类是“他们觉得‘今’的总是不好，古的都是好，政治、经济、道德、风俗，全是‘今’的不如古。……他们

① 《青春》。

② 《今》。

的心力全施于复古的运动”。其实即是代表封建势力的顽固守旧派。另一类“是他们不想过去，但盼‘将来’。盼‘将来’的结果，往往流于梦想，把许多现在可以努力的事业都放弃不做，但是沉溺于虚无缥缈的空玄境界”。其实即是代表资产阶级和小资产阶级的空想革命派。第二种不知爱“今”的人，则是乐“今”派，“是些对于‘现在’一切满足的人。觉得所处境遇可以安乐优游，不必再向前进取，再为创造”。其实就是代表没落统治阶级颓废的思想。他说：“这种人丧失‘今’的好处，表面上虽与厌‘今’派不同，但是阻滞进化的潮流，同厌‘今’派毫无区别。”

李大钊同志这里虽没有明确的中国社会各阶层的分析，指出这几种不知爱“今”的人的思想本质，如何反映了他们在现实社会经济中所占有的不同地位加以批判，但他从根本上已知用马克思主义的矛盾观发展观来歌颂中国的新生，这里富有战斗性的革命的人生观，显示着从自由主义走向社会主义的光芒，大大地鼓舞了当时青年的前进。

针对着第一次世界大战结束后，由于各种反动宣传给中国人民所带来的幻想，李大钊同志在 1918 年 10 月 15 日所出版的《新青年》第五卷第五号上面发表了两篇有重大历史意义的文章，分析了当时的内外局势，一方面反对外国帝国主义的侵略，一方面反对国内封建军阀的统治，指示了中国革命应该抉择的方向，那就是有名的《庶民的胜利》和《布尔什维主义的胜利》。在《庶民的胜利》一文中，李大钊同志指出，第一次帝国主义世界大战有政治的和社会的两个结果：“政治的结果，是‘大……主义’失败，民主主义战胜。……‘大……主义’就是专制隐语，就是仗着自己的强力蹂躏他人欺压他人的主义。……欧洲的战争，是‘大……主义’（注：文中曾列举大日耳曼主义，大亚细亚主义等）与民主主义的战争。我们国内的战争，也是‘大……主义’（注：文中曾列举大北方主义、大西南主义等）与民主主义的战争。……民主主义战胜，就是庶民的战争。社会的结果，是资本主义失败，劳工主义战胜。……所以劳工主义的战胜，也是庶民的胜利。”又说：“民主主义劳工主义既然占了胜利，今后世界的人人都成了庶民，也就都成了工人。”而“一九一七年的俄国革命，是二十世纪中世界革命的先声”。李大钊同志在《布尔什维主义的胜利》这篇文章中，介绍俄国布尔什维克党的主义“就是革命的社会主义”。“他们的目的，在把现在为社会主义的障碍的国家界限打破，把资本家独占利益的生产制度打破。”“他们的战争是阶级战争，是全世界无产庶民对于世界资本家的战争。战争固为他们所反对；但是他们也不恐怕战争。他们主张一切男女都应该工作。工作的男女都应该组入一个联合。……他们将要联合世界的无产庶民，拿他们最强的抵抗力，创造一自由乡土。”他更明确地指出第一次世界大战“对于德国军国主义的胜利，不是联合国的胜利，更不是我国徒事内争托名参战的军人，和那投机取巧卖乖弄巧的政客的胜利；是社会主义的胜利；是布尔什维主义的胜利；是赤旗的胜利；是世界劳工阶级的胜利；是二十世纪新潮流的胜利。这件功业，……是列宁的功业，是马克思的功业”。他又分析了当时世界各国革命的形势说：“匈、奥革命，德国革命，勃牙利（保加利亚）革命；最近荷兰、瑞典、西班牙也有革命社会党奋起的风谣。……赤色旗到处翻飞，劳工会纷纷成立，可以说完全是俄罗斯式的革命；可以说是二十世纪式的革命。像这般滔滔滚滚的潮流，实非现在资本家的政治所能防遏得住的。因为二十世纪的群众运动，是合世界人类全体为一大群众。……在这世界的群众运动的中间，历史上残余的东西——什么皇帝咧，贵族咧，军阀咧，官僚咧，军国主义咧，资本主义咧——凡可以障阻这新运动的进步的，比挟雷霆万钧的力量摧灭他们。……试看将来的环球，必是赤旗的世界！”

最后说：“布尔什维主义这个字，虽为俄人所创造；但是他的精神，可是二十世纪全世界人类人人心中共同觉悟的精神。所以布尔什维主义的胜利，就是二十世纪世界人类人人心中共同觉悟的新精神的胜利！”

由李大钊、陈独秀等人发起，在1919年元旦创刊的《每周评论》上，那是当时富有政治指导性的刊物，载有一篇标题为《新纪元》的社论，也是李大钊同志的手笔①，发挥了跟上述《庶民的胜利》和《布

① 据刘弄潮先生考证。详见1951年9月14日《大公报》“史学周刊”第36期。

尔什维主义的胜利》两文完全一致的思想。

这都是作为中国新民主主义革命开端的“五四”运动的前夜，具有明确指导性的文献。中国革命从资产阶级的旧民主主义，转变为无产阶级世界革命一部分的新民主主义革命，这个重大的关键，李大钊同志可说已经有了基本的说明。

2. 唯物史观的应用与其反封建思想的斗争

李大钊同志是中国早期的马克思主义的历史科学家，他很深刻地认识道：“历史就是社会的变革，……把人类的生活整个的纵着去看，便是历史，横着去看，便是社会。”他主张“很热心的去研究过去”，是为的“去照彻人生经过的道路”。至于“我们的将来，是我们凭借过去的材料，现在的劳作创造出来的。这是现代史学给我们的科学的态度”。至于“历史的进步，纵然有时一盛一衰，一衰一盛的作螺旋状的运动，但此亦是循环着前进的、上升的，不是循环着逆返的、退落的，这样子给我们以一个进步的世界观。我们既认定世界是进步的，历史是进步的，我们在此进步的世界中，历史中，既不应悲观，不应该拜古，只应欢天喜地的在这只容一趟过的大路上向前行走，前途有我们的光明，将来有我们的黄金世界。这是现代史学给我们的乐天努进的人生观”①。

李大钊同志肯定“史观与知识不断的进步，人们对于历史事实的解喻自然要不断地变动”②，因此严格地区别了新旧历史观的不同，进一步采取了马克思主义的唯物史观来处理中国历史问题。他在1924年出版的《史学要论》(商务印书馆出版，《百科小丛书》第51种)，以及他远在1920年1月所写的《由经济上解释中国近代思想变动的原因》③，和同年12月刊出的《唯物史观在现在史学上的价值》④，都是企图用历史唯物主义的观点来处理中国历史问题的尝试。

① 《史学要论》，第84页。

② 《史学要论》，第10页。

③ 《新青年》第7卷第2号，《守常文集》，第49~55页。

④ 《新青年》第8卷第4号，《守常文集》，第1—16页。

早在1919年12月《新潮》第二卷第二号所发表的《物质变动与道德变动》一文中，对于经济基础及其上层建筑的关系也作了一般的说明，认为道德是“适应生活的变动随着社会的需要，因时因地而有变动，三代圣贤的经训格言，断断不是万世不变的法则。什么圣道，什么王法，什么纲常，什么名教，都可以随着生活的变动，社会的要求，而有所变革；且是必然的变革”①，于是以此理论作为根据，在思想战线上进行反对封建传统思想的斗争，尤其是作为这个旧传统代言人的孔子的伦理学说，李大钊同志驳斥它“是与治者以绝对的权力，责被治者以片面的义务的道德。孔子的学说所以能支配中国人心有二千余年的原故不是他的学说本身有绝大的威权，永久不变的真理，配作中国人的‘万世师表’，因为他是适应中国二千余年未尝变动的农业经济组织反映出来的产物，因他是中国大家族制度上的表层构造，因为经济上有他的基础”，“时代变了！西洋的工业经济来压迫东洋的农业经济了！孔门伦理基础就动摇了”！“中国的农业经济，现因受了重大的压迫而生动摇，那么首先崩颓粉碎的，就是大家族制度了。中国一切的风俗、礼教、政法、伦理，都以大家族制度为基础，而以孔子主义为其全结晶体。大家族制度既入了崩颓粉碎的命运，孔子主义也不能不跟着崩颓粉碎了。”②他这样从经济基础上指出孔子主义的必然崩颓粉碎，并警告当时那些顽固派人说：“你们若是无奈何这新经济势力，那么只有听新思想自由流行，因为新思想是应经济的新状态社会的新要求发生的，不是几个青年凭空造出来的。”③比当时别人只知浮面的从思想意识上空洞地指出“孔家店”的不合理，确是深刻明白得多了，并且这种唯物论的观点，在当时最富于现实的革命的意义。

3. 革命的马克思主义与资产阶级右翼改良主义思想的斗争

李大钊同志等传播革命的马克思主义，后来又遭到从“五四”运

① 《守常文集》，第22页。

② 《由经济上解释中国近代思想变动的原因》，《守常文集》，第50～53页。

③ 《由经济上解释中国近代思想变动的原因》，《守常文集》，第55页。

动中分化出来的右翼资产阶级思想的抵抗，如庸俗的实用主义者胡适，在1919年7月20日的《每周评论》第31期上写了一篇《多研究些问题，少谈些主义》的文章，讽刺当时“谈主义”是“阿猫阿狗都能做的事”，那“是没有什么用处的”。对于一切社会问题，主张“一点一滴的改良”，“这个那个问题的解决”，反对社会的根本改造，反对革命。

为了驳斥胡适的谬论，李大钊同志从昌黎五峰寄给胡适一封公开信，指出：“布尔什维主义的流行，实在是世界文化上一大变动。”这封信发表于同年8月17日《每周评论》第35期，标题是《再论问题与主义》，明白地提出了以下的观点：

首先“问题”和“主义”分不开。理由是社会问题的解决，“必须靠着社会上多数人共同的运动”，因此要解决问题就必须有主义的宣传，“那么我们要想解决一个问题，应该设法，使他成了社会上多数人共同的问题。……应该使这个社会上可以共同解决这个那个社会问题的多数人，先有一个共同趋向的理想主义”。所以谈主义是重要的，注意的是不要空谈。而且“大凡一个主义，都有理想与实际两方面。……把这个理想适用到实际的政治上去，那就因时、因所、因事的性质情形，有些不同”。我们既不能因有假冒牌号的危险就停止宣传，更不能怕有反动派的利用中伤而忌讳谈主义。反之，“我们越发应该一面宣传我们的主义，一面就种种问题研究实用的方法，好去本着主义作实际的运动”。

再则关于“根本解决”的问题。李大钊同志指出：“依马克思的唯物史观，社会上法律、政治、伦理等精神的构造，都是表面的构造。他的下面，有经济的构造，作他们一切的基础。经济组织一有变动，他们就都跟着变动。换一句话说，就是经济问题的解决，是根本解决。经济问题一旦解决，什么政治问题，法律问题，家族制度问题，女子解放问题，工人解放问题，都可以解决。”

李大钊同志根据以上的理论，进一步地反对了革命自发论，特别提出阶级自觉运动的重要，即是说：不能等待经济上的必然的变动，而必须依靠自觉的阶级斗争，为工人联合的实际运动，在时机没有成熟以前，从事一切必要的准备，争取改造的加速实现，进行革命，即是推翻原有的生产关系，求得一个根本的解决。

这是“五四”运动以后新文化内部的分裂，一方面是代表工农群众初步具有共产主义思想的知识分子，另一方面是代表依附帝国主义和封建势力的资产阶级右翼。这和“五四”运动以前所谓“新学”与“旧学”之争，亦即资本主义文化与封建文化之争，反映了两个根本不同的时代，因此具有性质完全不同的历史意义。

三、李大钊思想的评价

李大钊同志是中国最早的马克思主义的传播者，中国共产党的创始人之一，为革命而牺牲，他生平的英勇事迹，是今后党内外同志学习的榜样。在近代思想史上的李大钊同志，他的功绩是：在鸦片战争后，一群先进的中国人，在向西方寻求救国救民的真理的艰苦过程中，他首先系统地传播了革命的马克思主义，明确了中国革命的方向，坚持走苏联的道路。他在中国资产阶级的民主革命中，即在人民大众反帝反封建的思想斗争中，初步应用唯物史观的理论，驳斥了作为中国两千年来封建制度上层建筑的孔子学说，提出了共产主义的理想，作为奋斗的目标，说明了今后人人都将变为工人的事实。他对代表资产阶级右翼的改良主义路线，进行了不可调和的斗争，主张革命的办法，对于中国现实社会的各项问题，求得一个根本的解决。但是在中国共产党没有正式建立以前，他所从事介绍的马克思主义的工作，一切限于历史条件，因之不能要求科学系统足够整严，而且事实上也确有误解的地方。例如他早期所作《青春》与《今》的著名论文中，还没有中国社会各阶级的分析，从思想本质上划清敌我的界限。在应用唯物史观解释中国历史的若干著作中，也夹有偏向经济决定论方面的见解，都是不够成熟的地方。如对于马克思主义的介绍，有时还难免持一种批评的态度，并没有很好地把理论结合到实践，如说马克思“把阶级的活动归在行程自然的变化以内。……终觉有些牵强矛盾的地方”①，“近来哲学上有一种新理想主义出现，可以修正马氏的唯

① 《我的马克思主义观》，《守常文集》，第124页。

物论，而救其偏蔽”①，“物品的实际价格既为竞争所支配，那劳工价值论就有根本动摇的危险。劳工价值论是马克思主义的基础，基础一有动摇，学说全体为之震撼。这究不能不算是马克思主义的一大遗憾”②。虽有如上这些理论上的误解，也可说是不尽明确的地方，但这是他自己已经感觉到、同时预先申明过的，只是提出思考问题，因此并不能掩盖他作为中国最早的马克思主义传播者之一的功勋。他的全部著作，诚如鲁迅先生所说：“在现在看来，当然未必精当”，“虽然如此，他的遗文却将永在，因为这是先驱者的遗产，革命史上的丰碑”③。

（Ⅱ）陈独秀

一、陈独秀的生平

陈独秀字仲甫，原名乾生，陈仲、陈仲子等是他的笔名。安徽省怀宁县人，1880 年（清光绪六年）生，1942 年，正当抗日战争时期，病死在四川江津，时年 62 岁。他虽出身封建官僚家庭，但是很早就脱离了那种家庭环境，过的是学校生活，先读书于浙江求是书院，1909 年出国，留学日本，卒业东京高等师范学校速成科，见习了日本当时所采取的一切资本主义制度的办法，同时也受了流行当地的各种欧美资产阶级学说的影响，接触到孙中山先生海外“同盟会”的革命组织，当时由于误解推翻清朝专制统治单纯是一种狭隘的民族革命，因此没有参加。清朝末年回国，在安徽省高等学堂，担任教务方面的行政工作，感于国内革命形势的高涨，终于参加了 1911 年由资产阶级领导的辛亥革命，先后担任过安徽都督柏文蔚的秘书以及该省的教育司长等职务。1913 年因倒袁（世凯）运动失败，亡命日本，待

① 《我的马克思主义观》，《守常文集》，第 127 页。

② 《我的马克思主义观》，《守常文集》，第 139 页。

③ 《守常文集序》。

袁世凯死后，返国至上海。1915 年 9 月创办了定名《青年》的杂志，第二年就改叫《新青年》。在《新青年》上，他开始提出了反对旧传统，要求接受资本主义文化的思想，提倡“科学”与“民主”。这个杂志渐渐成为当时团结进步青年知识分子的中心。到了 1916 年，蔡元培任北京大学校长，他接受了西洋资本主义早期反封建文化的传统，竭力主张学术思想自由，容纳各种不同的学说在北大自由讲授，在当时封建旧文化仍然在学校占统治的地位，这种“兼容并包”的态度，虽然也反映了当时民族资产阶级的软弱无能，但在客观上毫无疑义地是帮助了新生力量的发展。他把陈独秀聘任为北大的文科学长，其他常在《新青年》杂志发表文章的一些知识分子，如李大钊、鲁迅、钱玄同等人，也都先后被聘来北京大学任教，结集在《新青年》杂志周围，成为当时文化革命的主流，进行彻底的反封建文化的运动，他们一致提倡新道德，反对旧道德，提倡新文学，反对新旧文学，陈独秀在当时是起了一定的积极的推动作用的。这样，他在“五四”运动以前和“五四”运动中间，便以中国激进的民主派著名。伟大十月社会主义革命胜利后，革命的马克思主义传入中国，他又成了有很大影响的社会主义宣传者。1921 年中国共产党正式成立，他是发起人之一，由于党在初创时期的缺乏经验，第一次代表大会他被选为党的总书记，担任中央的领导工作。但陈独秀并不是好的马克思主义者。他具有资产阶级知识分子的弱点，害怕工农群众，害怕火热的斗争，以致在 1924 年至 1927 年革命的一个时期，党内以陈独秀为代表的右倾思想，形成了投降主义的路线。最后当蒋介石、汪精卫等公开叛变革命时，陈独秀等投降主义分子，主张自动放弃对农民群众、城市小资产阶级和民族资产阶级的领导权，尤其是放弃对于武装力量的领导权，因而使那次革命遭到了失败，牺牲了大批的干部。在革命已经失败，蒋介石已经建立了他的彻底的反动统治的情况下，党紧接着就在 1927 年 8 月 7 日召开紧急会议，在这个会议上彻底地纠正了陈独秀的投降主义，并撤换了陈独秀的领导职务。1928 年 7 月召集的党的第六次代表大会，更详细地检讨了陈独秀的错误。陈独秀并没有承认自己的错误。陈独秀分子在此时宣称：中国的资产阶级民主革命已因资产阶级的胜利而终结，资产阶级已经建立了并将巩固它的统治，中国无产阶级应当放弃革命斗争，转入合法运动，以待将来举行社会主义革命。陈独秀及其他一小部分投降主义者，此后终于堕落到采取了托洛茨基主义的反动立场，并和托洛茨基分子相结合，成立了反党的小组织，进行反革命活动，因而在1929年11月被驱逐出党。

二、陈独秀早期的思想

1. 反封建文化的斗争和提倡“科学”与“民主”的思想

陈独秀早期的思想，代表了资产阶级的左翼，猛烈地抨击一切封建制度，同时反对各种封建文化，无论是所谓“儒家”、“释家”或“道家”的一切传统，完全倾倒于法兰西资产阶级革命的“近世文明”，其实就是欧美资本主义国家的民主宪政①。但是他不能很明确地了解资本主义制度与封建社会的究竟差别，还以为是东西洋民族不同，因之根本思想各成一系，如他说举其大者，如：(1)西洋民族以战争为本位，东洋民族以安息为本位；(2)西洋民族以个人为本位，东洋民族以家族为本位；(3)西洋民族以法制为本位，以实利为本位，东洋民族以感情为本位，以虚文为本位②。他还不知道社会发展史的不同时期的特点，尤其是经济基础与其上层建筑的关系，根本不是历史唯物论者。但是很显然，他已经觉悟到当时中国落后于西方资本主义国家的事实，同时迫切要求向西方学习。1916年作《我之爱国主义》，提出了个人所谓治本的办法，还不外是主张“勤、俭、廉、洁、诚、信”等一套，说“之数德国者，固老生之常谈，实救国之要道”。可知还是彻底的唯心论者。但是他同时反对一切传统的封建文化，而特别猛烈攻击作为根据和代表的孔子学说。当时康有为电请政府推尊“孔教”，陈独秀发表公开信加以驳斥，说“孔教与帝制，有不可离散之因缘；…… 主张民国之祀孔，不啻主张专制国之祀华盛顿与卢

---

① 详《法兰西与近代文明》，《独秀文存》卷一，第11～15页。

② 详《东西民族根本思想之差异》，《独秀文存》卷一，第35～40页。

梭，……是乃自取其说而根本毁之耳”①。由于袁世凯干涉下所拟订的《天坛宪法草案》明白有尊孔条文，而一般顽固保守派更加以推波助澜，于是孔教问题的讨论，在思想战线上更具有现实的意义，反映了新旧思想的剧烈斗争。陈独秀代表了当时激进民主派的意见，以为孔子之道，与西洋资本主义社会思想根本不能相容。他说：“吾人倘以为中国之法，孔子之道，足以组织吾之国家，支配吾之社会，使适于今日竞争世界之生存，则不徒共和宪法为可废，凡十余年来之变法维新，流血革命，设国会，改法律（民国以前所兴之大清律，无一条非孔子之道），及一切新政治，新教育，无一非多事，且无一非谬误，应悉废罢，仍守旧法，以免滥费吾人之财力。万一不安本分，妄欲建设西洋式之新国家，组织西洋式之新社会，以求适今世之生存，则根本问题，不可不首先输入西洋式社会国家之基础，所谓平等人权之新信仰，对于与此新社会新国家新信仰不可相荣之孔教，不可不有彻底之觉悟，猛勇之决心，否则不塞不流，不止不行！”②后来陈独秀更进一步说明所谓道德是随社会组织和生活状态而有所变迁的，那么细察孔子的学说，必然可以看出它是不适合于现代生活的，处在今天还提倡这种不适合现代生活的孔教，便一定要成为文明进化的大阻力，因此我们坚决反对一切尊孔的主张。他说：“孔子生长封建时代，所提倡之道德，封建时代之道德也；所垂示之礼教，即生活状态，封建时代之礼教，封建时代之生活状态也；所主张之政治，封建时代之政治也。封建时代之道德，礼教，生活，政治，所心营目注，其范围不越少数君主贵族之权利与名誉，于多数国民之幸福无与焉。……立国于今日民政民权发张之世界，而唯注意于少数贵族之举动云为，人伦日用，可乎不可？稍有知识之尊孔诸公，其下一良心之判断！”③1917 年，陈独秀作《再论孔教问题》，更进而坚持废弃一切宗教之信仰，主张“以科学代宗教”，这样，“非独不能以孔教为

① 《驳康有为致总统总理书》，《独秀文存》卷一，第 100 页。

② 《宪法与孔教》，《独秀文存》卷一，第 111 ~ 112 页。

③ 《孔子之道与现代生活》，《独秀文存》卷一，第 121 ~ 122 页。

国教，定人未来之宪法，且应毁全国已有之孔庙而罢其祀！”①这种激烈的反对儒家的思想，自鸦片战争以来，除了太平天国农民革命，因为注意向西方寻找真理，创立了自己的“拜上帝教”，信仰对象不同，此外还不曾有过。陈独秀出版《新青年》，经过了三年，当时发表了不少富于革命性的文章，引起了顽固守旧派的极大反感，从各方面来加以非难，在1919年1月15日《新青年》第六卷第一号，他代表《新青年》杂志社写了一篇《新青年罪案之答辩书》，驳斥了反对派的意见，表示了坚决为“科学”与“民主”而斗争的思想。他说：“本志同人(仁)本来无罪，……要拥护那德先生，便不能不反对孔教、礼法、贞操、旧伦理、旧政治；要拥护那赛先生，便不得不反对国粹和旧文学。”又说：“西洋人因为拥护德、赛两先生，闹了多少事，流了多少血，德、赛两先生才渐渐从黑暗中把他们救出，引到光明世界。我们现在认定只有这两位先生，可以救治中国政治上、道德上、学术上、思想上一切的黑暗。若因为拥护这两位先生，一切政府的压迫，社会的攻击笑骂，就是断头流血，都不推辞。”②

陈独秀此时提出作为《新青年》全体同仁坚决斗争的目标，只有提倡“民主”与“科学”，还没有明确中国社会的性质，认识到半殖民地半封建社会资产阶级革命的必然失败，只有到了1920年9月1日发表《谈政治》一文，揭发了当时资产阶级右翼知识分子(如胡适、张东荪等)，一部分资产阶级(上海总商会和各马路商界联合会可算是代表)，以及无政府党人的各种伪装不谈政治的倾向，尤其是无政府主义思想流行的反动本质，同时在表现着热衷政治的流派中，反驳了代表封建势力的统治阶级思想，即准备利用旧的国家政治法律等来进行反对新政治的企图，以及标榜马克思主义的修正派的改良主义思想，就是不主张采取革命的手段，仍然利用旧的工具(政治法律等)来建设所谓新的事业的彻底反动的资产阶级思想。他根据《共产党宣言》的大意，发挥了马克思阶级斗争和劳动(阶级)专政的学说，一反

① 《独秀文存》卷一，第133～134页。

② 《独秀文存》卷一，第362～363页。

过去全力提倡资产阶级的民主主义(德谟克拉西)的思想，开始认定："若不经过阶级战争，若不经过劳动阶级占领权力阶级地位的时代，德谟克拉西必然永远是资产阶级底专有物，也就是资产阶级永远把持政权抵制劳动阶级的利器。"①可见陈独秀是在"五四"运动以后，接受了革命的马克思主义的影响，才初步地改变了过去完全倾倒于资产阶级文明的面貌，重新考虑了自己的观点，把思想转换了一个方向。

2. 社会主义思想的宣传

陈独秀宣传社会主义的文章中，有在《新青年》第九卷第六号发表的《马克思学说》一篇，这是他根据《共产党宣言》和《资本论》等经典著作的大意，对马克思学说的要点，如"剩余价值"、"唯物史观"、"阶级斗争"和"劳工专政"等，作了比较全面的叙述，这是他企图系统地介绍马克思主义的尝试。此外，如1921年8月在答著名共产党人蔡和森同志论《马克思主义与中国无产阶级》的一封信中，着重批判了我国当时流行的一些误解马克思学说的意见，他们以为"马克思一面主张人为的革命说，一面又主张唯物史观，类乎一种自然进化说，这两说不免自相矛盾"。陈独秀反对他们这样把唯物史观看作一种呆板的自然进化论，反对把马克思主义了解为完全机械论的哲学，以及限于对历史的经济的说明。他积极地主张："人类确有利用自然法则来征服自然的事实"，而"创造历史之最有效最根本的方法，即经济制度的革命"。

同样，陈独秀对马克思主义的传播，后来也是在与各种非无产阶级思想的斗争中，即与当时封建的以及资产阶级右翼的思想斗争中进行的。例如在他为《科学与人生观》一书所作的序文中，对于当时中国思想界的所谓"科学"与"玄学"之争，他固然驳斥了充满封建社会思想意识的，如以张君劢为代表的一种反科学的态度，也就是所谓玄学观的一派，同时也并不满意当时软弱的资产阶级，如以丁文江为代表的那种不彻底的唯心主义的科学观。因此陈独秀指出："可以攻破玄学大本营的武器"，即唯物史观，是"他们素来不相信，因此不肯

① 《谈政治》，《独秀文存》卷一，第555页。

用”的，换言之，他们是以资产阶级的唯心论，即承认宇宙间有永远不可知的部分，如丁文江便自号是一个“存疑的唯心论”者，而要战胜提倡主观的直觉的，或所谓“自由意志”的，也就是否定“存在决定思维”，不承认有客观真理的那般胡思乱想的玄学家是可能吗？所以陈独秀说：“丁在君(文江)不但未曾说明‘科学何以能支配人生观’，并且他的思想之根底，仍和张君劢走的是一条道路。”

陈独秀在李大钊之后驳斥了以胡适为代表的右翼资产阶级的改良主义理论。胡适当时片面强调宣传教育的作用而抹煞经济基础的根本改造和决定性的意义，故虽表面拥护所谓科学的人生观，其实还是反科学的，这种不彻底的两面性的态度，骨子里也是为玄学家所欢迎的。因此陈独秀一方面指出他对唯物史观的无知，另一方面也很严正地批驳他那种资产阶级唯心论的观点，把“心”、“物”平等看待的二元论的错误思想，说：“人的努力及天才之活动，本为社会进步所必须，然其效力只在社会的物质条件可能以内。思想知识言论教育，自然都是社会进步的重要工具，然不能说他们可以变动社会、解释历史、支配人生观，和经济立在平等地位。”①又说：“离开了物质一元论，科学便濒于破产，适之颇尊崇科学，如何对心与物平等看待！适之果坚持物的原因外，尚有心的原因，——即知识、思想、言论、教育，也可以变动社会，也可以解释历史，也可以支配人生观，——像这样明白主张心物二元论，张君劢必然大摇大摆的来向适之拱手道谢。”②

以上两种错误的思想，无论是充满着封建思想意识的玄学派，他们接受了新康德主义的影响，企图把人生观排斥在科学领域之外，或是代表资产阶级思想意识的所谓科学派，其实是一些以感觉的组合为科学研究对象的马赫主义者，多少均有“不可知论”的因素，正是反映了两种不同性质的而又同是剥削阶级的思想，都有隐蔽事实真相的企图，因此虽有争论，却可说是走的一条道路。作为资产阶级改良主

① 《科学与人生观》，第41页。

② 《科学与人生观》，第41~42。

义宇宙观的“心物二元论”，根本否认有第一性和第二性的区分，也是彻底的唯心论的一种，在反抗辩证唯物主义的哲学方面，尤其起着危害作用。陈独秀在这些方面的争辩，主要由于未能理解作为辩证唯物主义认识论的反映论即客观真理论，和胡适一派实用主义的真理论，如何在哲学根本问题上划清界限，反而希望把这两种根本对立思想方法“能合作一条联合战线”①。所以其结果只有可能走上机械唯物论的道路，最后在认识论上又必然掉到唯心论的泥潭里去。

三、陈独秀思想批判

陈独秀是“五四”运动前中国激进民主派的代表，属于资产阶级的左翼。他首先提倡“民主”与“科学”的思想，在当时半封建半殖民地的中国社会，作为无产阶级及其政党领导的新民主主义革命运动还没有正式登上舞台、展开斗争以前，在人民大众反帝反封建的思想战线上，尤其是反封建文化的革命斗争中，起着一定的积极的作用。通过陈独秀主编的《新青年》杂志，团结了一批进步的知识分子，在“五四”新文化运动中，成为传播新思想的主流。在伟大的十月社会主义革命以后，陈独秀有机会接触到革命的马克思主义，通过中国工人运动的兴起，提高了自己对于资本主义发展到最高阶段必然成为帝国主义的认识，从完全倾倒于西洋资本主义制度文明的思想家，转变为当时影响颇大的社会主义宣传者，因此与代表资产阶级右翼的改良主义者划清了界限。陈独秀思想一贯的错误是理想脱离群众，不能结合中国革命的实践，在立场上始终没有得到彻底的改造。例如他早期在提倡“民主”与“科学”的时代，作为新兴民族资产阶级的代言人，一方面虽曾激烈地反对日本帝国主义的侵略，说它简直是“野蛮强盗”，而另一方面有时竟至糊涂到以为“日本人因为自国的权利欺压我们，这是他们被狭隘的爱国心所驱使的，我们不必怨他”。在反封建的民主革命运动中，为了提倡“奋斗精神”，竟至完全丧失立场无原则地混淆了中国近代革命史上两条阵线的斗争，可以讴歌代表清朝政府封

① 见《胡适文选自序》。

建统治镇压太平天国农民革命的刽子手曾国藩、罗泽南①。在他更早的关于中国现实政治制度与国体问题的议论中，为了主张完全洗刷当时一帮“反对共和的伦理文章等等旧思想”，可以曲解到认为“袁世凯要做皇帝，也不是妄想；他实在见得多数民意相信帝制，不相信共和”②。他接受了马克思主义的思想以后，在1922年发表《对于中国政治我见》③，虽积极主张“用革命的手段建设劳动阶级的国家，为现代社会第一需要”，但又以为中国的经济及政治状况，还没有达到这样的程度。他说：“这样的经济及政治状况，遂使中国的阶级斗争不得不分为两段路程。第一段是大的和小的资产阶级对于封建军阀之民主主义的斗争，第二段是新起的无产阶级对于资产阶级之社会主义的斗争。”他认为中国“劳苦群众”的“阶级形式及意识方在萌芽时代”，作政治斗争的时期“尚未成熟”，只可“加入”第一段斗争，获得中国的“和平自由与独立”。“这种和平自由与独立，不但能给中国资产阶级以充分发展的机会，而且在产业不发达的国家，也只有这种和平自由与独立，是解放无产阶级使他们由幼稚而到强壮的唯一道路。”后来在1923年4月发表的《资产阶级的革命与革命的资产阶级》(载《向导》第22期)以及在同年12月刊出的《中国国民革命与社会各阶级》(载《前锋》第二号)，把上述右倾机会主义的理论，更见系统地发挥，对中国革命的各项基本问题，作了完全错误的分析。他甚至认为中国工人阶级还“不是独立的革命力量”，又盲目地夸大“资产阶级的力量究竟比农民集中，比工人雄厚”，因此肯定中国当前革命的前途“自然是资产阶级握得政权”④，而且又荒谬地论证了“资产阶级的民主革命若失去资产阶级的援助，在革命事业中便没有阶级的意义和社会的基础”⑤，他说这些话的时候，显得完全不了解十月革命后所引起

---

① 《欢迎湖南人的精神》，《独秀文存》卷一，第651页。
② 《旧思想与国体问题》，《独秀文存》卷一，第148页。
③ 见《胡适文存》二集，卷三，第123页。
④ 均见《中国国民革命与社会各阶级》。
⑤ 《资产阶级的革命与革命的资产阶级》。

的国际情势的改变，不知道作为半殖民地中国革命动力之所在，特别是没有认识到农民问题的意义，依然孤立地来看中国无产阶级的革命。他这种见解，根本违背了列宁在《社会民主党在民主革命中的两个策略》一书中所发挥的无产阶级应该在资产阶级革命中实现领导权（领导作用）的这一基本策略原理①，相反地，走的正是俄国1905年革命时代列宁所驳斥的孟什维克的道路。他坚持了这种错误的机会主义的立场，使他后来在第一次国内革命战争时期终于投降大资产阶级，背叛了革命。

结束语

自从1840年的鸦片战争失败，中国一步一步地变成了一个半殖民地半封建的社会，其间先进的中国人，不惜奋斗牺牲，千辛万苦，努力向西方学习，寻找救国救民的真理，但是理想终归不能实现，反之，国家的情况一天比一天更坏。一直到十月革命胜利，世界上出现了第一个社会主义国家，中国人才找到马克思列宁主义这个普遍真理，中国的面目就开始起了根本的变化。李大钊同志最早在中国系统地传播了马克思主义，在中国革命史上有卓越的贡献，但是由于历史条件的限制，对于马克思主义多少还不免有误解的地方。陈独秀在“五四”运动以后，也接受了马克思学说的影响，并进一步加以宣传，但是属于根本方面的立场，始终没有得到彻底的改造，终于背叛了革命。“五四”运动时期许多的领导人物，诚如毛泽东主席所说：“他们使用的方法，一般地还是资产阶级的方法，即形式主义的方法。他们反对旧八股、旧教条，主张科学和民主，是很对的。但是他们对于现状，对于历史，对于外国事物，没有历史唯物主义的批判精神，所谓坏就是绝对的坏，一切皆坏；所谓好就是绝对的好，一切皆好。这种形式主义地看问题的方法，就影响了后来这个运动的发展。”②早期的

① 详《联共党史》第三章。

② 《反对党八股》。

李大钊同志也难免有这种缺点，而陈独秀思想的不切实际，更是一个显明的例证。作为无产阶级革命思想武器的马克思主义必须与工人运动相结合，要不断通过变革社会的实践来丰富它的内容，所以知识分子若不愿意与工农民众相结合，则不论口头说的是怎样好听的主义，终归是一样不能解决问题。李大钊同志虽然很早就认识到“要想把现代的新文明从根底输入到社会里去，非把知识阶级与劳工阶级打成一气不可”①，但不幸牺牲过早，来不及在这一方面从理论上作出更多的贡献，但是他英勇的事迹，却教育了年轻的一代。陈独秀后期的思想，表面上披着马克思主义的外衣，由于一贯轻视工农群众，终于成为大资产阶级的俘虏，可以作为混进无产阶级队伍中错误思想的一种典型。所以在中国革命史上，只有毛泽东同志真正结合了马克思列宁主义的普遍真理与中国革命的具体实践，从了解当前情况出发，批判了一切或“左”或右的错误思想，在长期艰苦奋斗的过程中，积累了极其丰富的经验，创造性地发展了革命的马克思主义，指导中国人民革命取得伟大的胜利，同时总结了中国近百年来反帝反封建运动的斗争，为中国今后革命建设树立了唯一正确的领导，为中国思想史开辟了一个新纪元。

① 《青年与农村》，见《晨报》“自由论坛”，1919 年 2 月 20 ~ 23 日。

介绍《胡适思想批判论文选集》[①]

从1954年10月起，在全国范围内开展了宣传唯物主义、批判资产阶级唯心主义的思想斗争。自“五四”运动以来，长期受着美帝国主义扶植、成为买办资产阶级第一号代言人胡适，通过对政治社会问题乃至哲学、历史、文学等各方面的“研究”，企图建立一套“理论”来反对中国人民的革命运动。为了清除这种腐朽的资产阶级思想的流毒，特别是在上层知识分子中的影响，对于推进当前社会主义的文化事业，肯定是有重大的革命现实意义的。

这次全面展开批判胡适思想，在一些研究机关和高等学校里，投入战斗的有各方面的专家，也有刚进大学的青年学生；采取的形式有报告会，有讨论会，有集体的创作，有个人的研究；同时范围并不限于哲学、社会科学的有关部门，因此这场斗争所涉及的问题是非常广泛的。不到一年，全国各种报刊发表了无数篇长短论文。过去三联书店曾选印这一方面作品，陆续出版了八辑论文汇编，近二百万字。全国各地，如河南、浙江等地的新华书店，也各有选本发行，此外没有收进这些集子里的文章也还不少。这次出版的《胡适思想批判论文选集》，大体是在过去三联书店出版的八册《胡适思想批判》的基础上，从批判胡适的世界观、方法论到各种专门的学术领域，乃至他的反动政治思想的表现和实质，按问题的性质，重新精选并作了有系统的安排，适当地注意到避免内容的重复。其中也有在三联书店出版的八册《胡适思想批判》以外带有专门性的论文，如陈玉森先生在《中山大学

---

① 本文原载于《读书》1959年第9期，又载于《胡适思想批判论文选集》（三联书店，1959年）。——编者注

学报》1956年第一期上发表的《批判胡适的〈戴东原的哲学〉》。全书共选论文十六篇，分量并不算多，但是基本上反映了这次批判中一些具有代表性的意见，所以值得向读者介绍。

从这些批判的论文中，读者可以比较全面地看到在我国新民主主义革命时期，以胡适为代表的买办资产阶级文化人如何贩卖帝国主义的哲学，怎样狡猾地结合中国的各种学术研究来从事反革命的宣传，从而认识到彻底肃清反动资产阶级学术思想的流毒是如何复杂而又细致的工作。实践证明，只有从中国当前的革命实际问题出发，有的放矢，系统地掌握材料，经过深入的科学分析，才能很好地完成这一艰巨的任务。其中重要的作品，如胡绳同志写的《唯心主义是科学的敌人》一文，通过“论胡适派思想对科学的曲解和污蔑”，指出“只有马克思主义哲学——辩证唯物主义——提供了能够指导自然科学和社会科学向前发展的完整的理论”。这是一篇富于启发性和指导性的文章，它的意义不仅限于对胡适一派实用主义的批判，而且进一步告诉了我们为什么只有在马克思主义理论的指导下才可能产生真正的社会科学。范文澜同志在《看看胡适的“历史的态度”和“科学的方法”》一文中，针对着一批资产阶级知识分子在新中国成立后学习马克思主义的严重缺点——不脱胡适派考据方法的影响，“把活的马克思列宁主义变成死的马克思列宁主义”，这又是最确切不过地结合一部分旧知识分子的思想情况，特别是学术观点的改造而提出的很好的例子。李达同志所写的《胡适反动思想在政治上的表现》，把胡适的政治思想，按“五四”以前和“五四”以后的两个阶段来说明，在“五四”以后，又划分为《努力》周报时期、《新月》月刊时期和《独立评论》及其以后的时期来分别地加以研究，这种根据不同历史时期阶级斗争的特点，来分辨反动思想所表现的不同面貌，无疑对于读者了解我国现代革命的复杂内容和曲折过程是有所帮助的。艾思奇同志写的《胡适实用主义哲学思想的反革命性和反科学性》，从哲学根本问题出发，充分揭露了实用主义的真面目就是“主观唯心论，不可知论，庸俗进化论”。在专门学术领域内，侯外庐同志写了《从对待哲学遗产的观点方法和立场批判胡适怎样涂抹和污蔑中国哲学史》，指出胡适研究中国哲学史的主观意图是“用欺骗的方法能把好的变成坏的，又能把反动的变成进步的，一切都服从于资产阶级的唯心主义方法的方便”。何其芳同志写的《胡适文学史观点批判》，揭露了他否定我国文学遗产的两个手法：第一是他完全不顾我国文学的传统和特色，第二是他完全不顾历史和人民对于我国许多杰出的作品的肯定。凡是他认为有和西洋文学的不同之处，就一定是中国的文学的“幼稚”；凡是他不能理解的作品都断言它“没有文学价值”或“见识鄙陋”。金岳霖同志写的《批判实用主义者的世界观》，是发掘胡适反动思想的鼻祖、解析他衣钵相传的美国杜威一派思想的论文。本书最后一篇黎澍同志的《胡适派所谓民主政治思想的反动实质》，指出了胡适派的道路和孙中山以及其他许多民主主义者的道路是完全相反的，他是共产主义在中国的最早和一贯坚持到底的敌人。上述这些论文的丰富内容，当然不限于所介绍的只鳞片羽，同时本书还有一些作品，我们没有提到。总之，通过这册《论文选集》所提供的资料，对于研究中国现代思想史的各个方面，无疑都是有所帮助的。特别对于目前贯彻“百家争鸣”，深入开展资产阶级学术思想批判的同时，通过这册《论文选集》的阅读，可以戳穿一批反动资产阶级知识分子在新中国成立以前标榜“为学术而学术”的骗人的幌子，防止孤立地、静止地研究任何科学的非政治倾向，肯定是有重要现实意义的。至于读者发现《论文选集》中某些专门性的个别问题可能还存在着不同的理解，或者感觉到有的部分难免只是提出问题，在论证上有不够充分的地方，但我们也可从此得到启发，独立思考，再进行深入的研究，在相同的学术阵地上，把资产阶级思想的批判更提高一步。

中国古代哲学家·颜元[①]

清初启蒙思想家颜元(1635—1704年)，字易直，又字浑然，博野(今河北安国县东北)人。出身中小地主家庭，有时也靠教书和行医来维持生活。从小在学习上就刻苦认真，是一位彻底反对宋明道学的唯物主义哲学家。他青年时期曾先后学过陆(九渊)王(守仁)派的"心学"和程(程颢、程颐)朱(熹)派的"理学"。当时明王朝被农民起义军推翻，但结果是满族贵族夺取了政权，使民族矛盾和阶级矛盾错综地结合在一起。他通过比较长期的生活实践，才体会到过去所学的、作为封建正统思想的唯心主义说教，不仅在抵抗侵略上无能为力，甚至某些具体内容，违反情理到非常荒谬的程度，于是公开地举起了背叛的旗帜。

第一，他认为宋明以来的道学家们无不提倡"静坐空谈"，只以"讲读为学问"，因此便造就了那般专凭书本知识而又自作聪明的人，其实是更加愚蠢的。他经常惋惜一些文人学士不免把过多的有用精神枉费在纸墨上，又指出那些道学家们所讲的"空静之理"可算是"愈谈愈惑"，所向往的"空静之功"也真是"愈妙愈妄"。所以他坚决反对"以空言立教"，着重主张要"动"、要"习行"。为了宣扬这种学术精神，把自己住的房子也定名"习斋"。在个人所从事的教育事业上，提倡"文事"与"武备"并重，"经史"与"艺能"等科并重。一贯强调"行"在认识过程中的作用。又将宋明以来奉为经典著作的《大学》，就其中为唯物主义和唯心主义两大阵营经常引起争论的"致知格物"说，作了创造性的发挥，解释这个"格"字乃是"手格猛兽"之"格"，

① 本文原载于《教学与研究》1962年第2期。——编者注

等于肯定了真理的认识是和人们的实践斗争分不开的，这就是他对于唯物主义认识论的重要贡献。

第二，宋明道学家，特别是程朱派“理学”，一向认为“理”是形而上的，“气”是形而下的，他们相应地将人性也强分为善、恶两种，即所谓“义理之性”和“气质之性”。这种人性学说的政治意义，在于论证作为封建统治阶级的伦理道德本是与生俱来、圆满无损的，而所有被压迫人民争取生存的欲望、任何物质方面的要求，反都成了所谓世间“罪恶”的根源。颜元对此作了针锋相对的思想斗争，指出“盖气即理之气，理即气之理，乌得理纯善而气质偏有恶哉”①？进一步坚持了唯物主义的自然观，在哲学战线上沉重地打击了当时官方的僧侣主义。

第三，我国历来的唯心主义者，在伦理学问题上，往往通过“义利之辩”，从而强调一切，首先是行为的价值仅在乎动机，完全与效果无关。汉代学者董仲舒说过：“正其谊不谋其利，明其道不计其功”，早已成了他们最方便的口头禅。颜元正面地加以驳斥，提出了根本相反的命题，即“正其谊必谋其利，明其道而计其功”。这里虽然还缺乏明确的阶级观点，但是已经一般地认识到动机和效果是分不开的。这在社会道德生活方面，显然有助于揭露反动统治者从来是言行相反的欺骗。这在当时无疑是一种富有现实意义的进步的伦理学观点。

总之，颜元是同时代反对宋明道学最激进的思想家之一，往后我国唯物主义的发展也受到了影响。但是他的哲学思想确实还有很大的局限性。一则没有能历史主义地对待学术思想的继承与发展，不免将注重“习行”和提倡周(公)孔(子)的复古思想简单地结合起来。对有关不同种类的书本知识，以及间接经验和直接经验的辩证关系，也还缺乏全面的理解。再则是他虽然大力驳斥了在当时居于正统地位的程朱派“理学”的唯心主义，但是依然无法正确说明从感觉外界事物到获得理性认识的过程，更谈不上了解理论对实践的指导作用。最后是

① 《存性编》卷一。

对于各种人性学说的社会根源，以及所谓“善”与“恶”的历史作用，都远没有作出科学的具体分析。

颜元的学生李塨(1659—1733年)，字刚主，号恕谷。大力传播了他老师的学说，因称颜李学派。他两人的著作，后来被编成《颜李丛书》。

参考书：

颜元：《四存编》，古籍出版社标点本。

戴望：《颜氏学记》，中华书局标点本。

戴震的生平和他的哲学代表作《孟子字义疏证》[①]

戴震，字慎修，又字东原，安徽休宁隆阜人(今属屯溪市)，生于清雍正元年十二月(1724 年 1 月 19 日)，死于乾隆四十二年(1777 年)五月二十七日，终年 55 岁。

休宁山多平原少，山中所产主要是茶叶和竹木。当时茶叶多供出，竹木也需要到山外方能贸易，所以人民多向外发展，戴氏族人亦以经商者为多。戴震的父亲(戴升)无以为业，欲经商又没有资本，只得向族人借了点钱，在江西南丰县做了个小布贩子，勉强糊口。戴震幼时便跟着父亲东奔西走，做点力所能及的事情。这种颠沛流离的生活，使戴震从小就接触到人民的疾苦。他父亲不甘心永远过着这种动荡奔波、仰人鼻息的生活，把希望寄托在儿子身上。因此节衣缩食，还是把儿子送去念书了。

年方十岁的戴震进了私塾，心中有说不出的高兴。他自幼便养成文必求其本，学必求其义的好习惯。遇有疑问，非刨根问底弄个水落石出不可。有一次，私塾的老师给他讲朱熹的《大学章句》，教到"右经一章，盖孔子之言而曾子述之，其传十章则曾子(参)之意而门人记之"时，年方十岁的戴震觉得有些不解，便发问道："老师，怎么知道这是孔子的话，而又曾子讲述的呢？又怎么知道这是曾子的意思，却是由他的学生记载的呢？"塾师一本正经地说："朱熹的注解就

---

① 本文是石峻先生生前遗稿，撰写年代不详。从内容来看，与上文《中国古代哲学家・颜元》或为同系列著述，故编排于此。本文原题《戴震的生平和他在哲学方面的代表作〈孟子字义疏证〉》，今改。——编者注

是这样说的。”“朱熹是哪朝人?”戴震歪着小脑袋问。“宋朝人。”“孔子、曾子呢?”“周朝人。”“那么，周朝与宋朝相距多少年呢?”“将近二千年了。”“既然如此，朱熹怎么知道是这样的呢?”塾师一下子被问住了，一时竟想不出用什么适当的话来回答。从此，老师对这个好学的孩子刮目相看，逢人便说：“此非常儿也。”

戴震的记忆力相当好，私塾里教的《四书》、《五经》，戴震都能流利地背诵。给这个好学的孩子再教点什么呢？塾师倒有点犯愁了。他想起一个主意，决定采用东汉古文经学家许慎所作的《说文解字》给他讲授。

《说文解字》是我国第一部以六书的理论系统分析字形、解释字义的字典。这部书分为十五卷，收小篆及古文字 9353 个，归纳为 540 部，对每一字进行形体、字音、字义的解释。戴震认真、刻苦地学习了三年，对《说文解字》竟逐渐融会贯通，这为他以后的学业打下了坚实的基础。及至戴震成年后，他曾回忆说：“余于疏不能尽记，经、注则无不能背诵也。”又说：“仆自十七岁时，有志闻道，谓非求之六经，孔孟不得，非从事于字义、制度、名物，无由以通其言语。”

他又说：“经之至者道也，所以明道者其辞也，所以成辞者字也。必由字以通其辞，由辞以通其道，乃可得也。”他总结了闻“道”的方法，决定由字入手，由字达辞，由辞而闻“道”。他认为了解字义是读经闻“道”的基础，而轻视语言文字的人，就像有人要渡河而没有舟楫、要登高而没有梯子一样。

戴震因为家里穷，请不起老师，离开私塾以后只能靠自学。自学的道路是坎坷的，戴震急于要访求一位渊博经书的学问家作为自己的老师。一次，一个意想不到的机会，戴震遇到了偶然来歙县拜友的大学者江永。江永字慎修，江西婺源(当时属徽州)人。江永治学数十年，精通三礼(《仪礼》、大小戴《礼记》)，兼及音韵、算学、地理等学。他为人和平，好学深思，极喜读书。江永这时已年逾花甲，白发斑斑，而戴震年方二十，风华正茂。可是，扣学精业的共同愿望，打破了他们之间年龄的界限，使他们成了忘年交。戴震一见倾心，即以自己平日所学求教于江永。江永见他年少博学，心中十分喜爱。戴震觉得江永学问精密周详，心中也十分敬重。戴震的思想、性格与学业，在江永的熏陶下，开始逐渐成熟了。

有一天，江永列举算学中的一些问题，试问戴震并告诉他："这些题目存疑已经十多年了，一直未能解决，你能试试看吗?"戴震仔细看了看，便将这些题目一一剖析比较，并道其来龙去脉。江永看了以后，不胜惊喜，连连说："十余年的疑问竟决于一旦，你实在是聪明过人，聪明过人。"

戴震后来比江永学习得广泛，钻研得更深入。学路宽广，成就自然也更大。戴震的成就不仅表现在学术造诣方面，更表现在思想认识方面。他对于宋儒的学说，比当时一般的汉学家研究得更深，可是研究的结果，促成了他对宋学的彻底反动。江永推崇宋学，崇拜程朱，戴震对于宋学的反动是他始料未及的。然而也正在这一点上，戴震不但大大地超过了江永，也远远地超过了同僚诸人。

乾隆二十年(1755年)，戴氏族中豪强蛮横无理地侵占戴震的祖坟，他不得已而诉讼于县，可是豪强倚财仗势结交县令，贪官受贿以后，颠倒黑白，反欲治罪戴震。戴震为躲避豪强的迫害，只身入都，避难于北京，后来流落于北京、南京、扬州等地，过了近十年的流浪生活。

戴震自到京师(北京)结交了许多公卿名流以后，声播海内，誉满全国，"薄海承学之士，至于束发受书之童子，无不知有东原先生"。戴震当时虽然声名赫赫，折倒公卿，但是他从来不以大学者自居，也不摆学问家的架子，因此京师的学者都乐于与他交往，并以此为荣。

戴震讲学认真，一丝不苟，凡有人来向他请教问题，他分别各人的不同情况予以解答，使来者有所得，存疑而来，满意而归。他为人和善，待人宽厚，因此无论长幼都十分敬重他。

《孟子字义疏证》

戴震毕生著述、校勘之作近五十种，他逝世前不久给段玉裁的信说："仆生平论述最大者，乃《孟子字义疏证》一书。"这是戴震自己对其毕生著作所作的总评价。戴震所以称之为"最大者"，不仅因为这是一部洋洋洒洒近四万言的大作，更重要的是这本书几乎凝结了戴震毕生的心血。他从开始写作《绪言》到最后定稿，差不多花费了十二年的时间。戴震在43岁时开始写《绪言》，第二年成书，易名为《孟子字义疏证》，全书分上中下三卷，以后他随时修改补充，对每字每句每义反复推敲，精心锤炼，直到去世前不久才算正式改定。因此，《孟子字义疏证》一书比较系统、完整地表达了戴震的世界观和认识论。

《孟子字义疏证》是戴震借疏证孟子学说来发挥自己的见解，批判程朱理学，并抨击统治者的一部著述。"东原之说，名为伸孟子，实则与孟子相戾也"。这种打着孔孟旗号而批判程朱学说的所谓"注释群经"，是清统治者严密文网、大兴文字狱的必然结果，也是进步知识分子在特定环境下被迫采取的特定方式。

《孟子字义疏证》开篇解释孔子的弟子子贡吹捧孔子的一句话而展开议论："夫子之文章可得而闻也"，开门见山地点明《孟子字义疏证》一书所要阐明的重大理论问题也是言"性"与"天道"。全书采用问答的方式，形式活泼，文字精炼流畅，说理清楚透辟。

名为解释经典，实则抒发己见。

《孟子字义疏证》对南宋以来一直占统治地位的程朱理学给予严厉的批判，因此具有反抗黑暗统治的思想意义。从这一点来看，戴震在哲学思想方面的成就，要远远超过他在考据学方面的成就。可是在政治腐败的封建社会，戴震的哲学思想为考据学成就所掩盖，甚至不为一般人所知，因此影响反不如考据学方面大。

后世的学者对戴震的《孟子字义疏证》也竭力推崇，给予很高的评价。梁启超认为这本书一字一金。他说："先生之学，体大思精。《原善》、《孟子字义疏证》两书，语极简而义极丰，殆于一字一金。"

中国古代哲学史上有两本专门从哲学范畴(最一般的概念)上分析解剖哲学思想体系的书，一本是朱熹的学生、宋代陈淳的《北溪字义》，这是讲程朱一派、特别是朱熹客观唯心主义理学的。另一种就是清代戴震批判程朱理学的《孟子字义疏证》，这是一本唯物主义哲学家的书，在当时有很大的进步意义，也是古代中国最晚出的一本重要哲学著作。讲范畴要结合一家的思想体系，那样看问题才比较全面。

读哲学(古代)的书，要注意结合时代，了解它的历史地位。还要结合理论，了解它的思想贡献，不可只作字面的了解。如目前某些讲古代汉语的做法，除了套用外来语法的关系之外，于其意义全无所知。讲古书，要分别两点：一是他了解古书是否正确？二是他本人的思想有无贡献？要分别讲，马列主义经典著作与一般思想资料的读法是不一样的，泛览和精读的办法也是不一致的，要注意读书的方法。

南宋以后（鸦片战争前）理学和反理学的斗争①

同志们：今天，我接下去讲中国哲学史（短训班）的第四讲——南宋以后（鸦片战争前）理学和反理学的斗争。

一、什么叫"理学"（或"道学"），它是怎样形成的？

什么叫"理学"（或"道学"）？简单说来，就是宋代以后，坚持以正统儒家思想为基础，又暗地里吸取了外来佛教的唯心主义诡辩和传统道教某些神秘主义的内容，从而建立起来的一种思想体系，它是儒学的一个新变种。这种思想体系的形成，本是适应我国后期封建社会统治阶级的需要，作为11世纪改革家王安石（1021—1086年）"荆公（王安石）新学"的对立物而产生的，代表了大官僚大地主阶级顽固派的利益。

理学不是用神学迷信的方法，而是采用了精神性的最高概念，即所谓"理"来偷换过去的"天"（上帝）这个人格神的概念，等于用"天理"来代替以前的"天命"。这样，他们把"理"作为全部哲学体系的最高范畴，其他再无有能驾于其上的精神实体，于是"天"即"理"，"性"即"理"。因此，这种新面貌的儒家思想，后来又被称为"理学"（"性理学"）。

① 本文是石峻先生生前讲稿，撰写时间不详。根据文中的某些提法尚有"文革"后期"评法批儒"的影响来看，很可能作于20世纪70年代后期，故编排于此。——编者注

理学家们为了抬高自己一派的地位，继承汉代董仲舒主张“独尊儒术”的旗号，希望别人能把他们的言论也当作宗教教条一样去信奉。又窃取佛教迷信神秘主义的“法统论”，即在继承问题上，特别强调有所谓传法的正统，大肆宣扬所谓“道统”说，自认为孔孟的真传、儒家的嫡派，上接尧、舜、禹、汤、文、武、周公，以心传心，借助这些古圣先贤的幽灵，来树立他们的权威。南宋末年，经朝廷的大力提倡，“理学”已成为官方哲学，因之元代大臣监修的《宋史》，特为另立《道学传》，以表彰他们在思想上的正统地位，于是也有把“理学”称为“道学”的。

由于理学家们公开宣扬所谓“人性”就是“天理”，乃至更进一步推论说一切事物都以“理”为“性”，都离不开它（理），它是一切的根本。也就是说，“理”是第一性的，“物”是第二性的，从而将整个哲学的基本问题——心物关系——彻头彻尾地加以颠倒了。这种唯心主义形而上学思想体系的目的，总的来看，至少有以下两个要点，都是为了加强思想统治的。

1. 显然在于论证封建社会的道德伦理规范是一种永恒不变的客观存在，尽管可有改朝换代、统治者个人的变换或死亡，但是这种统治秩序是万古长存的。

2. 将起义农民反抗地主的暴力革命，乃至地主阶级内部革新与复旧的斗争，一律设法转变为个人主观上两种思想意识（“天理”与“人欲”）的矛盾，妄想用“正心诚意”等闭门思过的方法，将其消灭于无形之中。

我们已经知道，理学的形成并不是偶然的，它是中国后期封建社会在意识形态领域内阶级斗争的产物。但为什么是这种意识形态呢？以下再谈几点社会历史的根源：

1. 首先是由于汉代以后大规模的农民起义和农民战争遍及全国，不断打击了地主割据势力、封建统治，同时孔孟之道也受到猛烈的冲击，儒家的天命论和神学目的论，乃至东汉特别盛行的谶纬迷信这一类骗人的玩意儿，到唐末豪门世族基本上被打垮后，由于社会基础的变化，不再像过去那样能够欺骗广大劳动人民了。

2. 历史上进步思想家对迷信天命鬼神思想的批判。从东汉著名的唯物论者王充算起，以后经过南朝的范缜，唐代的柳宗元、刘禹锡，乃至北宋的王安石等，在两条路线的斗争中不断深入发展和扩大了社会影响，迫使原来儒家的宗教唯心主义，如果不在理论上加以修正，即使在统治阶级内部的知识分子中，也很难取得一致的信仰了。

3. 从东汉以后，在统治阶级内部又加进了新的思想因素，一则是外来佛教的传入，再则是本土道教的产生。后来两者都得到广泛传播。由于寺院经济的发展，出现了不同于一般世俗地主的僧侣特权阶层，彼此为争夺生产资料也有矛盾，在思想上相应地变成一种独立的体系，与儒家孔孟之道合成三教(儒、道、释)。虽然同是统治思想，但是在相当长的一段历史时期内也有斗争，甚至互争高下，显然不利于加强地主阶级的思想统治。到宋代以后，由于寺院经济的衰退，加之门阀士族的被打倒，世俗地主和僧侣地主都要一致对付农民起义，而统治阶级上层也有以儒家思想为基础，用“三纲五常”作核心，再加以佛道思想作补充，以便融合为一体的需要，于是理学就应运而生了。

4. 宋代科学技术的进一步发展，如天文、数学、医学，乃至物理、化学等各方面的成就，特别是劳动人民的发明创造，对破除迷信、解放思想起到了重要作用。由于唯物主义思想在斗争中的进步，迫使作为对立面的唯心主义者也不得不研究历史经验，变换手法，以求一逞。这除了尽可能歪曲旧唯物主义在理论上的弱点，社会历史观上的唯心主义也在设法利用某些科学上的新成就作任意的比附，以期加强可信度。

总之，由于以上种种原因，当封建地主阶级为了在思想上加强统治，迫切要有成系统的哲学理论，即更加精微的唯心主义，来代替宗教神学的信仰，才能适应当前复杂而尖锐的阶级斗争形势，这就是理学思想体系之所以形成的社会历史根源。马克思说：“理论在一个国家实现的程度，决定于理论满足这个国家的需要的程度。”

理学从 11 世纪开始流行，南宋以后，元、明、清三代相继成为官方哲学，即我国后期封建社会的主要统治思想。从此，谁反对“理学”，就等于反对孔、孟，反对朝廷法令，都是大逆不道。特别是朱熹，他从《礼记》一书中选取了《大学》和《中庸》两篇，跟《论语》、《孟子》一起，搞了个《四书章句集注》(简称《四书集注》)。我们要懂得，他注解这些古书，首先不是为了帮助别人看懂文字，而是借以表达自己一派的思想。这样的用意，就是要把经过他们加工(理学化)过的儒学，当作宗教教条一样让人民去信奉。封建统治者并规定为地主阶级知识分子必读的教科书，朱熹的注解从此也就成为儒家孔孟之道的标准答案。朝廷为选拔官吏举行科学考试，把它当作决定录取与否的重要依据，这样也就公开成为封建知识分子升官发财往上爬的敲门砖。理学一直统治着后来封建社会的思想界，成为紧紧束缚人民群众思想的一条极大的绳索。

二、“理学”的两个流派

宋明“理学”的两个主要流派，恰是中国哲学史上代表上述两种唯心主义思想体系的典型。

(一)程(颐)朱(熹)学派的客观唯心主义

他们公开宣扬所谓人的思想只能是从天上掉下来的，即没有这个事物之先已有这个事物之“理”，而且是永恒不变的，这是一种典型的客观唯心主义，以程(颐)朱(熹)学派为代表。

“理学”体系的主要创立者程颐讲过一句话，同志们可能都知道，就是“饿死事极小，失节事极大”，那是他对一位青年寡妇因为生活艰难、准备再结婚这一件事来谈的。这个所谓“失节事极大”，要是推广到封建社会统治秩序的各个方面，如君臣之间、父子之间，那么所谓“忠”、“孝”这些地主阶级的基本道德伦理，决不能丝毫触犯，要死心塌地作封建统治者忠实的奴才，恰可以说明这种“理学”的实质。

到南宋的朱熹，现在江西省上饶地区的婺源(宋时属安徽)人，他是二程的四传弟子，继承儒家孔孟之道，进一步将那个“洛学”系统化，成为“理学”的集大成者。他一生从事教育工作的时间很长，学生不少，著作既多且杂，影响非常深远。

以朱熹为集大成者的“理学”体系，究竟是怎样的一回事？

朱熹发展了“洛学”的基本论点，认为宇宙间一切事物都是由两种东西构成的，一是精神性的“理”，二是物质性的“气”，但它不是二元论者，因为说到底，即所谓“必欲推其所从来，则须说先有是理”。可知他是一贯认为“理在先，气在后”的，等于说未有天地之前，已有那个“理”了。也就是说天地万物是从“理”派生出来的。所以又说：“且如万一山河大地都陷了，毕竟理却是在这里。”

这种典型的客观唯心主义，应用到统治阶级的伦理道德上，便是把维护封建统治阶级的“三纲五常”，即所谓的“天理”，凡摆在君臣、父子、夫妇那些具体人物的社会关系之上，强调“君”(理)只不过是行“君道”的象征，“臣”只不过行“臣道”(理)的象征，成了抽象的“君道”、“臣道”比现实的“君”、“臣”更为根本，那就是因为存在着万古不变的“天理”。

这种逻辑混淆了社会现象与自然现象的本质区别，大量应用自然现象的规律性知识，如上天下地、云行雨施、四季循环，乃至种种天文、物理现象，一律以“理”名之，从概念上一视同仁，借以混淆阶级界限，欺骗广大劳动人民，好像大家必须遵照自然规律办事和应当无条件服从统治秩序，都是同一个道理。

他又从“理”与“气”这一对根本性的最高概念或哲学范畴出发，再推广应用到社会伦理道德观，则又一转而成了所谓“天理”与“人欲”对立的张本，即肯定“人欲”只能是从“气”那里来的。而“天理”与“人欲”的对立，则又是所谓“善”与“恶”相反的别名，为善去恶，即是“存天理，灭人欲”。再用这种理论作为人性论的根据，则说圣人之性是纯乎“天理”，而常人之性乃是杂乎“人欲”。

用这种人性论说明社会历史的发展，则又成了宣扬复古倒退、反对革新路线的思想武器。认为按“天理”办事的只有古圣先王，如尧、舜、禹、文、武、周公。汉唐以来像汉武帝刘彻、唐太宗李世民这类人物，在适应我国社会历史的发展、大体上做到富国强兵的，都被一概加以否定，说成全凭“私心”(即“人欲”)在扩张权力，行的不是所谓“王道”，而是什么“霸道”。

（二）陆（九渊）王（守仁）学派的主观唯心主义

他们公开宣扬所谓人的正确思想只能是自己头脑里所固有的。强调一切是非、善恶的唯一标准就是先天的“良知”，通常又叫“良心”，这是一种典型的主观唯心主义，以陆（九渊）王（守仁）学派为代表。

陆九渊（1139—1192年）在一切方面都强调“先立乎其大者”，从所谓根本方面下手，即特别注重思想动机，并把它看作凌驾于其他之上的头等大事，读书穷理都是第二等的。因此，提出了主观唯心主义的命题。

以陆九渊为代表的主观唯心主义“理学”，到明代中叶的王守仁（1472—1528年）又作了进一步的发挥，因称“陆王学派”。王守仁又叫王阳明，浙江余姚人，以镇压农民起义和少数民族起家，做了大官，又长期从事讲学，对当时思想界有深远的影响。

王守仁一派主观唯心主义“理学”在明中叶以后的广泛流行，与程朱学派几乎可以分庭抗礼，那也不是偶然的，有它的社会历史根源。限于时间，只能略微提到，不得详谈。很明显的历史事实是，程朱学派学说，作为官方哲学长期流行后，“满口的仁义道德”和“满肚子男盗女娼”这两句话，最能刻画当时那批没落阶级的当权派和代言人的腐朽无耻行径，王守仁力图挽回这种颓风。

王守仁在他长期镇压农民起义的生涯中，总结了一条经验，那就是“破山中贼容易，破心中贼难”。所谓“山中贼”是对农民起义军的污蔑。这句话的大意就是说，用武力镇压农民起义是比较容易的，但要彻底消灭人民的革命思想则是更加困难的。可知王守仁哲学思想的核心，就是要消灭起义农民的革命思想。以王守仁为代表的哲学思想体系，基本轮廓大致如下：

1. “心外无物，心外无事，心外无理。”这种彻底的主观唯心主义，从根本上否定了离开人们的意识之外而存在的任何客观事物。在他的代表作《传习录》中，记载有这样一个典型的例子。当时有一人指着深山中的花问他：“像这花树在深山中自开自落，和我的心又有什么关系？”王守仁直截了当地回答：“你未看此花时，此花与汝心同归于寂(灭)；你来看此花时，则此花颜色一时明白起来，便知此花不在你的心外。”

2. 主张所谓“知行合一”。强调思想的动机就已经包含了行为的效果，从而以“知”代“行”。他说：“知”是为“行”拿主意的，“行”只是“知”的体现；“知”是“行”的开始，“行”是“知”的完成。如果懂得了这个道理，那么只说一个“知”，就已经包括了“行”；只说一个“行”，也就自然体现了“知”。又说：“见好色属知，好好色属行，只见那好色时已自好了，不是见了后立个心去好。闻恶臭属知，恶恶臭属行，只闻那恶臭时已自恶了，不是闻了后别立个心去恶。……知行如何分得开?”王守仁还明确地讲到他为什么要宣扬这种“知行合一”论，那就是要让人晓得“一念发动处便即是行了。发动有不善，就将这不善的念克倒了，须彻根彻底，不使那一念不善潜伏在脑中，此是我立言宗旨”。就是要从根本上消除广大劳动农民的革命思想于萌芽状态之中，借以挽救封建社会的危机。

3. “致良知”。王守仁在这里说的“良知”，其实也就是朱熹所说的“天理”，只不过“良知”被认为是人心中(头脑里)所固有的，而“天理”则是天上掉下来的。一个强调发自内心的直觉，一个则注意外在的权威而已。按其内容来说，都是维护封建统治秩序的伦理道德——“三纲五常”，从认识论的角度来说，则又全是唯心主义的先验论。王守仁所谓“致良知”的“致”字，就是“行”的意思，因此王守仁又认为像程朱学派那样把“理”看作一种永恒不变的客观存在，这样，如果得等待一一认识之后才能见诸行动，做到不违背“天理”，那就未免太曲折、太“支离”了，不如“简易直截”地把它从天上拉回到心中来，看作人们头脑里固有的。只要一旦觉悟到了这种“至善的”本性，顺着它做，不存一毫“人欲之私”，自然就可以见到“天理”的流行，达到所谓“破心中贼”的目的。如此，既不必死读儒家经典，也无须经历各种“世务”。这种神秘主义的思想修养方法，无疑是受到佛教禅宗所谓“顿悟”说的影响。将是非善恶的根本对立和转变，只看作人心的(或头脑里的)一念之差，完全从信仰出发，丝毫无须考虑产生它的社会历史条件。这样，用主观来代替客观，是一种主观唯心主义理论。

三、理学的对立派

南宋以后、鸦片战争(1840年)以前，这个时期的社会基本矛盾依然是农民阶级反对地主阶级的斗争，它制约着社会上其他阶级或阶层之间矛盾斗争的发展。例如在不断发生的农民起义的推动下，不免激化了中小地主和大官僚大地主之间的矛盾，从而促进了封建地主阶级的分化，形成了地主阶级内部两条路线的斗争。两派斗争的焦点是：在经济上就是兼并和反对兼并，在政治上就是革新与反对革新。与此不可分的，在对待外来侵略的问题上，则是一方主张妥协投降，一方坚持抗战的斗争。

与理学家朱熹和王守仁同时的一些进步思想家，结合现实的经济、政治、思想乃至军事路线的斗争，对理学唯心主义形而上学体系进行批判。如朱熹同时的陈亮、叶适，乃至后来与王守仁同时的王廷相等。而且这种斗争一直在不断地进行着。

但是对理学思想体系从哲学路线、世界观的高度进行比较全面而系统的批判，则是在明朝中叶以后，可以李贽(1527—1602年)和王夫之(1619—1692年)为代表。他两人都是著名的思想家，高度赞扬古代新兴地主阶级的杰出政治家——秦始皇——采纳李斯的建议，废除奴隶社会的分封制、大力推广封建社会的郡县制、第一个统一中国、从而在历史上建立了不朽的功绩。

李贽和王夫之其所以能在批判理学的广度和深度上都有超过前人之处，这与他们所处的时代即社会历史条件显然是有密切关系的。

我们知道，到明代中叶以后的嘉靖、万历年间，在封建社会内部已经产生了资本主义因素的萌芽，那是指当时我国某些工商业比较发达的城镇(如苏州、杭州、景德镇等)已经出现了规模相当大的手工业场，而且有专业分工，民营手工业因之得到大量发展，有专靠出卖劳动力为生的技工，也有专靠剥削这些一般技工的雇主，开始出现了带有资本主义性质的雇佣劳动关系。随着工商业城市的发展，逐渐形成了一种“市民”的社会力量。他们一般受封建正统观念的束缚较少，在一些地区也展开了反封建压迫的斗争。而农民起义更是连绵不断。于是在思想领域中，革新与守旧的斗争也就越发激烈。而一切进步的唯物主义思想，从来就是在反对唯心主义思想的斗争中发展起来和不断提高的，从而使他们有可能超过了前人的水平。

首先，谈李贽对理学的批判。

李贽，号卓吾，福建泉州人，也可能是国内少数民族。他的先辈是从事航海经商的。父亲李白斋则以教书为职业，本人年轻时就离开了家乡，出外自谋生活。26 岁考上举人，中举以后又作了二十多年的地主官吏，广泛接触了当时的社会实际，特别是对一批道学官僚的腐朽和虚伪有比较丰富的感性认识。他是一个从孔学阵营里冲杀出来的进步思想家。

李贽对于宋明以来一批高唱尊孔论的理学家们给予非常辛辣的嘲弄。南宋时儒家理学的集大成者朱熹曾经肉麻地吹捧过孔丘说：“天不生仲尼(孔丘)，万古如长夜。”李贽就非常诙谐地加以讽刺说：怪不得孔丘以前的“圣人”整个白天都要点着纸烛走路呀。他还比喻当时理学家们那股盲从尊孔的逆流，正像矮个子在人群中看戏，只是随声附和跟着别人喝彩，其实自己一无所见。还比作夜晚有条狗恍惚看见远处的影子就狂吠起来，而别处的一群狗则连那个影子也并没有看见，可是也跟着乱叫。

我们甚至可以说，李贽对整个儒家学派都进行了批判，几乎没有放过所谓“道统”上的任何一个主要代表人物，特别是宋明以来的理学家们，指出他们都是些“阳为道学，阴为富贵，被服儒雅，行若狗彘”的衣冠禽兽。他又说：“真个道学，脸皮三寸。”痛斥那批理学家们本是一群不要脸的家伙。因此，后来所谓“道学先生”(理学家)一语就成了社会上十足的“伪君子”(两面派)的代名词。

李贽不仅淋漓尽致地揭露了那批理学家们的腐朽无能和虚伪的嘴脸，并进一步对他们提出的谬论也几乎都一一加以驳斥。如针对理学家们提出的“理能生气”的唯心论观点，即主张概念可以产生物质的谎言，指出必“先有天地，然后有万物”，亦如先有夫妇然后才有子女一样，因此最初“唯是阴阳二气”，这是自然观方面含有唯物论因素的命题。又针对理学家们一贯宣扬的“存天理，灭人欲”的说教，他提出“穿衣吃饭即是人伦物理，除却穿衣吃饭，无(人)伦物(理)矣”。强调不能离开大众的基本生活条件来讲所谓“人伦物理”，是跟理学的僧侣主义完全对立的命题。特别是针对当时理学家们继承的孔孟之道所谓“唯女子与小人难养也”的胡言，以及“男尊女卑”、“妇人见短，不堪学道”的谬论，他公开加以反驳，指出：“故谓人有男女则可，谓见有男女岂可乎？谓见有长短则可，谓男子之见尽长，女人之见尽短，又岂可乎？”李贽还反对虐待妇女，提倡婚姻自由，为此他非常赞赏汉代卓文君与司马相如的自愿结合。卓文君是一个青年寡妇，按照儒家正统思想，特别是宋明理学的观点看来，那时私奔要受到种种指责，但在李贽看来，卓文君如果不是如此，那是“徒失佳偶，空负良缘”。

宋代以来的进步思想家，敢于批判儒家某些观点的虽然不乏其人，但是少有敢直接触及孔丘这尊神圣偶像的(广大起义农民不在此列)，但李贽则不然，他敢于尖锐地指出：孔丘也不过是一个普通人，为什么我们样样事都要照着他的做呢？对于那些所谓的儒家经典，一向被统治阶级奉为至宝的，李贽也同样极为轻蔑，指出《六经》的内容大体是一些“史官过为褒崇之词”，“臣子极为赞扬之语”。至于像《论语》、《孟子》一类，更不过是孔孟的一些迂腐不堪头脑糊涂的学生们“记诵师说，有头无尾，得前遗后，随其所见，笔之于书”，根本没有多大价值，怎么能被当作万古不变的真理呢(“是岂可遽以为万世之至论乎”)？因此他激烈地反对以孔子的是非为是非。

历代统治者出于维护统治的需要，都把孔丘吹嘘成一个了不起的大学问家，描绘成道貌岸然、道德无比高尚的“天生圣人”。李贽却无情地剥掉了孔老二的画皮，尖锐地指出他实际上“无学无术”，还大胆揭露孔子平日处心积虑地追求高官厚禄，同时生活奢侈腐化，从而把伪道学的肮脏灵魂暴露在光天化日之下。这在当时可算是十分大胆的言论，显然具有反潮流的精神。

不过我们还应该指出，李贽由于时代和阶级的局限，他的世界观还是剥削阶级的，在思想和生活的各个方面也没有从根本上突破封建道德意识的束缚，他的社会历史观依然是唯心主义的。只要查考他的全部著作，可以用来说明这种情况的事实还是很多的。

其次，论王夫之对宋明理学的批判。

王夫之，又名王船山，湖南衡阳人。他是我国明清之际著名的唯物主义哲学家。

为了总结明王朝灭亡的教训，王夫之晚年在批判地研究了宋朝司马光撰写的编年史《资治通鉴》之后，完成了一部三十卷的《读通鉴论》。这部书在评论历史人物上有不少创见，实际上是密切结合明清之际的政治路线斗争的。在这部书的开头第一篇就是论《秦始皇》，虽然篇幅不多，但是颇为重要。它的中心思想就是讨论关于秦始皇废分封、立郡县的问题。王夫之在这里非常明确地肯定郡县制优于分封制，并说要想再改回去已经不可能，这是历史发展的大势所趋，如果不是由于它的合理，那怎么会是如此呢("势之所趋，岂非理而然哉")？在这里，王夫之实际上反驳了南宋以来理学家的谬论，他认为郡县制跟分封制比较无所谓优劣，关键只是在于得人。换句话说，只要分封的是所谓圣贤，那还是再好不过的。可是他又一贯"颂古非今"，认为统治者是一代不如一代了，这是一种非常狡猾的复古倒推论。

以下我们还要着重地谈王夫之的唯物论思想，它在明清之际具有比较突出的地位，把我国古代朴素辩证唯物主义推向了一个新水平。因为它在同宋明以来儒家理学的斗争中，同佛老思想的斗争中，还深入地批判了他们的理论基础，形形色色的唯心主义和形而上学。以下简单地介绍他对宋明理学的批判，以及在批判旧传统的斗争中所提出的一系列比较有意义的哲学命题。

南宋理学家朱熹讲"理在气先"、"理在事先"的客观唯心主义，后来王守仁在形式上也表示过不同的看法，强调人人具有与生俱来的"良知"，这是判断一切是非善恶的天然准则，可知同样地也是主张"理在事先"，不过表现为一种典型的主观唯心主义而已。王夫之则针锋相对地指出："据器而道存，离器而道毁。"也就是说，离开了某一类具体事物，便再也没有所谓某一类事物之“理”(道)，所以根本不存在什么先于一切事物而存在的“天理”。由此可见，充满天地之间的都是些物质性的东西(“盈天地之间皆器矣”)。

第一，程朱学派理学的所谓认识(“致知”)，本来不是指对外界客观事物的反映，其实只是讲的体认“天理”、重新发现那人心所固有的东西而已，交接外物只是为了起一个触媒作用。陆王学派的主观唯心主义则干脆主张离开了人心便无有一切，所谓“心外无物”、“心外无事”、“心外无理”。王夫之从唯物主义认识论原则出发，指出“因所以发能”，“能必副其所”。“能”与“所”，在这里是一对专门的哲学用语(来源于印度佛教)。这就是说，作为认识主体的能知(“能”)，必须符合(“副”)客观认识的对象(“所”)，才算是得到了正确的认识。因此，如果否定了对客观事物的感觉，那就成了“消所以入能”，即把客观(“所”)取消而归结为主观(“能”)。如是“而谓能为所”，即是将主观(“能”)看作客观(“所”)了。那等于从根本上取消了客观对象，哪还有什么认识可言呢？从而有力地批判了各种唯心主义的先验论，尤其是以王守仁为代表的主观唯心论。

第二，孔子曾经提到过“生而知之”的“圣人”(“上智”)，往后我国儒家的正统，为此也多特别轻视实践，强调要从古人的书本里寻找各种问题的现成答案(所谓“读书穷理”)，提倡埋头故纸堆中。王守仁一派说的办法更简易直接：一切只要照你个人天生的“良知”办事就行了，用不着另外多费力气。因此宋明以来的理学家们都在以不同形式主张“知先行后”论，全可说是认识论上的唯心主义先验论。王夫之的论点则正好与此相反，肯定“行可有知之效”，但“知不得有行之效”。用他自己的另一句话来概括这种思想，那就是“行可兼知，而知不可兼行”。这一个颠倒，在认识论上有很大的理论价值与实践意义，尽管他所谓的“知”与“行”，跟我们今天讲的认识和实践显然有根本不同的含义。他的所谓的“知”与“行，主要是讲个人的知识和行动，更多的可能是指有关道德方面的思想修养，因此千万不能与我们今天的认真学习马列主义、毛泽东思想和积极参加社会主义革命实践的关系混为一谈，或相提并论。但在一定程度上，应该说他也是看到了“知”与“行”这两者必须统一的重要性，我们如果不割裂中国哲学史上的两条路线的斗争和发展来谈问题，那也是不能完全抽象地加以否定的。

第三，有关主客观事物“变”与“不变”的相互关系。“动”与“静”，二者究竟哪一方面是绝对的？哪一方面是相对的？彼此的联系又是如何？这是一个重要的理论问题，它牵涉到辩证法和形而上学两种宇宙观的根本对立。以正统儒家思想为主，但实际上是儒、佛、道三教混血儿的宋明理学各派，都是一致认为“静”是绝对的，“动是相对的。在这里，“动”与“静”是“变”与“不变”的同义语。他们不仅对外世界的看法是如此，而且对人们内心活动的看法也是如此。正统儒家一贯轻视生产劳动，提倡闭门修养，后来又强调所谓“人欲”与“天理”的根本对立，从一个方面来讲，都与这种思想有关。而这种形而上学思想的根深蒂固，则与他们一向作为没落阶级的代表显然有着内在的联系。他们注意维护既得利益，害怕突然变动，则正是儒家思想的阶级本性。王夫之继承了过去法家思想的进步传统，自然与此相反，强调“静者静动，非不动也”，“静即含动，动即含静”的主张。也就是说，事物的变化、运动是绝对的，静止、不动是相对的。王夫之甚而认为人形也是不断生成发展的，“形者生理也，日生则日成也”，即不再注意初生时的天赋，而是强调后来发展的成就，这与过去一般儒家人性论的观点是正好对立的，进一步发展了先秦以来法家注重改革现实的自发的辩证法的传统，并且从理论上作了概括。尽管讲得还不够具体明确，远不能与科学的辩证唯物论相比，但是也应该说是我国古代哲学史上的一个贡献。

由此可见，王夫之通过系统地对理学以及形形色色的唯心主义和形而上学的批判，进一步发展了我国古代朴素唯物主义和辩证法的思想，并把它推向一个新的高度，也可以说，事实上为此作了一个初步有意义的总结。但是由于他阶级和历史的局限，加之全部著作牵涉面很广，显然还存在着一些自身并不一致的内容，这个尚有待作进一步的研究。

最后，还要附带一提，我国18世纪的著名学者、唯物论者戴震

(1724—1777 年)，字东原，安徽休宁人。当时在清王朝对知识分子实行高压政策的统治下，采取了一种当时流行的注释儒家经典的办法，即是考订古书字义的形式，写下了《孟子字义疏证》一书。如果单从书名上看，好像是专门为了解析《孟子》而作，其实正好相反，它进一步发挥先秦法家思想，严肃地批判了程朱学派的说教，并且认为“欲，其物；理，其则也”，如果没有“欲”，就根本谈不上有什么“理”。他还进一步反对有所谓“道心”与“人心”，这样，宋明时期理学所特别强调的什么“义理之性”和“气质之性”的根本对立，自然就不能成立了。这是我国古代唯物主义在反理学的斗争中一项新的成就，在理论深度方面又超过了前人。他并尖锐地指出：历代统治者“以理杀人”比“以法杀人”还更残酷。肯定那种以“三纲五常”作为具体内容的“理”是只能属于有权势的统治者，他们的无理即是有理，而被统治者即使有理也要成为无理的，因为统治者和被统治者的关系是不允许改变的。由于作为上层建筑的“理”是有鲜明阶级性的，戴震为此沉痛地指出：“人死于法，犹有怜者，死于理，其谁怜之?”此外，他还认为“乱之本，鲜不成于上”，即是说人民之所以起来造反，根源少有不在于统治者的“贪暴”，而并不是什么“民之所为不善”。这已成为一种对官方儒家统治思想的义正词严的控诉。

但是，由于阶级和历史的局限，戴震在社会历史观方面依然是历史唯心主义的。他从抽象的人性论出发，希望封建统治者能以所谓“己所不欲，勿施于人”的精神来对待他的臣民们，“使天下无不遂其情”，那当然只能是一种不切实际的幻想。

有关中国哲学史研究方法论的几个问题[①]

一

在林彪"四人帮"专横跋扈的年代，他们为了篡党夺权，实行封建法西斯的文化专制主义，任意捏造历史，乱搞影射史学，代古说今，别有用心，大讲所谓"儒法斗争"贯串古今的谎言，曲解中国哲学思想战线上历来唯物主义和唯心主义两条路线的斗争，从根本上抹煞了哲学史研究的对象，从而使这门学科的研究成为一个重灾区，遭到了非常严重的破坏。今天有必要拨乱反正，从各方面肃清它的流毒和影响，而且根据各方面的反应，我们尚不能低估这种流毒和影响。粉碎"四人帮"到今天已经整整三年了，但在不久前，我们还可以看到个别地区的研究生考卷，在回答某些中国哲学史的试题时，还没有完全跳出过去"四人帮"在有关方面所设计的一些思想圈套。大家知道，"四人帮"对中国哲学史研究的破坏，从总的方面来说，主要是反动的实用主义，一贯任意取舍思想资料，并歪曲论点，断章取义，张冠李戴，把对于他们篡党夺权有利的即说成是真理，而且一成不变，永远如此，以致形而上学猖獗，唯心主义泛滥。如他们利用了过去所谓"儒家"、"法家"等概念一向缺乏确切的理解，以及"五四"以来反孔教的传统，便千方百计地钻这个空子，硬说我国历史上的"儒家"一贯是如何的反动，所谓"法家"又是一贯的如何进步，全不顾长

① 本文原载于《中国哲学史研究方法论讨论集》，中国社会科学出版社，1980 年。——编者注

期以来客观历史事实的演变，就信口开河、随心所欲地乱下定义，强行规定，然后再从这种主观的“定义”出发，配合他们政治上的反动阴谋，完全不顾事实，大肆开动宣传机器，并任意虚构真实的批判对象，再运动群众，乱扣帽子，乱打棍子，制造白色恐怖，真是顺我者昌，逆我者亡。其手法甚至阴险、庸俗到这样的地步，在大街上张贴标语，攻击坚持正确革命路线的一批老干部都是什么孔老二的徒子徒孙，或者挑动派性，对持不同意见的人公开点名，说某某“克己复礼”必败，真是弄得个乌烟瘴气，黑白不分。他们又硬把我国历史上的政治思想斗争，从古代奴隶社会起，经过漫长的封建社会，一直到鸦片战争(1840 年)后的近代半殖民地半封建社会，乃至 1949 年全国解放(台湾除外)、业已建成社会主义新中国以来的哲学战线也包括在内，都给套上同一个古老的模式，即笼统地都叫作所谓“儒法斗争”，而且二千多年来是一脉相承的。他们就是这样以继承“法家”的“道统”自居，又凭空根据那种僵化了的信仰，武断地看一切上层建筑领域的问题，并说成是什么绝对的真理，决定一切的路线斗争，真可算是集我国封建社会形而上学思想糟粕之大成。

鲁迅先生说过：“谩骂并不是战斗。”我们要彻底清除林彪“四人帮”在中国哲学史研究领域的流毒和影响，就一定要反其道而行之，也就是要做到有破有立，因为“仅仅宣布一种哲学是错误的，还制服不了这种哲学”(恩格斯语)。若果在批判工作中只晓得简单地搞一切“对着干”的办法，即凡是在历史上被林彪“四人帮”吹捧过的人，我们就坚决打倒，凡是历史上被林彪“四人帮”攻击过的人，我们就无原则地大力吹捧，而不作出任何事实求是的科学分析，乃至全面的评价，那还没有彻底摆脱林彪“四人帮”那种思想方法的影响，只知道在概念上搞对立，仅仅是为反对“词句”而斗争，那是一种空对空、理论与实际完全脱节的、只存在于脑海中的一种主观推论。正如不能用感想来代替政策一样，那是绝对不能解决问题的，特别是人们灵魂深处的思想问题，尤其是一向存在不同观点的学术争论。虽然一般说来在批判上也可能是破中有立的，但以实践作为检验真理的唯一标准，事实上毕竟还不能简单地将这二者完全等同起来。

这样，我们就要为建立科学的中国哲学史提供理论和方法的指导。这个指导思想是什么？就是要完整和准确地掌握马列主义、毛泽东思想体系。恩格斯说："每一时代的理论思维，从而我们时代的理论思维，都是一种历史的产物，在不同的时代具有非常不同的形式，并因而具有非常不同的内容。"①所以只有从客观历史事实出发，实事求是，利用经过批判审查的大量思想资料，理论联系实际，总结中国过去认识史的发展，特别是哲学思想战线上两条路线斗争的规律，但决不能将二者断然对立起来，用以提高我们理论思维的能力，为今后我国实现四个社会主义现代化扫清思想上的障碍。根据这种指导思想不断前进，无论从理论和实践方面来说，都是中国哲学史工作者责无旁贷的任务，因为"任何真正的哲学都是自己时代的精华"。

我们知道，马克思主义哲学的产生是世界哲学史上的革命，它从来不是为理论而理论，目的是要改造客观世界，为实现共产主义的崇高理想而奋斗。因此，我们虽然坚决反对林彪"四人帮"颠倒敌我关系、混淆了人们内部学术问题和政治问题的界限，以致对一些科学家和学术研究造成了空前的大破坏——这个教训是沉痛的——，但若是按某种正确的理解上来讲，我们正是主张科学研究必须自觉地为三大实践服务，从一方面来说，也就是要力求加强无产阶级学术与政治的联系，使科学精神与革命精神相结合。

毛主席在延安整风时期发表了《改造我们的学习》的光辉著作，提到要废除静止地孤立地研究马列主义理论，一定要做到"有的放矢"，即用马列主义之"矢"射中国革命建设之"的"。在今天来说，就是要在马列主义普遍原理的指导下，根据当前国际国内的新情况，来研究一系列的新问题。也就是说，要把研究现状、研究历史，跟学习马列主义的理论和应用有机地（或内在地）结合起来，决不能割断历史，因为古往今来本是联接在一起的，从来没有不从过去演变而来的现在，所以如果对昨天和前天是漆黑一团，也不可能真正了解今天，这是客观的历史事实，也是我们一切科学研究的出发点。由此可见，

① 恩格斯：《自然辩证法》，《马克思恩格斯选集》第3卷，第465页。

那种完全不管过去是怎样、根本忽视一切有关方面的历史研究，而只在那里信口开河空谈所谓现实的论点，显然是站不住脚的。在我国今后实现四个社会主义现代化，为什么目前要特别强调肃清过去封建思想残余的斗争，也就证明了这个颠扑不破的真理。

我们以为，研究哲学思想战线的规律，也跟研究革命战争的规律一样，固然要尊重外国革命战争的经验，但更要注意中国革命战争的经验，既要注重前人流血牺牲的经验，更要注重自己一代流血牺牲的经验。因此，对于林彪“四人帮”一伙所造成的文化灾难及其思想根源，决不能等闲视之，这不仅对于我们研究中国近现代哲学思想史会有所启发，乃至对于阐明中国哲学思想通史的规律，都是很有帮助的。正如恩格斯所教导我们的，人体解剖是猴体解剖的一把钥匙。也可说，注重现状的分析，是研究过去(包括哲学史)的一种入门捷径。因此，尽管各人可以学业有专攻，不能作强行划一的安排，但为了怕惹麻烦，如触犯忌讳，就干脆撇开当前社会的新情况，抛弃近现代而专门研究古代，并用此作为统一的规划，研究中国哲学史的指导思想，则肯定是不恰当的，那就违背了马克思主义的原则。在这里，我们还有一个设想，即最好有人注意研究我国古代哲学家的思想在近现代的反映，它们是如何被改造来加以应用的，这对于进一步阐明我国哲学思想中的发展规律，肯定是会大有帮助的。

作为一个马克思主义的哲学家，首先得成为一个无产阶级的革命家，对于哲学史的专门工作者，也应该不是例外。因此，必须根据时代的要求，在改变客观世界的同时，注意改造个人的主观世界，否则许多枝节问题将会永远纠缠不清，以至终于迷失了前进的方向。谈到改造主观世界的问题，作为专业工作者，例如通过中国近现代哲学思想史的深入研究，透彻地了解半殖民地半封建社会的基本矛盾，肯定会使我们更加坚信在十一届三中全会确定的四项基本原则，只有建设具有中国特点的四个社会主义现代化，才是我们唯一的出路。这就是研究哲学思想史也可以“古为今用”的一个很明显的例证。列宁说过，一些专业工作人员只有通过他们自己所从事的科学研究，掌握了事物发展的规律，才能巩固个人的共产主义世界观。此话显然也是在说明这样一个道理。

论到中国哲学史的科学研究，不妨用一句概括的话来说明，那就是根据马克思主义的普遍真理，结合中国哲学史工作的具体实践，从而解决一系列有关的问题。在这方面，坚持马克思主义的基本原则，如唯物主义和唯心主义都有胚胎、发生和发展的历史，存在着唯物主义反对唯心主义的斗争，不能取消哲学的党性原则，便是一个大体带指导意义的纲领。但是我们要想在这方面的研究取得进展、有所贡献，则决不能简单化和庸俗化地对待这些原则，不仅要在具体探索工作中花费很大的气力，而且必须在思想上来一个大解放，要认识到马、恩、列、斯并没有仔细地研究过东方各国的哲学，对于中国哲学史的一系列问题，乃至一些历史上著名的哲学家，很少作过什么理论上的分析和科学的评价（当然像孙中山这样个别的人是例外）。就是毛主席谈论过的中国历史人物和思想，虽然很富有启发性，可供参考，但是除近代部分以外，也非常有限。要想只根据这些革命导师的现成结论来拼凑成一部系统的科学的中国哲学史，那是根本不可能的。即使是已有现成结论的，因为时代不同，需要不同，也不能把背诵他们过去的只言片语当作今天科学研究的最新成果。我们要认真学习的是他们的立场、观点和方法，至于一些具体问题的解决，那只能是从当前的现实出发，以社会实践作为检验真理的标准，这对于一切历史科学也不是例外。

要提倡独立思考，只服从真理。正如毛主席所教导我们的，马列主义并没有结束真理，而是通过实践不断开辟认识真理的道路。我们今天也要学习毛主席当年怎样结合中国革命的实际创造性地对待马、恩、列、斯的态度，认真学习毛主席的著作，我们也要“反对本本主义”，丝毫不允许存在什么“先哲”一类形式的甚至神秘的念头，只能以马列主义的普遍真理作为指导，要从批判审查过的广泛的思想史料的研究中，引申出合乎历史事实的带有规律性的结论，要想做到这样，就得以一个名符其实的哲学家的头脑来研究中国哲学史，敢于反对任何偏见，有打破旧传统的勇气。还必须切实排除“左”右两方面的干扰，将这门学科的研究建立在实事求是的基础之上，从而使它成为一种具有相对独立性的科学，不再如欧洲中古社会那样成为“神学”的婢女。可是过去在一段时间内，由于极左路线的影响，有一种以论代史的做法，或者照抄某些外国人的结论，而不知道批判地汲取别人的成果，以致有一部分人认为，对过去的哲学家，只要替他划了阶级，并贴上唯物主义或唯心主义的标签，就算大事已毕，再没有什么可研究的了。这些简单的处理办法显然都是不正确的。

但是另外，我们也要知道哲学史这门学科的特点，即它是一种最近常提到的所谓边缘科学，跟很多学科的研究，如社会史、经济史、科学史、宗教史等都有密切的关系，如果撇开了那些方面的研究成果，单凭哲学思想资料，有时也还不容易作出全面的评价，因为任何人接受思想的影响是复杂的，同时有多方面的因素，何况中国不仅历史悠久，而且有许多社会特点，还创造了灿烂的古代文化，这样一个广土多民族的国家。我们只有认识了社会历史条件，才有可能认识到哲学思想发展的方向，确定进步或反动的标准。如目前中国古代社会史分期的讨论，对于中国哲学史的研究，特别是历史人物的评价，影响十分深远，甚至同一个人可以产生完全相反的结论，就是一个明显的例证，这也是在眼前要建立科学的中国哲学史体系所遇到的一个难处，需要大力开展“百家争鸣”来解决问题。

此外，科学的哲学史，应该既是哲学，又是历史，它的研究是以唯物辩证法作为指导思想的，它的核心——对立统一规律——的表现形式又在不断发展中，可见通史是断代史乃至专人专题研究的基础，因此决不能使研究的范围始终停留在某一个人或某一个时代上，既要做到重点深入，又不能停滞不前。固然，任何个人一点一滴的贡献都应当加以肯定，但若果多数人只搞一些不切实际的繁琐考证，像清代经学的末流一样，而根本不涉及从一种时代思潮如何转变到另一种时代思潮的深入探讨，既无思想体系上的逻辑解剖，更谈不上有思想路线斗争的阐明，一句话，完全不曾接触到历史唯物主义的基本规律。甚至有人把人类社会看成是古今如一、没有发展线索可寻，自然也就根本谈不上有什么科学的哲学史研究的任务了。马克思主义经典作家认为，黑格尔的巨大功绩，就在于“把整个自然的、历史的和精神的世界描写为一个过程，即把它描写为处在不断的运动、变化、转变和发展中，并企图揭示这种运动和发展的内在联系”①。可知取消马列主义基本理论的指导，实行大倒退，想用盲目搜集整理史料的办法来取代中国哲学史的科学研究，显然是存在问题的。与此事实相关，这里附带地还要澄清一种错误的认识，即有人以为研究中国哲学史只要能勉强查阅字典、从文字训诂上看懂古书，思想分析则仍然停留在旧时代的水平，一贯尊奉前人的义训，永远不再求新解，这样的所谓研究，不是等于在“发思古之幽情”？似乎旧社会三家村老学究的高头讲章，也算是所谓的中国哲学史研究了，这是很大的误解。我们必须懂得，马克思主义的哲学史研究是一种革命的科学，它有特定的对象和任务，是决不能脱离现实的，否则它如何可以引导人们向前看，而成为马克思主义理论的一个重要组成部分？

二

我们现在已经一般明了中国哲学史这门学科的性质及其特点，以下再就方法论上简要谈几个关键问题。

(一)在研究问题时，不能只着眼于一般的概念，单从定义出发，更不能望文生义

因为任何概念和定义，较之丰富而生动的客观现实，都是不完备的。总之，原则不是我们研究的出发点，而一切违背事实的原则，更是我们工作前进的障碍。但在一个刚接触到中国哲学史这门学科的人，如果缺乏必要的思想准备和工作经验，只从书本出发，对于马克思主义的运用又不能自如，则难免不犯这种错误，个人就有这一方面的切身体会。因此，马克思主义一再教导我们，对于任何一个哲学家(或思想家)，不能只看招牌、口头上标榜的是什么，一定要看货色，究竟卖的是哪样东西。所以马克思和恩格斯曾经这样讽刺地说过：“在日常生活中，任何一个小店主都能精明判别某人的假貌和真相，

① 恩格斯：《反杜林论》，《马克思恩格斯选集》第3卷，第63页。

然而我们的历史编撰学却还没有达到这种平凡的认识，不论每一时代关于自己说了些什么和想了些什么，它都一概相信。”这种不顾事实、迷信传说和书本的教条主义态度，可以说我国的“现代神学”跟它是一脉相承的。因此，对于任何人，不仅要察“言”，看他的议论，而更重要的是观“行”，注意他的活动，万不能作古人思想资料的奴隶。我国战国时代的孟轲尚且知道“尽信书，则不如无书”的道理。特别是对今天无产阶级专政的国家，马列主义已占据统治地位，逼得他们的敌人为了反对马克思主义也不得不打出马克思主义的旗号，平日唱的调门甚至比谁都高。林彪“四人帮”专权时代的这方面的教训，值得认真汲取。我们决不能孤立地来研究概念的发展史，一定要联系有关的具体方面来解决问题。

（二）哲学史的发展观

大而言之，不仅时代思潮是有发展的，各个时代有不同的时代特点，如魏晋玄学不同于两汉经学，清代考据学又不同于宋明理学。小而言之，任何个人的思想体系，也有一个形成的过程，如鲁迅思想有前期后期之分。乃至一切哲学概念的内涵，也是在变化发展中，不是一成不变的。正如马克思所说：“这些观念、范畴也同它们所表现的关系一样，不是永恒的。它们是历史的暂时的产物。”我们研究哲学史的工作者必须有这样一个基本认识，即社会历史永远在变化发展中，社会存在决定社会意识，作为社会意识和上层建筑之一的哲学，也必然在变化发展中，因此没有根本不变的思想意识。即使是相同的思想资料，同一个人的著作，在不同时代，不同国别，乃至对于同时而不同流派的哲学家，都可能有不同的理解，产生不同的思想影响，决不能一概而论，都要作具体分析。由于人们对于客观世界的认识本来是一个复杂曲折的过程，由浅入深发展，不可能毕其功于一役，因此我们决不能只采取其间某一个横切面，从而割断历史，把先后发生的思想，只注意到它们的不同点，就简单地对立起来，完全取消两者之间的继承性。更不能混淆古今，只从语言上或字面上的一致，便将思想内容也一视同仁，如见谭嗣同讲的是“仁学”，便认为完全是先秦的孔孟之道，让思想史永远停滞不前。如“四人帮”搞的所谓“儒法斗争”，可以贯穿两千年，乃至一直到今天的一样。因此，历来唯心主义的“道统”论或“法统”说都是非常荒唐的。可知科学的哲学史研究，一向是摧毁什么“顶峰论”乃至两个“凡是”说一类迷信的最有用的思想武器。

说到历史上这种概念内涵与形式的变化，自然也不是毫无规律可循的。即以中国哲学史上的一些基本范畴而论，如道、气、心、理等，大体上也都是先从具体到抽象，或是从特殊到一般，然后再从抽象的一般上升到结合具体的一般的。等到这些旧概念包含不了后来那些本质上是全新的内容的时候，自然就只能由别的概念来取而代之了，出现了专门术语的革命。这一发展线索，具体分析，虽也难免错综复杂以至循环往复，但是大体上可以显示人类认识史的实在过程，体现一种矛盾发展的客观辩证法，逻辑的先后基本上有同于历史的先后，可以见到历史的方法与逻辑方法的一致性。而且这种哲学发展史的普遍规律，可以说根本没有什么中外的不同。再以“哲学”这个名词作为例子，它本来不是中国所固有的，其含义也在不断变化中，语源出自古代希腊，是“爱智”的意思，曾先后被我国翻作“玄学”或“理学”，但是很容易跟我国历史上的“魏晋玄学”、“宋明理学”等相混，中外无别，难免产生误解，最后始从日本人译作“哲学”(他们根据中国最早的《尔雅》一书，其中有“哲、智也”的解释)，甚至过去在一段时期内，尚有中国究竟有无所谓“哲学”的争论。在这里至少又有两种倾向，或者认为中国根本没有“哲学”，夸大了那种特殊性，以至于根本否定它们之间有一致性。或主张中国有所谓“哲学”，但只能是简单地按西方哲学思想的模式来选取中国的资料，等于取消了中国哲学的民族形式，从而产生了用西方哲学的框框生搬硬套中国哲学的做法，他们夸大了西方哲学的普遍性形式，无形中取消了中国哲学。这些不同的论点，证明了即使是同一个时代的人，由于立场和观点的不同，对于哲学研究的对象，也还存在着不同的见解。又如今日大家常用的“形而上学”一词，原本是“后物理学”的意思，公元1世纪在编撰《亚里士多德全集》时，根据原来学习课程的先后，临时制定的一个名词，并非专指与辩证法对立来说的。中国古书《周易·系辞》

有“形而上者谓之道，形而下者谓之器”，日本人因此用“形而上学”来翻“后物理学”，我国哲学工作者也就采用了。再如究竟什么是宗教(同样是一个外来语的译名)？与一般世俗迷信如何区别？关于它的确切含义，在新中国成立后也还引起过争论。这说明我们不能用今天这些名词的新内容硬搬到古代去。谈到中国哲学的形式和内容，自然有它的许多特点，亦如欧洲哲学、印度哲学、阿拉伯哲学等也各有自己的特点一样，要打破那些什么文化中心论，并且要加强比较研究，来提高研究的科学水平。但是我们今天又不是根据这些旧时代的哲学形式作为榜样来写哲学史的，也不是简单地抄袭任何封建时代的有关著作乃至一切资产阶级学者的论断来编纂哲学史的，而是以马克思主义的哲学——辩证唯物主义和历史唯物主义——作为指导来重新改写中国哲学史。马克思主义哲学是研究世界的，即自然、社会和思维的统一发展观。这种世界观又是一种方法论，它可以引导我们的研究不断地深入，但没有给我们提供任何有关具体事物的最后的现成结论。这样，严格地说来，“我们只能在我们时代的条件下进行认识，而且这些条件达到什么程度，我们便认识到什么程度”。因此它与一切旧时代的哲家史，无论在内容和形式上都有不同的特点，它是哲学史上的革命。我们在这里强调了马克思主义普遍真理的指导，决不是有意抹煞中国哲学史固有的特点，而是恰好相反，要从具体情况出发，来加强有关的多方面探索，只有这样，越是深入系统地研究，越能显示出中国哲学史的特点来，它跟过去那种简单地以欧洲哲学史来牵强比附中国哲学史的做法是完全不同的两码事。

(三)注意哲学思想的阶级分析

这是马克思主义理论的重要方面，不同于过去一切剥削阶级的哲学史著作在内容上的特点之一。但这是一个比较复杂的问题，我们虽然要注意思想家的出身，乃至他本人的学习经历，但决不能宣扬唯成分论，必须从过去一切形而上学的阶级分析法中解放出来。要知道，凡是第一代的马克思主义者、无产阶级的革命导师，都是从旧社会、旧学校过来的，也不一定就是劳动人民。大家知道，马克思夫人出身贵族家庭，但是最忠诚于无产阶级的革命事业。至于哲学家本人官位的高低，同样也不能作为唯一的根据。可见思想的阶级分析，因素很多，要重在表现，综合考察。虽然如此，但决不能取消这种分析，从而违背了历史唯物主义的基本原则——存在决定意识——，因为我们所研究的都是“在一定历史条件和关系中的个人，而不是思想家们所理解的‘纯粹’的个人”。所以每一个人的思想深处，应该说是无不打上阶级的烙印。

至于评价历史人物，乃至确定他的进步或反动，必须摆在一种具体的社会历史条件下。列宁说：“马克思主义的绝对要求，就是要把问题提到一定的历史范围之内。”简单地说，就是按社会发展史的客观规律来判断。即以评价当代的一位历史人物为例，他在不同时期的功过，应该根据所处革命时期的特点，既不能因过去的功而掩盖后来的过，也不能因后来的过而抹煞以往的功，总要有一种实事求是的态度。如最近对于如何评价“五四”运动时期的陈独秀思想的讨论，就充分地体现了这种精神。如果再推广而论，在分析地主阶级或资产阶级的思想在历史上的作用时，也必须与当时的生产方式结合起来进行考察，确定他们有在上升时期与没落时期的不同，对统治思想也还有顺从和反抗的差异。又如分析农民阶级的思想，也不能笼统地说它比资产阶级思想进步，必须看是什么社会历史条件下的农民，不能把前期封建社会、后期封建社会、半殖民地半封建社会乃至社会主义制度基本建成后业已实行人民公社化的农民，都看作一样，乃至在革命高潮时期和革命低潮时期，也不作任何区别。虽然一般说来资产阶级的哲学要比封建的思想进步，但是对待某些特殊情况，也还要加以具体分析。再如在封建社会的农民与地主、在资本主义社会的工人与资本家之间，虽然基本矛盾是不可调和的，但也应该说是既有对立又有统一，不是完全互不相干、彼此毫无影响的，双方都在同一社会形态的对立统一之中，存在着相互依存、互相渗透和互相转化的关系。中国近代民族资产阶级的两面性，则是帝国主义时代半殖民地半封建社会这种特定历史条件的产物。甚至一个阶级的思想家和他所代表的当权派统治者之间，由于有时直接利害的不同，也存在着一定区别，这都是客观事实。所以那种简单地从阶级对立的关系来直接推论哲学战线的斗争、区分唯物主义和唯心主义的方法，不免近乎虚构，是很不科学的。

可知对于哲学思想的阶级分析，决不能草率从事、形而上学地看问题。对这种具体问题的具体分析，只能是根据社会发展史的客观规律，在整个环境和有关时代思潮的影响下，实事求是地估量某些哲学家和某种思想体系在当时的地位和作用。因此，首先得有全局的观点，把握事实的总和，它不应该是片断感性材料的堆砌，更不是其中片言只语的主观臆测，而是把那些思想看作历史发展中整个链条的一个环节来加以分析，集中体现了各方面研究的成果，一种理性认识的高度概括和总结。只有这样认真地来做，方可避免简单化的毛病和思想上的片面性。如毛泽东同志曾说章士钊是一个反人民但不反共的人，表面上好像是矛盾，但在实际上则恰如其人，便是一个很好的例证。

(四)哲学与生产斗争的关系

大家知道，哲学显然不是生产斗争的直接产物，因此决不能说历来的劳动者都是天生的哲学家。但是过去生产规模的狭小，肯定会限制人们的眼界。所以只有到了伴随巨大生产力——大工业——而出现近代无产阶级的时候，才有可能产生马克思主义的科学。关于在没有消灭阶级对立的社会，毛主席说过：人的知识有两种，一种是生产斗争的知识，即自然科学，另一种是阶级斗争的知识，即社会科学，哲学则是对于自然科学和社会科学的概括和总结。但是对于人类社会来说，生产斗争又是最基本的，这是非常正确的。因为如果没有生活资料，人们就根本无法活下去，哪里还能谈到其他的一切？所以恩格斯说："我们自己创造着我们的历史，但是第一，我们是在十分确定的前提和条件下进行创造的。其中经济的前提和条件归根到底是决定性的。但是政治等的前提和条件，甚至那些存在于人们头脑中的传统，也起着一定的作用，虽然不是决定性的作用。"就社会发展史来说，从无阶级的社会再进入有阶级的社会，这是一个进步，后来又有消灭阶级的可能，实现共产主义，最重要的关键就在于生产力能得到不断的发展。所以林彪"四人帮"一伙极力反对学习一切先进的科学技术用来发展生产，提倡什么“穷过渡”，其实就等于在反对社会进步。

中国哲学史上某些基本范畴的演变，按其思想实质来说，也部分地反映了这种社会历史发展的客观规律。如以“阴”“阳”的对立为例，原义是背太阳为阴，向太阳为阳，这是与农业生产知识直接相关的。但是到了阶级社会，特别是封建确立以后，明确以君臣、父子、夫妇为“三纲”，在“三纲”中又以君、父、夫一方为阳，臣、子、妇一方为阴，又大肆宣扬以阳为主，以阴为从，这就明显地被带上阶级社会的属性了，从而成为统治阶级的一种思想工具、封建社会的一种精神枷锁了。恩格斯在《自然辩证法》等书中特别强调19世纪自然科学上三大发明与建立马克思主义哲学，即辩证唯物主义的内在联系，认为只有自然科学进步，不仅认识到动植物都是由细胞构成的，而且有生存发展，乃至人类本身也确实是从动物进化而来的事实，而且物质的元素和能量在一定条件下也是可以相互转化的，于是变化发展的观点、自然界的辩证法才得到普遍的证明，从而使马克思主义哲学、唯物辩证法成为一种科学，而不再是一种什么哲学家的天才猜测了。马克思主义并进一步认为，科学的重大发现必将引起哲学面貌的改观。由此可见，自然科学是一切知识的基础。生产斗争，即科学技术的发明创造，对于推进哲学理论的发展该是多么重要啊！然而新中国成立后在我国理论工作中出现了一股逆流，某些人为了所谓的“突出政治”，加之他们自己对这一方面的无知，硬把哲学与自然科学的联系，实际上是斩断了。这也影响到中国哲学史的研究。由于对中国科学史的研究成果注意不够，如气与阴阳五行等概念在医学上以及农业、天文学上的应用不甚了然，即缺乏具体的认识，以致将中国古代唯物主义哲学的内容也讲得非常贫乏和没有发展了。

为此，我们今后必须特别注意哲学史上唯物主义与自然科学的联盟，以及唯心主义世界观是怎样影响了自然科学的发展，并进一步总结这一方面有用的经验和教训，肯定对我国实现四个现代化也是有重大现实意义的。林彪“四人帮”一伙向来以理论权威自居，伪装高举毛泽东思想的旗号，却全面反对学习最先进的科学技术，并从根本上攻击实现四个现代化的方针，逆历史潮流而动，他们对于马克思主义哲学的一窍不通也就可想而知了。

(五)哲学与阶级斗争的关系

生产力与生产关系的矛盾、经济基础与上层建筑的矛盾是社会发展的根本动力。阶级的出现，首先是生产力发展的结果。人民，只有人民才是创造历史的主人。而历来的剥削阶级为了巩固自己的统治，经常歪曲历史，存在着偏见，这是不以人们意志为转移的客观事实。而且“更高的即更远离物质经济基础的意识形态，采取了哲学和宗教的形式”。在这里，观念同自己的物质存在条件的联系，愈来愈混，愈来愈被一些中间环节弄模糊了。但是这一联系是存在着的。因此，任何一个国家，如果没有无产阶级革命的要求，就不可能接受马列主义的指导。相同的哲学思想，在不同的社会历史条件下，将起不同的作用。如我国宋代朱熹的客观唯心主义在欧洲哲学史上的影响，明代王阳明的主观唯心主义在日本哲学史上的影响，都不全同于它们在我国哲学史上的情况。又如近代的启蒙思想家严复，根据中国半殖民地半封建社会必须发愤图强、以免亡国灭种的进步要求，创造性地介绍了西方科学家赫胥黎的《天演论》(新译本《进化与伦理》)，虽同样包含有反动的社会达尔文主义成分，但它在我国当时所起的觉醒作用，与西方帝国主义国家的侵略者是不可同日而语的。鲁迅先生早年也曾称道过德国尼采的“超人哲学”，用意是在鄙弃当时统治阶级上层的庸俗习气，它的社会影响，自然也不完全相同于后来西方法西斯提倡的“权力意志论”。又如我国从汉代开始，经过中亚细亚传入了印度的佛教，在过去不同历史时期所产生的社会影响，也是不完全和它的发源地一样的。其间与我国传统思想对立、合流乃至同化的情况，错综复杂，这里暂且不谈。

即以反佛教的思潮与民族矛盾的关系一端为例，佛教对中国来说是外来的，所以有“华夷之辩”，但对印度或尼泊尔来说，则根本不存在这方面的问题。再如我国过去民间流行的信仰观世音(按正译应作“观自在”)菩萨，原来是男身，后来却变成了女性，一位“送子”的神灵，那分明是先秦儒家宣扬“不孝有三，无后为大”，这种封建传统思想在旧社会的泛滥，岂可说是印度佛教的产物？所以我们在研究哲学的工作中，一定得注意理论体系方面“源”与“流”的关系，要知道现实社会的矛盾斗争是“源”，而过去思想资料的引用则只不过是“流”，万不可主次不分，“源”“流”倒置。以致将哲学战线上的根本对立，简单地看作只是一种所谓纯学术的产物，或者是古代不同思想的翻版，完全与三大实践无关，从而取消了哲学的产生、发展与阶级斗争的关系。恩格斯说：“唯物史观是以一定历史时期的物质经济生活条件来说明一切历史事变和观念，一切致治、哲学和宗教的。”总之，无产阶级的哲学史研究，决不能为了怕麻烦而使思想理论脱离现实。

（六）哲学思想的批判继承问题

任何一种哲学思想体系的建立，不可避免地要从前人积累的思想资料出发，从过去和当前的研究中存在的问题出发。不管怎样具体进行，是表示赞成或反对，乃至从事批判的分析等，大家都是很清楚的。唯物主义者要继承唯物主义的路线，然后再加以发展，有所前进，看来也是不成问题的。毛主席曾说过：我们为了学好马克思主义哲学，一定要看反面的唯心主义和形而上学的东西，不然就唱不了对台戏，换言之，即缺乏战斗力。这是经验的总结，实践证明也正是如此。目前外国有一些中国佛教思想的专门研究者，往往不注意读反佛教的书，一些中国无神论的专门研究者，又往往不注意读佛教、道教等方面的书，其结果是他们虽然都很用功，但多数成就还不够理想，一部分原因也在于此。再如我们党，如果不是认真地研究了蒋介石的反动言论和反革命的经验，我们能在各条战线上彻底粉碎他的进攻吗？毛主席又经常教导我们要向敌人学习，并一再强调反面教育的作用。这些大家都很少怀疑过。现在问题的症结只在哲学思想方面的特殊性，简言之，即唯物主义理论对于唯心主义哲学，在历史上有无批判继承的问题。

马克思主义经典作家一向认为，没有德国古典哲学就不可能有马克思主义哲家，但又说在黑格尔那里“辩证法是倒立着的。必须把它倒过来，以便发现神秘外壳中的合理内核”。可见问题又不是如一般想象的那样简单。列宁在《谈谈辩证法》这篇非常著名的短文中，对哲学唯心主义的认识论根源有最精粹的论述，他说：“从粗陋的、简单的、形而上学的唯物主义的观点看来，哲学唯心主义不过是胡说。相反地，从辩证唯物主义的观点看来，哲学唯心主义是把认识的某一个特征、方面、部分片面地、夸大地，……发展（膨胀、扩大）为脱离了物质、脱离了自然、神化了的绝对。”又说：“人的认识不是直线（也就是说，不是沿着直线进行的），而是无限地近似于一串圆圈，近似于螺旋的曲线。这一曲线的任何一个片断、碎片、小段都能被变成（被片面地变成）独立的完整的直线，而这条直线能把人们（如果只见树木不见森林的话）引到泥坑里去，引到僧侣主义那里去（在那里统治阶级的阶级利益就会把它巩固起来）。”在这里很明显地告诉了我们，并不是一切唯心主义哲学都是从天上掉下来的、全是凭空而起，其实在内容上也包含有它一定的客观基础、唯物主义的内容，只是在人类认识的长河中，被割裂、歪曲和颠倒了。即以彻底唯心主义的我国古代《庄子》哲学而论，他在进行相对主义的诡辩时，像《齐物论》中为了否定美丑有客观的标准而举出的各种例子，如说鸟见了美人则高飞，鱼见了美人则深入等，也都是事实，不等于完全在造谣。《养生主》篇一上来就说的“人生也有涯，而知也无涯，以有涯随无涯殆矣”，在这里，前两句话并没有错，而且包含一定的合理内核，只是结论完全错了。哲学史上，由于夸大主观能动性或精神的决定作用，从而陷入唯心主义泥潭的，更是大有人在，可说中外古今都有。

在社会主义建设事业中，由于违背了客观规律，它的破坏性更是不能低估。在这方面，我们过去也有足够的教训。但对于工作一贯积极、不是存心搞破坏的干部来说，他们在认识论上的错误只在于夸大、鼓吹，而我们也并不是取消主观能动性的作用，以致重犯形而上学唯心主义的错误。唯心主义对于一部分人之所以还有蒙蔽作用，其中一部分的原因也正在于此。事实证明，相反相成的道理，依然可以适用于唯物主义反对唯心主义的斗争。显然可见，历史上有影响的唯心主义哲学体系是可以分析解剖的，是存在有可以改造、发掘或颠倒过来成为合理因素的，并对于同时和后来唯物主义哲学的发展将产生积极的作用。何况马克思主义以前的唯物主义都还是不彻底的唯物主义，特别是在社会历史观方面，更是唯心主义占绝对统治地位。至于包含有丰富辩证思想的唯心主义，则正如列宁所说，“聪明的唯心主义是比愚蠢的唯物主义更接近于聪明的唯物主义”。恩格斯说过：“问题决不在于简单地抛弃这两千多年的全部思想内容，而是要批判它，要从这个暂时的形式中，剥取那在错误的、但为时代和发展过程本身所不可避免的唯心主义形式中获得的成果。”

可知在唯物主义反对唯心主义的斗争中，相互之间的批判继承关系是多方面的。具体说来，固然有专政对方的弱点，但同时也有相互改造利用、真假颠倒，乃至汲取提高等多方面的关涉，甚至可以化腐朽为神奇，内容也是非常丰富的。此外，马列主义在谈到继承历史上的优秀文化遗产时，并不排斥剥削阶级的创造，只不过是叫人们要善于消灭它们的反动倾向而已，不完全像两军对战在沙场上，只有你死我活的一种结果。因此，我们既反对民族文化虚无主义，要讲继承的关系，又反对复古主义，要强调批判，从而对一切剥削阶级的思想意识实行最彻底的决裂。

马克思主义讲的批判继承，本是从客观的具体事物或真实思想出发，包括了一切有关方面的“推陈出新”，它是脚踏实地的创造，不是漫无边际的空谈，自然体现了一种辩证统一的关系，决不是对过去单纯的否定。正因为它是具体的，同时又在前进中，所以也有点像“运动”这个概念，包含了一个东西同时在这一点又不在这一点的矛盾。如果片面地从形而上学的观点来看问题，便以为批判就是否定一切联系，继承则是原封不动地照搬，凡是相反的事物或思想，两者之间便不存在任何的同一性，那就根本无法理解有关批判继承这个马克思主义的历史辩证法。列宁曾明确地告诉我们：“无产阶级文化应当是人类在资本主义社会、地主社会、官僚社会压迫下所创造出来的知识合乎规律的发展。”

最后，我还想附带地提到中国古代哲学的某些内容或特点，但是不可能系统地来谈。因为论到这些过去哲学思想的特点，首先必须从社会历史的根源上来找，这就必然会牵涉面很广。现在只从它的相对独立性或表现的形式方面来谈，即我国过去不少哲学家更多地发挥了伦理(道德)和心理(精神)方面的一些思想，并特别注意将“知”与“行”结合起来的修养，如所讲动静、理气、性命等哲学范畴的关系，实在并不限于专指外界事物的变化和构成(组合)、即自然现象的物理性质而言，往往更深刻地包括了人们思想活动的某些特点，乃至道德情操与感物而动的特殊反应，是人类特有的一种精神状态，如西方著名哲学家斯宾诺莎《伦理学》一书部分涉及的内容，不少印度哲学流派的思想也有类似的情况。如果在研究中孤立地进行，恐怕难于把握思想的实际；把这方面的问题完全排斥在理论研究范围之外，在哲学史著作中几乎一字不提，或简单地都斥之曰“黑修养”，现在看来似乎也不甚妥当。因此，在剔除其封建性糟粕的同时，更科学准确地开展中国伦理学史的研究，实在刻不容缓，至于究竟应该如何正确分析、评价，当然是另一问题，这里就不多谈了。

关于伦理学研究的几个问题[①]

1. 中国古代哲学史上的所谓“伦理”与“道德”

哲学上各种概念、范畴的内容（内涵、意义）是随时代变化的，哲学本身亦不例外。近代科学概念与欧洲学术的输入，“伦理学”亦如“哲学”、“形而上学”、“宗教”等，均译自西方，其间既有基本相同的内涵，但也有部分的差异，不必完全相合。

中国古代所谓“伦理”，是人伦物理的简称。伦，类也，不伦不类；理是分别、条理。有人的关系的分类，如君臣、父子、夫妇；相应于这种关系的分类，如忠、孝等。中国古代所谓道德，道是最高的原理、规律、原则，本指天道（老子）；德者得也，天道人事。汉代的人物评论善人伦，如何晏的道德论。

伦理道德是一种社会历史现象，是一种上层建筑，有它生成、发展乃至衰亡的历史。一个时期占统治地位的道德，是那个时期作为统治阶级的道德。

从中国古代统治阶级道德的内在矛盾来说明它的发展。

对立阶级道德的矛盾与本阶级道德的内在矛盾。

奴隶社会：周公的“天道无亲，唯德是辅”。

封建社会：汉景帝时黄生与辕固生关于汤武革命的辩论最能说明问题。

---

① 本文是石峻先生 1980 年 6 月在江苏无锡召开的“全国第一次伦理学讨论会暨中国伦理学会成立大会”上的发言底稿。——编者注

从汉代举孝廉的虚伪性到曹魏的篡权——尧舜禅让事业。

名教与自然——农民起义、科学发达、唯物主义批判等。

汉代儒学到魏晋玄学的演变，以道家哲学为本。

从唐代道统说，本于法统，根于门阀制度。

客观唯心主义。

封建宗教道德的矛盾就更明显了，如把禁欲主义绝对化而产生的矛盾。

2. 马克思主义伦理学(的哲学)研究的方法论

不能单从概念定义出发，要从客观事实出发，进一步深入。

步步深入：辨名实、言行、现象(假象)本质、比较社会学、伦理学，用不同的形式表示相同的意义，如中外婚丧礼用红白的相反，如孝的厚葬与天葬、水葬。

联系：道德不是一种孤立的社会历史现象，与其他经济、政治、宗教的关系。道德是一种上层建筑，与生产斗争和阶级斗争的关系及其反作用，和相对的独立性。

发展规律：有不以人们意志为转移的客观规律，虽然非常复杂，但仍有规律可循，因此才可能成为一种科学。

儿种研究方法：

(1)现状的调查。动态、动向、社会影响(作用)，提供第一性的材料，客观实际，为国家提供方案，正确处理两类不同性质的矛盾，加强团结，为社会发展、加速四化扫清思想障碍。

(2)历史的考察。不了解过去就不了解现在。例如不了解近现代历史，就很难系统深刻地了解实现四个社会主义现代化的重大意义。

中国古代哲学史的特点：大量伦理思想材料，理气、动静等，不是单纯的物理概念，而是包括道德修养与道德情境。不懂得这方面的关系，也不可能真正懂得古代中国哲学及其贡献。通过历史借鉴，提高理论思维的能力。

(3)理论的研究。可以从多方面进行。批判中外一切剥削阶级的道德，划清封建、资产阶级和无产阶级道德的界限，批判道德上的形而上学(不变道德)和唯心主义(主观空想)。

理论研究特别重要的是：伦理学的特点一向是不只注意空谈，而是要求见诸行动，而且指导思想要一以贯之，有统一的原则。马克思主义者认识世界的目的是为了改造世界，改造客观世界与改造主观世界。世界观的改造是根本立场的转变，否则是不巩固的，随时都可能变成风派。古人说的要“先立乎其大者”，为学首要“变化气质”，都是讲的这个道理，不过他们是要维护封建统治阶级的利益罢了。不仅通过时事政治，而且要通过专业来改造世界观。马列主义哲学的指导是研究伦理学的根本，否则要犯方向性的错误。

(1)历史唯物主义——社会意识是社会存在的反映——，这个关系不可颠倒。从社会找原因，意识经常落后于存在，习惯势力对于社会发展的阻力是巨大的。

(2)对立统一规律是研究伦理学理论的根本思想。

a. 阶级社会道德的对立与统一。相互依存，相互渗透，量变到质变。不能形而上学地看问题，反对唯成分论。综合考察，重在表现。

b. 批判继承的对立统一关系。

c. 哲学范畴的内在矛盾与统一。集体主义，就是个人利益与全体利益的矛盾与统一。没有个人利益，也不存在所谓集体利益这个概念了。

d. 理想与现实也是一种矛盾的统一。是一种矛盾发展的现象，不从现实出发的理想是空想，理想表示有变为现实的可能。

3. 有关伦理学上的几个重要的理论问题

问题很多，同志们的研究有很多创见，我不想重复，只想简单地一谈。

(1)知识与道德的问题。

愚昧无知不可能产生高尚的道德，盲从不是道德。理解的要执行，不理解的也要执行，愚民政策不是马克思主义，宗教信仰不产生高尚的道德。只有了解社会发展规律，知道自己行动的目的和意义，而又尽最大努力去实现，那才可能产生高尚的道德。所以古代进步的伦理学家一向都注意两者的联系。好像知识越少道德越高，这是不符合马克思主义基本原理的。

(2)自由与必然的问题。

如果在带关键性的问题上没有相对的自由选择，那就根本谈不上有所谓道德上的责任。但是不识必然(客观规律)的选择将是盲动，不会促进社会的发展，将不会真正达到改造客观世界的目的。那至少不是一种科学的社会主义理想，不是彻底的唯物主义者。

(3)根据与条件。

这里，根据是指社会的内在矛盾、客观需要，条件是指各种外来的影响。没有无产阶级革命的要求，也就不可能接受马克思主义的指导。国家社会如此，个人也是如此。因此相同的思想在不同的社会历史条件下将产生不同的影响。历史上融合、接受外来的思想，一向是有条件的，如历史上的佛学，清代把"全世界无产者联合起来"翻作"四海之内皆兄弟也"。

(4)马克思主义伦理学的科学研究是共产主义道德教育的指导。

共产主义道德是社会主义的道德努力方向，离开了共产主义道德的指导(方针)，就谈不上是社会主义道德，这个又一致又有区别的关系，正是历史唯物主义的辩证法。

马克思主义伦理学的现实意义与研究方法①

一、研究马克思主义伦理学的现实意义

伦理学是马克思主义哲学的重要组成部分。马克思有一句名言，过去的“哲学家们只是用不同的方式解释世界，而问题在于改变世界”②。我国无产阶级和革命人民在推翻封建—资本主义的反动统治之后，建立中华人民共和国已经三十多年，其间林彪与“四人帮”的十年大破坏，使我国社会生产力目前较之世界先进水平还有很大的差距，今后为了多快好省地实现中国式四个社会主义现代化，在改造客观世界的同时，必须尽力改造人们的主观世界，大力扫清在前进路上的思想障碍，换句话说，如果造就合格的实现四个社会主义现代化的各级干部，是不能不在党中央的正确领导下，同群众一道从理想变为现实的。毫无疑问，在这里得努力学习先进的科学技术，固然是一个重要方面，但是还要具备共产主义的远大理想，养成作风正派，有道德的人格，富于牺牲精神，不斤斤计较个人的得失，可能更是一个根本。因为一切机器终究是死的，只有人才是活的指挥者，有主观能动性的。因为在有了正确的路线和有关具体方针政策之后，干部是否合

---

① 本文是石峻先生生前遗稿，撰写时间不详，很可能是在20世纪80年代初期的第二次中国伦理学会会议上的发言稿。因写作时间及内容与上文《关于伦理学研究的几个问题》比较接近，故编排于此。——编者注

② 《关于费尔巴哈的提纲》。

乎条件、要求，显然就是一个决定性的因素，所以今后要发扬我党的优良传统，广泛开展共产主义道德教育，其重要性也就不言而喻了，这是一个非常显而易见的道理。

但是，要在全国范围内开展共产主义道德教育，而不流于形式、走过场，并且能够真的作到逐步深入，在思想上解决问题，则必须同时加强马克思主义伦理学的科学研究，在提高的基础上再加以普及。

二、有关马克思主义伦理学研究的方法

因此，我们现在来谈马克思主义伦理学的研究方法便不能说是“无的放矢”、毫无现实意义的了。

伦理学又是一门边缘科学。大家知道，它与许多学科，如经济、政治、宗教、心理、教育乃至民俗学，都有直接的关系。因为通常所谓道德行为，从来就不是一种孤立的社会现象，它既要受到过去习惯势力的影响，同时又必须见诸事实行为，不能只停留在一种纯粹的理论思辨，甚至学术也会因人而异，因此它的复杂情况是不难想象到的。

谈到马克思主义伦理学的研究，首先要反对封建教条主义的学习方法，反对愚民政策，反对偶像崇拜。马列主义的道德是以社会发展史的知识武装起来的自觉的行为，如果没有自觉，也就谈不到有很高的道德，所谓“知识越多越反动”是根本违反马克思主义原理的。

谈到伦理学的研究方法，最通常的有：

1. 一般社会学的方法，即通过现状的调查研究各种社会动态、动向、社会影响等，乃至风俗习惯等，做出归纳，比较分析，提供第一手的系统材料，根据客观实际为国家提供方案，表扬先进，批评错误，正确处理两类不同性质的矛盾，调动一切积极因素，团结一切可以团结的力量，同心同德地建设社会主义，乃至一直到共产主义，以及如何进行共产主义教育的方法，都在这个范围。

2. 理论的研究，作为历史唯物主义的一个重要组成部分，可以社会存在决定社会意识、质变量变的规律，主要是通过对立统一的规

律、否定之否定的规律、基础与上层建筑的关系等，来考察社会道德现象的发展规律，以及各种理论问题，如根据与条件、动机与效果、知行关系等，批判地继承道德善恶、仁义、公私、义利、理欲、苦乐等，以及各种道德范畴(的矛盾统一)，阐明辩证唯物主义的世界观、矛盾发展观。在思想问题上，名人的话不见得都是名言(以章太炎为例)，世界观的改造是根本的改造，不是枝枝节节的改造，是人格的改造。

3. 历史的研究。道德是有继承性的，又是与传统的旧势力作斗争的，又是理论要见诸行动、联系实际的。不了解过去就不能了解现在，当然，了解现在也能帮助了解过去，所谓“人体解剖是猴体解剖的一把钥匙”，说明道德是一种历史现象，阶级道德是过去社会的必然产物，它的辩证发展是相反相成的，体现了对立统一规律，忠君、忠人民是相辅相成的关系，不能割断历史。

中国古代伦理学的特点是有大量的伦理思想材料。“三纲五常”、“四大绳索”与封建社会的关系，如天人、理气、心性、动静等，都不是单纯的物理性概念，而是包括道德修养与道德情操的；喜怒要适当、“中节”，不是那么容易做到的，所以要讲修养功夫。修养不一定都是“黑修养”。

不懂这方面的关系，也就不可能真正懂得古代中国哲学及其贡献。中国哲学与伦理道德的关系特别密切。要懂得中国古代伦理思想的特点，就要首先懂得中国古代社会的特点：①如以血缘关系为纽带的奴隶制的特点；②封建专制主义多民族统一的国家，阶级斗争的尖锐和复杂；③近代半殖民地半封建社会的特点，等等。资产阶级的道德、封建的道德往往夹杂在一起，父子之间、婆媳之间、上下级之间。

伦理学的研究方法，首先是不能单纯从抽象的善恶概念或定义出发，不能离开具体事实来作抽象的推论，而必须以社会上客观存在的道德行为作根据，以马克思列宁主义的普遍真理结合当前的具体实践来进行实事求是的研究。要总结有关这一方面的经验教训，进一步提供带规律性的原则，作为广泛开展共产主义道德教育的指导。

社会道德现状的调查，即是对于现实社会各方面、各阶层道德面目的调查(研究)。这里首先要注意的即是要严格注意“名”与“实”的区别，因为社会上有“美名”的，不一定就有“善行”。在调查研究中，要注意多数人的意见，要认识少数人的议论，要善于从矛盾的论争中发现问题。固然要注意一个人的言论，但更重要的是考察他的行动，必须懂得怎样分辨一个人的假象、伪装和真情本质，从而实事求是地掌握各种人的思想动向、行为准则和社会影响。

我们不能抛弃马列主义的基本原理，不能抛弃一切经过考验的行之有效的理论。

范缜评传[①]

一、范缜的生平和时代

范缜，字子真，我国5世纪下半叶至6世纪初杰出的唯物主义无神论者，南阳舞阴(今河南泌阳县西北)人，约生于宋文帝元嘉二十七年(450年)，约死于梁武帝天监十四年(515年)。祖父范璩之，官做到“中书侍郎”。父亲范蒙，在范缜还在幼年时就去世了。他生活在南朝宋、齐、梁之间，这样一个全国不统一、民族矛盾激化、各地大野心家你争我夺，同时农民起义此起彼伏、社会非常动乱不安的时代。而他自己的家世，则处在日益衰落之中。在当时门阀制度已形僵化的社会，出身豪门士族的人享有种种封建特权。同时外来的佛教信仰，由于受到历来统治阶级上层的提倡，在社会上广泛流行，加之寺院经济的发达，出现了僧侣特权阶层，也成了变相的门阀士族，他们往往相互利用，狼狈为奸。

据《梁书·范缜传》，说他“少孤贫，事母孝谨”。可见范缜幼年只是依靠母亲过活，居住在自己的家乡，显然已完全从过去的官僚地主家庭没落下来了。范缜到18岁那一年才开始远离家乡，去沛郡相县(今安徽宿迁县境)拜当时颇有声名的儒者刘瓛(音桓)为师，并在那里跟他读书。那里的同学们大多是一些有钱有势的贵族子弟，平日出入车马，穿着华丽。范缜的生活却是贫苦的，但他却从不因此而感

① 本文原载于《中国古代著名哲学家评传》第二卷，齐鲁书社，1981年。——编者注

觉到有什么“耻愧”。据史书记载，在这位刘瓛的门下，他可算是“卓越不群”的人，平日刻苦用功，专心致志地在那里钻研了好几年，做到了“博通经术，尤精三《礼》”，成为当时颇有名声的一位青年学者。

按照“学而优则仕”的道路，此时的范缜正好是可以飞黄腾达的时候了，但在这门阀士族当权的时代，正如南朝著名文人沈约所讲的：“常患官少才多，无地以处”①，还是得不到进身的机会。刘宋泰始三年(466 年)，北魏大举兴兵南侵，以致不少地方相继沦陷，他在当时也无可奈何，只好跟了大伙从沛郡逃难，转徙流离了好几年，生活一直没有得到安定。到二十五六岁时，曾以“布衣穷贱之人”自称上书当时在朝掌权的王仆射(可能是王景文)，想谋得一条上进的出路，但结果也如石沉大海，渺无回音。这种青年怀才不遇的遭遇，不断地摧残着他的身体健康，以至于未老先衰，在当时还不到 30 岁的壮年，竟然写下了感伤迟暮的诗篇，如《白发咏》等。但同时在这种黑暗社会的逆境中却使这位意志坚强的人锻炼得更加富有反抗精神，终于成了一个所谓“性质直，好危言高论”的人，即具有不畏强暴、敢想敢说的高尚品德，也就是一个特立独行的思想战士了。

刘宋灭亡，萧道成取而代之，建立了南齐政权，为了巩固其新的统治，自然需要引进一批新人。这样，才使这个早年颇有声名的范缜得有机会进入仕途，此时他大约已是 35 岁的中年了。开始做宁蛮主簿，是一个地方小官，以后经过累次升迁，才当上了中央政府的尚书殿中郎。

南齐永明(483—493 年)中，他在朝廷里曾被认为是“才学之士”，因此得有机会跟别人一道，奉命出使北魏，商谈“和亲”睦邻政策，并且较好地完成了这一次外交任务。萧子良做了宰相后，移居在鸡笼山西邸官舍，经常在那里大肆招揽宾客，范缜虽然也在其列，但他并不是这个当权派小集团的一分子，后来甚至还受到那伙人的排挤。同时以西邸作为活动中心的那伙人，不仅在策划政治阴谋，而且也在宣扬佛教信仰，因为这两者本来就有密切的联系。坚定的无神论

① 《上疏论选举》，见《全梁文》卷二十七。

者范缜，既然经常出入其间，要不发生思想上的冲突，那是不可想象的。所以在南齐武帝永明七年(489年)，一次在西邸召集宾客的大会上，范缜终于公开应战，驳斥了为门阀士族当权派既得利益作辩护的因果报应说，跟宣扬这种佛教信仰的萧子良当面展开了激烈的争论，使他终于无言以对，取得了很大的胜利。

根据范缜在政治上的表现，可知他不仅是一位无神论的理论家，而且是忠实于自己思想的实行者。此后，在齐明帝建武年间(494—497年)，他在做湖北宜都太守时，在所辖的夷陵地区有种种神庙，如五相庙、唐汉三神庙、胡里神庙等淫祀，民间迷信鬼神的很多。范缜在那里除了进行劝导，宣传无神论思想，同时采取某些具体措施，实行严禁。

南齐最后一个皇帝萧宝卷，由于暴虐无道，不仅大肆迫害人民，在内部为了争权夺利，也进行自相残杀，终于激起了反抗的大风暴，萧衍乘机兴兵，推翻了南齐的统治，改国号曰梁，是为南朝的梁武帝。范缜在当时也被转入了这场改朝换代的斗争中。

后来新的统治逐步稳定下来，范缜被起用去福建当晋安太守，共做了四年。据史家传说，他“在郡清约，资公禄而已”，可知没有染上当时贪污成风的恶习，看来还是一个有操守的“清官”。萧衍登上皇帝的宝座之后，为了进一步巩固他的专制统治，对于当时的豪门士族逐渐地采取了分化政策，拉拢一方压制一方。对当时南朝最有权势的著名的王、谢两大家族，他起用谢朏为司徒，而黜废王亮为庶人①。在这场为最高统治者——皇帝所亲自制造的政治权谋活动中，由于范缜一向比较接近王亮，更多地了解情况，于是产生不同的看法，便对萧衍(梁武帝)提出了质询，说：“司徒谢朏本有虚名，陛下擢之如此，前尚书令王亮颇有治实，陛下弃之如彼，是愚臣所不知。”②。梁武帝在听了这番责难的话之后，就立即“变色曰：‘卿可

① 详《梁书·王亮传》。

② 详《梁书·王亮传》。

更余言’”，而“缜固执不已，高祖不悦”①。这时，一名无耻官僚文人——任防，就乘范缜触犯梁武帝的机会上奏，不惜对范缜进行人身攻击，说他“曲学谀闻，未知去代；弄口鸣舌，祇足饰非。……人而无恒，成兹奸坡”②，并要求从严处治，免去范缜现任官职，勒令交“廷尉法狱治罪”。结果，范缜就这样因为在任免人事的问题上，没有一心听从皇帝的旨意，而被谪徙到在当时可算边远地方的广州了。

到梁武帝天监六年(507 年)，事过境迁，萧衍可能为了笼络人心，范缜忽然又被朝廷“追还为中书郎”，回到当时的首都建康(今南京)。范缜此刻的思想不是较前后退，而是经过了长期的酝酿，事实上更加成熟和系统化了，从而为应付再一次有关“神灭论”反对“神不灭论”的大论战作好了思想准备。这场论战在以梁武帝萧衍为首的一方，显然是有准备有计划地进行的第二次思想大围剿，妄图使范缜完全屈服在朝廷的权势之下。然而事与愿违，萧衍他们不仅没有折服范缜，反而使范缜在反对佛教神学理论的斗争中，更加系统地发展了过去的无神论思想，把它推进到一个新的水平，写下了现存的主要哲学著作《神灭论》，此外还有书信《答曹舍人》。由于他坚定的唯物主义的观点，深刻的逻辑分析和毫不妥协的战斗精神，使得他的著作已成为中国古代哲学史上不朽的文献。

大概在这场大论战后不久，范缜又曾上表建议破格录用裴子野为国子博士，跟他自己当时的职位完全一样，表现有一种用人唯贤的思想，反对仅凭资历做官，对当时的门阀制度有所不满，充分体现了作为一般庶族中小地主，即没有世袭身份特权者的立场。再往后，关于他的事迹，史书缺载，可能是不久就结束了他战斗的一生。

范缜的著述，《梁书》本传说是十卷，但在《南史》本传则说有十五卷，不知是编排不同，还是后来别有增订，已不可详考。查《唐书》以下的各史《艺文志》，就不再见著录，可见老早就散失了。现《梁书》本传载有他的主要著作《神灭论》。梁僧祐编纂的《弘明集》

① 详《梁书·王亮传》。

② 详《梁书·王亮传》。

(这是一部最早系统宣扬佛教思想的论文选),则除了《神灭论》之外,还载有《答曹思文难神灭论》(即《答曹舍人》),却都是作为“神不灭论”者一方批驳的反面资料而特意保存下来的。与《梁书》所载《神灭论》对照,两者的文字之间不免稍有差异,可以相互校正。此外,范缜还有散见在别处的几篇短文,都被清代严可均收录在《全上古三代秦汉三国晋六朝文》中①,总计也不过五篇,共三千七百多字。

二、范缜的“神灭论”思想形成的社会背景

范缜唯物主义无神论思想的形成,显然与当时盛行的佛教信仰是直接对立的,有它深刻的社会历史根源。

印度佛教从汉代开辟与西域的交通之后,经过中亚细亚传入中国,不断为封建统治阶级所吸收利用,并加以改造,于是逐步地跟我国流行的正统思想结合起来,成为中国此后长期封建社会上层建筑的重要组成部分,它不完全是印度佛教的翻版,尽管各个时代在不同的阶层也有不同的面目。

佛教到魏晋南北朝时期,经过历代统治者的大力提倡,得到空前的发展。当时门阀士族地主统治阶级上层,如皇亲贵戚和一些当权的大臣,很少不信奉佛教的。其中梁武帝萧衍更是一个突出的代表,可算是迷信很深的佛教徒。他为了在自己的皇帝宝座背后加上一层神圣的光圈,同时变相地实行榨取,曾四次把自己假意舍身给同泰寺充当所谓服役的人,然后又让大臣们花费很多的钱财将他从寺院中赎回来。他在天监三年(504 年)公开宣布“唯佛一道,是为正道”,又命令公卿百官宗室得“收伪就真,舍邪入正”,即在强迫他们要放弃别种信仰,也就是正式将佛教变成了国教。随着佛教寺院的大批兴建,出家僧尼也很快地增多起来,拥有独立的寺院经济,过着寄生者的生活,如南朝梁武帝时,仅京都(今南京)一地就有佛寺五百余所,僧尼十余万,形成了一个特殊的僧侣阶层,享有和门阀士族同样的特

① 见《全梁文》卷四十五。

权，既不服兵役，又不纳税。其中的头面人物，并与统治集团上层相互勾结，狼狈为奸。由于佛教寺院占有大量的社会财富，使广大劳动人民受到更加沉重的经济剥削，形成了严重的社会经济危机，首先是农民阶级反抗地主阶级的斗争日益尖锐。而农民起义军的风暴，更是在不断地摧毁寺院经济，打击佛教信仰者的神圣权威。同时，由于寺院占有大量的土地和使用了过多的劳动力，使僧侣贵族和世俗地主之间的矛盾斗争也日形激化。而一切上层建筑的理论斗争，说到底又都是现实经济政治斗争的曲折反映。可见当时不断产生的反佛教斗争显然是具有深刻的社会历史根源的。

范缜在《神灭论》中曾严厉地指斥过佛教信仰对封建国家的政治和社会秩序的危害，特别是寺院僧侣对风俗道德的败坏，简直像狂风迷雾一般无孔不入，没有止境。他更具体地指出，在佛教迷信的宣传下，使得好些人宁可倾家荡产去敬僧拜佛，而不肯少费钱财去照顾亲戚邻里，救济那些贫困的人。因为和尚们许给人们以换取来生富贵，或死后升入天堂的诺言，这是大量施舍的人们与佛教僧侣的一种交易，对寺院的慷慨输纳纯属一片私心。范缜又从民族国家的根本利益着眼，痛心人们出家，使得骨肉分离，个个断子绝孙，以至造成没有足够的壮丁去当兵，无形中削弱了军队的后备，从而影响到在边防上的战斗力，同时也会使政府机关缺少服差役的人。而大量的粮食却被那帮游手好闲的僧侣吃光，社会积蓄的财富也因建筑无数豪华的寺院而挥霍殆尽。各地为非作歹的人事实上无法禁止，而高颂佛神功德的歌声却处处可闻。范缜认为，所有这一切对于生产、行政、军事、财务、人口、风俗、道德等各方面的恶果，都是由于迷信佛教造成的，如果不严加禁止，给国家民族带来的祸害将会是无穷无尽的。

佛教神学一贯宣扬客观物质世界是不真实的，因此人们千万不必计较于现实生活中的阶级压迫、经济剥削等所造成的痛苦，要放弃一切反抗社会不平等、不合理现象的斗争，而应该把希望寄托在不可捉摸的将来，寻求死后转生天国和换取来生的幸福。因此，佛教在当时竭力宣扬各种因果报应的思想，等于说一个人在今生的或富、或贵、或贫、或贱，皆是各人自己前生造业的结果。今生只能接受，不得拒绝，所以还是安分守己的好。特别要那些贫贱的人，有甘心吃苦受难和忍耻耐辱的精神，不得有任何“非分”的反抗思想，更不用说是起来行动了。很明显地，它是直接为奴役广大劳动人民、巩固封建统治、公开为剥削阶级的既得利益服务的。毫无疑问，这种迷信思想，更是赤裸裸地为辩护当时业已僵化的门第制度的一种精神支柱。它有两方面的反动作用：既能赞助王化，又可维系人心。南北朝时期的最高统治者确有深刻的体会，如宋文帝刘义隆说：“若使率土之滨，皆纯此化(佛化)，则吾坐致太平，夫复何事?”①梁武帝的太子萧统也说过佛教为“牧民之本”，且可用以“化俗”②，便是历史的见证。而因果报应思想的直接理论基础，则是相信灵魂不死，亦即主张“神不灭论”。

要把“神不灭论”思想的统治地位牢固地树立起来，就必须对“神灭论”进行大规模的扫荡。梁武帝终于在天监六年(507年)第二次发动了空前规模的对范缜无神论思想的围剿，而且亲自写了《敕答臣下神灭论》③，攻击“神灭”思想是“违经背亲，言语可息”，并说“神灭之论，朕所未详”。企图利用个人作为皇帝的无上威权，来迫使范缜自动放弃“神灭论”的真理，并指令要他写出“自设宾主”(当时流行的一种答辩体文章)，“就佛理以屈佛理”。范缜勇敢地接受了皇帝的挑战，这就是他的不朽杰作《神灭论》产生的背景。当时，梁武帝发动王公朝贵64人，前后发表反驳《神灭论》的文章75篇，向范缜倾泻而来。但是这批御用的文人学士绝大多数只是随声附和，根本讲不出什么个人的见解，无非是妄图依靠人多，造成一种不可抗拒的声势，想把范缜压服下去。但是，范缜完全不怕这种政治高压和类似舆论的制裁，始终不屈地坚持将论战进行到底，于是使得一向善于搞唯心主义诡辩的曹思文也不得不对梁武帝申明，承认自己是“情思愚浅，无以折其锋锐”，即没有办法驳倒范缜的《神灭论》。

---

① 宋·何尚之《答宋文帝赞扬佛教事》，见《弘明集》卷十一。

② 见《广弘明集》卷十九。

③ 见《弘明集》卷十。

以梁武帝萧衍为头子的统治集团，大力围攻范缜的“神灭论”的目的在于麻醉人们的反抗思想，借以巩固封建的专制统治，那是没有什么问题的。但是，如果我们不满足于囫囵吞枣，而要进一步来分析它的具体思想内容的话，那么，似乎可以从以下两方面来加以探讨：一则在设法调和儒、佛，想利用佛教的因果报应说来充实儒家所提倡的“笃孝治之义”①；二则认为“若论无神，亦可无圣”②，即无神论思想的引申，必定要否定“君权神授”，也就是恐怕直接危害到最高统治者，即封建帝王那种神圣不可侵犯的尊严和地位。可见当时“神灭论”反对“神不灭论”的思想斗争所批判的核心，虽是佛教信仰的理论基础，很像是纯粹的学术问题，然而由于公开地直接挑起这场斗争的对立面是封建王朝的最高统治者梁武帝及其一伙御用的帮闲文人，那就最明显不过地用历史事实论证了哲学斗争与政治斗争的关系。

中国的无神论思想虽有悠久的历史，但也存在一个发展的过程。在反对佛教信仰方面，最初，在统治阶级内部，主要是从风俗、习惯乃至政教措施等具体问题着眼，从维护封建社会的统治秩序和最高统治者的地位出发，指出佛教的出世主义是无父无君，攻击这种外来的“夷狄”之教是不忠不孝，违背了我国传统的“三纲五常”等道德规范，不利于巩固封建统治，因此应加取缔。显然，其意义大致还局限在政治方面。以后，随着寺院经济的膨胀，僧侣特权阶层的出现，社会上反佛教斗争势力的进一步扩大，统治阶级内部的利害关系也有相应的复杂变化，于是从政治上的反对开始深入到理论的斗争，批判也就逐渐集中并上升到佛教神学的唯心主义基础上来。

在范缜以前，已有一些无神论者批判佛教的因果报应说、三世（过去、现在、未来）轮回说，并且已开始集中到反对“神不灭”这个根本问题上。如东晋末年的戴逵（卒于公元395年）就曾对因果报应说提出过质难，说：“火凭薪以传焰，人资气以享年；苟薪气之有

① 见《弘明集》卷十载何炯答难《神灭论》语。

② 见《弘明集》卷十载王靖答难《神灭论》语。

歇，何年焰之恒延”？① 大意是说，人的知觉、生命是以“气”为根据的，就像火的燃烧是以木柴为基础一样，既然柴有烧尽、气有断绝的时候，为什么人的知觉、生命和柴的火焰却能不随之而灭，可以永远存在呢？这等于公开反驳了“神不灭”的思想。他在《释疑论》②一文中，还根据我国过去大量的故事传说，并加以逻辑的推论，否认存在有所谓因果报应的事实；再如，南朝初期著名的天文学家何承天(370—447年)也曾运用一些自然科学方面的知识，明确地反对佛教宣扬的“神不灭”论，他说：“生必有死，形毙神散，犹春荣秋落，四时代换，奚有更受形哉！”③认为人一死后，随之“神”也就散失了，哪里还有什么不灭的“神”可以“更受形”于来生的事呢？戴逵、何承天等虽然都坚持了“神灭论”的思想，一致反对佛教的迷信，但他们的理论，严格讲来还存在着很大的缺陷，难以自圆其说，从而不可能彻底摧毁佛教神学的理论基础。因为他们在根本上都没有突破旧无神论的思想体系，还不免把“神”看作某种特殊的物质，甚至可以离开形体而独立存在。我们知道，印度佛教宣扬的“神不灭论”，虽不完全相同于中国古代的灵魂不死说，两者却也有一致的方面，因此后来它们就融合为一了。但是，它跟我国传统道教希图长生不死、经过修炼可以形体飞升或所谓“羽化”登仙的迷信却不一样，它一般并不否认个人身体的衰老病死。然而，相信一个人生前各种行为(业)的影响会继续，并有其承担者，即三世轮回的精神主体，它是过去一切善恶行为(业)的来生受报者。因此，不彻底驳倒“神不灭”论，也就不可能从根本上摧垮佛教神学的唯心主义。范缜继承了以前反佛教的传统，并唯物主义地改造、应用了魏晋时代有关“体”、“用”(本、末)之辩的理论思维成果，进一步抓住了问题的核心，从而有所突破，集中地批判了“神不灭”论的思想基础，即克服了以往在自然观方面唯物主义的二元论简单地把“神”看作某种特殊物质的缺陷，提出了形

① 《流火赋》，见《全晋文》卷一三七引《初学记》。

② 见《广弘明集》卷十八。

③ 《达生论》，见《弘明集》卷四。

体是本“质”、精神是作“用”、“形”神”不可分离的论断，比较完整地贯彻了唯物主义的一元论，从而把我国古代的无神论思想提高到一个新的水平。

三、范缜驳斥佛教因果报应说的一场论战

范缜反对佛教信仰虽然是一贯的，但也有一个发展过程，而且至少经历了两次公开的大论战。前面已经提到，第一次是齐竟陵王萧子良(死在公元494年)当权做宰相时，在建康(今南京)西邸官舍，曾召集贵客名僧，大肆宣扬佛教，范缜则敢于针锋相对地驳斥了因果报应说，并且“盛称无佛”①。第二次是在梁武帝天监六年(507年)，范缜被迫发表了他不朽的著作《神灭论》，这是一篇精心结构的哲学论文，在当时做到了所向无敌，从而引起了一场空前的大论战②。现在按时间的先后和问题的性质，概括地叙述范缜无神论思想的形成和发展。这里先谈他驳斥佛教因果报应说的第一场论战，并及有关的一些情况。

据《梁书》本传所记看来，范缜反对佛教信仰的斗争，显然是先从抨击因果报应说开始的。《南史》本传也详明地记载了这一次论战的经过。当时齐竟陵王萧子良在鸡笼山西邸的一次集会上，公开站在维护门阀士族统治阶级特权的立场上，质问范缜说：你不相信佛教的因果报应说，那么当今世界上为什么有的人富贵，有的人贫贱，有的人享福，有的人受苦呢？范缜继承了过去唯物主义自然观的思想路线，毫不含糊地用一种偶然论去加以反驳说：人生就好像同时开在一棵树同一枝上的花朵，有些花瓣被门窗帘子带动而吹到大厅堂屋里，飘落在席子上、坐垫上，也有些花瓣被篱笆短墙挡住而掉落进厕所里、粪坑中，这完全是自然的现象，偶然的遭遇，哪来的什么因果报应的事实？像你——萧子良，身为殿下，享受富贵，就好比那飘落在

① 详见《南史·范缜传》。

② 详下《形神关系的唯物主义论证及其局限》一节。

席子上、坐垫上的花瓣；像我，身为下属，一生不幸，则正如掉进厕所里、粪坑中的花瓣。他通过这种自然现象的类比，来说明社会上人们富贵贫贱的差别也不过是偶然的遭遇不同罢了。为此，范缜又反过来进一步追问，要真是这样的话，那么社会上虽有富贵贫贱的差别，但所谓"因果报应"的事实究竟在哪里呢①？就这样，他更有力地驳斥了佛教的因果报应说。在这场针锋相对的论战中，萧子良在理论上遭到了可耻的失败，竟至无言以对。当时的官方文人沈约，为了挽回这种局面，就特地写下了《形神论》和《神不灭论》②来进行反扑，但是这两篇文章依然是空虚得很，没有什么战斗力，完全不是范缜的敌手，起不了什么作用。

据史书记载，当时还有一个王琰，更是装腔作势，说话又很刻薄，也来著论讥讽范缜的无神论思想，说："呜呼范子！曾不知其先祖神灵所在？"想借此来堵范缜的口，但是不屈的范缜却特别机警地回敬了几句，完全击中了对方的要害，说："呜呼王子，知其先祖神灵所在，而不能杀身以从之。"③反使得王琰无地自容。当时范缜斗争精神的旺盛和思想的敏锐，于此可见一斑。

后来萧子良更没办法了，于是又派王融去威胁利诱说：以你这样出众的才华，还怕做不到中书郎这样的大官？为什么一定要做那种"有伤名教"的事，违背当权者的意旨，顽固地坚持这种错误的"神灭论"思想，以至于自我"毁弃"呢？范缜听了不禁哈哈大笑，说：如果我范缜肯"卖论取官"，早已做到更高的职位，如尚书令或左右仆射了，岂止是你说的什么中书郎呢？

范缜这种不屈服权势和敢于坚持真理、不怕牺牲的精神，表现出一位战斗无神论者的高尚品格，那是永远值得我们尊敬的。

---

① 《梁书》本传："人之生譬如一树花，同发一枝，俱开一蒂，随风而坠，自有拂帘幌坠于茵席之上，自有关篱墙落于粪溷之侧(《南史·范缜传》"侧"作"中")。坠茵席者，殿下是也；落粪溷者，下官是也。贵贱虽复殊途，因果竟在何处？"(按：《南史》本传略有删节)

② 见《广弘明集》卷二十二。

③ 《梁书·范缜传》。

但在当时，从他的理论体系本身来讲，也还有严重的缺点。虽与过去一般宣扬命定论的学说不同，认为贫富贵贱的差别完全是一种自然的偶然现象，但由于包含了不可知论的因素，即人们依然是不能掌握自身的命运，从而归根结底也难免不陷入另一种意义的宿命论。

我们知道，在阶级社会中，人有贫富贵贱的差别，主要是由于存在生产资料的私有制，残酷的经济剥削和阶级压迫所造成的必然结果，同样是有客观规律可循的。正如恩格斯所指出：即使在表面上是偶然性在起作用的地方，这种偶然性本身始终是受内部的隐藏着的规律支配的，而问题只是在于发现这些规律①。但是它与自然现象的情况则是有所不同的，不能把两者作简单的类比，特别是无原则地混为一谈。照范缜的理论，其结果同样是一切只能听凭命运的安排，个人丝毫无能为力，更谈不上如何为理想而奋斗、按计划地来改造社会了，从而陷入一种历史唯心主义的悲观论。同时，范缜这种唯物主义自然观的偶然论，也不可能完全彻底地从理论上驳倒佛教的因果报应论，因为它还不能科学地解释人类社会为什么会有那一切不合理的现象，尤其是贫富贵贱的悬殊，这是马克思主义以前的一切旧唯物主义都不能彻底解决的理论问题。

虽然如此，范缜这一思想在当时反对佛教神学——因果报应说——的斗争中，还是有合理因素和积极作用的，同时这种理论断然否定人生的富贵是由于“前定”，不承认任何高贵者可以超人一等，它具有大胆蔑视一切门阀士族和统治阶级上层特权地位的现实的批判意义。

上述范缜反对因果报应说的理论根据，虽然是坚定地建立在唯物主义自然观的基础上，特别是继承了东汉杰出的无神论者王充的元气自然论，以偶然论来反对因果报应说，但已局部接触到不同的具体客观条件所带来的影响，从而作了进一步的发挥，显然是有所前进的。在这方面，应该充分肯定他的贡献。但是总的说来，在第一次论战中还没有达到新的突破，甚至这种思想所继承的旧传统，一方面仍然影

① 《路德维希·费尔巴哈和德国古典哲学的终结》。

响到他后期的《神灭论》，从而在举例证明时，导致与他新的无神论思想——形“质”神“用”说——不能完全一致的矛盾。

范缜早期这种自然的偶然论，主张元气是构成万物的基础，它的组合是无目的、无意志的。关于这种看法是怎样继续影响到他后来的思想，则正如《神灭论》中所说：“陶甄禀于自然，森罗均于独化，忽焉自有，怳尔而无，来也不御，去也不追，乘夫天理，各安其性。”在这里，他根本否定了有所谓造物主，认为自然界万物的生成都是由于它自己的原因，各种复杂的现象完全是它自身在变化，忽而自行发生了，忽而又自行消失了；对它的发生既无法制止，对它的消失亦无从追寻；因此只能顺应自然的法则，各自满足于自己的本性。显而易见，他在这里仍然没有超出旧唯物主义无神论思想的范围。

关于佛教因果报应说的荒唐谬论，仍然有必要在这里略加重复。

佛教信仰人死精灵不灭，人生时精灵寄托在此人的形体中，死后精灵又转移到另一个人的形体中去。一个人在“前世”的言行，必然要种下“因”，形成一种看不见的势力，继续影响下去，也就是说要得到相应的“果”报。同样，一个人“今生”的言行，又会同样地种下“因”，从而造就“来生”的“果”。根据佛教的信仰，甚至认为一个人想做好事或想做坏事的动念(意业)也算是一种行为(业)，同样是有因果报应的。这就叫业报轮回。当时的统治者为了适应自身阶级利益的需要，又特为附加上一种封建道德的属性，并大肆宣扬：“前生”做了所谓“好事”的(行善)，“今生”就一定富贵；“前生”做了所谓“坏事”的(行恶)，“今生”就一定贫贱。甚至捏造谎言说：一贯行“善”的，死后得升天堂；一贯作“恶”的，死后要下地狱，等等。当时我国的佛教徒就是这样来欺骗人民大众的。他们论证门阀士族地主阶级的统治者，其所以可能骑在人民头上作福作威，平日过着享乐腐化的生活，那就是因为他们“前生”甚至过去几世都做了“好事”，实是“理所当然”；反之，广大劳动人民今生受苦受难，那是由于他们“前生”乃至过去几世都做了“坏事”，也是“罪有应得”。可见，佛教神学宣扬的这种因果报应的迷信是从根本上歪曲事实，直接为封建统治阶级当权派从事剥削、压迫劳动人民的合理性作论证的。

如此，则范缜在当时坚决驳斥佛教因果报应说的进步意义，也就更加显而易见了。

四、范缜的形神关系的唯物主义论证及其局限

为了彻底摧毁佛教的神学信仰，到梁武帝天监六年(507 年)，范缜在第二次空前的大论战中，确实是进一步抓住了问题的核心，即因果报应说的理论基础是“神不灭论”，勇往直前地展开了尖锐的批判，坚定地高举“神灭论”的旗帜，总结了过去有关方面的研究成果，对形神关系问题的理解，较之以往的无神论思想，有所突破，作出了系统而又深刻的唯物主义论证，写下了那篇光辉的哲学著作《神灭论》。其主要论点如下：

(一)形神相即。这是范缜论证“神灭”论思想的第一条理由。为什么知道“神灭”呢？因为“神即形也，形即神也”①。“即”是不得分离的意思，也就是说“形”与“神”是不能分离的。“是以形存则神存，形谢则神灭也”②。所以，他又把这种形神关系叫“形神不二”或形神“不得相异”。可见，在范缜看来，“形”与“神”是既有区别而又联系在一起的不可分离的统一体。因此，形和神其实是“名殊而体一”，这是范缜的形神一元论的基本论点。

但是，并非一切形神一元论都是唯物主义。事实上存在着两种可能：它或者是以“形”为“神”的基础，这自然是唯物主义的；它或者是以“神”为“形”的基础，如梁武帝萧衍所讲的“心为用本”，则显然是唯心主义的了。范缜是属于前者，所以曾明确地表示“形存则神存，形谢则神灭”。换言之，离开了形体便不再有独立不灭的精神，这种在形神关系问题上的唯物主义一元论，与佛教神学所宣扬的唯心主义的因果报应论是针锋相对的。

当时的佛教信仰者曹思文在反驳范缜的“神灭”论时说：“形非即

① 《神灭论》。

② 《神灭论》。

神也，神非即形也，是合而为用者也。而‘合’非‘即’矣。生则合而为用，死则形留而神逝也。”①这是非常明确地在用形神二元论来反对范缜关于“形神相即”、“名殊而体一”的唯物主义观点的。这里他特别强调“合”不是“即”，也就是“形”与“神”的分离为二，无非是为了论证“形”虽说是已见消灭，而“神”则仍将永远存在，并说明“形”与“神”的相合只是一种暂时的现象而已。曹思文还举出过去庄周梦为蝴蝶的寓言②来证明“形神不一”。他说：“神游于蝴蝶，即形与神分也。”因此，他的结论是：“然神之与形，有分有合，合则共为一体，分则形亡而神逝也。”③另一个佛教徒萧琛在所作《难神灭论》④中，同样也是根据人们做梦的情况来论证“形”与“神”是可以分离的。他认为，通常睡着了做梦就是“形静神驰”的一种“神游”状态，用以说明“神”是可以经常离开“形”体而独往独来的。

佛教徒之所以一再用人有梦幻的事实来论证唯心主义的形神二元论，当然不完全是凭空的虚构，不能简单地归之于纯粹的迷信，而是有其认识论方面的根源。正如恩格斯在分析灵魂不灭思想的产生时所指出的：

> 在远古时代，人们还完全不知道自己身体的构造，并且受梦中景象的影响，于是就产生一种观念：他们的思想和感觉不是他们身体的活动，而是一种独特的、寓于这个身体之中而在人死亡时就离开身体的灵魂的活动。⑤

虽然佛教徒在当时宣扬灵魂不死（精灵不灭）的理论，显然不是简单地重复那种远古蒙昧时期的观念，它的唯心主义理论要精致得多、狡

① 《难神灭论》，见《弘明集》卷九。

② 见所作《齐物论》。

③ 《神灭论》。

④ 见《弘明集》卷九。

⑤ 《路德维希·费尔巴哈和德国古典哲学的终结》，《马克思恩格斯选集》第4卷，第219页。

猾得多，但是依然可以用来说明这个问题最本质的一个方面。

范缜在有名的《答曹舍人(思文)》一文中，对曹思文、萧琛等佛教信仰者反驳《神灭论》的所谓论据进行了系统而全面的驳斥。在这个问题上，他说：古代传说秦穆公梦游天宫时，也是耳听优美的音乐，口尝各样的美味，居住高大的宫殿，身穿华丽的衣裳。可见，即使人在梦中，精神也还必须依赖于形体，才能谈得上真的享受，如果离开了形体，即使连梦中的见闻、享受也是谈不上的。结论是："故知神之须待，既不殊人。"可见精神必须依赖形体，即使梦中也不例外。他又根据事实反驳了那个所谓"神游于蝴蝶"的诡辩，说：如果庄周真的做梦变成了蝴蝶，那么他醒过来之后，为什么身边没见有死蝴蝶的形体，乃至做梦变牛变马的，同样也应该是如此。情况既然与此相反，可见用一个人在梦中出现虚假的幻景来论证有独立存在于形体之外的"神不灭"，这无论在理论上和事实上都是根本站不住脚的，只能说是一种纯粹的诡辩，也可说是无稽之谈。由于历史条件的局限，范缜自然在当时还没有可能对梦幻的生理现象作出科学的解释，但他在这里是坚定地维护了"精神"作用决不能离开"形体"的唯物主义一元论的原则，从而毫不含糊地反击了"形静而神驰"的唯心主义谬论。

(二)形是"质"，神是"用"。范缜在阐明了"形神相即"的观点之后，进一步分析了"形"和"神"的各自方面的特点，并以此来说明二者"不得相异"的关系。他非常肯定地说："形者神之质，神者形之用。是则形称其质，神言其用，形之与神，不得相异。"①所谓"质"，是指"形质"、"本质"，引申有主体或实体的意思；所谓"用"，是讲"功用"、"作用"，包含有派生或从生的意思。范缜用"质"和"用"的一组概念，来说明"形体"和"精神"不是两个不同东西的拼凑或组合，乃是一个统一体的两方面，而且精神作用只能是从属于物质形体的。因此，人的形体如果死亡了，它的精神作用也就必然随之消灭，而决不可能脱离主体而另有其自身独立的存在。

① 《神灭论》。

为了有力地阐明这一论证，范缜举了一个非常浅显但又比较恰当的譬喻说：精神作用和产生它的物质形体的关系，就像锋利跟刀刃的关系一样。虽说叫锋利不就是刀刃，叫刀刃也并不就是锋利，然而离开了锋利就无所谓刀刃，离开了刀刃也就无所谓锋利。从来没有听说过刀刃没有了而锋利仍然存在的，怎么能说人的形体已经死亡而它的精神作用仍然存在呢?① 通过这个比喻，深入地论证了“形神相即”的唯物主义观点，沉重地打击了“形神相异”的唯心主义说教。

当时佛教信仰者没法驳倒上述论断，只能无可奈何地进行诡辩。萧琛说：刀刃之所以有锋利，完全是磨出来的，“若穷利尽用，必摧其锋锷，化成钝刃。如此则利灭而刃存，即是形亡而神在，何云‘舍利无刃，名殊而体一’邪？刃利既不俱灭，形神则不共亡”②。看来，萧琛想用钝了的刀刃就不再有锋利，来“论证”形神是可以分离的，即二者是“不共亡”的。这不但没有可能驳倒范缜，事实上反而从另一角度证实了范缜的论点。因为没有锋利的刀刃(钝刃)，就已经不再是刀刃了，可见刀刃必然是锋利的。这也就是说，人的精神作用决不能脱离它的形体而独立存在。

(三)精神作用是人这种“质”(形体)所特有的功能。范缜认为，不能说任何形体(“质”)都具有精神作用。事实证明，不同的物质(形体)可以具有各不相同的作用，“人之质”是跟别种物之“质”有所不同的，而且只有活人的形体(质)才具有这种精神作用。

当时佛教信仰者反对范缜所说的形是“质”、神是“用”的观点。他们想用“树木的物实体(质)是没有知觉的，人的物实体是有知觉的，人既有和树木一样的物质实体，又有跟树木不一样的知觉，岂不是树木只有一种特性、而人有两种特性，以此论证所谓人是“知”(神)与“质”(形)两种东西的“相合”，从而否定“神”是“质”之“用”，

① 《神灭论》原文作：“神之于质，犹利之于刃，形之于用，犹刃之与利。利之名非刃也，刃之名非利也，然而舍利无刃，舍刃无利。未闻刃没而利存，岂容形亡而神在?”

② 《难神灭论》。

二者不是“名殊而体一”的。范缜坚持了唯物主义一元论的观点，认为：“（如今）人的物质实体就是有知觉的物质实体，树木的物质实体则是没有知觉的物质实体。人的物质实体并不是树木的物质实体，树木的物质实体也不是人的物质实体，哪里存在着有和树木一样的物质实体、而又有不同于树木的知觉呢?”①这样，由于人的“质”和木的“质”是根本不同的，人没有“无知”的形体（质），木也没有“有知”的形体（质）。可见“有知”与“无知”的差别，乃是由于不同种的物“质”所决定的。离开了这种特定的物“质”的作用，也就不存在所谓独立的精神（知）。相信“神不灭”的佛教徒，由于混淆了人的“质”和木的“质”的根本不同，所以也就无法正确理解它们二者的作用差别了。

（四）活人的形体（质）不同于死人的形体（质）。佛教徒当时为了论证生死轮回的迷信，他们又抓住范缜“人无无知之质”的论点来加以反驳，说：既然人的“质”是有知的，那么人死后，在一段时间内，形体依然存在，也应该有知啊。（既然不是如此）可见“神”（灵魂）还是不死不灭的。范缜仍然坚持只有不同的“质”才会产生不同的“用”，从而对佛教徒的诘难进行了有力的驳斥。通过论争，他又进一步深刻地认识到活人的形体（质）和死人的形体（质）是不同的，先后已起了根本的变化。死人的骨骼可以说如同木之“质”，因此是没有知觉的；但活人的形骸则是根本不同于木之“质”，所以是有知觉的。佛教徒还企图用范缜讲过的死人的骨胳本是由活人的形骸变来的事实，借以论证“死体犹生体”，所以“知”（神）是不灭的。范缜于是再深入一层地加以反驳说：死人的“形体”固然是从活人的“形体”变来的，但决不能因此即可以把二者混为一谈。就像树木通常总是原先活着的，后来才变成死的一样。但活树能开花结果，死了的树就不能再开花结果，死树也不会再变成活树。人也是原先活着，以后才成死的，既死之后，就不见还能复活而再变为有“知”（精神）的作用，也就是说，人死必然是“神灭”了。

① 据《神灭论》今译。

（五）人的精神活动必须以一定的生理器官为基础。范缜又把人的精神活动分为两类：一是痛痒等感觉、知觉，简称之曰“知”；二是判断是非的思维，则特名之曰“虑”。他认为这两者只有程度上的差别，“浅则为知，深则为虑”，也就是说感性的“知”比较肤浅，而思维的“虑”则比较深入。但两者皆是统一的精神作用的不同组成部分，都不能离开一个人的形体（“本”）而独立存在，即所谓“皆是神之分”。他在这里坚持了“知即是虑”，不得分离为二的观点，所以说“是非（虑）痛痒（知），虽复有异，亦总为一神矣”①。特别值得注意的是，范缜还进一步认为，上述任何一种精神活动（作用），都必须以同一个人不同的生理器官为基础，如痛痒的感觉以手脚等为基础，听的感觉以耳为基础，视的感觉以眼为基础，而判断是非的思维则以“心”为基础（“是非之虑，心器所主”），为什么是如此呢？他说：因为一个人的心得了病，他的思维就会陷于混乱，所谓“心病则思乖”，可见“心为虑本”。当时的佛教信仰者坚持唯心主义的“神不灭”论，因此反对一个人的思维活动必须依赖于一定的生理器官，从而大肆宣扬所谓“虑体无本”，即思维是不需要任何物质基础的。范缜坚决反驳这种观点说：“如果思维活动（虑）可以不以我们一定的生理器官（在这里是指“心”）为基础，而可以随便寄托在其他什么地方，那么就会出现张甲的感情可以寄托在王乙的躯体中，李丙的性格可以寄托在赵丁的身体内，是这样的吗？不是吧！”②这就彻底驳倒了当时佛教神学将“形”、“神”断然分离，迷信“形”亡而“神”可以不灭的唯心主义谬论。

在这里，范缜根据当时的医学水平，显然是把人的心脏当作思维器官的，还不懂得大脑才是思维的生理器官，这是受到古代科学水平限制的结果，但这并没有从根本上影响他坚持了唯物主义路线的正确性。顽固的佛教徒萧琛，还千方百计地想从范缜的话中捞一点什么可以自救的东西，继续在强词夺理地以“人或断手足，残肌肤，而智思

① 《神灭论》。
② 据《神灭论》今译。

不乱”的现象，来辩护“神与形离”、“神以(形)为器，非以(形)为体”，即“形”只是“神”所居留的地方，而不就是产生神的主体。这是完全不能驳倒范缜的，因为范缜本来讲得很清楚：人的手足、肌肤的作用是感觉，只有心这个器官才是产生思维作用的。所以通常“断手足，残肌肤”只会影响他的感觉作用，若非“心”的“质”受到损害，就不会影响那个人的思维活动。可见，萧琛在这里有意把人的感觉器官和思维器官的作用不加分别地混淆起来，只是无可奈何地在存心狡辩而已。

范缜有关形神关系的唯物主义论证，固然有他在理论上的贡献，但是如果重点深入、全面考察，则会发现他在举例论证上，也还夹杂着问题，由于他的思想体系的形成，并没有完全摆脱前人的影响，难免带来一定的历史局限。具体说来，即从宇宙发生论上，究竟这个与物质形体不可分离的精神作用是一向就有的，还是后来才出现的？那是怎样产生的？为什么有不同种的物质形体？对于这样的问题，限于当时的科学水平，他还不可能很好地解决，作出合理的结论。因此，在总的方面，依然无法完全摆脱过去阴阳二气交感化生说的影响。另外，在以“神灭论”反对“神不灭论”的斗争中，虽在本体上有所突破，但在主张“形神相即”、“不得相异”的同时，还不能明确地割断与旧传统的联系，依然保留了形神合而为用的思想残余，以致不免陷于自相矛盾。

根据有关思想资料来分析，我们不难发现，范缜在其代表作《神灭论》一文中，虽然没有谈到“气”在宇宙生成中的地位，但在有名的《答曹舍人》中，却又明确地说：“人之生也，资气于天，禀形于地，是以形销于下，气灭于上。气灭于上，故言无不之。言无不之者，不测之辞耳，岂必其神与知邪?”在这里，本是根据像日常见到的火烧木柴的过程一样，一则产生上升的烟气，再则还有剩下的炭渣灰土。把这种感性的经验加以推广应用，作为理论根据，来解释人的生死变化，虽然基本思想和出发点是唯物主义的，但是关于“气”与“形”和“神”三者的关系，并没有交代得很清楚，特别是“神”与“气”的关系，既像是二，又像是一，显然是没有完全摆脱过去一些无神论者的影响，往往把“神”也看作一种“气”之“精”者，这是范缜的“神灭论”思想，特别是在宇宙生成论方面，还不能跟旧的无神论思想彻底割断联系的明证。因此，范缜在《答曹舍人》一文中，竟然将“形”、“神”的相互关系错误地比作“如蛩駏相资，废一则不可”，还认为“此乃灭神之精据，而非有神之雅决”。据古代传说，蛩与駏实是两种动物，一个善于寻找（或发现）食物，一个则善于行路前进，两者经常配合营生。这就否定了神对于形的依附关系。范缜又把“形”、神”不可分离的关系比作“只翼不可以适远”，这也是很不确切的。凡此均与他的“形神相即”，“形”是“质”、“神”是“用”的唯物主义一元论，存在着明显的不一致。这也是范缜新的无神论思想和保留下旧的无神论思想混杂在同一体系之间的矛盾，从而使曹思文钻了空子，抓住了他这个理论的漏洞或缺陷，用来作为反证“神不灭论”的根据。

看来范缜在这方面的不一贯性，即唯物主义无神论思想的不彻底性，也不是偶然的，限于当时的科学水平，有它的认识论的根源，还不能完全摆脱有鬼论的迷信。因此，他在《神灭论》中又说：“有禽焉，有兽焉，飞走之别也；有人焉，有鬼焉，幽明之别也。人灭而为鬼，鬼灭而为人，则吾未知也。”在这里，范缜也没有完全否定“鬼”的存在，只不过认为它跟人乃“各自为类”，不得互相混淆而已。在这点上，他并没有从根本上超出东汉著名无神论者王充的成就。这样，范缜《神灭论》所说的“神”，是否只是在人生理上的“精神”作用，而丝毫也不包含有“灵魂”方面的含义，这也看从哪方面来说。因为在一个人活着的时候，他的感觉和思想都可说是一种“精神”作用，若果把它同时看作一种独立的存在，甚至在人死后也不会立刻消灭的东西，那就包含有“灵魂”的含义。因此，在范缜的《神灭论》思想体系中，为了反驳“神不灭论”，那是一种绝对相信灵魂不死的思想，确实没有将两者根本不同的含义加以严格地区分，虽在对立中，依然保持着统一的关系。再如他在论证“形神相即”的前提下，有时却采用“合而为用”的例证，这种思想上的矛盾，在一些具体的历史人物中，也并不是绝无仅有的。事实上，那种纯之又纯的无神论，历史上是非常少见的，在马克思主义以前，也可能根本就没有。因此，过去一切并非彻底的唯物主义者(因为在社会历史观方面还是唯心主义占统治地位),一方面对旧思想有所突破,但在另一方面,则同时又难免没有旧思想的夹杂,看来范缜也还不是一个例外。

五、范缜无神论思想的历史意义

综上所述,可知范缜反对“神不灭论”的斗争,开始局限于驳斥关于维护当时门第权贵的既得利益、不平等的社会地位,从而大肆宣扬因果报应说的迷信;后来在比较长期的思想斗争中,终于有所突破,针对为当时官僚大地主和僧侣特权阶层共同利益作辩护的佛教信仰,特别是一切神学的理论基础,即“神不灭论”,进行了深入系统的批判,把中国古代唯物主义反对唯心主义宗教神学的斗争推向了一个新的高峰。后来在我国漫长的封建社会,即近代资产阶级思想产生以前,所有的朴素唯物主义者有关这一方面的讨论,虽然牵涉面越来越广,但在哲学根本问题上似乎也都没有提出过更深入的论证。至于他那鲜明的立场,简洁的文字,逻辑性的严格和战斗性之强,可说在世界古代思想史上也是不多见的。

范缜《神灭论》在我国无神论史上的贡献,首先是克服了先秦乃至两汉以来唯物主义哲学家在形神关系问题上实际存在着二元论倾向的不彻底性。像齐国稷下的某些唯物主义者的著作,如今本《管子》书中《心术》上下、《白心》、《内业》等篇,郭沫若则称之为宋(钘)尹(文)学派的思想①,把精神看作一种物质性的“精气”,它是以人的心脏作为一种临时居留所的,所以又说“心也者,智之舍也”。荀况这个先秦最大的唯物主义思想家,也只讲过“形具而神生”②,虽然肯定要先有物质形体,然后才有精神作用的事实,但是没有能进一步阐明“形”与“神”的具体关系。西汉大史学家司马迁父子有“形神离则

① 详《宋钘尹文遗著考》,见郭沫若《青铜时代》。

② 《荀子·天论》。

死”的思想，又说过“死者不可复生”，“离者不可复合”①。但同样也没有把“形”与“神”二者的关系说得很清楚。到东汉桓谭开始用可点燃的烛与火的结合来比喻“形”与“神”的关系，也只讲到“精神居形体，犹火之燃烛矣，……烛无，火亦不能独行于虚空”②。由于这个比喻的不够确切，以致后来反被佛教徒如有名的慧远、僧祐等人钻了空子，他们大体上仍然是用同一个比喻，即原出《庄子》书上“薪尽火传”的话，来论证所谓“神不灭”的信仰，乃至直接继承桓谭思想的杰出无神论者王充也还是用朴素唯物主义的“元气”自然论来解释人的精神活动，认为“形须气而成，气须形而知，天下无独燃之火，世间安得有无体独知之精”③等，此外也没有提出更新的有力论证。他们虽然都是用朴素唯物主义的自然观来解说“形”与“神”的关系，但同时全不免带有二元论的不彻底性，还说不上从理论上可以根本驳倒宗教神学，特别是佛教信仰的“神不灭”论。范缜在这些前人思想的基础上有了很大的发展，把“形”与“神”看作“名殊而体一”，二者的关系是：“形”是“质”(体)、“神”是“用”，即后者是从前者派生的，所以彼此永远不可分离，这样才基本上堵住了过去那些无神论思想的漏洞，从而坚持了唯物主义的一元论。特别是范缜通过反对“神不灭”论的斗争，又进一步阐明了“神”只能是某种特定形体(“人之质”)的一种特殊作用，并且认为人的各种不同的精神现象，从一般粗浅的感觉到深刻的理论思维，都离不开以一定的生理器官作为基础，这就使得当时的佛教信仰者认为“神”无定所，可以无往而不在，它的活动可以完全不受时空的限制，同时更不依赖于任何形体(即生理器官)的观点，从理论上遭受到毁灭性的打击。

但是范缜这种对于人的精神现象的解释，同样有很大的历史局限性和阶级局限性。正如毛泽东同志在《实践论》一文中所指出的：“马克思以前的唯物论，离开人的社会性，离开人的历史发展，去观察认

① 详《史记·太史公自序》。

② 《新论·形神》。

③ 《论衡·论死篇》。

识问题。”①

很显然，范缜也不例外，他把人看作只是一个抽象的有生命的形体，其他一切属性都是由不同的生理结构来决定的。具体说来，如他认为人之所以有“圣”与“凡”的区别，那便是因为“圣人”的外貌或内脏的形状跟普通人（“凡人”）有所不同。即由于“圣人”有“圣体”，因此有“圣人之神”；而“凡人”只有“凡体”，便只能有“凡人之神”。这样，他把各人聪明才智的不同，简单地归结为由于天赋的“形”或“质”的不同，跟王充《骨相篇》的思想基本一致。他们都错误地将唯物主义自然观扩大到用生理结构去解释社会现象，从而不可避免地要陷入历史唯心主义，变相宣扬一种先验主义的天才论。这在古代多少可说是一种带有普遍性的事实。范缜这种理论上的错误，其原因一方面固然由于认识论上的历史局限，不能超出当时的科学水平；但更主要的则是由于他剥削阶级的偏见，为了维护地主阶级的根本利益。范缜所理想的社会，依然是把广大劳动人民牢固地束缚在一小块他所耕种的土地上，甘心一辈子当牛做马（“小人甘于垄亩”），好让封建地主阶级长期过着无忧无虑的寄生生活（“君子安其恬素”）。他只看到佛教僧侣是社会上的寄生者，而没有看到一般地主阶级、封建官僚同样是社会上的寄生者、剥削者，他们的上层不少人甚至有作恶还超过一般僧侣的。这种阶级偏见，使得他反对佛教因果报应说的无神论思想无法贯彻到底。因此，凡遇到对方引用封建统治阶级提倡信奉的儒家经典上的有神论思想时，他的反驳就显得有气无力了。他站在地主剥削阶级的立场，自然不可能想到，同时也不敢怀疑作为封建统治者的“圣人”偶像，与主要是指劳动大众的“凡人”之间，存在着天生的差别那种传统观念。同样，在鬼神问题上，范缜一方面根据唯物主义的“神灭”论思想，基本上否定了人死会变鬼的客观可能性，但另一方面则又坚持“神道设教”是维护封建统治秩序十分重要的措施，依然停留在先秦荀况思想的水平。这虽不等于是投降了有神论，但也说明了范缜唯物主义无神论思想的不彻底性。

---

① 《毛泽东选集》，第1卷，第259页。

但我们还要附带地申明一点，即在评价任何历史上伟大思想家的贡献时，主要在看他比前人提供了什么新的成果，在正确的唯物主义路线上作了哪些发展，而不是专门强调他跟传统思想的联系。因为他的思想不可避免地有一个发展过程，要防止把他在思想史上新的创获跟保留旧时代的残余摆在平列的地位。要知道，这种思想体系中的缺陷往往是他在前进中的矛盾，若果不分主次地来加以对待，提出过苛的要求，那是一种割断历史的作法。我们应该从哲学史的辩证发展观出发，实事求是地来加以分析，将范缜的成就跟他的前人比较，用这种尺度来衡量他在思想史上的突破。这样我们便会看到《神灭论》那种继往开来的贡献，实在具有划时代的意义，可以说在世界古代无神论史上也是有他不可磨灭的地位的。

范缜《神灭论》思想在理论上的成就以及他的唯物主义战斗精神，是应当为我们继承和发扬的，并可以作为我们今天宣传马克思主义无神论的借鉴。

中国哲学史研究要进一步科学化①

自“五四”新文化运动以来，中国哲学史的研究开始走上了科学化的道路，取得了一定程度的进展，特别是在1949年建立了社会主义的新中国以后，广大知识分子出现了学习马列主义的热潮，中国哲学史工作者的队伍也开始壮大起来。通过科研和教学的实践，这支队伍的理论水平、学术素养也不断地有所提高。因此在结束林彪、“四人帮”一伙十年来的大破坏之后，中国哲学史工作者普遍要求加强联系，加强交流，发展本学科的科研和教学事业，于是中国哲学史工作者的学术团体——中国哲学史学会——应运而生了。随后学会又决定主办《中国哲学史研究》季刊，为广大中国哲学史工作者开辟了一个发表与交流学术研究成果的园地，为加强国际间学术的交流提供了有利条件，这是值得我们庆贺的。我想占用刊物的一点篇幅就如何使中国哲学史研究科学化的问题谈几点不成熟的意见。

第一，指导思想要进一步解放。什么叫思想解放呢？根据个人的体会，就是要以实事求是的精神，用社会实践作为检验真理的标准，彻底摆脱一切盲从和迷信。不仅要从封建的、资产阶级的各种教条中解放出来，就是对无产阶级革命领袖的言论，也敢于持科学分析的态度，力求做到一切以客观真理为依归。至于社会上的名流、专家，更不能把他们的每一句话当作格言。黑格尔可以算是欧洲资产阶级的哲学史权威了吧，但是他的《哲学史演讲录》一书却告诉我们他对于古代东方哲学又是何等的无知。国内外目前有些著名的自然科学家，在谈到中国古代科学史上的成就时，至今还有人把《经》上下，大、小

① 本文原载于《中国哲学史研究》1981年第1期。——编者注

《取》各篇误认为是墨翟自己的作品，也有的依然把《庄子·天下》篇中辩者的学说笼统地称作庄周的思想。鲁迅先生曾告诫我们，千万不要把“名人”的话都当作“名言”，是很有见地的。

第二，哲学史的研究不是一种无目的的探索。一般说来，对于某一研究，只要看看是以什么立场、观点和方法作指导，就可大体判断这种研究成果的性质。因此要进一步做到这门学科研究的科学化，就必须做到实现革命性和科学性的内在统一，换言之，就必须以最先进的思想来武装我们的头脑，作为我们行动的指南。这可说是一个关键。例如在批判哲学史上某一种理论的局限时，如果完全不考虑各种新情况，研究有关方面的最新成就，到今天还是停留在一百年以前的水平，只采取一些19世纪乃至更早时期的科学成果作为立论的根据，并自认为是绝对的真理，其结论只能是早已过时的东西。

第三，必须放眼世界，不能固步自封；要善于参考一切国外哲学史研究的最新成果。但一般说来，他们既有长处也有短处，我们要善于取长补短。我们如果不注意研究他们不同的政治立场和民族成见，很可能将他们著作中的糟粕当作精华来加以吸取。例如过去帝国主义分子的所谓汉学家，也有特意吹捧中国古代文化的，但目的是欣赏中国思想的落后面，在根本上是反对中国走向现代化的。我们千万不要为那种伪善的面貌所欺骗，因而失足上当。从目前的情况来讲，一般国外的“中国学”的专家，好心的居多，但是他们对于我国哲学史的研究，多注意专人专题的探讨，对一些小的问题往往搞得比较细密，而对全面的情况则常常缺乏了解，结果是难免只见树木不见森林，这也是值得我们注意的。

第四，要使中国哲学史研究科学化，还应特别注意研究中国哲学史的特点。社会存在决定社会意识这个历史唯物主义的基本原理是不可动摇的，因此在研究中国哲学史的特点时必须从认真研究中国的社会历史入手，尤其要注意研究有关生产力（包括科学技术）发展的情况，经济基础和上层建筑之间在不同时期的矛盾及其变化的规律。如我国古代奴隶制的特点，长期的多民族的封建统一帝国的建立，尤其是鸦片战争以后，逐步形成半殖民地半封建社会的特性，再结合生产斗争和阶级斗争以及各种意识形态的相互影响与哲学思想战线形成的关系，来从事深入而又系统的考察，看来是非常必要的。再则，由于哲学思想战线一经形成，又会在发展中产生它的相对独立性，所以我们要真正懂得它的特点，则又必须加强中国哲学史和东方各国哲学史、西方哲学史的比较研究。只有通过广泛的不同思想资料的比较，才能真正做到区分异同，从而了解它们各自不同的特点。

第五，我们研究中国哲学史的目的，除了系统地总结理论思维的经验教训之外，还有一个进一步发展中国哲学理论的任务。所以必须注意现实社会中出现的各种新的思想问题，理论联系实际，力求做到有的放矢，为实现四个现代化扫清思想障碍。新中国是从旧中国变来的，封建的、乃至帝国主义的影响还很深，因此在努力学习外国一切先进事物的同时，决不可以丧失爱国主义的立场而产生任何崇洋媚外的奴才思想，在注意发扬祖国古代优秀哲学遗产的同时，决不可提倡复古主义，散布封建余毒。在开展国内各民族哲学史的综合研究时，对于各兄弟民族文化也要有科学的态度，克服任何大汉族主义的偏见。

总之，在使中国哲学史研究科学化的工作中，要有攀登学术高峰的雄心。为此，我们必须善于批判地利用一切最新的成果，既要脚踏实地刻苦钻研，又要敢于破旧立新，千万不能亦步亦趋地踏着别人的脚印走路，这样做是永远也不可能改变落后面貌的。

略论中西哲学史比较研究的现实意义[①]

同志们：

本人的理论水平不高，同时对于中外哲学史也都缺乏深入系统的研究。主席让我在大会上发言，只能就当前所接触到有关方面，具有现实意义的理论问题，谈一点感想。很不全面，如有错误，希望在座的全国各位专家、同志们，毫不客气地批评指正。

一、我国近代中外思想文化的比较研究

这种研究早已开始。两种不同文化思想的接触，必然会引起人们的注意，不同的人有不同的感受，从而产生比较研究的要求，这是历史的现实，并且包含有它内在的发展规律，这是不以人们意志为转移的。换言之，要想人为地阻止、取消这种双方的相互影响，那是很难办到的。不同思想文化的比较研究，大体说来，总是先从感性认识，然后进入理性认识，即先从现象的类比，然后到本质的把握，通过社会实践的检验，逐步由浅入深，乃至循环往复，显然是一个历史过程。但是这种比较研究，在以往的阶级社会，不同的社会历史时期，毫无疑问，要受到阶级的和历史的局限。

有关我国古代中外思想文化的交流情况，由于牵涉面较广，暂且不谈，仅以鸦片战争后的近代中国为例，一些先进的思想家，不断向西方寻求救国救民的真理，同时也就不断地对中西文化进行了比较研究。同时不少保守的乃至反动势力的代言人也是如此。如“中学为

---

① 本文是石峻先生1981年在四川召开的“中西哲学比较会议”上的发言稿。——编者注

体，西学为用”的口号，最初是清末洋务派的主张，认为我国的封建专制政体，三纲五常的伦理教条，是万万不能改变的，只能采用当时西方比较先进的科学技术，即所谓船坚炮利，来加强现实的反动统治，实行镇压人民革命。

“五四”新文化运动前后出现的所谓东方精神文明(主要是指中国的)高于西方(欧美)物质文明的宣传，提倡“国粹”(其实是“国渣”)，拒绝接受一切西方的新思想新文化，这只能成为我国新民主主义革命时期封建地主阶级的代言人。从表面上看来，与这种思想相反，后来又出现了一种“全盘西化论”，认为我国事事不如人，其实是一种民族文化虚无主义，则无疑是为当时帝国主义侵略势力做辩护的。

此外，中国(除台湾)解放前，在蒋管区的法西斯统治下，也曾一度出现所谓中西哲学的比较研究，他们的目的，主要是为了论证马克思主义产生于西方，完全不适应于中国，这是我国新民主主义革命时期的一股思想逆流，它的反动性，可说是非常明显的。

二、为实现具有中国特色的四个社会主义现代化，必须加强中外思想文化的比较研究

今天的新中国跟过去半殖民地半封建的旧中国不同了，推翻了压在全国人民头上的三座大山，开辟了一个新的历史时代。它不仅要大力发展生产，从事经济建设，不断提高人民的生活水平，同时也要努力发展文化教育事业，建设社会主义精神文明，这两方面是缺一不可的。因为没有高度的政治觉悟、先进的思想文化，是不可能巩固经济基础、健全社会主义制度的，更谈不上在将来实现共产主义崇高理想了。林彪、江青反革命集团专横跋扈的年代，为了篡党夺权，实行封建法西斯的文化专制主义，曾胡诌一句颇为流行的谎言，叫“知识越多越反动”，若果照这话推论下去，那么最好取消一切科学研究，而共产主义社会也必将是一个完全无文化的野蛮世界。再引申这个思想，则马列主义的创始人，这些无产阶级革命的导师，都将成为历史上最反动的人物，为什么？因为他们的知识最渊博。岂不成了海外奇谈？

大家知道，未来的科学共产主义社会，不仅是一个彻底消灭了阶级和压迫的理想社会，同时也应该是一个思想文化最发达的社会，既然如此，这种社会必然是要用改造人类过去所创造的一切有生命力的思想来丰富它的，所以决不是任何妄自尊大、盲目排外的狭隘的地方主义文化，而是中外古今一切优秀文化的总汇合，是批判继承一切过去好的思想文化的结晶，但这丝毫没有轻视任何民族形式的用意。将来要真正能达到这个目的，决不能固步自封，必须放眼世界，要脚踏实地从现在做起，对以往人类所创造的各种思想文化，实事求是地进行科学的总结，来提高我们多方面的识别能力，知道什么是可以吸取的精华，什么是应该抛弃的糟粕，然后才能做到通过具体分析“推陈出新”、“古为今用”。一句话，我们不是无目的地从事中外思想文化的比较研究，而是为了建设那种丰富多彩的社会主义乃至共产主义的新文化。

三、中外哲学史的比较研究与坚持、丰富和发展马列主义的关系

马克思有句名言：“任何真正的哲学，都是时代精神的精华。”所以中外哲学史的比较研究，在一般中外思想文化的比较研究中，更占有重要的地位。大家知道，马克思主义不是教条，而是革命、建设的行动指南，所以必须随时研究国内外一切新情况，一切新问题，僵化了的马列主义、教条主义的马列主义，其实是违背马列主义精神的，只能是一种形而上学。在全世界范围内，有许多新的突破，远远超过以往。而中国过去又是一个生产力非常落后，人口众多，经历漫长封建专制主义统治的大国，要在这个基础上建成崭新的社会主义，可说是史无前例的，肯定有许多新问题是过去第一代无产阶级革命家所不能完全预测的。今后为了稳步地前进，少走弯路，必须努力学习国外一切先进的东西，因此有必要实行对外开放政策，便于加强文化交流，但这样做，同时必然带来许多资产阶级世界的渣滓，各种不健康的东西，影响国内人民的思想和生活。

对于理论工作者来说，同时关系最大的是：流入国外现代哲学的流派很多，其中合理的成分一定要改造吸收，但形形色色的反马克思

主义观点，我们又必须在理论上彻底战胜它。看来这是当前一个很严重的课题，要努力做到用马列主义的基本原理，结合思想实际，科学地回答各种新问题，从不同现象看出相同的本质，接受他们的挑战，从而进一步来坚持马列主义的立场、观点和方法，修订个别过了时的结论，借以丰富和发展马列主义哲学，看来已成为当务之急。因此，在马列主义基本原则的指导下，科学地进行中外哲学史的比较研究，来提高我们的理论思维，在当前就具有特别重大的现实意义和理论意义，也可以说是时代精神的要求，目前我国一切理论工作者责无旁贷的任务。我诚恳地希望全国各地专家和同志们能在这条战线上不断地作出新的贡献，并祝大会顺利成功！

关于哲学基本问题与中国哲学史的研究[①]

第一，我想谈谈新中国成立以后中国哲学史研究工作的成绩。这主要表现在以下三个方面：其一，从专业队伍上来看，今天在座的人，只是全国从事中国哲学史工作的一小部分，恐怕比旧中国这方面的总人数还要多，可见我们事业的兴旺发达。其二，用马克思主义理论，特别是马克思主义哲学基本原理来指导中国哲学史的研究工作，不再是什么“为学术而学术”，明确了我们研究的目的就是要“古为今用”，为中国革命和建设服务，为今后实现四个现代化服务。其三，已经出现或正在出现一批有一定水平或质量较高的研究成果，包括论文和专著，这些都是可喜的现象。

第二，我认为过去在研究工作中也存在一些缺点，但这是次要的。有关这方面的情况比较复杂。一则确实有偏离马克思主义的倾向，但是少数，如 1957 年在北京大学举行的中国哲学史讨论会，多数同志就是针对这种情况发言的。通过这次讨论，收到了一定的效果，工作继续前进了。再则是简单化的问题，当然，对于这个问题也要作具体分析。一种是抽取马克思主义的一些片言只语，当作棒子打人，或怀有不可告人的目的，这是个别野心家干的事；还有另一种简单化，就是不少人在当时对于马克思主义还不很熟悉，初步应用起来，理论还不能很好地结合实际，对于历史上的一些哲学思想和哲学

① 本文原载于《中国哲学史研究》1982 年第 1 期。这篇文章是石峻先生在《中国哲学史研究》杂志社举办的学术讨论会上的发言稿摘要，该会议专门讨论恩格斯关于哲学基本问题的定义及其对中国哲学史研究的指导作用。据此情况，将本文改为现在的题目。——编者注

家的批评，难免发生偏差，有的地方说的对，有的地方说的不对，这也是一种简单化。但这两种简单化的性质是完全不同的。

第三，我们要把马克思主义作为行动的指南，具体说就是中国哲学史研究要在马克思主义基本原理指导下进行。我们要研究新情况来发展马列主义，因为不发展的马列主义只是僵死的教条，其实是一种形而上学。但是我们坚决反对以任何借口来篡改马列主义。

第四，马克思主义关于思维和存在的关系的普遍性，在中国哲学史上的具体形态问题。它主要表现在天道、形神、有无、理气等上面。我们赞成通过中外哲学史的比较研究，吸收国外可以吸收的东西，但决不能把我们好不容易丢掉的西方资产阶级的哲学及其方法论的糟粕重新捡回来。有些人利用青年人缺乏经验的弱点，拾取西方资产阶级的一些东西来标新，明明是谬误，可有人偏为他叫好，说是新鲜。其实一点也不新鲜，不过是新中国成立前就已领教过的错误的旧东西。在这方面我们要提高警惕。

第五，就中国哲学史的研究现状来说，我们现在多数专业工作者已经达到这样一个水平，即比较容易解决的问题都解决了，但对那些困难的课题能够深入研究的人似乎还不多，因为这需要较高的理论水平、深厚的专业基础和广博的有关其他学科的知识。我们现在就是要突破这种状况，知难而进，使整个研究水平得以不断提高。

第六，必须用马克思主义的最新成就，科学地总结中国哲学史的发展规律。这种指导思想，不能以任何封建、资产阶级的哲学来代替。因此，必须吃透两头，一是努力学好马列主义，二是大量掌握经过批判审查的思想资料，然后才有可能对中国哲学史进行科学的研究，避免过去的一些缺点和错误，做出更大的贡献。这个重担就落在目前一切专业工作人员的肩上。

蒙古族哲学研究[1]

同志们：

个人虽说是长期以来，从青年时代起就一直在搞中国哲学史的教学工作，但由于理论水平不高，历史知识不够，特别是对蒙古哲学和社会思想史的无知，缺乏研究，不特过去谈不上有什么贡献，到今天依然可以说没有任何发言权。这次来参加讨论会，主要是想了解情况，向大家学习。此地领导决定让我向大会作一个报告，却之不恭，但由于仓促间没有很好的准备，就随便说一点有关方面的感想。说得对的，供同志们参考，说错了的，就请同志们毫不客气地批评指正！

先谈有关今后蒙哲史研究工作的一点设想。

蒙古族是我国历史悠久的伟大民族，早在秦汉以前，就在军事政治等各方面在我国历史上起着重大的作用。以后长期以来一直不断都有文献记载，到12、13世纪时，更建立了统一全国、威震欧亚两大洲、世界历史上空前的大帝国，对中西文明交流做出了不可磨灭的贡献。例如西方算学的经典欧几里得几何等，最早是用蒙古文翻译过来的；中国历史上四大发明如印刷术和火药等，也是从蒙古开始传入西方的各大国家；马可波罗的游记更是重要的文献，记载了我国元代的高度文明，引起西方各国的羡慕，促进了东西航线的开辟。在近代反帝反封建的民主革命，乃至建设社会主义新中国的伟大事业中，都不

---

① 本文是石峻先生1982年5月在呼和浩特召开的“蒙古族哲学及社会思想史研究会”成立大会上的发言稿。本文标题在《石峻文存》中作“蒙古哲学研究”，鉴于当时会议讨论的是蒙古族哲学，今改为“蒙古族哲学研究”。——编者注

断地起着积极的重要作用。今后要批判地继承蒙古族过去伟大的传统，使它在各民族统一的社会主义新文化建设中不断放出光辉的异彩，这是不成问题的，因此需要积极开展蒙古族哲学及社会思想史的科学研究，这肯定是一个重要环节，那是不言而喻的。

但是究竟应该怎样开展这项有重大历史意义的工作呢？又有哪些具体工作在等待我们去进行呢？谈一点初步的设想，很不全面，聊供参考。

首先，大家知道，自从人类进入了阶级社会，生产斗争和阶级斗争的经验，需要不断进行总结，自然就会产生哲学和社会思想的萌芽，那是不以人们的意志为转移的，任何民族都没有例外。其中有的被记载成书，不断流传后代，但有的则随时因故失传，很难一概而论。中国古代的大思想家、儒家的创始人孔丘的代表作《论语》，其实是他的弟子和再传弟子们凭记忆而记录下来的。印度佛教的创始人释迦牟尼也从来没写过什么书，但是现在的所谓佛教经卷，累计下来却成千上万。若果仅凭本人要写过成本的哲学著作才算哲学家，那么孔丘和释迦牟尼的思想今天都不能谈了，所以思想的内容才是我们要研究的，无论是活的死的，都是我们的研究对象，至于书本的有无，只可算是不同的保存形式。有书本和没有书本，在研究方法上当然可以有所不同，但不是值得不值得研究取舍的标准。

其次，是否需要伟大的哲学理论著作，特别是唯物主义的不朽文献才能成为我们哲学和社会思想史研究工作的唯一对象？我看也不尽然。例如通过摩尔根根据长期调查的记录写成的《古代社会》一书，恩格斯写出了《家族、私有制和国家的起源》这部历史唯物主义社会发展史的经典著作。又如根据同时代杜林的反动唯心主义形而上学的著作，恩格斯写成了系统宣传马克思主义的经典著作《反杜林论》。我们的哲学史工作者，如果精通科学社会主义的理论，为什么不能通过蒙藏地区的社会调查，乃至对喇嘛教宗教理论和实践的深刻研究，写出马克思主义的、有高度科学价值的理论著作呢？因此，我总觉得治学成果的有无贡献，并不完全在资料本身的性质，而在于我们能否用马克思主义的最新的思想武器，以认真严肃的态度从事系统的解剖。

再次，科学和哲学的性质是有所不同的，例如我们不能简单地将古代天文学、医学乃至军事学方面的作品直接称之为哲学理论著作，但是我们对它进行哲学的研究是完全可以的。提高到世界观的高度来进行考察，用辩证唯物主义和历史唯物主义来进行理论的概括和总结，即可成为哲学史的思想资料，因此蒙古族古代的不少科学著作，也可以加以改造成为哲学和社会思想史的资料，至于军事学方面的理论研究，那就更不用说了。因此，我们从事马克思主义科学理论研究的工作者，万不可以把眼光只限于从概念出发，只对所谓合乎哲学意义的著作进行研究，而应该从广泛的社会历史的各种事实中、乃至活的思想实际中，从事理论的概括，对具体问题进行具体分析，使马克思主义这个活的灵魂成为我们今后工作的指针。那样哲学及社会思想史研究的范围只会越来越宽广，而决不至越来越狭窄，需要研究的东西会越来越多，而不是越来越少。

此外，蒙古族的社会历史和文化等方面的科学研究，在国外，无论西方和东方，都有悠久的历史，著作很多，有不少可以补我们过去史料之不足的，特别是讲到前期的元代的历史书，尤其是关于今天中国版图之外的许多情况，他们国外的记载，往往比我们现在保存的史料反而详细得多；当然也有不如我们的地方，例如著名的《多桑蒙古史》一书，就是一例。如何放眼世界，取长补短，纠正外国研究者的错误、著作的缺失，都有很多的工作值得今后去做，从而使我国蒙古族哲学及社会思想史的研究走向世界学术的先进行列，显然是可以大有作为的。

最后，关于有关方面资料的系统整理出版，这是一项重大的基本建设。我们应该有计划地培养精通蒙古文文献的专家，并鼓励研究我国与外国之间、国内民族与民族之间在文化上彼此相互影响的关系。例如佛教虽然是从印度传来的，但它一经传入中国之后，为了适合中国社会各阶层的需要，就不断被改造成为具有中国特点的佛教，因此中国的佛教不完全相同于印度的佛教，这些不同的特点正是中国思想史的重要部分，值得加以特别的研究。这方面过去往往注意不够，只知道简单地把外来的东西和我国已有的东西从形式上加以区别开来，而忽略了其间从相互对立到融化乃至合流的过程，那种方法是形而上学的。印度与蒙藏地区佛教的关系尤其密切，为此，我们对蒙古族哲学及社会思想史进行科学系统的研究，最好不要采取彼此完全孤立的办法去搞。这也是我的一点不成熟的意见，供同志们参考。

在马克思主义基本原理指导下，为研究王船山哲学思想的科学化而努力①

同志们：

在湖南省委、衡阳地委的直接关怀下，得到全国各地，首先是湖南全省广大哲学、史学、文学等各方面从事科学研究和理论教学工作者的大力支持，经过了充分的准备，在衡阳举行规模空前的“王船山学术讨论会”，纪念我国17世纪伟大的唯物主义思想家王船山逝世290周年，这是目前中国学术界的一件大事，而且肯定会有长远的国际影响。恰恰在这个时候，个人能够回到故乡湖南，并参加盛会，得有机会向各地的船山学专家学习，真是感到非常高兴！

我虽然在青年时多次路过衡阳，很早就知道王船山这个人，对于他的学术思想，因为工作的关系，也时常接触，但说真的，却一直缺乏系统的研究，更谈不上有什么独到的见解。前几天听了大家的发言，同时也看了部分论文或专著，很有启发。这样，今天就来谈一点初步的体会，如有错误，希望到会的各地专家同志们毫不客气地批评指正。

正如有的同志们在发言中早就指出，王船山虽是湖南人，但他首先是中国人，他在思想史上的贡献不受国界的限制，而是属于全世界。因此，对于他的学术思想方面进行系统而深入的研究，就是我国各地的船山学研究工作者责无旁贷的任务，而且今后肯定会取得更加伟大的胜利，有更多的丰硕成果。

---

① 本文是1982年11月在湖南衡阳召开的“王船山学术思想讨论会”上的发言稿。——编者注

我今天准备发言的题目是“在马克思主义基本原理指导下，为研究王船山哲学思想的科学化而努力”。想分几点来说（讲到哪里看时间情况而定）：史论结合问题；主观辩证法和客观辩证法。

一、史论结合问题

这里所谓“史”，是指历史事实，“论”是指哲学理论，即历史事实和哲学理论的结合问题。

目前不少同志提到，总结过去一段时期内中国哲学史的研究，多有这样的毛病，就是不免简单化。今后船山学的研究要走向康庄大道，当然要预防再出现这种倾向。而且从这次会议来看，已经取得了可喜的成绩。现在社会上偶尔又听到有这种反应，说看了某些历史工作者（当然不是全体）的论文，不免感到只注意许多琐细的现象，不见得抓住了问题的本质，更谈不上揭示过去社会矛盾在对立统一中的发展规律，很少对今天有什么借鉴作用。因此感到不满足。对一些哲学理论工作者则有另一种反应，说他们的研究成果往往只知道按定义出发，从概念到概念，所以空洞得很，对于指导社会实践也没有多少意义。总之，感到离满足时代的需要还有一定的差距。目前在一部分青年学生中，特别是在高等学校，也有把哲学原理的研究和哲学史的研究简单地对立起来的情况，以至于影响到搞原理的甚至对哲学史都不感兴趣，搞哲学史的也对马列主义原理不肯刻苦钻研，从而形成史论之间割裂的学风，在科学研究中，往往理论不能很好地结合实际，不免徘徊观望，很难有所前进。为此，我认为必须提倡史论结合，这就一定要努力做到吃透两头：一是马列主义原理，二是哲学思想史料，然后大力开展创造性的研究、总结。

就哲学史工作者来说，我认为第一步须学会批判审查思想史料的方法，这些方面的内容很广泛，史料学中所涉及的目录、版本、校勘、训诂，乃至思想的、历史的、阶级局限性的研究，都与此有关。现在只举一些简单的例子来说，当然也可以举一反三，推论其余。如《船山先生年谱》作者、清代康熙时期的潘宗洛说：“王船山先生颖悟过人，读书十行俱下，一字不遗。”这肯定是一种文学的夸张，绝对不会符合事实的，就是进步的资产阶级学者都不会这样来叙述的。我认为文学上的浪漫主义和哲学史的实事求是的研究是根本不同的。又如王船山的儿子，由于时代跟他父亲已有所不同了，思想境界也有一定的距离，因此他的《薑斋公行述》只知道说他父亲如何根据程朱派正统学说来“守正道以屏邪说”，特别提到“以辟象山阳明之谬”，这显然带有片面性，看来也是不可以完全相信的。湘西草堂挂的清末郭松涛以及后来还有人简单地重复那种观点，认为王船山只是程朱派理学的继续。任何哲学史工作者只要比较全面地掌握思想资料，应该不难看出其中的问题所在。其实这也是思想史料的审查，同时也是哲学史研究科学化不可缺少的一个工作步骤。

为此，我认为哲学史研究工作者最好能力求史论结合，能把抽象的概念通过逐步探索，把理性认识尽可能地结合历史的研究，还原到当时社会条件下的感性认识，了解他是从什么样的感性认识的内容提高到那种理性认识的，这样才能使人对那些古人的概念的理性认识获得具体的理解，才是结合了特殊再上升到一般。同时把这种理性认识具体运用到当时和今天的社会实践，将会产生什么样的结果，经过这种努力，那就不可能出现只是空洞的抽象，也就不会是所谓的“言之无物”了。这应该是防止简单化的一种途径。

二、主观辩证法和客观辩证法

最近哲学史的研究工作者注意哲学范畴体系先后之间矛盾发展的规律，即思维的辩证法，这是对过去人类理论思维研究深入的表现，它是中国哲学史研究的一大进步。但哲学唯物主义的认识论是一种反映论，因此彻底的唯物论只能是辩证唯物论，而不是其他任何一种形态的唯物论。所以，研究中国辩证法的历史，同样必须特别注意贯彻唯物主义的反映论，即主观辩证法是来源于客观辩证法的原则，客观事物的变化发展是第一性的，而人们关于变化发展的观念则是第二性的。虽然思维规律也有它自身的特点，有相对的独立性。王船山既是一个伟大的朴素唯物主义思想家，同时又是一个伟大的朴素的辩证法家，这是大家公认的。为此，在研究王船山的辩证法体系形成发展的同时，有必要认真研究、具体分析对他的思想具有直接影响的各种矛盾，包括自然界和人类社会的。王船山早年参加科举考试时读过的书，肯定是正统的宋代儒家、程朱派理学，也就是我国后期封建社会的官方哲学，这是不用怀疑的。后来又有很大的变化。应该说，当时客观现实的矛盾是使他后来突破正统理学藩篱的主要原因，而过去一切异端思想的影响，只能说是第二位的原因。因此研究王船山所继承的过去优秀的思想遗产，只能说明问题的一个方面(也可能并非是最主要的方面)。因此，怎样具体地分析研究明清之际、特别是王船山生活时代的各种社会矛盾变化的复杂情况，应该是科学地研究王船山学术思想的一个重要环节，它是新哲学思想萌芽的主要根源。

这个时期的社会矛盾非常复杂，举其大者来谈：

(1)君为臣纲(三纲之首)，地主阶级统治者与广大劳动农民之间的对立统一，是封建社会的基本情况。

(2)夷夏之防，或华夷之辩，是当时封建社会的民族关系基本准则。

(3)生产力的发展，乃至思想文化之间新的和旧的(进步与落后)的矛盾。

我们试看当时上述三类矛盾错综复杂的关系。

首先是以李自成为首的农民起义军推翻了明王朝的统治，但是镇压了这次农民起义的都是满族(夷)贵族统治者，因此清初统治者反以明王朝的恩人的姿态出现，说是为明王朝报了仇，这从多尔衮报史可法书中可以看出。汉奸吴三桂引清兵入关，他们是真正帮助满族消灭明王朝的主将，同时帮助满族统治者建立清王朝的也多有汉人(如洪承畴)，但后来又反复无常，但农民起义的部分将领后来又成了反抗清王朝民族压迫的代表(如李定国)。

汉族南明王朝的腐败统治，从一方面来说，反而更超过清代初年满族的统治者，最忠于汉族统治者的王船山，在南明(汉)王朝反而受到陷害排挤。王船山在满、汉双方统治者的压迫下，不得已，只能逃到另一种少数民族地区去避难，并接受它的保护，而另一些受到清（夷）王朝满族统治者压迫的少数民族（夷）又有联合汉族的被压迫群众去反抗清王朝的满族统治者。

又明末西方科学开始传入中国。这种西学当然又是一种夷学，但这种夷狄之学却又有部分胜过传统的为汉族人所创的知识学问。

王船山早年读的是汉民族正统思想的儒家理学，但是作为夷族（清）的最高统治者（如康熙）又大力提倡。康熙为了缓和满汉矛盾，又表扬明太祖功过唐宋。

至于早期资本主义萌芽与正统封建思想的矛盾，大家已经讲得很多了。其他的矛盾就不说了。

王船山就是生活在这种错综复杂、不断变化的社会矛盾当中，并从中总结过去正统哲学思想的得失利弊的。我们认为，要科学地阐明王船山的主观辩证法思想，是绝对不能离开这些客观现实的。但是他要在思想中系统地解决这些错综复杂的矛盾，看来也是很困难的了，甚至可以说几乎是不可能了。这反映出中国封建社会的发展已到了一个走投无路的时期了。

附录：在“王船山学术思想讨论会”上的发言①

第一次小组讨论情况

11月13日和14日上午，会议进行分组讨论。哲学二组着重讨论了王船山学术思想的历史命运、船山研究的方法论和对宋明理学概念的理解等三个问题。

一、关于船山学术思想的历史命运

石峻教授指出，船山学术思想的历史命运中，有一个奇怪现象需

---

① 本文是“王船山学术思想讨论会”大会秘书处编写的石峻先生发言摘要，原载于1982年11月14日的《王船山学术思想讨论会简报》（第7期），附录于此，以补石峻先生原稿之缺。今有若干删节。——编者注

要科学地解释。如果说梁启超、谭嗣同、章太炎推崇船山是取其民族主义思想作为反清思想武器的话，那么曾国藩刊船山遗书又是为了什么？如果说船山基本上坚持了唯物主义哲学路线，那么，著名的唯心主义哲学家熊十力极力推崇船山，又如何说明？不同阶级不同学派对船山却有一致评价，原因何在？究竟是歪曲了船山？或者仅仅各取所需？还是有更深刻的原因？弄清这个问题，对今后全面研究船山有一定的帮助。

二、关于船山研究方法论问题

石峻教授指出,看问题要有主次之分。评价船山思想与宋明理学的关系,关键在于从哲学基本路线上看问题。如果认为朱熹是唯心主义的,王夫之哲学是唯物主义的,同时又认为二者没有差别,这是不行的。

三、关于宋明理学概念的理解问题

石峻教授指出：对于理学，有人认为宋元明时代占统治地位的官方御用哲学就叫宋明理学，也有人认为宋明时代反对佛老，恢复儒家正统地位的学术叫理学，又称道学。梁启超按时代来进行学术分类，把历代学术分为两汉经学，魏晋玄学、随唐佛学、宋明理学、清代朴学等，其实这种分类法是不科学的。它容易混淆一个时代的学术思想路线的斗争。

石峻同志发言要点

讲四个问题：

1. 史论结合的问题。从史出论，论要依史，这是研究哲学史的基本方法，船山研究也不例外。

2. 主观辩证法对客观辩证法的反映问题。在船山研究中，要深入具体地考察船山所处时代的阶级矛盾、民族矛盾以及新旧矛盾在船山思想中的影响。

3. 历史研究的全面性问题。

4. 船山研究的现实意义。全面系统地研究船山哲学，有助于提高我们的理论思维水平；通过分析船山的理论贡献和局限，更进一步提高我们的马克思主义理论水平，提高爱国主义觉悟，发扬民族的优良传统。总的目的是为了建设社会主义精神文明。

有关马克思主义伦理学的讲话[①]

同志们：

个人的理论水平很低，社会历史的知识和国内外最新情况的了解都不够，实在没有资格在这样的大场合讲话，更谈不上是什么学术报告，如果说错了什么，希望同志们毫不客气地批评指正。

马克思有一句名言，过去的“哲学家们只是用不同的方式解释世界，而问题在于改变世界”②。

我国无产阶级和革命人民，在中国共产党的领导下，经过二十八年的艰苦奋斗，终于推翻三座大山，建立人民的新中国已经三十二年了，其间由于林彪、江青反革命集团的十年破坏，使我国社会生产力较之世界先进水平更加拉大了差距，也就是说越发落后了。今后为了迎头赶上去，多快好省地实现具有中国特色的四个社会主义现代化，在这里要特别注意：①具有中国特色(也就是符合国情的)，②社会主义的，而非资本主义的。那么，在努力发展生产、从事经济建设、加强改造客观世界的同时，必须尽力改造人们的主观世界，大力克服在事实上的困难、前进道路上的思想障碍，换句话说，如果不造就大批合格的从事实现四个社会主义现代化建设的各级干部，是不可能在(目前)党中央的正确领导下、同群众一道将这个伟大理想变为现实的。不成问题的，在这里得努力学习国外的先进科学技术，起码得懂

① 本文是石峻先生生前遗稿，写作时间不详。根据文中“建立人民的新中国已经三十二年了”的提法，本文很可能是1982年10月在北京召开的“中国伦理学会常务理事扩大会”上的发言稿，故编排于此。——编者注

② 《关于费尔巴哈的提纲》。

管理这种新工业的科学方法，不能再像大跃进时的瞎指挥了，做领导工作的更不能再满足于当一个没有足够文化知识的外行了，要准备重新学习。这固然是一个重要方面，但是要养成一批作风正派、有高尚的道德、富于牺牲精神、不斤斤计较个人得失、具备科学的先进思想即建设共产主义的远大理想，可能更是一个根本。因为一切先进设备、各种机器终究是死东西，只有人才是活的指挥者，可以发挥革命的能动性。因为在我国先进的社会主义制度下，有了正确的路线和有关的具体方针政策之后，各级干部是否合乎条件、要求，显然就是一个决定性的因素，今后在发扬我党过去的优良传统的同时，广泛开展共产主义道德教育之所以重要，也就可以不言而喻了，这是一个非常明显而人人懂得的道理。

但是要在全国范围内广泛开展共产主义道德教育运动，而不流于形式、走过场，并且真的能够做到逐步深入，在思想上解决问题，则必须同时加强马克思主义伦理学的系统的科学研究，在大普及的基础上提高。我想马克思主义伦理学在今天之所以受到全国上下的重视，一部分原因可能就在于此。

有关马克思主义伦理学的理论问题很多，同志们的研究有很多创见，产生了不少有价值的成果，到会代表周纪兰同志还写了这方面的专门论文。今天我不想再重复这些，只是简单地来谈一谈知识与道德的问题。

马克思主义认为，愚昧无知决不可能产生高尚的道德，特别是共产主义的道德。因此一切盲从都是不合道理的，应该加以反对；至于任何愚民政策，则是过去剥削阶级的反动统治思想的残余，跟马克思主义是格格不入的。历来提倡愚民政策的，最后没有不失败的，都不可能是站在人民立场的进步思想家。这也是研究思想史从事阶级分析的一个重要原则。当然，过去没有经过思想改造或社会实践、而只有乱七八糟一大堆书本知识的人，也可能是道德败坏的人。在今天，则只有根据历史唯物主义社会发展史的规律，明确知道自己行动的目的和意义，为了人类社会的进步而尽到最大的努力，甚至不惜牺牲个人的一切去实现这种伟大理想的，才可能真正产生高尚的道德和人格。

所以中外历史上著名的伦理学家，从来也没有不注意研究“知”、“行”关系问题的，或知识与道德关系问题的。

在“文化大革命”时期，曾出现过一种反动透顶的奇谈怪论，说什么人的“知识越多越反动”，还叫嚷是什么马克思主义的观点，若果真是如此，那么势必取消一切科学研究，首先是伦理学的研究。因为越研究就会知识越多，这种人也就越来越反动了。将来到共产主义社会，就将成为一个完全没有文化的野蛮时代了，马克思本人以及所有老一辈无产阶级的革命家都将成为历史上最反动的人物了，为什么？因为他们的知识最多。这岂不是天大的笑话。列宁曾非常明确地告诉我们：“只有用人类创造的全部知识财富来丰富自己的头脑，才能成为共产主义者”①，可见共产主义道德的培养与利用以往知识财富的关系又是何等密切啊！

但是马克思主义创始人究竟是怎样地批判继承全部人类文化遗产的，这个问题太大，同时牵涉面也很广，不是一两小时内可以讲清楚的，所以暂时只好存而不论。

今天只想谈目前出现的几个有关这方面的常识问题。

第一，讲什么叫解放思想？

为什么要谈这个问题呢？因为在最近一段时间内，社会上就有少数人是打着要“解放思想”的幌子来反对马克思主义的领导的，把马克思主义的普遍规律也当作束缚人们思想的筐篋来攻击，从而干出了不少违法乱纪的坏事来，特别欣赏外国的腐朽生活方式，把资产阶级的自由化说成是解放思想的成果，事实上从事瓦解社会主义的思想宣传，并从而丑化党的领导。我们认为这完全是一股歪风。根据个人初步的体会，唯物主义提倡的“解放思想”，其实就是告诉我们一切言行都要有一种实事求是的态度，是啥说啥，要照客观规律办事，决不迷信盲从，更不能以非为是，胡作乱为。因此“解放”就是要摆脱那种愚昧无知的状态、只知人云亦云。因此在平日行动的指导思想上，不仅要从一切封建的、资产阶级的教条中解放出来，不再受他们的欺

① 《共青团的任务》。

骗和愚弄，就是对于无产阶级革命领袖的言论，也敢于持科学分析的态度。总之，一切以客观真理为依据，用实践作为检验真理的唯一标准。至于社会上的名流专家，更不能把他们的每一句话当作格言，成为偶像的崇拜。鲁迅先生说得好，并不是名人的每一句话都是名言，正因为他们是某一方面的专家，在这一方面见得很深刻，而另一方面则难免有所忽略了。他举近代著名学者章太炎先生为例，他对我国古代文字音韵学都很有研究，特别对汉代许慎《说文解字》一书造诣很深，这反而养成他的偏见，不相信后来河南安阳出土的真实古代史料、殷商时代的甲骨文了。我们不妨再补充一个例子，如黑格尔可说是西方哲学史研究的权威，但是他的《哲学史讲演录》一书却告诉我们，他对于东方古代哲学史又是何等的无知。总之，解放思想就等于要破除一切迷信。推广这重意思，我们也可以说，常有人这一方面是所熟知的，可以作出应有的贡献，另一方面则或许是落后的，在某种事上，因为有可能阻碍社会的进步，如个别革命老干部也有主张对子女实行包办婚姻，要求什么门当户对的。极少数先进科学家，也有崇洋媚外这种落后思想的。真正能做到“解放思想”的，应该都能从客观情况事实出发，具体作出恰如其分的思想分析。

第二，什么是思想上的“新”和“旧”？

现在一少部分人，提出反对别人的思想，提出反对马克思主义的基本原理，往往借用新的和旧的这一对概念，就是说别人的思想是旧的，过时了，他的思想是新的，而且所谓新的一定可以战胜旧的，因此他的胜利可说是已经决定了的。那么究竟用什么标准来划分这个新旧(思想)的界限，就成为非常重要的问题了。

有人说，因我比较年轻，所以我的思想比你新，这是用年龄作标准来划分的，这样，越年轻的人的思想就越新，越进步，越革命。这是否对呢？鲁迅先生的思想转变给我们提供了最好的证明。大家知道，鲁迅先生早年是坚定地相信进化论的，认为凡是青年人都是要胜过老年人的。但是在大革命时期，鲁迅先生发现在这历史转变的关键时刻，青年却分成了完全对立的两种人：一部分不怕牺牲，积极地投入革命的战斗；而另一部分人则向反革命的统治者告密，出卖自己过去亲密的战友，完全成为反革命的刽子手。鲁迅先生从这个血淋淋的实事中吸取教训，从根本上改变了自己的观点，从一向信奉的庸俗进化论进为马克思主义的革命的阶级论。可见单凭年龄的大小来分别思想新旧的观点是站不住脚。

现在另有一种观点，认为一般后来出现的思想总比已经流行的思想新，更加进步，如现在也常听到有人说马克思主义产生已经有一百多年了，早已过时了，但是他们所谓新的观点又是什么呢？如说中国革命是革错了。你看日本经过明治维新，并没有推翻帝制，但是今天的经济发展不是远远走在我们前面吗？这种认识完全不熟悉鸦片战争以后的中国近代史，不了解过去以孙中山先生为首的革命先行者，是怎样从戊戌变法运动的失败、从主张极力模仿日本明治维新的绝望，然后被迫走上革命道路的。又如他们认为中国今日的落后是由于中国太大了，所以进步很慢，不如各省独立，分而治之，他们在羡慕日本地方的小，乃至新加坡的更小等，他们也羡慕美国各州有独立的宪法，赞成中国最好也变成美国的联邦性，而不知道中国若不是统一的大国，早已被各帝国主义瓜分了，早已成为完全的殖民地，哪里还能谈到今天的独立富强？他们若读过《孙中山选集》，这个道理显然是早已不成问题。孙中山屡次革命失败之后，受十月革命的影响，赞成与共产党合作，又称列宁为“革命的圣人”，这些新时代青年的上述那种所谓“新思想”，较之我国伟大的革命先行者还不知落后多少，哪里谈得上一个“新”字？哪里谈得上有一点进步性和革命性的气息？其他科学领域也有类似的情况，如目前有人公开反对哲学史上存在着唯物主义与唯心主义两条路线的斗争，及思维与存在的关系是哲学的基本问题，说这是最新的思想，不知在“五四”新文化运动前，实用主义者胡适早在美国就跟他的老师学过这种思想了。所以，简单地以出现时代的先后，不加具体分析，就用来作为划分新旧思想的标准，显然也是不科学的，不符合事实，站不住脚。

至于更有个别人的奇谈怪论，如不久前某地有一位女青年提出的观点，说妓女是光荣的这种特别新奇的思想，又说别人反对她这种思想是由于封建头脑在作怪，这不但是新奇和少见，甚至可以说是前无古人，你能说这是新思想吗？我说不仅不是一种新思想，而其实则是一种再落后不过的旧思想，没落阶级最无耻的人生观。若说这种思想是一种纯粹享乐的人生观，勉强可以说跟我国《列子·杨朱篇》有某些相似，即使在封建时代，也谈不上什么进步性。

那么一个人思想的新、旧，乃至进步、革命和保守、反动的界限究竟应该怎样来划分呢？唯一的标准，只能按历史唯物主义社会发展史的客观规律来确定。凡是能在事实上推动社会历史前进，为早日实现共产主义社会添砖加瓦的思想，才是新的思想、进步的思想、革命的思想。一切道德行为的善恶，最后也是根据这一个标准来区分的。其他一切似是而非的说法，都是不科学思维。一句话，没有最先进的社会历史科学知识武装的人，就不可能有最先进的道德。

第三，知、行关系问题的辩证法。

我这里不是全面地来谈这个问题，只可说是涉及这个问题而已。

伦理学的性质决定了这门学科的特点，就是他决不能只停留在口上的空谈，即使写上很多篇论文，甚至说得好像头头是道，如果不是见诸实行，都不能算是一个好的伦理学家，最多只能说是一个道德空谈家，若果说的很好，而是做的完全相反，那就成了“伪君子”，也是一文不值。中国宋明时代的伪道学，有的讲如何“存天理，灭人欲”，真是分别得非常精细，但是言行不一，正如后人所讽刺的，他们是“满口的仁义道德，满肚子的男盗女娼”。也就是比普通人还要坏。

在“文化大革命”时期，林彪、江青一伙，伪装高举毛泽东思想旗帜，真是假话说尽，坏事做绝，于是成为不齿于人类的狗屎堆。所以这种专说好话而专干坏事的人，是我们社会主义制度最凶恶的敌人，他比那种公开反对马克思主义的敌人还要可怕，因为我们又是防不胜防，容易上当受骗，必须加倍提高警惕。

根据社会革命性质的转变、前进，在这个时代这样的做法是进步的、革命的，但在另一种情况下就将成为保守的甚至反动的了，也就是好事可以变坏了。例如现在通常有人提出一个新名词，叫作社会关系学。这种关系学是指一些人不正当地走后门，不按规定来办事说的。但是这种社会关系在最困难的革命阶段，被人用来发动群众，隐蔽地下组织，我认为还是有一定积极意义的，若果在革命政权建立之后，还用来干自私自利的勾当，那就是完全性质不同的两码事了。又例如武装斗争时期，为了抵抗侵略，卫国保家，动员自己子弟去参军，显然是革命运动，但若在和平时期，为了逃避下放农村，不惜走后门去要求参军，那就很难再说是什么革命的行动了。其他的一些做法，也可以依次类推。所以同样一种行为，可以从革命的转化为不革命的；反之，有些人由于过去有一般的历史问题，他认真地吸取教训，反而在工作中特别认真负责，这样又从原来的坏事变成了好事，这都是知行关系的辩证法。我们伦理学工作者，应该充分认识到这种不以人们意志为转移的客观辩证法，防止好事变成坏事了，同时又要化一切消极因素为积极因素，从事革命的转变，从而团结社会上一切可以团结的力量，为积极努力实现具有我国社会特色的四个社会主义现代化而奋斗。

马克思说：“任何真正的哲学，都是自己时代精神的精华。”我们认为伦理学是马克思主义哲学的重要组成部分，离开了马克思主义哲学就没有马克思主义的伦理学，所以今后要想真的在这个领域内作出有价值的贡献，必须紧紧地掌握我们这个时代的精神。

以上说的很拉杂粗浅，不成系统，耽搁同志们不少时间。谢谢！

哲学史研究随感录①

一

目前国内外绝大多数高等院校的“哲学专业”都设在文科部门，有关哲学史的研究自然也在其中。这当然有一定的理由。但其实，哲学的性质与通常所谓纯文学的性质有很多不同。大家知道，在文学创作上，有一种浪漫主义的原则。作者在选取社会上各种典型的题材之后，再从事概括性的加工，对于其中人物个性的塑造及其他的描写，可以使用一种超出具体现实的、夸张的乃至极度夸张的手法，借以增加对读者的艺术感染力，诗歌、戏剧、童话、神话等，更是如此。但是有关系统地总结过去人类理论思维的经验教训，探索唯物主义反对唯心主义的路线斗争，即从事哲学史的科学研究，如果也采用如上那种手法，则无法不陷于严重的失败，甚而事与愿违，要走向它的反面，成为一种唯心主义的应声虫。如古代一些著名哲学家的碑传，少有不出自过去封建文人的手笔，他们先后相习成风，一定要极力“隐恶扬善”，“为贤者讳”，从而宣扬一种英雄史观，以至动辄就说某人一生下来便与众不同，早在幼年时代就过目成诵、无书不读，乃至博通百家、学贯天人。因此，历史上的某些大哲学家，过去常被认为与“神童”或“天才”等结有不解之缘，那是毫不奇怪的。试想，这些历史上的文献真是客观事实的反映吗？显然多是一种艺术夸张。看来，到现代也还有人自觉或不自觉地从事模仿，甚至在少数人的自传里也

---

① 本文原载于《中国哲学史研究》1982 年第 4 期。——编者注

难免。如此“创作”，在文学艺术上，自然也有它一定的意义，不能简单地加以抹煞，但是经不起历史的科学检验。至于谈到过去哲学思想的社会影响，多少也有类似的情况。像战国时著名的思想家孟轲，为了赞扬儒家的创始人孔丘这位“圣人”，就说他“作《春秋》而乱臣贼子惧”。这句话后来流传很广，但果然那个时代社会上的“叛逆”（乱臣贼子）就如此害怕别人的议论吗？我总有点怀疑。至于历史上创立各大宗教的教主，有关他们生平事迹的各种神话传说，真是越往后越多、越离奇，可以信为实有其事的究竟该有多少？这就告诉我们，在今天，要想成为一个科学的哲学史工作者，首先得尊重事实，要破除历来书本传说中带来的各种迷信，真正认识到历史上的那些大哲学家如何都是不同时代的产物，并不是什么不食人间烟火的“超人”，从而来一个思想上的解放。

二

历史上不少有影响的哲学体系，理论结构异常复杂，初看起来似乎十分玄妙，难于掌握，其中某些高度抽象的概念，往往被看作与感性认识的具体内容纯然无关。于是只好各人凭空揣测一番，似懂非懂，这也是我们今天学习哲学史的一层难处。例如魏晋时代流行过的所谓“才”、“性”四本论，对于“才”、“性”二者的关系，有人说“分”，有人说“离”，有人说“合”，有人说“同”，那究竟是怎样一回事？在当时进行这种辩论有什么现实意义？再如后来玄学家有所谓“贵无”与“崇有”的争论，又是为了什么？一般只是抽象地说这是两条路线的斗争，似乎很不容易深入，也不能做到具体的了解。若果有人真能结合当时社会历史的特点，进行阶级分析，联系实际，将这些理论上的分歧，结合当时的人生理想、政治态度等去分析有何具体不同，加以刻画，然后再来从事概括理解这些哲学理论战线上的对立，肯定会是大有帮助的。我想在一般认为比较烦琐的隋唐佛学和比较系统的宋明理学中，好些抽象理论问题的争论，也可以作类似的探索。使人们能从近乎纯理性的概念，逐步再回到原本来自感性认识的内容，然后再从这些接近感性认识的内容，又提升到理性认识，遵循逻辑的先后有同于历史先后的原则，不断琢磨，肯定会加深我们对有关方面的科学理解。不然，对于过去那些晦涩的哲学理论，就难免不望文生义，只会单从概念出发，运用一种纯粹形式逻辑的推论，表面上若有所得，其实是言之无物，不仅使一般青年学生听了难得满足，就是好些专业工作者，对此也要觉得索然寡味。因为这种近乎概念的游戏，不仅没有说明过去某种理论体系的形式，跟前人比较，究竟有哪些创新、发展？而且也没有说明跟后来马克思主义哲学的根本区别何在，言之不详，便难于划清界限，于是科学的哲学史研究也就无从谈起了。总之，专门从事社会科学研究的人，如果根本脱离三大实践，不了解社会现状，那是难以深入的。哲学史的研究，看来也不例外。

三

现在研究中国哲学史的同志们，但有机会聚集在一起，动辄谈到目前图书资料的欠缺，需要大力组织人力从事整理、发掘。这是客观实践中提出的要求，而且真是一项刻不容缓的工作，那是丝毫不用怀疑的。但是设想将来情况改变，是否所有的专业工作者一定都会在教学、研究上作出很大的贡献，看来也还是两可之数。如果指导思想不明确，不在吸收消化上去下工夫，也很可能产生一些活的书柜子，加之方向不对头，或许有人会制作一些更加精致的毒品来。因此，如何做到“由博返约”，造福后代，还是值得人们仔细思考和深入研究的问题。

众所周知，在科学进军的大道上，对于无论什么前人的成就，都只能是我们目前研究的出发点，而不是最后的归宿。所以一个大的理论家，除了应有洞察入微的本领之外，还要站得高，看得远，有科学的预见。例如目前在努力学习外国的先进经验，即是为了我们明天的后来居上，而不是希望永远步人后尘。所以“崇洋媚外”和“封建复古”的这两种思想，可谓异曲同工，都是我们科学研究不断前进的阻力。

在这方面，人们也许还会听到一个颇关重要的议论，就是所谓思想“新”、“旧”的标准问题。今后我们要在各方面从事推陈出新，但究竟什么样的思想才真能算是“新”？是否今天凡属从外国、特别是西方进口的就是“新”思想？或者在国内出现得时间最晚、与众不同、特别稀奇的议论，就叫“新”思想？谁都明白，那决不能算是新思想的科学的定义。显然，只有那种能够推动中国社会生产力不断发展、生产关系日益合理改善、促使科学文化继续前进乃至精神面貌改观、可以早日实现四个社会主义现代化、并将引导人们进入无限幸福美好的共产主义社会的理论和实践，才是多数人心目中的“新”思想。但我国又是世界上著名的文明古国之一，在哲学思想等各方面有许多珍贵的遗产。因此，虽在旧时代产生的好些思想，也有合理的因素，应该批判地继承，并结合新时代的特点，加以发扬光大，决不能因为它“旧”就一概否定，从而陷入民族文化虚无主义。但也决不能“精华”与“糟粕”不分，更不能将“糟粕”当作“精华”来提倡。中国哲学史的科学研究，应该在这些大是大非问题上，在总结前人的深刻教训、特别是近代中国革命建设的经验中，提高到世界观上，旗帜鲜明地作出应有的贡献。

开展中国近现代哲学思想史研究的重要意义（笔谈）[①]

认真开展中国近现代哲学思想史的研究，对于建设社会主义的精神文明，把我国建设成为现代化的社会主义强国，具有不可忽略的重要意义。

中国的新社会是从旧社会发展来的，我们从事建设的现实基础，是从近现代的历史中演变过来的。脱离了这个基础，割断历史，不从实际出发，不考虑中国的国情，不注意克服旧的影响，其结果，就会误入迷途，或陷入空想。在这些方面，若能认真研究近代思想史，会从中得到很多有益的启示。中国的旧社会是半殖民地、半封建的社会，那时很多先进人物为寻找救国救民的真理，向西方学习，吸取了西方近代哲学和自然科学的一些成就，继承了中国古代哲学的某些积极成果，形成了近代中国资产阶级的唯物论哲学，这对当时人们解放思想，进行反帝反封建的斗争，起过很大作用。但是中国资产阶级有两面性，不能和封建主义、帝国主义完全割断联系，在他们的哲学中，有从封建传统中承袭来的唯心主义东西，也有从西方传来的资产阶级的反动哲学思想。因此，他们不仅没有能够从政治上、哲学上完成反帝反封建的任务，其中有的人后来反而陷入封建网罗，提倡尊孔读经，有的倒向帝国主义，崇洋媚外。这里的教训是深刻的。但为了实现有中国特点的社会主义现代化，在现阶段，我们一方面必须努力学习外国的各种先进科学技术，同时又要坚决反对崇洋媚外，防止外来资本主义思想的腐蚀，克服奴化思想。另一方面必须注意发扬祖国

① 本文原载于《江汉论坛》1982年第12期。——编者注

优秀思想文化遗产，不忘自己民族国家的地位，要强调学习历史，用马克思主义哲学批判地总结中国几千年的认识史，坚决反对一切变相的封建复古主义思想。运用近现代哲学思想史上的经验教训，在思想文化领域内，进行两条战线的斗争，有着重大的现实意义。

中国近现代是大动荡、大变革的时代，各阶级都作了充分表演，不同的阶级以至同一阶级的不同派别，其表现也前后有异。他们在寻找思想武器时，对外国和古代哲学都是各取所需，重点不同。这种情况，就形成了庞杂的哲学思想和各种哲学思潮兴起交替、急速变化的情况。各阶级代表人物在哲学上，有的抱住古尸不放，有的坚持变革，有的从保守走向革命，有的从变革转向保守、反动。最后，马克思主义哲学传入中国，战胜了各种反动的和错误的哲学思潮。研究近现代中国哲学史，内容牵涉到古今中外，只懂中国不够，还要懂得外国，只懂得中国的今天不够，还要懂得中国的昨天和前天。但是，研究这一段丰富多彩、复杂多变的哲学思想史，对于提高我们的思维能力，推动深入学习和研究马克思主义哲学和毛泽东哲学思想有重要意义，特别是对某些不懂得先驱者为寻找改造中国社会的真理、奋斗牺牲的历史，而又怀疑马克思主义的青年来说，则是一部绝好的教材。

有关中国近代哲学史研究的几个问题[①]

《哲学研究》编辑部一向重视中国近代哲学史的科学研究，陆续发表过不少有关这方面的重要文章。吉林大学哲学系早就正式开设了中国现代哲学史方面的有关课程，在教学和科研上都取得了显著成绩。现在我们又联合其他有关单位，经过较长时间的筹备，共同发起了这次“中国近现代哲学史学术讨论会”，对于推动今后这方面的科学研究工作，将起重要的作用。

以下就有关中国近代哲学思想史的研究谈几点很不成熟的看法，如有不妥之处，请全国各地齐集这里的各位专家和同志们批评指正。

一、开展中国近代哲学思想史研究的重要性

在我们中国的历史上，有两个值得特别注意的重要时期：一是从奴隶社会向封建社会转变并建立多民族的统一大帝国时期，即先秦时期；二是从封建社会的没落、外国资本主义帝国主义势力的侵入而逐步沦为半殖民地半封建社会，再由半殖民地半封建社会经过长期的革命斗争、最后在中国共产党的领导下建立了社会主义新中国的时期，即近现代时期。而这后一个转变时期，比起前一个转变时期来，显然更重要，其内容更丰富多彩，道路更复杂曲折。但在新中国成立前，由于社会经济的落后、政治制度的腐败和其他种种原因，有关这方面的科学研究工作还不可能很好地开展起来，所以同经过长期资料积累

① 本文原载于《中国近现代哲学史研究文集》(《吉林大学社会科学丛刊》1982年第三集)，吉林大学社会科学报编辑部，1983年。——编者注

和研究的古代哲学史比较起来，中国近代哲学史的研究反而成为薄弱的环节了。

我们今后要上下一心、共同努力来建设的是高度发达的社会主义物质文明，大力发展经济，同时也必须建设高度的精神文明，在全国人民中深入进行爱国主义和共产主义思想教育，亦即广泛开展历史教育、理想教育、道德教育、纪律教育和法制教育，用共产主义的世界观武装人们的头脑，只有这样才能抵御资本主义腐朽势力的侵蚀和破坏，从而卓有成效地开创一个新局面。而这一切都不能脱离中国社会的现实，如果不从中国实际出发，只凭主观臆断，甚至胡做蛮干，割断历史，其后果可能使一些已有的成就无形地散失掉，未来的宏伟计划也将落于空想。为此，我们在现阶段，一方面必须脚踏实地，努力学习各种先进的科学技术。外国的好东西，只要对我国革命和建设事业确实有用，我们都要学习；同时也要防止顺便而来的资本主义腐蚀作用和消极影响，反对“崇洋媚外”，克服形形色色的奴化思想。另一方面，要具体地建设社会主义精神文明，必须进行爱国主义教育，使我国人民、特别是青少年不忘自己民族国家的地位，注意继承和发扬祖国优秀的思想文化遗产，强调学习历史的重要性；但同时也要反对一切变相的封建复古主义。总之，在思想文化领域内，凡属反帝反封建的民主革命的历史任务，还要继续深入地进行到底，否则，在某些具体问题上，难免出现左右摇摆的情况，那就很难建成独立自主的社会主义强国，更谈不上建成具有民族特点的社会主义新文化了。要知道，在我们这样土广民众、历史悠久、科学技术落后的大国，实现从社会主义到共产主义的过渡，无疑是一项中外古今一向无成例的、空前艰巨的伟大创举，只有在党中央的正确领导下，团结全国各族人民，调动一切积极因素，经过长期不懈的艰苦奋斗，才有可能成功。因此，为了使我们今后的工作少走弯路，科学系统地总结我国近代现代思想战线方面的经验和教训，作为一种参考和借鉴，其现实意义和理论意义可说是非常明显的，这也是进行爱国主义教育的重要内容。因此，有组织有计划地开展有关这方面的科学研究工作，其重要性也就不言而喻了。

二、研究中国近代哲学史所应注意的几个问题

（一）中国近代哲学史的内容和以往任何时期相比较都要广泛和复杂，牵涉中外古今。因此要深入系统地加以研究，显然只懂得中国的事情是不够的，同时也要了解外国的情况，还要知道侵略者和被侵略者的立场和观点是根本不同的。因此，在参考国外的一些研究成果时，必须保持清醒的头脑。而当时所存在的一些思想，往往是既有本国的传统，又有某些外来思想的影响，所以万不能把问题看得太简单了。又因为历史是连续的，是不能割断的，所以只懂得这个时期，只懂得中国的今天还是不够，同时也要懂得其昨天和前天。

（二）中国这个历史时期的突出特点，就是逐步陷入了半殖民地半封建社会。它既不同于我国过去单纯的封建社会，也不同于外国发达的资本主义社会；既不同于侵略成性的帝国主义，也不同于单纯的殖民地。孙中山先生曾称它为“次殖民地”，也不是毫无理由的。因此，它的革命性质也自有特点，即是人民大众的反帝反封建的革命。在不同的历史阶段，曾实行过暴力的和非暴力的斗争；而这种革命又发生在一个有悠久历史文化和辽阔国土的多民族国家里，情况更加复杂。因此，不论是本国的某种传统思想，或是刚接触到的外国新思想，中国人民、包括它的先进分子，都来不及作全面而系统的研究，以及结合中国社会历史的具体情况、从容地加以消化，而往往是立即加以引用，作为行动的口号。至于其具体内容，即使是对同一家外来学说，各人的理解和各人所侧重的方面，也很难说是完全一致的。他们都是各取所需，甚至望文生义，借题发挥，其间当然也有创造。所以从形式到内容，跟原来的思想学说往往都有某种不同程度的差别，这要结合社会时代的特点和人们不同的阶级立场作深入的具体分析，才能搞清它的本来面目和它的来龙去脉，彻底明白它们之间的“同中之异”和“异中之同”。

（三）在这段时期内，我国社会历史的另一个特点是各种矛盾迅速激化，社会的发展变化非常快。一个人从青年、中年到晚年，往往

经过几度转变，前后有很大的不同，像孙中山和鲁迅这样伟大的先行者，他们一生事迹的前后变化，大家都很清楚，无须赘言。就以中国人民大学校长吴玉章同志为例，他少年时期在前清旧式书院求学，读的全是《四书》、《五经》一类的儒家经典，接受的基本上都是旧学，转而相信资产阶级改良派，即以康（有为）、梁（启超）为代表的那套。经过“百日维新”失败的惨痛教训，中年时期则又进而追随孙中山，积极从事推翻清王朝封建专制政体的资产阶级革命。此后，在第一次国内革命战争时期，通过社会实践和个人思想上的飞跃，又变成了无产阶级的先锋战士，并成为全国著名的马克思主义教育家。也有另一种情况，即从青年时代作为社会改革运动的积极分子，甚至一度成了有影响的先进的中国人，后来却逐步变成了落后、保守的顽固派，乃至名符其实的反革命，这样的逆历史潮流而动者也确有人在。总之，情况是复杂的，对这些历史人物的思想评价，不能简单地采取形而上学的观点，只就他某一时期的只言片语孤立地作判断，或攻其一点不及其余，这样显然是不科学的。应该承认，其间先后可能有不同的变化，这是符合历史辩证法的。要从中国近代思潮发展史的总规律出发，再结合各人的特点，具体分析它的前因后果，才有可能把问题搞清楚。不宜实行一刀切的办法，而强求形式上的划一，走上简单化、公式化的道路。

三、怎样掌握中国近现代哲学思想史的基本线索？

我们要使中国近现代哲学思想史的研究日益走上科学化的大道，必须严格尊重历史事实，坚持社会存在决定社会意识这个历史唯物主义的基本原理，通过多数专业工作者长期的刻苦钻研，才能达到目的。中国近现代社会的性质已经确立了其哲学思想发展的基本线索，也应该说是比较清楚了。从 1840 年鸦片战争失败那时起，人民大众为了摆脱被压迫和被奴役的地位、解决半殖民地半封建社会的基本矛盾，各阶级的代表人物纷纷出来提出自己的方案和办法。首先是地主阶级改革派的理想没有实现；其次是空前规模的农民革命战争爆发，但是它的绝对平均主义和农业社会主义的空想却无法推行，也陷入失败；再次是资产阶级的改良主义政治运动、乃至资产阶级和小资产阶级革命派的不断斗争，虽然都在不同程度上起到过促进民族觉醒的作用，最后通过辛亥革命推翻了两千多年来的封建专制政体，建立了中华民国，但归根结底也都失败了，始终没有实现改变近代中国半殖民地半封建社会那种被侵略、被压迫、被侮辱的社会地位。这个带根本性的社会革命变革，是在“五四”新文化运动前后，在十月社会主义革命胜利的鼓舞下，由于马克思主义的广泛传播，以及在中国共产党的领导下，进一步结合中国革命的具体实践，经过长期对内与对外的流血斗争，才最后得以实现的。这一条复杂而曲折的道路，有许多经验和教训，值得我们认真地加以总结。

从这个时期的哲学思想来讲，可以很明显地看出，是为了改革现实政治服务的，这是它的特点之一。因此，为什么除了无产阶级先锋队组织——中国共产党——以外，过去其他一切剥削阶级的思想以及作为私有者的农民阶级思想，都不可能动员全国最广大的各族人民来完成这个伟大的历史任务呢？这是由于国内封建统治阶级的上层和国外侵略势力相互勾结、联成一气，暂时还比较强大和凶恶；除无产阶级以外的一切阶级(包括农民阶级在内)，由于其阶级局限，都不可能团结一切可以团结的力量、最大限度地孤立真正的敌人，从而领导这场人民大众反帝反封建的革命，取得彻底的胜利。

从这个意义来讲，首先，在中国近代的第一阶段，即从鸦片战争到“五四”运动时期的后期，有一批激进民主主义者在社会实践上遇到无法克服的困难，从而促进他们不得不向无产阶级思想方面转变，其间显然存在着某种逻辑的必然性，这是当时马克思主义为什么能在中国得到广泛传播的一种不可缺少的历史条件，这正和十月革命以前俄国的先进分子摸索革命真理的情况相似。近代一切先进的中国人，为了挽救祖国的危亡，前仆后继、不断失败的经验教训，是他们留给我们的一份珍贵的遗产。如果没有这些经验和教训，无产阶级领导的新民主主义革命要想取得完全的胜利，即彻底推倒压在中国人民头上的三座大山，也是不可能的。显然，这是客观事实，是用不着怀疑的真理，这是所有中国近现代哲学思想史的研究者首先必须系统地加以阐明的。

其次，中国近现代一切反动阶级思想的发展规律，看来也是很明显的，就是走向没落的封建正统思想与帝国主义资产阶级外来腐朽思想日益密切结合、乃至融为一体的过程。根据我国近代先后不同时期思想斗争的特点，自然这种结合的程度也是由浅入深，由粗入精，由大至小，由隐至显，最后才达到完全适合半殖民地半封建社会统治者需要的思想，即实际上变成了蒋家王朝的御用哲学。当然这类御用哲学的面貌也各有特点，不可一概而论。对它们那种五花八门的体系和内容，也要坚持实事求是的态度来加以具体分析和批判。我们今后对中国近代哲学思想的研究，要做到既全面而又系统，同时又重点突出，如果不掌握这个基本线索，便很难达到目的。

再次，外国思想一经传入中国，必然要与中国的传统思想和当时的现实政治相结合，才能产生广泛的社会影响，因此我们要科学地总结近现代哲学史发展的客观规律，必须充分注意到中国当时的经济、政治和思想战线上的特点。要从有关历史人物的真实思想和新涉及的具体社会问题出发，进行科学的考察。不能简单地照搬一切外国人的现行结论，不经过独立思考就盲目地加以宣扬，从而使理论完全脱离实际，无的放矢，成为一种空谈。当然，一切外国有价值的研究成果，我们也应该加以参考或吸收。

总之，今后必须在上述基本线索的指引下，有步骤地大力开展中国近代哲学思想史的科学研究，在立场、观点和方法上，要充分体现社会主义新中国的特点。必须力求做到思想性和科学性的高度统一，既要重点深入，同时也要避免以偏概全、因小失大，真正做到既见树木又见森林。要做好这方面的工作，我们以为，只掌握丰富的历史资料，而指导思想和研究方法错了，也有可能事与愿违，走上一条歧路，不但不能达到为我国实现四个社会主义现代化服务的目的，同时也与哲学史研究的科学化背道而驰。所以我们必须以马克思主义基本原理为指导，详细地占有史料，史论结合，从事创造性的研究，得出合乎历史规律的结论来，同时注意它的直接应用方面，在目前，可说是既有重要的理论意义又有重大的现实意义。这是一项光荣而艰巨的任务。我愿在今后的工作中虚心向大家学习，同时衷心希望今天到会的各位代表和专家们相互促进，发挥更大的积极性，做出更多的贡献。并预祝本届“中国近现代哲学思想史学术讨论会”取得圆满成功！

要用马列主义观点重新总结汉唐哲学（笔谈）[1]

《中国哲学史研究》编者按：

下面刊载的一组共十篇短文，是在本刊编辑部召开的“汉—唐哲学史学术讨论会”上的部分发言（或书面发言）。它们从不同的方面提出了许多颇有见地的看法和意见。

石峻：

编辑部召开这样一个讨论会，专门座谈有关汉唐哲学研究的问题，对今后这一方面的研究工作，肯定将会起到推动的作用。

我想谈谈这么几点看法。

第一，我认为汉唐这个阶段，不仅是中国封建社会发展的重要阶段，也是我国古代哲学发展的重要阶段，它的思想内容是很丰富的。之所以我们今天感到汉唐哲学史研究还是个比较薄弱的环节，那是因为我们过去的研究工作没有做好。从史料上来说，汉唐的哲学史料可谓十分丰富。首先是一些学者对儒家的经典作了官方的总结，如《十三经注疏》的完成；其次，外来佛教经典的翻译到唐代大体告一段落，接近完成；至于道教的各种典籍，总名《道藏》的，它的基本内容也是汉唐时代建立起来的。上述思想资料，真可以说是汗牛充栋，决不是贫乏的。

可是，为什么使人产生汉唐缺少哲学的印象呢？这一方面，因为宋明理学对汉唐哲学的总结是不够全面的。他们一般都是以儒家为正

---

① 本文原载于《中国哲学史研究》1983 年第 1 期。——编者注

统，特别强调以三纲五常、乃至所谓“华夷之辨”来进行思想总结，排斥了许多他们认为是不符合“道统”的内容，非常偏颇，于是许多珍贵的典籍被简单地说成是“异端”而加以忽视或干脆抛弃了，使从战国时期的孟轲直到宋代的二程，这中间空了一大截，似乎思想的发展是中断了。当然，佛、道的宗教神学家们也从各自的宗教信仰的立场出发来总结这一段历史，但由于他们带有那种不正常的感情，其总结的思想内容也就更狭窄和荒谬了。宋代国势羸弱，统治者气魄不大，也是不能将汉唐哲学思想遗产全面而系统地进行总结的一个原因。于是，由于宋明以来，这样官方哲学的总结在“五四”新文化运动以前一直在中国占统治地位，并且还影响到国外，因此，从日本到欧美的学术界，过去都有人认为我国汉唐哲学史的内容是贫乏的。其实这并不符合历史的真实情况。

今天我们应当重新研究，用马克思主义的立场、观点、方法来进行总结，彻底摆脱过去儒、释、道各家的片面性。

第二，中国文化是世界文化的一个重要组成部分，不是完全孤立的，我们今后应当把中国哲学史的成就放在世界哲学史的范围内来加以总结。而汉唐哲学在内容和资料等方面恰好提供了这种研究的便利。汉代把中国与中亚细亚各国的交通开辟了，印度佛教就是通过这条“丝绸之路”传入中国的，经过一段消融的过程，然后再传到朝鲜、日本和越南等地。我们可以佛教为例，将中国的思想同印度的思想、东方各国的思想作一番比较研究，从而总结出中国哲学的特点。汉唐是古代比较哲学史研究最好的时代。将来的哲学史肯定会是一种统一的、新的世界哲学史，如果汉唐哲学史研究得好，则可在这方面做出应有的贡献。目前，日本、印度的学者也在做这方面的工作。但是，日本的某些学者，他们专好罗列材料，缺乏分析，难免只见现象不见本质，这种研究方法显然是有缺陷的；而印度的某些学者，则往往喜用现代最新科学的理论来比附、解释佛教，目的在于有意提高古代印度哲学的地位，但未能实事求是，结果可能适得其反，变成不科学，这种研究方法看来也是有问题的。

第三，中国哲学史研究的对象和领域似乎应该要扩大一些，最好把哲学和历史、文学、艺术、自然科学、宗教等结合起来研究。中国汉唐时代的文学、科学成就是大家一致肯定的。在《大藏经》中就有印度医学的内容，而在汉唐医学的著作里，也有许多名词来自佛经，甚至在小说里面的结尾用一首诗来总结，这种形式也是模仿佛经。再如谈到道教，离开了它的经典丛书——《道藏》，中国科学史就很难进行研究。反过来，如果不懂得科学，自然也无法深入地研究《道藏》。所以，哲学如果断了同其他学科领域的联系，路子就会愈走愈窄。

当然，我们也不要迷信外国专家的一些看法，好像只有印度的佛教才是所谓真正的佛教，从而凌驾于其他各国佛教之上。要知道任何宗教都不是一成不变的思想和信仰，佛教同样也是历史的产物，它本身也在不断发展。比如，宝塔这种建筑原是从印度、尼泊尔传来的，但中国的大雁塔在艺术上就有不同于它们的特点。佛像的塑造传入中国后，面孔也变得越来越像中国人。汉唐以来不少的佛教典籍是中国人创造性的著作，在理论上是有所发展的，特别是“融通”栏目，更是如此，过去有人非常轻视这一栏的书，显然是不对的。

第四，汉唐哲学史研究其所以成为比较薄弱环节，其中自然也有许多具体的困难。比如，对于亚洲其他各国的古代文字要有所了解，是不那么容易的。即以流行最广的《般若波罗密多心经》为例，这里的“心”是纲要的意思，“多”是音译，并非“多少”的多，不可望文生义。明代著名思想家李卓吾虽也研究过佛学，但就把这个“心”字完全理解错了。再加，“天”在佛经里多是神的意思，“三十三天”就是三十三个神。在这里的“天”和中国传统的“天”的内涵就并不完全一样。有关佛经的翻译，在鸠罗摩什以前，质量是不高的，这也给后人的研究造成了不少困难，我们要了解汉唐哲学史的史料，尤其是外来的翻译，就不能不要多少了解一点中外不同的语言习惯及其含义。

第五，研究中国古代哲学史，要把一向认为是天上的问题放到曲折地反映地上的现实来讲。复杂的内容要知道如何简单化，抽象的理论要力求能具体，即追索到它感性认识的源泉，这样才能透过现象抓住问题的实质。以隋唐佛教盛行时的情况来说，有的人就不过是挂个招牌，一定要结合具体的情况来分析。譬如柳宗元，他把佛学和儒学结合起来，目的仍然是宣扬儒家性善论和仁义道德，这个主从关系还是很明显的。

附带谈到一点：汉唐时代的儒学和佛学，都曾一度陷入“烦琐哲学”（或称“经院哲学”）的道路，真可说是“博而寡要”，如果我们指导思想成问题，即研究者的目的不明确，一心想在那里搞“为学术而学术”，看来也有可能迷失了方向，即是钻进去就出不来，则确实要特别提高警惕的。

汤用彤先生的治学与为人①

今年是国际著名哲学史专家、北京大学前副校长、哲学系主任、教授、原中国科学院哲学社会科学学部委员汤用彤先生(1893—1964年)诞生90周年。关于他的生平事迹和在学术上的贡献，国内一些有代表性的辞书上多有介绍，用不着我去重复。现在只就个人见闻所及，简略地一谈他的治学与为人。

汤先生生活非常朴素，不讲排场，不好交际，平日说话做事都很谨慎，从不喜欢表现自己和高谈阔论。他青年时代从美国留学归国之后，到抗日战争胜利，再度去美国大学讲学，在这漫长的岁月里，似乎很少听到他跟人谈起外国资本主义社会的花花世界。在生活方面，可以说一点“崇洋”的习气也没有，单从外表来看，几乎完全像一个从未出过国门一步的人。但是在哲学思想史的科学研究工作中，他经常注意世界各国有关科研的最新成果，一再强调学习外文的重要。这跟当时那种认为理解佛学与梵语知识完全无关的论调，是大不相同的。记得他曾对我们说过，一个青年人现在研究古代中国哲学的指导思想和方法，如果还停留在清末大学者如王先谦等人的水平，那就毫无意义了。汤先生强调，研究中国哲学思想史的专业工作者必须用心了解外国哲学，特别是西方文艺复兴以后的近代哲学，以资比较。这是否在以过去国外同一类学科的水平来限制我们的眼光和今后发展的方向呢？那又不尽然，因为他平日又非常注意中国哲学的特点，他在研究中仔细地分别中国和印度的不同文化传统。他对国内外有人把中国佛学看作仅仅是印度佛学的翻版，或者只有印度的佛教才是所谓真

① 本文原载于《中国哲学史研究》1983年第3期。——编者注

佛教，而中国的佛教只不过是假佛教，因此印度的佛教高于中国的佛教这些似是而非的见解，是不同意的。他告诉我们千万不要将中国佛教思想完全等同于印度佛教的信仰，他认为中国佛学发展的道路，主要是受中国封建社会统治思想的支配和影响，从而确定它的方向。从这里可以看出汤先生确是做到了立足于中国，放眼于世界。在他研究中国佛教史的专著，如《汉魏两晋南北朝佛教史》以及《隋唐佛教史稿》乃至《往日杂稿》一书的有关论文中，可以说都体现了这种精神。在一些具体问题的研究中，他一方面确实引用了不少国内外“权威”学者的结论，并在不同程度上加以肯定，或再作进一步的修订、补充和发挥，这是一种通过别人的成果而又超过别人的事业，也可说是批判地继承，决不是盲目地抄袭。更值得注意的是，在某些学术上有争议的关键问题，或是基本思想资料，经过他本人的独立思考，刻苦钻研，确有把握可以推翻那些在学术界有广泛影响的错误成见，不管是国内外有多大声望的名流学者，都敢于大胆地加以驳斥，这是汤先生一贯敢于坚持真理的具体表现。特别是外国某些非常自负的所谓汉学专家们，由于知识面较窄，加之不甚精通古代汉语，那结论往往就更不可靠了。汤先生在这种批评工作中，说话是非常讲求分寸的，特别注意“内外有别”的原则，对外国学者时常公开点名，但对国内学者则不一定如此。对死人和活人的做法也不完全一样。对于友朋之间，大体说来，还是以指出别人的贡献为主，至于明显错误的地方，也经常是以正面叙述个人的见解为先，表示不专门为了挑剔他人的过失才从事这种研究的。这是汤先生在治学方法上所表现出的个人修养。我国当代著名佛教研究专家吕秋逸（澂）先生是他的旧友，吕先生在新中国成立后出版的《中国佛学源流略讲》一书序论中提到：“中国方面，过去的形式比较陈腐……民国以后，曾取材并模仿日本人……汤用彤先生的《汉魏两晋南北朝佛教史》受日本人的影响就少，所用资料比较丰富。”说明汤先生真正做到能摆脱国外专家所制定的框架，从而建立了我国学者独到的体系。这是千真万确的。在半殖民半封建社会的旧中国，应该说是非常可贵的。

又如汤先生早在二十年代末和三十年代初，为适应教学需要编写成的《印度哲学史略》一书，是新中国成立前最先完成的有关这方面的高等学校文科教材（以后黄忏华先生也在商务印书馆出版过一种《印度哲学史纲》）。汤先生过去有一种看法，认为佛教原本是印度社会历史的产物，受到同时和过去各种思想的影响，它的发展是与一些所谓“外道”思想的长期斗争分不开的，它不是个一成不变的信仰。因此，要想真正懂得印度佛教哲学，必须同时了解印度佛教以外的各派哲学思想。这是跟过去一些人把印度佛教看作佛祖释迦牟尼一人静坐在菩提树下凭空想出来的观点完全不同的。汤先生在编写这部书时，正如他在1960年该书“新版后记”中所说，主要是汲取了近代印度著名哲学史家达斯笈多（Das Gupta）等人的研究成果，同时参考了日本以及其他国外学者的著作（初版附有参考书目录）。但是这部书与一般编译的书不同，除了他是用典雅的古代汉语写成、具有作者明显的文风之外，还包含他直接从巴利文原本译出的资料，并突出了过去我国学者在这方面的独特贡献，充分显示出当代中国专家著述应有的特点。据悉汤先生在新中国成立后还计划在中国《大藏经》中广泛搜集有关印度哲学的史料，应该说是上述这种有益工作的继续。

汤先生的《魏晋玄学论稿》是一部未完成的学术论文集。在写作这些论文的三十年代末到四十年代初，他由于患高血压症，写字时手抖得非常厉害，所以多数是由我帮助抄写定稿的。其中重点的文章，如《魏晋玄学流别略论》和《言意之辩》等，都是经过汤先生一再修改，然后公开发表的。汤先生一般不好做卡片，经常把各种有关的材料简要地记在一本书上。范寿康先生《魏晋之清谈》这本小册子，就曾被用来做过这种汇集资料的笔记本。汤先生早年是受过严格的古文写作训练的，因此用字造句都非常讲究，有人说甚至超过某些中文系古典文学教授。汤先生这本书的篇幅虽然并不算大，但是很能代表他在新中国成立前研究中国古代哲学史的基本观点和方法，就是以通过汉代外来佛教思想的传入及其后来的演变，结合中国古代社会的历史条件和过去传统思想的影响，来阐明中国魏晋玄学思潮产生、发展、没落的过程及其规律。这种指导思想，在马克思主义还未能在全国范围内成为主要思想之前，应该说是一种比较进步的资产阶级学术观点。因为他肯定了各种哲学思想都是社会历史的产物，相互之间是既有斗争又在发展的事实，即使是影响很大的世界宗教(如佛教)，也都不是一人创造的永世不变的信仰。因此汤先生这部书，尽管因为老来多病，没有最后完成，但在我国近代哲学史学的研究上，仍不失为有历史意义的著作。

汤先生虽是一位非常博学的学者，但是他的态度却是非常谦虚的。如他在《汉魏两晋南北朝佛教史》1938 年初版“跋”中所说：“自知于佛法默应体会，有志未逮。语文史地，所知甚少。故陈述肤浅，详略失序，百无一当。……书中于采用时贤之说，皆随文注明。”这种虚怀若谷、不掠他人之美的精神，更是值得我们后辈学习的。

此外，还想附带地一谈汤先生在领导岗位上是如何顾全大局、团结同事的。他对待自己过去的学生，不是以你学的东西是否跟他一样来加以区别对待的，如向觉明(达)先生搞的是“中外交通史”，有很大的成就，陈忠寰(康)先生对古代希腊哲学有深入的研究，汤先生都是一视同仁非常器重他们，平日相敬如宾。汤先生对于当时在高等院校任教，出国留学过和没有出国留学过的专家，只要你在学术上真有贡献，都一样看待。在旧中国，不同学校出身的人，往往存在门户之见，妨碍团结，影响工作，这是汤先生所不赞成的。大家知道，抗战时期的昆明西南联合大学，是由北大、清华和天津南开三校联合组成，是带有临时性质的学校。虽然一般说来，由于是非常时期，所有师生之间大体上是团结的，但在上层领导和一些风云人物之间，也不免存在着各种不同性质的矛盾。要想工作不出毛病，必须善于团结各方面的人，汤先生在当时应该说是做出了力所能及的贡献的。这是三校的一些老人都很清楚的。他不像有的人，本位思想特别严重。这里我只准备谈一件事，就是汤先生有一年决定休假，只从事个人的科学研究工作，他那个哲学系主任的职务，就专门请了南开大学当时唯一的西方哲学史教授冯文潜先生代理。现在大家都知道，这位冯先生就是周总理青年时代在南开读书时的同年好友。提到冯先生这个人，真是一贯谦虚谨慎，作风正派，从不议论别人短长的忠厚长者，但在当时要有人跟他捣乱，却也不是容易对付得了的。为此，汤先生再三嘱咐我们，必须大力帮助冯先生处理各种杂务，要特别尊重冯先生的意见。后来大伙都照汤先生的意见做了，没有给冯先生增加一点麻烦。在这一年之内，冯先生也很满意，真可以说是做到了“无为而治”。这也是汤先生团结同事、大公无私精神的表现。

最后，汤先生在新中国成立前好像是一个完全脱离现实、专心致志做学问的专家。其实不然，他在一些大是大非的问题上，可说是立场十分坚定，从不含混了事的。如北京解放前夕，他毅然拒绝了胡适的邀请，不去台湾，这是大家都很清楚的。又如在昆明“一二·一运动”期间，他正式签名并联合一批进步教授共同发起抗议反动统治者法西斯暴行的宣言，就是最明显的例证。至于新中国成立后，努力学习马列主义，歌颂社会主义制度，拥护党的领导，那就更不用说了。

胡适评传[①]

一、胡适的家世和青少年时代

胡适，字适之，原名胡洪骍，安徽绩溪人，清光绪十七年（1891年）生，公元1962年因患脑溢血病死在台北（台湾省会）。他出身官僚地主兼商人的家庭。他父亲叫胡珊，号铁花，本是一个乡绅，青年时期接受过传统的旧教育，有文史经籍方面的基本训练，兼受到作为官方哲学程朱派理学思想的影响，算是一个封建学者，不甚著名的经学家。胡珊还喜欢研究边疆地理，为此曾远出山海关外，考察我国东北各地，并得有机会投奔当地的钦差大臣、著名考古学者吴大澂的幕府，很得到吴的赏识，吴一度向清政府荐举他是有治理省区这样大地方才能的人。往后曾在上海任淞沪厘卡（税收机关）总巡，一直做到台湾地方直隶州知州。中日甲午（1894年）战败，台湾失守后不久死去，终年55岁。胡珊连连丧偶，先后三回娶妻，胡适的母亲冯顺弟是最后一个。她出身农民兼手艺工人（裁缝）家庭，光绪十五年（1889年）结婚，时年仅17岁，小于胡珊30岁。胡适是他父亲最小的幼儿，他母亲的独生子。虽则他母亲从未入学，并不知书识字，但平日受到他父亲的影响、教育，特别是临死前遗嘱要让他儿子“努力读书上进”，于是在23岁就做了寡妇的冯顺弟，真是全副希望都寄托在胡适的造就上，经常告诫他将来一定要循着他父亲的脚步，努力做一个

① 本文原载于《中国近代著名哲学家评传》下卷，齐鲁书社，1983年。——编者注

受人敬重的人，并说只有这样才能为父母增光。

胡适幼年，即光绪二十一年至三十年(1895—1904 年)，先是在家诵读他父亲所编的四言韵文《学为人诗》与《原学》，后来一直在乡私塾里上学，经过九年的时间，他先后被教读过下列儒家经典：《孝经》、《朱子小学》、《四书》(《大学》、《论语》、《孟子》、《中庸》)，以及《诗经》、《尚书》、《易经》、《小戴礼记》。同时他在私下里又特别爱好阅读我国各种旧小说，并经常用它作素材跟家里人讲故事，因此封建社会的人情世故，早就在他的脑海里深深地打下烙印。

胡适到 13 岁才第一次离开家乡到上海读书，共住了六年(光绪三十年至宣统二年，1904—1910 年)，先后进过四个学校：梅溪学堂、澄衷学堂、中国公学和中国新公学。

他这时开始接触到新思想，喜看流行的所谓"新书"，主要是由资产阶级维新派宣传家梁启超等人创办、在当时颇有社会影响的《新民丛报》一类出版物。此时日、俄两帝国的侵略者为争夺远东霸权，在我国领土东北进行战争，他受到国内部分舆论的影响，表示同情日本一方，产生了仇俄的心理。

光绪三十一年(1905 年)，胡适进澄衷学堂读书，受到国文老师杨天骥(千里)的较大影响。有一次上课，他教班上的同学都去买著名资产阶级启蒙思想家严复翻译、经清末桐城派古文家吴汝纶删节过的《天演论》(即英国科学家赫胥黎作的《进化与伦理》)来作课本，于是胡适接触到了这本书。这位杨老师后来有一次出过作文题目："物竞天择，适者生存，试申其义。"据胡适《四十自述》中回忆，他在当时还缺乏理解，不能对这种思想有所发挥。后来谈论"物竞天择"、"适者生存"，一时成为新的风气。

胡适在澄衷学堂总共一年半，这时在课外也曾阅读过严复翻译的英国约翰·穆勒的《群己权界论》(即《论自由》一书)等，使他打开了眼界，开始注意国外列强的资产阶级新文化。但总的说来，都不及受梁启超思想影响之大，特别是其中颇有进步意义的《新民说》和泛论《中国学术思想变迁之大势》一类著作，尤其是后者，使他知道除了官方规定必读的儒家经典《四书》、《五经》之外，我国古代还有各种其他流派的学术思想，这为他往后在国外打定主意研究中国哲学史埋下了种子。

光绪三十二年(1906 年)暑假，胡适因故转学到中国公学，他的国文试卷因得到该校总教习马君武(抗日战争前曾任广西大学校长)的赏识而被录取。这所学校的教职员和同学之中，有不少是当时的资产阶级革命党人，因此在该校要看到同盟会在日本东京出版的机关刊物《民报》是最方便不过的。但是胡适在这所中国公学三年多，始终没见有人劝他加入同盟会，个人并且一直留着长辫子，从来没有参加过任何革命活动，只不过已开始学习作白话文而已。他这时用白话文写过几十篇短文，发表在早已被人遗忘了的《竞业旬报》上。此外范鸿仙等人办的《国民白话日报》和李莘伯办的《安徽白话报》，也都登载过他的文字。这种训练，为他七、八年之后公开提倡和从事写作白话文，打下了初步的基础。

光绪三十四年(1908 年)九月间，中国公学内部，因为一个有关宪法问题的争议，上下意见分歧，从而闹起了一次大风潮，结果是大多数学生因此退学，他们自己另行组织了一个中国新公学，胡适也在其内。但是由于这所新学校的经费没有固定的来源，因此很感困难。于是担任教务干事的李琴鹤就特地邀他教低级各班的英文，每周授课 30 小时。这时他家庭的经济状况越来越不好，只得放弃学业正式作了英文教员，一直教到第二年冬天中国新公学正式解散时为止。以后寄居在上海，失业期间，忧愁烦闷之余，又遇上一帮浪荡朋友，胡适也就跟着他们一块胡混，竟至因发酒疯被抓。这使他感到难堪，从此在思想上引起了一次大转机。他决定关起门来用功，准备参加“庚款”留美学生考试，并终于被录取。

二、留美学习阶段的胡适

胡适跟那批同时考取的“庚款学生”一道，于当年七月渡洋赴美。他在留美的七年间(宣统二年至民国六年，1910—1917 年)，除了学习大学规定必修和选修的一些课程之外，还有许多其他校内外的活动，这两方面又时常互有关联，共同影响着他的思想和生活，甚至决定着他以后在政治上乃至在学术上的途径，走上一条为帝国主义所欢迎的20世纪中国资产阶级改良主义的道路。

胡适到美国，先是入康奈尔大学农学院。据说胡适一次在该校农业生产实习班上测验各种苹果的分类法，由于他弄不清不同品种的特征，以致无从下手，从此便认为自己的性情不适宜于学农、走科学救国的道路，于是到第二年就正式转入该校文学院，开始听讲哲学史、美术哲学、伦理学以及心理学等方面的课程，同时对美国的一些现实政治问题，如公开竞选总统的社会活动等也大感兴趣。于是想在国外发起成立一个“政治研究会”，使当时留美学生得有机会一道研究所谓世界政治。胡适从此也就特别欣赏美国那一套资产阶级政党的宣传活动了，甚至为了配合他们国家的竞选，居然在我留学生界提倡做有关“游戏投票”或所谓“测验民意”一类非常无聊的事。

中国经过辛亥革命(1911年)，清王朝终于被推翻后，他赞成孙中山让位给袁世凯来做中华民国大总统，以为只有这样才能使“数十万生灵之得免于涂炭”。总之，他受梁启超等一派资产阶级改良主义思想的影响很深，从来就害怕进行流血革命。他当时有些思想是顽固守旧的，如他曾公开为中国长期封建社会继承下来的、完全剥夺子女应有权利的所谓依“父母之命”和“媒妁之言”的包办婚姻作辩护，强词夺理地说这是“所以重女子之人格也”，还用以证明所谓“吾国女子所处地位，实高于西方女子”。又说：“是故堕女子之人格，驱之使自献其身以钓取男子之欢心者，西方婚姻自由之罪也。”①在一段时期内，对于个人这种顽固的守旧态度，他还非常自信。值得注意的是，他认为我国所急需的，不在新奇之学说，高深之哲理，而在所以求学、论事、观物、经国之术。可见对于理论思维的总结和提高，亦即真正的哲学训练，他是一向并不怎样感兴趣的。

后来，由于比较长期地生活在高度发展的资本主义社会，思想上不可避免地随着社会环境发生变化。先是采取一种调和的态度，认为

---

① 《胡适留学日记》卷三，第154页。

西方的个人主义是以个人为单位，而中国的个人主义则是以家族为单位的，但“其实一也”。往后才再进一步，转为赞美西方的个人主义，认定它能“养成一种独立之人格，自助之能力”，从而使他的资产阶级思想开始占了上风，但依然是不十分彻底的，即行动上不免在摇摆中，表现了一种彷徨失据的形态，所以他又曾坦白地承认：“吾于家庭之事，则从东方人，于社会国家之见，则从西方人。”①

当时的胡适，由于“骛外太甚”，加之在学业方面又只知“求博而不务精”，其结果正如他自己所说，“其失在于肤浅”。于是也曾一度下定决心：“自今以往，当屏绝万事，专治哲学，中西兼治，此吾所择业也。”②事实上，他以后虽然并未能坚持下去，但在一个短时期内确也起过一定的影响。他于1915年秋正式转入哥伦比亚大学研究院，师从当时任该校哲学部主任的美国著名实用主义哲学家约翰·杜威，专攻哲学。同时胡适开始成为一个实用主义的信徒，非常崇拜他的老师杜威，吹捧他是“今日美洲第一哲学家，其学说之影响及于全国之教育、心理、美术诸方面者甚大”③。

在此期间，胡适认识了一位美国韦女士，思想上受到她的影响。比如对从不怀疑的我国旧社会的家庭教育、以造就“贤妻良母”为宗旨的封建思想发生了怀疑，并开始转向说：“始知女子教育之最上目的乃在造成一种能自由能独立之女子。”可见资产阶级的个人主义思想更有所发展了。

1916年以后，胡适对中国文言文体的改革问题发生了浓厚的兴趣，并与当时国内的进步思想家陈独秀开始建立了联系。他当时反对“语必称孔孟”的封建教条，鄙薄一般所谓“高头讲章”之类的东西，多少接受了西方资产阶级上升时期平等自由思想的影响，主张文学应成为一种对广大人民有用的工具，所以他说：“吾以为文学在今日不当为少数人之私产，而当以能普及最大多数之国人为一大能事。吾又

① 《胡适留学日记》卷七，第443页。

② 《胡适留学日记》卷九，第654页。

③ 《胡适留学日记》卷十三，第934页。

以为文学不当与人事全无关系。凡世界有永久价值之文学，皆尝有大影响于世道人心者也。”①

他这时还大胆提倡试用白话来作诗，写下了不少短篇，这就是后来在1920年正式出版的《尝试集》的主要内容。

同年，他又将个人关于中国文体改革的意见初步加以系统的整理，写成《文学改良私议》，稍加增订，直接寄交国内《新青年》杂志发表，这就是他那篇对于“五四”时期白话文运动的开展具有一定影响的《文学改良刍议》。全文内容“列为八事”，分段说明：“一曰须言之有物，二曰不摹仿古人，三曰须讲求文法，四曰不作无病之呻吟，五曰务去烂调套语，六曰不用典，七曰不讲对仗，八曰不避俗字俗语。”②这些主张的现实意义，往后还要谈到。

在过去贫弱落后的半殖民地半封建社会里的青年学生，有的惊奇于西方的所谓“物质文明”，往往去到哪一国就向往哪一国，回来也只能起个留声机的作用，缺乏批判分析的能力。他们受国外奴化教育的影响，特别是时间久了，就不自觉地逐步丧失了原来的爱国主义高尚精神，反而产生了民族文化虚无主义乃至轻视祖国人民的思想，不少文化买办就是这样产生的。

胡适此时希望将来学成回国之后，能模仿英国前一世纪的“牛津运动”（宗教的改良运动）的领袖如牛曼（Newman）、傅鲁得（Froude）、客白儿（Keble）诸人，长期以来，为共同事业，相互期许。据说牛曼并曾引用著名诗人荷马的语句，题在他们三人的诗歌集上，大意是说：“如今我们已回来，你们请看分晓罢！”胡适私下表示很崇拜他们的那种抱负，说“其气象可想，此亦可作吾辈留学生之先锋旗也”③。

他在哥伦比亚大学研究院大约用了九个月的写作时间，到1917年5月4日正式交上他的博士论文，题目是《中国古代哲学方法之进

① 《胡适留学日记》卷十三，第956页。

② 《胡适文存》卷一，第7～8页。

③ 《胡适留学日记》卷十五，第1106页。

化史》，约九万字，即1922年在上海亚东图书馆印行的《先秦名学史》，也就是他回国后再加增订修改、用汉文编写作为北京大学讲义，后来在商务印书馆正式出版，定名《中国哲学史大纲》（上卷）的底本。同年5月22日，他通过了学位考试，胡适七年留美的学习阶段也就到此结束。

他在离美回国前辞别他的老师杜威教授时，杜威当面告诉他，本人特别留心的是国际政治方面的问题，并嘱咐胡适回国后，如有关于远东时局的言论，若能寄到他那里，一定代为寻找最合适的地方发表，胡适表示非常感谢，他们师生之间在政治上的配合行动，从此也就开始了。

胡适在准备动身归国前，又曾作诗赠别他当时的几位好友任鸿隽、杨杏佛、梅光迪等，概括了他在留美期间个人志趣的转变，兼及回国后的抱负，不妨借用来作为他这一阶段思想情况的总结：

我初来此邦，所志在耕种。
文章真小技，救国不中用。
带来千卷书，一一尽分送。
种菜与种树，往往来入梦。

忽忽复几时，忽大笑吾痴。
救国千万事，何一不当为？
而吾性所适，仅有一二宜。
逆天而拂性，所得终希微。

从此改所业，讲学复议政。
故国方新造，纷争久未定。
学以济时艰，要与时相应。
文章盛世事，岂今所当问？①

① 《胡适留学日记》卷十六，第1145页。

我们只要能透过那有意装潢的辞藻，深入地去解剖其思想的实质，那么他那一心想结合文人、学者和政客成为三位一体的形象，也就不禁活跃于纸上了。

三、从事白话文运动和"中国哲学史"研究的胡适

资产阶级领导的辛亥革命，虽把一个皇帝赶跑，但是并没有能改变中国社会的性质，封建传统思想仍居于统治地位，帝国主义国家则不断加强其侵略活动，分别支持不同地区的军阀割据，这等于变相地在划分势力范围，使统一的中国逐步陷于分裂，广大人民更是过着水深火热的生活。一些不满现状的思想家开始感觉到，从帝制变为名义上的共和并不能使中国真正走向独立富强，于是主张进行思想文化革命，提倡"新学"反对"旧学"的呼声日益高涨。但是，绝大多数进步的资产阶级和小资产阶级知识分子，由于时代的局限，只知羡慕西方成功地建立了暂时繁荣的资本主义制度，觉得后来东方的日本从事模仿、实行"维新"，也初步见到成效，因此就以为凡是西方思想文化，不管是什么内容，对于我们一定都会有所帮助。他们不知道区别精华与糟粕，更不知道结合中国社会的具体情况来加以应用，其结果是欧美资产阶级和小资产阶级的各种学说都同时被零乱地介绍到中国来，但没有一种思想能够集中地体现广大人民的意愿。及到第一次帝国主义大战结束，"当时中国的资本主义经济已有进一步的发展，当时中国的革命知识分子眼见得俄、德、奥三大帝国主义国家已经瓦解，英、法两大帝国主义国家已经受伤，而俄国无产阶级已经建立了社会主义国家，德、奥(匈牙利)、意三国无产阶级在革命中，因而发生了中国民族解放的新希望"①。

当时我国这种社会阶级关系和思想潮流所引起的激烈变动，特别

① 《新民主主义论》，《毛泽东选集》第2卷，第660页。

是在列宁领导的十月社会主义革命胜利的影响下，以及在巴黎和会上中国外交失败的直接刺激下，就不能不产生彻底反帝反封建的1919年的“五四”运动。

毛泽东指出：“1919年的“五四”运动，在其开始，是共产主义的知识分子、革命的小资产阶级知识分子和资产阶级知识分子（他们是当时运动中的右翼）三部分人的统一战线的革命运动。”①

在北京爆发这次爱国群众运动的那一天，胡适正在上海，根本没有参加，也从未发表过什么言论公开加以支持，但是他参加了“五四”以前事实上早就开始了的新文化运动，从这个意义上说，他还是参加了上面提到的统一战线的。

胡适在“五四”运动前后，就文学革命以及文艺理论方面写下了不少的东西。前面已经提到，早在1916年他还在美国留学的时候，就非常留心中国文体的改革，并且时常跟一些好友反复讨论这个问题。同年十月在写信给陈独秀时，就提出了“文学革命”的口号，1917年1月，《新青年》杂志正式登载了那篇在当时颇有影响的《文学改良刍议》。接着陈独秀把这个主张从思想内容上更加往前推进一步，就在下月发表了他有名的重要文章《文学革命论》，提出三大主义：推倒贵族文学，建设国民文学；推倒古典文学，建设写实文学；推倒山林文学，建设社会文学。陈独秀还欢欣鼓舞地说：“文学革命之气运，酝酿已非一日，其首举义旗之急先锋，则为吾友胡适，吾甘冒全国学究之敌，高张‘文学革命军’大旗，以为吾友之声援。”胡适又接着发表了《历史的文学观念论》，主张“一时代有一时代之文学”，“故以为古人已造古人之文学，今人当造今人之文学”②。

胡适一直在提倡白话文学，不能说他只是把文学革命的范围局限在语言形式上，从来也没有去触动一点封建主义的内容。应该说，他是以一定程度的资产阶级新思想和新题材取代了一部分封建主义的旧内容的。当时社会上不少顽固派旧学者极力反对他的文学改革主张，

① 《新民主主义论》，《毛泽东选集》第2卷，第660页。

② 《胡适文存》卷一，第45页。

甚至不惜化名写影射小说，进行人身攻击，就是最好的证明。林琴南致蔡元培书便是这类攻击的代表作①。但是近年以来，一些现代文学史工作者，论新诗则从不提及胡适的《尝试集》，谈“五四”时期的话剧剧本，也不肯只字提及胡适的《终身大事》②，这是不公正的。应该承认，在当时我国那样闭塞的社会，到处实行着包办婚姻，青年妇女简直谈不上有丝毫的自由权利。在这种情况下，他介绍了《易卜生主义》③，并支持演出《娜拉》一类的剧本，从历史主义的观点来看，自然应该说是一种进步。

胡适一贯宣扬白话是中国文学的正宗，是与过去“死文学”相对的“活文学”。尽管他只注意到文体的形式，看问题也不够全面，研究得也还不够系统、深刻，但是他在提倡白话文方面的功绩却是不能抹煞的。胡适用历史演化论的观点阐明他的主张。1921 年他在北京教育部办的第三届国语讲习所，用了八星期的时间，从第一讲“我为什么要讲国语文学史呢?”一直到第十五讲“南宋的白话文”，约编了八万字的讲义，对中国白话文的历史演化作了比较详细的说明。1922 年暑假又去天津南开大学讲过一次，并计划修订过去的讲义。同年十二月，又在第四届国语讲习所讲了一次。在南开讲义的基础上，另印一种油印本，这即抗战前北京文化学社翻印的《国语文学史》的底本。后经修订，改名《白话文学史》上卷。此书先是新月书店印行，新月书店停办，由商务印书馆再版。鲁迅读过，认为不能算是一本很好的书。但是我们今天回头来看，似乎也不能完全否定它的历史意义。此外，在中国古典章回小说的考证方面，他也是做了大量的工作的。可以说，除了明代四大奇书之一的《金瓶梅》以外，几乎对我国过去著名的白话小说都作了比较详细的考证或写了序言，附录在旧时代上海亚东图书馆出版的各种标点本的原书上。尤其对于《红楼梦》一书，

① 详蔡元培《致公言报并答林琴南君函》，见《蔡孑民先生言行录》，北京大学出版部，1920 年 10 月。

② 见《胡适文存》卷四，第 1153 ~ 1172 页。

③ 见《胡适文存》卷四，第 883 ~ 908 页。

更是一考再考。观点显然是受西方资产阶级的影响，但比起过去全凭臆测的“索隐派”，应该说多少还是一个进步。当然，由于他的指导思想和研究方法深受个人阶级立场的局限，不能放开眼光从更加广阔的天地来考察作品的社会现实意义，只知道对那些书的作者生平、产生年代和先后版本的异同以及历史故事的演变等作一些并非十分紧要而又比较琐细的考订，实在是“劳而少功”，但其中部分近乎正确的结论，在鲁迅的中国小说史研究中也曾有选择地加以吸取，并未因为他后来在政治上的反动而因人废言、一概加以抹煞。但是必须指出，胡适的脱离现实的研究，正如他所标榜的用科学方法“整理国故”一样，在我国无产阶级革命的前夜，引诱知识青年钻入故纸堆中，不关心国家大事，却非常有害，应该加以批判，并清除它的流毒和影响。

在我国学术界中，有一些人看到封建资产阶级学者经常歪曲历史，于是便以为在他们所有书上的每句话都是错的，这是不妥当的。我们应当承认，封建资产阶级学者并非在任何问题上都在撒谎，他们有可能并且确实在一些历史资料问题的研究方面，提供了若干基本可信的情况或论据。不承认这一点，便会走上历史虚无主义。

胡适在学术研究领域比较有影响的著作，首推他在1919年2月出版的《中国哲学史大纲》(上卷)。前节已经提到，这是在他的博士论文——英文本《先秦名学史》——的基础上，应教学需要，先改写成中文讲义，然后修订成书的。毫无疑问，这部书的主导思想是“实用主义”的，即是一种唯心论的。可以说，在不少地方真是大胆歪曲了我国古代的思想资料，但在当时我国贫乏的学术界，却是起过一定的积极作用的。胡适这册《中国哲学史大纲》(上卷)在“五四”新文化运动时期的历史意义，诚如我国著名的民主主义教育家蔡元培为该书所作序言中说的，其中最重要的一点，就是所谓“平等的眼光”。他回溯我国过去在这一方面的研究情况说：“古代评判哲学的，不是墨非儒，就是儒非墨。且同是儒家，荀子非孟子，崇拜孟子的人，又非荀子。汉宋儒者，崇拜孔子，排斥诸子；近人替诸子抱不平，又有意嘲弄孔子。这都是闹意气罢了！适之先生此编，对于老子以后的诸子，各有各的长处，各有各的短处，都还他一个本来面目，是很平等的。”①蔡先生当时由于奖励后学，在序言中对胡适个人不免作了一些过分的赞许，如说“编中国古代哲学史的难处，一到先生手里，就比较容易的多了”，也是完全可以理解的。又如讲在这册书中已经做到对我国古代哲学家“都还他一个本来面目”，这显然是言过其实的，胡适不可能也没有做到这一点。至于说我国哲学史上的派别之争，“都是闹意气”，则没有接触到问题的实质。但胡适在二千多年来一向尊儒家为正统、奉孔丘为“至圣”、离经等于叛道、非圣即是违法的年代，敢于用这种“平等的眼光”来对待它，应该承认是难能可贵的。他又明白地讲：

> 哲学的发达全靠“异端”群起，百川竞流，一到了“别黑白而定一尊”的时候，一家专制，罢黜百家名，为“尊”这一家，其实这一家少了四围的敌手与批评家，就如同刀子少了磨刀石，不久就要锈了，不久就要钝了。②

这些见解在当时是有一定解放思想的进步作用的。至于过去刘叔雅(文典)曾特别加以推崇，说它是近代一部划时代的书，“就是西洋人也只有德国的 Windelband(文德尔班)和美国的 Thilly(梯利)二位名家的书，著得同他一样好”③。那就未免言过其实，有点近乎“比喻不伦”了，而胡适自吹自己是“中国哲学史”研究的开山祖，则更是一派狂言。

胡适的《中国哲学史大纲》上卷出版以后，长期以来没有完成中、下卷。于是社会上出现一种流言，说他这上卷的内容是抄袭他父亲的旧稿，以下因为没有可抄的了，所以就无法继续下去。这是不符合事实的。

---

① 《中国哲学史大纲》序。

② 《中国哲学史大纲》上卷，第395页。

③ 杨昌济《达化斋日记》，湖南人民出版社，1981年第2版，第201页。

其实他在北京大学讲授“中国哲学史”时，在1932年，也曾接下去编写过一份《中国中古思想史的提要》（最近台湾印行了他的《长编》），这就是他的《中国哲学史大纲》中卷的轮廓。在这一本作为讲义的“教学大纲”中，涉及的内容，除了他早已公开出版的《淮南王书》外，最突出的章节是关于中国佛教禅学的部分。他在同时又以英文 *Development of Zen Buddhism in China*（中国佛教禅学的发展）为题，在《中国社会及政治学报》（*The Chinese Social and Political Science Review*）上发表专题论文。胡适一向认为中国历史上有几次新思潮运动，而禅宗的兴起则是第一次①。以后并以此作为题目，在北京师范大学进行过系统的公开演讲，计分四次，包括的内容是：（一）印度禅，（二）中国禅宗的起源，（三）中国禅宗的发展和演变，（四）中国禅学的方法。由两位听讲的同学笔记整理，题名为《中国禅学之发展》②。这是他很有代表性的一篇论著，即在借过去禅宗提倡的顿悟解脱说，用以反对外来权威（佛）的信仰，从事对抗马克思主义在中国的传播，其实也是借古喻今，搞的是一种影射史学。正如他自己在《介绍我自己的思想》（即《胡适文选》自序）一文中所明白交代的：

> 从前禅宗和尚曾说：“菩提达摩东来，只要寻一个不受人惑的人。”我这里千言万语，也只是要教人一个不受人惑的方法。被孔丘、朱熹牵着鼻子走，固然不算高明，被马克思、列宁、斯大林牵着鼻子走，也算不得好汉。我自己决不想牵着谁的鼻子走。我只希望尽我微薄的能力，教我的少年朋友们学一点防身的本领，努力做一个不受人惑的人。③

但这篇演讲以及英文论文是在他过去一系列有关中印佛教思想研究论

---

① 参见胡适 *The Chinese Renaissance* 一书，美国芝加哥大学出版社，1934年，第45页。

② 载民国三十四年（1945年）4月30日《师大月刊》第18期。

③ 《胡适论学近著》，第645～646页。

文基础上的概括，它有不同于当时国内许多佛学研究者的特点，就是他确实是从一个佛教迷信反对者的立场出发，又深厚地披上一层学术的外衣，因此在一部分不明底细的青年知识分子中有一定的欺骗作用。

胡适在对后期封建社会乃至半殖民地半封建社会的中国哲学史研究中，写过一篇《几个反理学的思想家》的长文①，举了四个人物以说明这三百年中"反理学"的趋势，即（1）顾炎武，（2）颜元，（3）戴震，（4）吴敬恒（吴稚晖）。这是1927年他在上海东亚同文书院的讲稿，全文曾在《贡献》杂志第一卷里发表过。本来想把前三章放大重写，再加上几个人，作为一部单行的册子出版，但是这个志愿终未能实现。所以该文也可算是他未完成的《中国哲学史大纲》下卷的核心部分。他在1925年又专门写过《戴东原的哲学》一书（商务印书馆1927年出版），他在《引论》中明确地指出："颜李的学说究竟留下了不少的积极分子，可以用来作为一种新哲学的基础。"又说："程朱非不可攻击，但须用考据的武器来攻击。哲学非不可中兴，但须要用考证的工具来中兴。"②在论到"戴学的反响"一节时又说："我们研究这二百年的思想史，不能不下这样一个伤心的结论"：

> 戴震在中国哲学史上虽有革命的大功和建设的成绩，不幸他的哲学只落得及身而绝，不曾有继续发达的机会。现在事过境迁，当日汉宋学争门户的意气早衰歇了，程朱的权威也减削多了，"汉学"的得失也更明显了，清代思想演变的大势也渐渐清楚了，——我们生在这个时代，对于戴学应取什么态度呢？戴学在今日能不能引起我们中兴哲学的兴趣呢？戴学能不能供给我们一个建立中国未来的哲学的基础呢？③

---

① 见《胡适文存三集》卷二，第111～185页。

② 《戴东原的哲学》，第20～21页。

③ 《戴东原的哲学》，第194页。

这是他妄图利用反理学的传统加上清代考据学的方法，再结合“实用主义”作为指导，进行修订，借以建立自己的所谓“新理学”体系（在这里不可与后来冯友兰的“新理学”混为一谈），虽有这种愿望，但没有成为事实。

四、作为实用主义积极鼓吹者的胡适

“五四”时期以来，中国资产阶级思想的重要代表之一是胡适。他在文化学术研究领域内所涉猎的范围很广，包括有哲学、文学、历史、教育、语言等各个方面，但是在他的全部工作中有一个贯穿一切的指导思想，包括论证问题的方法，这就是他的实用主义哲学。正如他在1922年6月16日发表《我的歧路》一文中所申明的：

> 我这几年的言论文字，只是这一种实验主义（按即“实用主义”的异译）的态度在各方面的应用。我的唯一目的是要提倡一种新的思想方法，要提倡一种注重事实，服从证验的思想方法。古文学的推翻，白话文学的提倡，哲学史的研究，《水浒》、《红楼梦》的考证，一个“了”字“们”字的历史，都只是这一个目的。①

实用主义哲学产生在19世纪70年代的美国。查理·皮耳士（1839—1910年）是它的创始人，威廉·詹姆士（1842—1910年）和约翰·杜威（1859—1952年）是实用主义哲学的主要代表。杜威的得意门生胡适则是这种思想在中国的非常得力的传播者，他不但自己一贯宣扬实用主义，1919年春间不断演讲，然后到夏天再加整理，将七篇讲稿连贯一气，总题名为《实验主义》的长文②，系统介绍这一派哲学思想发生、发展的历史和基本观点，而且还请了他的老师杜威到

---

① 《胡适文存二集》卷三，第100页。

② 见《胡适文存》卷二，第409～479页。

中国来公开讲学，时间长达两年零两个月之久。到过的地区有十一省，并亲自担任翻译。在杜威即将启程回国的前夕，胡适还公开宣传说：“自从中国与西洋文化接触以来，没有一个外国学者在中国思想界的影响有杜威先生这样大的。”甚至还妄加推测：“在最近的将来几十年中，也未必有别个西洋学者在中国的影响可以比杜威先生还大的。”①

实用主义哲学产生在西方自由资本主义向帝国主义过渡的时代。它之所以产生在美国以及暂时能得到广泛的传播，恰恰是因为它能满足当时美国垄断资产阶级的需要。应该说，实用主义从它产生的那天起，就是以马克思主义敌人的面貌出现的。难怪在1949年10月为杜威庆祝九十寿辰的时候，美国资产阶级曾赞扬他是一位“使西方文明”从“无神论的唯物主义的共产主义”中拯救出来的“精神上的救星和保卫者”。

但是在我国“五四”运动前后，这种从外国进口的实用主义也能流行一时，并在学术思想界发生较为广泛的影响，实在不是偶然的，应该说有它内在的社会原因。自1840年鸦片战争以后，统一的中国封建社会因受外国资本主义势力的武装侵略而开始瓦解，逐步产生了新的经济即资本主义经济，同时出现了新的阶级即资产阶级和无产阶级。这样，处在社会制度发生根本动摇的时机，发展中的资产阶级只有建立一种新的宇宙观和新的人生观，才能适应他们所处的新环境。所以，在当时，实用主义思潮对于反对社会黑暗势力和旧的封建教条来说是有历史的进步意义的。不管实用主义哲学在欧美思想界原本所处的地位是如何的反动，但由于相同的哲学思想在不同的社会历史条件下可能起到不同的作用，因此也不可一概而论，还要作具体分析。美国实用主义的这种主观唯心主义，首先在于否认真理的客观性，而只注意它的实用方面，可是这一个原则却是不能离开具体条件而完全作抽象的评价的，它的应用依然是因时间、地点的不同而有不同意义的。实用主义被应用于“五四”时期的旧中国，从资产阶级方面来说，

① 《杜威先生与中国》，见《胡适文存》卷三，第533页。

仍不失为一种很好的思想手段，它教人暂时且不必管什么传统的封建礼教，只要怎样能发展你自己，那么你便怎样去干好了，这是完全可以理解的。而实用主义的哲学刚刚能用它的积极进取方面、不尚空谈理论、只管实际行动的特点，来暂时满足这种需要。因此，它在中国“五四”时期之所以能得到比较广泛的传播，实在是与第一次世界大战期间，由于帝国主义国家正忙于瓜分殖民地的战争而暂时放松了对中国的侵略，使中国的资本主义、特别是轻工业方面取得较大的发展，兼及资产阶级上层知识分子带来的幻想，肯定是有一种内在联系的，这不是任何个人的主观愿望所能左右的。同时对于无产阶级和广大劳动人民来说，其意义则显然是完全不同的，但情况也比较复杂。

总之，实用主义的理论，一般说来，在当时是教中国人时刻都要自问一个“为着什么而生活，以及应该怎样去生活”的问题。按实用主义者的答案，则是要人首先必须知道“怎样应付现状”。由于阶级地位的不同，应付的方法自然也是不同的。在当时，中国的资产阶级首先要应付地方军阀和官僚的压迫和掠夺，因而实用主义便成了他们现成的思想武器，这和欧美同时的情况有所不同。欧美资产阶级主要是“应付”工人阶级的反抗，实用主义作为适应这种要求的武器，所以是彻底反动的。

中国这样一个非常贫弱落后的国家，处在那样一种国际竞争空前剧烈的时代，当然迫切需要科学技术知识作为应付环境的一种手段，所以实用主义者比较注意物质文明，特别强调现代科学对于中国的重要。但是他们只能承认一些实用的科学成就和有关具体方法的应用，而在世界观上却不承认有科学反映客观事物的真理，同时又一贯轻视哲学根本问题研究的理论价值，认为唯物主义反对唯心主义的路线斗争是早已过时的一种“玄学”(形而上学)。照实用主义者的观点，一切学说的真实与否，完全看它实用上的效果而定，只要事实上有方便，就是好的。正如俗话所说的“有奶即是娘”。如果宗教迷信能帮助我们处理实际生活问题，减少某些精神上的苦恼，那么宗教迷信亦是真理。这与马克思主义是根本对立的。

环绕着马克思主义与实用主义的对立，当时理论战线上爆发了一场斗争，即所谓“问题与主义”的争论。虽说参加的人不多，但在“五四”新文化运动的全过程中，却有着重要的甚至可以说划时代的意义。这场争论的双方代表，就是资产阶级学者胡适与革命先烈李大钊。

李大钊等最早在我国传播马克思主义，随后便遭到从“五四”运动中分化出来的资产阶级右翼代表人物的抵抗。实用主义者胡适首先发难，在1919年7月20日的《每周评论》第三十一期上发表了一篇《多研究些问题，少谈些“主义”》的文章①，一上来就引用他不久前说的“现在舆论界大危险，就是偏向纸上的学说。不去实地考察中国今日的社会需要”。他反对人们谈论主义，如军国主义、无政府主义，尤其是“社会主义”、“过激主义”（按即用以指俄国“布尔什维主义”），而主张多研究当前迫切需要解决的实际问题，讽刺当时“谈主义”是“阿猫阿狗都能做的事”，说那“是没有什么用处的”。对于一切社会问题，他主张“一点一滴的改良”，“这个那个问题的解决”，反对社会的根本改造，反对革命。胡适当时又给高谈主义的人定了两条罪状：第一是懒，“高谈主义，不研究问题的人，只是畏难求易，只是懒”。第二，高谈主义而又自认为所谈的是“根本解决”的方法，“是中国思想界破产的铁证，是中国社会改良的死刑宣告”。

为了驳斥胡适的谬论，李大钊从昌黎五峰寄给胡适一封公开信，指出“布尔什维主义的流行，实在是世界文化上一大变动”。这封信发表于同年8月17日《每周评论》第三十五期，标题是《再论问题与主义》②。

李大钊论述了“问题”和“主义”之不可分，指出社会问题的解决“必须靠着社会上多数人共同的运动，因此，要解决问题，就必须有作为社会上多数人的共同理想的主义的宣传，即应该使这社会上可以共同解决这个那个社会问题的多数人，先有一个共同趋向的理想主义”。所以谈主义是重要的。

① 见《胡适文存》卷二，第481～487页。

② 见《李大钊选集》，人民出版社，1959年，第228～234页。

李大钊强调指出，社会上法律、政治、伦理等精神现象都以经济构造为基础，经济组织一有变动，它们都跟着变动。而经济上的变动要靠自觉的阶级斗争去促进，要强调工人的自觉的阶级运动、进行革命，是推翻原有的生产关系、求得一个根本的解决。一句话，要如此即非谈主义不可。

当然，胡适的《多研究些问题，少谈些“主义”》的论文，在客观上也起了某些揭发当时一些人空谈进步、实行政治投机的作用，所以李大钊同志在《再论问题与主义》一文中也说自己的看法中有的或可与胡适的主张“互相发明”①。

此后胡适又写了《三论问题与主义》②和《四论问题与主义》③，一方面企图补缀《多研究些问题，少谈些“主义”》一文中的漏洞，一方面贩卖他的实用主义，清楚地表明他归根结底是否认普遍真理的，认定马克思主义是不适合中国国情的。

五、科学与人生观论战中的胡适

自从戊戌变法(1898 年)以来，我国没有一个自命为革新派而敢公然毁谤“科学”的。直到 1919—1920 年之间，梁启超出国参观归来，却公开发表他的《欧游心影录》说：“欧洲人做了一场科学的大梦，到如今却叫起科学破产来。”④他指出，科学家的人生观的流毒，使欧洲全社会“都陷入怀疑沉闷畏惧之中”，养成“弱肉强食”的现状，“这回大战争，便是一个报应”。民国十二年(1923 年)，张君劢一流的人打着柏格森、倭铿、欧立克等的旗号，继续起来替梁启超的那种思想推波助澜，也历数科学家的人生观的罪状，于是一些自命信仰科学的人乃起而大声疾呼，替科学辩护，这便是那场“科学与人生观”

① 见《李大钊选集》，第 228 ~ 234 页。

② 见《胡适文存》卷二。

③ 见《胡适文存》卷二。

④ 《梁任公近著第一辑》上卷，第 23 页。

的大论战所由发生的社会历史背景。首先发难的是地质学者丁文江(在君)，接着是心理学家唐钺(擘黄)等人的响应。后来胡适也参加了，写了《孙行者与张君劢》①这样一篇很不严肃的文章。在六个月的时间，双方共发表了近三十万字的文章，争论的主题是关于科学能不能支配人生观的问题。张君劢(所谓“玄学派”)认为人生观是主观的、直觉的，固然是一种极端的唯心主义；而强调科学的重要的丁文江等(所谓“科学派”)最后也承认，有的现象是科学所不能解释的，只好存疑，并自号存疑的唯心论。从双方所争论的问题看来，实质上是对于自然界规律性的探讨和人类社会历史科学的关系究竟如何的问题。虽然所涉及的范围很广，但是问题的关键则在于是否承认社会现象同样有必然的客观规律，以及个人是否存在所谓“自由意志”兼及道德行为评价的标准，别的都是些近乎枝节的问题。

这样的争论，在当时特别是从论战双方的成员来看，是不可能有什么结果的。

人类社会不同于自然界，这里的行动者都是有意识的人，各有自己的愿望或理想，也就是说，各有自己一定的目的。但是各人所愿望的事能够真正实现的，在阶级消灭之前是并不多的，处在不同社会地位上的人相互斗争，其结果与无意识的自然界的情况有些相似。因此，社会里与自然界同样是偶然的事居多。但是，这些偶然事件本身却永远逃脱不了被内部隐藏的客观规律所支配的状况。社会科学的任务便在于发现这些尚未认识的规律。

这些问题却是当时论战双方都不清楚的。唯心主义且不去说它，就拿一般旧唯物论者来说，他们向来不注意追究这种问题，他们只看思想的动机而不问思想之后的真正的根本原因，因而他们不懂得人的意志、亦即动机若违背客观规律就会碰壁。他们不懂得经济现象是不断流变的，个人的意志必定将随着社会阶级的分化而形成不同的趋向，足以成为新时代的政治变革的重要因素之一。因此每一“时代的人生观”，按其思想内容来说，便是为当代的各种科学知识所组成。

① 见《科学与人生观》，上海亚东图书馆出版，1923年。

所谓新的科学理论，则是得之于新时代的生产斗争与阶级斗争的概括和总结，它既是历史发展的一种因素，也是历史发展的一种结果。人们要想从作为自然界奴隶的“必然王国”进入可以创造世界的“自由王国”，从“自在的阶级”变为“自为的阶级”，必须在实践中系统地掌握自然界变化的规律和人类社会发展的规律，而且缺一不可。

胡适在这场大论战之后，在给上海亚东图书馆1923年12月出版的《科学与人生观》一书写的序言中，概括了吴稚晖那篇长文《一个新信仰的宇宙观及人生观》的思想，并加上一点扩充和补充，提出了自己信仰的所谓“新人生观”，其大体轮廓如下：

(1)根据于天文学和物理学的知识，叫人知道空间的无穷之大。

(2)根据于地质学及古生物学的知识，叫人知道时间的无穷之长。

(3)根据于一切科学，叫人知道宇宙及其中万物的运行变迁，皆是自然的，——自己如此的，——正用不着什么超自然的主宰或造物者。

(4)根据于生物的科学的知识，叫人知道生物界的生存竞争的浪费与残酷，——因此，叫人更可以明白那“有好生之德”的主宰的假设是不能成立的。

(5)根据于生物学、生理学、心理学的知识，叫人知道人不过是动物的一种，他和别种动物只有程度的差异，并无种类的区别。

(6)根据于生物的科学及人类学、人种学、社会学的知识，叫人知道生物及人类社会演进的历史和演进的原因。

(7)根据于生物的及心理的科学，叫人知道一切心理的现象都是有因的。

(8)根据于生物学及社会学的知识，叫人知道道德礼教是变迁的，而变迁的原因都是可以用科学方法寻求出来的。

(9)根据于新的物理化学的知识，叫人知道物质不是死的，是活的；不是静的，是动的。

(10)根据于生物学及社会学的知识，叫人知道个人——“小我”——是要死灭的，而人类——“大我”——是不死的，不朽的，叫人知道“为全种万世而生活”就是宗教，就是最高的宗教；而那些替个人谋死后的“天堂”“净土”的宗教，乃是自私自利的宗教。①

胡适对于上述的“人生观”，认为是“建筑在二三百年的科学常识之上的一个大假设”，自己主张最好叫它“自然主义的人生观”，看来也就是他所声称的“纯物质纯机械的人生观”。是的，不管胡适上面所提出的“人生观”距无产阶级的马克思主义的共产主义世界观有多么遥远，然而在为科学争取更大影响的思想斗争中，在自然观方面却多少带有机械的唯物论的倾向，这也是不可否认的。但是胡适站在上述这种立场上无法再前进一步，以致在一个更关紧要的地方，即进入精神世界(历史唯物主义领域)，却早已大开后门，作逃走的准备，那就是他只要“叫人知道一切心理的现象都是有因的”，却不能明说这个“因”究竟是什么，更不能进一步承认所谓“心理的现象”乃是物质的一种活动(人的大脑的产物)，是外界物质(客观存在)的反映。胡适曾称“我们正不妨老实自居为‘无神论者’”②，但是态度并不坚决，其实还是一个“存疑主义者”，所以又说将来“等到有神论的证据充足时，我们再改信有神论”吧！而且最后还希望建立一种“最高的宗教”。他早在1918年母丧之后，即在不断构思起稿，从1920年到1921年之间，先用英文写成论文发表，以后又改定中文原稿，正式标题为《不朽》——我的宗教。这篇文章的具体内容就是这种思想的系统发挥。在这里，胡适或可以辩白自己对于宗教的解释和世俗的迷信不同，可是宗教总归是历史的陈迹，属于唯心主义信仰的范畴。真正的科学与宗教是不可调和的，而科学更是

① 《科学与人生观》《序言》，第25~27页。

② 《科学与人生观》《序言》，第14页。

不可能称为宗教的。

在这里，我们还要提到，在这次论战中，以胡适为代表的右翼资产阶级的改良主义理论越发明显了，于是陈独秀起而予以驳斥。胡适当时片面强调宣传教育的作用而抹煞经济基础的根本改造和决定性的意义，故虽表面拥护所谓科学的人生观，但归根结底还是反科学的，这种不彻底的两面性的态度，也是为玄学家所欢迎的。因此陈独秀一方面指出他对唯物史观的无知，另一方面严正地批驳了他那种资产阶级唯心论的观点，把"心"、"物"平等看待的二元论的错误思想，说："人的努力及天才之活动，本为社会进步所必须，然其效力只在社会的物质条件可能以内。思想、知识、言论、教育，自然都是社会进步的重要工具，然不能说他们可以变动社会、解释历史、支配人生观，和经济立在平等地位。"①又说："离开了物质一元论，科学便濒于破产，适之颇尊崇科学，如何对心与物平等看待！适之果坚持物的原因外，尚有心的原因，——即知识、思想、言论、教育，也可以变动社会，也可以解释历史，也可以支配人生观，——像这样明白主张心物二元论，张君劢必然大摇大摆地向适之拱手道谢！"②

从上述这场论战看，无论是充满着封建思想意识的"玄学派"——接受了新康德主义的影响，企图把人生观排除在科学领域之外，或是代表资产阶级思想意识的"科学派"——其实是一些以感觉的组合为科学研究对象的马赫主义者，都多少具有"不可知论"的因素。他们反映了两种不同类型的而又同是剥削阶级的思想意识，他们都有隐蔽社会客观事实真相的企图，因此尽管有争论，走的却是一条路。1923 年有关"科学与人生观"的论战，可说是"五四"新文化运动的一个终点。在这次论战中，"五四"时期一些主要启蒙人物的哲学思想，大体上得到了一个总清算。接着这次论战之后，便是我国政治上狂风暴雨到来的时代了。在这样的时代里，胡适的面目暴露得越发清楚了。

---

① 《科学与人生观》，第 41 页。

② 《科学与人生观》，第 41 ~ 42 页。

六、资产阶级改良主义路线彻底破产中的胡适

经过“五四”时期，我国无产阶级已空前壮大，成为独立的政治力量，在中国共产党的领导下，马克思主义已得到广泛的传播，各地人民群众反帝反封建的革命运动蓬勃发展。这时的资产阶级右翼，特别是那些知识分子的代表，如果拒不接受无产阶级思想的领导，而是相反地企图争夺当前新文化运动的领导权，希望仍旧走资本主义的老路，其结果必然会从妄想利用反动政权开始，而在实际上越走越靠拢反动政权，最后将完全丧失原有的一点进步的独立性，堕落成那个反动政权的一种工具，被人民把他们跟他们的主子一道扫进历史的垃圾堆里去。这是近代中国阶级斗争的客观规律，它是不以人们主观意志为转移的。以胡适为代表的资产阶级改良主义路线的彻底破产，就是这种历史事实的证明。

由于胡适是一个彻头彻尾的实用主义者，受他老师杜威的影响，“把一切学说理想都当作待证的假设”，“教我处处顾到当前的问题”①，也就是把真理的客观性取消了，所以永远不敢正视现实，根本不了解历史的辩证法。他只承认“世界是一点一滴一分一毫的长成的”，因此也只好“一点一滴一分一毫的实验”，“一点一滴一分一毫的贡献”，简直成了一个“点滴论”者。胡适他们思想上的病根，都是只见到眼前一些社会表面现象，而不知道怎样透过那眼花缭乱的现象去深入发掘内在的本质。例如胡适在侈谈要打倒五个大仇敌，即贫穷、疾病，愚昧、贪污和扰乱(所谓“五鬼闹中华”)，他看到的只是并不完全的现象，至于这“五鬼”后面的真鬼，却是视而不见，甚至是矢口否认的。他说：“这五大仇敌之中，资本主义不在内，因为我们还没有资格谈资本主义。资产阶级也不在内，因为我们至多有几个小富人，哪有资产阶级？封建势力也不在内，因为封建制度早已在二千年前崩坏了。帝国主义也不在内，因为帝国主义不能侵害那五鬼不

---

① 《介绍我自己的思想》，《胡适论学近著》第1集，第630页。

人之国。"①这就充分说明了这位"点滴论"者的思想是何等贫乏。

我国近代资产阶级改良主义路线原本是代表新兴民族资产阶级利益的，它有反帝反封建的一面，在一段时期内是有进步性的，可是后来胡适的实用主义连这一点也没有，他的实用主义哲学是地道的美国货色。他一向盲目崇拜美国，企图在美帝国主义的"恩惠"下寻找中国的出路，因此思想也就不免随了美国情况的变化而变化。大家知道，这个美国在第一次世界大战后，由于发了战争的横财，出现了一个时期的社会繁荣，这就造成了一种假象，仿佛美国的经济是新式的资本主义，它是永远健康的，甚至产生了一种谬论，说美国不必再经过革命就可以和平转入社会主义。但在事实上，美国的垄断资本主义，正在此时，乘机发展成了世界帝国主义最反动的堡垒。胡适拜倒在美国的脚下，也就随着美帝国主义侵略势力的日益扩张而越加趋于反动，成为抵制马克思主义的先锋。他根据实用主义的唯心论的反动观点，宣称马克思主义是马克思个人及其特殊环境的产物，污蔑马克思主义的革命的唯物辩证法只是黑格尔的唯心辩证法的再版、"生物进化论成立以前的玄学方法"，千方百计地要证明马克思主义的普遍真理不能适用于中国。

为了欺骗群众，早在北伐战争以前，他又提出了"好(人)政府"的滥调，企图在大地主大资产阶级独裁的基础上，容纳一些改良主义分子进去，使北洋军阀政府可以更好地为帝国主义服务，从而对抗人民革命运动。

1926年夏，胡适辞去北京大学教授的职务。随后，取道苏联莫斯科去英国参加中英"庚款"顾问委员会的会议(他当时是中英"庚款"顾问委员会的中国委员之一)。次年1月，他又离开英国前往美国，在美国停留了三个月左右，然后启程回国，那时正值国内第一次大革命因蒋介石的中途叛变而陷于失败，大批革命志士被镇压。他看到过去多年来依附的北洋军阀政府行将被蒋介石集团打倒，于是他赶早在踏进国门之前，即在路过日本时，公开表明自己的政治态度说："蒋

① 《胡适论学近著》第1集，第442页。

介石将军清党反共的举动能得到一般元老的支持……是站得住的”，“是可以得到我的同情的”。①

1928年3月，胡适与徐志摩、梁实秋等在上海创办“新月书店”，出版《新月》杂志。1929年，从《新月》第二卷第四期起，他按照美国式的民主，陆续发表了《人权与约法》等几篇文章，要批评批评国民党政府，殊不知引起了蒋介石的不满。蒋曾令教育部给胡以所谓“警告”。胡适在表面上虽然拒绝了这次“警告”，但在稍后出版的《人权论集》一书的《小序》中，他却在公开表明自己的心迹说：“今日正是大火的时候，……实在不忍袖手旁观。”就是说他要向蒋介石献策，请他能搞一点改良政治的措施，借以消弭人民革命的怒火。这也可以说是他实用主义哲学的运用。

1930年5月，胡适在上海辞去他的母校中国公学校长的职务，11月再回到北京，重任北京大学教授。次年，开始担任文学院院长。

1932年5月，胡适同丁文江、傅斯年、蒋廷黻等人办起了《独立评论》这个专谈时事政治的刊物。他们的编辑方针是：在内政方面，配合当时蒋介石的全力“剿共”政策，宣扬所谓“统一”高于一切，强调“中心人物”及“武力”是“不可免”的，主张“专制是事实所必需”。在外交方面，则鼓吹“以亲日为用，自强为体”，反对所谓“仇日派”，即暗指中国共产党和全国主张抗日的人民。可是胡适却在创刊号的《宣言》里标榜“不倚傍任何党派”的“独立精神”，这完全是骗人的。这又使我们看到了他是怎样使用他的实用主义哲学。

此后，胡适的拥蒋反共的政治态度受到了国民党反动统治集团的特别欣赏。

1937年“七·七”事变后，全国抗日战争爆发。当时蒋介石急于取得美、英等国的援助，遂决定委派胡适去国外活动。次年10月初，胡适接受蒋介石政府的敦请，到华盛顿就任驻美全权大使。是年12月初，胡适在纽约发表题为《美独立战争与中国抗日战争》的演讲，提出所谓“苦撑待变”的理论，认为中国抗日战争的最后前途完全依

① 胡适《追念吴稚晖先生》。

赖于国际条件的变化，尤其依靠于美国对中国的政策。

1942年8月，国民党统治集团因内部的人事矛盾而免去胡适驻美大使的职务。但是他仍继续留住美国，其间主要从事讲学与写作，特别致力于我国古代著名地理书《水经注》的有关考证。

抗日战争胜利后，胡适还一度幻想中国共产党能放下武器，让无产阶级的革命事业半途而废，在中国实现美国式的两党制政治。

1945年9月，国民党政府任命胡适为北京大学校长(1946年7月到任)。他企图利用蔡元培先生在“五四”时期主持北大时提出的“兼容并包”的口号，然而不同时期的“兼容并包”有着不同的内容。蔡的“兼容并包”在革命低潮时期，起的是保护革命力量的作用；胡的“兼容并包”正当革命胜利前夕，那作用只能是保护反动势力了。他的“兼容并包”，连同他的“自由主义”，并没有阻挡住革命的潮流。他的实用主义已经面临全面破产的危险了。从此，胡适沿着一条下坡路一直滑了下去。

1947年1月，蒋介石由于发动反共内战受挫，为欺骗舆论和乞求美援，玩弄“改组政府”的把戏，想拉胡适加入政府。这时蒋特意通过傅斯年向胡适致意。胡适写信给傅斯年说：“我在野，——我们在野，——是国家的、政府的一种力量，对外国，对国内，都可以帮政府的忙，支持他，替他说公平话，给他做面子。”若是加入了政府，“结果是毁了我三十年养成的独立的地位，而完全不能有所作为，结果是连我们说公平话的地位也取消了。”①

1948年3月29日，国民党政府第二届国大代表会议在南京开幕。此时蒋介石一心想登上总统的宝座，想不到当时美驻华大使司徒雷登突然传达了美国主子的命令，希望让胡适来当。事情虽被蒋介石阻止，但11月，人民解放军已经取得了辽沈战役的胜利，淮海战役也已打响，蒋介石的南京政府朝不保夕。蒋介石有意请他“出山”。胡适知道他已不可能有所作为，只好通过前来劝他“出山”的陶希圣

① 《胡适来往书信选》下册，中华书局，1979年，第173页。

向蒋介石转达："在国家最危难的时间，与蒋总统站在一起。"①随着人民解放战争的胜利，他于 1949 年 4 月从上海乘轮船到美国去了。1949 年 11 月，他担任了《自由中国》杂志的发行人。先后在这个杂志上发表过十多篇文章，内容多是反共反马克思主义的宣传。1958 年 4 月，胡适终于回到台湾就任"中央研究院"院长。次年 2 月，又兼任伪国家长期发展科学委员会主席。直到 1962 年 2 月 24 日，结束了他自"五四"新文化运动后长期尽力挣扎、终不免沉没于革命浪潮中的一生。

胡适和他的实用主义的破产说明什么呢？概括说来只不过一句话：历史发展的规律是不可抗拒的。

① 陶希圣《胡适之先生二三事》。

《慧远及其佛学》序[①]

佛教是世界三大宗教之一，历史悠久，特别是在东方亚洲有广泛的影响。它既是一种宗教信仰，又是一种思辨哲学，可是这种思辨哲学，其实是为信仰服务的。同时这种佛教信仰，外表上虽说是主张出世的，但与现实政治、经济等问题却又密切相关。若果我们只懂得它的任何一个方面，而从根本上忽略了与其他各方面问题的内在联系，显然，那是很不全面的。

印度佛教是古代东方社会的一种历史产物，有它的文化背景和思想渊源，决不是完全孤立的现象，即单靠某一个“先知”（佛）可以凭空想出来的。它的发展又必然受到各地现实社会矛盾的制约，以及别种思想的影响，决不可能是个一成不变的宗教信仰。因此，早在两千五百多年前的原始佛教，跟后来印度和中国佛教的思想，乃至其他各国的佛教思想，虽说是多有继承关系，而又各有互不相同的特点。同时这种佛教思想的传播，也不像一件具体东西转移那样简单，别人可以一下子就整个地搬来，而且这个民族国家的人和另一个民族国家的人去搬运，无论摆在什么地方，都没有什么两样。佛教是一种思想信仰，情况就不相同了，介绍进来的人都不免要受到本民族文化思想传统的影响，自觉或不自觉地要带上各自民族的特点，并且会打上信仰者不同阶级的思想烙印。同时通过翻译介绍传入的这种外来的宗教，对原本具有各种不同思想和信仰的人，肯定会观感各有不同，难免会产生不同的理解，那也是很自然的。佛教既经输入别国之后，为适应

① 本文原载于方立天著《慧远及其佛学》，中国人民大学出版社，1984年。——编者注

不同地区不同民族社会历史条件的差异，信仰者集团为谋求自身的生存和发展，肯定又会产生新的分歧，这也是合乎规律的现象。因此，中国过去的佛教思想不完全等同于古印度原来的佛教信仰，乃是历史的必然，在这里不牵涉什么真伪与高下的评价问题。即使同是中国的佛教，在过去东汉、魏晋南北朝、隋唐五代、宋元明清乃至近代的佛教，也在不断分化和变迁之中，各有自己不同的历史特点。纵观佛教在我国从传入、发展、然后又趋向衰落的全过程，其间问题虽然非常复杂，实在都有客观规律性，不纯粹是一堆偶然现象的堆砌。这是研究中国佛教史和中国哲学史的同志们，特别是从事我国魏晋南北朝和隋唐时期思想史的专门研究者，一种不容忽视的重要内容，应该深入地加以发掘的。如果缺乏实事求是的精神，对这种问题漠不关心，没有比较系统的了解，那是很难使工作不断继续前进的。

中国封建社会的魏晋南北朝，特别是鼎盛的隋唐时期，由于中外交通的发达，对于佛学思想的系统研究，集思广益，是达到了当时的国际最高水平的，因此首都长安实际上成为亚洲这方面学术的中心。如唐僧玄奘（600—664 年）的成就，就是世界所公认的。但在近代（1840—1949 年），以非信仰的立场，用科学的方法来整理和研究的，除汤用彤先生、陈寅恪先生、吕秋逸（澂）先生等几位著名的前辈学者，曾作出了比较重要的贡献之外，就一般的情况来说，则是相对地落后了。自然一部分进步学者的"借题发挥"，不在此例。至于 1949 年建立新中国以后，用马克思主义基本原理作为指导来系统地进行佛教思想史的研究，则是一个崭新的课题，虽说也取得了一些成绩，但目前究竟还处在开辟的历史阶段。由于宗教学是一个比较难的学术部门，要想取得有重大价值的科学成果，那不是单凭作者个人主观上感情的爱憎可以随便加以描绘的，也不是单凭热情就能轻易成功的。假如有人仍然停留在过去封建社会一些思想家和文学家，如唐代韩愈等人反佛斗争的理论基础上，站在维护儒家"道统"的立场，则是大大不够的了。作为社会主义新中国佛教思想史的科学研究工作者，按理必须尽可能做到吃透两头，首先是马列主义的基本原理，而且能理论联系实际；其次是必须力求读懂那些晦涩难解的佛教原始资料。至于作者对各种重大理论问题的分析批判，其科学性应该大大超过以往时代的水平，才能够符合目前新时代的要求。这样，它就不能只是简单地介绍情况，必得是深入到内容的解剖，从历史现象的观察提高到问题本质的掌握，从而可以进一步认识它发生、发展到衰落的客观规律，并且还能用现代语言准确无误地表达出来，让读者也可以有明白的理解，这真是一项非常艰巨的任务。马克思主义者对中国佛教思想史的科学研究，要逐步实现这种社会主义现代化的改造，面向未来世界，可说是既有深刻的理论意义，又有重大现实意义的工作。

我国过去一段时期内，由于受到极左思潮的影响，学术界不免出现了这样的一种情况，凡是号称马克思主义的哲学家，多不肯深入地钻研各种唯心主义体系，特别是所谓宗教哲学。其结果是，或则限于背诵教条，致使理论脱离实际，成了无的放矢；或则由于缺乏正确理论的指导，难免不误入歧途。这两种具体情况虽然很不相同，但在客观事实上都会妨碍有关佛教思想史的科学研究的健康发展，影响到开创一种实事求是的学术新风尚。

中国人民大学哲学系方立天同志，过去上北京大学读的本是哲学专业，但早在二十多年前即开始从事佛教思想史的科学研究，并且坚持不懈，先后发表过一系列有关这方面的学术论文，又从事校释佛教思想资料的工作，都取得了可喜的成果，在国内外且有一定的影响。现在由中国人民大学出版社正式印行他的专著《慧远及其佛学》，这是通过解剖一位古代有影响的佛教领袖和学者，来系统地论述那个时代的佛教思想侧面，是一件非常有意义的工作，是值得佛教思想史研究者欢迎的事，衷心希望作者今后在这一科学研究领域内取得更大的成就。

石　峻

1984 年 6 月于北京中国人民大学

读《中国佛教典籍选刊》两种[①]

佛教内容复杂，牵涉面很广，如果缺乏实事求是的精神，不从第一手材料出发，没有比较系统的了解，就很难总结出具有现实意义的、符合客观历史事实的发展规律。中华书局编辑部有鉴于此，特在广泛征求各方面意见的基础上，拟订了《中国佛教典籍选刊》的整理出版计划。

这项计划中，最近已有两种重要著作出版，一是郭朋同志的《〈坛经〉校释》，一是方立天同志的《〈华严金师子章〉校释》。

一般说来，目前要做好这一方面古籍的整理工作，确实存在不少难处。一种情况是由于各门"教学"的专业队伍中，除了少数人之外，有人对于某一种宗教，例如佛教的信仰和经文典故出处等，确是比较熟悉的，但是马列主义理论的修养，多少还有些欠缺；另一种情况是，有人对一般抽象的马列主义原则，从概念到概念，可能是记诵得很多的，但是关于佛教思想的具体内容，由于接触得太少，确实不甚了了，很难作出具体分析。再就是由于学者们的专长各有不同，某些人平日只好注意古书的目录、版本、校勘等考据工作，有时不免忽略在理论上的深入解剖、批判分析，而另一些人平日专搞所谓思想批判的，又往往对这类古书的目录、版本、校勘等所知不多，使一些工作上的具体问题无法得到认真的解决。现在难得有郭朋、方立天两位同志，他们对理论和资料这两方面都有比较长期的钻研，够得上是新时代我国佛教思想史的专门研究工作者，因而可称得上是选择得人了。

谈到这两种书的性质，可说同是最具有中国古代宗教哲学特色的

---

① 本文原载于《读书》1984 年第 12 期。——编者注

代表作。大家知道，佛教的发源地印度，是无所谓“禅宗”和“华严宗’的。中国禅宗一派实际上的创始人慧能(638—713 年)的言行录《坛经》，是我国人所写的佛书中唯一被信徒们专称为“经”的，因此在宗教信仰和思想学说史上具有非同寻常的地位和影响。《华严金师子章》则是我国佛教华严宗一派事实上的建立者法藏（643—712 年）的理论纲领，而且这两种书产生的年代，在历史上是很接近的，虽然分量都不算大，也有在朝与在野之分，但皆是研究中国古代哲学史和佛教思想史的必读书，并且又都早有外文译本，在国际学术界也颇有声名，不断有人在研究。

涉及《坛经》全书具体完成的情况，至今尚无定论，但后来屡次经过篡改增订，有多种不同的版本(1976 年由日本柳田圣山主编的《禅学丛书》之七，影印《六祖坛经诸本集成》，共收版本 11 种)，则是事实。郭朋同志在 1981 年曾由山东齐鲁书社出版过《〈坛经〉对勘》一书，将其中四种最有代表性的版本(即法海本、惠听本、契嵩本、宗宝本)作了仔细的分段比较，并附加个人案语。这次中华本《坛经校释》，则又特选目前认为时代较早的敦煌写本、即上述所谓法海本作为底本，它应该是此后各本《坛经》的基础，而不采用在我国广泛流行的元代宗宝本(1291 年)，那是很有见地的。因为这才最便于说明我国佛教禅宗思想的本来面目，以及后来演变的基本线索。这本《校释》的特点之一，是作者专门写了长篇的序言，系统地介绍了这书的性质和以往研究的情况兼及本人的心得，并附载参考书目以及历代有关重要史料原文。至于《坛经》本文“校释”部分，则又参考了过去国内外的研究成果，包括了日本上一代著名学者如宇井伯寿、铃木大拙等人的部分结论，以及我国台湾地区著名佛学家印顺法师的近著——《中国禅宗史》。对胡适过去的某些考证也进行了科学的分析，可谓包罗宏富，实是有关《坛经》研究带总结性的著作，如果求全责备，还说有不足之处的话，那就是作者限于环境，尚未有机会见到敦煌抄本原件的影印本，从而未能再进一步校释作为底本的民国《普慧大藏》本，即重印日本学者铃木真太郎(铃木大拙)、公田连太郎两人校本的贡献和缺误。

至于《〈华严金师子章〉校释》一书的底本问题，则比较简单，历来各种注解本的差别并不太大，但是作者还是下了功夫，仔细地加以校勘，注明了各本之间字句的差异，希望能成为定本。同样，书前载有作者《华严金师子章评述》一篇长文，用代序言，全面地进行思想内容的具体分析，可知在科学研究上，本书也是带有批判性和总结性的。按《金师子章》一篇，是唐代有名的原居康居国的法藏和尚对女皇武则天的宫廷说法，就便用镇殿金师（狮）子作比喻来讲解华严宗一派佛学的基本论点，是一篇富有思辨色彩的经过整理的发言提纲，可说是“言约意丰”。校释者根据我国自宋代以来有名的华严宗和尚承迁、净源等人的注解，以及日本僧人景雅和高辨的有关著作，和《大正新修大藏经》重排明刊本进行了校勘、比较研究，并收了中日两国上述几个本子近乎全部的注释，然后再用现代汉语对书中的固有名词、专门术语和那些比较难懂的字句作了深入浅出的解说，为了串讲各段的大意，并加上“总释”，是很费过一番心思的。附录有法藏的传记资料以及各种注本的“序言”和“题解”等，共十一篇，确是研究唐代佛教华严宗思想的一册比较简明扼要的书。

在“隋唐佛教学术讨论会”上的发言提纲[①]

各位专家同志们：

（我）有机会来到这个古都西安，参加“隋唐佛教学术讨论会”，跟来自全国各地的专家学者们学习，感到非常高兴！

个人今天只想简单地谈两方面的问题，第一个方面，是当前我国研究佛教学术思想在方法论上几个新的特点。

1. 在实行对外开放，加强国际间学术交流，大力贯彻百家争鸣的方针政策指导下，首先，要更加强调从历史事实出发，从客观思想实际出发，实事求是地进行研究，以理服人。不同于过去一段时间内，在极左路线的影响下，用那种简单粗暴的态度，以势压人的办法，所谓批判，不是科学分析，而是一棍子打死。其次，用经典著作的引证来代替论证的办法，由于脱离实际，在今天显得不那么有说服力了。所以必须做到事实与理论相结合。只有通过社会实践来检验才有人信服。这就要求专门研究工作者无论对马克思主义理论的修养和专业知识的训练，都要比过去有更高的水平。加之还有各国学术界之间互相交流的问题。

2. 过去一段时间，由于革命事业的迫切需要，武装夺取政权，科学研究事业刚在开辟的历史阶段，对各门具体科学，往往只从眼前政治斗争的情况考虑政策，还没有条件来得及建立各门系统的科学体系，现在情况不同了，已到了一个新的时期，力求每一门具体科学最

---

① 本文是 1986 年 11 月在西安召开的“隋唐佛教学术讨论会”上的发言稿。——编者注

好能成为发展中的马克思主义理论的组成部分，于是马列主义就不限于普通的政治课了。因此，是否马列主义的，不再看你表面的研究题目是挂的什么牌子，而是要看货色，在具体科学研究中的立场、观点、方法的水平和应用。要比思想性，比科学性，自然也包括再取得一些最新的科学成就。因此一本隋唐佛学研究的书就可以成为一册有很高水平的马列主义专著了，这也是跟过去情况有所不同的。

3. 须面向世界的问题，由于中国实际地位的提高，我们一定要将各门具体科学的建设作为世界学术的一部分来进行研究，例如中国哲学史、中国宗教史，就是作为世界哲学史、世界宗教史的一部分来研究的，因此，中外学术思想的比较就显出了它的重要性，乃至怎样将科学研究的成果或内容，通过既准确而又现代的语言来说明，乃至如何将中国文化的优秀遗产和当代最新的研究成果贡献于世界，都将成为今后长期的艰巨任务。

4. 要特别注意过去各种学术思想的相互影响、先后的发展，以及过去封建时代的门户之见。不应该再完全孤立和一成不变地来看有关问题，因此要把中国佛教哲学思想史看作中国文化思想史的一个有机组成部分来研究，那才更符合实际，更有意义。

关于第一个方面的问题，我就简单地谈这一点。

第二个方面，隋唐佛教的内容非常广泛，包括了哲学、宗教、历史文学、艺术、考古等多方面的问题，但其中有不少学科的内容都是我所不懂的，因此今天只就哲学与宗教思想方面来谈一谈下列问题，即中国人过去、特别隋唐时代，他们是怎样融合、消化和改造这种外来宗教的。限于时间，其中非常重要的政治和经济方面的原因就一概从略了。大家知道，单说隋唐时代的佛教，只是为了研究上的方便，虽然确有这个时代不同于其他时代的特点，但还是不能完全割断历史的。所以谈到有些内容，其实是在此以前早已经开始了的，甚至后来也有影响的。所以不能划分得那么斩钉截铁。现在具体来说：

一是判教。大家公认隋唐佛教的特点是宗派佛学，而宗派又不完全等同学派。而隋唐佛教宗派的理论基础则是各家不同的“判教”学说。所谓判教，就是将从印度和通过中亚细亚传入我国的各种前后不同的思想学说，作一统一的安排，而把自己信奉的一种理论摆在最崇高的地位，加以系统的理论的说明。这绝大多数是中国佛教学者的创造，他们后来则连我国的儒、道二教也包括在一起判教了。这是隋唐佛教理论中国化的一个重要标志。

二是言意之辨。这种思辨的方法，虽然在魏晋时代的玄学家们早已通行了，但在隋唐时期也有发展。中国佛教慧能一派禅宗的思想方法，从一方面来说，我认为就是更加推广应用了言意之辨的方法，认为一切佛教经学的繁琐文字注释都只是“言”，而我则重在得佛的“意”，把“宗”和“教”对立起来的理论根据即在于此。再加引申起来推广应用，对于印度佛教的戒律也是如此看，它是手段，不是目的。因为他们着重于得意，这就带来了很大的灵活性，给中国发挥佛教理论以更大的方便，甚至可以应用来会通三教，后来禅宗终于让语录代替了翻译的外来经典，文化水平很低的出家人也可以作为祖师了。

三是以佛教理论为根据，补充或进一步发挥过去中国传统的思想，即以佛教理论紧接中国的传统思想。如中国本有“积善之家必有余庆，积恶之家必有余殃”的因果报应的思想，但是往往不符合事实，好人不得好报，恶人反得富贵。东晋南方佛教领袖慧远作《三报论》就是这样的一个补充(现报、来生、后来)，这种思想就为隋唐佛教信仰者所广泛继承。大家知道，王充在《论衡》里有一个无鬼论的论证，很有说服力，如果人死都变鬼，那么将是一步一鬼，到处是鬼，为什么人们见到的鬼那么少呢？唐代著名佛教学者宗密就加以补充，说人死可成天、人、阿修罗、恶鬼、畜生，不必皆变鬼，而且鬼又可以变人，这样好像就解决问题了。这是借用佛教理论，将中国的迷信理论化和系统化了。

四是继承过去近乎格义的方法，用佛教的学说解释中国哲学的伦理范畴，如将佛教的五戒比作五常。此外还利用中国古代哲学一时未能解决的难题，例如中国古代的朴素唯物主义者不能很圆满地回答人类生命或精神是如何起源的问题，于是佛教徒进一步论证佛教的唯心主义；又如朴素唯物主义不能很好地回答人类社会善恶道德起源的问题，于是也给一部分佛教信仰者钻了空子。这都是隋唐佛教学者接着中国传统哲学的问题来宣扬佛家思想，同时也是使外来佛教思想中国化的一种方法。

五是有选择地集中讨论传统哲学中有争议的问题，对有现实意义的问题作重点发挥。如宗密的《原人论》，其实应该叫《原人性论》，他为什么不作原天、原阿修罗、原恶鬼、原畜生论？这也是使佛教理论中国化的一种手法。这种方法就使得隋唐佛教各宗几乎都以心性问题作为自己学说的核心，如一心三观、一心二门、万法唯识、转识成智、妄尽还源、明心见性。一切几乎不相关的迷信，并不受到中国各宗佛学大师的特别重视，这也是隋唐佛教中国化的一个特点。唐代文学家的作品，也受到佛学理论的影响。

六是唐代的俗讲制度，更是印度佛教中国化的重要方法之一。所谓“俗讲”有两层意义，一是佛教的通俗宣传（演讲），二是对非佛教信仰者的宣传。对非佛教信仰者要做通俗易懂的佛教宣传，则非尽可能在表现形式上中国民族化不可。此外，随唐佛教极盛时，儒、道两家的学者也在自觉或不自觉地引用佛教的理论来解释或发挥自己的学说，如韩愈弟子李翱的《复性书》，它的内容大家都很清楚，用不着我再来介绍了。更加明显的例子，如唐玄奘奉命翻译《老子》。

回忆汤用彤先生的治学精神及其两篇逸稿[①]

国内外著名博学的学者、哲学史、宗教史研究的专家、前北京大学副校长、哲学系主任教授汤用彤先生(1893—1964 年)，终生从事于高等教育事业和科学研究工作。他先后在东南大学、南开大学以及北京大学(包括一度由北大、清华、南开三校临时设立在昆明的“西南联合大学”)，讲授有关中国、印度和西方的专门哲学课程，涉猎知识领域之广，在同时国内知名的学者之间，是并不多见的，称得上是名符其实的一位“学贯中西”的大家。他虽然学识如是渊博，但又能精深独到，讲学著书，从不流于空泛。即使在考证学术史上的专门问题，也真是一丝不苟，可以在小处见大，决不简单是琐碎材料的堆砌，“为考证而考证”，这就是所以特别难能可贵啊!

汤先生治学态度非常谨严，可以说是既谦虚而又贵独创，乃至对于文字写作，也特别崇尚精练，有时一篇短文的定稿，同样字斟句酌，从不草率。

谈到他的教学，更是认真负责，充分准备，所以讲得条理清晰，并能深入浅出。凡是由他开设的任何一门课程，从头到尾，多有全盘计划，先后层次，异常分明，所以很少内容重复。

他平日在指导学生写作论文，十分注意因材施教，循循善诱，通常是并不首先将他自己的心得，作为结论，强加于人，一定待作者研究，遇到困难，提出问题时，再及时指点，所以给人印象特别深刻，收效非常显著。

---

① 本文原载于《燕园论学集》，北京大学出版社，1986 年。——编者注

由此可见，汤先生确实还是一位有丰富经验的导师、教育家。

汤先生的重要学术著作，有《汉魏两晋南北朝佛教史》上下卷、《印度哲学史略》和《魏晋玄学论稿》等多种。

按照汤先生个人的研究计划，本是要在出版《汉魏两晋南北朝佛教史》之后，全力增订完成《隋唐佛教史》一书，但在1937年，因卢沟桥事变发生，随学校（北大）辗转迁徙来到我国大后方的云南，先在蒙自，后去昆明。由于他本人的大量图书资料封存在北平，手头上可供参考的东西太少，才改行决定暂时先作“魏晋玄学”的研究，但是这种工作，也由于时间、条件和其他方面的影响（如兼任北大文科研究所所长等），并没有能最后完成。新中国成立后由中华书局印行的《魏晋玄学论稿》，就是他已写成有关这一方面的内容，其余部分，有在西南联大课堂上讲过的，也来不及全部写成（现在汤一介同志正在从事整理）。但是这册书，虽然篇幅不大，却很能代表他在新中国成立前的研究心得。结合外来佛教思想的演变来阐明中国古代哲学思想史的发展规律，这是汤先生一贯的立场和基本的观点。立足在中国，放眼于世界。

汤先生早年其所以发奋研究佛教思想史，是在“五四”新文化运动之后，接受了西方进步资产阶级学术观点的影响，将佛教当作印度社会历史的产物，它是与非佛教的正统思想在斗争中形成和发展的，同时认为各派佛教理论也都不是一个一成不变的信仰，有所谓“外道”思想的影响，原本是各种“沙门”团体之一，后来各地不同的派别之间，也是广泛存在着内部矛盾的。他从来不把佛教看作一种孤立的社会现象，这是汤先生之所以在研究中国佛教史之前，先研究印度佛教史，在研究印度佛教史的同时，作《印度哲学史略》一书的指导思想。

汤先生是一个在思想上不断要求进步的大学者，他一向不固步自封，有“实事求是”的科学态度，从不满足于已有的成就，所以到晚年接受马列主义之后，非常迫切地要求改写他过去的著作，后来虽因年老多病，未能实现，但在一切旧著的新印本中，几乎都附上自我批评的“前言”或“后记”，态度十分认真，这才是汤先生一生治学谨严的真精神。

现在再谈到在三十年代末和四十年代初汤先生的两篇逸稿。

先是关于研究印度佛教哲学思想史一篇入门的书目。它产生的经过是这样的，那是在1938—1939年间，汤先生决定在西南联大哲学系开设“佛典选读”，因为参考书不够，在课外让我回答同学们的疑问，是一种接近现在大学所谓“辅导”的工作，但又不是正式的上课。我请求汤先生给我开一个必读“书目”，好配合他的讲授，并事先有所准备，他满口答应了，这就是第一篇逸稿产生的经过，当时汤先生写下的标题是：《“佛典选读”叙目》，全文如下：

《“佛典选读”叙目》

(甲)依一切有部义，解释佛学名辞。

(一)《入阿毗达摩论》

(乙)明佛学之发展，分为四段：(1)佛说；(2)上座一切有部之学；(3)空宗破一切有说诸法实相；(4)有宗法相学。

(二)《中阿含·箭喻经》(佛说之宗旨)

(三)《长阿含·沙门果经》(佛说出家之利益)

(四)《长阿含·三明经》(佛说何谓梵行)

(五)《长阿含·布吒婆楼经》(佛说无我)

(六)《入阿毗达磨论》(上座本部一切有学说纲要)

(七)《阿毗昙心论》(一切有部说一切诸法皆有自性)

(八)《杂阿毗昙心论》(一切法有自性，一切法三世有)

(九)《俱合论》一(世亲受空宗影响破“得”为实有法)

(十)《俱舍论》二(世亲破四相之实有)

(十一)《成实论〉(诃梨跋摩受空宗影响破三世实有)

(十二)《中论》第八“破作作者”(空宗下同)

(十三)《中论》第四破五阴实有

(十四)《中论》二十五说涅槃

(十五)《般若经》第二分《巧便品》节钞(破相)

(十六)《般若经》第二分《佛法品》(无性为自性)

(十七)《般若经》第二分《空性品》(说空性)

(十八)《三无性论》(有宗立法空)

以上这篇佛典叙目，非常简明。我认为颇能代表汤先生对于印度佛教思想史的一种基本看法，它不同于过去一般人开列的佛学书目，是经过用心研究的，至少有以下几个特点：

(1)不是单纯从过去对中国思想影响的大小来选定的，所以好些大家经常提到的经论，如《法华经》、《华严经》、《涅槃经》、《维摩诘经》、《成唯识论》等，这里都没有提到。

(2)它是注重印度佛教哲学中心思想的变迁，凡是跟这个基本线索关系不大的著述，也全付阙如。

(3)除了佛教思想外，留心上座一切有部在理论上的发展，比较突出大乘空宗学说的影响，乃至大乘有宗从三性到"三无性论"的关系。

此外，在阅读有关原始佛教思想资料，根据汤先生的口头指示，对于《长阿含》及《中阿含》部分，叫我最好参照英译巴利文本《佛陀对话集》(*Dialogues of the Buddha*, Tr. by T. W. Rhys Davids《长部》)和《佛陀对话续集》(*Further Dialogues of the Buddha*, Tr. by Lord Chalmers《中部》)。在依一切有部解释佛学名辞如果对《入阿毗达摩论》有看不懂的地方，可以参考汉译日本人著的该书《通解》。至于《中论》语法结构，不妨暂时借助清代管礼昌作的《润文略解》。其中《大般若经》第二分，可用经过校订的《藏要》本。

现在再谈汤先生另一篇逸稿产生的经过。大约在1944年前后，英国牛津大学的汉学家休士先生(E. R. Hughes)来华，他就是翻译冯友兰先生《新原道》(又名《中国哲学之精神》)一书成英文的作者。他曾在国外编选过一本汉代以前的中国哲学文选，原名叫 *Chinese Philosophy in Classical Times*, 1942 年出版在英国的《人人丛书》(*Everyman's Library*)中，当时他跟我们同住在昆明郊外的龙泉镇北大文科研究所的宿舍内，提出想继续编译那种书的第二册，即我国魏晋南北朝隋唐时代的哲学文选，请汤先生代为选目，双方讨论时，由我记录，先是中文稿，后由汤先生亲自译成英文，现在中文底稿早已散失了。英文稿当时抄写了两份，一份交休士先生，另一份由我保存。

休士先生后来回国并没有完成这项预定的写作计划。但这是中英学术交流史上的佳话，一件值得纪念的轶事。所以现在我再从汤先生的英文稿译回汉文，虽然不可能做到跟原件完全一致，但是大体内容相符，仍然可供参考。全篇逸稿如下：

“中国哲学”(从第三到第十世纪)

目录

导言——第三到第十世纪中国哲学概论

年表(哲学大事)

前论部分

汉代经学的“清理”(Purification)

第一节　旧经学的清理：论文选题如下(各家)

1. 扬雄(公元前53—公元18年)

2. 桓谭(公元前40？—公元32年？)

3. 王充(公元27—97年)

第二节　(魏晋)新哲学的过渡：刘劭(？—245年)《人物志》选

第一分

王弼(公元226—249年)哲学

第一章　王弼《易经注》(选)

第二章　王弼《老子注》(选)

第二分

郭象(？—312年)哲学

第三章　(魏晋)新哲学及其反响：嵇康(？—262年)

文选：裴頠(？—300年)及其他人(著作选)

第四章　郭象《庄子注》(选)

第三分

在汉代旧学基础上的一些新的(思想)体系

第五章　葛洪(公元284—364年)《抱朴子》(选)

第六章　张湛(？—330年)《列子注》(选)

第七章　佛教学者道安(公元312—384年)及其弟子慧远(公元334—416年)著作选

第四分

僧肇(公元384—414年)哲学

第八章　僧肇《物不迁论》

第九章　僧肇《不真空论》

第五分

竺道生(公元355—434年)哲学

第十章　方法论与形上学：(竺道生)文选

第十一章　“圣人”观念

1. 竺道生与其他佛教徒文选

2. 诗人谢灵运(公元384—433年)《辩宗论》

第六分

南朝(公元317－589年)各种哲学理论的斗争与融合

第十二章　辩儒、道、佛三家之间的基本同异，论文主要选自《弘明集》

第十三章　儒家(思想)的新面貌，皇侃(公元488—545年)《论语义疏》选

第七分

北朝佛教的中心问题——“阿赖耶识”(Alayavijnana)

第十四章　(隋)慧远(公元523—592年)《大乘义章》选

第八分

南朝佛教的中心问题——佛性论

第十五章　《大般涅槃经集解》选

第十六章　“三论宗”大师吉藏(公元549—623年)《三论玄义》选

第九分

唐代的伦理与政治思想

第十七章　王通(公元584—618年)与陆贽(公元754—805年)等人文选

第十分

唐代佛教的唯心主义——天台宗

第十八章　智顗（公元538—597年）著作选

第十九章　湛然（公元711—782年）著作选

第十一分

唐代佛教的唯心主义（续）——法相宗

第二十章　窥基（公元632—682年）《法苑义林章》选

第十二分

唐代佛教的唯心主义（续）——华严宗

第二十一章　法藏（公元643—712年）著作选

第二十二章　宗密（公元780—841年）《原人论》选

第十三分

禅宗

第二十三章　六祖慧能《坛经》选

第二十四章　后期禅宗（思想资料）选

后论部分

佛教的衰落——宋初（公元960—1126年）若干佛教徒著作选，佛教信仰者逐步转移成为儒家思想（的途径）。

这是汤先生五十岁上下四十年前的一篇旧稿，虽然非常简单，但是它体现了外来佛教思想在我国古代传播、发展、对抗、融合以至衰落的整个过程，这是我国封建社会各种统治思想相互消长变化的连环画，包含了极为丰富的具体内容，有很多值得认真总结的经验和教训。汤先生在这里不是简单地从事提倡过去的任何一种统治思想来反对另一种统治思想，而是从它们的相互影响之中来探讨其总的发展规律，并初步地勾画出一个轮廓。在这里，他从来没有割断历史，企图将某些封建教条当作一成不变的信仰，所以对于中国哲学史专门研究工作者，在今天仍不失为富有参考价值的文献。

《最初的探索——蒙古族哲学思想史研究》序①

我国是一个多民族共同缔造的统一的国家，蒙古族则是其中历史悠久并富有光荣传统的伟大民族之一，曾先后产生过不少杰出的政治家、军事家、思想家、科学家、文学家和艺术家，对中华灿烂的古代文化和近现代革命建设事业，都作出了不可磨灭的贡献。但在新中国成立前的旧中国，也同国内各兄弟民族一样，在帝国主义、封建主义和官僚资本主义的压迫下，生活陷于水深火热之中，没有条件开展本民族历史文化的系统研究，以致与国外先进学术界的成就比较，一时反见落后了。

现在的社会情况根本改变了，处于全国一盘棋的大好形势下，在大力建设物质文明和精神文明的同时，使蒙哲史等科学研究，在本地区一批先进社会科学工作者的倡导下，群策群力，短期内即开创了前所未有的新局面，并陆续取得了丰硕的成果，为进一步扩展中国哲学史研究的范围和内容作出了重要贡献。

由两位蒙古族新进有为的学者乌兰察夫和赵智奎同志共著的《最初的探索——蒙古族哲学思想史研究》一书，计分三编，约二十万字，就是在这一方面值得加以介绍的有代表性的作品。

首先，这部专著最突出的特点是在开头第一编，从该民族社会历史的具体情况出发，同时注意跟其他民族比较异同，认真探讨了哲学史方法论的问题，借以端正立场，开阔眼界，防止停留在一时一地、静止和孤立地看问题，既回顾了过去，又展望着将来，全面而深入地

① 本文原载于《内蒙古社会科学》(汉文版)1987 年第 5 期。——编者注

考察了作为时代精神精华的哲学思想性与系统性的内在联系，乃至各民族哲学之间的相互影响，力求史论结合，从而加强了有关研究工作的思想性和科学性的统一。

其次，在第二编又进一步结合蒙哲史的实际，对过去某些有重要代表性的著作和人物的思想，深入而细致地从事了典型的解剖。

最后，第三编则对蒙哲史上一般有影响的重要观念和思潮进行了比较系统的探索，更加留心我国蒙古族哲学意识的萌芽、发展及其理论思维的特色。

全书指导思想一贯，从不见割断历史，大体结构谨严，而且力图体现通过重点人物、代表著作与时代思潮三结合的原则，实事求是地揭示蒙哲史的真相和发展规律，从而在涉及的各方面都有不同程度的突破，做出了新的贡献。

中国哲学史史料学[1]

关于中国哲学史史料的收集、整理、研究、分析、鉴别和使用的科学。它是中国哲学史研究的基础学科之一，目的在于为中国哲学史的研究提供可靠根据。

对象与范围 中国历史中有哲学意义的文字记载、文物以及口头传说，是中国哲学史史料学的研究对象。就形式而言，包括文字史料、实物史料和口传史料。文字史料又分本人著作和他人记录或转述两种；实物史料有甲骨、钟鼎、石鼓等，其中相当大的一部分实际上是凭借实物上的文字才具有哲学史料意义，因此也兼属文字史料；口传史料主要是兄弟民族中流传的哲理性谈话、史诗等。就内容而言，包括具有自然观、认识论、伦理学、社会历史观意义的史料。在中国古代哲学史中，自然观又称宇宙论，是关于“天道”或“道体”的学说；认识论又称知识论，是关于“致知”的学说；伦理学又称道德学，是关于伦常、道德的学说；社会历史观是关于“古今之变”的学说。在中国古代典籍中，经学、史学和哲学常常融为一体，不少哲学家通过注释典籍表述自己的哲学思想，所以许多文史典籍和典籍注释也属于中国哲学史的史料。

任务与方法 发掘隐没史料、辑佚、鉴别真伪善否、校勘、训诂等，是中国哲学史史料学的主要任务。

发掘 中国历史悠久，社会动乱频繁，随着历史的变迁，一些文献毁坏遗失了，一些被淹没于书海之中，这就需要发掘。发掘需从两

---

① 本文原载于《中国大百科全书·哲学卷Ⅱ》，中国大百科全书出版社，1987 年。——编者注

方面进行，一是地下发掘，一是从书海中发掘。中国古代有以书殉葬的情况，在考古发掘工作中，发现不少很有价值的文献，如山东临沂银雀山出土的《孙膑兵法》，湖南长沙马王堆出土的《老子》、《经法》帛书。地下发掘往往能起到判定时代和鉴定真伪的作用，是中国哲学史史料研究的重要手段之一。从书海中发掘史料需要做广泛的调查研究工作。具体方法可分两步，第一步是泛观博览，第二步是深入研究。泛观博览可以从查阅历代图书目录开始，然后查阅历代史籍的有关论述、总集类书、古典注释等，这需要熟悉中国的目录学。中国古代的目录分类始于汉代的刘向、刘歆父子。刘向校书，著有《别录》；刘歆完成父业，著有《七略》，将书籍分为六艺、诸子、诗赋、兵书、术数、方技六类。其中与哲学史料最有关系的是“六艺略”和“诸子略”。“六艺略”基本是在思想领域占统治地位的儒家经典，“诸子略”是先秦以来诸子各家著述分类的总目录。《汉书·艺文志》基本上延续了刘家父子的分类法，是周秦至西汉典籍的总目录。唐代修《隋书》，其中有《经籍志》，改变了《汉书》的做法，把当时所有的图书分为经、史、子、集四大部，把中国的图书分类法推进了一大步。这种分类法一直延续到中国近代。查阅图书目录可以考求失传书的大略，为发现佚书提供线索，也为查阅史籍、类书、古典注释等奠定基础。泛观博览是发掘史料的一种普查工作，要辨别一书的史料价值，更需要深入研究。中国古代的哲学思想与政治、教育、文化思想往往汇于一书之中，对于重要的学术著作，只有经过细心钻研，了解其精义邃旨之后，才能确定其理论价值，辨明有无哲学意义。

辑佚　一些古代典籍在历史变迁中遗失了，但在遗失之前往往被许多其他书籍引用过，把这些被引用的文句搜集编排起来，可以反映出原书的梗概。这种工作称为“辑佚”。如汉代思想家桓谭的《新论》、宋代政治家王安石的《老子注》都已失传，清代有《新论》辑本，中华人民共和国建立后有王安石《老子注》辑本，为研究桓谭和王安石的哲学思想提供了不可缺少的史料。辑佚需要广泛了解各种典籍的内容。要知晓引文的出处，就需要有博览群书的工夫。辑佚还需依据可靠的资料，需要一定的版本学知识。

鉴别 中国古代有依托他姓名著述的书，称为“伪书”。要研究一部著作的哲学意义及其社会作用，确定该书的作者及成书时代很重要，这种工作称为“辨伪”和“证真”。鉴别真伪主要有两种方法，一是从本书内容进行分析，看书中的事实、谥号、避讳、制度、官称、习惯用语、文体等是否符合作者的时代；二是与历史记载相对照，看有无不可圆说的矛盾处。此外，出土文献往往可以起到确证的作用。盲目相信是真品或怀疑一切古书，在鉴别真伪的过程中，是容易出现的两种偏向，清代有过疑古之风，不加分析地认为古书皆伪，为真伪的鉴别造成了混乱。具体分析是对待伪书的科学方法。要辨明是全伪还是部分伪、伪在何处、是人名伪还是时代伪，为准确评价该书的价值提供出准确的时代、作者及内容，就要进行深入、具体的分析。

在中国古典文献中，同一著作往往有不同的版本，鉴别是否善本也是史料学的任务之一。善本书的标准大致有：(1)无删节、无缺页的“足本”；(2)经专家校勘注释的“精本”；(3)作者本人的稿本或过录、初印本。中华人民共和国建立后，出版过许多古书新印本，其中有些书籍经过精心整理和校释，其使用价值远远超过了一向视为珍本的旧刊，在鉴别善本的过程中也需给以重视。

校勘 中国木版刻印术发明较早，许多典籍自宋代以来一刻再刻，同一部书的不同版本或同一版本的不同卷次之间存在着文字差误，需要相互对照，对差误之处进行说明，这项工作称为“校勘”。校勘时需以古本或善本作为底本，具体方法是：(1)对校法，即以同书的祖本与别本对读，遇有不同之处即加以说明；(2)本校法，即以本书前后、上下文互证，别其异同，辨明谬误缘由；(3)他校法，即与本书有关的其他书籍相对照；(4)理校法，即详细研究本书的理论体系，从内容条理上进行校正。校勘的目的不仅在于比较各种版本及卷次间文字的同异，更重要的在于判定其间的是非及其致误的缘由，以集思广益，博采众长，供读者进一步思考。

训诂 研究中国哲学史史料，需要精确了解古籍的原意，所以史料学有训诂的任务。“训”、“诂”二字出于最古的辞典《尔雅》。晋代郭璞注《尔雅》说："释古今之异言曰诂。"宋代邢昺作疏说："道物之貌以告人曰训。"训诂基本方法：(1)广证博考，寻求古训通义。寻求先秦古典字义，要依据《尔雅》、《说文解字》，考查比较重要的古代注解，如汉代贾逵的《左传注》；马融、郑玄的经注；高诱的《淮南子注》等。清代阮元的《经籍籑诂》、朱骏声的《说文通训定声》、王念孙的《广雅疏证》都是重要的参考书。唐宋以后的文章典故增多，可查清人编纂的《佩文韵府》和《辞源》、《辞海》。使用中国哲学史史料，重在了解字义，训诂也是为了说明其意，遇有假借字，只要点明其通用意义即可，一般情况无需寻求本字。(2)注意本篇文意，力求贯通。中国古字一般都有多义，判定该词在本篇的意义须以上下文意而定，求得上下贯通。(3)注意旁证和反证，避免主观臆断。判断一词的意义，除了主要证据之外，还须有旁证，避免以孤证下判断。同时要注意是否有反证，一个确凿的反证就足以推翻某一结论。对于似是而非的反证也须加以分析和说明。力求以证定论，避免想当然。

实事求是是从事中国哲学史史料学研究的基本指导思想。在博览群书和深入研究的过程中，坚持严谨的态度和历史的观点至关重要。一个证据可证的范围有一定限度，不随意扩大，也不随意缩小；信则传信，疑则传疑；证据不足时不轻下判断，这是从事史料学研究的基本方法和科学态度。中国古代典籍都具有自身的时代特点，坚持实事求是的思想方法，就需要尊重历史的本来面目，用历史发展的观点对待史料，不用其他时代的思想和观点去涂改史料，不把后人的思想观点灌注于前人留下的史料中。

中国哲学史史料学，作为一门系统的科学学科，是在中华人民共和国建立之后逐步发展起来的。前人在发掘、辑佚、鉴别、校勘和训诂各个方面，分别做了大量工作，积累了比较丰富的经验，摸索出了一些规律，为形成科学的史料学奠定了基础。随着马克思主义在中国的传播，中国哲学史界的学者在辩证唯物主义和历史唯物主义的指导下，对前人的成果进行分析、比较和再研究，探求中国哲学史史料学的对象、范围、任务和方法，汇集和系统介绍中国历代哲学史料，并已有所著述，使其越来越成为中国哲学史研究不可缺少的基础学科之一。

参考书目

冯友兰:《中国哲学史史料学初稿》，上海人民出版社，1962。

张岱年:《中国哲学史史料学》，生活·读书·新知三联书店，1982。

在国际《周易》学术讨论会开幕式上的发言①

同志们：

我今天能有这样一个机会，来到济南参加“国际《周易》学术讨论会”，感到非常兴奋。因为，有关《周易》的讨论，并不是孤立的一本书的讨论，而是对整个中国古代文化遗产的研究，这和当前的社会主义建设有密切的关系。《周易》这部书，我们受它的影响时间之久，方面之广，可以说在世界上是少有的。《周易》这部书，它经历的时代，是一个很长的时间，而且不断地经过中国古代著名的政治家、思想家的阐发，特别是汉代以后在我们中国的经学里面，《易经》是儒家所有经籍里面的第一部。我们要对汉代经学有所了解，就必须懂得《易经》。我们经常讲所谓的“天人之道”，所谓“天道”、“人道”，而汉代所有的研究天道的著作，主要的就是《易经》。它与汉代其他的科学、象数之学，种种的汉代学术文化也有关系。到了汉代以后，中国产生了魏晋的玄学。魏晋玄学，大家知道，王弼是一个开创人。而王弼有关《易经》的著作，就是魏晋玄学最重要的著作。到魏晋玄学以后，我们中国的学问经过隋唐时代的三教合流到宋明理学，而宋明理学最重要的就是程颐的《程氏易传》，又与《易经》有着特别的关系。可以说，到宋明以后，中国儒家的学问、道家的学问、佛家的学问，都引用《易经》作它的根据。再往后，中国《易经》哲学又影响到欧洲

---

① 本文是石峻先生 1987 年 12 月在山东大学召开的“国际《周易》学术讨论会”上的发言摘要，原载于毕群圣主编《大易论集摘要》，山东友谊书社，1990 年。——编者注

的学术界。欧洲著名的哲学家莱布尼茨就专门写信给当时中国的康熙皇帝讨论关于《易经》的问题。至于到了近代，《易经》这部书同好些科学发生了关系。不仅中国清代的学者、科学家同《周易》有关系，而且一些现代的科学，像数学、量子力学、生物遗传学，这许许多多的科学，也同我们中国的《易经》发生了一定的联系。为什么《易经》这部书有这样多方面的影响？它差不多贯穿了整个中国的哲学史，它思想的演变规律是什么呢？我们今天有必要对它做出科学的总结。我们可以从《周易》这部书着手，总结中国整个哲学史演变的一些经验和教训。我们今天批判继承中外哲学遗产，到底有哪一些借鉴的作用？对于我们建设具有中国特色的社会主义新文化，到底有哪些启发？对中国有几千年影响的这样一部著作，它影响的方面，包括文学、社会、宗教、哲学等，可以说各方面都有影响，而且国内外研究它的人都非常多。关于《易经》的著作注解，那就更多了。我曾经到过北京一位研究《易经》学者的家，我看到他有两间房子，摆的全是关于《周易》的书，然而这两屋子书亦仅是全豹之一斑。可见中国关于《周易》方面的著作之多。

通过对外开放，加强国际学术交流，开这样的会议，大家通过交流，肯定对于我们怎样利用、改造过去的旧文化和建设新文化，具有重大的意义。因此，我预祝大会成功！

谈中国哲学史研究的一些情况①

同志们，同学们：

我非常高兴有机会到此地（山大）跟大家见面，今天先讲一个引论，谈谈有关中国哲学史研究的一些情况，以后再讲几个专题。

中国哲学史研究的重要性。因为任何真正的哲学都是时代精神的精华，既反映时代的要求，也反映了理论的新成就。所以无论研究、文学、史学或其他社会学科，都得懂得作品的指导思想和其时代特点，它的精神实质。研究哲学本身那就更不用说了。

随着中国实际地位的提高，中国哲学在世界上将更受到重视。中国哲学史研究在过去取得了很大成绩，也经历过曲折。

哲学与哲学史不能对立。一切社会科学从一定意义上说都是历史科学，哲学抽象原理离开具体科学，即是空洞的抽象。从空洞的抽象概念出发是研究不出成果的。

一切历史科学没有理论的（立场的、观点、方法）的指导，就只是一种材料的堆砌，将不成其为科学，没有系统不能解答任何问题。严格讲来，哲学家才能成为哲学史家。所以只有理论的指导，才能成为哲学史工作者。

研究理论就要懂得如何从具体到抽象，即科学的抽象，也要懂得从抽象到具体，即理论联系实际。抽象的能具体，具体的能抽象，要

---

① 本文是石峻先生生前遗稿，撰写时间不详，疑为石峻先生1987年12月参加山东大学主办的“国际《周易》学术讨论会”前后在该校讲演的底稿，故编排于此。本文题目在《石峻文存》中作“中国哲学史研究的展望(1)”，现根据文中开头部分的说明改为今题。——编者注

吃透两头——指导思想和具体情况。

不是为学术而学术，为研究而研究，要有目的地研究。研究哲学史的选题，既要注意研究结果的理论意义，又要注意它的实际意义。了解过去失败和成功的借鉴意义，理论意义及其发展的规律，以提高我们的理论思维水平。

什么是历史唯物主义的基本原理？就是社会存在决定社会意识。所以既要注意思想本身，而不是主观决定逻辑发展的规律。要多注意客观社会历史的原因，客观事实的矛盾发展规律。主观辩证法是客观辩证法的反映。

什么是唯物辩证法？就是从客观实际出发，并力求克服各种片面性的发展观。所以要注意自己的社会历史局限性(解蔽)，也要注意古人的社会历史局限性，要力求全面地看问题。所以研究历史的人要有历史感，不能把古人等同于今人。没有发展规律就不成其为科学，既不能割断历史，也不能一成不变。不能离开批判来讲继承，如今天来简单地提倡、照搬过去的儒家(孔子)或道家(老子)、佛家，这是一种形而上学。

今后要将中国哲学史作为世界哲学史的一部分来研究，要面向世界。搞中哲史的要懂外哲史，不能孤立。既反对过去的欧洲文化中心论，说中国没有哲学，一切都是外来的；也要反对中国文化中心论，一切都是中国的好，东方的精神文明高于西方的物质文明。

要注意中外哲学的比较研究，同与异，但不能简单化和庸俗化。中西文化观不能停留在“五四”时期的水平，要注意两种文化。对一切理论问题作具体分析是马克思主义活的灵魂。

针对对外开放的新局面，要更好地贯彻百家争鸣的精神，建设具有中国特色的社会主义新文化，以理服人，从而提出更高的要求。目前是发展我国哲学社会科学理论的好时机，今后一定会人才辈出。这是时代的要求。

马克思主义不是封闭的体系，要不断通过革命和建设的实践，吸收古今中外一切科学的成果，才能“万古长青”。如何吸取外国一切新的科学成就，有选择地发展中国学术？要立足中国，放眼世界，不能闭关自守。何谓新思想？更符合事实，更符合人民利益，能推进两个文明的发展，那样的思想才是新思想。中国封建社会时期哲学的发展与消化、改造印度佛教思想有关，近代西方哲学的传入也有促进作用。

中国哲学研究是一种内外的比较。首先要注意外国学者的立场，再到观点和方法、思想资料的消化与理论的指导，缺一不可。要宏观与微观相结合，要小处见大。要特别注意对典型哲学思想的深入而系统的解剖，不要孤立地看问题。不要只知背诵前人的结论，而应知道如何得此结论。

研究中国哲学史也要考虑如何贯彻“三个面向”的精神。研究过去是为了将来，是为了向前看，是为了思想的革命，要符合中国社会主义现代化的要求，不是复古保守，是为了建设具有中国特色的社会主义精神文明。技术方面特别是语言也要力求现代化、准确化。要站在比今天更高的视角来总结过去，而且不断前进，而不是拜倒在古人和洋人的脚下。学习别人是为了超过别人，要创造性地研究，要能独立思考，不能人云亦云。结合我们的历史和现状，开创学术的新局面。要把中国的学问贡献于世界，翻译中国的东西给外国人看也是重要的。现在外国有人看不起中国，如说汉学发生在中国，但研究中心却在日本东京。中国哲学史研究的中心理应在中国，最高水平应在中国，大家要努力，力求将来做出更多的贡献。预祝大家在前进的道路上获得更大的收获。

“中国哲学史研究的展望”是抽象的导言，一般的原则。今天开讲的具体内容是：

1. 先秦、宋明比较清楚。

2. 魏晋隋唐、近现代比较难。

3. 我带来三篇文章，两篇是魏晋的，一篇是近现代的。隋唐佛学的未带来。《范缜评传》是讲我国古代唯物主义无神论的，牵涉唯物与唯心两条路线的斗争、哲学与政治的关系、古代朴素唯物主义的发展及其阶段与历史的局限。《魏晋时代佛学与玄学的异同》，主要是中外思想相互影响及其演变的规律。《胡适评传》是近现代的，主要是讲明“五四”以后半封建半殖民地哲学的特点及其发展规律、马克思主义的传播及其与资产阶级哲学的斗争。

因为时间有限，只能重点地讲，请同志们细读全文。

中国哲学史研究的展望[①]

主席、各位领导、同志们、朋友们：

今天有机会回到家乡湖南，跟这样多的哲学理论工作者见面，真是非常高兴！

大家知道，自从1949年建立新中国以来，用马克思主义的基本原理指导中国哲学史的科学研究，已经取得了很大的成绩，这是国内外学术界所公认的，但也存在着不少的缺点和问题，值得认真总结。当然，这主要是极左路线的影响，难免出现简单化和庸俗化、生搬硬套的现象，对待祖国哲学遗产的毛病，对于中国社会历史和哲学特点是考虑不够。马克思主义不是封闭的体系，不断用最新科学成就武装，才能万古长青。辩证唯物主义是克服个中片面性的展现。自十一届三中全会以来，经过拨乱反正，虽有了转变，但仍须继续努力。从具体到抽象与从抽象到具体的结合，主观辩证法要从客观实际出发，不是从空洞的抽象概念出发。

目前实行对外开放，包括加强国际间学术思想的交流，要跟各种人接触，各种思想接触。同时彻底贯彻百家争鸣的方针，已为我国今后建设具有中国特色的社会主义文化创造了前所未有的有利条件。同时也自然会带来各种新问题，需要我们实事求是地加以认真的探讨，首先是过去，特别是过去所谓“文化大革命”时期以势压人的专制主义作风行不通了，乱扣帽子的办法，人家也不怕了，必须实行摆事

---

① 本文是石峻先生在湖南召开的某学术会议上的发言稿，写作时间不详。因与上文《谈中国哲学史研究的一些情况》内容相近，可能也作于80年代中期，故编排于此。——编者注

实、讲道理，才能说服人，这就逼迫一切专业工作者要有更高的科学水平，更加刻苦地钻研，而且真的做到理论能联系实际。我们目前还不能胜任这种艰巨的任务。因此，是灰心丧气呢？还是知难而进呢？我相信是后者，将来肯定会出现成批的合乎时代需要的人才，说什么历史危机是不对的。

有关这些方面的理论问题，牵涉很广，我今天只就中国哲学史研究的展望谈几点意见，请大家批评指正。

哲学理论和哲学史研究的关系。在座的同志们可能知道这种情况，即是有不少人故意将马列主义理论的研究和哲学史的研究对立起来，甚至有人认为历史的研究会妨碍理论的研究，自然也有专门从事历史研究的，拒绝对马列主义基本原理的深入钻研，只知从事材料的堆砌。显然，这两种意见都是不正确的。我们认为，中国哲学史今后必须更加自觉地注意史论结合，决不能像过去以引证代替论证，而要更加注意从特殊来体现一般，更加注意应用对具体问题进行具体分析的科学方法。今后哲学理论是如此，哲学史的研究也是如此。

由于过去一段比较长期的左倾路线的影响，一些号称马克思主义的哲学家，多不肯认真研究古代各种唯心主义哲学体系，特别是所谓宗教哲学，于是不免出现这样的情况，或只知背诵教条，理论脱离实际，等于无的放矢；或在不正确理论的指导下，难免不误入歧途。这两种具体情况虽然很不相同，但都在妨碍中国哲学史研究的健康发展，影响到开创一种实事求是的学术新风尚。尤其不能把外国资产阶级旧的东西当作新的东西来宣扬，来反对马列主义，而不知今天哲学史的研究已达到这样一个水平，即你这一种研究是不是马列主义的，乃至水平的高低，已不再简单取决于研究的对象和选题，西方尤其是如此。一个进步甚至革命意义很大的题目，可能是水平很低，甚至是反动的作品；反之，一个唯心主义哲学家乃至宗教哲学的选题，可能是理论水平很高的作品。正如对杜林的研究，可以成为马克思主义的经典著作一样。

研究中国哲学史的专业工作者，应加强对外国资产阶级哲学的研究，这不仅因近现代的中国哲学受到西方资产阶级哲学的影响，我们要寻本索源，了解它的本来面目，以便深刻了解它的影响、得失利弊。同时，由于新中国成立后中国国际地位的提高，国外资产阶级学者，包括爱国的外籍华人，他们研究中国哲学的人也越来越多了，他们多数不是马列主义者，他们的著作在国外的影响也越来越广泛。由于新中国这一方面的著作翻译成外文的很少，因此在国外了解得不多。在今后进一步加强国际学术交流的情况下，我们如果不对国外资产阶级哲学，特别是资产阶级对中国哲学史的研究，什么是他们的成绩，什么是他们的缺点，有所了解，势必陷于盲目应付，不辨是非，从而丧失立场，甚至可能成为他们的俘虏而不自觉。目前有些国外学者的胡言乱语，可以引起一部分人的称赞，就是明显的例证。

今后如何具体贯彻三个面向的方针（邓小平1983年为景山学校题词："教育要面向现代化，面向世界，面向未来"）？在中国哲学史的研究中，还需进一步研究如何落实，力求思想性和科学性的统一。例如在语言表述方面如何现代化，既使读者容易懂，而又准确可靠，还需要下很大的功夫。现在有这样一种情况，有人不是深入浅出，而是浅入深出，甚至是错入乱出，或者不是用现代科学研究的成就武装自己的头脑，尽可能遵循科学史的客观规律，而是任意颠倒古今，望文生义，牵强附会，把什么最新的东西都说成古已有之；或者干脆宣言古胜于今，孔子高过马克思，等等。也有将中国哲学孤立于世界，以表唯我独尊，高于一切，体现一种非常狭隘的反国际主义的民族主义，不是面向世界，而是向往过去，或者只强调中国哲学如何根本不同于外国，中国文化、外国文化传统如何根本不同，从而证明马列主义是西方外来学说，根本否认有所谓普遍真理，以证明中国革命走社会主义道路是根本错误的。要见到同中之异，也要见到异中之同。存在这样一些言论，他们又往往引用中国古圣先贤的片言只语作为依据，借以蒙蔽一些不明历史真相的人。

因此，作为今后科学的中国哲学史的研究者，不仅要对于古代中国哲学既有宏观的认识，又有微观的了解，最好能努力做到三通：纵通、横通、旁通（用范老的话），而且能立足于当代，对现状有比较全面的了解。只有继往开来的人，才能做出真正有价值的贡献，如果只是随风转舵，但求花样翻新，投机取巧，则终不免昙花一现而已。

完了，谢谢！

《汉英对照中国哲学名著选读》序①

中国是世界上最早的文明古国之一，对人类文化的发展，曾作出了不可磨灭的贡献，但在过去一段长时期内，由于自然地理条件等的限制，特别是语言文字的隔阂，因此在国外，除了极少数的所谓"汉学"(Sinology)专家之外，对于产生在中国，尤其是作为一种时代精神的精华的哲学，那就很难有正确的理解了。

即以德国过去非常博学、而且有世界影响的著名哲学家黑格尔(G. W. F. Hegel，1770—1831 年)为例，可能未习汉语，见到外文翻译的中国哲学名著也非常有限，使得他在富有创见的《哲学史讲演录》中，一上来谈到"东方哲学"，特别是涉及我国古代哲学的部分，真可说是太贫乏了。至于先秦以后，中国究竟有无哲学，他大概是胸中无数了，所以一字不提。

在这种风气影响下，像曾留学欧洲的美国 20 世纪的哲学史家康奈尔大学(Cornell University)教授梯利(F. Thilly)辈，长期以来，又习闻于欧洲文化中心论的传播，乃至公开否认东方各国有所谓"真正的思想体系"②，于是干脆就用西方哲学来代替整个世界哲学了。这种完全无视客观历史事实的偏见，早已遭到印度等国的著名爱国学者的批评③。

但其所以会产生这种情况，那也并非偶然。很明显的是由于旧中

① 本文原载于石峻主编《汉英对照中国哲学名著选读》上卷，中国人民大学出版社，1988 年。——编者注

② 参看所著：*A History of Philosophy*，"导言"，第 8 页。

③ 参看 S. Dasgupta：*A History of India Philosophy*，第 1 卷，第 3 页。

国封建社会的相对停滞不前，经济落后，加之政治上的腐败，尤其是在1840年的鸦片战争失败之后，逐步地陷入半殖民地半封建社会，全国人民救亡图存之不暇，更没有可能大力开展我中华民族思想文化史的科学研究，对中国以往在这些方面的成就作出比较全面而系统的总结，至于介绍给国外读者的工作，那就更提不到日程上来。于是在西方侵略者和一些不明真相的学人们眼里，这个东方文明古国便成了非常落后和野蛮的地区，更少有人注意研究中国哲学了。

但自1949年建立新中国以来，情况就大不相同了。也只有从这时起，近代世界历史上那种看不起中国人、轻视中国文化的时代已成过去，我国哲学思想的历史地位，才开始受到国内外一切有识之士的公平对待，同时影响扩大了，于是全世界范围内的研究者空前增多了，且在日益发展的趋势中。

我国目前上下一心，正在大力建设具有中国特色的社会主义新文化，一致认为更得加强中国社会历史的研究、中国哲学思想文化的研究。因此，为了面向世界，面向未来，既要提倡虚心学习国外一切先进的科学技术，包括各种合理的思想因素，并力求做到洋为中用，同时也得注意批判继承我国一切优秀的文化遗产，以便结合中国社会的实际，不割断历史，在同时建设物质文明和精神文明的伟大实践中作出更多具体的贡献。

这样，我们不仅鼓励中国有志青年出国深造，自然也欢迎东西方各国的学者前来中国研究，简言之，就是要加强国际间的文化交流，藉以共同提高，全面促进世界学术的繁荣、中国学术的发展。

由于这种新情况的出现，目前各地高等文科院校从事中国哲学史研究的青年学生和一些专业工作者，都感到迫切需要有一种中外文对照的基础读物，作为正式教材或参考用书，既可藉以提高专业外文阅读能力，又可加强有关专业的基础训练。为了满足这种要求，它就决不能是一种泛泛的资料选编，所以内容必须少而精，但又不得限于一家之言，使涉及的知识面太窄，同时文体也要尽可能多样，以免在语文结构的理解上陷于过分单调化、得不到应有的提高。

同时感到在国外虽然也有性质类似的选本，但由于指导思想不尽相同，一般多忽略唯物主义乃至无神论著作，加之编排体例又常缺载汉语原文，也难于适用。为此，特根据本人在中国人民大学哲学系给有关专业研究生讲授“中国哲学史原著选读”的内容，再行斟酌取舍，编选了这部书。

谈到外文翻译，特别是对中国古典哲学著作的翻译，本是一件难事。因为在人类历史上任何有意义和影响的重要理论著作，包括其中的思想范畴和逻辑推论，都是从以往充满矛盾的社会现实生活中抽象、提高、概括出来的，同时必然有它深厚的文化历史背景，乃至学术思想渊源，绝对不是所谓纯粹的、空洞的抽象概念；而且根据不同时代的人以及不同的立场和观点，显然可能有不同的理解。因此，一个名词（或概念）的含义，往往是多方面多层次的，很难完全和外文一字一字地恰好对等、随便应用在任何地方，何况不同种文字尚有不同的语法习惯呢？

所以严格讲来，如果不懂得原文及其产生的历史背景，不经过专门的研究，是很难全面而又深刻地理解这种思想实际的，至于评价，自然就更不容易了。希望有志从事比较哲学研究的朋友们，应该知难而进，多作贡献。我国古代一位著名的佛典翻译家鸠摩罗什（Kumarajīva）曾感慨地说过：“改梵（Sanskrit）为秦（姚秦，指汉文），失其藻蔚，虽得大意，殊隔文体，有似嚼饭与人，非徒失味，乃令呕哕也。”①这不失为一种经验之谈。

虽然如此，在实行对外开放、加强国际学术交流的工作中，我们还是强调要通过翻译作为入门的向导，不能以外文代替中文，而且事实上也别无良法。但因为本书部分内容过于专门，加之牵涉知识面太广，即使在本国专家之间，也还存在着意见分歧，有不同的理解，所以要求眼下译文完全准确无误，显然一时很难办到。如众所周知，世界上不少名著，各国往往需要不断有人一译再译，始得逐步完善，得到公认，就是这种实践的科学历史总结。

因此，从目前可能的条件出发，本书的英译只能采用不主一家、

① 见梁慧皎《高僧传》卷二《鸠摩罗什传》。

大体择善而从的办法。间有发现确实不妥之处，为避免引起读者误解，也是不得已才稍加修订，以昭慎重，但亦有全文重新译过的。这些具体工作比较细致，多由中国人民大学哲学系讲师、中国哲学史专业在职博士研究生冯禹同志承担，他平日好学深思，为此真是花费了不少的心力。

此外，北京外国语学院的林同奇教授对于本书的一部分英译工作也给予了大力协助。中国人民大学出版社的副总编辑王颖同志对于本书的出版更是一贯热情支持，并为此付出了不少的劳力。本书大部分人物画像采自《哲学研究》编辑部所编《中国古代著名哲学家画传》一书，慧思、欧阳建的画像则请中国人民大学出版社李晓兰绘制。凡对此书有贡献的学者、工作人员，在此一并表示衷心的感谢！

但是限于同仁的学术水平，见闻不周，加之成书仓促，肯定会存在不少的缺点和错误，恳切地希望得到海内外专家和读者们的指正。

石峻

1986年12月26日于北京中国人民大学

《中国近代启蒙哲学》序①

近代中国社会历史的变迁，促成了无产阶级领导的社会革命，其意义显然超过了古代从奴隶制度进入封建社会制度的先秦。同时所受外来思想文化的冲击，其影响之大，也非汉唐时期印度佛教的传入可以同日而语。至于承前启后，下开今天伟大社会主义祖国统一的新局面，则更不是过去任何封建王朝的更替可以相提并论。这段历史虽然比较短暂，但是发展特别迅速，思想内容异常丰富，真可说是包罗古今中外。其间不少学术专家，又往往兼为革命实干家，带来了不同于以往任何时期的新特点。中国近代启蒙哲学思潮，则体现了这一时代精神的精华。因此，系统地加以深入研究，并总结其发展的客观规律，其重要的理论意义和现实意义也就可想而知了。

《中国近代启蒙哲学》一书的出版，正是为了适应这一社会的客观需要。作者陈庆坤同志，早在五十年代后期就读于中国人民大学哲学系时，即已开始从事中国哲学史的专门研究，并不断取得新的成就，本书则是作者在吉林大学多年以来从事教学与科研的丰硕成果，力求贯彻思想性和科学性统一的原则，对中国近代哲学史这一学术领域作出了有价值的贡献。

以下就本书的体例，自然也关系到指导思想，谈几点初步的意见，聊供参考。

一、非常注意哲学形态的历史发展，包括了运用概念和论证方法的变革，充分考虑到近代资产阶级哲学如何不同于封建旧哲学的面貌

① 本文原载于陈庆坤著《中国近代启蒙哲学》，吉林大学出版社，1988年。——编者注

和特点。因此，本书一上来论到思想渊源，虽远索过去的文化背景，但又不同于一般中国近代史著作强调开始于鸦片战争时期，而是断然将重点从近代新兴的中国资产阶级哲学谈起，使哲学史的分期不完全等同于社会历史的分期，这就更加体现了中国近代启蒙哲学的思想内容及其特性。

二、一般哲学史的著作，原则上虽也多有企图将人物与思潮结合，但在实际工作中则往往不容易很好地贯彻。因此本书在结构上特分“导论”和“分论”两部分，一上来在“导论”部分就用较大的篇幅来系统地解剖各种重大哲学问题的变迁，特别是怎样从我国古代封建社会旧哲学的形态演进到近代哲学新形态的轨迹，然后又在“分论”部分详细地介绍了六个重要代表人物的全貌，互相发明，更见系统一贯。同时又注意到对各种不同哲学问题在横切方面的相互关联，以免有孤立地看问题的局限，更有助于我们全面了解这个时代的精神，“五四”新文化运动的产生以及马克思主义哲学传入前我国的社会历史背景，特别是学术思想界的情况。

三、过去研究中国近代哲学史的著作，难免不受时代的影响，往往只注意到中西、新旧学术思想两条路线的对立与斗争，而无形中忽略了彼此对方的互相影响和渗透，特别是一批有较大影响的先进思想家，如何改造运用中外哲学范畴或概念，使之与中国环境相适应，尤其是为中国古代素朴哲学向近代哲学形态升华作出自己的努力，使中国新学在改造和利用旧学所带来的时代特点不够明显，其间错综复杂的途径近乎被淹没了，有似割断历史，因此难免有陷于简单化、公式化的情况。本书作者注意从客观思想实际出发，比较全面地进行具体分析，可能得出更符合历史辩证法的科学结论，又避免了上述局限。

四、若果只看到时代思潮的一般共性，满足于若干空洞的抽象原则，而不能对一些不同表现的代表人物、各种性质的重大问题得出具体的规律性的认识，求得可供行动借鉴的教益，即进行深入而又切合实际的研究，则终不免流于浮泛，其结果肯定是对外界自然和社会历史，只知从概念到概念，完全缺乏实在的内容，即不可能有深刻的具体认识。一般哲学原理有关普遍规律的探讨，无法全面代替哲学史的系统研究，其根本原因即在于此。因为一切真理都是具体的，所以越是抽象的问题，越要根据事实出发，进行具体的分析，由于我们更不满足于一般表面现象的感性认识，所以对各种来自经验的具体问题，都需要提高为科学的抽象。中国近代启蒙哲学离我们的时代很近，它不仅是理论问题，而且与现实密切相关，所以决不能无目的地从事所谓纯学术的研究。在当前实行改革开放、对外加强国际学术交流的大好时代，更有加强这一方面的学术研究的必要。本书针对中国近代启蒙哲学的特殊性，在理论联系实际方面，总结过去，面向未来，也作了认真的努力，确有不少心得创见，是值得加以表扬的。

至于本书其他的一些具体贡献，读者跟同类的著作参看，自可了然，更用不着我来介绍了。

1988 年 4 月 25 日

北京，中国人民大学

佛教与中国文化[①]

一

“佛教与中国文化”，这是一个大题目，涉及的范围很广，不可能在这样短的时间里详细说明，肯定会挂一漏万。同时，今天在座的有各方面的学者，不只是搞佛教的同志，所以不能讲得太专门化，请同志们谅解。

外来的佛教怎样影响了中国古代文化，这是问题的一个方面；也许还有更重要的一个方面，即中国传统思想和文化如何影响了外来的宗教信仰、它的面目和发展。过去社会上有一种看法，认为一切文化都是外来的，这不符合事实；这种说法是外国侵略者藐视被侵略者的一种观点，是强者对弱者的看法，是不科学的，片面的。

思想文化的含义是极广泛的，既包括了今天的精神文明，也包括了物质文明，不同于具体的东西，不像一张桌子、一把椅子那样简单。具体的东西可以一下子从东搬到西，从西搬到东。一张桌子移到国外，离开中国，不可能有什么根本两样。至于思想文化，就不是这样简单的了。具有不同传统思想文化的民族和国家，对于同样的一种思想，反映却不完全相同，它不可能一下子就全盘接受那一种思想文化。甚至在同一个国家的不同民族、不同思想流派、不同宗教信仰之间，其反映也不会是完全相同的。这是很自然的，不足为怪。只要一

① 本文原载于《论中国传统文化》(《中国文化书院讲演录》第 1 集)，三联书店，1988 年。——编者注

个人不自以为是，虚心地尊重客观历史事实，这是不难发现的。当然，各国传统的思想、信仰不是一成不变的，时间久了，有更多接触，增加了了解，则可以逐步改变，甚至加以发展。但我们应有一个原则，这种变化，有其内部的根据，通过外来文化的影响而起作用。

佛教发源于古代印度，创始人出生在现在的尼泊尔，他的名字叫乔答摩·悉达多，后来的佛教徒尊称他为释迦牟尼。所谓释迦牟尼，是说他是释迦这个种族的一颗珍珠，一位圣人。他是公元前6世纪到5世纪的人，与中国孔子的时代差不多。佛家思想决不是哪一个人可以凭空想出来的，它是古代印度社会各种现实矛盾的反映。在古代印度，占有统治地位、拥有无限权力的是僧侣阶层(这个阶层即婆罗门的上层)。这个婆罗门上层欺骗群众，大搞迷信活动来榨取群众的钱财，他们道德败坏，引起群众不满，因而形成了一种思潮，即反婆罗门思潮。这时，转入这种思潮的人很多，并结成了各种团体，这些团体就是所谓“沙门”，佛教的组织是沙门团体之一。当时的沙门，并不是专指佛教徒而言，它包括了印度历史上著名的六师外道以及耆那教等。他们的教义主要是针对当时的婆罗门教的，在不同程度上公开反对婆罗门教的神和天国。因此原始的佛教，既不是空谈，也不完全是迷信。它重视人生的实质问题，强调一个人说话、做事等各方面的活动都应该合于正道，有规矩，提倡过一种清静的生活，所谓出家修道。在古代印度，出家是一种相当普遍的现象，到了一定年龄就到山村去修行。他们的教义本来是非常简单的，他们讲诸行无常，诸法无我，主张一切物理现象、心理现象都是变化不居的，在这个变动中，无一根本不变的东西。它提倡用思想的锻炼和生活修养的方法来求得个人烦恼和痛苦的解脱。像后来所谓的业报轮回这一类的信仰在当时还不占重要地位。所以，虽然开始佛教是一种唯心主义的世界观，但也多少反映了广大群众对婆罗门僧侣上层的抗议，尽管它充满了各种不切实际的幻想，是一种不可能实现的主张。从历史唯物主义的观点来看，不能说它是完全反动的。释迦牟尼死后，这种沙门组织一天天发展了、分散了，信仰佛教的人越来越多了。人越来越多，又提倡过规律的生活，那么，内部的矛盾会一天天地暴露出来。首先是由于各种生活方式的严格规定(即戒律)往往千篇一律，未考虑不同年龄和生活习惯的人的不同特点，有许多不近人情的地方。后来佛祖释迦牟尼的教义渐渐传播广泛，人们对教义也产生了不同的理解，即思想的分歧。再加上各种现实的矛盾，就进一步引起了沙门团体组织上的分裂，最早形成了上座部元老派与大众部的对立，随后产生了更多的派别，分出了十八部或二十部，越分越多。这些构成了历史上部派佛教的时代。这种部派时代的思想又不断地结合各种现实矛盾而不断地发展。同时，为了与佛教以外的各种思想信仰展开斗争(包括正统的婆罗门教和非正统的外道信仰)，于是佛教徒竭力宣扬释迦牟尼的权威。这样，将释迦牟尼进一步神化，把人变为神，佛教也就逐步变为地地道道的神教，与原始佛教已不完全相同了。往后佛教传播的地区更加广泛，终于超出国界，已不是属于哪一个国家的宗教。可是，不同的国家有不同的传统和信仰，佛教要在新的地区存在和发展，就要迎合和适应其他宗教信仰的需要。这样，就要求佛教徒采取更加积极的态度，不能满足于只是追求个人的解脱。为了适应这种情况，必须在理论上有所发展，针对一些复杂的现实生活，便需要有更大的思想上的灵活性，不再把问题局限于信仰者个人，这样就逐步产生了大乘佛教。大乘佛教的思辨哲学成分加强了，同时理论也比较系统化了。由于大乘佛教接触了佛教以外不同的思想信仰，这样就交互发生影响，不仅佛教影响了其他思想信仰，其他的思想信仰也影响了佛教。这样，也就把佛教以外的某些思想信仰融化到佛教思想之中。早期大乘佛教，即般若空宗，也叫中观派佛学，显然就受到了当时极有影响的婆罗门教商羯罗派的吠檀多一派的渗透。后来，大乘也有所发展，相对于大乘空宗又产生了大乘有宗。它在印度叫瑜珈行派，即中国的法相唯识的理论。般若空宗作为理论基础，它系统地概括和组织了过去的佛学思想，同时进一步坚持佛教的信仰。这样，佛教理论发展到一个更高的阶段，这个阶段是十足的繁琐哲学，是一种唯心主义的经院神学。我们中国著名的唐僧玄奘到印度取经，主要就是接受了这一派的影响。这一派的著作虽然保存了大量古代印度的思想资料，但是佛教也从此愈发脱离社会现实，以后就日益走向下坡路，再和一些民间迷信结合在一起，最后变为一种下流的信仰，如密宗等。

根据佛教的发展史来看，可以知道，原来它并不是古代印度的正统思想。今天有人把佛教说成是古代印度思想文化的全貌，或者说成是所谓印度文化的基本精神，显然不一定符合历史事实，因此是不正确的。我们如果单用佛教来代表印度文化，难免发生许多误解，使我们不能真正了解印度。比如，我们如果说印度历来提倡禁欲主义，或者说印度文化是一种老年人的文化，并用这样一个标准来区别印度文化与中国文化不同的传统，这就带有很大的主观片面的猜测。我们一定力求比较全面地看问题。印度佛教，原是古代东方社会历史的产物，不是如有的人简单说的那样，是释迦牟尼一个人坐在菩提树下空想出来的。所以，佛教即使在印度，也有先后不同时代和不同地域的特点，而且充满了各种内外的矛盾。这种先后，也有思想自身发展的原因，我们不能割断历史发展，不能说佛教是一种一成不变的信仰。

后来大乘佛教信仰者由于轻视或贬低实行更接近释迦牟尼时代的早期佛教，说它是“小乘”。同时信仰小乘佛教的人也公开批评大乘佛教，说大乘佛教“非佛说”，即大乘佛教这一套理论不是佛说的。其实，双方的指责都各自片面地反映了一部分的历史事实。由于佛教的发展本来是一种非常错综复杂的历史，如果我们简单地看这个问题，就难免会损害佛教历史的真实性，那样了解的佛教历史就不可能是真实的。

后来佛教传播到国外，由于文字方面的隔阂，必须通过翻译。但是在当时的条件下，如中国，懂汉文的未必精通古代印度的一种文字（梵文），懂梵文这种语言的外国和尚又多不懂汉文，在这样的情况下，翻译就不可能完全忠实于原文。但更重要的是，由于各国不同的历史文化背景，对于这种外来的佛教，开始就有不同的理解，这种不同的理解又有所发展，所以就很难完全相同于它本来的面目和完全符合它本来的意义。这是一种不可避免的历史现象。而且，由于过去不同时期统治阶级的不同需要，对佛教的经典也不免有意识地加以篡改或者删除，那就更不用说了。比方说，印度佛教的有些经典，它因为轻视妇女，乃至对于母亲也说了许多不像样的下流的话，这种不礼貌的态度与中国传统的尊亲思想是根本不相容的，所以有的翻译的人遇到这种情况就把它删除了。这样，在中国过去生根和发展起来的佛教思想，必然有其自己的特点，不足为怪。这种由于历史文化和传统的不同而形成的信仰和思想的差异、不同点，是很自然的。但是，过去有一些迷信印度佛教的学者，简单根据印度佛教和中国佛教的差异来贬低中国佛教，他们说中国佛教是一种假佛教，只有印度古代的佛教才算“真佛教”。又胡说什么真正的佛教的理论价值大大超过了所谓中国的假佛教，因此中国古代佛教学者关于佛教方面的理论著作似乎就不值得加以认真研究了。这是国外一部分人轻视中国古代文化和不了解中国古代文化而产生的一种似是而非的见解。因此，今天研究中国佛教思想史的学者是决不能接受这种观点的，也不值得我们认真地加以驳斥。中国这方面的科学研究工作者要深入系统地研究各个民族、各个国家的不同特点，它的社会历史背景，这是完全应该的，非常必要的。中国佛教思想之所以有不同于原来佛教的特点，这正反映了中国传统思想文化的特点，所以更值得我们认真地加以研究的。至于一切思想文化的科学评价，哪一种思想文化更高，哪一种不高，价值如何，这都要依据不同的社会历史条件来具体分析，一般抽象的空洞议论，那是很难解决问题的。

刚才我们提到，印度古代的正统思想是婆罗门教，尊《吠陀》为神圣的经典，而不是佛教。关于婆罗门正统思想，有长期影响的，在印度占统治地位的是六派哲学。所谓六派哲学，一是数论，二是瑜珈论，三是胜论，四是正理论，五是前密曼差论，六是吠檀多论。这种正统派的哲学和信仰演变为印度教，它们在思想上是一脉相承的。佛教在印度，过去只是在个别朝代由最高统治者加以提倡，奉为国教，释迦牟尼死后两百年左右，或者是一百年，那是印度历史上所谓著名的阿育王时代，那是一种个别的现象。到了公元 9 世纪，外来宗教侵入印度，佛教基本上被消灭了。一直到今天，也很难说印度是佛教徒比较多的国家。大家知道，目前世界上保存佛教经典最多的地方是中国，不是印度或其他什么地方。因此，我们要研究世界佛教史，最有条件的是中国。现在社会上不专门研究佛教的人还流传着这样一种误解，以为印度佛教的经典都是其开创人释迦牟尼一个人的著作，这种说法是根本不了解佛教发展史的人说的。但是，长期以来，很多国外的、也有少数国内的佛教学者著书立说，往往都是冒充佛祖释迦牟尼来说话的，那可是个事实。如果按照这种情况，我们可以说，佛教的经典绝大部分都是后来的人伪造的。当然，他是佛教学者。佛教创始人释迦牟尼本来就没有写过什么书，他生前的一些演讲录，先是口口相传，以后再经过整理，就是佛教最早的经典。就是那些经典，也是一代一代传下来；其中真正可能的释迦牟尼本人说的东西，应该说并不太多。

一般说来，印度的小乘佛教，现在外国有人把它叫南传佛教，主要在东南亚一带传播，如斯里兰卡、缅甸、柬埔寨、泰国等地区，依据巴利文三藏。大乘佛教，有人叫它北传佛教，这主要由于中国、日本、朝鲜这样一些国家受大乘佛教影响特大。所谓小乘、大乘是什么意思呢？小乘本意指一条窄的、不宽的小路，只能容得一种小的车子通过，它主要着眼于个人的解脱。所谓大乘则不同，大乘指一条广阔的大路，可以容纳坐上许多人的大车通过，它可以同时让多数人到达目的地。这都是一种形象的比喻。但是小乘和大乘之间不仅存在着不同的信仰，同时在思想方法上也有根本的不同，但这是比较专门的问题，我在此就不准备详细地说明。总之，佛教既不是某种孤立的社会现象，也不是哪一个人凭空创造的，它不是一种永恒不变的信仰。这种宗教哲学，由于长期的历史演变，逐步从简单走向复杂，后来成为非常精致的唯心主义体系。佛教唯心主义不是一种简单的唯心主义，它所以能蒙蔽不少信仰者，就是由于它保存了丰富的思想资料，也确实反映了、也歪曲了大量剥削制度下存在的各种社会人生问题，所以它的内容也不是单纯用“迷信”两个字就可以一概抹煞的。真正的马克思主义的哲学工作者、宗教专业研究者，从来就不简单地看问题，而是通过各种五光十色的假象，然后来观察历史的真实。我们要把一切所谓彼岸世界的问题即所谓天国的问题当作此岸世界、即人生的现实问题来加以研究。作为世界三大宗教之一的、并且有着悠久历史和丰富典籍以及各种文物资料的佛教，是值得人们认真加以研究的。佛教是非常复杂的社会历史现象，何况这种信仰和思想到今天在国内外还有它一定的影响，对于我们从事国际交往的人，特别是从事亚洲各国学术文化交流的人，对于佛教历史的了解依然是很有现实意义的问题。从广义的佛教研究来说，它不仅是对一种宗教信仰的批判和分析，同时也包括了对各国社会历史、哲学、科学、文学、考古以及古代语言文字、各种文物艺术等多方面的研究，因为这些都不是完全孤立的现象。

大家知道，现在保存下来的佛教《大藏经》，它包含的内容非常复杂，可能超出人们的想象之外。大藏经不限于佛教一派的经典，中国历代与佛教斗争的无神论思想资料也大量保存在里面。比如说像范缜的《神灭论》这部彻底反佛教的思想资料就保存在《大藏经》里面，当然编书的人是把它看作反面材料的。古代印度的许多非佛教的外道思想，而且一些唯物主义流派的观点的资料也保存在《大藏经》里，还有成本的、非片段的婆罗门教的正统著作，即我们刚才提到的六派哲学的著作，如胜论、数论这样一些流派的著作，同样保存在《大藏经》里面。同时，《大藏经》还保存了不少古代科学文献，如医学、天文乃至文字训诂一类的书，至于历史地理方面的著作就更多了。因此，研究《大藏经》的内容，决不限于佛教，它所涉及的方面是非常广泛的。就佛教的经典著作来说，就是指“经”、“律”、“论”，也往往隐藏着古代唯物主义无神论的思想资料。只要我们科学工作者肯耐心地寻找，是不难发现的。因为过去的佛教信仰者为了扩大宣传的影响，有时候就不免直接利用唯物主义无神论的观点，加以歪曲，这样便于引出神学唯心主义的结论。只要我们会剥去它的外壳，也可以加以利用。这也是防止研究哲学史、宗教史简单化的一个有效的办法。

举个例子说，《维摩经》是佛教有名的经典，它记载了释迦牟尼的大弟子阿难去访问维摩诘的故事。维摩诘是个居士，即在家的佛教徒。释迦牟尼的弟子说，释迦身体有一点小病，他想用牛乳，所以我到你这里来。维摩诘听了以后马上说：停止，阿难，你不要说这个话。如果释迦牟尼是金刚之体，什么坏事都断绝了，这样的人怎么会有病呢？还有什么烦恼呢？这个反驳，反对把释迦牟尼神化，就是一种无神论的思想资料。著者不是宣传无神论，但这个插话，就包含了点滴无神论思想。再举一个例子，《百喻经》这部书有近一百个比喻，其中有一个故事在讽刺一种人，他想盖三层楼房，但只愿要地面三层，不愿要地下打基础的那一层。这是个蠢人，它说明高的建筑必须有牢固的基础，这分明是一种科学的态度。但这个比喻用来说明我们必须要信佛，然后才能得道成罗汉，这就完全走入了迷信的道路。假如我们单独用盖楼房必须打好基础这个比喻，恰恰是一种唯物主义的思想。在这些浅显的例子中，说明佛教经典中也隐含有无神论的、唯物主义的甚至是科学的思想。这就要求我们善于批判、分析，我们要学会取其精华，去其糟粕。

有关佛教的历史就最简单地介绍到这里。

二

下面讲佛教与中国文化的关系。这里，我不是片面地强调外来的宗教对古代中国文化的影响，而是更多地注意中国传统思想文化对于外来思想的改造，从而使我们更加明白为什么过去的中国佛教思想是中国思想文化不可分割的一部分，它们之间不是不相干的。我们已经谈到，历史上真实的佛教决不是一种孤立的信仰，它一直跟不同时代、不同地区的各种哲学思想、民间的风俗习惯、社会道德乃至政治、经济、文学、艺术等结合在一起的。因此，我们谈佛教与中国文化的关系，就不能只停留在一种纯粹抽象的概念上，只知道从所谓抽象的定义出发。从抽象的定义出发研究科学，这不是马克思主义的态度。马克思主义要求我们从客观存在出发，而不只从定义出发，所以我们不能笼统地进行一种脱离现实的、单纯的、主观的推论，不能满足于这一点，而是必须要学会分辨各种问题的不同的性质乃至同一个问题的不同方面，从发展上进行辩证的、历史的、具体的分析。我们要力求做到既见到了整体的森林，也能见到个别的树木。既见森林也见树木，要结合宏观和微观，大的方面和小的方面两种考察方法，这样才不至于以偏概全，以小掩大。研究佛教的历史，尤其值得注意。

从总的方面充分估计到佛教唯心主义及其消极方面的影响，当然是很重要的；但是也要从一些个别的问题、个别的方面看到它在历史上的一定的积极作用，万不可以用通常的教条主义的简单思想方法来对待一个民族的文化遗产。有关佛教思想的科学研究，也不例外。上面已经提到中国佛教虽然与印度佛教有渊源或继承关系，但佛教传入中国，它就逐步结合中国社会历史的特点，然后才得到广泛的传播和发展，并且有许多创造，也带来了若干不同于印度的新的精神和面貌。所以，万不能根据这种历史形成的差别，把它作为简单地判断佛教的真伪、有价值或没有价值的标准。用一种外国人特有的民族偏见或民族情感来评论中国的佛教，那是不对的。同时，中国佛教也不是一成不变的，在不同的社会历史时期也有不同的特点。

刚才提到了，中国佛教在不同的历史时期也有不同的特点。中国佛教大体可以分为以下几个时期。

第一个时期是汉代的佛教，是佛教刚传入中国时产生的。佛教究竟是哪一年传入中国的？这一问题很难确定。这个时期可以说是佛道时期。所谓佛道时期是什么意思呢？就是人们把佛教看成一种跟中国道术一样的信仰。因此，佛教信仰和中国传统的文化没有什么根本不同。统治阶级所以信奉佛教，不过是以为靠它可以延年益寿，可以多子多孙，或者想借助佛或神的力量来维护其国家的安宁，长治久安，这是主要的情况。

第二个时期是魏晋南北朝的佛教，它受到了当时玄学的影响，是玄学先影响了佛教，推动了佛教的发展。当时最有名的和尚与当时最有名的名士都互相来往，生活、思想都互有影响。魏晋玄学是以《老子》、《庄子》、《周易》这几部书作为基础，结合当时的现实政治而发展成的一种不同于汉代经学的新理论，也可以说综合了儒家和道家的思想。这种玄学研究体用、有无、本末这样一些比较抽象的理论，它广泛地影响了当时佛教的发展。所以这个时期的佛教可以说是佛玄时期。

第三个时期是隋唐时期的佛教，它主要是为了适应中国当时大一统局面的需要的。佛教各派高僧和佛教学者都希望抬高自己一派的理论，同时也能将其他不同的佛教学说概括进去，从而建立一个庞大的宗教学术体系或宗教思想体系。他们所用的办法就是以所谓“判教”为中心内容的一种佛学。用一种佛学理论来判别其他佛学的地位，从而把它组织成为一个体系，或成为一个宗派，宗派不仅有理论上的关系，还有经济等其他关系，所以它是宗派佛学，而不是一个简单的学派。不同的宗派佛学有不同的判教理论。甚至后来主张不立文字、提倡顿悟的禅宗，它把“宗”和“教”对立起来，主张以心传心，不注意表面文字，肯定宗比教更高，这种指导思想其实也是一种判教，即把宗判在比教更高的地位。隋唐时期佛教的特点是系统性、宗派性，它的目的就是想统一佛教，但事实上又不可能。

第四个时期是宋元明清时期的佛教。这个时期佛教由盛转衰(主要指汉族地区)，佛教的一些信仰者主要是证明其理论与正统的儒家思想不违背，提倡儒、释、道三教融合为一体，公然表白以儒家思想为主，也掺杂了佛教的思想内容。与隋唐时期的宗派佛学相比，这个时期有其新的历史特点，它结合了后期中国封建社会的政治、伦理特点，使之更加中国化了。

第五个时期是近代的佛教。因为普遍受到了西方外来思想的冲击，佛教思想也无形中受到外国资产阶级哲学的影响，从一个方面来说，佛教部分理论甚至成为沟通中国传统思想和西方外来思想的一个中间环节。特别是在戊戌变法时期以后，资产阶级哲学有所发展，这时，无论是作为改良运动的倡导者如康有为、谭嗣同这些人，或者提倡资产阶级革命运动的学者如章太炎，这些人对于佛学的理论都有所发挥。但其发挥的佛学理论已有西方资产阶级哲学的影响，并且和新的思潮结合在一起了。他们不仅用佛学结合了近代西方资产阶级哲学，同时也把佛学思想明显地和他们的政治运动——无论是改良运动，还是革命运动——结合在一起，这样也就形成了我国佛学新的历史时期。

以上是中国佛教发展史的一个非常粗略的轮廓和不同时期的主要特点。这些特点都反映了一个事实，即佛教这种外来文化，可以说都是在结合了中国社会历史文化的特点，移植而逐步发展起来的。我们以为，不仅佛教的信仰和思想是如此，乃至我国佛教的文学艺术也与中国过去的文学艺术传统交相影响，有不可分割的关系。

大家知道，佛教的内容是比较广泛的，佛教的内容和佛学的内容相比，不完全相同，佛教的范围更广，而佛学的内容比较窄。至于佛教哲学的范围就更窄了，比佛学还要专门、还要窄，不可以混为一谈。佛教哲学的中心问题，我们以为，依然是主观思想意识与外界客观存在的关系问题。它没有离开哲学基本问题，只是它表现的形式显得特别错综复杂罢了。佛教哲学与佛教信仰甚至佛教的修行方法之间也有内在的密切关系。因此我们可以说，广义地讲，佛教既是宗教，也是哲学，而不是如过去有人说的是非宗教、非哲学。佛教哲学的体系，一般说来当然是趋向唯心主义，而这种唯心主义也在不断发展着。但是，就印度全部哲学来看，印度哲学里依然是唯物主义与唯心主义斗争的历史。这样，自然也包括了这种唯心主义反对那种唯心主义，这些复杂的情况，在佛教内部的思想斗争中也有曲折的反映。唯物主义与唯心主义的斗争在佛教内部也有曲折的反映，因此，也不能说佛教内部的各派斗争中完全没有唯物主义倾向，不能这样说。比如，中国魏晋南北朝时期的般若六家七宗，其中有“心无宗”，它认为客观世界是存在的，这是一个很明显的例证，只是这一方面我们过去研究得不够。

佛教哲学不是指广义的佛学，它一向重视宇宙和人生“常”与“变”的关系、一般和特殊的关系，各种相对立的思想观念和范畴，它们如何相互依存、不能严格分割的关系。如禅宗六祖慧能的《坛经》，举出了三十六对概念，如暗与明、阴与阳、动与静、实与虚的对立等，他告诉人们，讲话、回答问题时要看到这两方面的关系。佛教特别注意个人感情的转化工作。一个人的感情，对于某种具体事物，可以由爱变为不爱，就是感情起了变化。当然，这也与他的宗教信仰有一定关系。总的说来，佛教包含了丰富的辩证法因素，当然，这种辩证法主要是主观辩证法。但是，由于佛教宗教神学唯心主义体系严重地限制了这种辩证法的发展，作为封建社会上层建筑的思想体系之一的佛教信仰，我们要实事求是地分析批判，但是在粉碎其思想体系的结构之后，也要利用改造它的一砖和一瓦，其中有一些还是很有用的古代思想资料。只要不是文化虚无主义者，那就不能对佛教思想文化简单地全盘抛弃。举例来说，唐朝著名和尚玄奘对于印度佛教逻辑，即因明学的介绍，不仅在古代，即便在近代的中国也曾起过积极的作用，过去不少资产阶级进步的学者如章太炎这样一些人，其理论思维是比较严谨的，明显地是受到因明学的影响。即使在今天，作为古代世界三大逻辑体系(即中国的、印度的和古希腊的三大逻辑体系)之一的因明学，仍然值得我们认真研究，加以借鉴，这对于发展我国逻辑科学仍然是有帮助的。佛教的思想和信仰，对于中国封建社会思想文化的影响是多方面的，而且源远流长，有长久的历史。今天举几个比较明显而又影响广泛的例子来说明，看一看佛教思想是如何影响了中国过去的思想文化。

第一，是关于善恶因果报应的学说。我国古书《周易·文言》中早说过："积善之家，必有余庆，积恶之家，必有余殃。"就是说，做好事的人家将得到好报应，做坏事的人家必有坏报应。但是，在过去的现实社会中并不是如此，往往好人穷而短命，恶人富贵而长寿，好人吃苦，坏人享福，这种事相当多。汉朝大历史学家司马迁作《史记》，其中一篇是《伯夷列传》，他在最后就表示了对这种思想的怀疑，伯夷这样的好人其结果并不好。这是司马迁的进步思想。佛教传入中国以后，关于因果报应的学说的矛盾更加深刻化了。长期住在庐山的晋朝南方佛教领袖慧远，他因为知道一般人对这个问题的怀疑，于是就写了一篇文章《三报论》。他说，过去的经典上说到所谓业报，有三种情况：一种是现报，一个人做好事、做坏事，就在这个人本身得到报应，这叫现报。一种是生报，是来生受报。一种是后报，那是经过了两代、三代，甚至一百代一万代之后再受到报应。这样，他把善恶报应的事实故意说成多样化，又把报应的时间拉得特别长，那么你做了好事究竟在哪一代才能得到报应呢？这很难说。这样，因果报应的欺骗性就更大了。

第二，佛教的信仰，有所谓出家，离开其父母和爱人，这与我国当时社会传统的道德有抵触。但是后来佛教发展的事实证明，它确实有帮助维护封建道德的功用。比如，在封建社会，一个妇女，丈夫死了，或者遭到其他意外，那么作为一个妇女就要守节，不能再嫁人。这是一种地地道道的以男子为社会中心的封建道德，但是，这个问题在过去一直不能很好地加以处理。特别是过去一夫多妻制的时代，最高统治者皇帝和达官贵人，他们的小老婆不仅数量多，而且往往有的比他们自己早年生的子女还要年轻，如果这些年轻的小老婆没有生儿育女，那么他们死了之后，年轻的小老婆究竟怎样安顿才好？这确实是一个不容易解决的问题。但是一旦寺院经济发达，那么这些年轻寡妇就可以出家，出家既可以同样过富裕生活，同时也严格地维护了封建道德，从而可以大大地缓和封建社会统治阶级上层家庭内部的矛盾。比如，唐太宗死了，武则天为什么要出家呢？就是这个道理。武则天太年轻，没有别的出路，只有出家。当然，她后来回来做皇后、做皇帝那是另一回事了。又比如，我们中国过去祭祀祖先，提倡孝道，这对于巩固封建社会秩序是大有好处的，佛教的传入，又把这种宣传孝道的方法更加丰富起来。比如，我们七月半可以做盂兰会，或者在父母、先辈死了之后，就可以大做佛事，请和尚念经，这样来追念亡灵。这样一些宗教仪式就使中国封建社会道德的内容更丰富了，起到巩固封建社会秩序的作用。

第三，从生产关系方面来说，佛教的传播使中国封建社会更加容易停滞不前，发展缓慢。中国封建社会的土地所有制关系有一个很大的特点，跟许多外国不一样。一个家庭，上一代的祖先死了，必须将土地和财产分给他众多的子孙，就是分家。但是作为不动产的土地在中国是可以自由买卖的，因此，一家一户，不管土地再大、再多的大地主，分家之后只要再分家，也很难长久地维持下去，再加上不断地改朝换代和政治上的一些大变乱，即便是大官僚家庭也不容易保持多少代而不破产。但是发达的寺院经济的土地一般是不允许买卖的，因为它不是哪一个人的，不存在分散土地，像地主分家那一类的问题。同时，佛教表面上对政治处一种超然的态度，所以它受到改朝换代的影响也比较小。因此，寺院经济可以更长期地维持，作为变相的大地主封建剥削关系，从而延缓了中国封建社会的发展，形成一种比一般地主阶级更加保守的顽固势力。寺院有时也成为一部分官僚，特别是不可能有后代的宦官之类转移财产的好地方，把自己的财产说成是寺院的财产，借以维持自己的经济权利。

第四，我国隋唐大一统时期的佛教，继承了南北朝的不同传统，特别发达，各大宗派纷纷建立，从而为扩大亚洲各国的文化交流起了作用。作为中国首都的长安，现在的西安，实际上是当时世界国际文化的中心。佛教到了后期，它的理论思辨发达，作为一种思辨的佛教，它包括对各种物理现象和心理现象的分析，甚至分析人的思想动机，这对于宋元明理学的形成和发展，都有很大的影响。同时，佛教作为一种宗教，它是师传的，由老师传给弟子，一代一代传下去，这种传承，叫“法统”。中国道统思想的形成显然受了佛教法统思想的影响。人们要是只看到理学或其他的唯物主义哲学家否定佛教的方面，而忽略了他们改造和汲取佛教思想的方面，显然是片面的，不正确的。由于唯物主义无神论思想本来是相对于唯心主义有神论思想而存在的，离开了唯心主义，谈不上唯物主义，离开了有神论，也谈不上无神论。所以，一个研究哲学的人，特别是研究唯物主义的人，不研究唯心主义和形而上学，他的理论思维是不容易提高的，因为唯物主义和辩证法是为了反对唯心主义和形而上学的。所以，客观地说，没有高水平的唯心主义，也不可能产生高水平的唯物主义，这个道理本来是很明显的。毛泽东同志过去也谈到过这方面的问题。因此，佛教唯心主义这个反面教员的作用，对我们研究中国哲学史和宗教史的人来说是决不可以轻视的。

第五，由于寺院经济的发达，对于保存我国古代历史文物也产生了某些有利的条件，可以说这是一个意外的贡献。在封建社会，某些著名寺院往往成为当时传播历史文化知识的据点，是供人们学习的重要场所。过去，不少文人学者借用寺院的有利条件著书立说，成名成家，没有寺院这个有利条件，就不能著书立说。这甚至影响了后来宋明书院制度的发达。寺院经济的发达当然有不利的方面，但是它也给一部分在旧社会绝望的人多开辟一条生路，没有办法，只有出家，这对缓和社会的矛盾肯定是有一定作用的。有些人政治斗争失败了，为了表示他已投降了，只有出家，对方也就不计较了，出家做和尚，你还跟我算什么账呢?

第六，由于佛教的传入，外来的用语、概念或思想范畴也多了，这样也丰富了我国思想史的内容和表达思想的方法。简单地说，我们常说的“世界”、“因缘”、“业报”、“能”、“所”、“空”、“有”、“真如”、“刹那”等这样一些词，都来自印度佛教，甚至我们现在翻译的唯物论，唯心论的“唯”字也是从佛教唯识论那里借用来的。像这样一些词，许多人已习惯了，他们忘记了像“世界”这样的词是从印度佛教来的了。

以下我再就文学艺术等一些专门的学科讲一点佛教对中国文化的影响。大家知道，印度这个民族，和中国相比，它过去的历史科学不很发达，印度没有像样的古代历史专著。可是这个民族一向富于幻想，因此各种佛教经典往往充满奇怪的神奇的故事，他们习惯于用形象的思维、用艺术夸张的手法来表达他们的思想。比如说，要形容某人本领如何之大，动辄说他能上天入地，变化无穷。有的菩萨有千手千眼，又男又女，如观音菩萨，本来是男的，在中国却变成女的，还被加上了“送子”的任务，这种传统也影响了佛教，如说佛祖释迦牟尼说法的威力，大到天地都会震动，甚至使远近的狮子老虎都安安静静地坐下来听讲，这种艺术夸张可以想见到了什么程度。这种艺术夸张显然超过了中国过去的传统。中国过去也有夸张，但比起印度来，真可说是小巫见大巫了。这种夸张手法也影响和丰富了中国后来的文学和艺术。

比较早期的南北朝时期讲因果报应的短篇小说，我们暂且不谈。我们就说说明代著名的长篇小说《西游记》。大家都看过，《西游记》中的孙悟空，他有七十二般变化，他一个筋斗十万八千里。虽然不是直接从佛经中搬来的，但无疑是受到印度的故事和传说的影响，受到印度传统艺术夸张手法的影响。过去已有不少专家作关于这方面的专门论文，这里就不介绍了。我国后来不少小说，在其结构和形式上，前面往往有一长段散文来叙述这个故事怎样怎样，到告一段落时，往往又来个“有诗为证”，其实这诗也完全重复散文的内容，不过是用几句韵文来概括罢了。这种体裁显然也是受到佛教经典体裁的影响，即一段长篇散文之后，来几句韵文。虽然中国文学形式上受到影响，但文学的内容并不一定与佛教有关。古代印度的佛教，为了扩大社会影响，一向很注意宣传工作。其实，没有一种宗教不注意宣传工作的。因为注意宣传，所以各种文学艺术，甚至科学技术，如医学等，都成为其利用的工具，如用文学宣传、给人看病等来达到其宣传的目的。因为注重宣传，所以要讲技巧。现在翻译过来的佛教的经、论，其实一部分也是古代印度文学的精华。比如说，像著名的《佛所行赞经》，传说是印度大诗人马鸣著的，马鸣既是佛教理论家，又是著名的文学家。在这部经里，他叙述释迦牟尼的生平，便是一首很好的长诗，甚至有人说它还影响了我国的长篇诗歌。中国作诗都较短，很少长篇。

又如中国过去比较流行的《法华经》和《维摩经》，虽然都是宣传大乘佛教的著名的经典，但按其书的体裁和内容而言，同样我们也可以说是非常优美的文学作品，有点像我国《庄子》一类的作品，既是哲学，又是文学。更不用说鲁迅先生曾经在南京私人出钱刻印的《百喻经》。《百喻经》完全是短篇的寓言故事，尽管它宣传佛教，但都用文学寓言的形式描写。因为佛教注意宣传这个传统，它到中国以后，结合了我国社会的具体情况，也自然影响了中国唐朝的通俗文学。我们后来在敦煌发现的大量的各种变文，它直接介绍佛教经典故事，把佛教经典故事用通俗的语言宣讲，如同现在说书一样，在当时叫"俗讲"，听众更不限于佛教信徒，这一作法也影响了中国后来白话文学的发展。为了广泛宣传佛教经典，佛教寺院特别注意刻板印刷。现在保存在英国伦敦博物院的一部《金刚经》，可以说是世界上最早的用汉字印刷的图书(但最近又有更早的发现)。我国是一个多民族的国家，由于语言文字不同，使思想交流有困难，但有关大批佛教经典，无论是汉文的、藏文的、蒙文的、满文的，都有译本。这些译本，对于我们今后进行有关思想、文化、历史和语言等的比较研究，都提供了有利条件。这是值得在座的专门研究少数民族思想文化的同志们加以高度重视的。

大乘佛教的经典主要是用梵文写的。梵文本来是古代印度婆罗门的语言，不是现在印度通行的印度语。梵文是一种拼音文字，属于印欧语系，这种语言的音变是比较复杂的，它发音的高、低、长、短的要求是相当严格的，特别是佛教寺院集体朗诵佛教经典的时候。这种文字，对于古代中国音韵学的研究，特别是对平、上，去、入四声，反切的制定和古代发音部位的分类，都有重要的启示和借鉴，这是不少人早就清楚了的历史事实。中国翻译佛教经典的历史可以说有上千年。同一个字，先后有不同的对音，同一个字可以有不同的音，这可以帮助我们探索历代汉字读音的演变。这也是很有意义的，而且还是一个比较专门的学术问题。由于历代长期从事佛教经典的翻译工作，许多翻译大家积累了不少经验，他们大多亲自写下这一方面的总结。这是一份珍贵的文化遗产，今天对于我们从事翻译的专业工作者，确实有很好的参考价值。可以说，通过不同思想的学术交流和比较研究，往往可以促进一国文化的发展，闭关锁国的做法，无疑是妨碍社会进步的。

谈到佛教寺院的雕塑和壁画艺术，真是历史悠久。这种艺术虽然受到外来影响，但也是中国传统的手法对外来影响加以改造提高而成的，它虽然反映了外国的影响，但也不是地地道道的外国的东西。因为大批的无名的艺术工作者本来就是在中国传统的训练下成长起来的，不是从印度留学回来的。同时，他们见到的东西也是本国的居多。一切艺术创造，不是完全凭空想象可以做到的。我国佛教艺术的宝库，如甘肃敦煌的莫高窟，山西大同的云冈，河南洛阳的龙门等，是世界闻名的，它们虽然受到外来佛教思想和信仰的影响，有不少人物和故事的素材可能直接来源于外国的神话和传说，但不完全是一种模仿，而是和中国不同时代的艺术家们的创造联系在一起的。因此各种壁画和雕塑，一些佛、菩萨乃至善男信女的面目和表情越来越中国化了。有人认为大同云冈石窟的大佛实质上隐约包含了北魏时少数民族的最高统治者帝王的部分形态，大佛的部分表情，就是当时的帝王。过去也有人提到洛阳龙门最著名的奉先寺，是武则天时代盖的，它里面有九座雕像，大小不一律，中间最大的佛像实际上就是像皇帝居中，其余两旁的二等菩萨就像侍候皇帝的一群嫔妃。至于释迦牟尼的大弟子迦叶和阿难，实际上有点像文臣，至于那些金刚、力士就像武将。看来这些比喻是大致不差的。唐朝流行一句话，“宫娃是菩萨”，是说宫廷里的侍女样子长得像菩萨。其实这句话讲颠倒了，应该说雕刻的那些菩萨的样子有点像宫女，雕刻的菩萨模仿了宫廷侍女的面貌和表情。总之，一切塑造佛像的艺术家们，没有一个不是参考了现实社会中各种人物的表情、体态而加工塑造的。至于壁画，画在寺院里的墙壁上，这种艺术也很重要，它的情况基本也是如此。传说唐朝的一位佛学大师道宣，他就看不惯，曾感慨地说：这些菩萨跟妓女一个模样。为什么会这样呢？因为有的菩萨就是模仿妓女塑造的。更有一些大胆的艺术家、画家，他们把豪门贵族家庭里的年轻、漂亮的姬妾的形象画到佛教寺院的壁画上去，这不是造谣，是有文献根据的。长安有一个著名的庙叫宝应寺，宝应寺里画的天女其实就是一家贵族里的仕女。通过这些事实，我们除了可以了解到佛教的雕刻、壁画等艺术本身发展的规律以外，还可以看到这种艺术受中国社会、历史和文化的影响，这种佛教艺术与产生它的土壤有不可分割的联系。我们还可以看到佛教寺院的建筑艺术是如何结合了中国传统的宫廷建筑的部署和园林的布局，关于这方面就不说了。

我们现在特别讲一讲中国的宝塔。宝塔的建造受到外来佛教的影响，中国过去本来没有什么宝塔，但造宝塔不是简单地模仿，可以肯定，中国古代绝大多数的宝塔或佛塔，是在中国过去修造高大楼房所用的办法的基础上进一步提高，从而发展起来的。宝塔这个建筑最能具体说明中外两种文化交流的事实。宝塔可以说是外来的，也可以说是中国的，人们只要把中国的宝塔与印度的或其他国家的宝塔比较一下，就可以看得很清楚了。佛教宝塔这种建筑艺术，在中国过去不仅有它艺术上的创造，而且在应用方面也结合了中国的各种实际需要，可以说是有所发明，有所前进，这真可以说是做到了洋为中用。举例来说，西安著名的大雁塔本来是为藏书防火而盖的，它是为唐玄奘从印度带来的大量佛教经典作书库用的。河南开封保存用硫璃瓦造的铁塔，也很有名，这个铁塔是北宋王朝为巩固首都的安全，在军事上是作为瞭望台用的。再如南宋时期在浙江杭州临海造的六和塔，也是很有名的。六和塔用来干什么呢？六和塔上挂上灯笼，主要是为进出钱塘江的船只起导航作用的。至于新中国成立前建造的在北京大学未名湖畔的宝塔，则完全是现代化的实用自来水塔，它不光是为了点缀风景的。

由于佛教信仰，当然也带来了其他许多消极影响，大家都很清楚，这些今天我就不准备讲了。

“五四”运动的爱国主义精神永放光芒①

今年是“五四”运动七十周年，人民新中国成立四十周年，这两件大事的纪念，恰好接联在一起，于是它的历史意义就显得更加深远了。

如众所周知，“五四”运动既是彻底反帝反封建的群众运动，又是空前民族觉醒的新文化运动。它是1840年鸦片战争失败、我国逐步地陷入半殖民地半封建社会后，遇上当时国内外革命形势特别高涨的大好形势下，人民大众在吸取长期失败的教训后，摸索到救亡图存的必由之路。一批爱国的志士仁人，为了争取祖国的独立富强，高举“科学”与“民主”的大旗，得到全国的响应，从而形成了一个史无前例，有广泛社会影响的爱国运动。同时通过这次有先进思想领导的群众运动，锻炼了成批的革命骨干，为1921年中国共产党的创建准备了条件。我国从此由旧民主主义革命转变为新民主主义革命，经过艰难曲折的道路，终于在三十年后(1949年)取得了全国范围的胜利，成立了中华人民共和国，推倒了压在人民头上的三座大山，中国人民从此站起来了。

今天中国的国情已大不同于“五四”时期，世界形势也有了相应的变化，但是“五四”运动当时的那种爱国主义，则是应该充分肯定的，而且须进一步发扬。至于反帝反封建的革命，目前难道已经走到了尽头，尤其是“科学”与“民主”的两面大旗，有无必要再继续高举呢？个人的浅见是，尽管过去“五四”时期，一般革新派人士，限于历史条件，看问题难免不够全面，在思想方法上也可能犯有某种形而

① 本文原载于《道德与文明》1989年第2期。——编者注

上学的毛病，今天需要从事一些补偏救弊的改进，超越应是理所当然的，倒退则是决不允许的。如果有人说，为了实现什么“现代化”，要来一个180度的拐弯，即从根本上改变前进的方向，则个人的答案，将近乎是完全否定的。

“五四”运动时期的革命思想家，又特别注意提倡新道德，反对旧道德，虽然有时说得比较笼统些，但是主要精神，我以为还是相当明确的，即大多以是否妨碍中国走向独立富强的道路、对反帝反封建的民主革命直接影响如何，作为判别新旧道德思想、行为的标准，应该说是不成问题的，但是限于理论水平，很少进行历史的、辩证的、全面的具体分析，从而带来了某些本应该避免的后遗症，看来也是很显然的。大家知道，我们今天特别要提高警惕的，恰是得防止有人见风使舵，不断借用花样随时翻新的外衣，来掩盖自身各种见不得人的破烂，将精神文明建设引入歧途，从而背离了近代我国革命的光荣传统。

在纪念“五四”运动七十周年的节日，希望学界同仁本着脚踏实地的精神，面向世界未来，为建设具有中国特色的社会主义文明作出更多有价值的具体贡献。

孔子与中国文化[①]

孔子(公元前551—公元前479年)是中国古代具有世界影响的哲学家、政治思想家和教育家。今年是他诞生两千五百四十周年。

孔子生活的时代，中国为十几个诸侯国所割据。他是鲁国陬邑(今山东曲阜)人。他的先世本是宋国的贵族，早已衰落了。孔子三岁就亡父，家境因此变得越发贫穷，但是他一向非常好学。青年时期，他曾当过看管仓库和牛羊的小吏，又以为富贵人家办理婚丧等事作职业，所以他既有机会接近普通老百姓，比较了解民间的疾苦，同时又熟悉上层社会的各种礼节，并逐步掌握了丰富的古代文化知识，成为当时少有的"博学多能"之人。他后来短期间担任过鲁国掌管司法的长官，并取得了很好的政绩。

孔于非常钦佩西周(公元前11世纪—公元前771年)大政治家周公的为人，也想照样在鲁国复兴周公开创西周盛世的政治体制。但是在那个社会大变动的时代，由于上下层统治者之间的矛盾激化，理想无法实现，很不得意。于是他又周游列国，依然到处碰壁，长期得不到重用。不得已，再回到本国，这时大约已是68岁的高龄了。此后孔子全力从事教学事业，广招学生，培养后进，开始打破了"学在官府"的垄断局面，在中国教育史上写下了光辉的一页。同时进行"删《诗》、《书》，订《礼》、《乐》"，在传播、整理和保存古代文化遗产上，做出了不可磨灭的贡献。他终年73岁。

《论语》一书是孔子的学生乃至学生的学生们对他一生言行的记录。汉代大史学家司马迁写有他的详细传记，即《史记·孔子世家》。

---

① 本文原载于《中国建设》1989年第9期。——编者注

历来学者公认："仁"是孔子思想体系的核心。他认为的"礼"的行为规范，若从当时的含义来讲，自然也包括了某些行政制度，必须由"仁"的思想来作保证。什么是"仁"呢？他说得最简单明了的，莫过于"仁者爱人"①。至于实行"仁"的方法，则是根据"己所不欲，勿施于人"②，乃至"己欲立而立人，己欲达而达人"③的原则。由自己的思想和情感出发，将本人所不愿接受的，也不要用来对待别人。但是应该特别注意的是，他又明确肯定了人与人之间的社会关系，原本有亲疏之分、上下之别。所以这"仁"者的"爱"也必然是有"差等"的，不能完全一样。为了避免将古代孔子的思想现代化而失去其真相，因此，也不能说他是在提倡近代西方的所谓"博爱"，或者是主张人人有平等的"天赋人权"。然而，他确实已经改变了过去统治者把奴隶不当作"人"的观念，并且公开反对"不教而杀"④的"虐"政，这就包含了一定的人民性、进步性跟合理性的思想。

他又曾比较全面地总结了宗法等级社会进行统治的经验，即主张在对人民实行暴力专政的同时，最好还是不要忘了用仁德教育人的工作，这样才能从思想上消除被统治者"犯上作乱"的念头。只有实行"宽以济猛，猛以济宽"⑤的两手，才是比较妥善的办法，这就是他所谓"德治"的内容。他公开反对残暴的统治者单凭权力来压榨人民，认为那是不得人心的"霸道"，作为"仁者"是决不如此的。

跟世界上有广泛社会影响的三大宗教的创始人释迦牟尼、耶稣基督、穆罕默德的为人都不一样，孔子本人决不是中国古代的一位宗教领袖。他虽然敬"畏天命"，也讲过"获罪于天，无所祷也"⑥这一类的话，但是他确实不相信来世，且在怀疑鬼神的存在。如说："未知

① 《论语·颜渊》。
② 《论语·颜渊》。
③ 《论语·雍也》。
④ 《论语·尧曰》。
⑤ 《左传·昭公二十年》。
⑥ 《论语·八佾》。

生，焉知死?”“未能事人，焉能事鬼?”①中国现代大文豪鲁迅先生对此曾给予很高的评价：“孔子先生确是伟大，生在巫鬼势力如此旺盛的年代，偏不肯随俗谈鬼神。”这种开明的思想，无疑在中国产生了非常深远的影响，使后来的封建统治者，在孔子思想成了官方哲学时，便很难再以任何宗教思想来统治人民，反而助长了古代无神论思想的传播。虽也有人试图将“孔学”建成作为信仰的“儒教”，并与佛教、道教并列，乃至跟近代从西方传入中国的基督教一视同仁，但这种尝试终究没有成为事实，从而给中国传统文化带来了不同于别国的特点，即宗教信仰从来没有能凌驾于“政治”(皇权)之上。

孔于在中国文化史上最突出的贡献，自然还在教育方面，所以后来他被称为“万世师表”，成为封建社会的“圣人”。他最先提倡“有教无类”②，等于破除了以往贵族垄断文化教育的特权，从而扩大了教育的社会基础，对古代学术思想的继承、传播与发扬，起了非常重要的促进作用。孔子开创儒家学派的经典著作，如《五经》(《诗》、《书》、《易》、《礼》、《春秋》)与《四书》(《论语》、《大学》、《中庸》、《孟子》)，都先后成了国家规定的知识分子必读的教科书，间接影响到全社会。

教育总是为一定的政治目的服务的，孔子也不例外，所以他要实现“学而优则仕”的理想，这在各种学科专门研究还不发达的古代，应该说是完全合理的，那比只让一些“不学无术”、只会“吃喝玩乐”的贵族子弟来做统治者，确是一种有进步意义的新思想。可是他又反对学生从事农业生产劳动，因为他认为，教育的目的主要还是为了巩固和改善当时的社会统治秩序，缓和统治者和被统治者之间的矛盾，所以学生就是要学习“治国之道”。

虽然如此，但由于孔子多年来对自己“学而不厌”，对别人“诲人不倦”，一心从事教育工作的实践，确实总结了不少正确而且有益的经验，从学习态度和思想方法上，启发了无数有成就的后代学者，特

① 《论语·先进》。

② 《论语·卫灵公》。

别是教育家。孔子有一种非常认真和严肃的求知精神，他说："知之为知之，不知为不知，是知也。"①这跟希腊著名哲学家苏格拉底的观点非常近似。孔子曾强调过："名不正则言不顺，言不顺则事不成。"②这样把"名"与"言"联系起来，又把"言"与"行"联系起来，很能表现孔子哲学的特色。他提倡"多闻阙疑，慎言其余，则寡尤；多见阙殆，慎行其余，则寡悔"③。这是何等慎重的态度。在思想方法上则认为：（一）不要主观臆测（"毋意"），（二）不要强行武断（"毋必"），（三）不要拘泥固执（"毋固"），（四）不要自以为是（"毋我"）④。在教学实践上，他又提出要因材施教，举一反三。对学生通常"不到他想求明白而不得的时候，不去开导他：不到他想说出来却说不出来的时候，不去启发他"（即"不愤不启，不悱不发"⑤），真可以说是经验之谈，而且在一定程度上是符合教学规律的。今天从事教育工作的人们，没有理由不继承这一份珍贵的文化遗产。他本人又真是活到老，学到老，做到了"发愤忘食，乐以忘忧，不知老之将至"⑥，为后人树立了好学的崇高典范。

孔子思想的另一个重要特点，就是认为只有"继往"才能"开来"，要不割断旧的传统，方可开出新的将来。他并不是盲目地主张复古，而是认定只能对过去实行的制度，有所"损"（删减）或"益"（增补）来具体进行改革，不赞成"破旧立新"的办法。对待文化遗产，他虽然叫人要"温故"，但是目的却是为了"知新"。也就是说，他行事非常注意历史经验的借鉴。所以又说："吾非生而知之者，好古，敏以求之者也。"⑦这对中国后来重视历史的研究，也起了一定的影响。

孔子死后，中国已是百家争鸣的时代。到了西汉（公元前206—

① 《论语·为政》。
② 《论语·子路》。
③ 《论语·为政》。
④ 参见《论语·子罕》。
⑤ 《论语·述而》。
⑥ 《论语·述而》。
⑦ 《论语·述而》。

公元前25年），汉武帝刘彻为适应全国大一统后的政治需要，接受了著名今文经学家董仲舒的建议，“罢黜百家，独尊儒术”。此后历代封建学者中的“守旧派”与“革新派”，都根据不同时期的社会特点和思想情况，从孔子学派的思想资料中“各取所需”，来从事创造性的发挥，从而形成了中国经学史上那种异乎寻常的复杂性，其间既有积极的贡献，又有消极的影响，乃至任意歪曲的毛病。这样经过了长期不断的改造与加工，到后来，实在很难说哪一家是纯粹孔子学说的本来面目了。目前世界上一些国家或在表扬、或在批判的“新儒学”，由于结合了当前各自不同性质的现实问题，加之理解上的分歧，其情况就更复杂了，更需要人们以不同视野加以认真的研究。

论中国现代哲学史研究的意义①

中国现代哲学史的研究，既是历史，又与现实密切相关，进行系统地科学总结，不仅有重大的现实意义，且有深刻的理论意义。它是正在大力建设具有中国特色的社会主义新思想新文化的一项重要具体内容。因此这一非常重要而在目前又比较薄弱的学术领域，它已经并将会越来越受到重视。这反映了我们时代的要求，是当前全国上下实行改革、开放、搞活这一时代精神的充分体现。

大家知道，19 世纪末 20 世纪初，世界各国各民族以及各种哲学思想，虽然在互相对立和抗争，但就全体来看，世界的进步正在走向整体化，哲学也在走向现代化。尽管历尽艰险曲折，道路并不平坦，但中国现代哲学史的发展，显然适应了这一世界的历史趋势。

在鸦片战争失败后的中国，由于资本主义、帝国主义势力的不断侵入，逐步陷入了半殖民地半封建的社会，为了挽救国家的危亡，完成反帝反封建的革命任务，许许多多的志士仁人，前仆后继地涌向西方寻求救国救民的真理。在辛亥革命后，终于出现了我国"五四"时期空前的新文化运动。往后在中西文化、哲学的比较研究、相互交融和斗争的过程中，在苏联十月革命的影响下，马克思列宁主义哲学在我国得到了广泛的传播。特别是以毛泽东为代表的中国共产党人，通过长期民主革命的具体实践，在把马列主义哲学中国化的过程中，不仅在推翻三座大山的武装斗争中取得了伟大的胜利，同时在理论战线上也向前大大推进了一步，实现了中国哲学发展史上的伟大革命

① 本文原载于中国现代哲学史研究会编《中国现代哲学与文化思潮》，求实出版社，1989 年。——编者注

变革。

中国现代哲学史的发展，是以马克思主义哲学的传播、毛泽东哲学思想的形成和发展、各种资产阶级哲学体系的产生与流行及其受到批判和冲击为主要特征的。但由于我国以往革命形势发展得很快，加之学术问题性质复杂，当时都来不及做出系统的科学总结。因此，我们今天研究中国现代哲学史，应该本着实事求是的精神，结合具体的社会历史条件，进行深刻的反思，不囿于成见，从发展中看问题，正视现实，展望将来，正确处理其中各种不同性质的矛盾，对我们在党的十三大路线指引下，实现经济繁荣、科学进步、社会民主，将会是十分有益的事情。

以下就进一步开展中国现代哲学史的科学研究谈几点很不成熟的意见，如有不妥，请批评指正。

(一)首先要明确哲学和历史的一致性，贯彻理论必须联系实际的原则

现在社会上有一种流行的意见，将哲学和历史断然地加以割裂，如说我是研究哲学原理的，所以与历史科学无关，或者说我是研究历史科学的，所以与哲学原理不相干。其结果是有人只知道从概念到概念，凭空制造完全不切实际的理论；或者有人只会从事纯粹史料的堆砌，作不出任何理论的概括，不能提高到规律性的认识。我们以为，对于中国现代哲学史的科学研究，必须首先注意克服这两种不同的片面观点。还有，与这个问题也密切相关，即是古代思想史的研究也应立足于当代，因为我们不能专门从事那种漫无目的性的历史科学研究，徒然浪费精力。大家知道，我国有几千年的悠久历史，是世界著名的文化古国，保存下来的哲学思想资料非常丰富，但是究竟从何种问题下手方得要领，才有可能真的做到“古为今用”呢？我们以为，首先应当注意从对我们当前两个文明建设最有直接影响的问题入手，针对各种迫切需要解决的问题，认真研究现代思想史上外来资产阶级学术思想的影响，由于旧中国处在比较落后的社会环境中，各人学习的条件很不相同，对于外来学术思想的理解自然会有层次深浅的差异，不可能完全一致，加之中外社会性质的不同，国情有别，即使是同样的思想，在各国所起的作用也不会完全相同。因此必须从客观真实情况出发，理论联系实际，进行全面而又深入的具体分析。在理论战线上，不能人云亦云，或生搬硬套外国学者的现成结论。

（二）要以马列主义作武器，批判继承一切优秀的文化遗产

现代中国哲学史的核心部分即“放之四海而皆准”的马列主义，它不是一个封闭的思想体系。我们对于它的理解，也只能是逐步深入的，应该也有一个过程。要防止简单化，以免陷入一种形而上学的说教。

一般说来，作为无产阶级的革命哲学不同于各种资产阶级哲学，如果不了解社会并经过比较长期的实践，那是很难掌握的。对于各种专业工作者来说，如果不知道自己所从事的专业与革命建设的理想究竟有何内在的联系，也是很难坚持和巩固这种理性认识的，而且只有在理论结合具体实践后才可能有所发展的。如果我们只会简单从事书本文字的记诵，那是无济于事的。对有关问题，应当深入地进行调查研究，弄清它们的性质和特点，再逐步往上追索，寻本探源，务求了解它们的来龙去脉，深彻认识发展规律，这对于我们今天如何具体从事社会主义新文化的建设，批判继承一切古代优秀文化遗产，具有明确的指导意义。

（三）应当熟悉国情，对各种学术思想问题作全面的具体分析

以“五四”新文化运动为上限的中国现代哲学史，产生在半殖民地半封建的旧社会，中外文化广泛交流，相互激荡，真是五光十色，非常丰富。处在这样一个社会大变动的时机，各阶层的爱国知识分子，特别是进步的思想家，要摸索前进的道路，制造理论的根据，学术思想肯定会呈现出各种不同的面貌。如果单从政治方向上来判断它们的性质，似乎还比较容易，因为它们对于过去反帝反封建的革命运动，是在起促进的作用还是延缓的作用，这有明显的客观标准。但是研究与现实有一定距离的哲学思想体系，情况就比较复杂了。当然要

看到它的政治影响，但这是不够的，还必须深入探讨它在理论思维上的成就，有无合理的内核可供进一步提高认识水平的借鉴。为此，即使同是含有封建主义旧思想的作品，也要区分不同的类型，再加深入的解剖，认真做到有的放矢。在这里，徒然标榜什么“一贯正确”，那就只能成为一种不切实际的空话。毫无疑问，这种作法是一种地地道道的形而上学，不自觉地违背了马克思主义哲学的基本原理，肯定会妨碍社会的进步和理论水平的提高，甚至还有可能带来意想不到的后果。

（四）要充分注意我国现代思想战线的复杂性，以便更好地总结正反两方面的经验和教训

在过去一段历史时期内，人们工作的重点在武装斗争、夺取或巩固政权。限于主客观的各种条件，艰巨的思想文化建设，暂时还顾不上来，这是完全可以理解的。但今天的形势是大不相同了。以往对传统的各种旧思想，显然缺乏深入系统的具体分析，缺乏实事求是的科学研究，没有真切了解到究竟什么是该彻底否定的，什么是该批判继承的，往往本着“敌人提倡，我就坚决打倒”的原则，多从眼前暂时的利害出发，就简单地做出轻率的结论，未免短视而且肤浅。特别是在极左路线横行的时期，等于否定过去的一切，粗暴地割断历史，以致演成了一种彻底的民族文化虚无主义。

至于外来资本主义的“新”思想，由于旧中国生产力的落后，科学技术不发达，文化水平偏低，封建迷信思想的广泛流行，很难扎下根来。因此，除个别专家学者外，很少有人对西方资产阶级哲学进行过认真而深入的系统研究，大多限于一家之言，粗识门径，浅尝辄止。对于各派思想的得失利弊，自然也缺乏全面的理解。因此被搬运到中国而且影响到社会的，也大多是一些皮毛之见，真正称得上西方资产阶级哲学大家的，在中国过去也并不多见。

那些认真结合中外哲学思想来建立个人理论体系的哲学家，虽然取得了一定的成绩，但由于工作环境不免临近“象牙之塔”，不太熟悉具体国情，特别是对于哲学与现实政治的关系缺乏一种深刻的科学理解，难免顾此失彼。不少进步的学者、爱国的思想家，往往因为利用了大量落后的中外哲学思想资料，作为建立个人理论体系的基本前提，乃至逻辑结构的框架，虽也费尽心力，而终于不免使哲学落后于政治。这似乎成了一种不可逃避的历史命运。因此，如果仅仅简单地用所谓政治标准来衡量或评价他们的哲学思想，毫无疑问将大大地影响到中国现代哲学史研究的科学性。

（五）余论

中国现代哲学史的科学研究，其目的除了论证马克思主义在中国胜利的必然性外，还应当加深对新中国成立前旧中国的全面了解，特别是掌握理论战线上的各种动态，揭示各种思想如何交互影响及其在矛盾统一中的发展规律。今天，绝大多数出身旧社会的爱国学者，在哲学思想上都能实现自我改造，不断前进，乃至上升到世界观，终于确立了衷心拥护社会主义新中国的立场。即使在当前实行对外开放、加深国际学术交流的新时代，仍然能继续前进，坚持与发展马列主义哲学。对于他们转变的规律，值得特别认真地加以总结。至于另一种情况，也值得注意。有个别人由于革命的胜利，生活环境的改变，造成权利欲的恶性膨胀，反而退回到不革命甚至反革命道路上去了。这可能跟不同历史阶段革命任务的不同、对革命者的要求不同有关，有人不能继续前进了，难免不变成时代的落伍者。过去一段时期内，往往出于政治上的考虑，总想尽量挽救在前进道途上的失路者，因此我们过去的中国现代哲学史研究工作者，多比较注意人们从不进步走向进步的思想历程，而对于由革命退到不革命乃至走上反革命的途径，则往往留心不够，少有典型的解剖，这显然是看问题不够全面的表现。我认为，今后对中国现代哲学史的研究，应该扩大视野，面向未来，更多从事正反两方面的考察，力求作出比较全面而且富有现实意义的科学结论，从而使这门学科的革命性和科学性的结合，提升到一个更高的水平。

就《涅槃无名论》作者问题致《文史哲》编辑部①

《文史哲》编辑部：

承蒙你们的好意，将刘成有同志的大作《〈涅槃无名论〉的著作权应归僧肇》，在未正式发表前寄下，使个人得有先睹之快，非常感谢！

关于僧肇佛学思想的系统研究，汤用彤先生早在30年代成书的《汉魏两晋南北朝佛教史》中，曾有详细的介绍。汤先生是著名的宗教哲学史家，他的有关考证，我在这里没有必要再加重复。日本学者集体所作《肇论研究》一书，汤先生生前曾接到主编塚本善隆先生的专函寄赠，但在看过之后，没有听他私下表示过什么意见，须要修订原来的结论。

我在1945年发表在国立北平图书馆《图书季刊》新第5卷1期的《读"慧达肇论疏"述所见》，不专门是为了探讨《涅槃无名论》作者问题的，只是在全文结尾，附有《论涅槃无名论之可疑》一小节，不想也引起了日本佛学界的注意，后来国内先辈学者、汤先生的多年好友吕秋逸（澂）先生，在新中国成立后出版的《中国佛学源流略讲》中表示个人的学术观点时，也顺便提到了。于是国内不少有关这方面的专家感到这一问题尚须作进一步的研究，这种谦虚严谨的治学态度是很值得个人学习的。我那篇短文的中心思想，无非是认为要准确地掌握僧肇的佛学思想，必须以所作《不真空论》中破斥"心无"、"即色"、"本无"三家义（推广言之，也可以包括当时般若学的所谓"六家七

① 本文原载于《文史哲》1990年第4期。——编者注

宗")作为准绳来衡量其他，而《物不迁论》与《般若无知论》皆可贯通。如果仍用僧肇所反驳的上述各家的观点来理解和发挥僧肇的佛教哲学，如当时刘遗民将僧肇比之于魏晋玄学中贵无派的何晏(平叔)，乃至慧远大师对于《般若无知论》亦有不完全相同的见解①。至于今人且间有大小乘思路不分，以动静对立观来解释《物不迁论》的，自然也非例外。总之，都不免忽略了僧肇思想的特点，因而可能是存在问题的。

我在那篇论文中，同时考证了《宗本义》非僧肇作，除了有关版本目录学的知识外，其实也是根据这个思想作指导的②，但这牵涉面很广，须要"慎思明辨"，同中见异，不是那么很简单的问题。40年代初，我青年时代，佛学根底尚浅，可以肯定，实难做到尽如人意，希望当今国内外学者，能结合义理与考证，史论统一，深入钻研，系统解剖，补此缺憾，达成"十分之见"，从而提高中国佛教哲学思想史的科学水平，则我等受益为非浅矣。

谨此，致

敬礼！

石峻

1989年10月5日

---

① 参看《肇论》:《刘君(遗民)致书覈问》及《论主复书释答》。

② 可以参看唐元康《肇论疏》中涉及的疑问。

熊十力先生的学术道路[①]

熊先生早年曾投笔从戎，1911年参加武昌起义，以后脱离政界，专门从事培育人才，研究理论学术。他刻苦自励，著作等身，是名扬海内外的哲人。

关于熊先生，不少人说他是一位佛学专家。这句话对吗？我看也对也不对。他早年确实曾经跟欧阳竟无先生在南京支那内学院研究过佛学，而且深有体会。但他并不一贯地相信佛教，用他自己的话说，只不过是作为“参考”而已。后来他对佛学，特别是大乘有宗法相唯识一派作了系统的批判。自然，他所批判的是否完全符合原意，那是可以商量的。过去也有人说熊先生是正统儒家，细想起来，这话似乎也不全对。因为他不是在一切理论问题上都尊奉过去儒家的学说。总之，他无论是对于佛家还是对于儒家，都可说是既有继承又有批判，既有所肯定又有所否定。

大家都很清楚，经过孙中山先生所领导的、具有重大历史意义的辛亥革命建立了中华民国。辛亥革命的成功方面是推翻了我国两千多年来的封建君主专制政体，把清朝末代的一个小皇帝赶下台，从而使民主共和的思想深入人心，以致后来北洋军阀头子袁世凯想利用终身大总统的权势登上皇帝宝座也办不到了。其失败的方面则是没能改变中国社会的性质，人民依然过着水深火热的生活。其中更有一点，值得我们特别注意加以认真研究，这就是在辛亥革命之后，不少原来的

---

① 本文原载于《玄圃论学集》，三联书店，1990年。石峻先生另有《〈熊十力评传〉序》一文（载于宋志明著《熊十力评传》，百花洲出版社，1993年），内容要点与本文相同，今不收录。——编者注

革命党人热衷于争权夺利，生活也转而腐化堕落了，道德败坏得简直不成样子，有的人较之过去的封建官僚有过之而无不及。这个社会历史教训，对一向富有正义感和进取心的熊先生产生了极大的刺激。此后，他慨然脱离政界，想专门从学术思想的研究入手来解决这个问题，力图改变当时那种世风日下的社会状况。在“五四”新文化运动以后的时期，他之所以要研究佛学，虽然有偶然的人事原因，但主要的动机是想通过改造人心来达到提高道德水平。这本是过去戊戌变法时期维新运动中的激进派思想家谭嗣同，乃至后来的资产阶级革命派著名学者章太炎先生等所曾探索和走过的道路，熊先生也自觉不自觉地沿着走下去，尽管对于某些问题的理解他们并不一致。但是后来研究佛学久了，认识不断加深，终于感到此路不通。于是开始下定决心要再从佛学中走出来，在思想上酝酿着如何有所转变。这就是他经过多年苦思熟虑、大胆创立《新唯识论》学说体系的社会时代背景。自然，他在建立了《新唯识论》以后的岁月中，思想也仍然继续在发展。从这部书的文言文本到语体文本、再到删减本，这三种版本又各有不同时期的思想特征，可见他的思想一向没有僵化，并非有意地在维护什么一成不变的思想体系。

大体说来，自辛亥革命到1949年建立新中国，在学术思想界曾出现过几种比较有代表性的理论。其中最有影响的是马克思主义同中国革命具体实践相结合而产生的毛泽东思想。这个大家都很清楚，就不用我再提了。现在只谈另外的几种思想情况：

一是“中体西用论”。这是继承了清朝末年洋务派大官僚张之洞等人的思想(详见他著的《劝学篇》)，主张中国封建君主专制政体乃至纲常名教是永不可变的“体”，认为只可学习利用西方现代的科学技术即所谓“用”。熊先生是辛亥时期的革命派，当然与此不同。

二是“国粹论”。这实际上是封建复古派的学术思想。他们鄙视一切外来文化，即使是外国的新科学新技术，也都硬认为是中国古已有之。他们宣扬我国古代的所谓“精神文明”是如何远远超过西方现代的“物质文明”。总之，他们拒绝学习一切外来的新东西。

三是“全盘西化论”。这种观点以陈序经教授为代表，胡适也是这种观点的倡导者。他们反对当时偏向保守的所谓中国本位文化论，虽也有一定的现实意义，但走过头了，以至歌颂西方资本主义文明无往而不超过中国。他们往往喜欢拿自己最坏的东西同别人最好的东西来比较，采取了一种近乎民族文化虚无主义的态度。这显然不符合当时广大爱国人民的利益和思想，因此是不受欢迎的。

当然，还有夹杂在这些观点之间的其他各种学术思想流派。

熊先生的学术思想道路断然跟上述这些理论都不相同，我们真可以说他是“独辟蹊径”。他不否定西方科学技术乃至哲学理论的贡献，而且自己注意对之批判地加以汲取。更值得注意的是，他还公开提倡研究哲学要以西学为入门的阶梯，只是万不能永远停留在这个阶梯上。他主张既经入门之后，则不妨再精研印度的哲学思想，特别是大乘佛教空宗一派的理论，然后转过头来对西方流行的、尤其是对我国思想界有影响的各种观点，层层加以破斥。只有经过这样一番认真的理论方面的大破之后，才可以奠立牢固的思想基础，再回归到中国先秦儒家学说的道路，同时深入仔细地钻研并融会部分道家的思想(如“无为而无不为”等)，实行博采各家之长，重新全面地改建或构造一种具有中国特点的新哲学思想体系。即使对于儒家正统思想，他主张该否定的东西必须加以否定，决不是盲目地跟古人一鼻孔出气。所以，把熊先生简单地称为“纯儒”或所谓“儒家正宗”，看来也不妥当。

总之，熊先生是一个富有独创精神、不喜好依傍门户的哲学家、思想家，并非任何一部古典著作的专家或某一学派的“经师”，更不是只会咬文嚼字的所谓“学究”。因此，一般旧社会的历史考据学家、文字训诂学家等，因为治学途径不同，自然也都很难了解熊先生学术思想的根本精神。从他的成就来看，真可算是一位既作到“能入”又作到“能出”的思想家，过去一般旧学者，则往往是“入主出奴”，门户之见甚深，因此，很难同熊先生的学术道路相提并论。

然则熊先生的学术思想道路乃至他的为人和风格，又有哪些特点呢？作为他的学生，我想根据切身的感受，简略地谈一点不成熟的看法。

(一)他很有抱负，很有气魄，非常自信，但这不是通常所说的

“骄傲”。例如，他之所以取名“熊十力”，因为“十力”二字在佛教经论（如《大智度论》等）上是用来赞美佛祖“如来”即释迦牟尼的。又如，熊先生所著的书，往往署名“黄冈熊十力造”。这个“造”字过去通常也是在印度被尊称为“菩萨”的人才敢如此用的，但熊先生自认为他当之无愧，甚至自称“熊十力菩萨”。此外，我看他对任何外国现代著名哲学家乃至中国古代的著名学者、思想家，随时引证，间加评点，行文语气之间，更从不见有什么自卑感。今天在座的专家学者们，不少人听过他生前讲学论道，或者用心读过他的著作，肯定会有同感。熊先生真是一向没有丝毫的奴颜媚骨，这是生活在半殖民地半封建社会中的思想家的一种非常宝贵的性格。

（二）熊先生做学问的态度非常严肃认真。如他的某些著作中，有用他的学生的名义写的前言、后记，我相信大多数是他自己的亲笔，至少是经过他认真修改过的。《新唯识论》语体文本也是他自己翻译的。他平日写文章，无论长篇短论，都能做到字斟句酌，一丝不苟。即使在他已近晚年的时候，对于自己的大本著作（如《新唯识论》语体文本）也多经过亲自核对、校样，并不完全假手他人。在座的他的生前好友和学生们可能都很清楚，他发出的跟人讨论学问的通信，多是用红色笔加圈、加点，有时还加注或按语，如“吃紧、吃紧”等字样，唯恐对方误解了他的意思或没有抓住他思想的要点。像这样认真的态度，我看在中外古今的学者中并不多见。

（三）熊先生虽然学无常师，但涉猎甚广。他一贯认为，有关宇宙人生的智慧不同于一般的知识，决不是单靠书本就可以从字面上寻得的。所以，他特别注意区分语言文字上表面的了解和那种对思想精神实质的体会。照他看来，一部书是真是伪，是中国人作的还是印度人作的，都不能成为衡量是非和有无价值的标准。他曾一再讲过，像目前某些外国学者，虽然懂得梵文、巴利文，但并不等于真的懂得佛学。简言之，字面上的了解决不等于哲理上的深通。这种在读书上特别强调“得意”的方法，是值得我们深思的。至于他所谓“明心”，也并不等于叫人专凭主观的意思。熊先生虽一向主张青年们要博览群书，但他又再三强调得精读有恒，并且提倡用现代的语言来讲明中国古代的哲学。看来这也是上述指导思想的具体应用。

（四）熊先生认为，古往今来一切学说理论的差异，如果寻根探源，最终将归于“一本”（当然这种简易的理论是否正确，尚要结合实际深入研究）。因此，他平时既注意博采诸家之长，又特别留心克服各家之短，以便取精用弘。这是他同历来那些固执学术宗派的褊狭之见的人根本不同的地方。至于他本人的学说为什么会成为这种样子、这种模式，他曾坦白地指出，那是出于个人知识积累而形成的理论结构，不乏“自知之明”。熊先生虽极力提倡做学问应当放眼世界，但特别注意着眼于古代中国哲学独到之处和优良传统，始终不忘中华民族在世界历史中的地位。他真不愧为一个爱国学者。

（五）熊先生的学术思想是同中国古代哲学有继承关系的，决不是“从天而降”。关于这方面的情况比较复杂，这里不能详细说明，只能谈一个轮廓。首先，在佛教思想方面，他不满意来自印度的法相唯识宗的阿赖耶识、种子说。在他看来，这个莫名其妙的阿赖耶识，其实只是一团习气的别名，又有点近乎不死的灵魂，它是同印度古代多数学者相信因果轮回的迷信思想联系在一起的，不足以作为宇宙人生的本体。在佛教思想方面，它比较接近于华严宗“一切有情，皆有本觉真心”的所谓“了义实教”①。唐代华严宗又多注意研究可能是中国人创作的《圆觉经》。至于“华严”与“唯识”之争，则源远流长，甚至同是玄奘门下的窥基与圆测就有不同的理解；而华严宗大师法藏一贯反对唯识宗的学说，更是非常明显了。同样也可能是中国人创作、且有广泛影响的《大乘起信论》一书，也主张“一心二门”（即心真如门和心生灭门），可见同华严宗有类似的思想倾向。历史上这些反对唯识宗的思想，可能对熊先生都有不同程度的启发。至于中国禅宗提倡的“见性”与华严宗宣扬的“明心”，在有关心性问题的理论上本来可以互相融合，互相发明。而《周易》这部书，由于思想内容复杂，便于牵强比附，在隋唐以后，早已成了沟通儒、释、道三教的桥梁。只是后来熊先生根据个人的体会，从积极方面更有所发展罢了。对于宋

① 详见密宗《原人论》。

明理学中程朱学派与陆王学派之争，熊先生则比较接近陆象山“先立乎其大者”的思想乃至王阳明以“良知”为本体、主张“知行合一”的思想。此外，明末清初的伟大哲学家王船山的道器论、体用论、动静论等，对熊先生思想发展的影响更是十分明显的。至于熊先生借用《易经》(包括《易传》)上的一个“生”字来代替一个“灭”字，引证“生生之谓易”和“天行健、君子以自强不息”一类的入世思想来改造印度佛教宣扬的涅槃寂静的出世思想，则应当看作熊先生思想体系的核心。其实，这也是他为提高道德修养境界所作的本体论证明。

关于熊先生的学术思想道路，过去有人认为比较接近西方的理性主义，我认为这大致是不错的。他一再表明要完成有重要意义的《量论》(即知识论)一书，就是明证。

最后，可以肯定，熊先生是一位不断要求进步的爱国学者。对于新旧社会的对比，他的感受也是很深刻的。我看不少国内外学人有关这方面的千言万语，还不如熊先生的两句话来得中肯。像他在《体用论》一书中说：“如昔者贫民以服事剥削者为当然，在今日则公认为无是理。”真可谓一语即道出新旧社会的本质区别。

当然，熊先生的思想也有他的历史局限，即注意改造主观思想意识居多，而注意改造客观世界偏少。他经常有“知我者希”之慨，这大概就是他思想局限性的具体表现。对此，我们应当认真地总结近代中国理论战线的思维教训，不能片面地苛求于前人。

谈谈“治学”和“读书”的方法[①]

今天晚上有机会跟我们学校这么多的同学见面，感到很高兴！

我今天准备谈的问题，是有关“治学”和“读书”的方法。所谓“治学”的“治”，就是切磋琢磨，也就是通常所谓的“研究”，因此，“治学”即是研究学问。所谓“读书”，既包括了不发出声音的看书、阅读和发出声音的朗诵、念书，乃至于包括对书本知识的钻研。这两件事既有密切的关系，又不是完全等同的一回事。因为一个人研究学问的方面或方法很多，可以是从看而来的，也可以是从听而来的，即有的是通过本人的阅历经验，或者是亲自调查研究得来的，不只是限于从书本得来的。所以读书虽是一般知识分子求得知识的主要来源，但不是全部的来源，那种所谓“两耳不闻窗外事，一心只读圣贤书”的时代，可说早已过去了。

话又说回来，读书虽不是我们求得知识的唯一途径，但毕竟是我们青年求得知识的一种不可缺少的重要的方法。因为我们不能对所有的事都亲自经历一番，若果离开了前人和同时代人的经验总结、研究成果，一切都从头做起的话，如以算学知识为例，我们能自己悟出加减乘除的算法也就很不错了，岂能达到深入懂得解析几何、微积分等高等数学的水平？因此，必须在先人的基础上再求前进，这不仅自然科学如数学是如此，其实哲学、社会科学也莫不是如此。所以恩格斯告诉我们说：“一个民族想要站在科学的最高峰，就一刻也不能没有

---

① 本文是石峻先生生前遗稿，写作年代不详。根据文中话题和涉及的资料来看，应为1988年以后至90年代前期在中国人民大学某次学术演讲的底稿，故编排于此。——编者注

理论思维。”又说：“这种能力必须加以发展和锻炼，除了学习以往的哲学，直到现在还没有别的手段。”①哲学史这门学科的重要也就可想而知了。

现在我们接下去先谈哲学原理与哲学史的关系。现在社会上有一种流行的意见，就是将哲学和历史截然地加以割裂，如说我是研究哲学原理的，所以与历史科学无关，或者说我是研究历史科学的，所以与哲学原理不相干。其结果是，有人只知道从概念到概念，凭空制造一种完全不切实际的理论。或者有人只会从事纯粹史料的堆砌，作不出任何理论的概括，也就是不能提高到规律性的认识。我们是要求理论联系实际的社会科学工作者，必须首先注意克服这两种不同的片面观点。大家知道，哲学史工作者对文化遗产主张既不割断历史，又要继续前进，提倡的是批判继承，即批判中有继承，继承中有批判，因此批判继承其实是一个概念，等于通常所谓扬弃，既有发扬又有抛弃，如波水相似，同时进行分解。批判是科学分析，好的说好，坏的说坏，决不是一切打倒。本来任何经得起社会实践考验的真理都是具体的，所有客观存在的现实事物，其情况都远比一般抽象的原理复杂得多，如果我们把认识只停留在抽象的一般原理，等于并没有取得对具体客观事物的真正认识。哲学史的研究则是结合具体社会历史条件来研究各家哲学思想体系如何形成以及在斗争中的发展规律的，它强调对具体思想理论问题的具体分析，所以它不是简单地用一般原理可以代替的，它是一种特殊的训练，反之，哲学史专业研究工作者，如果缺乏一般正确理论的指导，也是很容易迷失方向的，因此，哲学原理和哲学史的研究，其实是相互促进的，是不可偏废任何一个方面的，更不是互相矛盾的。

把这个意见推广应用，我们可以说，研究伦理学的不可忽略伦理学史的研究，研究美学的不可忽略美学史的研究，其他学科也都是如此，可以类推。

现在再结合上述的观点，来简单地谈一谈选择读书的问题。同志

① 《反杜林论·旧序》。

们都知道，各种学科的原始资料、参考图书，可以说真是浩如烟海，多得不得了。到底如何选择，对于一般初学者，也往往成为一大问题。因此我劝从事各门学科专业的研究工作者，最好先读一种比较简明的专业的历史书，自然就会知道过去哪些书是比较重要的，为什么影响大，占什么历史地位，然后进一步钻研，自然可以少走弯路。不然光讲了一些三四流以下的书，而第一流的作品反而没有读过，怎么能成为那一方面的专家呢？

读书不可贪多求快，尤其是专业性比较强的代表作，随便潦草地看过，往往一无所得，须要认真仔细地多看几遍，如果自己有书，可以随时用红笔画出重点，或者是认为有问题的地方，在书旁写下批语（评语或按语），再看时重新加以思考，前后必定会有差异，这就是学有进步的表现。如毛主席过去在延安见到中国人写的第一部马克思主义教科书、李达同志的《社会学大纲》，虽然在百忙之中，还先后读了十遍，并且写下详细的批注①，可以作为我们学习的榜样。然后是在这些基本读物中出现的一些该学科的基本概念要搞清楚，必要时可查考工具书，如该学科的专业辞典之类。过去有人学过一两年的哲学之后，却还不知道“观念论”和“唯心论”是一个外文名词 idealism 的不同翻译，也不知道主观唯心论和客观唯心论究竟如何分别，那就太不好了。

一般无关紧要的书，不是非读不可的书，则不妨看得快些，不可以与刚才上面提到的需要精读的书采取同样的办法，这样才能逐步地做到既有广博的知识面，打下较好的基础，又有精研独到的专长，才能符合做一个有条件、合格的专业工作者。

各种思想理论，从广义来说，都是一种社会意识，如果完全不了解社会，那是很难深刻理解各种思想理论的，特别是关于社会科学的理论，所以研究思想史的人，必须研究社会发展的历史。对一般学术工作者来说，我劝你们不妨用心读几部有代表性的文学作品，特别是小说。如果想了解中国的封建社会，可以用心读一读《水浒传》和《红

① 见《毛泽东哲学批注集》。

楼梦》，才知道农民是怎样受压迫和剥削的。什么叫“官逼民反”？看看《水浒传》上的一些好汉们如林冲、鲁智深、武松等人是怎样被迫上梁山造反的，就可以明白了。《红楼梦》里的贵族公子、小姐们在生活上是怎样不同于一些丫鬟小厮们的，贾母、贾政、王夫人，乃至王熙凤等人的权威又是凭借什么的，为什么有贾宝玉和林黛玉在爱情上的悲剧，看了这些，那我们对封建时代宗法等级制的社会就有比较深的了解了，这有时比读一般的历史教科书更具体多了。同样，要了解外国资本主义社会，我劝你们不妨读一读法国巴尔扎克和俄国托尔斯泰等世界著名的优秀文学作品。

另外，所有思想理论都是在斗争中形成的，所以都有对立的两方面，有唯物主义辩证法，就有唯心主义形而上学，有宗教迷信，就有战斗的无神论理论。因此，我们要想对哲学、宗教等各方面有全面的了解，不可以只看一个方面的书，一定要看反对面的书，如唯物主义者要看唯心主义的著作，同时进行比较深刻的系统的研究，才能提高个人的科学水平。虔诚的宗教信仰者，因为不注意反面的意见、反宗教的思想，往往研究不好宗教学，其根本原因之一就在于此。

读书要有深刻的体会，万不可忽略作者写作的时代背景。如不深刻理解毛主席在大革命失败后，不得已实行二万五千里长征，三十万红军减少到不足三万人的惨痛教训，对过去狭隘的经验主义者，特别是奉行左倾冒险主义的教条主义者对革命事业的危害，有最深刻的体会，是不可能写下光辉的哲学著作如《实践论》和《矛盾论》的。我们如果完全不了解这种时代背景、思想背景，同样也不能深刻地体会《实践论》和《矛盾论》的理论意义和现实意义。

我们读一部书，最重要的在于懂得它的中心思想、精神实质，乃至作者的用心所在，如读恩格斯的《家庭、私有制和国家的起源》一书，作者证明阶级社会的形成是生产力发展的结果，一种社会历史的现象，不是一有人类就有的。私有观念不是永恒的，从而证明了阶级社会将由于生产力的大发展和思想觉悟的大提高而终归于可以被消灭的道理。正是因为这样，所以恩格斯虽是在研究古代社会，却是为今后社会主义革命和建设作贡献的，这就是科学研究上的所谓“古为今用”，它是既有历史意义，更有现实意义的。我们读《家庭、私有制和国家的起源》这部书，如果不掌握这个中心思想，而只在一些专门名词上钻牛角尖，那就是读书不得要领，将会是“劳而少功”，有的便成为名符其实的书呆子了。

再顺便一谈，文学艺术的夸张手法和哲学理论的实事求是精神是有所不同的。如过去文人形容一个人聪明，读书进度比较快，就说他一目十行，过目成诵，这完全是一种文学的、艺术的夸张，有它一定的意义，但我们作为哲学工作者，则决不能相信那是事实。又如古人为了夸大孔夫子思想的威力，就说“孔子作春秋而乱臣贼子惧”，这是说孔子作了《春秋》这部书，一切被压迫的人们都害怕了，都不敢再造反了。哪有这回事？过去专制统治者用武力残酷镇压人民，人民都不怕死，你那部简单的历史书就有那么大的影响？所以孟子也曾感慨地说过：“尽信书，则不如无书。”因此，历来一些会读书的人，只要领会作者的用意就够了，不必作过细的推敲。不会读书的则不这样，咬文嚼字，往往走入迷途。又如先秦著名的哲学家庄周，尊称庄子，在他所著书的第一篇《逍遥游》里，一上来就说：“北溟有鱼，其名为鲲，鲲之大，不知其几千里也，化而为鸟，其名为鹏，鹏之背，不知其几千里也。怒而飞，其翼若垂天之云。”这分明是一则寓言，在形容其大而已。可是过去有人不会读书，偏要去考证这个北溟（海）在哪里，是否就是现在那个贝加尔湖，又说这个鱼就是现在所谓的鲸，那个鸟是否就是凤凰。这是浪费精力、读书不得法的一种具体表现。再则，艺术家的一种表达方式，跟唯物主义理论家的要求是不完全相同的。唯物主义理论家要求从事实出发，既不夸大，又不缩小，恰如其分，而且光有一个结论不成，还必须注意这个结论是怎样推论（理）得来的，有无逻辑上的错误。所以一个好的理论家，必须对一些抽象的理论问题，要结合实际，有具体内容的理解，同时对一些具体问题又能提高认识，作理论的概括，既有感性知识的内容，又有理性知识的提炼，而且能努力避免带有任何片面性，并且从发展中看问题，也就是力求做到尽可能全面地看问题。所以我们可以概括地说，什么叫辩证法唯物论？无非就是一种从客观事实出发，不带任何片面性的发展观。

读书不能永远停留在书本上，要力求理论联系实际，可以指导社会实践。但是大家要知道，将普遍真理结合具体实践，是一种非常艰苦的工作。大的问题，我今天暂且不谈，即以中国的武术而论，有各种的派别，其中有一派是以柔克刚，以弱胜强，利用对方的力量打倒对方。这是用道家老子的思想指导武术的。我在中学时代曾看过这些不同派别的武术比赛，确有如此的，但是他若不精通武术，充分掌握刚强者一方面进攻的特点和手法，能真的做到战胜对方吗？所以我说能理论联系实际，并能指导实践者，必须是既精通理论，更是精通实践的专家。

最后，我想附带谈一谈研究学问成果的表达方法问题。因为我们治学或读书的心得不只是为了满足个人的好奇心，而是要让别人也知道，即对社会作出贡献的，因此表达方法对于治学与读书的知识分子也是一个重要问题，要努力加以研究的。这有四种具体情况：

一是深入浅出，即是懂得很透很深，但又能通俗、明白易懂地表达出来，他之所以能讲得明白易懂，正是由于他有深入的研究，这是最理想的，也是我们科研工作者的努力方向。

二是深入深出，他虽然也有深入的研究，但就是不会用浅显的语言表达出来，写下的文章，一般人就是看不懂。如一部分长期从事专题研究而又很少接近群众的人，就经常有这种毛病。有的专家，不能说他没有学问，但是教学效果往往不够理想，就是这种人的代表。

三是浅入浅出，就是那种人，虽然说得容易懂，但就是没有内容，没有深入的研究，不能满足多数读者或听众的需要，不少外行人写的通俗小册子，往往有这种毛病。

四是浅入深出，这种人既没有对问题进行深入的研究，但又爱好搬用自己也不懂的新名词和典故，堆砌成篇，而又往往好以大专家的姿态出现，有意吓唬一些外行人，这是一种很不老实的态度，我们要尽力避免。

关于治学和读书的方法，限于时间，我想今天就谈这些，如有不妥的地方，请批评指正，谢谢大家。

《现代新儒家研究》序①

自1840年鸦片战争失败，到1949年新中国建立，中国从一个贫弱落后的半殖民地半封建社会，开始迈步走上社会主义的康庄大道，真是一个非常重要的历史转变时期。她经历了曲折而又不平凡的坎坷道路，其间一些先进中国人的英勇事迹实在是可歌可泣的。辛亥革命以后，军阀政府的篡权，不仅没有能改变中国社会的性质，反而有不少革命党人转而趋向腐化堕落。继之的“五四”新文化运动，其思想内容有如百花怒放，而提倡民主与科学的呼声更成为一种时代的精神。然而中国往何处去的问题，一直延续到全国解放(除台湾)的前夕。有关上述这个大转变时期的政治史、军事史等方面的研究，经过多数人的努力，业已取得了很大的成绩，但在哲学理论战线上，除有关马列主义的传播以及毛泽东思想的贡献之外，其他一些哲学流派的内容，由于缺乏深入而系统的分析，很少有比较全面的理解。在中国哲学通史范围内，可说仍然是一个薄弱的环节。这有种种客观原因，在过去一段时期，受到极“左”路线的影响，自然也是其中之一。

“五四”新文化运动以后，我国学术思想界虽然千头万绪，难以详说，但是其间的相互影响和发展线索，联系当时社会的基本矛盾，也并不是没有规律可循的。例如，这些思想对近代中国人民反帝反封建的革命事业是起推进或延缓乃至阻挠的作用，如若耐心地认真探讨，还是不难判别清楚的。可见，从政治上评价某一种哲学思想体系的历史地位，并不是完全没有客观标准的。但由于哲学思想这种上层

---

① 本文原载于宋志明著《现代新儒家》，中国人民大学出版社，1991年。——编者注

建筑也像宗教一样，毕竟还是有它的特点，即从形式上看，依然是比较抽象、远离具体现实的，从而给这方面的科学研究带来较多的困难。当前有关中国近现代哲学史方面的问题，我们以为特别值得注意的，至少有以下几点：

一、由于在无产阶级领导下实行武装革命的大时代，对敌斗争占据压倒一切的重要地位，其他学术思想战线上的问题，暂时只能服从这个总的任务，来不及加以系统的总结。一些初步掌握了马列主义基本理论的同志们，当时限于主客观条件，还无暇从事大量搜集整理和研究这些方面的思想资料，进行由此及彼、由表及里的深入剖析工作。然而只有做到这一点，才能克服教条主义的影响，避免生搬硬套一些外国学者的现行结论，才能很好地结合中国社会历史实际，从而在这一研究领域内，防止产生简单化与庸俗化的倾向。

二、由于这一段时期各种社会矛盾迅速激化，中外新旧思想交互推波助澜，前进得很快。一个人从青年、中年到晚年，往往经过几度转变，前后有很大的不同，其间既有从保守走向进步甚至革命的，但也有基本上可说走的是相反的方向，在这道路边旁观的更是不计其数。何况有不少走过来的思想家或学者，目前还健在，各人的经历和现状也并不完全一样，我们要对这些个别思想发展的道路做出完全合乎客观历史事实的正确评价，显然不是那么容易的，需要经过相当长时期的努力。

三、中国近现代(1840—1949 年)是半殖民地半封建社会，这种社会的性质就决定了全部的哲学思想内容必然混杂中外古今，因此牵涉的知识面很广。这些学术思想的渊源真可说是千头万绪，它们的产生既有社会历史原因，又有各自在当时的土壤与条件。二者虽有先后继承和影响的关系，但又因为具体情况不同，作用有别，难免要出现性质上的差异，我们又不能笼统地混为一谈。

四、作为哲学体系的唯心主义或形而上学，可能包含着合理思想因素，这是需要深入发掘的，不能只从局部的表面现象看问题。好比一栋过了保险期的房屋，必须推倒，但是一些被拆下的砖瓦，则仍可利用再造新房。这些具体工作，都需要耐心地加以抉择。对于旧房子来说，还得分析它将要倒塌的原因，作为借鉴，用以加固新建筑的设计，不能放下不问；何况作为理论体系的问题，比这情况还不知道要复杂多少倍呢？

五、出于近现代中国的贫弱，科学文化落后，接触外来的各种思想，一时未能消化，精华糟粕难辨，致使某些人的哲学理论可能比他的政治主张还要落后。因而简单地用哲学路线的批判来代替对他政治方向的评价，显然不是那么妥当的。对二者应该加以区别，不能划一等号。如果处理不当，必致妨碍人民内部的团结。同时各人思想发展的道路，也很难说是完全一样的，都需要结合时代和环境的特点，作全面而具体的分析。尤其注意要从发展的眼光看问题，决不能满足于用几顶不同的帽子再加上若干标签，以为这样就可以解决学术思想问题。

此外，我们以为社会科学研究同今后的教育事业一样，必须体现三个面向（即面向现代化、面向世界、面向未来）的精神，在提倡对外开放、加强国际学术思想交流的今天，大家都在强调要虚心学习国外一切先进科研成果的同时，必须更加注意熟悉国情，贯彻独立自主的原则，千万不能人云亦云。以上略谈目前在研究中国近现代哲学思想史过程中不可避免地要遇到的一些问题，作为作者今后继续前进的参考。

众所周知，“五四”新文化运动以来，西方各种社会政治理论和学术思想，都曾不加选择地被介绍进到中国来，除马克思列宁主义的胜利外，由于未能体现广大人民的意愿，不少思想学说已陆续为大众所遗忘了。但在各种外来思想的冲击下，只有标榜继承我国古代儒家传统而又融合西方资产阶级哲学的新学派，影响一直不见中断，这个情况很值得我们深思。这些思想家，有人称他们为我国现代的儒家，但也有人不同意，因此这个名称是否十分恰当，还可以再加斟酌，好在问题的要害并不在此。学术界当前的一致要求是，研究工作者必须从大量原始资料的真实思想内容出发，进行系统而又深入的解剖，要坚持实事求是的科学态度，彻底纠正过去一段时期内由于极“左”路线的影响，不作历史唯物主义的具体分析就简单地全盘否定的错误倾向。

我们强调要以马克思主义与中国革命具体实践相结合的毛泽东思想作指导，提倡摆事实，讲道理，不单从抽象的定义或前提出发，不奉行用引证来代替论证的做法，力求系统掌握第一手的材料，经过去粗取精、由表及里的制作工夫，进一步明确这些哲学思想的新动向和在事实上可能的新成就，并深入考察其阶级和历史的局限，兼及对当时社会的影响。据此，试图使人们对“五四”以来我国现代哲学思想发展的规律有一个比较全面的了解，这就是本书的任务。

作者宋志明同志，早在考入中国人民大学哲学系中国哲学史专业博士学位研究生以前，就已开始有关中国近现代思想史的研究，过去就学于吉林大学哲学系，硕士学位论文即是《新理学简论》。他一贯虚心学习马列主义，立场坚定，肯刻苦钻研。目前出版的这部专著《现代新儒家研究》，则是他在人民大学研究生院继续研究期间提交的学位论文，1986 年正式通过答辩后再加修订成书的。他概括“五四”以来“新儒家”哲学思想的特点是：(1)它是儒家哲学与西方哲学合流的产物；(2)它是“五四”以来地主资产阶级思想体系的主干；(3)它以人生问题为主题；(4)它具有较高的理论思维水平；(5)它带有明显的非理性主义倾向。据此，作者认为它构成我国整个儒家哲学发展史上的第四个阶段(前三个阶段为先秦；两汉；宋、元、明)。这些结论牵涉的问题比较复杂，虽不能说都已作出完全正确的判断，但力求史论结合，不无贡献，有所前进，则是可以肯定的。这也是国内不少哲学史专家的一致意见。自然，需要更深一层探索的问题依然存在，衷心希望作者在这一科学领域内继续努力，扩大研究范围，加深理论探讨，沿着思想性和科学性统一的道路前进，勇于再攀高峰，获得更加丰硕的成果。

石峻

1987 年 3 月于北京中国人民大学

宋代正统儒家反佛理论的评析①

这里所谓宋代的“正统儒家”，是指后来成了我国官方哲学的程朱派理学，这些人标榜继承了古代自尧、舜、禹、汤、文、武、周公乃至孔、孟以来的“道统”，因此与一般儒家有别，所以又称为“道学”。这种“道学”对于我国后期的封建社会有广泛而深入的影响，甚至一直延续到近代。他们虽然在不断地汲取儒教和道教的一些思想，并加以融会贯通，但又都是坚决反对佛教和道教的。这充分体现了宋代正统儒家不同于过去一般儒家思想的新的时代特点，是值得我们认真加以研究的。

佛教自汉代从印度经过中亚细亚传入中国，历代学者对于它的理解是有一个过程的，何况印度佛教的自身也有变迁，因此不可避免地会呈现出一种非常复杂的情况。我国固有的儒家思想，长期以来跟它既有斗争又有融和，从而促进了中国学术思想的发展，这本是符合世界文化交流史上的普遍规律的，但是由于先后时期的社会历史条件不同，各种思想的具体内容与问题的性质自然也在相应地发生变化，其间有些问题是继承过去而没能解决的，有的问题则是新生的，也有些理论是明显地深化了，借此可以见出新时代的特征。

大家知道，宋代佛教在我国学术思想史上的地位，既不同于汉代以佛教等同道术的时期，以及魏晋南北朝佛教近于玄学的时期，也不同于三教(儒、释、道)鼎立的隋唐宗派佛学时期。从一方面说，它的社会地位是相对地下降了，但从另一方面说，它又是比过去更见广泛和深入了，构成了中国传统思想的一个组成部分，几乎浸透到各种

---

① 本文原载于《世界宗教研究》1992年第2期。——编者注

文化生活的领域当中。

由于当时社会经济、政治乃至学术等多方面的原因，隋唐时期形成的佛教各大宗派，如三论宗、天台宗、唯识宗、华严宗等，多已日形衰落，有的即使名义上依旧保留，但是在思想信仰的内容上也多少起了变化，唯有以六祖慧能(638—713 年)为真正创始人的禅宗南派得到了进一步的发展，扩大了影响。这是因为他宣扬“见性成佛”，提倡破除偶像，不崇洋(印度)媚外，从而取消了历来反佛理论的一种非难，如从民族主义出发，认为崇信外来的佛教是“以夷变夏”，其中包含有反侵略的爱国主义思想。但是慧能这一代祖师，不仅“语录”(《坛经》)被后学尊为经典，而且本人又是地道的中国劳动人民，据说又是孝子。按这个传统，后来禅院丛林干脆规定出家人必须参加生产劳动，乃至认为“担水砍柴，无非妙道”，实行了跟过去中国变相的僧侣贵族不同的信仰，也是对印度佛教一种带根本性的变革，于是一向攻击佛教徒养尊处优、不耕而食、必将导致贫弱的论点，便再没有充分的根据了。

同时，唐末五代以后的一些佛学大师，如自号“中庸子”的智圆(976—1022 年)，《辅教篇》的作者契嵩(1011—1072 年)，以至主张佛教的“菩提心”与儒家的“忠义心”乃是“名异而体同”的宗杲(1089—1163 年)①等，为适应新时代的需要，更力求佛教的生存与发展，也多试用佛教的信仰与学说来发挥儒家的伦理与政治，并自甘作儒家思想的附庸。而这时的正统儒家，本多长年“出入佛、老”，在思想深处早已受到了无形的影响，入室操戈，于是反佛的理论也就自然有所提高了，他们往往能从当时儒佛共同关心的哲学问题，如心、性、理、欲等范畴的真实含义以及相互之间的逻辑结构，展开了不同立场与观点的争论。

虽然如此，宋代正统儒家所接触到的，其实还是那个时代社会上比较流行的中国佛教，特别是禅宗与华严，更多限于中国学者的理解与发挥，很少是认真系统地研究过印度佛教本来面目的，所以他们的

① 参见《大慧语录》卷二十四。

反佛理论，自然是针对一些更多地带有中国思想特色的佛教信仰，而不一定严格地符合印度佛教的本义，这也是我们在剖析宋代正统儒家反佛理论时应加特别注意的事实。

这时作为正统儒家的代表人物，通常是指先后出生于湖南道县的周濂溪(1017— 1073 年)、河南洛阳的程颢（1032—1085 年)和程颐(1033—1107 年)兄弟，乃至陕西长安(关中)的张载(1020—1077 年)以及曾经生活讲学于福建(闽)的朱熹(1130—1200 年)，即过去通称的所谓“濂”、“洛”、 “关”、“闽”四大家。

上述这个宋代正统派儒家——理学——的集大成者是朱熹，虽说原籍是现在江西省的婺源，但从他的父亲起就迁居福建，所以被称为“闽学”。他曾明白地说过：“河南程氏两夫子(程颢、程颐二兄弟)出，而有以接乎孟氏(轲)之传，……虽以(朱)熹之不敏，亦幸私淑而与有闻焉。”①这除了肯定二程是“道学”或“理学”的奠基人，并自命有继承这个“道统”的思想。他又编写了《伊洛渊源录》这部有关“道学史”的著作，提到周敦颐(濂溪)曾是二程的老师，并注解了他的代表作，表扬了他的学说，因此就成为“道学”的前驱。张载(横渠)同二程家族本有亲戚关系，在思想上也互有影响，都是所谓“道学”(或“理学”)的奠基人。但是其中较早的周濂溪，未见公开发表过反佛的理论。程氏兄弟的思想可谓大同小异，由于老兄（程颢)死得较早，所以影响反不如他的老弟(程颐)大，因此本文暂以张载、程颐与朱熹作为宋代正统儒家思想的突出代表，以下即就此三人的反佛理论，试作一番评论与分析。

现在先谈张载的反佛理论。他在自然观方面是一位杰出的唯物主义哲学家，用所谓“气”的离散与聚合来说明宇宙间一切事物的变化。“气”的聚合就成为有形体可见的物质世界，“气”在离散后，虽不可见，但仍是充满空间，依然是一种客观存在，并没有化为乌有、根本消灭。所以在他看来，虽然有可见的“气”与不可见的“气”之分，但这只不过是客观存在形式上的不同(转换)，都可说是实“有”，而决

① 《大学章句·序》。

不是空“无”。如此，宇宙间既是充满了“气”，所以“无”(或“空”)实际上是不存在的①。他又说什么人人相同的“天地之性”(或“义理同性”)是出于那种不可见的“气”之本体，而各人互不相同的“气质之性”则是出于那种有形质可见的“气”之聚合，所以世间只有“气”的聚散，根本没有佛教所谓“法”的生灭，他就是用这种气一元论的理论来反驳佛教所谓“一切皆空”的学说②。但是他这种对于“空”的理解，原本也同样在反对那种“断灭空”即什么都没有的“顽空”。可见二者的观点，从一方面的意义来说，反而是比较接近的。因此我们认为，张载反佛的态度虽是很坚决，在当时社会政治上确有一定的积极历史意义，但在哲学理论上并不是与佛教针锋相对的，也可以说并没有完全击中佛教“空论”的要害。

张载又进一步批判了佛教唯心主义的认识论乃至本体论，指出它的错误在于：“释氏(佛教)不知天命，而以心法起灭天地，以小缘大，以末缘本。”③这就是说，佛教不懂得自然界变化的必然性(天命)，从而认为天地万物都是由于人心而有生灭，这便是在将小的东西(心)当作大的东西(天地)的根据，把后来枝节的东西(末)反而当作了根本(本)。这话虽有一定的合理因素，但是简单地用感性认识的大、小来比喻物与心的关系，显然是一种非常粗疏的理论，因此也不能说是很正确的。而且由此可以进一步推论，凡是用朴素的唯物主义自然观来反驳带有复杂社会性的宗教信仰与人生哲学，必然会使自己走向反面，陷于一种形而上学的历史唯心主义，这已是在哲学思想史研究中常见的一条难以避免的客观规律。

南宋的著名思想家和学者朱熹，主要继承了程颐的衣钵，所以通称程朱学派。因此，他的哲学体系实际上包括了程颐的基本理论，就是都认定所谓“理”是宇宙人生的精神性主体，乃是产生万物的根源，所以主张“理”在“物”先，这也是“理学”之所以得名的原因。如果深

① 参看《正蒙·太和篇》。
② 参看《正蒙·诚明篇》。
③ 见《正蒙·大心》。

入联系社会实际，即在肯定封建社会的统治工具——纲常名教——是永恒不变的客观存在，也就是说，这个“理”是可以脱离事物而独立存在的实体，所以目前一般哲学史家都称它是一种客观唯心主义。朱熹就是以他那种客观唯心主义的观点来反对佛教的“空论”的。他认为正统儒家与外来佛教的根本区别，就在于将这个“理”或“性”(性即理)看作实有还是空无。他曾举了一个很形象的例子作为说明，比如一桶清净的水，彻底透明，看来若无所有，但是人们用手一摸，感觉到它是冷的或是温的，即可证实它的存在(有)了，而“理”正是如此①。在这里，他借用对具体外物的感觉来说明高度抽象的精神性本体(“理”)，显然是不很妥当的，但是可以帮助我们更加明了他的理论，那是用一种唯心主义来反对另一种唯心主义，或者是用一种本身也很难说是正确的观点来反对另一种他认为是错误的观点，可知是不能解决问题的。

除了从二程到朱熹的程朱学派之外，另有与朱熹同时的陆九渊(象山)，他是一个主观唯心主义者，明代著名的哲学家王阳明(1472—1528 年)则是他的重要继承人，通称陆王学派。同是宋代儒家学派的重要代表，在不少学术理论问题上，这两个学派的人一直在争论。但在反佛理论上，因为同是儒家，又有一种共同的立场与观点，他们都认为我国儒家的思想动机是站在“公”即“义”的方面，而外来佛教的思想动机则是站在“私”即“利”的方面，前者是“经世”，而后者是“出世”，因此是水火不相容的②。他们将自己的反佛比作先秦孟轲的力辟杨(朱)墨(翟)，皆是不得已也。但是在当时后期封建社会，力图作为正统思想的儒家代表，他们所谓的“公”或“义”，岂能是真的“大公无私”？这骨子里不可能完全没有一点私心。所以那种公私义利之辨，虽然说来很动听，要从全体人民的公利出发，其实两者的区别，恐怕也只是不同社会集团的代表各有不同性质、程度

① 参看《朱子语类》卷一百二十六。

② 参看《二程遗书》)卷十四、十五、《朱子语类》卷一百二十六，《象山全集》卷二《与王顺伯书》、《阳明全书·传习录下》等。

而差异的私心而已，决非在阶级社会中绝对不可能共存的那种对立，历史的客观现实正好作了证明。因此，这在理论与实践上同样是不可能彻底推翻佛教信仰的。

末了，我们附带一提，朱熹还有反佛的另一种理论，即认为中国佛教的经典，除最早译出的《四十二章经》之外，都是中国文人伪作的①。若果限于当时特别流行的各种禅宗语录，那大体上还是可以这样说的，若果泛指以往整个中国的佛教，那就未免说话太不严肃了。以朱熹这样渊博的学者，为了维护儒家的“道统”，反对所谓“异端”的外来佛教，竟然也发出这种完全不顾历史事实的谎言，这就使我们对于中国思想史的研究，特别是关于宗教思想史的科学研究，不能不更加注意如何贯彻“实事求是”的精神了。

① 参看《朱子语类》卷一百二十六。

中华文化是全国各民族的共同创造①

中国是一个逐步由多民族结合而成的大家庭，上下五千年，曾共同创造了灿烂的古代文化，而且一直延续到近代。中国是世界上文化发达最早的国家之一，但自 1840 年鸦片战争失败，不断受帝国主义列强的侵袭，为了挽救国家的危亡，团结御侮的斗争，更发挥了空前的凝聚力，终于在中国共产党的领导下，经过长期的斗争，推翻了这一百多年来压在我国各族人民头上的三座大山，从而改变了近代中国半殖民地半封建社会的性质，建立了目前统一的独立自主的社会主义新中国，进一步实现了国内各民族的平等，为系统研究我国各少数民族的历史文化创造了空前的便利条件。

这次由我国南北各方的有关科研单位共同规划、分工合作、集体完成的巨著《中国少数民族哲学史》，无论从内容到体制，皆是一种前无古人的创作，它对加强目前和今后各民族的团结和友谊、发扬爱国主义的精神，作出了非常有益的贡献，肯定会载入史册，因此值得特别向本书的各位主编，以及全体撰稿人和承担出版的安徽人民出版社的负责同志，表示热情的祝贺。

我们认为过去的大汉族主义以及各种狭隘的地方民族主义，都是旧社会剥削阶级的见解，根本不符合广大人民的利益，因此是不正确的，只会妨碍我们中华民族的大团结，并影响到我们国家今后的大发展。这里存在一个不容否认的客观历史事实，即中华文化原本是我国各民族的共同创造。

---

① 本文是石峻先生 1992 年 10 月在北京召开的“《中国少数民族哲学史》评议会”上的发言稿。——编者注

不妨先从我们日常生活的衣、食、住、行谈起吧。目前妇女同志比较通行的中华民族服装不是所谓“旗袍”吗？即过去满族人的衣着。首都北京最有代表性的烹调——涮牛羊肉，据说还是蒙古族的发明。我国广大人民住房的结构，各民族都因地理环境和气候的不同而有独具匠心的创造，河北承德的避暑山庄和附近的外八庙，更充分体现了过去各民族在建筑艺术上的结合。古代赵武灵王就公开提倡胡服骑射，提倡汉族学习少数民族的长处。众所周知，今天中国普遍通行的高桌、高椅凳、高床等习惯，也都是从少数民族那里学来的。

进一步谈到古代的科学技术，以整合我国过去科技贡献最多的医学为例，除汉族在过去已曾广泛汲取国内外的一些经验外，即使在当今的蒙医学和藏医学等，也都各有独到的贡献。

谈到更深一层的学术见解，特别是宗教等方面，我国隋唐时各大佛教宗派的大师，如三论宗的创始人吉藏(549—623 年)，华严宗的大师，实际上是集大成的法藏(643—712 年)，乃至法相唯识宗的创始人、著名高僧玄奘(600—664 年)的两位高足及接班人的窥基(632—682 年)和圆测(613—696 年)，全都是少数民族，后来影响最广泛的佛教禅宗南派的创始人慧能(638—713 年)，也有人怀疑他可能有少数民族的血统。至于藏传佛教黄教的祖师宗喀巴(1357—1419 年)，一直影响到今天的蒙藏广大地区，更是地道的少数民族，那就不用说了。

佛教之外的学者，如明代反对以孔子之是非为是非的李贽(1527—1602 年)，不肯同流合污的杰出政治家海瑞(1514—1587 年)，清代著名词人纳兰性德(1655—1685 年)等，都是历史上少有的人物。

论到我国古代的大政治家，如唐代实现“贞观之治”的李世民，即唐太宗，关于他的家世、民族、出身，至今尚存争论。至于清代的康熙皇帝，这位大有作为的最高统治者更是地道的少数民族了。再如蒙古族杰出的领袖成吉思汗，他的军事才能决不在《孙子兵法》的作者、被世人称为兵学之祖的孙武以下，也是大家所公认的。

至于近现代少数民族出身的著名的革命家和学者，因为人数较多，我就不一一列举了。

总而言之，我国历史上各少数民族是人才辈出，曾作出了重要的贡献，共同创造了中华民族的传统文化，只是过去人们常不免疏忽就是了。有人出于大汉族主义的偏见，时常将一切少数民族杰出人物的贡献全都记在大汉族的账上，这是不符合事实的。我们今天全面研究中华民族文化的历史，就是要本着实事求是的精神，力求思想性与科学性的统一，既要看到过去各民族之间在旧社会剥削制度之下的矛盾与斗争，但更要看到各民族之间的互相学习与促进、共同创造提高的积极面。今天在中国共产党的领导下，稳固各民族的团结，共同建设具有中国特色的伟大的社会主义祖国，我们大家更应该自觉地认识到这一点。

《禅悟之道：南宗禅学研究》序①

禅宗是唐代以后最具有中国特色的佛教宗派，曾广泛地影响到亚洲东方的哲学、文学、艺术等各科领域，它不简单是前人为了适应我国当时的社会历史条件，对外来宗教信仰的吸收与改造，实在是中外学术思想长期以来既斗争又融合的产物。近一个世纪传播到西方，目前已成为国际学术界共同关心的部门。

中国佛教南宗禅的真正创始人是出身于劳动人民（有可能是少数民族）、而文化水平不高（但不一定是文盲）的惠能（638—713 年），通常叫“六祖”（禅宗的），他的言行录由高足弟子法海所记，简称《坛经》，仅一万多字，宋元以来又有几种增订本，是中国佛教徒著作中唯一受到尊奉而可以等同印度佛说的经典。大体说来，这一派人主张不分地区南北、种族界限，人人皆有“佛性”，所以提倡“自悟”自度，既不迷信教条、崇拜偶像，也不一心向往西方佛国“净土”，可谓名符其实的“教外别传”。因此与我国其他重要佛教宗派，如三论、天台、唯识、华严等相比，具有不同的精神面貌，它没有一般变相的僧侣贵族的特征。到后来又宗下分派，演成临济、曹洞、沩仰、云门、法眼五家，还各自创造了许多颇有心得、体会，但又作风不同的宗教实践或教学方法，从而成为一种近乎地道的中国思想、学术，并带有某些一般规律性的内容，是值得我们认真研究的课题。

近现代研究佛教禅宗思想有代表性的学者，除新中国成立后国内坚持以辩证唯物主义和历史唯物主义基本原理为指导者外，尚有强调

① 本文原载于邢东风著《禅悟之道——南宗禅学研究》，中国人民大学出版社，1992 年。——编者注

与当代西方资产阶级哲学互相发明，宣扬其优异性，并注重在日常生活实践中加以应用的日本专家。如有国际影响的多产作家铃木大拙博士(1870—1966年)，他的几种小册子，如《禅与生活》、《禅的真髓》和《一个禅者的思索》等，均已翻译成中文出版，其大部头的著作多为英文，日本出版了他的《全集》。受他深刻影响的欧美学者，有的牵强比附，甚至使中国古代南宗禅的思想几乎成了二十世纪萨特(J. P. Sartre)存在主义的先驱。也有公开反对佛教信仰而专门从事考据这一派宗教思想如何逐步形成思潮及其演变历史的我国文化名人胡适(1891—1962年)，多年来在有关佛教禅宗史料的搜集和整理方面，无疑作出了一定的贡献。如一再校补印行的《神会和尚遗集》及其他有关中国佛教思想史研究的论著，经日本学者柳田圣山编为《胡适禅学案》，由京都中文出版社发行，皆为后来研究者提供了方便。至于铃木大拙与胡适两人关于禅学性质理解不同的争辩，应是不少专业工作者所熟悉的，在这里就不加以介绍了①。更有长期从事各派佛教思想专门研究、现在台湾的著名学者印顺法师，曾先后完成《唯识学探源》、《性空学探源》以及《如来藏之研究》(原拟定名《如来藏学探源》)，更著有《中国禅宗史》一书，其性质与上列各种“探源”略同，所以副标题是《从印度禅到中华禅》，更为注意发掘我国禅宗思想与外来印度佛教的继承关系，同时也包含有作者的一种信仰。上述这几位学者，由于立场和观点不尽相同，自然研究成果的性质也多少存在着分歧，都值得我们比较深入地探索、全面而又系统地加以总结，从而提高我国佛教哲学思想史研究的科学水平。

邢东风同志正是向这个方向努力的。他认为通过对佛教南宗禅的深入研究，可以为我们目前恰当地吸收利用外来文化提供有益的历史借鉴，是既有理论意义又有现实意义的工作。本书是经过他独立思考而写成的博士论文。他力图从实际出发，史论结合，并注意对此范围内某些有待进一步研究、甚至可能是悬而未决的问题进行新的探索，于是选取“南宗禅学的思想和实践”为研究课题，从形式到内容，力

① 参见《禅宗历史与文化》，黑龙江教育出版社1988年版。

求结合当代各方面科研的最新成果，作出符合事实的说明。同时对若干学术界存在的有争议的问题，也提出一些不完全相同于时贤的见解。他平时肯刻苦钻研，有实事求是的精神，勇于破除成见，是值得向读者推荐的。希望作者今后能继续努力，不断前进，敢于攀高峰，对中国佛教思想史的科学研究，作出更大的贡献。

1991 年 11 月于北京

荐《墨子及其后学》①

先秦的墨家和儒家，同是我国古代最著名的学派，所以在当时被称为“显学”②。到汉代初年，犹多以孔墨并称，可见对社会影响之大。在汉武帝(刘彻)于元光元年(公元前 134 年)接受了治《春秋》公羊学的儒者董仲舒的建议，为了加强封建中央集权的专制统治，在学术思想领域实行“罢黜百家，独尊儒术”之后，这种情况才开始有所改变。特别是儒学大师孟子(轲)在我国逐渐成了第二号圣人(“亚圣”)，他那种激烈反对墨学的言论更助长了占统治地位思想的气焰，使墨家从此成了“异端”，即是官方哲学的反对派。但在今天看来，这种学术上人为的转变，反而更可以说明墨学在我国思想史上不可磨灭的地位。

由于墨学在过去这种长期被压抑的处境真是不绝如缕，以致这一派的著作很少有人攻读，专门从事研究的学者就更少了。考《汉书·艺文志》载《墨子》71 篇，今存仅 53 篇，亡 18 篇，可见虽有散佚，但是大体总算保存下来了。然而历代无人整理，使得错落乃至颠倒的篇章字句就显得特别突出，难以卒读，加之墨学涉及的范围又至为广泛，包含有哲学、政治、经济、科学、军事，工艺等多方面的内容，在旧社会专为培养当官的知识分子，限于学识，也很难兼通，于是无形中几乎成了“绝学”。

直到清代后期，由于外国资本主义势力的不断侵入，加之内政不修，国势不振，正统儒学的权威也随之衰落了。同时门户洞开，在学

---

① 本文原载于《中国人民大学学报》1992 年第 4 期。——编者注

② 见《韩非子·显学》。

术界也部分地接触到了西方的所谓“新学”，因此一些具有爱国主义思想的学者才又注意到墨学其中某些富有现实意义的内容，如反对亲亲特权的封建宗法思想，有关自然科学的理论和应用，以及可以改正模糊笼统思想流弊的逻辑学等，均有值得再认真研究的价值。于是有由儒学正统派经学家转而热心提倡诸子学的人出世，晚清瑞安孙诒让就是其中杰出的代表之一，他总括了前人校勘训诂等方面的成果，又广搜佚文、旧叙，自称“覃思十年，略通其谊，凡所发正，咸具于注”，用力写成《墨子间诂》一书，为方便来学作出了非常有益的贡献。

往后通过中外学术思想的比较研究，如章太炎、梁启超、胡适、章行严、杜国庠等各家，皆又进一步有所发明。至于后期墨家著作，即通常称为“墨经”或“墨辩”的部分，不仅行文至简，且多古字古义，一向号称难治，则有近人谭戒甫、高亨、沈有鼎等，皆用力甚勤，刊成专著。此外，岑仲勉撰《墨子城守各篇简注》，可补前人所不备。又海外专家学者，在此领域亦不乏贡献。

在批判继承我国优秀的文化遗产、从事建设具有中国特色的社会主义物质文明和精神文明的新时代，孙中原同志充分地考虑到今日读者的需要，在所著《墨子及其后学》(新华出版社 1991 年 10 月版)中，以严肃认真的科学态度，用深入浅出的文笔，系统地消化了前人的成果，独立思考，概括为各种专题，并力求做到科学性和可读性、准确性与生动性的统一，对全面了解墨子及其后学的人格与思想作出了有价值的贡献。

奉读之余暇，特赘数言以为推荐。

《肇论》思想研究①

一、僧肇的生平和著作及其思想在后代的演变

释僧肇，我国东晋时代著名的佛学理论家，本姓张，京兆(今陕西省西安市)人。梁慧皎《高僧传》卷七本传说他死在晋义熙十年(414年)，也就是他的老师、我国著名的佛典翻译家鸠摩罗什(Kumarajiva，343—413年)去世后的一年，只有31岁，以此上推，当生于东晋孝武帝太元九年(384年)。近代日本学者也有说他活了41岁的。可能由于前人将“卌”误认作“卅”了，但这只是一种假说。

他出身于贫苦的家庭，生活很是困难，早年靠帮人抄写书卷谋生，以此阅读了大量的古代经史文籍，并且很喜好当时流行的玄谈，且“每以《庄》、《老》为心要”。但在过了一段时期，思想就起了转变。“尝读老子《道德章》”，不禁发出感叹，认为“美则美矣，然期栖神冥累之方，犹未尽善”。也就是说：像他那样的平民，想借此达到安顿精神和消除忧患意识，依据道家经典《老子》所说，显然是美中不足的，解决不了问题。此后见到了旧《维摩经》(*Vimalakirti-nirdesa-Sutra*)，可能是三国时吴支谦的译本，看过了非常高兴，并且经过仔细的研究，才自认为找到了归宿，因此出家，这就是他为什么从爱好玄学经典理论转入佛教信仰的原因。这对于我们理解僧肇的佛教哲学，显然有非常重要的意义。

---

① 本文原载于《国故新知——纪念汤用彤先生诞辰一百周年》，北京大学出版社，1993年。——编者注

他后来努力学习各种大乘佛教典，不仅博学多能，而且长于思辨，于是早在20岁左右就已名声不小了。这样，就有人远道专门来找他辩论，但由于他不仅学理深透，同时口才也好，因此不少好胜的人，都不免在辩论中失败了。

此后他听说西域的佛学大师鸠摩罗什来到了姑藏(今甘肃武威)，便不顾远道去跟从他学习。后来罗什被后秦王姚兴请来长安(今陕西省西安市)，他也跟随来了，又受命和僧叡等多人同住逍遥园，一道帮助罗什从事翻译佛教经典的工作。僧肇此时得便比较各种先后的译本，发现过去的旧译常有不够确切的地方，就向罗什请教，从此他对佛学理解的水平也就更见提高了。他的老师罗什原本是外国人，只是出生在中国，在古汉语修辞方面，当然不如他这位能文的弟子，以及他杰出的同学们。在罗什译出《大品般若经》(403—405年)之后，僧肇便写下《般若无知论》，有两千多字，送呈罗什审阅，他读了很是称赞，对僧肇说："我的理解虽不让于你，可在修辞上还得恭维。"("吾解不谢子，辞当相挹")可见他是一位学有素养、文理兼长的佛学思想家。

现存僧肇的著作《注维摩诘经》，曾见称于梁慧皎的《高僧传》本传，但现行该书则是杂糅罗什、僧肇、道生、僧叡、僧融等人的注解而成，它跟后来在我国敦煌发现的唐代道液的《净名经集解关中疏》①性质非常相近。僧肇在该书的序言中曾提到，他是在参与罗什翻译时"辄顺所闻，为之注解，略记成言，述而不作"。在《般若无知论》附载《答刘遗民书》中再次提出："什法师以午年(弘始八年属午，按即公元406年)出《维摩经》，贫道时预听次，参承之暇，辄复条记成言，以为注解，辞虽不文，然义承有本。"可见僧肇的《维摩经注》基本是听罗什讲解本书的笔记，不仅充分反映罗什的思想，也是僧肇在直接继承罗什思想的见证。

此外都是一些散篇的论文(包括经论序和书信)，最早见于梁代释僧祐(445—518年)撰《出三藏记集》(省称《祐录》)卷十二所载南朝

① 此书在抗战前有上海商务印书馆铅字排印本。

宋陆澄所撰《法论目录》的，先后次第如下：

1.《不真空论》

2.《百论序》，载《法论》第一帙《法性集》

3.《涅槃无名论》，载《法论》第二帙《觉性集》

4.《般若无名(知)论》(刘遗民难，肇答)

5.《维摩诘经注序》，载《法论》第三帙《般若集》

6.《丈六即真论》(今佚)，载《法论》第四帙《法身集》

7.《长阿含经序》，载《法论》第六帙《教门集》

8.《物不迁论》，载《法论》第十三帙《物理集》

这个最早记载有僧肇著作的目录，有以下值得注意的几点：第一，与今本《肇论》各篇排列的先后次序不同；第二，没有《宗本义》；第三，虽载有《涅槃无名论》，但没有《上秦王表》。据此可以证明，当时尚没有编成像今本《肇论》这样的一部书。

又日本《续藏经》二编乙第二十三帙，载有《肇论疏》三卷，系陈代慧达撰，原录作晋慧达，实误。但是陈朝小招提寺慧达法师在序言中又只说“聊寄一序，托悟在中”，并没有一字提到作“疏”的事，因此作这个《肇论疏》的究是何人，尚是一个疑问。新作目录谓只上中二卷，缺下卷，也不见有什么根据。但在日人安澄《中论疏记》之作，已有引称，可知绝在唐前，故《肇论》章疏当推此为最早。正因为如此，少受后来佛教宗派思想的影响，所以能比较如实地反映本来思想论争的真实情况，如明确指出僧肇的《不真空论》中反驳的“本无”是包括了过去一代大师释道安和当时南方佛教领袖慧远等人的学说，这是符合历史事实的。同时也载有若干不常见的原始思想资料，如所谓“大顿悟”与“小顿悟”的区别等。所以这本书虽说文字多有错落、比较难懂，但对于今天研究中国佛教思想史，仍然很有参考价值。

但到陈慧达作此《肇论疏》时，则在《涅槃无名论》前增加了《表上秦主姚兴》(即《上秦王表》)，又在《不真空论》疏里特为介绍说：“上明不迁，正就今昔以明不迁；今明不真之文，亦就俗法以明不真。”可见此时已将《物不迁论》置于《不真空论》前。但在《物不迁论》疏中，一上来就说：“上明佛果(应是指《涅槃无名论》而言)，此下二论明生死、因果相对。”可知此时作者见到的《肇论》则是《涅槃无名论》排在前，接着才是《物不迁论》和《不真空论》。那么《般若无知论》如果不排在最先，则只有排在最后，这样就既不同于陆澄的《法论》目录，又不同于今本《肇论》。然而很奇怪的是，慧达在序言中虽已提到《宗本义》，但在《肇论疏》中则仍然缺载，更可见《肇论》这本书的编定乃是僧肇死后相当长时间的事。说他早已按今本的篇次写下了概括各篇思想要点的序言——《宗本义》，那更是不可想象的事。

《肇论》这部书，由于谈论的问题本是大乘佛教的一些基本理论，加之文字优美，又能结合中国传统学术思想进行评论，因此流传很广。从南朝陈以至唐、宋、元、明各代，都不断有人在作新注。据日本学者牧田谛亮先生统计，现存的至少不下十种，散失了的则比这还多①。以下再简略地介绍一下唐代以后至目前最流行的几种注本的思想特点。

1. 作为对现存《肇论》一书的注解，最详细的莫过于唐代元康的《肇论疏》三卷（见《大正藏》卷45），他这书的编目次第已相同于当今的通行本。但将陈慧达《肇论疏》中所提到的释道安和慧远大师的“本无论”都删除了，用以表明僧肇在《不真空论》中只是反驳了声名较小的竺法汰等人的学说，这就无形中不免受到我国儒者公羊家主张的要“为尊者讳，为亲者讳，为贤者讳”的思想影响了。

但是这部书也有它的思想特点，就是一再说明僧肇虽然经常引用《老》、《庄》等书上的话，但只是为了宣传的方便，让人易于接受，而决不是存心在发挥中国传统道家（自然也包括了深受道家思想影响的魏晋玄学）的理论，而是正宗的大乘佛教学说，这一点也很重要。此外，本书在注解体例上也有一个特点，即对当时存在的不同理解也适当地加以介绍，这对我们今天如实研究僧肇的思想或学说，无疑也是大有帮助的。

2. 目前多数人常用的，就是这部宋晋水沙门净源编的《肇论中吴集解》，这在中国和日本过去都有影印宋刻本，全载《肇论》原文，

---

① 详冢本善隆主编《肇论研究》，昭和三十年，法藏馆。

篇次亦同唐元康《肇论疏》，注文则不尚烦琐，比较简明。编者本是根据中吴秘思法师的遗稿整理加工成书的。从他所作《集解题辞》来看，如开宗明义就说："夫总万有之本，莫大乎一心，宗一心之源，莫深乎四论(当指《肇论》四篇)"。又谓："昔者论主（指作者僧肇）生于姚秦，遮诠虽详，表诠未备。"这里包含有两层意思值得注意：一是作者净源(1011—1088年)肯定为华严宗人，属于佛教大乘有宗，但僧肇则是佛教般若空宗的代表，所以他在《答刘遗民书》中曾说："至理虚玄，拟心已差。"可见彼此的思路是不相同的。与此密切相关，再则是他认为《肇论》作者的表达方法是详于用否定(遮诠)、或今人所谓"负的"论证，而略于用肯定(表诠)、或今人所谓"正的"叙述，故特意采用唐代道液集解僧肇注《净名经》(即《维摩诘经》)的办法作此《肇论》注。可见受时代的影响，此书已有宗派思想的干扰，不再是纯属佛教般若空宗的理论了。

3. 元朝沙门文才所作的《肇论新疏》，我国因有木刻单行本，因此也颇为流行。据作者序言，他看出了过去各家注解的一些思想矛盾，企图加以裁正，因此参考了多种前人的著述，其中也包括了上列宋净源《肇论中吴集解》，"乃因暇日，谨摭诸先觉之说，别为训解，以授座下"，并写成此书。但是他却主观地在强调什么"以四论前后异出，又各宗一义，欲合为一，不可遍目，乃复作《宗本》一章，冠于论首"。他不太了解《肇论》各篇——即《物不迁论》、《不真空论》和《般若无知论》——之间在理论思维上的内在联系和一致，只从问题的外表着眼，而认为是"各宗一义"，于是进一步发挥了宋净源法师的见解，认为"非一心无以摄四法，非四法无以示一心"，以见所谓"理事一源"的道理。可知此《肇论新疏》虽在《肇论》的个别字句上也不无发明，但从总的思想原则来说，应知作者的佛学理论水平是不高的，而影响的大小自然是另一回事。

至于明代憨山德清(1546—1623年)的《肇论略疏》，除了受到上述元文才《新疏》的影响外，又进一步融合了禅与华严的学说，乃至主张调合儒、佛、道三教，因此跟僧肇原本的思想面目就距离更远了。这是一种时代的思潮，自然牵涉的问题甚广，我们只好将其存而不论了。

此外尚有几种《肇论》的注本，因为特点并不突出，本文就不准备再一一介绍了①。

又外文翻译的《肇论》，其实也等于是一种国外现代语的注释，除有日本学者合作翻译的汉日对照本外，尚有两种英译本：一种为前北京大学梵文教师奥人李华德(Walter Liebenthal)的 *The Book of Chao*，1948 年北平辅仁大学出版，前有长篇序文，详细介绍了有关情况，近年在国外更有修订版，可供参考。再一种就是新中国成立后，由长年留学印度的世界宗教研究所研究员徐梵澄先生翻译的除《涅槃无名论》之外《肇论》所载的其他各篇，由中国社会科学出版社发行，自然更值得重视。

本节末了附带申明：关于僧肇的著作，我们一直没有提到的尚有《鸠摩罗什法师诔》，载唐代释道宣编撰的《广弘明集》，那纯粹是一篇悼念恩师的文章。又现存有《宝藏论》一书，虽颇有社会影响，但经汤(用彤)先生考证，实为中唐以后“妄人取当时流行禅宗及道教理论凑成，托名僧肇。而所谓肇公之《老子注》，同是伪书也”②。这在目前已成为定论。

二、《肇论》一书的形成与有关当代佛学理论的分歧

(一)《宗本义》的性质与作者问题

根据上节的论述，可知今本《肇论》一书的编成远在僧肇死后，因此他没有可能作这样一篇被部分后来学者认为是带有总纲性的序文，但究是何时何人在这部僧肇论文选集之前冠上这篇《宗本义》的，已不可详考了。陈朝小招提寺慧达法师的序言中虽已提到，但不见本文。至唐元康作《肇论疏》时，则确已载有此篇。我们认为，即使《宗

① 可参看日本学者牧田谛亮先生的文章，载上引《肇论研究》。

② 详见汤用彤所著《汉魏两晋南北朝佛教史》第 10 章。

本义》非僧肇所作，也不见得是概括《肇论》各篇大义的，因为那无疑是僧肇在《不真空论》中所批判的一种思想。这在唐元康作《肇论疏》时就已发现这个问题，早有人在怀疑，如《宗本义》一上来就说："本无、实相、法性、性空、缘会，一义耳。"元康《疏》云："今云'本无'等者，有人云会释五家义也。竺法汰作《本无论》，什法师作《实相论》，远法师作《法性论》，安法师作《性空论》，于道邃作《缘会二谛论》，今会此五家，故云一义耳。"又说："若今会竺法汰《本无论》者，何故《不真空论》初弹本无义耶？又且远法师作《法性论》，自问云：性空是法性乎？答曰：非。性空者，即所空而为名，法性是法真性，非空名也。今何得会为一耶？"

他说还有另一种反驳的意见是："复有人言：支法详作《实相论》，今会此论，此释弥复不然。支法详不见什法师，承来至关中乃作书，问什师门人释慧仪'实相义'，慧仪报答，名此为《实相论》。此并是肇法师同时人，才学又在肇法师下，宁肯会释此人所作论耶？必不然也。"

上述这两种意见，虽然本书作者元康没有最后加以肯定，但问题的性质则是讲得再清楚不过了，即都一致认为"本无、实相、法性、性空、缘会一义耳"的思想是与僧肇作《不真空论》破斥心无、即色、本无三家义的思想是根本不相符合的，这是有道理的。若果硬要将此篇说成是僧肇总全书四论的序言，不仅思想自相矛盾，而且与历史事实不符，也就等于推翻了《宗本义》会是僧肇所作的可能，这个结论无疑是正确的。然则《宗本义》的这种思想究竟出自何家，固然不可轻率断定，但慧达《肇论疏》却在无意中给我们提供了直接的有关史料，可供进一步研究参考，即他在《不真空论》疏中引："庐山(慧)远法师'本无义'云：因缘之所有者，本无之所无，本无之所无者，谓之本无。本无与法性同实而异名也。"说"本无"与"法性"同实而异名，则正是《宗本义》一篇的核心思想，因此《宗本义》目前虽没有确证是慧远所作，但是两者的思路非常接近，那应该不成问题，大可值得注意的。

以下按今本《肇论》各篇写成的先后次第，分别加以简略地介绍和评议。

(二)《般若无知论》的产生以及刘遗民的诘难

据梁慧皎《高僧传》卷七本传说，僧肇是在参与鸠摩罗什译出《大品般若经》之后，“便著《般若无知论》，凡二千余言，竟以呈(罗)什，什读之称善”。可知这篇论文是在《般若经》思想的启发下写成的，同时很得到他老师(罗什)的赏识。后来通过他的同学、著名的佛学思想家竺道生(355—434年)，约在弘始十年(408年)南归，才又将此文转交刘遗民的。刘遗民本名刘程之，字仲思，彭城(今江苏徐州市)人，是一位未出家的佛教信仰者，学兼内外，当时颇有声名，他跟释慧远大师(334—416年)同住在江西庐山。他便将这篇论文送呈过目，又让其他同仁看了，虽然一致夸奖那篇文章写得好，但确不见有人完全赞同僧肇的佛学论点。

刘遗民读后曾感慨地说：“不意方袍(指僧人)复有平叔。”也就是说，想不到我们佛教界也出了一位像何晏(何平叔)那样的人。单从这句话就可以断定刘遗民是并不太懂得僧肇佛学思想的，因为何晏是魏晋玄学中一位早期的地道的贵无论者，对二人岂可凭主观加以相提并论？按刘遗民早作有《释心无义》一篇①，今佚。现在所作《致僧肇书》中，所谓“夫圣心冥寂，理极同无，不疾而疾，不徐而徐”，就是一种“心无义”的发挥。

又以刘遗民为代表在诘难僧肇的书信中说：“所以应会之道，为当唯照无相耶？为当咸睹其变耶？若睹其变，则异乎无相；若唯照无相，则无会可抚，既无会可抚，而有抚会之功，意有未悟。”刘遗民的思想深处，在这里很明显地是将“无相”与“变”(有相)断然对立起来看问题的，所以跟僧肇的思想“圣智幽微，深隐难测，无相无名，乃非言象之所得”的理论是完全不相同的。

刘遗民又说：“岂有真是而非是，至当而非当，而云当而无当，是而无是耶？若谓至当非常当，真是非常是，此盖悟惑之言本异耳，

① 见《出三藏记集》卷十二载陆澄《法论目录》。

固论旨所以不明也，愿复重喻以袪其惑矣。”在这里，他更将“是”与“非是”、“当”与“非当”完全看作互相对立的，非此即彼，不可共存，跟僧肇所谓“物无不是，故是而无是，物无不当，故当而无当”的思想不相一致。

总之，僧肇的思想是以大乘佛教般若中观一系的理论为依据，主张双遣有无是非，以显示无所得的“实相”，亦即他在《注维摩诘经》序文中所说的“语宗极以不二为门”。而刘遗民等则认为有无是非等永远是对立、不可加以混淆的，因此将“圣智”——也可叫“佛慧”的理解——始终局限于形式逻辑范围之内，这就是彼此理论体系不同的症结所在。

刘遗民致僧肇书最末一段还说：“《论》至日，即与远法师详省之，法师亦好相领得意，但标位似各有本，或当不必理尽同矣。”则可知当时南方佛教领袖慧远大师也是不很同意僧肇《般若无知论》的观点的。

按最早的南朝宋陆澄《法论·目录》载《般若无名(知)论》下注云：“刘遗民难，肇答。”那是很恰当的。往后唐元康《肇论疏》则称《隐士刘遗民书问》，宋净源《肇论中吴集解》作《刘君致书核间》，元文才《肇论新疏》更简称《刘公致问》，那就越改越见不到双方其实在进行严肃理论争辩的性质了。

但是我们今天看来，要比较全面和客观地了解僧肇的思想，则正是要通过这场争辩的不同论点来加深双方的理才对。

关于僧肇《般若无知论》这篇论文的主要思想，正如汤(用彤)先生早先指出的，“在解释应化，并非专就知识而言”①。至于说它是一种“不可知论”，虽然也并不算很错，可是并没有抓住这个宗教哲学问题的实质。

(三)《不真空论》和《物不迁论》的中心思想

僧肇在作《般若无知论》之后，又著《不真空论》和《物不迁论》。

---

① 汤用彤《汉魏两晋南北朝佛教史》第239页。

在这两篇重要论文中，皆见有《中论》的引文，可知写成至早当在弘始十一年(409 年)之后，因罗什此年在长安大寺方译成此论。

当时受魏晋玄学各派思想影响的佛教般若学学者，多著“空”论以表达自己对于外来《般若经》的理解，如陈慧达《肇论疏》序言所谓“或六家七宗，爰延十二”者皆是，可见其流派之多。又“无”为“空”(Sunya)字之古译，故“本无”亦可云“本空”，“心无”亦可谓“心空”，这些“空”义无论说法如何不同，在当时多有这样一个共同的特点，即在强调一方为体、为本、为无（空），另一方为用、为末、为有，都是相互对立的，即僧肇批评的所谓“六家偏而不即”，因此可说与魏晋玄学高谈本末、有无、体用之辨是同一条思路。但由于玄学本是一种政治理论，与现实密切相关，而佛学则是一种宗教哲学，宗旨在出世解脱，所以归根结底，二者的精神实质自然又多少有所不同。当时佛学界(主要是般若学学者)主张从根本上说“空(无)”的名“本无宗”，从现象上说“空(无)”的名“即色空”(“色”为形形色色之“色”，梵语原文为“Ropa”，即指物质现象)，从“心”上说“空(无)”的即所谓“心无宗”。如果再深入分析，如“本无宗”之外，又可分出“本无异宗”。“即色宗”亦有所谓“关内即色”的别派，而六家中的“识含”、“幻化”以至“缘会”，其实也都是主张“色无(空)”的，并都可以归为“即色宗”，当以支道林为最有名。此外主张“心无宗”的人，据《世说新语》刘孝标注，也有“旧义”与“无义”(以支愍度为代表)的不同。这些各宗学说的详细分别与思想内容，读者可参看汤(用彤)先生《汉魏两晋南北朝佛教史》第九章《释道安时代之般若学》，我这里就不准备一一介绍了。僧肇作《不真空论》，就是以批判上述各家学说来表达自己思想的。至于隋吉藏在《中论疏》上说，其间有的是僧肇所呵斥的，而更多的则不在僧肇所呵斥之列，这就恐怕难免没加上个人的主观臆测了。所以，我们如果要认真研究和了解僧肇《不真空论》的思想，必须充分注意它与六家七宗一类学说的如何不同，应该说这是一个关键。如果我们只是笼统地看到他们之间的某些近似点，或都是所谓般若学，而完全一视同仁，那种认识无疑是比较肤浅的。其间比较有代表性的，如因为只见到《肇论》的引文，但并没有研究它的思想，就判定那是“规模庄周之言”①。近来国内外学者依然有借魏晋玄学中“崇有派”的向（秀）、郭（象）《庄子注》的思想来直接发挥僧肇佛学理论的，可能都由于没有特别注意到上述这个带关键性的问题。因此，我们今后应该力求避免“望文生义”，不能再用三家义（其实也就包括了“六家七宗”的学说）来附会僧肇的思想了。

谈到《不真空论》的中心思想，开宗明义就在强调：“夫至虚无生者，盖是般若玄鉴之妙趣，有物之宗极者也。”因为“无生”将“无灭”，既无所谓生灭，故“诸法假号非真”，“不真”即“空”，决不是在说什么都没有，更不是说这个“空”是“不真”。所以又进一步推论：“即万物之自虚，岂待宰割以求通哉?”根据这种思想作为前提，就必然认为那些“心无”、“即色”、“本无”各家对于佛教所谓“真如”本体来说，都是“宰割以求通”的办法，而不知“有也、无也”皆是“心之影响”，因此决不可能“契神于有无之间”，也就是只能使动（有）静（无）对立而不相即。又按僧肇对三家义的批判，也是曾加区别对待的，如为当时多数佛教信仰者所反对的“心无义”，僧肇却在一方面有所肯定，所谓“得在神静”，这也可以看出他那种学说的部分精神。因此，僧肇在《不真空论》结语中又不厌重复地说：“若有不即真，无不夷迹，然则有无称异，其致一也。”

《物不迁论》更是僧肇一篇重要的佛学论文，它的思想方法，实在深受印度大乘佛教中观派（Madhyamika）的影响，与中国传统思想颇不相同。过去有人认为“物不迁”为专言绝对的“静”，并认为那是一种根本反辩证法的形而上学，即是完全孤立和静止地观察外界的理论，这当然是不对的。在中国传统哲学中，无论道家或儒家，乃至其他各家，不管是在强调“静”或强调“动”，以及“变”或“不变”，总是将两者看作截然对立的，从不见有把“动”与“静”或“变”与“不变”看作一回事的。如道家的经典《老子》书上说：“重为轻根，静为躁（动的意思）君（主宰的意思）。”②儒家的创始人孔子

① 见马端临《文献通考·经籍考》引“晁氏曰”。

② 《老子》第二十六章。

说："仁者静，智者动。"①《物不迁论》的思想则根本不同，认为即"动"即"静"，或"迁"即"不迁"，亦即所谓"然则动静未始异，而惑者不同"。又曰："若动而静，似去而留，可以神会，难以事求。"这里所谈的无疑是宗教哲学上一个很成问题的非常重要的问题。《物不迁论》的作者显然对过去和当时各种"静、动"(体、用)相反或对立的见解一概加以否定了，乃至对于所谓"动"与"静"跟"有"与"无"的关系，也加深了一层理论上的探讨，坚持存在上的"不二"不离。这种主张"真如"无所谓动静的近乎西方哲学所谓"永恒"(Aeternitas)的理论，确有"即体即用"的意思，但与我国传统儒家所说的含义，由于更多地是从伦理道德方面着眼的，自然也不完全相同，恰如显示大乘佛教中观派的"宗极"不可能完全等同于儒道的"太极"与"无极"一样。若果单从概论推理的形式上来看，无疑会包含许多矛盾，将导致一种唯心主义的诡辩论。但从信仰者的宗教实践(修行)来体验，也可能会引导人们进入某种超然的精神境界，亦即寻求所谓彼岸世界的理论根据。而只从一般哲学的认识论去理解，反而可能是难得要领的，但这正是富于理论思维的宗教哲学的一个特点。同时也可见僧肇《物不迁论》、《不真空论》和《般若无知论》，虽着眼点各不相同，但在理论体系上的一贯也就更加了然了。

(四)有关《涅槃无名论》的疑义

《涅槃无名论》的篇名，早见于僧祐《出三藏记集》卷十二，载南朝宋明帝时陆澄撰《法论·目录》第二帙《觉性集》中。梁慧皎《高僧传》卷七释僧肇本传中亦见征引，其出世当甚早，可无疑义。但其体裁、文笔与思想都和《肇论》其他三篇即《物不迁论》、《不真空论》与《般若无知论》很不相同。汤(用彤)先生首先在1932年所作《竺道生与涅槃学》一文②，提出疑问，现据《汉魏两晋南北朝佛教史》第二部

---

① 《论语·雍也》。

② 见北京大学《国学季刊》三卷一号，现载作者《理学·佛学·玄学》一书中。

分第十六章，节引其考证原文如下：

如《涅槃无名论》为僧肇所作，则为持渐以驳顿之最早者。但此论文笔力与《不真空论》等不相似，且颇有疑点，或非僧肇所作。(1)据《肇论疏》等，均谓此论中引其《涅槃经》。按肇死(414)在《大经》出世(421)及《泥洹》六卷本译出(417至418)之前。(2)肇在什公逝后一年而亡。而其《上秦王表》中引及《姚兴与安成侯书》。按彼书中所言，似什公去世已久。(3)《无名论》十演中反驳之顿悟，显为生公说。而九折中所斥之渐说，则为支公七住顿悟说。是作者宗旨赞成七住说，而呵弹大顿悟。据今所知，生公以前，无持大顿者。生公立说想在江南，且亦远在肇死之后。(4)(略)。(5)《涅槃无名论》虽不出肇公手笔，然要亦末初顿悟争论时所作。《难差》以下六章，其中“有名”主顿，“无名”主渐，反复陈述，只陈理本无差，而差则在人之义。此外了无精义。取与诸渐家如王弘等所陈比较，辞力实浮薄，似非僧肇所作也。①

新中国成立后，汤先生早年旧友吕秋逸(澂)先生在《中国佛学源流略讲》一书中曾指出有关论据尚不够充分，认为“此论是否僧肇所作，还可以研究”②。这种严肃认真的治学态度是很值得钦佩的。因此《涅槃无名论》究系何人所作，我们以为还可以不忙下结论。

但我一直对于这篇论文的基本思想是否与《肇论》其他各篇一贯则早有疑义③。这理由首先是，如历来绝大多数佛教思想家所公认，后世的三论宗人都很推尊僧肇，吉藏曾称他为“玄宗之始”④，

① 汤用彤《汉魏两晋南北朝佛教史》，第479～480页。

② 吕澂《中国佛学源流略讲》，第101页。

③ 详拙作《读慧达“肇论疏”述所见》最后一节《说〈涅槃无名论〉之可疑》，1944。

④ 见所作《百论·序》疏。

并且经常有人将他和他的老师鸠摩罗什相提并论，而称为“什肇山门义”①。而罗什本人生前也曾赞许他是“秦人解空第一”的②，可见无疑是我国佛家般若空宗的一位杰出代表。而《上秦王表》中则自称“在什公门下，十有余载，虽众经殊致，胜趣非一，然涅槃一义，常以听习为先”。这个话是否属实可靠，我以为就很值得商榷。如一些佛教史专家们都很清楚的，他是当时特精“三论”的学者，曾为《百论》作序。虽然一向很重视对《维摩经》的研究，而且根据他听了老师罗什在翻译过程中的讲解，作了详细的笔记，并以此作为注解的张本，但《维摩经》也是属于大乘“空宗”系统，那么本论这样突出“有宗”涅槃学，总觉语气之间似乎与客观事实不符。由于僧肇早死(414年)，很难说他已适应我国佛学思潮发展的趋势，即自主张“真空”转入提倡“妙有”，如肯独立思考、富有创见的同学竺道生之例；又如同是罗什门下、博学的佛教学者僧睿，《高僧传》说他活了67岁，他在《喻疑论》一文中也只是说：“什公时虽未有《大般泥洹(涅槃)》文，已有《法身经》，明佛法身，即是泥洹(涅槃)，与今所出，若合符契。”③亦很难说是“然涅槃一义，常以听习为先”也。

又《上秦王表》引《答安成侯嵩书》说：“论末章云：诸家通第一义谛，皆云廓然空寂，无有圣人，吾常以为乖殊太甚径庭，不近人情。若无圣人，知无者谁？实如明诏，实如明诏。”检僧肇《般若无知论》曰：“圣知之无者，无知；惑知之无者，知无；其无虽同，所以无者异也。何者？夫圣心虚静，无知可知，可曰无知，非谓知无；惑智有知，故有知可无，可谓知无，非曰无知也。”

若果仔细比较这两段引文，肯定会发现二者思想路数和精神实质竟是完全相反的。

且《上秦王表》在较早的南朝宋陆澄《法论·目录》未见著录，已如前述，但在后来通行本《肇论》皆载在《涅槃无名论》之前，以明作

① 参见吉藏《中论疏》。
② 详元康《肇论疏》引《名僧传》。
③ 见僧祐《出三藏记集》卷五。

论宗旨。但该表一上来就引用《老子》第三十九章的话，只是有小变，说：“肇闻天得一以清，地得一以宁，君王得一以治天下。”在这里，这个“一”究竟是指什么，本来很难说。宋净源《肇论中吴集解》注谓：“一者道之和，谓冲气和也。”这就完全没有一点大乘佛教思想的气味了，只不过是袭取中国传统道家的陈言，不知与所谓“涅槃无名”何干。

该《上秦王表》又自称作《涅槃无名论》的用意是：“庶拟孔(子)《易(经)》十翼之作”，“以仰述陛下无名之致”，分明在以儒家孔圣人自比，也不像是一个虔诚佛教徒说话的语气。

以下再引《涅槃无名论》一两段本文，以见其不同佛教般若宗思想的特征。

如该论《动寂》第十五云：“无名曰：经称圣人无为而无所不为。无为，故虽动而常寂；无所不为，故虽寂而常动。”这样以“圣人无为而无所不为”来解释“动”与“寂(静)”的关系，跟《物不迁论》所谓“动静未始异，而惑者不同”的理论，可说风马牛不相及。

再如该论《通古》第十七云：“无名曰：夫至人空洞无象，而万物无非我造，会万物以成己者，其唯圣人乎?”这与《不真空论》所谓“即万物之自虚”的思想也是根本不相同的。

总之，若果肯定《涅槃无名论》为僧肇所作，必须系统而深入地对这样一些思想上的内存矛盾及其演变的原由做出合理的说明。

三、略说《肇论》在中国佛教思想史上的意义

印度佛教可能最早是在汉代通过丝绸之路经国外商人信仰者传入，不一定有什么成系统的理论，特别是整部的大著作，所以并没有引起我国学术界的特别重视，因此在当时的文献中往往语焉不详，也就很难具体确定究是何年何月第一个介绍进来的，这也是很自然的。谈到汉明帝夜梦金人，从而引起永平求法的传说，这事情的本身就是包含矛盾的。因为从不曾见过佛的哪能梦见它，更不可能会有人能回答那将是“佛”神的猜想。

佛教信仰最初被统治阶级上层视为与中国道术属于一类的东西，以为信仰它可以延年益寿，多子多孙，乃至治国安邦，这有古代文献的记载，应该是可以相信的。随后佛教的专门学者东来，有了文化交流，于是经典也逐渐翻译得多了，那才知道并不是那么简单的一回事。但真的要弄懂它可不容易，因为语言文字的隔阂，有许多生疏的外来的专门名词或概念，一时还感到困难。特引是有关小乘有部以及禅数之学的一类经典，于是有人继承汉代学术的传统，就用所谓“格义”的方法，即以“经中事数，拟配外书，以为生解之例”，采用中外概念相互对比的方法，如竺法雅等人所提倡的，就广泛流行了①。但时间稍久一点，人们了解得比较深入了，就发现这种融合外来佛教与中国固有思想的方法很不妥当，即不可能忠实于原文，以致“于理多违”，因此到东晋以后，就逐渐为佛学界所放弃使用了。

同时从国外传入中国的佛教，另有大乘般若宗一类经典．它的思想性质和说理方法显然和上述小乘有部以及禅数之学不同，它不是专门注意分析烦琐的名相或概念的，于是中国学者就不自觉地从当时流行的早期魏晋玄学的各派观点来加以发挥，这就演成所谓“六家七宗”那样一些多少带有我国玄学色彩的佛教哲学了。

但由于魏晋早期的各派玄学，如王弼、何晏的贵无之学，向秀、郭象的崇有（或独化）之学，乃至嵇康、阮籍主张的“越名教而任自然”的学说等，都与魏晋时代的现实政治乃至后来政权的转移有着密切的关联，直接影响到他们个人的出处进退，乃至本人的前途祸福。而佛教乃是一种出世解脱道，在形而上学方面，虽有某种与之相似的人生趋向或接近的理论问题，但在与现实政治的关系上，则并没有如早期玄学那样密切。一切深受各派早期魏晋玄学影响的般若学，也自然形成了观点不同的各家学说或不同的佛学宗派。这种理论分歧的现象，虽有类似于过去应用的“格义”方法，但情况又有所不同了，这就产生了僧肇所谓“偏而不即”的“六家”。

僧肇早年“志好玄微，每以《庄（子）》、《老（子）》为心要”，可知

① 详见汤用彤《理学、佛学，玄学》，第282～294页。

同样深受魏晋玄学思想的影响，那是不成问题的，可是后来转变了，特别是长期从学于鸠摩罗什，已经成为我国佛教的“玄宗之始”，即般若宗的远祖。三论宗的正统吉藏这位空宗大师，也自认为是上接“(罗)什(僧)肇山门义”的。因此，僧肇的学说，只就引语行文的形式来看，将它划归玄学一类也是可以的，但就其思想实际来说，则又的确已突破玄学的藩篱，因为各派玄学争论的问题，无论思想如何不同，但皆是将有无、动静乃至体用等始终看作截然对立的，没有说“有”“无”皆不真、“动”“静”只是一回事的，但是根据僧肇《不真空论》的学说，则是从根本上将那种问题无形中一概加以取消了。又过去玄学家虽提出了“言意之辨”这一新的思想方法，与早期的“格义”方法相对立，这是前进了一大步，但是具体将中国传统思想与外来佛教理论融合起来，还没有人能做得很理想。僧肇则是真的在使用地道的中国语言，摆脱了外来“名相”(概念)的约束，而又能比较准确地表达印度大乘佛教“空宗”的思想，以此对外来佛教理论的中国化做出了有价值的贡献，这都是值得加以充分肯定的。

由于印度的佛教原本是一种出世解脱道，它的理论跟我国的现实政治和生活没有很密切的联系，所以《肇论》一书，虽不断有人欣赏它的文字，但是真能如实体会那种思想精神实质的人并不是很多，较之带有魏晋玄学色彩的般若学始终是占少数。

但由于“般若空宗”的学说原本是印度一切大乘佛教的理论基础，因此我国隋唐时期各种宗派佛学也都在不同程度上汲取它的部分思想，如华严宗、禅宗等中国思想成分较多的，都在结合本宗自家的特点来加以发挥，所以僧肇以后历代的《肇论》注疏家都在融合了中国的固有思想，特别是作者自家的信仰。

《肇论》这部书的特点是，应用中国传统的文字，富有民族形式的语言，来表达一种完全不同于本国传统的哲学。但任何一种不能结合中国实际的外来思想和信仰，是不会生根开花、产生广泛、深入而久远的社会影响的。

以鸠摩罗什与僧肇和后来玄奘与窥基所代表的印度大乘佛教两大宗派(中观宗和瑜伽宗)，虽然都被忠实地介绍到中国来，尽管面目颇不相同，前者文字比较中国化，后者则更多接近本来面目，这与原本两派佛学思想的特点不同有关，不全是译文的体例与方法问题，但是都没有能达到改变中国传统哲学的基本精神，包括中国佛教思想发展的方向问题。可见思想意识对于社会存在的直接影响终归是有限的，而社会存在对于上层建筑的制约作用则是十分明显的。

我们以为，《肇论》一书主要篇章的中心思想，是以印度佛教大乘空宗(即中观宗)的学说来总结深受魏晋玄学影响的各派理论，也就是企图结束各派之间的争论，真实地反映了中国佛教从依附玄学理论而开始走上独立发展的道路。这从佛学在中国的传播和发展史来看，无疑是一个前进过程中的转折点，但也正由于此，脱离了中国社会的背景和各方面思想上的联系，而使得自身陷于完全孤立了，使以后南北朝时期的佛教理论不得不转变方向，即所谓从“真空”进入“妙有”，于是涅槃佛性的学说成为我国佛学理论的中心。正像僧肇思想体系形成以前出现了许多不同的般若学流派那样，其间详细的情况，可参看梁宝亮等《大般涅槃经集解》①一类著作中有关各种佛性学说的介绍。所谓涅槃佛性学说，其实就是一种佛教的人性论。儒家的最高理想人格是所谓“成圣”，佛教所追求的最高理想便是所谓“成佛”，实质同是人世间等级社会制度下一种歪曲的反映。在门阀士族已形僵化的我国南北朝时期，像佛性本有或始有之争这一类问题，关系到社会特权产生的根据，自然有不容忽视的现实意义，受到理论界的广泛注意，决不是偶然的。这跟人性善恶一类问题在中国古代长期受到重视的理由，从一方面来说，也是很相似的。就是这样，中国固有的学术思想与外来印度佛教的信仰，又在一种新的社会历史条件下变相地互相结合了。这使中国佛教思想史的发展又进入了一个新阶段。但这跟以僧肇为代表的正统般若学的面目又有所不同了。

总之，僧肇的佛学思想，一方面结束了我国前期受魏晋玄学影响的各派般若学的纷争，同时在另一方面，又为转入后来南北朝涅槃佛性学说的发展作了理论上必不可少的准备，这对深入研究中印两国思

① 见《大正藏》卷三十七。

想交流史，其间相互促进、提高与转化的规律，无疑在提供了一个很好的例证，而《肇论》一书在中国佛教思想史上的意义也就更可了然了。

至于隋唐佛教盛极转衰之后，我国开始进入后期封建社会，各种矛盾激化，外来佛教思想与中国传统哲学既斗争又融合的内容则更见丰富了①，限于本文的范围，就只好存而不论了。

［附记］

1938年，我在北京大学哲学系毕业，已入抗战时期，汤先生建议留校，在昆明西南联合大学任教，恰值他的学术代表作《汉魏两晋南北朝佛教史》(上下册)由上海商务印书馆公开出版。我过去作学生时，虽曾读过讲义本，但只读一部分，于今又细读全书。就在这书的研究成果启发下，写了一篇《僧肇学述》的习作，全文不到5000字，送请汤先生审阅，他不惜花费时间，为我耐心地修改了，这使我得益不浅。但此文一直没有发表，现在早已失落了，很是可惜。往后，汤先生为提高我的学术水平，还特意将他早年自己用过、请人据日本《续藏经》用毛笔抄下的《慧达肇论疏》相赠，至今仍妥善保存。当时我为此写了《读慧达肇论疏述所见》一文，载北平图书馆《图书季刊》新五之一，1944年出版。日本著名佛教史专家冢本善隆主编的《肇论研究》一书(昭和三十年，法藏馆发行)曾见称引。记得本文在正式刊出前，汤先生又曾过目，且在文稿上加入“素好肇公之学”以及“今读此疏，颇有所得”两句话以资鼓励。目前转眼已是半个多世纪以前的事了。今值汤先生诞辰100周年，在实行对外开放、加强国际间学术交流以建设有中国特色的社会主义的新时代，抚今忆昔，不嫌浅漏，特再草《肇论思想研究》一文，以为纪念。回想过去，使我对佛教思想的演变及其在中国哲学史上的地位略识门径，实多由汤先生的长期启发。记得在西南联大工作的第一年(1938—1939年)，我除了为汤

① 请参看拙作《宋代正统儒家反佛理论的评析》，载于《世界宗教研究》1992年第二期。

先生讲授“佛典选读”作课外辅导，同时也在听陈(寅恪)先生讲授“佛典翻译文学”等课程，并承汤先生特为引领拜见，以尽师弟子礼。深唯二位大师皆学贯中西，业精华梵，在治学方法上又多接近，可以互补，但今皆作古，请益无从。本人虽长期以来未尝废学，但以造诣不深，贡献有限。今后理应本“老当益壮，努力进修”、并力求以“实事求是”的精神，为统一思想性与科学性而工作以自勉。

1993年元月于北京

魏晋玄学与佛教[①]

魏晋时期是我国古代学术思想较繁荣的一个时期，继先秦诸子百家争鸣，又经过秦王朝短期的专制统治，实行以吏为师，乃至焚书坑儒，高压异说而产生。汉承秦制，为缓和社会矛盾，曾一度提倡黄老思想，主张无为。到汉武帝时，国势转趋富强，为适应大一统帝国的社会政治需要，于是接受了当时儒家公羊派学者董仲舒（约公元前190年—公元前105年前后）的建议，主张“罢黜百家，独尊儒术”，又说：“臣愚以为诸不在六艺之科、孔子之术者，皆绝其道，勿使并进。”[②]朝廷立五经博士，甚至以《春秋》断狱，从此逐步将孔子神化，同时比儒学如宗教，非圣（孔）即违法，显然有如最高的权威，同时立各经博士，于是所谓“经学”也就成了官学，即一种知识分子往上爬的敲门砖。国家行政则标榜以纲常名教治天下，又实行察举制度作为选拔官吏的手段，这样一来，行之日久，不免弊端丛生，反使得社会上伪造舆论、弄虚作假成风，于是被举为“孝”为“廉”的，往往是“不孝”与“不廉”的代表，名实乖离，官方儒学的威信也就随之下降了。汉代经学本身也相应地演变成一种不切实用的烦琐哲学，他们解说一部经书，动辄百余万言。如汉代著名学者桓谭（约公元前40年—32年）曾说，有一位名叫秦近君的，解说《尚书·尧典》，单只篇目两个字就用了十多万言，可以想见，岂不是废话连篇，还哪里谈得上有什么思想性可以供人受用，自然也就丧失了其作为统治工具的

---

① 本文是1993年在台湾辅仁大学召开的“中国哲学在中国历史的回顾与发展研讨会”上发表的论文。——编者注

② 《汉书·董仲舒传》。

作用。

这种烦琐的经学，到后汉，更在朝廷的大力提倡之下，再与充满迷信的谶纬神学相结合，几乎成了一种骗人的说教，连骗人的人自己也被骗了，本是统治者妄想用来巩固自己统治的，哪知被统治的群众学了，反而对自己更不利，因此这种官方的儒教神学已是走投无路，陷入了绝境，客观上要求统治思想不能不有所变革。所以汉代早自扬雄(公元前53—18年)、桓谭及至王充(27—107年)，一些富有科学精神的思想家，都先后批判主张“天人感应”的儒教神学以及各种谶纬迷信，同时大力提倡“重效验”与求“实知”的认识论。显见黄老道家的自然主义思想在新的历史条件下又在改头换面地活动了，企图颠倒当时儒、道两家思想的社会地位，这就为魏晋玄学的产生埋下了种子。

同时，由于汉代以来实行选拔官吏的察举制度，注重社会舆论，这与评论人物的流风，本有密切的关系，于是评论人物的研究，因结合现实政治而产生的复杂情况，理论也日渐系统与深刻，即由重体态外表进而探索精神实质，简言之，就是从重“形”而趋向于重“神”，再则是由具体个人出发进而寻求一般的原理，并逐步成为一种时代思潮，再联系“君道”无为与臣道“有为”的区分，而构成一种系统的形而上学的理论，从而也为魏晋玄学准备了一定的条件。

另外，由于汉代官方儒家一统思想的破坏，于是原有的名、法、道、墨、纵横等各家思想，也相继有所活跃，再一次形成了一种近似先秦百家之学复兴的局面，它们不可避免地相互渗透，都在为补救当时现实政治上的种种弊端而在不自觉地融合起来，以道家(特别是《老子》)的有无、动静、一多乃至本末、体用而构成了不同于汉代经学的魏晋玄学体系。由此可见，魏晋玄学的产生，实是中国现实政治与各种传统学术思想交互影响的结果，特别是有关君道与臣德的区别，乃至天道与人事的关系，更是其间重要理论问题。它与印度佛教的传入实在并没有什么直接的影响，决不像过去有人误认为的那样，说什么佛教的传入是促进魏晋玄学形成的主要原因。

所谓“魏晋玄学”的开创者，原来公认是王弼(226—249年)与何晏(193？—249年)，就是从上述思路入手，先后注解了儒家的经典《论语》，而王弼注解的《老子》与《周易》尤其影响深远，成了玄学家必读的经典。他们是后来学者公认的“贵无”派代表。就是教人特别在政治上如何“不舍(捨)本以逐末”①，“固其根而后营其末”②。又从主体性方面加以发挥说：“执一家之量者，不能全家。执一国之量者，不能成国。”③更结合“天道”与人事，而倡言“反本”贵无。他在注《周易·复卦》中说：“凡动息则静，静非对动者也；语息则默，默非对语者也。然则天地虽大，富有万物，雷动风行，运化万变，寂然至无，是其本矣。”这种崇本“贵无”的目的，显然在总结汉代统治思想以儒家“名教”治天下的弊端，深切地感到“崇仁义，愈致斯伪”，“巧愈精思，伪愈多变，功之弥甚，避之弥勤”④。因此推知，凡是从有穷之量出发的，就一定不能全其用。那么，作为最高统治者的帝王，要发挥全体的大用，就自然必须“以无为本”，以无为用，主张“贵无”。这就是一种早期的魏晋玄学理论，可知它本是一种典型的政治哲学。

后来的玄学大家向秀(227？—277年？)、郭象(252？—312年？)，以注解《庄子》一书出名，以为“无”即什么都没有，主张玄学的“崇有”论，亦即所谓“独化于玄冥之境”，其实也就是以为大小高低不同才能和职位的人，只要“放于自得之场，则物任其性，事称其能，各当其分，逍遥一也，岂容胜负于其间哉”⑤？以为“率性而动”即是“无为”。又《世说新语》载向子期(秀)举郡计入洛，文王(司马氏)引进问曰：“闻君有箕山之志，何以在此？”对曰：“巢(父)、许(由)狷介之士，不足多慕。”又谢灵运《辩宗论》云：“向子期(秀)以儒道为壹。”可知他主张“自然”与“名教”相同，都没有一点出世的消

① 王弼《老子》第五十二章注。
② 王弼《老子》第五十四章注。
③ 王弼《老子》第四章注。
④ 王弼《老子微旨略例》。
⑤ 郭象《庄子·逍遥游篇》注。

极思想。

至于嵇康(223—262 年)与阮籍(210—263 年)倡导的所谓“越名教而任自然”，乃至“非汤武而薄周孔”，乃是对当时最高统治者相继借尧舜禅让的美名而行篡夺之实的一种公开抗议。

由于玄学再往后就流于放荡不羁的末流，徒以饮酒猖狂为放达，那已是一批毫无理想与作为的无用之人，也就再谈不上是什么真正玄学家的代表，更没有在思想史上的地位了。

可知魏晋玄学的先后时期也有不同的特点，未可一概而论。虽早在王弼、何晏之前，大乘佛教《般若经》已有用“本无”来翻译印度“真如”(梵文 Tahtata)的，又“无”亦曾为印度佛教“空”(梵文 Sunya)字的古译，但因为原来“玄学”与“佛学”的性质不同，所以也很难说“玄学”的产生是受到佛学的影响。

但往后由于“名士”与“名僧”的经常交往，气味相投，也有的名僧甚至依靠这种交往来抬高自己的社会地位，而当时的所谓“名僧”大多是早年诵习《老子》与《庄子》一类道家的经典，不免间接受到注解这些经典的玄学家思想的影响，先入为主，从而以不同的玄学家理论来探索对外来佛教《般若经》的理解，使佛学玄学化。如玄学有“贵无”与“崇有”等不同的理论，而大约在道安(312？—385 年)时代，《般若》学者既多，而又各抒新义，派别遂多。南朝释昙济作《六家七宗论》说“论有六家，分成七宗，第一本无宗，第二本无异宗，第三即色宗，第四识含宗，第五幻化宗，第六心无宗，第七缘会宗。本有六家，第一家分为二宗，故成七宗也”①。可见，我国当时的这种佛学(主要是般若学)也明显地带上了中国玄学的色彩。虽然佛学在印度原本是一种出世道，跟现实政治的关系没有魏晋玄学那么密切，但在名士与名僧的交互影响下，使用的范畴和思维的模式，则是越来越接近了。因此，我们根据历史事实，先是“玄学”影响了“佛学”，同时为“佛学”在中国的传播创造了有利的社会条件，所以著名高僧释道安在《鼻奈耶序》一文上说：“以斯邦(中国)《老》、《庄》教行，与

① 隋吉藏《中论疏》及日人安澄《中论疏记》均有详释。

方等经兼忘相似也。”①真可说是如实地反映了当时学术的真相。可见，魏晋玄学的流行，实在促进了佛学的传播，同时不可避免地也会影响佛学的理论，也就是使得这个时期的佛学多少成了变相的“玄学”。但是，印度佛学在中国经过比较长期的深入研究之后，终于发现过去相互比较配的所谓“格义”的方法是“迂而乖本”(僧叡语)，甚至道安后来也说是“于理多违”了。特别是经过西域佛学大师鸠摩罗什(Kumarajira，343—413年)来华，他的耐心而忠实的翻译，使得他的一些高足弟子们，如僧肇(384—414年)作《不真空论》，严肃地批判了各种带有玄学色彩的般若学说：“心无者，无心于万物，万物未尝无。此得在神静，失在物虚。即色者，明色不自色，故虽色而非色也。夫言色者，但当色即色，岂待色色而后为色哉？此直语色不自色，未领色之非色也。本无者，情尚于‘无’多，触言以宾无，故非有，有即无，非无，无即无。寻夫立言之本旨者，以非有‘非真’有，非无‘非真’无耳。何必非有无此有，非无无彼无？此直好无之谈，岂谓顺通事实，即物之情哉？”以支愍度为代表的“心无宗”，支道林为代表的“即色宗”，乃至以道安、慧远为领袖的“本无宗”，全在破斥之列，从而区分了过去受我国“玄学”影响而形成的魏晋时代的各种般若学和以印度龙树(Nagatjuna，约公元2世纪人，印度中观派佛教哲学的创始人)、提婆(Deva，龙树弟子)为正宗的大乘般若学，并将原作“般若三论”即《中论》、《百论》和《十二门论》外加《大智度论》的本来思想面目，准确而系统地揭示出来，让中国佛教学者了然于过去的误解。这样，由玄学的流行而促进对佛学的研究，终于又导致否定了玄学的理论。但这种印度原来大乘空宗理论的有无双违、体用不二的宗教学说，超越了“玄学”的思辨，又不能很好地结合中国的社会实践，于是真的成了一种“空论”，不能再有所进展。于是，根据“玄学”言意之辨的思想方法，由“真空”转入“妙有”，于是涅槃佛性学说经过僧肇的同学、著名的竺道生(355—434年)等的大力宣扬，在此后的南朝广泛流行起来，代替了前期般若学的各种“空论”，从

① 《出三藏记集》经序。

各方面探索什么是所谓“佛性”的“正因”和“缘因”、即“主因”和“条件”的关系，乃至“佛性”是“始有”或“本有”的学说，在中国纷纷出现。据隋吉藏所作《大乘玄论》卷三说，正因佛性说有十一家，均正《大乘四论玄义》卷七则说正因佛性有本三家、末十家之别，其间虽略有殊异，但大致相同，这样就使中国佛教思想基本上从本体论转入心性论，对融合中国所谓儒、释、道三教的思想，促进中国哲学史的发展，都有重要的理论意义。

总之，中国的魏晋玄学与外来印度佛教的传入，其间相互影响的错综复杂关系，有许多宝贵的经验和教训，是值得我们认真研究的。

谈谈理论课教学与科研的关系①

教学跟科研有密切的关系，特别是在高等院校从事理论课教学的，如果对所担任的专业课缺乏一定深度的系统研究，就是很难胜任讲授的。只有内容充实，科学水平提高，才能收到好的教学效果。这几乎是所有从事教学工作者尽人皆知的事实，因此用不着再讲这个大的原则问题。现就本人比较长期在从事这方面工作的感受，简略地谈一点粗浅的体会。

教学这件事，看来似乎容易，但实际上并不是很简单的工作。记得在旧社会有过流行的话法：“聪明人”不想干这行，认为那是费力不讨好的，但是“笨人”又干不了。这可能部分地反映了这种工作要求的复杂性。

一般说来，在大致相同的社会环境中成长起来的人，由于彼此天赋的才智本来是非常接近的，因此在学习中所遇到的困难，也经常是很类似或接近的，所以老师本人以往感到的难点，也往往就是今天同学们所遇到的问题。如果教师肯耐心回忆，能把自己过去如何克服困难的经验，怎样弄通了的心得，再结合目前教学的实践，恰当地介绍出来，肯定对同学们会大有帮助的。

此外，各人多少有不同于别人的语言习惯，或所谓“文风”(这里不是指我国不同地区有各种方言的问题)，如果勉强套用自己并不熟悉的概念或术语，乃至形容词和副词，必然说话语气生硬，显得很不自然，以至于词不达意。所以凡是富有教学经验的老师，能取得较好教学效果的，大多是善于运用自己习惯的语言来讲话的。因此，教师

① 本文原载于《社会科学家》1994 年第 1 期。——编者注

课堂上的讲稿必须自己动笔来写，即使万不得已，暂时借用别人的科研成果，在讲解时也不宜照本宣科，最好能改成本人平日所熟悉的口语或表达方式，只有这样才能取得预期的效果。

人们之所以听不懂你的教学内容，有一个关键问题是必须注意的，但往往被忽略了，即通常认识事物的途径，总是先由具体再到抽象的，先由特殊再到一般的，先从感性认识再提升到理性认识的。因此，在教学中，凡是重要的、难懂的高度抽象的概念，讲解时最好能切实贯彻由表及里与由浅入深的原则，即越是抽象的概念，越要能作出具体的说明，好让人们确切知道这个抽象的概念是怎样从具体的内容逐步概括和提高得来的。反之，非常具体的典型事例，则务必能提高到理性认识，不至限于只给人以感性的内容，也就是一种完全孤立的现象，没有任何理论意义的东西了。只有这样，既能从具体到抽象，又能从抽象到具体，乃至更进一步，还可以深刻地理解到“具体的抽象(或一般)”的辩证关系，才算是吃透了那种可以指导实践的理论，使这门理论课的科学性、系统性与可接受性融为一体，必然会产生好的教学效果。

要想更进一步提高，单从个别概念和命题的分析入手，显然还是不够的，必须对这一学科全部理论体系的结构，有一种统一的了解和全面的安排，不仅避免了内容的重复，而且知道何者宜乎先讲，何者宜乎后讲，体现了一个循序渐进的次第，也可以说，全课程从头到尾是一盘棋。

人们对自己所担任讲授的学科有了研究，要使教学效果好，还必须有一个重要条件，即对教学对象必须有一定程度的了解。因此，面对大学生和研究生，跟中小学生的教学法还是有区别的。甚至同是高等院校，基础课和专业课也不完全一样。有的长期从事专门研究的学者，平日很少接近群众，没有一点从群众中带来的问题，讲课时又不看对象，以致教学效果并不理想。这是为什么呢？实际上就是牵涉一个表达是否深浅适度的问题，能否做到“有的放矢”的问题。

但是一个教师怎样才能做到既深入而又能浅出呢？这一方面固然与曾否从事深入的研究有关，因为没有深入研究的功夫，就不可能做到会浅出的本领；但是另一方面，也与是否经常接触青年同学或者社会上的群众，以及参加社会实践有关。单从这二者的关系来看，我们认为从事“科研”可以增进教学内容的深度，而“教学”的实践则可以提高你浅出的本领，二者是相互在起促进作用的，决不是互相妨碍的。因为这个“浅出”之“浅”，并不是肤浅之“浅”，这个“深入”之“深”，也决不是艰深之“深”，二者恰是一种事体的两方面。因此，说教学工作只会影响科研工作的观点，显然是不全面的。至于一向不从事科学研究的，即使口才再好，也只能落得个“浅入浅出”，教学时间稍微长一点，同学们就会发现你并无真才实学，自然也就不受欢迎了。尚有最坏的一种情况，那就是可谓“浅入深出”，只会以貌似艰深的词句来文饰个人的浅陋，近乎在不懂装懂，那就无怪乎听课的同学越来越反感了。

比较理想的教学，特别是在哲学社会科学领域，我以为最好能力求做到“精”、“明”、“准”、“狠”四个字。这里的“精”，是指内容精炼，能掌握要点，没有不相干的“废话”。如果只用一小时可以讲完的，却硬要拉上半天，正如只够一篇小品的东西却硬要写成长篇的论文一样，岂非存心在浪费众人的时间？这是教学与科研的大忌。“明”是要表达清楚明白，彻底消灭那种用词不当、含混不清的叙述。“准”是思想正确，科学性强，说话有根据，没有歪曲事实和逻辑推理上的错误。“狠”是对敌人反动言论的批判，能切实击中要害，使他完全丧失可以进行反攻的余地。我以为在教学工作上，能全面做到这些要求，那才真可算是高水平的。

为慎重贯彻上述设想的原则，这里再附带谈两点补充意见：一是讲述的内容，虽基本上是正确的，但还不具有充分的理由，只有十分之六七的根据，就不忙作最后结论，妄称是“十分之见”，把话说得太死了，特别是对目前尚有重大分歧意见的历史考证问题。古人所谓“多闻阙疑”的谦虚谨慎态度，看来依然是值得提倡的，要力戒那种华而不实的学风。因为真理是具体的、有条件的，如果超出了一定的范围，哪怕是多走一小步，也有可能会变成谬误的。二是各种理论体系的构成，大多离不开该学科的一些基本概念与范畴，因此对于它们必须有非常清楚明晰的理解，如果含糊不清，肯定会影响“科研”的深入开展，同时对“教学”质量的提高，也是一个带关键性的问题，必须认真对待。所以越是一般常见的概念或术语，越不可轻易放过，要有确切的理解，并充分注意不同学派之间的分歧。

精通一门理论学科的要求，不仅在大量掌握有关第一手的图书资料，更重要的还在有正确的指导思想、深刻的理论修养，包括从事工作的立场、观点与方法。而这三者本有不可分割的关系。仅就哲学社会科学领域来说，我以为其中立场尤其关系重大。因此，没有无产阶级的革命立场，对于马列主义的理论，总归是格格不入的，更谈不上有所深入和发展了。如有人只是为了应付共识，即使能勉强背下不少经典著作的只言片语，那也是鹦鹉学舌，没有多大意义的。如果站在反革命立场，对马列主义理论存心加以歪曲的应用，那可能比不曾学过革命理论的人还要坏。如“文化大革命”期间，个别自称为马列主义专家的反革命，不是也在惯用引经据典的办法来辩护他们阴谋篡党夺权和迫害革命同志的行径吗？一些理论研究单位个别热心打派仗的头头们，不是也有上行下效的吗？可见唯物辩证法的一些原理，如果放弃了无产阶级的革命立场、建设社会主义乃至共产主义的崇高理想，在大野心家一转手之间，也可以成为唯心主义诡辩论的。此外，也有一种人，从来不坚持什么原则，这就是通常所谓的“风派”，他们是绝对不会对社会主义革命和建设事业带来好处的。这种反复无常，言行不一的歪风，对一般知识青年的影响特别坏。马列主义的威信，过去大半败坏在这帮人手里。如众所周知，马列主义的科学社会主义理论，本来不是一种自发的理想，即使是产业工人也不例外，要系统地加以“灌输”的，各科专家和青年学生更是如此，都要进行一种切实可行的“思想改造”，以达到根本转变立场的目的。因此，为了建设具有中国特色的社会主义，避免今后迷失大方向、走上邪路，坚持四项基本原则的教育显然是绝对不可以放松的。

无论教学或科研，都必须理论密切联系实际，这就要求在提倡改革开放和加强国际间学术交流的同时，更得熟悉国情，即懂得本国的现状和历史。所以我认为中国哲学史或者中国文化史，特别是其核心的中国哲学史，应该是我国一切有较高水平的理论工作者所必须学习的，否则就很难联系我国的社会实践进行马克思主义中国化的工作，那么贡献就会受到限制。

总之，作为一个头脑清醒的从事理论课“教学”或“科研”的工作者，一定要站得高，看得远，立足本国，放眼世界，能面向社会主义的未来，不断地要求前进，同时肯脚踏实地，想方设法为提高和发展人民教育事业服务。

《〈原人论〉校释》序言[①]

一、宗密的生平和著作

宗密(780—842 年)，俗姓何，果州西充(今属四川)人，生于富裕而又世代习儒的家庭，自幼父母双亡，这对他最终走上出家的道路产生了不小的影响。宗密 7 岁到 17 岁的十年间习儒，以他的“俊才”，对儒家典籍有了较好的掌握，但他是个“好道不好艺”的人，心中追求着形上的真理，而视儒学为形下的技艺，对儒学产生了怀疑之心。他认为儒学不能圆满地解释人的贫富贵贱、生死寿夭等问题，因此转而旁学佛教，在 18 岁到 22 岁之间，在缺乏名师指点的情形下，自己研究佛学，并在日常生活中也奉行佛教的戒律。他涉及的是佛教中的人天教、小乘教及大乘法相教的一些观点，从中得知了因果报应等理论，但并没有能释去宗密心中的疑团。对于这时的学儒和向佛，宗密后来的评价是“俱溺筌蹄，唯味糟粕。”②在这种情形下，宗密决定再回到儒学中来，走科举的道路。23 岁时，他到遂州(今四川遂宁)的一个著名的义学院重新习儒。历二年，有一位道圆禅师从四川西部到遂州来开设道场，宗密前去拜访，一经问法，顿知心要，他于是决定从道圆禅师出家。宗密认为，道圆是慧能门下菏泽神会的后裔，慧能下第四代，菏泽下第三代，宗密因此也成为菏泽系禅僧。但

① 本文是石峻先生为《〈华严原人论〉校释》一书撰写的序言，作于 1995 年。《〈华严原人论〉校释》由石峻先生和董群教授合著，书稿已交付中华书局多年，至今尚未出版。——编者注

② 宗密《圆觉经大疏 · 本序》。

宗密的这一观点，遭到了近人胡适的怀疑，胡适认为道圆实际上是四川净众寺神会门下的，宗密硬将净众寺神会改成菏泽寺神会，是一种"攀龙附凤"的行为。其实宗密的观点是可信的，他没有必要去攀龙附凤，因为中唐时代，菏泽神会在禅界并不是被看重的热点人物。关于这一点，冉云华先生在其《宗密》一书中有详尽的考证，基本解决了这个问题①。

在道圆门下，宗密觉得自己大有长进，"习气损之又损，觉智百炼百精"②。但在身心、色空等关系问题上，宗密还有疑惑，因此而多次参问道圆，道圆给了宗密一部《华严法界观门》，这是他首次接触到华严类著述。此书相传为杜顺和尚所作，宗密通过对此书的研读，悟出了融合之理，净刹与秽土融合，诸佛与众生融合，时间方面的三世融合，空间方面的十方融合。但其中没有谈到身心因果问题。

有一次，宗密随师到遂州府官员任灌家赴斋请，在他家中得到一部《圆觉经》，宗密才读两三页纸，就觉得有不可比喻的身心喜悦，他回寺后把这种感受告诉了道圆，道圆惊异地感到这位学生的不凡之处，于是就建议他外出游方。得《圆觉经》后，宗密对于人生的始终根本、迷悟升沉等问题已解决了，在游方前后的几年中，宗密一直在潜心研究《圆觉经》，在心中又产生的新的问题："至于诸差别门，心境本末，修证行位，无量义门，及权实教，犹未通决。"③

游方途中，宗密于元和五年(810 年)在湖北襄汉恢觉寺遇到华严宗僧人灵峰和尚，得《华严经》及清凉澄观的《华严经疏》和《华严大疏钞》，通过对这些华严典籍的研究，宗密一生的疑问全部得到了答案，于是萌发了皈依华严、投师澄观的想法。他先给澄观去信说明了这一意思，得到了肯定的答复后，元和六年(811 年)底，宗密在长安亲拜澄观，行弟子礼，澄观称赞宗密说："毗卢华藏，能随我游者，其汝乎！"④

---

① 参见冉云华《宗密》，台湾东大图书公司，1988 年。

② 宗密《遥禀清凉国师书》。

③ 宗密《圆觉经大疏钞》卷十三之下。

④ 《宋高僧传》卷六宗密传。

在长安期间，宗密十分活跃，名声也渐渐提高，他经常在各寺讲学，广泛参与各种学术活动，并开始形成自己的佛学观。此后一有时间，宗密经常来往于京城和京郊终南山之间，从事习经和著述，就其著述而言，早期的作品有：

元和十一年(816 年)正月，在终南山智炬寺完成《圆觉经科文》，又写《圆觉经纂要》两卷。

元和十四年(819 年)，在长安兴福寺作《金刚般若经疏》一卷，《金刚般若经疏钞》一卷。

元和十四年(819 年)冬到元和十五年(820 年)春，在兴福寺、保寿寺两地写成《唯识论疏》两卷。

长庆二年(822 年)到长庆三年(823 年)秋冬之际，在草堂寺写成《圆觉经大疏》三卷，《圆觉经大疏钞》十三卷，《圆觉经略疏》二卷和《圆觉经略疏钞》十二卷。这四种作品可以说是宗密的成名作。

长庆二年(822 年)，在终南山丰德寺写成《华严纶贯》五卷。

长庆三年(823 年)，在丰德寺写成《四分律疏》三卷。

太和元年(827 年)，在圭峰写成《圆觉经道场修证仪》十八卷。

这些作品的完成，使宗密声震京师，太和二年(828 年)，唐文宗李昂诏宗密进宫，垂问佛法要义，并赐紫衣，赐号“大德”。许多官僚和文人雅士，都与宗密结交，其中关系最密者当推裴休。宗密的不少著作多有裴休作序，宗密因裴休之问禅宗各派的源流深浅，曾作一篇《中华传心地禅门师资承袭图》。温造，曾官至礼部尚书，他曾向宗密问佛法大意，宗密写有《答温尚书书》。史山人，生平不详，他曾向宗密提出十个问题，宗密作有《答史山人十问》。

受赐后三年，宗密又回到山中，专事著述，写下了一批重要的晚年作品，包括《华严原人论》和《禅源诸诠集》一百卷，后一种又称《禅藏》，现只留其序，为《禅源诸诠集都序》。

宗密其他的重要著作还有：《华严行愿品随疏义记》六卷、《华严行愿品疏钞》六卷、《注华严法界观》一卷、《注华严心要法门》、《涅槃经疏要》、《盂兰盆经疏》一卷、《起信论疏》二卷等。另外还有一些其他类型的作品。总的作品卷数，依《宋僧传》所记，为二百卷左右。

二、《华严原人论》的写作年代

《华严原人论》，简称《原人论》，对于宗密这部重要作品，有关宗密的许多资料都没有提及，包括裴休、赞宁及清人续法等人所作的宗密传记中，都未提到《原人论》，而宋人早就对《原人论》进行注释了。台湾的中央图书馆藏有标为133号的《大乘禅门要略》一卷，也就是《禅源诸诠集都序》，文后有一个附录，详列宗密的作品，但也没有《原人论》，所以这就使今人研究《原人论》的成文时间显得十分困难，因此学者们对此论的成文时代就有了不同的看法，有的主张难以确定《原人论》是宗密的早期作品还是晚期作品，有的则认为这是宗密的晚期作品。所谓早期或晚期，这里有一个参照系，就是宗密的成名作，即《圆觉经大疏》、《圆觉经大疏钞》、《圆觉经略疏》、《圆觉经略疏钞》，这四种作品写于长庆二年（822年）到长庆三年（823年）之间，以此为界，在此之前的是早期作品，在此之后的可称之为晚期作品。之所以要确定这样一个参照系，原因之一，是因为《原人论》中的思想与此四种作品中的许多思想是相同的，只是《原人论》中的思想显得更简洁，有纲要性的特点，而在四作品中就阐述得十分详尽，特别在《圆觉经大疏钞》中，这一特点表现得更明显。

单就《原人论》和《圆觉经大疏》等来看，既可以说《原人论》是《大疏》的概括，如果是这样，则《原人论》是写于《大疏》等之后，由此可以断定《原人论》是晚期作品。但也可以说《大疏》等是对《原人论》的进一步发挥，如果是这样，则《原人论》自然是宗密的早期作品。因此，日本方面有的学者就认为在目前的情况下，无法确定《原人论》究竟在前或在后，镰田茂雄先生就持这样的谨慎态度①。中国的一些学者则基本认为《原人论》是宗密的晚年作品。

我们的看法，《原人论》是宗密的后期作品，是宗密晚年对自己

---

① 镰田茂雄：《儒道的气与佛教载于气的思想：中国自然观和人的观念的发展》，上海人民出版社，1990年。

思想的总结之一，基本理由如下：

第一，宗密的早期著作，具体的写作时间、地点等，宗密自己在《圆觉经大疏钞》卷一之下中有着详尽的记录，如果《原人论》的写作时间在《圆觉经大疏钞》之前，一般来说宗密会在这里也列举出来的，可是我们在此找不到《原人论》，这也可以说明，此时《原人论》还没有撰写。

第二，从宗密写作《圆觉经大疏的》的大致过程来看，似乎并不是先有了一个《原人论》作为思想提纲，然后再在此基础上加以阐发的。

《圆觉经》是在宗密的思想演化过程中起着重要作用的一部经典，他外出游方，是带着此经的。其间，他收集了当时能见到的一些关于此经的注疏，如上都长安报国寺唯悫法师的《圆觉经疏》一卷，先天寺悟实禅师的《圆觉经疏》二卷，荐福寺坚志法师的《圆觉经疏》四卷和北都藏海寺道诠法师的《圆觉经疏》三卷。他对这些疏文都反复进行了认真的比较研究，认为它们都没有抓住《圆觉经》的本质，这也是他日后要写出自己的《圆觉经》疏文的原因之一。他写《圆觉经大疏》，“参详诸论，反复百家，以利其器，方为疏解”①，是在反复研究了各种疏文得失的基础上而进行的创作，具体的写作过程，“根本始自元和十一年春，于南山智炬寺下笔科判，及收检四家义疏，集为两卷，私记检之，以评经文，被于禅学，中间至长庆二年，于草堂寺再修为疏，并开数十段章门，至三年秋冬方得终毕”②。可以发现，这部疏文从准备到完成，历经七年多，先是写出《圆觉经科文》，即提纲式的概括，再在此基础上写成《圆觉经纂要》，这是在对照了四种疏文后所写成的，但并没有马上公开，接着在寺中阅经三年。元和十四年(819 年)，宗密回长安时，又把《纂要》带回，经常拿出来对照《圆觉经》加以修改，又和同道数人反复看了几遍，一直到“渐觉通

① 宗密《圆觉经大疏》卷上之一。

② 宗密《圆觉经大疏钞》卷一之下。

彻，不见疑滞之处”①为止。长庆元年(821年)，宗密返回终南山，次年，在《圆觉经科文》、《圆觉经纂要》和研究各种关于《圆觉经》章疏的基础上，开始写作《圆觉经大疏》。在这个过程中，似乎看不出是以《原人论》作为此疏写作的思想纲要。

第三，宗密自己的叙述。宗密在《原人论》序文中讲到，他在“数十年内，学无常师，博考内外，以原自身”。按照中文的表达习惯，在以“数十”这一提法来指谓大概的数字时，至少是在“三十”这个数之上，就按最低限度的三十年计，宗密的人生经历，根据他自己的记录，自7岁至17岁的十年内习儒，18岁到22岁向佛，23岁再习儒，准备科举考试，25岁从道圆禅师出家习禅宗。就算从20岁算起，加以“数十年”的低限的三十年，也是到了50岁才写此论，宗密生于建中元年(780年)，加五十年已是太和五年(830)左右了，比写《大疏》时的长庆二年(822年)要晚了八年。

第四，从宗密的判教观的发展，也可看出《原人论》为宗密的晚年作品。

华严宗传统的判教，以法藏为例，以“义”分，即从佛教发展的先后顺序来分，判为五教：小乘教、大乘始教、大乘终教、大乘顿教和一乘圆教，简称为小、始、终、顿、圆。以“理”分，即从佛教各发展阶段的不同思想分，可开为十宗。

在《圆觉经大疏》卷上之二中，宗密有一种五教判摄：第一愚法声闻教，第二大乘权教，第三大乘实教，第四大乘顿教，第五一乘圆教，简称小、权、实、顿、圆，这是华严宗传统的判教观。以理开宗，又分为五宗：第一随相法执宗，指小乘教，第二真空无相宗，指空宗，第三唯识不相宗，指有宗，第四如来藏缘起宗，指《大乘起信论》，第五圆德具明宗，指《华严经》。在《圆觉经大疏钞》卷八之下中，宗密又提出了六教判摄：第一人天教，第二小乘教，第三法相教，第四无相教，第五终极法性教，第六顿教，以顿教指华严宗。这时候的判教，宗密在华严宗传统判教的基础上在探索自己的判摄体

---

① 宗密《圆觉经大疏钞》卷一之下。

系，但终究还没有形成这种体系，而到《原人论》中，这一体系完成了。《原人论》中的判教，不局限于佛教内部，而把儒道也判摄其中，这就是：儒道教、人天教、小乘教、大乘法相教、大乘破相教和一乘显性教，这是与其他各种判教最大的不同。清凉澄观曾考虑到佛教的判教是否应该纳入儒道的问题，但终究认为儒道与佛教是两种不同的思想体系，方内方外，施设非一，所以“今所分判，唯论释宗”①。因此，从宗密这种特有的判教思想的形成来看，《原人论》是宗密的晚期作品。至于这一判摄中佛教内的五教，宗密晚年的另一部作品《禅源诸诠集都序》中也有相似的提法，即密意依性说相教（包括人天因果教、说断惑灭苦乐教、将识破境教）、密意破相显性教和显示真心即性教，而且在对诸教内容的分析上，与《原人论》一致，可以看出宗密晚年判教观的特色。

第五，屏山居士李纯甫在《原人论后序》中明确讲到，宗密先是著《圆觉经疏》及《钞》等作品，又恐怕这些作品阐理太深，又著《原人论》加以简要说明。

三、《华严原人论》的写作背景

《原人论》主张三教合一论，三教合于佛教，主张以真心作为宇宙、社会和人的本原。这种思想的提出，其背景大致有二：一是唐代儒学和道教的三教关系观，二是唐代佛教宗派的分立势态。针对这样的背景，宗密提出了自己的看法，从这个角度看，宗密《原人论》的出现，也是时代的产物。

对于儒道佛三教，初唐时期使用的是三教并用政策，在崇儒的前提下，佛道二教兼重，只是在佛道的先后问题上稍有变化，虽然三教之间也有矛盾，但社会上的知识分子还没有积极参与其中。到了中唐，情形就有所不同，三教之间矛盾不断，这种矛盾公开化，成为当时的一大社会问题，一些著名的知识分子对此纷纷发表自己的看法，

① 澄观《华严经行愿品疏》卷一。

就儒学系统而言，对佛教以及道教的态度就分为排斥一派和融合一派。

排斥的一派，以韩愈为代表，他批评佛教的依据还是传统的夷夏论、华夏文化优越论，又从礼的价值观上批评佛教和儒教价值观的冲突，又从经济角度抨击佛教对世俗经济的损害。

融合的一派则有多种不同的观点。比如李翱，他以《中庸》为依据，以佛教的修养论为方法，提出了自己的“复性说”，他虽然没有提出系统的三教合一论，但已在这具体的观点上融合了佛教的心性说。又如柳宗元，他认为佛教与儒学有许多相合的地方，“浮图诚有不可斥者，往往与《易》、《论语》合，诚乐之，其于性情奭然，不与孔子异道”①。因此，不能盲目地排斥佛教。他批评韩愈的反佛只是做表面文章，“忿其外而遗其中，是知石而不知韫玉也”②。对于道教，柳宗元也主张融合，“余观老子，亦孔氏之流也，不得以相抗”③。老子与孔子，殊途而同归，都是治国安邦的准则。这是明确的三教合一论，尽管柳宗元没有运用三教合一的概念。

在道教方面，虽然与佛教有争论，但道教对佛教的思想也有吸收，对儒教的思想也多有融合，采取的也是三教合一的策略。

唐初道士成玄英提出“重玄之道”，对这个道的规定，不是有，不是无，也不是非有非无，而是超越于有无对立的。这种说法，显然不能说和佛教的中道说毫无关系。

道士李筌以阴阳二气为本原，又吸收儒家的中庸思想，提出了“抱一守中”论，这个“中”是儒家的中庸之中。这是对儒家思想的融合。

王玄览提出了“诸法无自性”的命题，“诸法无自性，随离合变相为性。观性相中，无主、无我、无受生死者”④。这全是佛教缘起性

① 《送僧浩初序》，《柳宗元集》卷二十五，中华书局，1979 年。

② 《送僧浩初序》，《柳宗元集》卷二十五，中华书局，1979 年。

③ 《送元十八山人南游序》，《柳宗元集》卷二十五。

④ 《玄珠录》卷下。

空的思想。又讲“心生诸法生，心灭诸法灭”①。这则是佛教的“心生种种法生，心灭种种法灭”说。这是他对佛教思想的吸收。

司马承祯提出的“坐忘”说是在传统道家观点的基础上综合了儒家的正心诚意论和佛教的止观说而成的，他又把儒家与佛教的心性论融入道教的理论中。这是站在道教的立场上来融合三教。

对于三教关系，儒道二教多站在本教的立场上来融合三教，这时候，佛教界的情形又如何呢？隋唐时期的佛教正是开宗立派的时代，虽然中国佛教各宗派的创立都考虑到了中国文化的背景，实际上却是作为儒道佛三足鼎立的一方出现的，像禅宗这样的宗派已经做到了三教合于禅，非常本土化，但禅宗并没有关于三教合一的系统理论。

宗密的三教合一不只是以佛教融合儒道，也有佛教内部各宗派融合的内容，佛教自身的融合是三教融合的基础，而当时的佛教界，对于佛教内的融合问题基本上还没有考虑到，宗密曾批评说：“禅宗、天台，多约止观，美则美矣，且义势展转，滋蔓不直。”②只注重“分”而不知道“合”，而当时的儒道二教却都在走三教融合的道路，面对这一新的形势，佛教界应该有什么样的对策呢？

宗密这时候提出三教合一论，既是对儒道二教的回应，也是他关于新的历史条件下佛教发展的一个思路。三教统一于佛教，那么佛教内部自然也有一个如何融合的问题，而目前佛教的状况显然难以适应这一需要。宗密提出以真性作为佛教内部统一的基础的观点，这也有其宗派的立场，他大致是站在华严宗的立场上来立论的，其实各宗的判教都坚持这样的宗派立场，都把本宗判为最高的教门，但宗密与诸宗不同的是，他在把华严宗视为中国佛教的最高教门之后，又以此为出发点而融合诸教，于是而有佛教内部的统一。至于具体讨论佛教内部的融合问题，是在《禅源诸诠集都序》中。

儒道二教虽然讲三教融合，但并没有从理论上系统地阐明这一原理，宗密做到了，他分析了三教理论的异同，指出了儒道二教的不彻

① 《玄珠录》卷下。

② 《遥禀清凉国师书》。

底性和在解决社会、人生问题时的局限，提出在何种情形下三教有别，在什么情况下可以融合，融合的基础是什么，这使其理论显得更有说服力。

四、《华严原人论》的思想主旨

《原人论》的主旨是三教合一。宗密论三教合一，不是单纯地讲融合，他首先是对诸教进行分析，提出批评，指出其或迷执或偏浅的特点，都不知真心的作用，由此逐层揭示出真心的终极地位，再从这个真心出发，融合佛教各宗派，并融合儒道二教。宗密又揭示出真心的本体地位，真心是宇宙、社会和人的本原，从中也显示了佛教的宇宙观、社会历史观。因此，对《原人论》思想的分析，就涉及批评的部分和融合的部分。

第一，对儒道的批评。

《原人论》的正文部分首先对儒道二教的原人观进行了批评，他把儒道二教的原人观归纳为大道生成论、自然论、元气论和天命论四种，然后逐一加以分析批评，重点指出其在解决社会历史问题方面的局限。

批评大道生成论

大道生成论，即道本论，以“道”作为人的本原，作为宇宙和社会的本质。这一思想在先秦时代主要是道家的观点，以老子和庄子为代表，儒家的“易有太极”中的“易”，在宗密看来也是与道一致的。在唐代，一些著名的儒家也主张此论，比如韩愈把道看作仁义道德体系中的一环，道是在仁和义的基础上建立起来的。至于唐代道教，则对道又有了更深入的讨论，成玄英提出了“重玄之道”；王玄览把道又分为“可道”和“常道”，以“可道”为虚假的道，“常道”为真实的道；司马承祯则把道加入了心性的内容，认为道是灵而有性的本体。宗密所批评的道，就是这样的道，特别是唐代儒道二教所坚持的道。

宗密把道的性质归纳为“虚无”，他所称的这种虚无并不全是老子的理解，而是引入了佛教中道论的观点，“道者虚无，非有非物，是故杳然、冥然"①。实际上这倒是成玄英所规范的道。

宗密对大道论的批评体现为三方面，一是揭示其理论和实践的矛盾，二是揭示其和社会现实的矛盾，三是揭示其内在的理论矛盾。

先述其一。

所谓大道生成论的理论和实践的矛盾，是道体的"常"性和圣人、道人破坏此"常"性的矛盾。道家把道体的性质规定为"常"，即永恒性、不变性。老子讲："道可道，非常道。"②又讲："静为躁君。"③宗密认为，如果道体是常，由其所决定的一切现象也应该具有这种特征，具体而言，人的生死贤愚、吉凶祸福等现象，都应该是不可改变的，善者永善，不会增加一分，恶者永恶，不会减少一分，而圣人的行为却是要改变道的这种"常"性，圣人设立教化，要去恶除乱，扬善致治，使愚者不再愚，贫者不再贫。道士们则要服食丹药以延年，"服丹制其死，令不死"④。而从道的"常"性来看，根本就无需教化，无需服丹。因此，宗密称圣人们为"逆道化之大贼"⑤。

再述其二。

所谓大道生成论和社会现实的矛盾，这也是对儒道二教进行的社会批判，揭示大道生成论在解释社会不合理现实时的困境，特别是以社会中恶的现象来否定道体的所谓尊严，"道育虎狼，胎桀纣，夭颜冉，祸夷齐，何名尊乎"⑥？老子讲道尊德贵，万物都以道为尊，以德为贵，但社会现实却是与这种尊与贵的道体相矛盾，道既化育出凶恶的虎狼，又化育出比虎狼还要凶残的昏暴之君。不但如此，道还使善者不能长久，贤德如颜回，大才如冉求，大道都让他们短命而死，伯夷、叔齐两位贤士，大道却让他们都饿死在首阳山。大道如此惩善扬恶，还谈得上什么尊贵吗？

---

① 《圆觉经大疏》卷中之三。
② 《老子》第一章。
③ 《老子》第二十六章。
④ 《圆觉经大疏钞》卷九之上。
⑤ 《圆觉经大疏钞》卷九之上。
⑥ 《原人论》。

次述其三。

揭示大道生成论的内在理论矛盾，这一点在《原人论》中没有具体展开，但在《圆觉经大疏》卷中之一有详尽分析，可参此疏，这里不繁叙。

批评自然论

所谓自然论，是指以自然为本体，其实是对大道生成万物的方式进一步描述，大道如何生成万物？是自然生成，老子有“道法自然”之说，孔子讲“天何言哉？四时行焉，百物生焉，天何言哉”①？这个“不言”，也有自然之意。王充的《论衡》中也有《自然》一篇。宗密一定意义上也是据此而归纳为自然论。

宗密对自然论的批评重点在于突出自然论和佛教的因缘论的对立，他把自然论理解为万物产生的无条件论，不需要任何条件，而佛教在讲到具体事物的存在特性时，是讲因缘的，因为这种因缘，而使万物具有性空的特点。

宗密对自然论的批评可以区分为两个方面，一是揭示自然论的理论和社会现实之间的矛盾，二是揭示自然论的理论和实践之间的矛盾。

先述其一。

自然论的理论和现实之间的矛盾，表现为自然论不能完满地解释一些自然现象，宗密设难说：“万物皆是自然生化，非因缘者，则一切无因缘处悉应生化，谓石应生草，草或生人，人生畜等。”②这就是说，既然万物的生成不需要任何条件，那么一切不存在因果关系的事物之间都应能相互生成，宗密称为时时能生，处处能生，任何两个事物之间都可以相互生成了，而事实上这是不可能发生的，万物的生成是待时而生的。

再述其二。

自然论的理论和社会之间的矛盾，体现为儒道一方面讲自然生

① 《论语·阳货》。

② 《原人论》。

成，不需条件，而另一方面却又在做着与这种自然论相违的事，道士以丹药的帮助来实现成仙的理想，儒家以贤人良士的道德示范作用作为实现社会太平的重要条件，这怎么是自然呢？

进一步而言，既然讲自然，善恶也都是自然而成的，人为的作用难以改变，但圣人们却要设立教化，进善弃恶，尊贤贱愚，录美弃丑，好富恶贫，这种价值选择，违背了自然原则。

如果说圣人的这种价值选择是合理的，那么自然论就没有存在的必要，而且，为什么会自然生成这样的社会现象，即善少恶多、贵少贱多、富少贫多、美少丑多，这样的本原又有什么实际意义呢？这种社会现状，是自然论难以解释的。

批评元气论

元气论以元气来说明宇宙、社会和人的本原，这是儒道的一个重要的观点，宗密曾把老子“道生一”中的“一”理解为气，相当于佛教讲的风轮。庄子也讲“通天下一气耳”①，讲人的生死是由气的聚散决定，“人之生，气之聚也，聚则为生，散则为死”②。后来《淮南子》中具体讲到气化而形成天地的情形，清气为天，浊气为地，“清阳者薄靡而为天，重浊者凝滞而为地”③。这是气化论的标准说法。在先秦儒家也是讲气化论的，宗密常引述《礼记》和《易传》中的观点来说明儒家的元气论，《礼记》中讲到人死亡后，魂气归于天，形魄归于地。《易传》中也讲：“精气为物，游魂为变，是故知鬼神之情状。”④天、地、人及鬼神，都源于元气。

在唐代，道家讲一个“炁”，这就是气，道士张果认为这就是变化之源，“天地以阴阳之炁化万物”⑤。唐代儒学的元气论思想也很丰富，李翱、韩愈、柳宗元、刘禹锡都有这种观点。

① 《庄子·知北游》。
② 《庄子·知北游》。
③ 《淮南子·天文训》。
④ 《易传·易辞上传》。
⑤ 《黄帝阴符经注》。

宗密对元气论的批评，很大程度上是直接针对唐代的元气论思想的，他的这层批评从三个方面进行，即分别从佛教的前世、后世和心性角度来批评。

先述其一。

所谓从前世角度人批评，是批评儒道否定佛教前世的存在。这一层次，宗密也是从三方面展开的。首先是“宿习本有难”，从婴儿的认识发生来说明人的产生是从前世而有的。元气论者在解释人的产生时，认为是从元气中突然生成的，称为“欻生”。宗密指出，既然如此，那么婴儿从没有经过任何学习思虑，他的认识能力为什么先天就有呢？“又言皆从元气而生成者，则欻生之神，未曾习虑，岂得婴孩便能爱恶骄恣焉”①？我们可以说，宗密在这里所说的婴儿的“爱恶骄恣”等类，其实是人先天的一些生理本能，但宗密却将其视为一种“宿习”，从前世传承下来的先天的认识能力，由此证明前世的存在。关于人的认识是如何发生的，元气论确实没有能做出较为精细的说明，荀子提出过“形具而神生”的观点，其基本的思路是正确的，但还缺乏更深入的论述，这是其弱点，而这种弱点被宗密抓住了。

其次是“未习则无难”。宗密又发难道，既然人是从元气中突然产生的，人的认识也生自元气，那么人们就不必要通过学习来掌握知识了，自然就会从元气中取得，但是，像五德、六艺等知识，不通过教化，人们就无法具有，所以圣人重教化，这和元气论的认识生成原则不是相违吗？要么圣人重教化是不当的，要么元气论的原人观本身是不当的。

再次是“指事遮救”，对于前一条批评，儒家可以辩解说，人的认识是“感物”而生的，这实际是讲到了认识论中的反映论原则，与前世并无关系。宗密则反驳说，这样的看法并不能解释婴儿的认识发生问题，婴儿并没有经过“感物”的过程，为什么会有认识？再说，天地之气本身并没有认识能力，为什么人禀气后能知呢？同样是禀气，草木之类为什么就没有认识能力呢？

---

① 《原人论》。

次述其二。

所谓从后世角度批评，是指斥元气论否定后世的存在，证明人的认识是从前世经由现世而延续至后世，宗密从四个方面完成这一责难。

一是“以有难无”，即以佛教所持的后世的实有论来批评元气论者对后世的否定。元气论讲人之生是禀气而有，死乃气散而无，但这样的话，宗密问，谁为鬼神呢？鬼神的存在是后世之有的证明，而元气说否定了鬼神，是与佛教的后世论相违的。

二是“双彰过、未二世”。一方面，元气论在否定鬼神，但另一方面，又有许多俗世的“事实”证明了鬼神的实有。比如说，有“鉴达前生，追忆往事”的事情，这说明了前世的有，又有“死而苏者说幽途事”，这说明了后世的实有。其实宗密所列举的这些例子或是一些民间传说，或是些迷信，并不能作为论据的。

三是“证成不断”，以儒家典籍中关于祭祀仪式之规定的记载来否定元气说。祭祀的前提是承认前世的存在，承认鬼神的存在。事实上也是如此，连对鬼神抱着敬而远之态度的孔子也不敢完全否定鬼神。

四是“问答通妨”，主要回答王充对鬼神的批评。王充在中国思想史上以“疾虚妄”著称，他对鬼神论提出批评，“人且死见鬼，宜见数百千万，满堂盈廷，填塞巷路，不宜徒见一两人也”①。宗密所说“外难曰：若人死为鬼，则古来之鬼塞巷路，合有见者，如何不尔”②？就是指王充的这段话。宗密回答说，按照佛教的说法，人死之后灵魂去处分为六条道路，即六道轮回，鬼只是其中的一途，人死后并不都要成为鬼，而且，通过轮回，六道中的各种灵魂也有机会再转生为人，所以人们见到的鬼就很少了，并不是让那些鬼都积存在那里。宗密用人天教的原理，回答元气论者的设难。

次述其三。

① 《论衡·论死》。

② 《原人论》。

所谓从心性论角度的分析，是批评元气论者的无性论。这里的“性”，其实是指“知”，即人的认识能力。佛教的本体都具有这种“性”的特征，称为真性、圆成实性等，而元气却没有这种特征，没有“知”的元气怎么能产生有“知”的人呢？问题还在于，人的认识能力为什么又会有这么多的差异呢？为什么会有贤愚善恶等差异？这也是指斥元气论不能准确地说明人的认识的产生。

批评天命论

天命论的基本观点是，认为人在社会中的一切都是由天和命运所决定的，人在天命面前完全是被动的，是所谓“贫富贵贱，贤愚善恶，吉凶祸福，皆由天命”①。孔子曾以上天在地上的代表自居，称”天生德于予”，又以天为最高主宰，“唯天为大”。他的学生有一句名言，“死生有命，富贵在天”②，可谓儒家天命观的代表。孟子也对天命有过断语：“莫之为而为之者，天也；莫之致而致之者，命也。”③《礼记》又把天命称之为“性”。在先秦道家，庄子也是讲天命的，他从天地之气生万物的角度来讲天命决定论，“天地，万物之父母，合则成体，散则成始”④。人要安命，“知其不可奈何而安之若命，德之至也”⑤。《列子》则把人的产生分属于天地之气，“精神者，天之分；骨骸者，地之分”⑥，两者合而成为人。

但宗密直接批判的，恐怕更主要是唐代的天命论，特别是韩愈的天命论。韩愈作了一篇《天之说》，现存于柳宗元的《天说》一文中，其中讲到天是有意志的，能赏善罚恶，“有功者，受赏必大矣，其祸焉者，受罚亦大矣”。不过他所讲的天也是与元气相联系的，所谓为祸于天，是指损坏阴阳元气的种种行为，如垦原田、伐山林等，这破坏了元气的平衡。

---

① 《原人论》。
② 《论语·颜渊》。
③ 《孟子·万章上》。
④ 《庄子·达生》。
⑤ 《庄子·人间世》。
⑥ 《列子·天瑞》。

宗密对天命论的批评分三层进行，一是责问天的不公，二是以死难生，三是指出天命论的理论和实践的矛盾。

先叙其一。

责问天的不公，主要责问天的赋命的不公和天的赏罚的不公。赋命的不公表现在人世间贫富贵贱的不公，贫多而富少，贱多而贵少，祸多而福少，等等。如果这一切都是由天所决定的，那么天为何要这么不公平呢？这种不公正的天，怎么能作为人的本原呢？赏罚的不公表现在这样的情形："无行而贵，守行而贱，无德而富，有德而贫，逆吉义凶，仁夭暴寿，乃至有道者丧，无道者兴。"①这些现实的社会问题，都是天命论所难以解释清楚的。宗密指出，这种不公正的天命必然会把人们导入一种"无恒"的境地，使人们成为一种无恒之人，没有恒定的、可以矢志不渝地去追求的价值理想，同时，天命的无法把握，最终使人们陷入宿命论。

次叙其二。

这是以人世间种种残酷的致死现象来否定儒家的"生生"的原则。《易传》中有"生生之谓易"的观点，认为化育万物是天地间的大德，是天命的原则。宗密以生物界的弱肉强食现象、人类的战争、暴君的祸乱所带来的死亡来否定生生之道，认为既然万物和人类都是天命所决定的，那么天命为什么让万物互相残杀、人类相互祸乱呢？如果说生生是天地的大德的话，那么死亡就可以说是天地的大贼了，而天命正是这样的大贼。

次叙其三。

儒道两家一方面主张天命决定论，另一方面却又在违背天命。比如说，对于人世间的一些不公正现象，圣人们并不是责问天命，却是去归结于人为的原因，"圣人设教，责人不责天，罪物不罪命"②。残暴的桀也是受于天命的，被称为是暴君，跖则被责为盗，从天命的原则出发，应该责问天命才是合理的。

---

① 《原人论》。

② 《原人论》。

第二，对儒道的融合。

宗密批评儒道的四种原人观，并不是要彻底否定它，而只是说明它不是完美的原人理论，不是最高层次的思想体系，对于儒道的教化功能，宗密还是十分推崇的。他的批评原则是“破执不破教，破解不破行”①，“但破谬执万物生因，不责劝行五常道德”②。对于儒道的教主，宗密并没有提出批评，反而认为他们同释迦牟尼一样，都是最高的圣人，“孔、老、释迦，皆是至圣，随时应物，设教殊途，内外相资，共利群庶”③。三教的教化目的都是一致的，这是宗密的三教融合的基础，这种融合的具体内容体现在：

其一，五戒与五常和融合。

五常是儒家的仁、义、礼、智、信五种纲常，这在道教也是尊崇的，五戒即佛教的不杀生、不偷盗、不邪淫、不妄语、不饮酒五种基本戒规。宗密认为，这两者之间是完全可以融合的，“不杀是仁，不盗是义，不邪淫是礼，不妄语是信，不饮酒噉肉，神气清洁，益于智也”④。《圆觉经大疏钞》卷七之上中对这一融合有更详尽的论述。

其二，乾之四德与佛之四德的融合。

这一点，宗密在《原人论》中没有具体讲到，但在其《圆觉经大疏》的自序中讲述了。乾之四德，指元、亨、利、贞，源出《周易·乾卦》。佛之四德，实际上是指涅槃四德，指常、乐、我、净。《大涅槃经》中说：“常、乐、我、净，乃得名为大涅槃也。”⑤“常”是指的永恒性，“乐”是指的欢乐无苦，“我”是指的法身常在，“净”是指的清净而无烦恼。

对这两种四德的融合，宗密以乾喻佛，认为两者相通。一方面，乾和佛在各自的体系中都是最高的本体，都有着相同的性质；另一方

① 《圆觉经大疏钞》卷七之上。

② 《圆觉经大疏》卷中之一。

③ 《原人论》。

④ 《原人论》。

⑤ 《大般涅槃经》卷二十三。

面，两种四德所要达到的价值目标是相同的。

其三，佛之孝和儒之孝的融合。

这一观点主要体现在宗密的《盂兰盆经疏》中，但与《原人论》中的三教合一论也是相通的。

历代的儒道二教对佛教的批评中，最主要的一点是礼教的批评，指斥佛教违背了儒家的礼制，特别是孝道，佛教方面虽然百般解释自己与礼教并无冲突，但终究没有一个完整的理论性的说明，这一点到宗密才完成，宗密把孝看作儒佛皆宗的一个核心问题。不过，对于儒道所讲之孝，宗密没有看成是完全相同的，而是有同也有异。就其相同的一面来看，有"存没同"和"罪福同"。所谓"存没同"，是指不管父母在世或不在世，儒佛两家致孝的原则是一致的，居则致敬，养则使乐，病则忧，丧则哀，祭则严。所谓"罪福同"，是指对是否守孝的奖惩原则是一致的，违戒或犯过，都要受到处罚，功德显彰，都讲善报之福，只是儒家讲天的赐赏，佛教讲善业之报。就其差别方面而言，则有居丧异、斋忌异、终身异等，总的精神是要证明佛教的孝道比儒家的孝更高级。

这里讲的三教合一，还只是教化方面的融合。宗密还要论述三教在原人理论方面的融合，这一点将在下文中叙述。

第三，对偏浅佛教的批评。

儒道二教未能原人，佛教的情形又是如何呢？佛教也并不是都能原人的，只有最高级的一乘显性教才能真正原人，其他的教派都只是偏浅之教，因此，在批评了儒道的原人观之后，宗密又对偏浅佛教的原人观进一步提出批评。

批评人天教

人天教在宗密的判教体系中居于儒道二教之上，而又是佛教内的最低一级，其基本原理是因果报应论，这一理论有"业"和"轮回"两个重要原理，"业"是中心概念，"轮回"论则又涉及三世、三界、六道等内容。

人天教以"业"作为人的本原。业是指人的行为，基本类型分为身、语、意三种，又分为别业和共业，引业和满业。从价值观角度分，则又有善业、恶业和无记业。善恶之业各有十种，称十恶业和十善业，十种业又各有上、中、下三类。

人天教认为，众生所造的业是决定其自身的社会生活状况的直接原因，不同的业引起不同的果报，业为因，报为果。具体的报应情形，一般来讲，造上品十种恶业，死后转生于地狱道中；造中品十恶业，死后转生于饿鬼道中；造下品十恶业，死后转生于畜生道中。修上品十善业，死后转生于六欲天中；修中品十善业，死后转生于人道中；修下品十善业，死后转生于阿修罗道中。这就是六道轮回说。宗密对于修中品十善和下品十善的果报没有讲，而讲修持五戒可转生于人道中，修上品十善业，并修布施、持戒等大乘六度，可转生于六欲天中，突出了大乘佛教的特色。更高的善报，修四禅定，可转生于四禅天中；修四无色定，可转生于四无色天中。“人”和“天”都是两种善的果报，所以此教以”人天教”来概括。

对于人天教的这一原人观，宗密的批评基于这样一点，即人们造业和受报的主体是什么？“既由造业受五道身，未审谁人造业，谁人受报”①？据此，宗密逐层从四个方面揭示其内在缺陷。首先，批评人天教以身为造业和受报的主体。宗密假设，如果说人天教是以人的肉体作为造业和受报的主体，那么“初死之人”，即刚刚死去的人，其肉体应该说和活人的肉体是一样的，为什么不能造业了呢？宗密在这里提出了“初死之人”的说法，这是因为历史上唯物论者、无神论者范缜早就指出死人之质无知、形神相离、活人之质有知的观点，为了避开范缜的结论，宗密用了这一提法，其实这初死之人也是没有意识活动的。其次，批评人天教以心为造业和受报的主体。如果说只有人的心即精神现象才是造业和受报的主体，那么什么是心呢？是具有形状、大小的肉团心吗？这样的心处于身体之内，又如何来与身体外部的感觉器官相联系？也就是说，心的指示如何能迅速地传给眼睛、耳朵等，使之造业呢？宗密对佛教所论的心，有四种分类，即肉团心、缘虑心、集起心和真心。他假设人天教的心是最低一层的肉团

① 《原人论》。

心，再以机械论的观点设难，在当时的科学知识条件下，这种设难也是很难回答的。再次，批评人天教以情作为造业和受报的主体。前一层批评，可以看作从心的性体方面设难，从性的方面设难有这样的困难，那么再来看看，是否以心的情感方面作为造业和受报的主体呢？宗密说，人的喜怒哀乐等情感并没有永恒性，是乍生乍灭的，没有内在的自性，又怎么能作为主体呢？而作为主体者，必须具有恒常的特性。最后，批评以身心的统一体作为造业和受报的主体。既然从人的肉体和精神两方面的分别分析说明它们都不能作为主体，那么是否身心的统一体就可以作为主体呢？宗密对此又设难说：要是这样的话，人死后，这种身心的统一体已不存在，谁来造业受报呢？按照三报论，有一种后报，要到后世才能报应。人天教认为，那时候人的精神又和新的轮回的肉体结合了，这样重新结合的统一体是主体。宗密说，哪里有现世的身心造业，而后世的身心受报的道理？如果是这样的话，现世修善业的人是多么委屈，而现世造恶业的人又是多么幸运，这样的原人观是多么“无道”。据此，宗密认为，人天教以业作为人的本原，并没有真正探索到人的终极本原。

批评小乘教

小乘教的理论可以用我空法有来概括。人天教以我为实有，而有许多的困难，小乘教把这个我看作空，对空的阐述，是采用的分析致空法，把一个我分析成多个我，再以各个部分的我和整体的我相混淆，以部分代替或等同于整体，于是就有这样的责难：一我怎么会成为多我呢？在多我之中，究竟哪一个我是实有的呢？具体地看，小乘教是这样分析空的：首先把一我分析为色的部分和心的部分，即肉体和精神，一我于是成为二我；再对色和心进一步分析，色有地、水、风、火四大要素构成，心则有受、想、行、识四类，这样一我不就成了八我了？再仔细分的话，比如在“地”大要素中，又有许多具体的部分所构成，这样一我不就成了无数的我了？人们由于不了解所谓“我”是由色心两大要素在因缘的作用下虚假地组合起来的，不识此“我”的空性，而执之为实有，生起贪、嗔、痴三毒，三毒又引起三业，业成而有果报，从而导致人的生老病死、死而复生的轮回，世界的成住坏空，空而复成的循环。

宗密认为，由此看来，小乘教是以色心二法及贪、嗔、痴三毒为人的本原，人天教所没有解决的造业和受报的主体问题，就是小乘教所说的色心二法。

宗密对小乘教这一原人观的批评的基点是作为本原的无条件性和普遍性，即“经生累世为身本者，自体须无间断”①。而小乘教的色、心两种本原，就心而言，宗密认为，诸识中，眼、耳、鼻、舌、身五识的产生是需要内外条件的，外在的条件是外境，内在的条件是认识能力和认识器官。眼识的产生必须依于作为生理器官的眼睛和外界的光的存在。这叫“五识缺缘不起”。第六识的意识则是间断性的，经常停止活动，比如在人睡眠时，在无想定的状态下，意识则会消失。这叫“意识有时不行”。就色而言也是这样，在无色界中，色就是不存在的，没有四大之身的存在，如何会造业呢？宗密据此而断言，小乘教以色心二法和贪、嗔、痴作为人的本原，也没有能真正原人。

批评大乘法相教

小乘教所讲的心，其实只是六识。大乘法相教则认为心识有八种，第八阿赖耶识才是人的本原，外境和色身都是识变现而成，如何变现呢？阿赖耶识内部存在着变现世界万法的种子，这些种子分为三类：一类是先天存在的，这是世界的真正源头；二类是先天的种子自身繁衍的；三类是受熏习而成的。种子的功能是变现万法，具体步骤有三：先是种子本身的状态，这称为“初能变识”；接着，末那识执着于阿赖耶识中的这种种子为实我，产生烦恼的污染，即我痴（对事物的无知，不明事理）、我见（以事理进行颠倒的推度，形成错误的认识）、我慢（傲慢自负）和我爱（沉湎于自我之中）四大烦恼，末那识就称为“第二能变识”；最后，前六识也因为末那识的污染，而直接产生出具体的、具有不同的感性特征的万事万法，六识称为“第三能变识”。

正因为世界万法由种子所变现，万法本身就没有内在的本质，没

---

① 《原人论》。

有自性，只是一种本性虚空的假有，但第六、七两识却由于无明的作用，又将自身变现的事法视为实有，不能真正认清其本质。法相宗把这种错误的看法喻为患病和做梦，患病者由于心智受损，不能如实观察事法和人生，做梦者也是如此，以为梦中所见都是实有。

宗密对大乘法相教的批评是基于大乘空宗的立场，其批评方法是从现象的虚妄推导出本原的虚妄，“所变之境既妄，能变之识岂真”①？既然由阿赖耶识所变现的万法是虚妄不实的，那么这个能变者本身也应是虚妄的，不可能由实而生虚。大乘法相教证明法空识有时以梦为喻，宗密也指出，能梦和所梦，即做梦的人和所梦之境，都是虚妄的。之所以说识也是空，这从因缘的理论也是可以说明的，识也是假托众缘而成的，也没有自性，这样的识不可能真正成为人的本原。

批评大乘破相教

大乘破相教在宗密看来已经通过曲折的方法开始显示真性的存在了，该教所破的，不但有人天教的我执，也有小乘教的法执，又有法相教对识的执着，宣示一切皆空之理，因此，此教的人观是以空为人的本原，“若约此原身，身元是空，空即是本”②。

一切皆空论所依据的原理是缘起性空论，一切事物的产生都有因缘，即条件性，因是主要条件，缘是次要条件，由这种条件性说明事物没有内在的自性为主宰，不能独立自存，是性空。空的意义，其实也是指的这种条件性。

虽然性空，但又不否认事法作为假象的存在，对事法的完整理解应是性空假有，既要看到事法性空的一面，又要看到其假有的一面，这种理解称为中道。宗密在《原人论》中叙述空宗的思想时，突出了一个“空”，把假和中的内容省略了。

一切皆空，那么为什么会有万法差别的观念呢？人们关于事物存在的观点是如何产生的呢？宗密引《大乘起信论》的说法，认为万法

---

① 《原人论》。

② 《原人论》。

因妄念而有，“一切诸法，唯依妄念而有差别，若离心念，即无一切境界之相”①。

宗密对大乘破相教的批评有两点：一是指出一切皆空在教化方面的困难，二是虚妄之法应有实法为基础。

一切皆空在教化方面的困难，宗密归结为这一责难：“若一切皆无，知无者谁?”②大乘破相教一味破斥，连人的真正本原也否定掉了，那么谁来认识这个空呢？这样的空又有什么实际意义呢？“知无者谁”一句，出自后秦姚兴，他在答安成侯姚嵩的表时讲道：“若无圣人，知无者谁?”③他反对空掉一切的看法，认为这种观点是不近人情的。宗密借用此语是想表明，应该还有一个终极本体的存在，这个本体不应该是空的。

一切皆空，万法虚妄，那么这些虚妄之法是如何产生的呢？“若都无实法，依何现诸虚妄?”④宗密认为，一切事物的存在都有其本体，比如水是实法，依水而有虚妄之波；明镜是实法，明镜所显现的影象是虚妄的；做梦也是如此。站在破相教的立场上，可以指出能梦、所梦皆空，但没有能梦之人，何有所梦之境？宗密以此证明，在虚妄之相的背后都有着实法的存在，这个实法就是本觉真心。

第四，和会三教。

宗密和会三教是以一乘显性教为本教，偏浅佛教和儒道二教为末教，从对偏浅佛教的批评中，宗密逐层揭示出人的终极本质，最终而至一乘显教。

一乘显性教的理论核心是本觉真心。真心的特征，一是清净无染；二是本觉，本觉具有佛性的意义和觉悟的意义；三是本知，这个知是宗密从神会禅学中继承下来的，是真心的内在本质。

一切众生都有本觉真心，为什么还会流浪生死，不得成佛？这是

---

①《大乘起信论》。

②《原人论》。

③《广弘明集》卷十八。

④《原人论》。

由于众生先天具有的烦恼和妄念覆盖了真心，使其难以显现，众生因而不能觉悟自心的佛性，执着于世界和人生为实有，造作种种善恶之业，受种种苦乐之报。众生的成佛之道就在于觉悟者对迷途中的众生开示其本有的佛性，众生一旦觉悟自心真性，便与佛无异。因此，一乘显性教以真心为人的终极本原，真心是人的真正本质，也是宇宙和社会的真正本质。对人的本原的探求，到这个真心，在宗密看来才算真正完成了。

从这个本觉真心出发，宗密开始融合三教。他认为在承认真心为人的本原的前提下，前面所破斥的诸教都可以归结到这个本原上来，因而都是"正义"，都是对宇宙、社会和人生的正确的看法，都是可以融合的。这种融合遵循着由深至浅、由本至末的次序。

第一阶段是本觉真心，这是融合的本体。真心不生不灭，不增不减，不变不易，众生从一开始就因为烦恼的缘故不能认识此心，此心被包藏在烦恼之中，因而也称为"如来藏"。

第二阶段是会通大乘破相教。破相教以空为人的本原，破斥各种生灭之相。如来藏能生一切法，能摄一切法，而如来藏所生之法正是破相教要空掉的，如果如来藏心能够摄尽万法，不使生起，那么就是破相教所说的法空了；如果连隐覆真心的烦恼也消除，那么这个如来藏心就不存在了，也就是破相教所说的心空了。在这种意义上，破相教是合理的，可以融于真心。

第三阶段是会通大乘法相教。法相教以阿赖耶识为人的本原，阿赖耶识是在如来藏的基础上生成的，不生不灭的真心和有生灭特征的如来藏相结合，就构成阿赖耶识，"所谓不生灭真心与生灭妄想和合，非一非异，名为阿赖耶识"①。阿赖耶识具有"觉"和"不觉"二种含义，如果阿赖耶识处于觉的状态，那就不会发动、生起外境，这就是静。如果不觉，就会起心动念，由静而动。如果又不能觉悟妄念的空寂性质，反而执着为实有，就会产生种种行为，使阿赖耶识成为能动之识，变现根、身、器界，所以就有阿赖耶识为人的本原的理论。

---

① 《原人论》。

第四阶段是会通小乘教。小乘教主张人空法有，以色身与心识为人的本原，其原因在于不懂得万事万法都由妄念所显现之理，执着空幻的事法为实有，形成法执。

第五阶段是会通人天教。人天教以业为人的本原，这是缘于我执，小乘教执着事法为实有，在此基础上，就会产生内在的我和外在的境的区分的观念，人天教于是就有了我执，不知我的存在只是身心假合的空幻之体。有了这种我执，于是就产生为满足我的各种利益而形成的贪、嗔、痴三毒，在三毒的基础上进一步造作种种善恶行为，受相应的报应。做出杀人等恶业的众生，他们的心识就随着恶业而转生于各种恶道之中，行善业的，其心识就会随着善业而转生于人道。

第六阶段是会通儒道二教。儒道二教以元气、自然、天命、大道为人的本原，宗密一一对此加以会通。

众生行善业而转生人道中，其过程是这样的：心识首先随着善业进入中阴，在母胎中禀受父母之气，十月怀胎而成人，从这个意义上会通了元气本原论。

从业报论可知，人们的善恶行为必然要引起相应的报应，业满必受报，这种必然性是自然而然的，从业报的必然性来着，自然论是合理的，这就会通了自然本原论。

同样是从业报论出发，人们的前世行为决定了其现世的社会生活状况，比如人们在前世时，少年修善业而老年修恶业，那么他们在现世必然少时富贵而老年受苦。如果要说天命，那么这种业报的心然性也就是天命，因此，从业报论的角度来看，天命论也是合理的，这就会通了天命论的原人观。

从最初的阿赖耶识起心动念而生万法时，实际是分为两个部分，一部分是心的生起方向，另一部分是外境的变化方向。心的部分随善业进入母胎受气而形成人，境的部分则渐渐地从细至粗、由微而著地变化，最终形成天地万物。这个过程，宗密认为就是儒道两家的“始自太易，五重运转，乃至太极，太极生两仪”①的大道生成过程。这

① 《原人论》。

样也就会通了大道生成论的原人观。

至此，宗密完成了三教合一的哲学分析，与前面所讲的三教在教化方面的融合构成宗密三教合一论融合部分的两大内容。

五、《华严原人论》的方法论渊源

《原人论》的方法论渊源，就三方面来谈，一是《大乘起信论》的影响，二是华严方法论的影响，三是《圆觉经》的影响。

第一，《大乘起信论》对《原人论》的影响。

《大乘起信论》的思想结构，首先把一心分为心真如门和心生灭门两类，真如门是体，不生不灭，生灭门是相、是用，有生有灭。心真如门和万法之间是体用关系，心生灭门和万法之间则具有直接的生成关系。更准确地说，两门不一不异的结合而有阿赖耶识。阿赖耶识具有“觉”与“不觉”两种特征。所谓“觉”，是指阿赖耶识派生净法，表现真心的功能，是心离妄念。所谓“不觉”，是不能觉知真心的本质，不能觉知妄念的生起。因“觉”而回归本体，因“不觉”而生起染法。实际上是阿赖耶识的这个“不觉”特征和万法有着直接生成的关系，由“不觉”而有三细六粗诸相产生。三细相是无明业相、能见相和境界相，六粗相是智相、相续相、执取相、计名字相、起业相、业系苦相。

在《原人论》中，宗密对诸教的融合就是按照《起信论》的上述结构，首先是一乘显性教，这是讲真心的，是最初的本原。真心不生不灭，但众生不知，真心隐覆于众生妄念中，所以此真心又叫如来藏。依据如来藏而有生灭心相，这实际上指的是心生灭门。不生不灭的真心和生灭妄想相结合而有阿赖耶识。在融会大乘法相教时，宗密讨论了因阿赖耶识“不觉”的特征而产生的业相、能见相、境界相、智相、相续相，形成法执。在会通小乘教时，继续讨论了执取相、计名字相。在会通人天教时，讨论了起业相。在会通儒道二教时，讨论了业系苦相。由此也可以这样说，宗密讲心真如门时，是一乘显性教；讲如来藏性时，同时也是在讲大乘破相教；讲阿赖耶识因不觉而有三细相及六粗相中的前二粗相时，是指大乘法相教；讲次二粗相时，是指小乘教；再讲次一粗相时，是指人天教；讲最后一粗相时，是指儒道二教。

第二，华严方法论对《原人论》的影响。

宗密也是华严中人，《原人论》其实就是华严类作品，其方法论本身就是华严宗的。这里所要明确的，实际上是华严宗的特有的方法在《原人论》中的运用，这种方法就是融合，或者叫“无碍”，宗密正是感受到这种方法的奇妙才皈依华严的。

华严宗的主要思想特色之一是其法界论。总体而言，世界只是一个一真法界，一真法界融摄世界，又是通过四法界的模式来实现的，四种法界就是理法界、事法界、理事无碍法界和事事无碍法界。其中的理事无碍法界是本体界和现象界融合的世界，这一点是对《原人论》发生影响的关键之处。

理事无碍，或者说是体用无碍，在《原人论》中体现为权实无碍、了义教和不了义教无碍。从体用的角度讲，一乘显性教是本教，是实教，是了义教，其余均为末，为权。宗密明确说：“二教唯权，佛兼权实。”①二教指儒道教。佛教内也有权实之分，一乘显性教是实，是了义教，其余诸教是权，是佛不了义教。宗密要“会通本末”，就是要将本教和诸末教融合起来，将实教和诸权教融合起来，将了义教和诸不了义教融合起来，体现的就是理事无碍的方法。

第三，《圆觉经》对《原人论》的影响。

按照屏山居士的说法，《原人论》就是对《圆觉经大疏》和《圆觉经大疏钞》的简略化，自然是发挥《圆觉经》大义的，自然深受此经的影响。

《圆觉经》的核心概念是“圆觉”。圆觉，就其狭义的含义来看，是“满足周备，虚明灵照”。宗密曾给圆觉下过一个定义：“圆者，满足周备，此外更无一法；觉者，虚明灵照，无诸分别念想。”②“圆”

① 《原人论》。

② 《圆觉经大疏》卷上之二。

是指的这个万法的本体普遍地、圆满地、完备地具足一切法，无一遗漏，在圆觉之外没有一法能独立存在，又无一不是从圆觉中流出；“觉”则是指众生心中的“寂知”，宗密说：“心寂而知，目之圆觉。”①所谓”虚明”，就是指的空寂，“灵照”，即是知。这种对圆觉的理解继承了菏泽神会对心的看法。

这个圆觉一方面对宗密阐述一乘显性教的真心产生影响，其实也给以融合的方法论影响。就后一种影响而言，涉及圆觉的平等特性和圆合特性。

《圆觉经》称“圆觉”为“觉性平等”。平等的意义，是指万法都依同一觉性而生，都无本质区别，这就类似于华严的事事无碍。经中列出十种平等：得念与失念平等，成法与破法平等，智慧与愚痴平等，菩萨与外道平等，无明与真如平等，戒定慧与淫怒痴平等，众生与国土平等，地狱与天宫平等，有性与无性平等，烦恼与解脱平等。以此十类泛指一切平等，因为这种平等，世界万法而能圆融无碍。

《圆觉经》中也直接明言圆觉的融合特性：“若诸菩萨以圆觉德圆合一切，于诸性相，无离觉性，此菩萨者，名为圆修三种自性清净随顺。”宗密对“圆合”就解释为“圆融和合”：“圆融和合一切事理、性相、真妄、色空等类，举体相应，是为圆合。”②这种融合方法在《原人论》中得到具体运用。

六、《华严原人论》的历史影响

《原人论》的历史影响分为两个方面：一是对中国佛学的影响，二是对中国哲学的影响。现分别作简要叙述。

第一，《原人论》对中国佛学的影响。

就思想影响而言，《原人论》的影响主要体现在其三教合一论上，宗密的三教合一论直接影响了后世佛教融合的发展方向。

① 《圆觉经大疏·本序》。

② 《圆觉经略疏》卷下之一。

宗密在中国佛教发展到其顶峰时，以其深邃的眼光，指出中国佛教今后的发展战略，这就是融合：三教融合，禅教融合，禅宗内部的顿渐融合。然而这一点在中唐鼎盛阶段的佛教界人士是难以认同的，所以宗密的影响不在唐代。自中唐以后，中国佛教开始由盛转衰，如何发展中国佛教的问题已经是不可回避的了，这时就有人想到了宗密的方案。首先具体地讨论中国佛教发展战略的是永明延寿。延寿是吴越时代的法眼宗僧人，清凉文益的再传弟子，他在学术上的最大贡献是编撰了一部百卷本的《宗镜录》，其中主要是发挥了宗密的禅教合一思想，这可以说是受宗密的《禅源诸诠集都序》的影响。同时，延寿也是主张三教合一的，在三教中，延寿也认为有本末之分，佛教是本体之教，而儒道二教是末教，属于较低级的教化，因为二教并不能体察到法界的真谛，“二教并未逾俗柱，犹局尘笼，岂能洞法界之玄宗，运无边之妙行乎”①？所谓法界，也就是宗密讲的真心。但是二教仍有其合理性，同佛教一样，二教也是以法界为本的，从同以法界为基础的特性来看，三教是可以融合的，“三教虽殊，若法界收之，则无别原矣”②。

延寿之后，融合就成为中国佛教的主要特征。就三教合一这一点而论，着重加以阐述的还有明教契嵩。契嵩倡三教合一最力，他认为，三教之所以能融合，主要在于三教都有共同的社会功能，即“皆欲人为善”③。这和宗密关于三教共利群庶的说法是一致的。契嵩着重讨论了佛教的孝道，这一点要比宗密更详尽。憨山德清对三教合一也有其独特的看法，他认为，三教只有形式上的不同，佛教表现为出世，儒教表现为入世，道教表现为避世，但一个完整的社会，一个完善的人格，就必须三教兼备，“缺一则偏，缺二则狭，三者无而称人者，肖之而已”④。三教的融合，在紫柏真可看来，都是融于一心，

① 《万善同归集》卷六。

② 《宗镜录》卷三十三。

③ 《辅教篇·广原教》。

④ 《论·学要》，《憨山大师梦游集》卷三十九。

"佛不得我心，不能说法；伯阳不得我心，二篇奚作？仲尼不得我心，则不能集大成"①。这种观点，从其渊源来看，也是和宗密、特别是其《原人论》有很大关系。

第二，《原人论》对中国哲学的影响。

从中国哲学的角度来看《原人论》，其影响也应该引起重视。关于宗密在中国哲学史上的地位，胡适曾给以很高的评价，他把宗密归为第一流哲学家之列，"中世时期，自东晋到北宋的几百年间，此时凡第一流的中国思想家，包括智顗、玄奘、宗密、窥基，而韩愈、李翱等，只是第二流以下的"②。宗密对中国哲学的影响，其实主要就是对宋明理学的影响，冯友兰对这种影响有过论述，他从《原人论》中关于心气关系的一段话——"所禀之气，展转推本，即混一之元气也；所起之心，展转穷源，即真一之灵心也"——得出这样的结论："就其此论观之，则宗密不啻上为以前佛学作一结算，下为以后道学立一先声，盖宋明道学出现前之准备，已渐趋完成矣。"③此说的理由是：宗密在这里讲心和元气的对立，元气由心产生，程朱的理气对立就在这里发展起来了；宗密讲一切唯心，那么陆王一派的宇宙即是吾心，即在这里发展。宗密对理学影响的主要之处，冯先生已经指出来了。

宗密在《原人论》中对儒道二教的基本观点都作了分析批评，特别是针对儒道比较薄弱的认识论和社会历史观的批评，儒道二教方面对此不能没有反应，这种反应同时也是宗密的影响所在。

影响之一：激发理学本体论的建立和完善。

宋明理学中的气本论、理本论和心本论，都和宗密的真心本体论有着很大的关系。佛教哲学中的严密的本体论体系是其特色之一，如

---

① 《题三教图》，《紫柏别集》卷一。

② 《中国哲学史大纲》卷上，《胡适哲学思想资料选》上，华东师范大学出版社，1981 年。

③ 《中国哲学史》下册，《三松堂全集》，第三卷，河南人民出版社，1989 年。

此众多的佛教大德，为何要强调宗密对理学的影响？原因之一就是，如此众多的大德中，也只有宗密对儒道二教提出了如此系统的批评。

气本论以张载为代表，以元气作为世界的终极本原。他对佛教和道教也提出了批评，就其对佛教的批评而言，其实也可以看作对宗密批评儒教的一个回击。宗密批评儒教的元气论不懂得事物产生的因缘，张载认为，佛教的因缘论恰恰是不知天命的，即不了解客观世界的规律，“释氏不知天命，而以心法起灭天地，以小缘大，以末缘本，其不能穷而谓之幻妄，真所谓疑冰者欤”①！“以小缘大”是指以心之小缘生世界之大，这样来理解心是有机械论色彩的，他所指的心，在宗密的体系里只是指一最低一级的肉团心，即心脏，但张载却是在证明与宗密的真心本体论截然相反的一种本体论，这就是元气本体论。宗密所推崇的理或真心，在张载的体系中不过是元气的运行规律而已，是依于元气而有的。这一本体论，经王廷相到王夫之，一直是理学中的一个重要流派。

朱熹的本体论是理本论。他的理，更大程度上是一种客观本体，尽管在其晚期思想中有将其主观化的倾向，作为客观的本体，应该说更受法藏的影响。朱熹的理气关系论，其理论模式和华严宗的理事关系论十分相近，其中又与宗密可能有很大的关系，这表现在朱熹以理作为终极本体，理又通过元气作为万物的直接生化者，这是理——气——物的模式，这一点正是宗密所强调的。宗密的模式是真心(即是理)——元气——万法。理或心和万物之间是间接的体用关系，元气和万物之间则是直接的生成关系，宗密明确说：“心外的无别法，元气亦从心之所变。”②这种影响也正是冯先生所强调的。理和元气之间，在朱熹既可以表述为生成的关系，也可以表述为体用的关系。从生成的关系看，理和气是有先后之分的，理在前，气在后；而从体用关系看，则理气本无先后可言，本末融合，没有截然不同的区别，没有无气之理，也没有无理之气。这一层意思在《原人论》中虽

① 《正蒙·大心篇》。

② 《原人论》。

没有明示，但在《圆觉经大疏钞》中却是很明确的，就先后论，“当知圆觉是最先义”①；但是从体用而论，“本末无碍，真妄融通，则无先无后”②。

在陆九渊和王阳明的心学中，陆九渊直接把心等同于理，心即理，这一立场和宗密是完全一致的。宗密明确说过，四法界中的理法界就是指自心，一真法界就是指自心，这样就有了心外无法的原则。王阳明则继承了这一点。

影响之二：激发理学认识论的深化。

这一点是就王廷相的认识论思想而言的。宗密在批评儒道二教时，曾经从婴儿的认识发生的角度立论，批评儒道不知前世。王廷相认为，认识是人对事物的一种反映，人如果不和外界的事物相接触，那么认识就不可能产生，婴儿的认识也是如此，“使婴儿孩提之时，即闭之幽室，不接物焉，长而出之，则日用之物不能辨矣”③。宗密以婴儿的爱恶骄恣来论证人的认识能力的先天性，在王廷相看来，宗密所讲的婴儿的爱恶骄恣之类，只是人的天性之知，即现代术语所讲的遗传本能，比如胎儿在母腹就能吮吸，出胎时能视听，都是本能，而认识论中要讨论的是人道之知，即对社会、人生、自然等对象的认识，这种认识是从社会实践中产生的，是“因习而知，因悟而知，因过而知，因疑而知”④。这从认识论角度回答了宗密的批评。

影响之三：“知”的影响。

在叙述一乘显性教时，宗密以本觉论真心，以昭昭不昧、了了常知论真心，这就赋予真心以“知”的特性。在其他作品中，宗密还明确分析了知是真心的本质，是心的自性体。这一点影响到心学一派，特别是王阳明。宗密把“知”引入心性论，突破了中国哲学主要以善恶论心的传统（孟子的良知本性当然也是讲知，但那是道德性的，宗

① 《圆觉经大疏钞》卷四上。

② 《圆觉经大疏钞》卷四上。

③ 《雅述》上。

④ 《雅述》上。

密的"知"则更体现为知识论的特点），强调心具有认识善恶的先天能力。朱熹也讲人心固有知，"盖人之心灵，莫不有知"①。他所讲的"知"是"虚灵觉知"②，这种表达完全是宗密式的。王阳明则进一步提出了良知说，特别强调知是心的本体，这就和宗密完全一致了。

最后要简单提到的一点是，宗密对理学的影响不是一般的逻辑影响，许多影响是直接的，理学家大多出入于佛老，对宗密的作品，有些理学家是直接阅读了的，比如毛奇龄说，周敦颐的《太极图说》"全是密语"③。程颐和其学生习《华严经》，但所读并不是六十《华严》之类的原典，而是华严宗人的作品，他的学生说："某尝读《华严经》，第一真空绝相观，第二理事无碍观，第三事事无碍观。"④这实际是标名为杜顺所作的《华严法界观门》，而且很可能是澄观或宗密的注解本。《释门正统》中引杨时的话说："《西铭》会古人用心要处为文，正如杜顺和尚作《法界观》样。"⑤而这里所提到的法界观，也很可能是澄观或宗密的注释本。作为朱熹读过宗密作品的明确证据之一，是他在讲"知"时，曾说宗密也是讲这个"知"的⑥。这种直接性的影响更说明了宗密的重要历史地位。

---

① 《朱子语类》卷十五。
② 《四书集注·中庸章句》序。
③ 《太极图说遗义》。
④ 《二程集》卷十八。
⑤ 《释门正统》卷八。
⑥ 《朱子语类》卷六十八。

略论中国佛教哲学思想的发展

——《原人论》导读①

前言

学习一个时代的哲学著作，首先要了解它产生的社会历史背景，外国人要了解中国古代哲学之难就在于此。学习中哲通史，有两个历史阶段比较复杂，不容易通下去，一为晋南北朝隋唐阶段，二是近现代(1840 年以后)。因为都有与外来文化思想的接触影响，内因通过外因而起作用，孤立来研究是不成的，单懂得中国固有的一方是不够的。一般来说，两种文化思想的接触，要了解它是有一个过程的，不是那么很容易的，即使今天的马克思主义也不例外。从传播、发展到应用，也不是很简单的。因为了解中又有一个消化和改造的过程，又必须结合本国的社会历史实际和文化传统，即有所了解又有改造和提高的任务。因为生搬硬套的马克思主义，严格讲来，并不能称是马克思主义者。

中国古代封建社会历史很长，虽然与邻近许多国家都有接触，思想文化的交流互有往来，但其中影响中国历史最久、方面最广的当推印度，而印度思想文化影响过去中国最大的当推佛教。佛教是世界三大宗教之一，既是一种宗教信仰，又是一种思辨哲学，又有相关的文

① 本文是石峻先生生前遗稿，写作年代不详。因内容与上文《〈原人论校释〉序言》直接有关，故编排于此。——编者注

学和艺术。佛教并非印度的正统，佛教在印度的产生是在公元前6—公元前5世纪，约与中国孔子同时，或者稍微早一点，有它的文化背景和思想渊源，并不是如传统所谓佛祖释迦牟尼一个人出家凭空想出来的(坐在菩提树下)。

要系统地了解它的发生和发展的历史，则需要研究印度哲学史或印度佛教史。但印度传统文化的精神是富于空想，历史感欠缺，因此，要科学的历史比较困难，可也是重要的。

印度佛教传入中国的确切年代是很难确定的，大约是汉武帝开通西域之后，随着商旅的往来而带来的。笼统地可以说自汉代传入。因为开始并不为学者所注意，所以缺乏记载。

佛教本身在印度以及中亚细亚等地也是在不断发展中，因此早期的佛教和以后不同时期的佛教虽多有继承关系的一面，但是也有不同的一面，同中有异，同时更有不同的派别，也不可一视同仁看作铁板一块。

中国佛教主要自印度通过中亚陆路传入以后，因为要生存发展，必须结合中国当时社会历史的实际和统治阶级的需要，以及民间传统的信仰，也在不断变化发展之中，因此中国佛教的思想和信仰不同于古代印度的佛教，比如观音送子就是这样的例子。

所谓中国佛教，大体说来，有以下几个历史时期：

1. 两汉时期，佛教开始传入的时期，也可说是佛道时期，即将佛教的信仰看作类似中国过去道术方术的一种，所以当时道家的黄老与浮屠并称。信仰者求延寿长生乃至多子女等，或得到好的报应，但从中国宗教史上来看，当然也是很重要的。

2. 魏晋南北朝时期，也可说是佛玄时期。名士与名僧交往，即佛教的理论、佛教的思辨哲学与当时中国的玄学思潮相结合而有所发展的时期。魏晋玄学的产生有它各方面的原因，这里无暇详说，但有一点应该申明的，即不是外来佛学首先影响中国玄学的产生，反之，倒是中国玄学的理论影响了中国佛学的发展，即用不同的玄学理论来理解印度传入的佛教，所谓魏晋时期的中国佛学、般若学，也可以说是一种玄学，以后才逐渐摆脱我国玄学的影响，由于寺院经济的发达而逐渐走向独立发展的道路，如僧肇的《不真空论》(批判了本无、心无、即色等三家)就是一个终结玄学的标志。

至于南北朝时期，由于政治的不统一，南北不同地区的佛教，也有各自不同的特点，大体说来，南朝受玄学影响，注重义理，北方注重宗教实践，乃至作佛事、造像石刻等。南朝的佛性学说特别发达，当然也受到中国过去人性论的影响。

3. 隋唐时期，也可说是宗派佛学时期。

宗派与学派有不同的含义。

所谓宗派，第一，有它相对独立的寺院经济；第二，有不同的传法世系(法统)；第三，有不同的宗经和理论体系；第四，有不同的生活节律甚至传教地区的势力范围。

至于学派，则仅是一种学说或一部分经典的专家学术观点的不同，因此在魏晋南北朝时期只能说是有某学派的专家，各种不同经典的专门学者很难说已经成了宗派。

到了隋唐时期，由于政治的统一，国力的强盛，同时佛教也就达到了空前发展的阶段，要求统一，但有分歧。这个时期的佛教的特点是：

①统一性(统一南北)，相对独立，不依赖其他学派。

②系统性，将各种佛教理论组成系统。

③宗派性，如三论、天台、法相、华严、禅等。

④国际性，不同于印度。亚洲各国派来留学的很多。中国当时的首都长安，实际已成为亚洲、也可以说当时世界佛教研究的中心，如朝鲜、日本等国的佛教，他们在当时读的经典，实际上都是从中国间接传入的，而不是从印度直接传入的。又如唐僧玄奘留学印度的成就和水平，就是在印度也是公认的，甚至可以说，玄奘的佛学知识其实比他印度的老师那烂陀寺的戒贤法师还要渊博。这是符合历史真实情况的，戒贤甚至想选他做自己的接班人，他是一个爱国的宗教徒。作为隋唐宗派佛学的一个重要特点，就是各宗都有自家的“判教”学说，这是当时建立不同宗派的理论基础。

什么叫“判教”呢？就是判别各种佛教理论高下浅深的工作，并从而树立为什么自己一派的理论是最高的学说，是怎样超过其他各派学说的。

如前所说，我们大家已经知道，所谓佛教这种信仰和学说，本是古印度千百年来的一派学说的发展，有时代先后的不同，同时又有不同学派思想的不同，甚至冲突和矛盾，但是所谓一种宗教，又都标榜皆是佛说，那么这些思想矛盾究竟应该怎样来解释呢？于是佛教学者就想出一种主观的办法，或说这是佛（释迦）在先后不同的时期和不同的地点所说的，或说这是对不同的对象（下根、中根、上根或钝根、利根），因其水平不同，接受理解能力不同，为了因材施教，因此有深有浅。为了说明这种浅深的不同，中国佛教学者就来组织成理论系统，做统一的说明，借以抬高自己，贬低别人，这就是各宗的所谓“判教”。由于这种“判教”，使不少宗派佛学又都成了繁琐哲学。

中国隋唐时期佛教对我国哲学思想影响最大的有下列各宗：

第一，三论宗（吉藏）。

第二，天台宗（隋智顗），又名法华宗。

第三，法相宗（或法相唯识宗，玄奘、窥基）。

第四，华严宗，以华严经为宗经（法藏），又称贤首宗。

第五，禅宗（《六祖坛经》、（慧能））。

其中，三论宗与法相宗受印度的影响较大。印度的大乘佛教基本上就是这两派：中观宗（空），瑜伽行派（有）。

相反，其中接近印度模式的影响较少的天台、华严、禅三宗，则纯粹可以说是中国学者在这一方面的一种创作，华严和禅宗的影响特别突出，长期地影响了后来中国的哲学思想。

4. 宋元明清时期，中国佛教的研究，由于宋明理学的兴起和民族矛盾，强调中华民族的所谓道统来代替外来佛教的所谓法统，同时由于寺院经济的日益衰落，世俗地主经济日益占统治地位，于是佛教亦逐步变为儒家理学的附庸，同时理学已采用阳儒阴释的手法，改造其思想内容而加以利用，于是三教合流、以儒为主的思想占了上风，佛教成为中国传统思想的附庸地位而得以广泛流行。

5. 近代中国，由封建统一的多民族大帝国逐步陷入半殖民地半封建的地位。这时中国接触到先进的西方资本主义学术和文化，于是向西方寻找真理，包括社会政治学说和自然科学应用技术，又成为一种时代思潮，中西古今新旧学之争非常激烈，因此佛教哲学由于其性质特点(平等、重分析)也被卷入这种复杂的思想斗争潮流中，而起一种负荷或中介的作用，这又与当时欧美和日本对佛学理论的西方哲学化有关，故一些近代的进步思想家，如资政派康有为、谭嗣同、梁启超、严复，革命派章太炎等，又无一不对佛学有所研究，利用一部分佛学理论作进步思想的论证。同时保守势力亦有提倡佛学的信仰者和研究者，这又形成了一种更加复杂的新的思想斗争局面，佛学也分成两种倾向，特别需要历史地全面地进行辩证分析和研究，不能简单化庸俗化来对待。要从他们本人所了解的佛教思想去分析解剖他们的思想，不能用我们今天所了解的佛教思想去批判他们的思想，不能采取一种教条主义的方法、贴标签的方法去批判近代中国的佛教思想，要和对古代哲学一样，对具体问题作具体分析，既要划清与马列主义的界限，又不能笼统不加分析，一笔勾销。

用马列主义基本原理作为指导来研究佛教思想、佛教思想史，这是 1949 年建立新中国以后才开始的，那是一个崭新的课题，虽说也取得了一些成绩，但目前究竟还处在一个开辟的历史阶段。

作为社会主义新中国佛教思想史的研究工作者，按理必须尽可能做到吃透两头，首先是马列主义的基本原理，而且能理论联系实际，其次是必须力求读懂那些晦涩难解的佛教原始资料。至于作者对各种重大理论问题的分析批判，其科学性应该大大超过以往时代的水平，才能够符合目前新时代的要求。

我国过去一段时期内，由于受到极左思潮的影响，凡是号称马克思主义的哲学家，多不肯深入地研究各种唯心主义体系，特别是所谓宗教哲学。其结果是或则陷于背诵教条，致使理论脱离实际，成了无的放矢，或则由于缺乏正确理论的指导，难免误入歧途。这两种具体情况虽然很不相同，但在客观事实上都会妨碍有关佛教思想史的科学研究的健康发展，影响到开创一种实事求是的学术新风尚。

一、《原人论》作者的生平和在中国思想史上的地位

篇幅虽小，但内容丰富。《原人论》这册小书的作者是唐代著名佛教僧侣学者宗密。

宗密的生平和著述。

在中国，过去出家的和尚都放弃原来的姓，改姓释。宗密俗姓何，号圭峰①，生于唐德宗建中元年。宗密出生在果州西充县(今四川成都东)。僧传说他“家本豪盛”②。宗密在青少年时期熟读儒书，但总觉得这类书籍不能解决他所谓的人生根本问题，转而指向佛教。这也是一时的风气，佛教僧侣在当时是有一定社会地位的，物质生活也比较优越。

唐宪宗元和二年(807年)，由于一个偶然的机会，遂州大云寺道圆禅师(菏泽神会的三传弟子)遇到宗密，“见其俨然若思而无念，朗然若照而无觉，欣然慕之，遂削染受教”③。

唐宪宗元和五年(810年)，宗密又去襄汉，在那里遇到恢觉寺灵峰。宗密想请教问题，但灵峰正在生病，不能说法讲经，便把澄观的《华严经疏》给他讲，宗密非常推崇这部书。澄观的《华严经疏》对宗密转向华严宗起了决定性的作用。

宗密虽从此最后步入华严宗教门，但并不废弃原来学的禅宗理论。他认为，在禅宗系统里南宗最高，在教的系统里华严宗最高，这两家在他看来是一致的，因为都主张人人皆有“灵知本觉的真心”。

澄观的《华严经疏》包含了华严宗的基本理论，内容很丰富，也不易读懂，据说宗密的领会能力很强，只看了一遍就开讲了，而且所讲居然效果很好。

---

① 圭峰是长安终南山一个山峰的名字。宗密隐居于圭峰草堂寺而得圭峰之名。

② 参见《宋僧传》卷六《宗密传》。

③ 裴休《圭峰禅师碑铭》，《全唐文》卷743。

宗密自从讲了澄观的《华严经疏》以后，深以不能亲承疏主的教诲为憾事，在他第二次讲了《华严经疏》之后，便亲自写了一封信给澄观，请为弟子。得到应允后，宗密便又去东都洛阳见澄观。此时澄观已七十四岁，宗密才三十二岁。澄观见到宗密很高兴，以为收到了能继承华严宗法统事业的得意学生。

澄观是华严宗的第四代祖师，决定把宗密培养为第五代。此后，宗密自己的佛教思想便形成了。

唐宪宗元和十一年(816 年)，宗密退居终南山智炬寺，专心从事撰述。

宗密的著作相继问世，随着名声也越来越大。在四十九岁时，唐文宗召他入宫讲授佛法，深得文宗的赏识，赐给紫袍一件，并赠以“大德”称号。

唐文宗太和九年(835 年)，“甘露之变”时，宰相李训等与凤翔节度使密谋铲除宦官集团，事泄，李训逃入终南山。宗密要给他剃发藏于山中。事急，李训转逃凤翔，被捕。宦官仇士良知道此事，要以隐匿之罪处死宗密，责问他为什么要隐藏李训。宗密毫无惧色地说：“贫僧识训年深，亦知反叛。然本师教法，遇苦即救，不爱身命，死固甘心。”①仇士良嘉其临死不畏，也怕开罪佛教界，同时引起社会的不满，释放了宗密。后世佛教徒对宗密的这种不畏死的行动至为赞誉，称他为“菩萨人”。

唐武宗会昌元年(841 年)，宗密死于兴福院。唐宣宗李忱追谥宗密为定慧禅师。

宗密的著作很多，据《宋高僧传》说总共有二百多卷，其中主要的有如下几部：《禅源诸诠集都序》四卷、《中华传心地禅门师资承袭图》一卷、《华严原人论》一卷、《圆觉经大疏》十二卷、《圆觉经大疏钞》十三卷、《圆觉经略疏》四卷、《圆觉经略疏钞》十二卷。这些著作足以代表宗密的佛学观点，其中《华严原人论》尤为重要。宗密最初学儒，后学禅，最后学华严，他在这部小品中把这三家学说加以融会

① 《旧唐书》卷一一九《李训传》。

贯通，以华严宗学说为最高，牵强地统一各家学说。他在这部小品中充分发挥了主观(客观)唯心主义，这对后世的宋明理学产生了影响。

二、宗密的教、禅一致论

宗密生活在唐代社会。唐朝的宗教政策和学术政策是对儒、释、道三家都加以利用，而儒、释、道三家并不相让，彼此互相诋毁以致相互攻击，这就影响了他们作用的发挥。在这种情况下，封建统治阶级要求把三家学说统一起来。儒释道三家的学说是不一样的，要把它们统一起来并不容易。作为一个学者，要做这种统一工作，起码需要具备两个条件：第一，必须知识广博，能比较深刻地理解儒释道三家之学；第二，必须能看清三家学说都对统治阶级有用，认识到彼此攻击反而削弱力量。从宗密的传记可以看出，他是具备上述条件的。宗密决心承担这一使命，他要用华严宗和菏泽禅学说为骨干，统一当时的主要学说。二要统一各家学说，必须首先统一佛教内部的学说，为此他创立了“教禅一致”理论。这一理论正是他统一佛家各派学说的基础理论。

什么是“教禅一致”？要想说明这个问题，必须首先说明什么是“教”，什么是“禅”。我们以为，“教”就是佛的教导，“禅”就是佛的心意(禅的意译即静虑)，这是教禅的本来意思。宗密时，佛教内部已建立了不少宗派，如唯识宗、华严宗、禅宗等，禅宗内部各部称为“禅”，而把禅宗以外的各派，如天台宗、三论宗、唯识宗、华严宗以及小乘各派成为“教”。他认为，禅宗以外各派都以经(也包括论、律)为根据进行修习，经是佛的教导，所以称他们为“教”或“教家”；而禅宗各派则是遵照佛意进行修习，是“以心传心”，因而称之为“禅”或“禅家”。宗密所说的禅、教，就是这种意思。教，有时指“佛语”(经)，有时指教家各派；禅，有时指“佛意”，有时指禅家各派。

面对当时禅家和教家互相攻击的局面，宗密力图论证教禅应该是一致的，他一共列举了十点理由：

第一，诸佛心口，必不相违故。

第二，禅有诸宗，互相违反故。

第三，经如绳墨，楷定邪正故。

第四，经有权实，须依了义故。

第五，量有三种，勘契须同故。

第六，疑有多般，须具通决故。

第七，法义不同，善须辨识故。

第八，心通性相，名同义别故。

第九，悟修顿渐，似反而符故。

第十，师资传授，须识药病故。

以上就是宗密教禅一致的理论。这只能说有一定的道理，而从总体上看，则是牵强的。例如，顿悟与渐悟、坐禅与不坐禅，都是禅宗修行方式的重要不同，是不能一致的，是说不通的。此外，不仅教、禅，就是教家、禅家本身也还有很多不一致的地方，但宗密为了统一佛教各种学说，竟把不一致的地方通通回避了。

宗密除了对禅宗各派思想学说做了评判，还论及到儒释道三家的内容。宗密在《华严原人论》中，专门把各家关于人的本原的论述抽出来进行分析、判断，从而阐发了人的本原说。

宗密按儒、释、道三家关于人的本原的学说的高低，分成六教（六个阶段）：

1. 儒、道二教
2. 人天教
3. 小乘教
4. 大乘法相教
5. 大乘破相教
6. 一乘显性教

那么，宗密的哪些思想启发、影响了宋明理学呢？主要是他的“本觉真心”说。可以说，宋明理学的两个主要理论——理气论和人性论——都可以从这里找到源头。冯友兰先生说：宗密的《原人论》

“已为宋明道学立先声矣”①。

宗密在中国佛教史上有重要地位(既总结过去，又影响将来)，在中国哲学史上也是一个值得重视的人物。但是，我国学者过去对他的研究却不够。日本学者镰田茂雄博士写了关于宗密教学思想的长篇专著，书名《宗密教学思想史之研究》，对宗密思想作了全面、系统的研究和阐述。

所以我们选读《原人论》。

① 《中国哲学史》下卷，第798页。

中国哲学史史料学讲义①

第一讲　中国哲学史史料学的性质和范围

中国哲学史史料学是关于中国哲学史史料的收集、整理、研究、分析、鉴别和使用的科学，它是中国哲学史研究的基础学科之一，目的在于为中国哲学史的研究提供可靠根据。哲学史的研究不是从抽象的原则出发，而是从历史(事实)资料、思想资料出发，由史料得出结论。特别是中国，历史悠久，地广人多，图书浩如烟海，古籍十来万种，如何选择资料，既要注意求全，又要注意求精，甚至同一部书，如《周易》、《老子》、《论语》等，先后注解甚多，很需要下一番功夫。所以，要想很好地搜集、整理史料，有必要大略懂得一点有关目录学、版本学、校勘、训诂、考订、比较研究、辑佚以及工具书方面的知识。

例如，如何利用工具书，用哪些工具书，各种工具书的特点(优缺点)是什么，立场、观点与解释的局限性表现在哪些方面等。又如同一种书，先后又有好多不同的版本，不同时代的，不同地方的，如何辨别善本与劣本？何谓善本？标准何在？如何叫原始的史料(primary sources)？如何叫辅助的史料(secondary sources)？他们分别的可靠性如何？这些都是搜集史料时必须面对的问题。

封建时代的学者，囿于经学的信仰，把“经”看成没有任何错误

---

① 本文是石峻先生生前讲稿，写作年代不详。根据文中提到的资料来看，应截稿于90年代前期，故编排于此。——编者注

的、必须信从的宝典，因此往往为文字所蒙蔽，而不能接触到“经”之产生时代的思想实质。而近代资产阶级学者又往往喜欢以近代科学比附古书，如说外国的现代科学都来自中国，只不过中国失传了，学西学其实本是中学。这些似是而非的言论在清末早期改良派中很流行，甚至把《易经》八卦讲成有量子力学、超相对论的内容等。这些比附对于减少西学传入的阻力，是有一定积极意义的，可以中西互相发明，但不要走上变相复古的道路。

怎样考证、校刊、辨伪即审订思想史料，去伪存真？通常的方法，如历史的考证(《列子》的真伪)、思想内容的考证(辨《宗本义》)、时代的考订(《孙子兵法》、《老子》版本)等。在这方面，新史料的发现(甲骨文、敦煌、银雀山、马王堆的例子)与科学上的新成就，往往很值得注意。

中国哲学史是一门边缘科学，要借助中国通史、中国社会史、经济史、政治史、科技史、宗教史等的帮助。为了增加感性认识，我还主张看小说，如《水浒传》、《封神榜》、《红楼梦》。要注意精与博的关系，没有适当的博便不能做到精。还要借助近代最新科学的成就，如研究先秦名家和墨家的逻辑学，就要借助现代外国逻辑科学的解释(当然不能牵强附会)等。以《墨辨》为例：“圆，一中同长也。”不懂得力学、光学等，很难看懂《墨经》。章太炎过去曾借助于因明。研究中国近现代哲学史要懂一点西方哲学，那是它的思想来源之一。

中国的语言文字、伦理哲学的概念范畴是变化的，因此要懂一点训诂学，包括用现在的语言如何准确地解释古书。如研究中国古代的佛教思想，懂一点印度各国的历史情况和哲学流派，也是有帮助的。这固然有方法论的问题，也有史料的掌握和比较研究等问题。

汉魏时代读佛教书还有合本的法子，把几种样本对照来斟酌它的意义。但是由于不懂原文，只能凭主观综合，不能辨别是非(合抄－集解、集释)。

后来又有所谓“格义”的方法(竺法雅)，即以比较接近佛教思想的中国书籍和它结合比附来讲(即以老庄解佛书)，如以“本无”译“真如”，以“无”译“空”等。魏晋时代的佛学理论带有玄学的色彩，其原因之一即在于此。马克思主义传入中国之初，中国学者以“四海之内皆兄弟也”来翻译“全世界无产者联合起来”，即是一例。其实，以大锅饭、吃饭不要钱、供给制等来理解科学的共产主义，似是而非，也是一例。

要懂得外国哲学，必须精通外文。例如 Being as being，Existence 与 Being 不同，存在、有、是(佛教的有无不等于心物)。要懂得中国古代哲学，要能看懂古书，懂得古文，也是同一道理。要懂得中国古代哲学，能看懂古书，必须懂得古文。但是，要懂得古文，单凭字面上的字义了解是不够的(如魏晋风流之“风流”，字典上解释为“风流人物”)，必须懂得社会历史文化背景(称“仆”、称“妾”、称“足下”等)。博与精的关系是不可分的，一般的外国学者学中国古代哲学，之所以难以贯通，就在于处理不好博与精的关系，不能博也就不能精。

哲学史史料学是研究哲学史的一种基础课，但是不能全部代替中国哲学史的科学研究，不能以考证史料来代替规律性的研究。哲学史史料学不是一般的史料学，不是广义的史料学，而是限于哲学思想史料的去粗取精、去伪存真、由此及彼、由表及里的审查工作，目的就是尽可能做到最大限度的真实性(也就是科学性)。只有建筑在这种真实性上的研究才可能得出科学性的结论，从而做到思想性和科学性的统一，破除偏见、成见。

要真的能够做到科学地批判审查思想史料，必须以马克思主义的辩证唯物主义和历史唯物主义思想作指导。当然，这也有一个过程，不可能毕其功于一役，一下子就达到很高的水平(相对真理—绝对真理)。

限于时间和条件，我们这门课还不可能讲得太专门。史料学作为一种有规律的科学，短短的十几个课时，不可能做到系统的发挥。

注意：

封建时代的学者——资本主义学者———马列主义指导下的考据学

圣人观念——现象罗列——本质与演变规律之掌握

第二讲 关于工具书的使用

古人读的书少，文史哲不分，今天则学科分工很细。工欲善其事，必先利其器，死记硬背是有限的(戴东原能背《十三经》，一般旧学者年轻时都背过“四书”)。特别是系统的研究，需要广泛的知识，这就需要学会使用工具书。武汉大学图书馆系 1982 年在中华书局出版了《中文工具书使用法》，值得参考。

研究哲学，第一，要明确概念。明确概念，除了读原著以及经典著作外，最好要有一本简明的哲学辞典。北宋陈淳所著《北溪字义》，就是关于宋代义理之学的词典。中国目前还缺乏简明哲学辞典。此外，佛学方面的《法相辞典》、《佛学大辞典》、《佛家名相通释》等，都值得参考。

第二，要学会运用“索引”。

如利用《中国丛书总录》，可以查书名、篇名，包括人名、地名、专名的索引(index)(或称“引得”)，或称《通检》，如《论衡》。哈佛燕京学社曾编有《二十种艺文志书目综合引得》，又如《十三经索引》、《四书索引》、《清代文集篇名分类索引》、《四库全书总目提要》(余嘉锡有《四库全书总目提要辨证》，简称《四库提要辨证》)，清代阮元有《四库未收书目提要》，日本人编的《佛藏子目引得》、《道藏子目引得》等，都值得参考。

此外，还有最完备的、包括所有字的索引，如《论语》、《孟子》、《老子》、《庄子》、《墨子》、《荀子》、《吕氏春秋》等都有，可以查该原典的字、词、句，以及人名、地名、专名等。研究重要概念的不同含义，也应该知道用索引。此外还要注意运用研究成果的索引，如日本出版的《论语》文献注释书、《论语年谱附录》(林泰辅，古版附插图)、《中国历史论文索引》、《日本汉学研究论文引得》、《中国哲学史论文索引》、《中国历史论文索引》、《日本汉学研究论文引得》等，还有《中国近代哲学论文索引》、《中国近代史论文资料索引》(1949—1979 年)等，都是相关研究不可或缺的工具书。此外，一部学术专著，也应该附有索引，有无索引，可以作为衡量是否现代化、科学化的标记。由于电子计算机的使用，以及微型胶卷的使用，这种工作现在已是更加现代化了。

由于现代科学研究的国际化，索引的范围已经不能只限于中国人过去的研究成果了，还应该放眼世界(日本方面的先进)，包括国外研究的成果。日本人的索引工作做得很细，如白居易、李白的诗，都编有索引。《大正新修大藏经目录部》(55卷)、各种《高僧传》都有统一的索引，美国国会图书馆有统一图书目录卡片。要搞科学研究，做到可能赶超世界先进水平，决不能采取闭关自守、闭门造车的办法。因为所谓贡献，就是能在前人的成就的基础上继续有所前进。这当然也要求研究者不能忽略同时代人的研究成果。

第三，要注意运用中国古代的类书。

中国古代的类书是一种中国式的百科全书，它不是一般的字典，也不是丛书，但却可以提供思想资料的大体线索。它的分类很有特点，如天、地、帝、王、后妃、皇子、珠宝等。它可以用来校刊古书、佚书材料等。最早的类书是三国时的《皇览》、道教的《云笈七签》(宋·张君房)、佛教的《法苑珠林》(唐·释道世，按佛经故事分类排纂)，其实都属于类书。唐代以后，这种类书很多：

1. 《艺文类聚》一百卷，唐高祖时欧阳询等编。

2. 《太平御览》一千卷，宋太宗太平兴国年间李昉等编，很多已散失。

3. 《册府元龟》一千卷，宋真宗景德年间王钦若等编。

4. 《永乐大典》二万二千八百七十七卷，明嘉靖年间解缙等编。

5. 《渊鉴类函》四百五十卷，清康熙年间张英等编。

6. 《子史精华》一百六十卷，清吴玉士等编。

7.《佩文韵府》四百四十四卷，清康熙年间张玉书等编。

8. 《古今图书集成》一万卷，清康熙至雍正年间陈梦雷、蒋廷锡等编。

9.《燕京大学图书馆目录初稿类书之部》，邓嗣禹编，共收类书三百余部，详载每书之名、编考、版本、册数、解题、分类、纲目等。

类书的作用：

(1)查找各类材料；

(2)校勘考证古书；

(3)搜辑古书佚文。

使用类书注意事项：

(1)官修，成于众手，多错，又间有删节，须核对原文。

(2)不可轻改古书。

第四，要用字典、辞典。先从《说文》谈起。东汉许慎的《说文解字》注重六书：象形、指事、会意、形声、转注、假借，是研究古文字学的基础。清代段玉裁有注。六书，《说文解字·叙》："保氏教国子，先以六书：一曰指事。指事者，视而可见，察而见意，上、下是也。二曰象形。象形者，画成其物，随体诘诎，日、月是也。三曰形声。形声者，以事为名，取譬相成，江、河是也。四曰会意。会意者，比类合谊，以见指撝，武、信是也。五曰转注。转注者，建类一首，同意相受，考、老是也。六曰假借。假借者，本无其字，依声托事，令、长是也。"

其他的，汉初学者缀辑周汉诸书旧文、递相增益而成的《尔雅》，是汉代经师的经学字典，也是后人考证词义和古代名物的重要资料。三国魏张揖所撰《广雅》，博采汉人笺注，及《三仓》、《说文》、《方言》诸书，以增广《尔雅》，为研究古代词汇和训诂的重要资料。清王念孙有《广雅疏证》。

音韵学方面，南朝陆法言《切韵》，与女四声都受印度的影响，有郝懿行《义疏》。唐韵不存。北宋陈彭年、邱雍等编修的《广韵》、宋丁度等人编撰的《集韵》，以及清初顾炎武的《音学五书》，今人王力先生的《汉语音韵学》等，均可参考。

阮元《经籍纂诂》(主要是训诂学)。

方言方面的，《方言笺疏》是方言字典，旧题扬雄作，不一定是扬雄作。章太炎作有《新方言》。

另外，现代人比较常用的几种字典，如清张玉书等人编撰的《康熙字典》是我国现存第一部官修字典。之后，由陆费逵等编撰的《中华大字典》，较《康熙字典》有了很大的进展，并加有日本用汉字。1915 年出版的《国语辞典》(现代汉语词典)，影印一册，注音，北平研究中院国大辞典编纂处。

大家都很熟悉的《辞源》、《辞海》，也是不错的工具书。旧时互相竞争，今则各有分工。

《汉文大字典》，目前《汉语大辞典》、《汉语大字典》都正在编纂中。目前最大之汉文大辞典是日本人编的《大汉和辞典》(诸桥辙次主编)。

台湾出版有《中文大字典》(国内有影印本)，共 40 本(附索引)。

第五，要会用专科辞典。

历史、地理、经济、物理、化学、生物、动植物、医学以及哲学类的伦理学、逻辑学、中国哲学史等，均有词典可以参考。此外有《甲骨文编》、《甲骨文合集》(郭老主编)、《金文编》(容庚编)、《宗教词典》(任继愈主编)、《中国人名大辞典》(中国历代名人辞典，1982，南大历史系)、《中国古今地名大辞典》(新中国成立前)。《历代名人年里碑传总表》，今人姜亮夫编。《历代名人生卒年表》(商务印书馆)、《历代名人年谱综录》、《历代职官表》(清代编)、《中国近现代史词典》，都非常有价值。

又如唐陆德明《经典释文》，唐玄应、慧琳《一切经音义》。要注意利用外国人加工编辑的工具书，如荻原云来的《梵汉对译佛教辞典》(《翻译名义大集》)、宋法云《翻译名义集》，间有中文人名(如玄奘、义净)及其《新编》。英国出版有英文《中国佛教名词辞典》等，日本望月信亨《佛教大辞典》七卷、中村元《佛教大辞典》、宇井伯寿《佛教辞典》(袖珍本，禅宗辞典)、《道教辞典》，日人织田得能《佛教大辞典》，以及中国人丁福保的《佛学大辞典》等，对于研究佛教很有参考价值。还有《中国大百科全书》哲学卷、(外国)哲学百科(英日)全书等。

第六，要会用学术编年。

思想有一个发展过程，而且是规律性的，这样才有科学的哲学史的可能。从时代到个人思想，早晚有变化，如孙中山、鲁迅、吴玉章；马、恩、列、斯、毛的著作皆按年代先后编，是有道理的。中国近现代思想史尤其要如此。

钱穆有《先秦诸子系年》一书，又有《孔子编年》。历代学者编撰的思想家年谱，如《朱子年谱》（王懋竑）、《王阳明年谱》、《章实斋年谱》（胡适、姚名达），章太炎、康有为、梁启超等的《自编年谱长编》，过去北师大教授刘汝霖编有《中国古代年谱综录》。商务印书馆出版有《汉晋学术编年》四册、《东晋南北朝学术编年》。哲学思想史附《年表》亦是此意。鲁迅、瞿秋白译著编年。

第七，要会用专人资料汇编。

中国近代资产阶级哲学思想资料。王充卷、韩愈卷、柳宗元卷、红楼梦卷等。

第八，要会用学案与资料选编。

学案类：朱熹、吕祖谦的《近思录》，孙星衍的《孔子集语》，黄宗羲的《宋元学案》、《明儒学案》，唐镜的《国朝学案小识》、《四朝学案》，江藩的《汉学师承记》（附《宋学渊源记》），徐世昌的《清儒学案》，钱穆的《朱子新学案》等。

资料汇编：如《中国哲学史教学资料汇编》（先秦、两汉、魏晋南北朝、隋唐）、《中国哲学史资料选辑》（先秦、两汉、魏晋隋唐、宋元明、清代、近代）、《中国佛教思想资料选编》。中国无神论史料、中国逻辑学资料、中国伦理学资料、中国美学（思想）资料等。

第九，要会用各科专史。

经济、政治、科技史（它包括医学、农学等）。英人李约瑟的《中国科学技术史》、蔡元培的《中国伦理学史》、沈善洪的《中国美学史》，都属于专门史。

宗教史方面（如佛教、道教、伊斯兰教史）。慧皎的《高僧传》、道宣的《续高僧传》、赞宁的《宋高僧传》、僧祐的《弘明集》、唐道宣的《广弘明集》、汤用彤的《汉魏两晋南北朝佛教史》、《隋唐佛教史稿》、傅勤家的《中国道教史》、小柳司气太的《道教概说》、蒋维乔的《中国佛教史》、黄忏华的《中国佛教史》、卿希泰的《中国道教思想史》(三册)，也属于专门史。

经学史方面，则有朱熹的《伊洛渊源录》、周海门的《圣学宗传》、孙奇逢的《理学宗传》、皮锡瑞的《经学历史》、周予同、日人本田成之的《中国经学史》等。

第三讲(上)　目录与版本

中国的古书真是浩如烟海，汗牛充栋，历代各门各类的著作极为丰富。要知道这些丰富文化遗产的内容，历代学术的源流，书籍存亡的情况，除检阅历代正史中的《艺文志》或《经籍志》以外，还可以寻检其他历代私人所著或公家所修的目录书。也可看大图书馆的分类卡，请人开参考书目。有的虽说其实只是书单子，但很有用。这些目录书可以丰富我们关于书籍的知识，我们可以根据目录找书来读，也可以从中初步了解各种书籍的时代、著者、性质、内容、过去评价等的一个大概，以及某一时代那一方面的著作、特别是学术情况。

要利用目录书，应当先通晓目录学的大概。目录学是治学的门径，是一种专门的学问。余嘉锡有《目录学发微》，王国维弟子姚名达有《中国目录学史》，新中国成立后王重民校正(商务印书馆《中国文化史丛书》)。下面参考余嘉锡先生的《目录学发微》一书，对此问题作一简略介绍。

一、目录学之意义及功用

无论研究什么学问，要看什么？遇有问题，到哪里去找？一般治学之士，无不先窥目录以为津逮。这种工作，可以说从汉代刘向、歆父子校书作《七略》已经开始了。清章学诚所谓“刘向、歆父子，部次条别，将以辨章学术，考镜源流”是也。过去，常逛书店也可成为学者，而要以能叙学术源流者为正宗。

过去目录书按形式来看，大体可分三类：

一曰部类(分部、分类)之后有《小序》(讲源流)，书名之下有《解题》(讲作者、内容、问题)者；

二曰有《小序》而无《解题》者；

三曰《小序》、《解题》并无，只著书名者(包括作者，有时连作者也不能定)。

属于第一类者，即有《小序》、《解题》之书目，现存比较著名的如宋晁公武的《郡斋读书志》、宋陈振孙的《直斋书录解题》、元初马端临的《文献通考》之《经籍考》、清《四库全书总目提要》(大规模的)、阮元的《四库未收书目提要》、余嘉锡的《四库提要辨证》，以及今人和后人的续作等。近人余嘉锡曰：

> 凡目录不著《解题》、但记书名者，固薄其浑漫，视为无足重轻；即有《解题》者，若其识解不深，则为美犹有憾。……则知凡目录之书，实兼学术之史，帐笺式之书目，盖所不取也。①

佛教目录学的贡献：梁僧祐《出三藏记集》(传、经、序、目录)，唐释智昇《开元释教录》序(分类、真伪、先后、同本异译)曰："夫目录之兴也，盖所以别真伪、明是非，记人代之古今，标卷帙之多少，摭拾遗漏，删夷骈赘，提纲举要，历然可观也。"宋王尧臣等作《崇文总目》，朱彝尊《曝书亭全集·崇文总目跋》："《崇文总目》当时撰定诸儒，皆有论说。凡一书大义，为举其纲，法至善也。其后若《郡斋读书志》、《书录解题》等编，咸取法于此。故虽书有亡失，而后之学者览其目录，犹可想见全书之本末焉。"②又陈振孙《直斋书录解题提要》曰："古书之不传于今者，得藉是以求其崖略；其传于今者，得藉是以辨其真伪，核其异同(石峻按：即从有载到无载)，亦考证之所必资。"又清王鸣盛《十七史商榷》卷一曰："目录之学，学中第一紧要事，必从此问途，方能得其门而入。"

《汉书艺文志考证》，宋王应麟(《困学纪闻》的作者)

《汉书艺文志条理》，清姚振宗(《二十五史补编》)

---

① 余嘉锡《目录学发微》，巴蜀书社，1991年，第2页。

② 见该书卷四十四。

《汉书艺文志讲疏》，近人顾实著（商务印书馆）

第二类者，即有《小序》无《解题》之书目，如《汉书·艺文志》、《隋书·经籍志》是也。这是《二十四史》中最重要的两种目录。姚振宗《隋书经籍志考证》，体例略同《汉艺文志条理》，它把每一书的有关资料收集在一起，读者检查起来很方便。近来又有《汉志集注》。

章学诚曰："校雠之义，盖自刘向父子部次条别，将以辨章学术，考镜源流，非深明于道术精微、群言得失之故者，不足与此。后世部次甲乙，纪录经史，代有其人，而求能推阐大义，条别学术异同，使人由委溯源，以想见于坟籍之初者，千百之中不十一焉。"①又《互助篇》曰："古人最重家学，叙列一家之书，凡有涉此一家之学者，无不穷源至委，竟其流别，所谓著作之标准，群言之折中也。"又《补校汉书艺文志篇》曰："《汉志》最重学术源流，似有得于太史叙传，及庄周《天下篇》、荀卿《非十二子》之意。此叙述著录，所以有关于明道之要，而非后世仅计部目比之所及也。"

属于第三类者，即无小序、解题之书目。现存者但有分类，如唐、宋、明《艺文志》，补清史《艺文志》，郑樵《通志·艺文略》。

清代张之洞《书目答问》（本人参与，非全本人之作）补正及各家藏书目录皆是。"此类各书，不辨流别，但记书名，已深为《隋志》所讥，然苟出自通人之手，则其分门别类，秩然不紊，亦足考镜源流，示初学以读书之门径，郑樵所谓'类例既分，学术自明'，不可忽也。"通过这类书目，可以看出哪一类书当时最流行，也可以观察学术思潮。

张之洞《书目答问·略例》曰："读书不知要领，劳而无功。知某书宜读而不得精校精注本，事倍功半。今为分别条流，慎择约举，视其性之所近，各就其部求之。又于其中详分子目，以便类求。一类之中，得以义例相近者使相比附，再叙时代，令其门径秩然，缓急易见。"余嘉锡评之曰："张氏之类例，在慎择约举，以使初学分别书之缓急，为今人之意多也。编撰书目，不附解题，而欲使其功用有益于

① 《校雠通义序》。

学术，其事乃视有解题者为更难。”①

总之，“盖吾国从来之目录学，其意义皆在‘辨章学术，考镜源流’，所由与藏书之薄籍、自名赏镜、图书馆之编目仅便检查此异也”。②

二、如何利用目录书

余嘉锡先生曰：“目录之书，既重在学术之源流，后人遂利用之考辨学术。此其功用固发生于目录学之本身，而利被遂及于学者。然亦视其利用之方法如何，因以判别其收效之厚薄。”③余先生在所著《目录学发微》中举古人利用目录学之最早者数事，以明其例：

一曰以目录著录之有无，断书之真伪。如《后汉书·张衡传》载汉张衡上疏论谶纬之学曰：“初，光武善谶，……衡以图纬虚妄，非圣人之法。乃上疏曰：刘向父子领校秘书，阅定九流，亦无谶录。成哀以后，乃始闻之。”

二曰用目录书考古书篇目之分合。如《礼记》各篇。《礼记》原总二百一十四篇，经长期的流传删定，传下来的有八十五篇本和四十九篇本，前者称《大戴礼记》，后者称《小戴礼记》。《大学》、《中庸》原是《小戴礼记》的篇名。大戴（戴德）、小戴（戴圣）所编未必是其原貌。又如《易经》、《易传》之分和，以及佛经先后重复译出之情况，均可借助于目录书而察其原委。

三曰以目录书著录之部次，定古书之性质。道家《老子》书在先，《庄子》书在后。道家庄子与老子的关系。《庄子·天下篇》。

四曰因目录访求阙佚。如《孙子兵法》、《老子略例》、《汉书·艺文志》目录、黄（老）帝《经法》等。

五曰以目录考亡佚之书。好些书目原载若干篇若干卷，但后来失传，如《梁书》有《范缜集》十卷、《南史》十五卷，唐以后《艺文志》即

① 余嘉锡《目录学发微》，第11页。

② 余嘉锡《目录学发微》，第12页。

③ 余嘉锡《目录学发微》，第12页。

缺载，可见已失传。《全梁文》卷四十五所载总计不过五篇，约3700多字。

六曰以目录书所载姓名卷数，考古书之真伪。这一方面，须注意有同姓名作者和同书名者，未必是同一部书。如《孟子》一书，战国儒家孟轲作。《汉书·艺文志》兵家、阴阳家亦有书名《孟子》者。

七曰帮助明确引书体例先后。史书体例之演变，如：各史——资治——本末——易知录——历代通俗演义。各家集子——文苑英华——唐文萃——全唐文——选本。《三国志》：陈寿；《三国志演义》：罗贯中。

八曰根据目录书中的出现率，判断典籍之轻重。

余嘉锡先生说："虽然，以上所举数事，皆是用之以考古，则或疑为考证家专门学问，非普通学人之所需。然目录之学为读书引导之资，凡承学之士，皆不可不涉其藩篱。其义以张之洞言之最详。张之洞《犹轩语·语学》论读书宜有门径：'泛滥无归，终身无得。得门而入，事半功倍。或经、或史、或词章、或经济、或天算地舆。经治何经，史治何史，经济是何条，因类以求，各有专注。至于经注，孰为师授之古学，孰为无本之俗学，史传孰为有法，孰为失体，孰为详密，孰为疏舛；词章孰为正宗，孰为旁门；尤宜抉择分析，方不至误用聪明。此事宜有师承。然师岂宜得？书即师也。今为诸生指一良师，将《四库全书总目提要》读一过，即略知学术门径矣。'"余嘉锡先生评之曰："张氏之语虽若浅近，然实深知甘苦之言。必明此义，而后知目录之书为用最广，为学至切。但欲求读其书而知学问之门径，亦唯《四库提要》及张氏之《答问》(石峻按：今人范希曾编有《书目答问补正》)差足以当之。"

三、相关参考书目

梁启超、王国维弟子姚名达著《中国目录学史》①，新中国成立后经王重民校订，其中论佛教目录部分特详，可参看。此外，各专门

① 《中国文化史丛书》，张菊生元济七十寿纪念，商务印书馆。

书目、善本书目：梁启超《国学指导二种》、《要籍解题·国学入门书要目及其读法》、胡适《最低限度国学书目》、李笠《三订国学用书撰要》①，何多源编《中文参考书指南》、日本长泽规矩也编《支那学入门书略解》、蔡尚思《中国文化史略论》。②。

四、哲学与思想史上的代表人物和主要图书

附：原文与译名，何译何作？译本先后(第几次)，书的真伪。

佛教：明末智旭之《阅藏知津》(清初编)，明白云观道士白云霁之《道藏目录详注》，日本南条文条译《大明三藏圣教目录》，简称《南条目录》。吕澂编《汉文大藏经目录》(分类编号)，智昇《开元释教录》。

第三讲(下)　版本学略论

版本学过去是目录学的一部分，现在则有独立的情况。版本学所涉及的范围很广，举凡原写本(稿本)、历代刊本、历代传录本(名家)、批校本、稿本(初、定)，以及每一书的雕版(先后)源流、传抄源流，孰为善本，孰为劣本，孰为原刻，孰为翻刻、再翻刻，以至印刷用纸、墨色、字体刀法等(历代不同，楷书、仿宋、颜色、字体)，藏书家印记、哪一家的刻本、版式行款、装潢式样(卷子本、蝴蝶装、本装)等，都在版本学的研究范围之内，内容可谓丰富之至，这些方面彼此又皆互相关联，缺一不可。除时代的特点之外，尚有版式、插图的优劣(各家刻本的有自己的特点)等。

通常什么叫善本？甲骨——金石——木刻。刻甲骨、刻印、刻石，前有《石经》(汉熹平石经)。竹简叫“编”，帛书写本叫“卷”。中国是印刷术发明最早的国家，宋代工人毕昇已发明活字版。汉人有时称“善书”(根据不同要求可有不同标准。插图本、套边本、精刻本，

---

① 北京棋社，1927年。

② 新近出版增订本，湖南人民出版社，1980年。

当作艺术品来研究的)，因为那时未有印本，所以不叫“善本”，而叫“善书”。现存世界最早的印本书是唐代刻的《金刚经》(咸通年间，9世纪，唐懿宗年号)，保存在英国伦敦博物馆。前有插图，刻得很好，可见刻书历史之早。宋人开始把美书称“善本”。其所以为“善”的根据，如“宋次道(即宋敏求)家藏书，皆校雠三五遍，世之藏书，以次道家为善本”①。叶梦得说：“唐以前，凡书籍皆写本，未有模印之法，人以藏书为贵，书不多有，而藏者精于雠对，故往往皆有善本。”②归纳宋人对善本的看法，即凡书籍必须精加雠校，方为“善本”，即错字最少，否则便是“俗本”、“劣本”。此外，明清两代著名学者对“善本”的界说，大多和宋人相同，不必多举例了。但对善本的要求不可太严，没有别本可校，而错字较少的石刻本、抄本也是善本，敦煌写本不一定皆是善本。当然，也有写得很好的，所谓唐人写经体。

清末张之洞的说法还算比较合理。他说：“善本非纸白、版新之谓，谓其为前辈通人用古刻数本，精校细勘，不讹不误之本也。善本之义有三：一曰足本(无缺卷，未删削)；二曰精本(精校注)；三曰旧本(旧刻、旧抄)。”③这个说法比较完备。古本，原稿本就更不用说了。

但所谓旧本，旧到何时呢？清代藏书家所出书目，多以明嘉靖为断。自然这也是相对的，但明嘉靖以后的著作自然不在此例。一般稿本比刻本早，朱印本又比墨印本早。不能简单地按时间先后分优劣，现在则以辛亥前乃至新中国成立前为断。

我们为什么要研究版本？首先，图书馆工作人员、资料室工作人员，如果一点都不懂得版本，如何去辨识孰为宋刊，孰为元刊，哪是宋抄，哪是元、明抄呢？如以宋元旧刻和清刻作同样处理，并列一架，那是不可以的。此外还有影宋刻、影宋抄等原刻、仿刻、再仿刻

---

① 朱弁《曲洧旧闻》。

② 叶梦得《石林燕语》。

③ 张之洞《书目问答》。

之区别，这也有成为善本的。

我们整理古书，审别版本好坏，对读者选读古书大有关系。特别是进大图书馆作专门研究。但更重要的是为作者和读者提供比较可靠的资料，供校勘用。传说过去有考官因此出错了题目的，弄得考生不知如何下手。过去医生有因此开错了药方的，那是要害死人的。

北京图书馆、故宫博物院、北大图书馆等都有善本书目。王重民著有《中国善本书目提要》，可参看。

古书传刻或传抄，脱文讹字，势所难免。如王充《论衡·累害》篇，明刻本都脱去一页（如明通津草堂本），而元刊十二行本，此页不脱。又如南朝刘勰《文心雕龙》，是一部古代文学理论名著、研究文学批评的书。全书十卷，分上下篇，而元代一刻，明代弘治一刻，嘉靖三刻，万历一刻，其中《隐秀》一篇皆缺，明钱允治得宋本，方为补足。

《二十四史》的清乾隆四年殿本不如原商务百纳本《二十四史》，尤其在对少数民族的描写方面。现在的中华校点本又有改进，越是后印的越好，自然也不免增加新错（断句等）。孙诒让的《墨子闲诂》比毕沅的《墨子注》要好，郭庆藩的《庄子集释》比王先谦的《庄子集解》要有用，集解、集释又比单注本好些。同是《庄子集释》，新排印的比原来的木刻本又好。汉代帛书本《老子》可以改正通行本的错字，但也不是所有的方面都胜过后来的王弼本。清阮元《十三经注疏》有校勘记（排印本不如影印本，影印本自然又不如原刻本），浙刻《二十二子》多善本，石印本不如木刻本，而历代天文律历志又不如单行本汇编。

至于如何判定刻本的时代？有纸、墨、印、装、字体、刻书家姓名、藏书印记、古人题跋、避讳字样（如唐代改“民”为“人”，避李世民的讳；清代改“玄”为“元”，避玄烨的讳，“玄武门”为“神武门”；《弘明集》作《宏明集》，避弘历讳①）、刻本源流等专门的学问。总之，现在已能用科学的方法来大体测定它的年代了。

---

① 参见陈垣《史讳举例》。

《增订四库简明目录标注》(邵懿辰撰)是记版本的,《古书版本常谈》(毛春翔著,中华,1962 年)记各种版本,今人钱基博《版本通义》(古籍出版社)介绍了一些常用书的好版本,不限于哲学。

清末湖南叶德辉的《书林清话》,新中国成立后有排印本,是一本专谈有关版本学方面知识的代表作,今人唐弢的《晦庵书话》也是论近现代版本的书,此外各种善本书目、中国近现代出版史料都可参看。再如章太炎《訄书》,初印本刻本有《尊荀》和《天论》,第二次日本印本就删掉了,到后来的《检论》又有改订,这反映了思想的变化,所以对同一书也要注意先后不同版本的研究。当然,我们不能把版本学神秘化,但作专门研究的必须有一定的版本学知识则是应该的。手稿之所以重要,是因为可以透过它看作者思想改变的经过,如《鲁迅手稿全集》,不仅于作文有帮助,研究大家改文是最有益的。

新中国成立后出版的《管子集校》(郭沫若等)、《韩非子校注》(南京大学)、《论衡校注》(北大)、《太平经合校》(王明)、《王弼集校释》(楼宇烈)、《抱朴子》(王明)、《坛经校释》(郭朋),都是好本子。

特别是近代史资料丛刊《太平天国》、《辛亥革命》、《戊戌变法》等。

新中国成立前旧的两部大丛书:(1)《四部丛刊》(初、二、三编,商务印书馆),影印;(2)《四部备要》(中华),聚珍、仿宋(活字),也是很重要的参考书。

第四讲　校勘与训诂

先谈校勘学。校,比较、订正;勘,复看、核定、细查、审查。

后世学者于审订书籍,往往罗致副本,汲汲于考订文字异同,号为校勘之学。古人又称校雠之学(章学诚实斋有《校雠通义》)。"校雠之名,亦自刘向定之,所谓'一人读书,校上下得谬误为校;一人持本,一人读书,若怨家相对为雠'是也。向每校一书,辄为一《录》,论其指归,辨其讹谬,随章奏上。后又集众录,谓之《别录》,盖即后世目录、解题之始。向校书时，广储副本，有所谓中书，有所谓外书，有所谓太常书，有所谓太史书，有所谓臣向书，有所谓臣某书，博求诸本，用以雠正一书，盖即后世致详版本之意。观向所为《战国策叙录》云：‘本字多脱误为半字，以赵为肖，以齐为立。’然则向校雠时，留心文字讹误之是正，盖即后世校勘之权舆。由此论之，目录、版本、校雠，皆校雠家事也。但举校雠，自足该之。语其大用，固在辨章学术，考镜源流。”①

“古书流出日久，伪舛滋多，或误夺一字而事实全乖，或偶衍一文而意谊尽失，苟非善读书者，据他书订正之，则无以复古人之旧，此校雠之役，所以不可缓也。如有一‘不’字与无一‘不’字，‘相容’与‘不相容’，则意义相反。又如《尚书》，‘孔安国献之’，‘安国家献之’，则情况不同矣。”②

读书而不得善本，则必以不误为误。但校雠非易事，校书责任专才，如天算、医学，必用专家。戴东原校历算，《二十四史》有天文律历表的校勘、断句问题。又如不懂梵文的佛学者校佛书，有时很难断句。

校理书籍而能各校所长，一人专校一类，斯固善之善者；如其不然，莫若择其性之所近，分校数种，用力虽少，而考证必精，愈于博学寡要者远矣。

校书必资众手，各用所长，单干不是好的办法。

校书必熟于群籍。

校书必深于小学，而校勘之役，尤非深于文字、声音、诂训之学不成。如《逍遥游》之“遥”亦作“摇”，“说”与“悦”，“齐”与“斋”，通假的例子很多：(1)形近而误；(2)声近而误；(3)因同字而脱字；(4)因重写而衍字；(5)因误字而衍字。陈垣撰《校勘学释例》所论甚详。

先讲校书要点、注意点(方法论)：

---

① 张舜徽《广校雠略》。

② 此段引文出处不详。——编者注

(1)不可轻易改字。校理书籍，期于不妄改、不妄增，一仍其旧，而俾读者自审定之，能事毕矣。郑玄解群经，于文字之显然伪误者，但云某当作某，而未尝轻出己意以改本文，此即后世校勘记之权舆。陆德明作《经典释文》，朱子撰《韩文考异》，皆据一善本为主，而附别本之异同于其下，云一本作某。清阮元校刻宋本《十三经注疏》书后："刻书者最患以臆见改古书，今重刻宋版，凡明知宋版之误字，亦不使轻改，但加圈于误字之旁，而别据《校勘记》，择其说，附载于每卷之末，俾后之学者不疑于古籍之不可据，慎之至也。"

(2)校书首贵广罗异本，其次莫若采相类之书以比勘其异同。如《汉书·司马迁传》校《太史公自序》(《史记》)，以《淮南子》校《庄子》。又如《荀子》有《劝学篇》，《大戴礼记》亦有《劝学篇》，题既无殊，文亦少别，足供取证，为用更多。

(3)据古注以校正文。盖传《注》时代愈早者，其去古较近，所据为未经窜改之本，循本疏证，隐然可见古人原本之真，故虽正文以误，而犹可据注本订正之。故吾人今日校理古书，必有资于旧注矣。如以王弼注校《周易》、《老子》，何晏《论语集解》，郭象注校《庄子》，汉郑玄注《礼记》。

(4)论类书及古注不可尽据。可参考，但不可绝对化。若夫凭据类书，旁征子史旧注，以从事雠校者，大半过于尊信古人，鄙蔑今本，据彼援引失实之文，反以不误为误，斯则惑矣(《老子》、《德道经》、《道德经》之异)。卢文弨尝论校书曰："大凡昔人援引古书，不尽皆如本文，故校正群籍，自当先从本书相传旧本为定。况未有雕版以前，一书而所传各异者(古人引书多凭记忆)，殆不可以偏举，今或但据注书家所引之文，便以为是，疑未可也。"

(5)论旧本书不可尽据，宋刻本不可尽据。读书所以贵旧本者，非历时久长、纸墨陈古之谓也，诚以传抄或翻刻之愈多，则夺衍伪误亦愈甚，故昔人每言所见南宋本已不如北宋本，明人刻本又不如南宋本，后之翻明本者更不及焉。然雕版未兴以前，书皆手写，更不能若刻本之广传而行远，故在今日得唐写本数页，珍若拱璧，可贵更在宋椠上，其势然也。宋椠不能无误，前人论之审矣，即唐人所写书，其伪误亦甚多，汉代帛书亦然，若《老子》、《孙子》之例，而必资后世刊本订正之者，所在是也。如用今本《老子》、《孙子》校正《老子》、《孙子》之例。

由此论之，言校勘者固贵旧本，然远若汉简唐抄，犹有不逮晚出刊本者，则宋椠元镌，盖可知也，要在学者明辨而谛观之，毋贵远贱近可也。即原书手稿亦有错字者。

清代考据学家段玉裁(《说文解字注》的作者)之言曰："校定之学，识不到，则或指瑜为瑕，而疵类更甚，转不若多存其未校定之本，使学者随其学之浅深以定其瑕瑜，而瑕瑜之真固在。古书之坏于不校者固多，坏于校者尤多，坏于不校者以校治之，坏于校者久且不可治。"①然则段氏所以教示学者，固深恶妄改之弊，而引为历禁者也。世之中才，可以省矣。陈垣先生著《校勘学释例》以校《元典章》一书为例。凡得谬误一万二千余条，其间无心之误半，有心之误亦半。(校《元典章》一书)

所举"校法四例"：

(一)为对校法。即以同书之祖本或别本对讲，遇不同之处，则注于其旁。此法最简便，最稳当，纯属机械法。其主旨在校异同，不校是非。故其短处在不负责任，而其长处则在不参己见。得此校本，可知祖本或别本之本来面目。故凡校一书，必须先用对校法(这是基本的方法)，然后再用其他校法。

(二)为本校法。以本书前后互证，而抉择其异同，则知其中之谬误。此法于未得祖本或别本以前，或手头只有一种版本者，最宜用之。

(三)为他校法。以他书校本书。凡其书有采自前人者，如《庄》引《老》，《淮南子》引《庄子》，可以前人之书校之，有为后人所引用者，可以后人之书校之。其史料有为同时之书所并载者，可以同时之书校之。此等校法，范围较广，用力较劳，而有时非此不能证明其讹误。

---

① 重刻明道二年《四语》序。

（四）为理校法。以内容思想条理校之。先要通读全书，有根本的认识。段玉裁曰："校书之难，非照本改字不伪不漏之难，定其是非之难。"所谓理校法也。遇无古本可据，或数本互异，而无所适从之时，则须用此法。此法须通识为之，否则鲁莽灭裂，以不误为误，而纠纷愈甚矣。故最高妙者此法，最难者此法，最危险者亦此法。

今钱大昕《廿二史考异》中所谓某当作某者，后得古本证之，往往良是，始服先生之精思为不可及。

现在再略谈训诂。

什么是训诂学？训诂学是语言学的一种。我们过去已经提到的语言学向来分为三门（部分），即文字学（形）、音韵学（音）、训诂学（义）。文字学主要研究文字的形体（造字的原则），音韵学研究语音的形成及其变迁，训诂学研究字义、语义。方言往往保存古音（日本、越南、朝鲜等）。方言往往有不同的字义。训诂学也就是一种语义学，但非今日西方之语义哲学。当然三者又有关系，有互不可分的关系。

"训诂"这个词很早就有。最初单称为"诂"，或称为"训"。"诂"字亦作"故"。汉代以后才合称"训诂"，亦曰"诂训"。

《说文解字·言部》："训，说教也。"不是教训之训。"道物之貌以告人曰训。""诂，训故言也。"郭璞注《尔雅·释诂》第一条云："此所以释古今之异言，通方俗之殊语。"今人黄侃（季刚）先生（章太炎先生弟子、范文澜同志的老师）对训诂二字的解释：他把"诂"解释为"本来"，"训"解释为"引申"，也就是说，"诂"是探求字的本义，"训"是探索字的引申义和假借义。可知黄先生主张研究训诂就是教人不仅要知古义，也要知今义。

至于文字学，由于古代训诂书常常把文字的形、音、义结合在一起来解释，而且有时还采用所谓"形训"的方法，如"人言为信"、"止戈为武"等，所以我们研究训诂学，当然也要有一定的文字学知识。也有形声的关系，义与声相关，所与音韵学也有一定关系。

我国的训诂起源很早，远在春秋战国时代就已经有萌芽。从西汉开始（汉代的经学，博士官所掌，基本就是一书的训诂），训诂有了更大的发展，确立了两种基本的体式，即(1)随文释义的注疏和(2)通释语义的专注(如《尔雅》、《说文》之类)。由此可以证明，训诂的发展是和社会的繁荣以及学术的发展有密切关系的。

在注解盛行的汉代，通释语义的训诂专著也开始出现，首先就是《尔雅》。汉代的训诂专著，除《尔雅》以外，还有署名扬雄的《方言》。东汉许慎的《说文解字》，也是我国训诂学中一部重要的著作，但以字形为主。

魏晋南北朝时期，我国的训诂学有进一步的发展，产生了“义疏”(如梁皇侃《论语义疏》)。义疏是兼释经、注的一种训诂形式，它萌芽于汉末，而盛行于六朝，较注重思想内容，不单是解析字义。

唐代，训诂研究沿魏晋南北朝的余波继续前进。孔颖达《五经正义》是代表(儒家经典)，佛经注解也受到影响。其优点是详细，其缺点是繁琐。往往注文比经多出许多倍，甚至几十倍(烦琐哲学)。

宋代以后，训诂有了许多大的变化，由朴学的手段变成理学的工具(经学－理学)，于是我国经学史有所谓“汉学”(考据)和“宋学”(义理)之分(不一定是时代的严格划分)。六经注我，非我注六经，以心传心，道统说，法统影响形上学。

理学家反对汉代的朴学，说汉儒搞训诂、名物考证是“玩物丧志”。其实他们也未尝不搞训诂，注意借题发挥，讲宇宙人生的大道理(如太极、天理、人欲等)。到了清代，总结亡国教训，训诂学才由衰转盛，重新振作起来。而且在指导思想上有了比较明显的变化，就是摆脱了理学的束缚，恢复了朴学的传统。顾亭林主张经学即理学，以经学反理学，开一代风气。清初的考据学与乾嘉时精神不同。清代文字狱与考据学、文化发达也是原因之一。文字狱之例：咏菊“夺朱非正色，异种也称王”。“维”，助词，用于语首，《诗·商颂·玄鸟》：“维民所止。”考题“维民所止”(雍正断头)。

由于经济发达，清代通释语义的训诂专著数量上也远远超越前代(《说文》、《尔雅》、《广雅》、《方言》等书都有新注)，而且体式也比前代完备(主张字义明，然后理义明)。特别在乾嘉时代成为一种风气，有所谓汉宋之争，理由是汉距圣人孔子近，古文最接近真理。戴震、王念孙父子、段玉裁等称大家，王念孙《读书杂志》、王引之《经义述闻》、俞樾《诸子平议》、孙诒让《经传释词》，都是这方面的杰作。

辛亥革命后，我国训诂学的成绩也是很大的，如章太炎、王国维、黄季刚(侃)、闻一多、杨树达、刘文典等都是这方面的专家。其实今译今注也是一种训诂工作。外文翻译也是一种训诂工作。

我国的训诂学，如前所述，起源很早，两千年来又不断地发展，取得了巨大的成就。须要一部大辞典：《中文大字典》(台北)和《汉语大辞典》(编写中)。但是它和一切事物一样，有利必有弊。它的弊病也不少，受到时代和阶级的局限很大。尊孔崇经，解释得不一定正确。有些问题不是训诂可以解决的，如孟子说："孔子作春秋而乱臣贼子惧。"一目十行、过目成诵都是不符合事实的。实践是检验真理的标准。要改造，不能局限于前人的义训，要有新解。要在马克思主义实事求是的精神下，取其精华，弃其糟粕，经过改造来加以利用。社会历史文化背景、思想斗争、思想体系等结合起来研究，要有历史、哲学的修养。外国人研究汉学之难处亦在此。

《四库全书总目提要》曾经概述西汉以后《经》说的利弊，认为："自汉京以后，垂二千年，儒者沿波，学凡六变：其初，专门授受，递禀师承，非唯诂训相传，莫敢同异，即篇章字句，亦恪守所闻。其学笃实谨严，及其弊也拘(保守)。王弼、王肃，稍持异议，流风所扇，或信或疑。越孔、贾、啖、赵，以及北宋孙复、刘敞等，各自论说，不相统摄，及其弊也杂(乱)。洛(二程)闽(朱子)继起，道学大昌，摆落汉唐，独研义理，凡经师旧说，俱排斥以为不足信。其学务别是非，及其弊也悍(主观、独断，如王柏、吴澄攻击经文，动辄删改之类)。学派旁分，攀缘日众，驱除异己，务定一尊。自宋末以逮明初，其学见异不迁，及其弊也党(派性，如《论语集注》误引包咸夏瑚商琏之说，张存中《四书通证》即缺此一条，以讳其误。又如王柏删《国风》三十二篇，许谦疑之，吴师道反以为非之类)。主持太过，势有所偏，材辨聪明，激而横决。自明正德、嘉靖以后，其学各抒心得，其弊也肆(放肆、解放，如王守仁之末流，皆以狂禅解经之类)。

空谈臆断，考证必疏，于是博雅之儒，引古文以拊其隙。国初诸家，其学征实不诬，及其弊也琐（琐碎，如一字之音训，动辨数百言之类）。要其归宿，则不过汉学、宋学两家互相胜负。”其中所谓拘、杂、悍、党、肆、琐六弊，虽不专就训诂而言，而历代训诂中，这些缺点确实都存在，总难免有所偏。要批判吸收，但不能照搬，要尽可能全面地看问题。

辨伪与辑佚、分类与分期，所谓辩证法、唯物论就是不带片面性的发展观。

明胡应麟著《四部正伪》（伪，吾禾切，同讹，伪也）。胡应麟作这本书，目的既不是在卫道，而在辨伪，所以他很能把伪书的性质作分析和综合的研究。他在叙论里，把伪书分成二十类：

（1）伪作于前代而世率知之者；

（2）伪作于近代而世反惑之者；

（3）掇古人之事而伪者；

（4）挟古人之文而伪者；

（5）传古人之名而伪者；

（6）蹈古书之名而伪者；

（7）惮于自名而伪者；

（8）耻于自名而伪者；

（9）袭取于人而伪者；

（10）假重于人而伪者；

（11）恶其人，伪以祸之者；

（12）恶其人，伪以诬之者；

（13）本非伪，人托之而伪者；

（14）书本伪，人补之而益伪者；

（15）伪而非伪者；

（16）非伪而实伪者；

（17）当时知其伪而后世无传者；

（18）当时记其伪而后人弗悟者；

（19）本无撰人，后人因近似而伪托者；

(20)本有撰人，后人因亡逸而伪题者。

这样的在证据方面、理论方面、心理方面、历史方面种种繁复的事实中寻出伪书的公例，确是一种很细密的工作。倘使他能够用了全力做去，钩稽参互，使若干部分的伪迹悉受约束于此公例之下，他的成功绝可与阎若璩相颉颃。可惜明代的学风务博而荒，浅尝辄止，他仅仅立了这些条文也就停工了！

至于他审核伪书的方法，尝在卷末写出八条：

(1)核之《七略》以观其源；

(2)核之群《志》(艺文志)以观其绪；

(3)核之并世之言以观其称；

(4)核之异世之言以观其述；

(5)核之文以观其体；

(6)核之事以观其时；

(7)核之撰者以观其托；

(8)核之传者以观其人。

上面说的是造成伪书的种种原因，这里说的是揭破伪书的种种方法。一件事情，只要能够知道它的来踪去迹，又有方法去对付它，它即使像孙猴子一样有七十二变的本领，也无所逃于如来的一掌了！

疑古辨伪的风气，通常以为在两宋是极盛的；至于汉、唐的时候，则多以为辨伪的人毕竟是太少了，所辨的伪书也是很少。我觉得不唯宋儒之辨伪是受唐人的影响，而且疑心清儒之辨伪也是受唐人的影响的，总之，历史是不能割断的。

是非之心是人人都有的，所以在一方面有人作伪，另一方面也就有人辨伪。

到了宋朝，这种事情才算比较活泼。如欧阳修之辨《易·系辞》，王安石之疑《春秋》，郑樵之攻《诗序》，汪应辰之不信《孝经》，叶适之不信《管子》、《晏子》，差不多辨伪书的事已成了一种小小的风气。在这种风气里，朱熹的收获最多，只就这一个小册子里所辑得的说，他所辨的书差不多已达六十种。

朱熹辨伪书的方法，他自己曾告诉过袁枢说："熹窃谓生于今世而读古人之书，所以能别其真伪者，一则以其义理之所当否而知之，二则以其左验之异同而质之。未有舍此两途而能真以臆度悬断之者也。”①这一段话，就是他辨伪书的方法论。所谓“义理之所当否”，是就理论方面说；所谓“左验之异同”，是就证据方面说。

在理论方面，朱熹所应用的是根据常识来推测，如他所说：“《管子》非仲所著。仲当时任齐国之政事甚多，稍闲时又有三归（有三说，一说娶三姓女）之溺，决不得闲工夫著书底人。著书者是不见用之人也。”②

在证据方面，朱熹所用的约有五种。

如他说：“《孟子疏》乃邵武士人假作，蔡季通识其人。”③

（1）这是因确知作伪者是谁，而知其书为伪书的。

“胡安定《书解》未必是安定所注，……又间引东坡说。东坡不及见安定，必是伪书。”④

（2）这是因为一书的内容与历史上的事实不符，而知其书为伪书的。

“《孝经》，疑非圣人之言。且如‘先王有至德要道’，此是说得好处。然下面都不曾说得切要处著，但说得孝之效如此。如《论语》中说孝，皆亲切有味，都不如此。”⑤

（3）这是因一书中的思想与其所依托的人之思想不符，而知其为伪书的。

“如‘言斯可道，行斯可乐’一段，是北宫文子论令尹之威仪，在《左传》中自有首尾，载入《孝经》都不接续，全无意思。只是杂史传中胡乱写出来，全无义理，疑是战国时人斗凑出者。”⑥

（4）这是因一书中的内容之抄袭凑合之迹显然可见，而知其书是

---

① 《答袁机仲》，《晦庵先生文集》卷三十八，页五。

② 不知何氏录，《语类》卷一百三十七，页一。

③ 《语类》卷十九，页十六。

④ 《语类》卷七十八。

⑤ 《语类》卷八十二。

⑥ 《语类》卷八十二。

伪的。

(5)另外，从文章或辞句上，朱熹也辨别出书的真伪来。如他说："《书序》恐不是孔安国做。汉文粗枝大叶，今《书序》细腻，只似六朝时文字。"①

这是从一书之文章的气势上，知其书是伪的。

这是从一书之文章的体制上，知其书是伪的。

这是从一书所用的语句上，知其书是伪，并能断定其作伪的时代的。

郭沫若先生说："无论作任何研究，材料的鉴别是最必要的基础材料。材料不够固然大成问题，而材料的真伪或时代性如未规定，不清楚，那比缺乏材料还更加危险。因为材料缺乏，顶多得不出结论而已，而材料不正确便会得出错误的结论。这样的结论比没有更要有害。"又说："研究中国古代，大家所最感受着痛苦的，是仅有的一些材料却都是真伪难分，时代混沌，不能作为真正的科学研究的素材。"②这真是郭先生在研究工作上的甘苦有得之言，他所感到的痛苦就是我们读古书的人共同感到的痛苦。

古籍考辨的工作已有长时期的历史，在我国旧有学术里比较富于科学性，是我们应当继承的优秀遗产。这些古人的创造，萌芽于战国、秦、汉，而勃发于唐、宋、元、明，到了清代已濒近于成熟的阶段，这部分文化的发展过程是决不容割断的历史。在将来中国的新文化中，这一部分旧文化定将由于谨严的批判，吸收其精华而淘汰其糟粕，在这个基础上正式建立起史料学来。

第五讲　辨伪与辑佚

中国古书多，但又真伪杂陈，所以要懂得辨伪，要有历史理论知识。谈释、道、儒三教伪书的情况：特别是前二者。先秦诸子多丛书

① 《语类》卷七十八，页八。

② 《十批判书》，页二。

性质，不必一人一时所作。

审定伪书之法，至刘(向、歆父子)、班(固)而已密。今以《汉志》(《汉书·艺文志》)所载传疑之书考之，复得六例：(1)有明定为依托而不能的指其人者。《诸子略·小说家》有《黄帝说》四十篇(传说黄帝在位一百年，在史多系传说，神话与历史参夹)，注云："迂诞依托"(此皆班氏自注也，下仿此)。此一例也。(2)有验之其语而知非出古人者。《诸子略·杂家》有《大禹》三十七篇，注云："传言禹所作，其文似后世语。"小说家有《伊尹说》二十七篇，注云："其语浅薄，似依托也。"此二例也。(3)有征之于事而知为伪者。道家有《文子》九篇，注云："老子弟子，与孔子并时，而称周平王问(早二百多年)，似依托者也。"此三例也。(4)有能推定依托之时代者。道家有《黄帝君臣》十篇，注云："起六国时。"农家有《神农》二十篇，注云："六国时诸子疾时怠于农业，道耕农事，托之神农。"此四例也。(5)有明定为后世增加者。道家有《太公》二百三十七篇，注云："吕望为周师尚父，本有道者，或有近世又以为太公术者所增加也。"(按：此注末十五字句意欠安，当为"或又以近世有为太公术者所增加也"。文字有误倒耳)此五例也。(6)有不能辄定而聊为存疑之辞者。杂家有《孔甲盘盂》二十六篇，注云："黄帝之史，或曰夏帝孔甲，似皆非。"此六例也。

有斯六例，而后世辨伪之法，举莫能越于是矣。

右论汉人辨伪之法。

张舜徽先生论伪书产生之原因及其评价：

时代愈荒远者，其书愈不可信，司马迁所谓"百家言黄帝，其文不雅驯，荐绅先生难言之"者也。盖后世好事者每有造述，嫁名古人，由来已久，淮南王书尝论之曰："世俗之人多尊古而贱今，故为道者必托之神农、黄帝而后能入说。乱世暗主，高远其所从来，因而贵之。为学者蔽于论而尊其所闻，相与危坐而称之，正领而诵之，此见是非之分不明"(《修务篇》)。舜徽案：淮南此言，第就汉以上造伪书者言之耳。自汉世尊崇儒学，罢黜百家，造书假托，其途复广，扬搉而言，盖有著作家之假托，有注述家之假托，二者所规不同，而足以启后世之疑则一，学者又不可不明辨也。《尔雅》为六艺之钤键，实不出于一手，不成于一时，殆汉以前学者之共辑，而张揖目为周公之书；《孝经》乃七十子后学所记，略与二戴(戴德、戴胜)同趣，而郑玄谓为仲尼所造；窃商其情，良亦有说。盖玄注述大典，揖埤广雅训，皆欲推尊本一书以自取重，故不得不高远其所自来，上托周、孔，此所谓注述家之假托也。(赵岐《孟子题辞》谓七篇之书乃大贤拟圣而作，亦即此意。)至若王肃治经，不厌郑(玄)义，自以为名不逮玄，无由胜之，故解说《尚书》，题曰孔安国传；刘炫值求书之时，私造经传，上之官府，而目为《连山易》、《鲁史记》，斯并著作家之假托也。或激于私愤，或徇于公赏，所营各殊，要同归于弋名射利而已耳。虽然，亡有所作而必嫁名古人，其意盖欲籍昔贤以尊其书，以视后世悍然自矜其名，盗袭前人之书以为己书，攘窃时流之说以为己说者，固有间也。学者如遇伪书，而能降低其时代，平心静气以察其得失利弊，虽晚出赝品，犹有可观，又不容一概鄙弃也。(东晋所出《古文尚书》及孔安国传，固全伪矣，姑降低时代，作魏晋人书读，必有可取者。)

按《古文尚书》凡四十六卷，伏生传《今文尚书》凡二十九篇，后鲁恭王坏孔子故宅，得《古文尚书》，较伏生传者多十六篇，孔安国承诏作《古文尚书传》，献之，会遭巫蛊事，未及立于学官，后遂亡失。后东晋梅赜所献《古文尚书》亦五十八篇，清儒阎若璩考证其为伪本。然自唐《五经正义》用梅本以来，梅本通行已久，一时未能遽废也。

右论伪书不可尽废。

论古书多附依之笔：似伪而未必全伪。

世之鉴定伪书者，固贵有证，尤贵有识，否则必以不伪为伪，则天下宁复有可保信之书？故在今日，鉴别书籍所宜留意者，须明乎书中多附益之笔也。颜之推《家训》曰："或问《山海经》夏禹及益所记，而有长沙、零陵、桂阳、诸暨，如此郡县不少，以为何也？答曰：史之阙文，为日久矣，加复秦人灭学，董卓焚书，典籍错乱，非止于此。譬犹《本草》神农所造，非有豫章、朱崖、赵国、常山、奉高、真定、临淄、冯翊等郡县名出诸药物；《尔雅》所作，而云张仲孝友；仲尼修《春秋》，而经书孔子卒；《世本》左丘明所书，而有燕王喜、汉高祖；《汲冢琐语》乃载《秦望碑》；《苍颉篇》李斯所造，而云汉兼天下，海内并厕，豨黥韩覆，畔讨灭残；《列仙传》刘向所造，而赞云七十四人出《佛经》；《列女传》亦向所造，其子歆又作颂，终于赵悼后，而传有更始韩夫人、明德马后及梁夫人嫕，皆由后人所羼，非本文也”(《书证篇》)。

舜徽案：颜氏所言，信为通核。推此例以上论古书，则附益之例亦复有二：有编书者之附益，有抄书者之附益。古书不皆手著，而先秦诸子多出门弟子或宾客及子孙所撰定，故编书时每好记作者行事以附本书，乃并及于身后，如《管子》、《商君书》中载二人死后事甚悉，虽在童稚，犹知非管仲、商鞅所自著，然以古书通例衡之，无伤也。此所谓编书者之附益也。自雕版未兴，书皆手写，学者好取同类之文、相关之事，附注篇末，以资旁证，传抄既久，混入本文，斯又古书之通患也。《太史公书》成于汉武帝时，太初以后，阙而不录，今《屈原贾谊列传》乃叙及孝昭时贾嘉为九卿事，《司马相如传赞》亦援引扬雄之言，皆非史公所及知，此所谓抄书者之附益也。明乎斯二例，则一书乍接于目，虽知中多附益，而未易遽定为伪书也。

右论古书多附益之笔。

对上述古书的复杂情况，要从多方面考察，作具体分析。反对疑古派，走向取消史学；亦反对盲目派，陷于迷信，同样不科学。

新中国成立后出版的辨伪书：张心澂《伪书通考》两册，顾颉刚《辨伪丛刊》，崔东壁《洙泗考信录》(见《崔东壁遗书》)，《古史辨》。

略谈辑佚(辑，集也，聚也。佚，遗佚也。辑佚，搜辑佚书)

载籍历时久远，虽不经并灾而亡佚自多，已具论如前矣。故《汉志》著录之书，以《隋志》考之，十已亡其六七，以《宋志》考之，亦复如是。雕版至宋方盛行，宋以前书籍传布至难，故先唐之书散佚不传者尤多，于是而有好事之士，或私淑诸人，或歆羡其学，深憾书之不传于后，百思有以搜罗而补缀之，以复古人之旧，此辑佚之所由兴也。辑佚之业，开自宋人王应麟辑《三家诗考》(齐鲁韩三家，亦有序。汉代《毛诗》)、《周易郑氏注》(唐李鼎祚《周易集解》采三十五家说)各一卷，为辑佚之权舆。明人如孙瑴辑《纬书》逸文，成《古征书》，其途虽隘，亦仍王氏矩矱也。入清而此学遂称专门，上者乃欲将《汉志》、《隋志》中著录之书不传于今者，次第辑出，其所依据不外五端：(1)取之唐宋《类书》，以辑群书，一也；(2)取之子史及汉人笺注，以辑周秦古书，二也；(3)取之唐人义疏，以辑汉、魏经师遗说，三也；(4)取之唐释慧琳、玄应《一切经音义》(一百卷，唐希麟有《续一切经音义》十卷，并收入《大藏经》中)以辑小学训诂书，四也；(5)取之史注(四史皆有注，新中国成立前北大文科研究班编有索引，商务出版)及总集(如《文苑英华》之类，宋李昉等奉命编)以辑遗文，五也。大抵北宋以前，古书多未散亡，其犹可赖以考见古人遗书者，有七八种：曰裴松之《三国志注》，曰北魏西晋郦道元《水经注》，曰南朝刘孝标《世说新语注》，曰唐李善《文选注》，曰慧琳《一切经音义》(玄应之书卷帙短简，不足与此书比)，曰欧阳询《艺文类聚》，曰徐坚《初学记》，曰《太平御览》，凡此皆古书之渊薮也。即以《太平御览》一书言，所引秦汉以来之书多至一千六百九十余种，考其书传于今者十不二三，则有此一书，不啻存秦汉遗书千余种矣。下逮明代《永乐大典》，包藏古书亦不少，清乾隆时开四库馆，馆臣从其中辑出佚书凡数百种，集部尤多。故搜集遗籍虽不能全复古人之旧，亦可缀拾某书之一部，理董成编，佚者使之复存，散者使之复合，其为功于学术至无穷尽也。

宋以上旧注及类书，固足为辑佚家所凭依，然古人引书，不必皆如后世考证家征用原文一字不易也。且有但取其意而简约其辞者。(论古人援引旧文不可尽据。)

近代整理的古籍后多附有佚文，如《荀子集解》(王先谦)、《论衡校释》(黄晖)、《墨子闲诂》(孙诒让)等。

现新出各书多附有辑佚部分。

清严可均《全上古三代秦汉三国六朝文》，也有一部辑佚文，清嘉庆时《全唐文》同。

清马国翰《玉函山房辑佚书》分经、史、子三部，集所辑至数百种，他可推矣。遂使《汉志》诸书、隋、唐志久称已佚者，今乃累累现于吾辈之藏书目录中。虽称片鳞碎羽，而受赐则既多矣。

辑佚必须有识，否则妄以他书为本书，厚诬古人矣。注意同人名、同书名的，以免弄错。

若据后世伪误之本以上定古书，反以不佚为佚，则其失尤宏。故学者苟有志乎搜辑遗书，首必究心著述流别，审知一书体例，与之名近者几家，标题相似者有几，皆宜了然于心，辨析同异；次则谛观征引者上下语意，以详核之本书，庶几真伪可分，是非无混，别择之际，或可寡过耳。

论辑佚之难于别择。

如邱处机《长春真人西游记》，吴承恩《西游记》，玄奘《大唐西域记》等混为一书。

论辑佚之必须有识。

昔人搜辑遗佚，大抵皆学成以后之事，或在钻研某书之后，既已博涉群籍，视天地间见存之书无复可究心者，不得已进而思得不存之书读之，非特势所必至，亦次第宜然耳。

要之学术有本末，而致力有先后，学者苟明于始终缓急之宜，则辑佚之事，非初学所宜言也。(论辑佚为学成以后之事。)

梁启超《中国近三百年学术史》：

> 鉴定辑佚书优劣之标准有四：(1)佚文出自何书，必须注明，数书同引，则举其最先者，能确遵此例者优，否者劣。(2)既辑一书，则必求备，所辑佚文多者优，少者劣。例如《尚书大传》，陈辑优于卢孔辑。(3)既须求备，又须求真，若贪多而误认他书为本书佚文则劣。例如秦辑《世本》劣于茆张辑。(4)原书篇第有可整理者极力整理，求还其书本来面目，杂乱排列者劣。例如邵二云辑《五代史》功等新编，故最优。此外更当视原书价值何如，若寻常一俚书或一伪书，搜辑虽备，亦无益费精神也。
>
> 总而论之，清儒所做辑佚事业甚勤苦，其成绩可供后此专家研究资料者亦不少，然毕竟一抄书匠之能事耳。末流以此相矜

尚，治经者现成的《三礼》郑注不读，而专讲些什么《尚书》、《论语》郑注。治史者现成之《后汉书》、《三国志》不读，而专讲些什么谢承、华峤、臧荣绪、何法盛；治诸子者，现成几部正书不读，而专讲些什么佚文和什么伪妄的《鬻子》、《燕丹子》。若此之徒，真未可本末倒置，大惑不解。①

第六讲　分期与分类

哲学史是一种历史的科学研究，凡是过去的就成为历史，所以社会科学其实是社会历史科学，所以确定一本书的时代是很重要的。按时代(年代)前后的排列是最广义的分期。外国资产阶级学者，过去多分上古、中古、近世(Anciant, medieval, modern)，三时期大体相当于奴隶、封建、资本主义。中国过去亦有模仿者，但界线不明，标准不一。(先秦上古，汉魏晋隋唐中古，宋以后近世，但近世划分标准不一，不科学)

中国古代史分期有八说，从略。

科学的分期，应是社会发展史的分期(原始、奴隶、封建、资本、社会)，须要百家争鸣来解决。但每一国各有特点，不必一律经过所有阶段。如蒙古、西藏，中国有半殖民地半封建社会，这是一种变种，不影响社会发展史的分期。半殖民地半封建社会又可分旧民主主义革命和新民主主义革命的不同时期，这是以非无产阶级领导和无产阶级领导来划分的，甚至还可以细分许多阶段。中国近代的两种分期：1919 年，1949 年。党史有更细的分期与革命性质，苏联不同意 1840 年说。

社会发展史的分期与王朝分期的关系。两者可以分，也可以合，不必完全一致。王朝也有各自的特点。

哲学史研究也可以起帮助解决分期的作用，所以不全是被动的。

① 梁启超《中国近三百年学术史》，第 269 ~ 270 页。

用社会发展史的分期，并不等于必须完全废掉王朝的划分不可，防止极左路线。如仍可讲两汉经学、隋唐佛学、宋明理学等。哲学分期与历史分期不必全同，意识可以落后于存在。学术思想学派的兴起、兴盛、衰落等也是一种分期，但是必须在总的指导思想上服从社会发展史的分期，因为社会发展史的分期是历史唯物主义的具体应用，是按生产方式来分的，是科学的哲学史研究者必须遵守的。二十四史就是按王朝的先后来分的，除《史记》是通史，也有两种的，如唐、五代、元。《史记》有年表、月表、春秋大事年表、中外大事年表。

但是也不要形而上学地看问题，因为人们的思想往往有落后于时代的，如辛亥革命以后，有人主张复辟帝制，现在也有人在向往资本主义制度、甚至半殖民地半封建的旧中国的，同时也有启蒙先驱。

我们研究哲学史的资料必须按时代的先后。人必须注意他的生卒年月（历代名人生卒年表），也是为此。中国历史的编年体，如《春秋》、《资治通鉴》，佛教史多用编年体的，如《历代三宝记》（隋费长房）、宋志磐《佛祖统论》（以天台宗为主，内有《法志通塞志》，编年体，自释迦至宋）、元念常《佛祖历代通载》。近代受西方影响，有各种《年鉴》。

分期的不平衡。这种分期大的是时代思潮，小的个人的思想也是如此。古代思想、近代思想，如刘汝霖《汉晋学术编年》、《东晋南北朝学术编年》。孙中山有改良主义时期（1905年）、革命时期和共产主义接触时期。鲁迅有前期、后期。近代历史变得快，尤其要注意分期，一个人也有几度转变。毛主席也有接受马克思主义以前以后之分，《毛泽东选集》也是按革命时期分排的。

现在一般人也常说“五四”前、“五四”后，新中国成立前怎样、新中国成立后怎样。生来一贯正确是一种形上学，是错误的。

谈到一个人思想最详细的分期，莫过于著作系年，特别是结合生平行事的年谱，如《朱子年谱》（清王懋竑）、《王阳明年谱》（钱德洪等），马叙伦有《庄子年表》，李贽《诗文年谱》、《韩愈诗文系年》，孙诒让作《墨子年表》。多注意事迹，著作年代多不可考。王阳明的

《朱子晚年定论》是不科学的，太早的如《孔子年谱》、《孟子年谱》(有多种)就不完全可靠了。最近出版了《中国历代年谱总录》(杨殿珣编，文献出版社)，这书为我们提供了方便(寻找年谱)，年谱比一般的传记更详细，对专人作思想史研究，须要参考，主要是为了说明思想发展的线索和规律。著作家多注明年月，免得后人发生混淆。近来有专科分类分年参考资料。钱穆著《先秦诸子系年》，日本有《模范世界大事年表》(日本、中国、朝鲜、越南、欧洲)，翦伯赞有《中外历史年表》。

以下谈中国图书特别是古书的分类。

图书的分类和先后分期的性质可以是很不相同的，分期所强调的是不同的时代特点，并从而研究和发现先后变化的客观规律；分类是注意不同时代的基本相同的思想学术流派，注意基本思想的继承关系、渊源。例如先秦、两汉、隋唐的儒家、道家。同时这种不同时代的分类法也反映了不同时代的特点，例如汉代儒家定于一尊之后，于是儒家学派的书就成了经(有常而不变的意思)，带有正统权威的意思。先秦时儒家是跟墨家等站在平等的地位的，有所谓儒墨“显学”①，但汉以后就不成了，又有《儒林传》。同是儒家的孟荀两派都是诸子，都是《诸子略》，但唐以后《孟子》则成为经，而《荀子》则成为子。又如《老》、《庄》在过去是道家，属于子部，在唐代也曾一度成为经，以后又取消了，但在《道藏》中则一向列入经，如老子《道德经》、庄子《南华真经》、列子《冲虚至德真经》。

即使在没有完全成为定于一尊的时代，同是诸子，地位的高低在各个思想体系中也是不完全相同的。总之，各学派的人都把自己学派的先辈的著作看得高，而把反对派乃至不同学派的著作看得低，这也是很自然的。如墨家称墨子的著作为《墨经》②，孔子比孟、荀高等。

所以我们如果仔细考察历代不同的图书分类法，便可以从一个方面看出我国过去学术思想的变迁，因此结合目录学的历史来系统地研

① 《韩非子·显学》。

② 见《天下篇》。

究中国图书分类的沿革，对于我们掌握不同时代思想史料的特点，对于研究中国哲学史、思想史，也是很有帮助的。

一般说来，封建时期的分类法有封建社会正统思想，也就是统治思想与非统治思想(或所谓异端思想)的烙印。

资产阶级思想输入以后，又有资产阶级思想的特点，如不再强调经、子的区别，中外思想近于平等的地位，但以学科的内容如哲学、文学、科学等来分类，有一种近乎平等的思想。胡适的《中国哲学史大纲》就代表了这种趋向。

到社会主义社会，就特别突出马列主义经典著作的地位、无产阶级学术与其他一切非无产阶级学术思想的区别。同时图书分类法以哲学为总，社会科学、自然科学、思维科学乃至其他的大分类则体现了马列主义的理论体系，先本国的，然后外国的，这也体现了爱国主义和国际主义相结合的特点。中国又有新中国成立前、后出版的区别。

现在着重介绍过去中国图书的分类法。

分类是什么？就是使我们将各科学术思想的领域确定，然后就其中分别同异，注意思想的继承关系，使相同的性质或比较接近的著作归在一处，完全归在一类；相异的性质，把它们加以分别，以便于查考和研究，借以指示学习的门径。这是古代学术发达后流行的、不再限于一家一派思想的一种标志。它也是一个历史现象，不是一成不变的，大体由简趋繁，由粗到细，由不科学而日趋接近科学，反映了学术思想由形式到内容发展的一种客观规律。《春秋》、《左传》为经，今则为史，六经皆史。古代将墨辨与惠施、公孙龙分为一类，今则不然。

大家知道，先秦时代由于社会的发展，新兴阶级的出现，有了百家争鸣，学术比较发达，产生流派甚多。于是应时势的要求而有学术思想的分类，也是战国以来百家争鸣的一种反映。《庄子·天下篇》虽不一定是庄子作，论到各家，就是庄子学派对古代学术的一种分类。大体以各派思想的创始人为代表，还没有后代儒、道、墨的情况。《荀子·非十二子篇》就是对自己学派以外各家的一种分类，也是对其他各种的一种批评。《淮南王书》(即通称的《淮南子》一书，汉刘安门人著)

中的《要略训》篇，就是他的一种分类。司马谈的《论六家要旨》(阴阳、儒、墨、名、法、道德)，就是前汉黄老学派的一种分类。

《汉书·艺文志》根据刘向、歆父子《七略》并参考了《六家要旨》，所谓九流十家(增加农、兵、杂、小说)，就是班固作为当时儒家一派的代表的分类。

汉代以后则产生四部分类法。如《隋书·经籍志》所载：

一曰甲部，纪六艺、小学等书。

二曰乙部，有古诸子家、近世子家、兵书、兵家、术数。

三曰丙部，有史记、皇览、传、杂事。

四曰丁部，有诗赋、图赞、汲冢书。

在这里，不用专门名辞，而以甲、乙、丙、丁(近似外国 ABCD)为次，不著内容，亦如后世有以千字文部次者。

七略四部之间互竞了一个时期，至《旧唐书·艺文志》对原来的四部说作了局部修订，始立甲经、乙史、丙子、丁集之名，以道佛之书归入子部，可见统治者虽言三教，但归根结底还以儒家为正统。后世沿其例，于是四部之法乃应用于书籍全体，至是四部之制始完全确定。四部之下再分细目，如同是史部，再分正史、古史、新史等。

七略：辑略、六艺略、诸子略、诗赋略、兵书略、术数略、方技略。

但《通志·艺文略》(郑樵撰)则既不受四部之影响，复不拘于《七略》之成例，而大胆地改为十二类：(1)经类，(2)礼类，(3)乐类，(4)小学类，(5)史类，(6)诸子类，(7)天文类，(8)五行类，(9)艺术类，(10)医方类，(11)类书类，(12)文类(对于科学技术方面比较突出)。

至《宋史·艺文志》(元脱脱撰)，其分类大多依《唐志》而略加损益，改甲乙丙丁为经史子集，将史移置子之前，可见儒家以外诸子的地位再行下降。同时《宋史》将儒林与道学分家，也是这种反映。

至清代编纂之《四库全书》，实为中国书籍搜集史上空前之伟观，其功罪要一分为二来看。全书总目二百卷。其分类仍四部之旧，但子目之厘定，颇多增删，计经部十、史部十五、子部十四、集部五，凡为类四十四。类下或分为属，如礼类为属六，目录类为属二，天文、算法类为属亦二，术类为属六，艺术四，谱录三，杂家之属六，小说之属三，词曲之属五，凡属六十五。其分类别属，可谓细矣。故四部分类法虽成立于隋唐，然实至清《四库总目》出而始臻完备也。

辛亥革命后，新中国成立前商务印书馆出版之《四部丛刊》共三编，中华印行之《四部备要》，亦尚沿用四部分类法也。

至于《佛藏》与《道藏》之分类，则更加烦琐专门，大体是著述体例和思想宗派都考虑到了，我们这里就不准备专门介绍了。可参看《大藏经》及大藏目录，还可参看陈国符《道藏源流考》、吕澂《汉文大藏经目录》、明代白云霁《道藏目录详注》四卷。

至于新中国成立前，中国图书馆多采美国十进分类法：

000 总类(每类再分九类)
100 哲学
200 宗教
300 社会学
400 语言学
500 自然科学
600 应用技术
700 美术
800 文学
900 史地
100 暂以“哲学”类为例
110 玄学
120 玄学问题
130 心、身
140 哲学派别
150 心理学
160 论理学(即逻辑学、理则学)
170 伦理学(道德哲学)
180 古代哲学家

190 近代哲学家

本以美国纽约图书馆长 Melvil Dewey（不是实用主义哲学家的杜威）所撰之《十进分类法》（Decimal Classification）一书为主，至今最通行之目录也。至于首先介绍杜威氏分类法于国内者为孙毓修氏，其《图书馆》一文发表于清宣统元年（1909 年）之《东方杂志》内。

杜威十进分类法：

200 宗教

210 自然科学

220 圣经

230 教理神学

240 实际神及信仰

250 传道牧师

260 教会寺院

270 宗教史

280 基督教寺院及教会

290 非基督教

至其分类法之是否能适用于中国之情，尚是一大问题。于是有杜威法之增补，大多将《四库》分类劈开，将其门类分别归纳于相当地位之分类法。查修氏首其例，有《杜威书目十类法补编》，于民国十四年（1925 年）由北平清华大学图书馆印行。

其后尚有他人增订者，如刘国钧氏之《中国图书分类法》为其嚆矢，此书于民国十八年（1929 年）由金陵大学图书馆印行。

200 宗教部

210 比较宗教学

220 佛教

230 道教

240 基督教

250 回教

260 缺

270 其他各教

280 神话

290 术数

新中国成立后，如中国科学院、人民大学等亦自订有新的图书分类法，不详细说了。

第七讲　哲学理论与思想史料

理论指导史料，批判前人、创立自己的体系，如荀子。

研究哲学问题，须从前人积累的思想资料出发，或从今人研究古人思想的不同见解出发，从过去和当前研究中存在的问题出发，特别是大哲学家往往又是大学者，则从系统地总结前人的思想、特别是理论思维的教训出发，归结到自己怎样批判地继承了前人的成果，从而创立自己的体系。可说中外哲学史的情况都是如此。

原料与副料、副料之重要。例如亚里士多德《形而上学》一书，虽是经过后人整理成书的，固是亚里士多德哲学思想体系的代表作，但也是研究古希腊哲学史的重要著作。德国古典哲学的创始人康德的代表作《纯粹理性批判》一书，固是康德哲学的代表作，但也是欧洲大陆理性主义（笛卡儿、斯宾诺莎、莱布尼兹）和英国经验主义（洛克、巴克莱、休谟）两大派哲学的历史总结，要真的懂得康德，必须懂得上述两段哲学史。黑格尔《哲学史演讲录》一书其实是他唯心主义历史观的具体应用，说明历史是绝对精神的辩证发展史，用以证明哲学史发展到他那里就成了最高峰，所以虽是一部哲学史的著作，其实也是黑格尔的一部哲学著作。他把哲学的发展看作一个有规律性的过程，这是他的伟大贡献。用马克思主义作为指导来建立科学的哲学史，从某一方面来说，其实也无非是在证明马克思主义哲学的产生是哲学史上的伟大革命变革，同时说明马克思主义哲学是过去一切优秀哲学遗产的概括和总结。《费尔巴哈与德国哲学的终结》，恩格斯说的唯物主义三种形态。

所以从事马克思哲学的研究者首先本人必须是一个无产阶级革命家的理由也在于此，但决不是教条主义的马克思主义者。其实马克思主义理论也并不神秘，就是用古今中外一切好的东西、最先进的东西来科学地(不是空想地)逐步建设一个合理的社会，最后是在全世界范围取消剥削压迫的共产主义哲学。永远前进，决不停留在某一点。

马克思主义是外来的，不是中国固有的，不能说马克思主义在中国古已有之。但是我们今后要建立的科学的哲学史，则必须是以马克思主义作为指导思想的，也就是马克思主义的中国哲学史。至于怎样才能建立科学的中国哲学史，我在《中国哲学史研究要进一步科学化》的笔谈短文中已经谈过，这里就不再重复了。

我们现在回过头来看过去中国古代哲学研究的情况(马克思主义以前)。中国哲学在近代的发展概况，政治的与哲学的。为什么马克思主义要与中国的具体实践相结合才能取得胜利？为什么过去资产阶级的哲学比它的政治还要落后？

在中国古代哲学，《庄子》的《天下篇》、《荀子》的《正名篇》和《非十二子篇》，就是最有代表性的古代哲学史著作。他们批评别家，就是间接说明了自己(如说庄子蔽于天而不知人)的观点(联合起来就是体系)。汉代司马谈的《论六家要旨》，就是汉代初期黄老学派的哲学史著作。《史记·孔子世家》和《汉书·儒林传》，就代表当时正统地位的儒家的哲学史著作。南朝梁刘勰《文心雕龙·论说篇》，其实是一篇魏晋玄学史的论文。僧肇《不真空论》，是魏晋时佛教般若学的总结性论文。僧佑《弘明集后序》(《广弘明集》乃道宣作)，是汉魏晋时代佛教与反佛教斗争的历史。《魏书·释老志》是一般佛教的历史。隋唐时期各宗的判教学说，是以自家为主的佛教史研究，都有自己一宗的历史著作。《高僧传》、《续高僧传》、《宋高僧传》、《大藏经》的《史传部》、《景德传灯录》，乃至后来的《五灯会元》，则是禅宗的历史。

以后《宋史》的《道学传》和《儒林传》分家。朱熹的《伊洛渊源录》更是一部有代表性的理学史著作。濂、洛、关、闽成为正统，就是从这开始的。《道学传》就是根据这本书来的。这不是学术影响来的，当时司马光、范仲淹、王安石的影响更大，但是思想路数不同，并不居于正统的地位。《近思录》是一部理学一派的思想资料选，与《伊洛渊源录》是互相配合的。《朱子语录》里有关这些人的议论，也是互相配合的。清张伯行有《续近思录》、《广近思录》（正谊堂全书）。

从此，注意儒学正统与非正统的关系笼罩了这一方面的研究，明末清初孙奇逢的《理学宗传》也未能免去这种影响。见闻学问不广，前有周汝登（海门）的《圣学宗传》，主禅学，搅金银铜铁为一器；后有孙夏峰（钟元，即孙奇逢）的《理学宗传》，杂收而不加甄别（理学丛书）。到黄宗羲的《明儒学案》才改变这个局面，可称为中国第一部哲学思想史。后来的《宋元学案》一百卷，他没有编成就死了，他儿子黄百家接下去还是没有完成，后来到他的学生全祖望才完成。全祖望的思想不全同于黄宗羲，所以观点已不完全与《明儒学案》一致了。《宋元学案》还是以理学为中心，材料有点多而杂，如象数之学的东西（即邵康节、司马光等）很多，王荆公的地位很不重要（《荆公新学略》）。前有《序录》说明宗旨，仿《太史公史记自序》。这书的特点是，包括了一些除编者以外的各家评论和按语，往往对我们后来的研究者有一定启发。

清代理学家唐鉴（曾国藩的老师）作《国朝学案小识》（即《清学案小识》），在清以考据学为中心、有反理学思潮的情况下，此书仍以道统的观点作线索，所以还不如《明儒学案》，反而不如江藩的《汉学师承记》（附《宋学渊源记》）来得踏实。北洋军阀徐世昌有《清儒学案》，编成于众手，杂而不成体系，仅有资料价值。

近代梁启超和章太炎是最早用资产阶级观点研究中国哲学史（学术思想史）的人，系统的著作反在胡适之后。特别是章太炎的《国故论衡》和《检论》里的一些文章颇有发明。皮锡瑞（《经学通论》、《经学历史》）和四世传经的刘师培（申叔）的中国经学史方面的著作，也有一定参考价值。

蔡元培先生著的《中国论理学史》是较早出版的系统著作，但多参考日本人的研究成果，也有个别见解是他自己的。一般说来，日本人用资产阶级观点研究中国哲学史，早在明治维新时期就发展起来，专业人员反比我国为多，实际上影响了早期的中国哲学史研究者。

鲁迅《汉文学史纲要》引有参考书，最早著有《中国大文学史》。

谢无量著有《中国哲学史》(中华)，很少新见解。胡适的《中国哲学史大纲》上(1919 年出版)是一部由中国人自著的书，用白话文、平等的眼光(虽是实用主义的)，所以受到进步教育家蔡元培的赏识①。胡适还著有博士论文《先秦名学史》，共九万字，英文名为 *The development of Logical Method in Ancient China*。

此外，梁启超的《清代学术概论》，冯友兰的《中国哲学史》、《中国哲学小史》、《原道》，范寿康的《中国哲学史通论》(武汉大学 1933 年，新旧观点混杂)，汤用彤的《汉魏两晋南北朝佛教史》(摆脱日本人的影响，佛教与中国传统思想结合并讲)、《魏晋之清谈》、《隋唐佛教史稿》(见最近《中国哲学》)，蒋维乔《中国佛教史》三册，境野黄洋《支那佛教史讲话》，黄忏华《中国佛教史》，宇井伯寿《支那佛教史》、《禅宗史研究》三册，吕澂《中国佛教源流略讲》、《印度佛教源流略讲》，萧公权的《中国政治思想史》二册(提供一些资料)，钱穆的《中国近三百年学术史》、《国史大纲》、《国学概论》、《先秦诸子系年》、《刘向、歆父子年谱》，陈寅恪的《陈寅恪文集》之二、三、《金明馆丛稿》一、二，陈垣《中国佛教史籍概论》、《释氏疑年录》，许地山的《道教史》上(注重史料考订)，郭湛波《中国近五十年思想史》(原名《近三十年中国思想史》)，王森然《近代二十家评传》，贺麟《当代中国哲学》等，都在旧中国有一定影响，在研究近现代中国哲学史(新中国成立前后)时都值得注意。

胡适的《中国禅学之发展》、《神会和尚遗集》(1930 年)。1924 年他试作《中国禅学史稿》，(1)印度禅，(2)中国禅宗的兴起，(3)中国禅宗的发展和演变，(4)中国禅学的方法(载 1935 年 4 月 30 日《师大月刊》第 18 期。Hu Shih：*Development of Zen Buddhism in China*，The Chinese Social and Political Science Review，中国社会及政治学报，1932. vol. XV，No. 4.)。

翻译日本的有好几种：渡边秀方《中国哲学史》，武内义雄《中国哲学思想史》，宇野哲人《中国哲学概论》。道教方面的有小柳气司太

---

① 参看《中国中古思想史的提要》。

的《道教概说》、《老庄思想与道教》。中国的有傅勤家《中国道教史》、《道教史概说》，最近有卿希泰的《中国道教思想史纲》第一卷（汉到南北朝）。

至于用马克思主义观点研究中国哲学史的著作，同学们都知道，就不准备介绍了。

附录：

一、黄宗羲《明儒学案》凡例：

> 大凡学有宗旨，是其人之得力处，亦是学者之入门处，天下之义理无穷，苟非定以一二字，如何约之使其在我？故讲学而无宗旨，即有嘉言，是无头绪之乱丝也。学者而不能得其人之宗旨，即读其书，亦犹张骞初至大夏，不得月氏要领也。是编分别宗旨，如灯取影。杜牧之曰：丸之走盘，横斜圆直，不可尽知，其必可知者，是知丸不能出于盘也，夫宗旨亦若是而已矣。（宗旨）
>
> 故此编以有所授受者，分为各案，其特起者，后之学者不甚著名，总列诸儒之案。（有传与无传）
>
> 学问之道，以各人自用得著者为真，凡倚门傍户，依样葫芦者，非流俗之士，则经生之业也。此编所列，有一偏所列，有相反之论，学者于其不同处，正宜著眼理会，所谓一本而万殊也，以水滴水，岂是学问？（学贵自得）
>
> 古人之于学者其不轻授如此，盖欲其自得之也，即释氏亦最忌道破，人便作光影玩弄耳，此书未免风光狼藉，学者徒增见解，不作切实工夫，则羲反以此书得罪于天下矣。

可见黄宗羲的学术思想史研究的指导思想与他当时有一定的民主思想是一致的①，多少有反对定于一尊的思想，是中国封建社会的一种进

① 参见《明夷待访录》。

步思想。

汤用彤《魏晋玄学论稿》、吕思勉《理学纲要》、容肇祖《明代思想史》中的相关言论也很值得参考，从略。

二、蔡元培《中国古代哲学史大纲序》：

我们今天要编中国古代哲学史，有两层难处。第一是材料问题，若没有做过清朝人叫做“汉学”的一步工夫，所搜的材料必多错误。第二是形式问题，所以非研究过西洋哲学史的人，不能构成适当的形式。

所以编中国古代哲学史的难处，一到先生手里，就比较的容易多了。

我曾细细读了一遍，看出其中几处的特长：

第一是证明的方法。我们对于一个哲学家，若是不能考实他生存的年代，便不能知道他思想的来源。若不能辨别他遗著的真伪，便不能揭出他实在的主义。若不能知道他所用辩证的方法，便不能发现他有无矛盾的议论。

第二，扼要的手段。适之先生认定所讲的是中国古代哲学家的思想发达史，不是中国民族的哲学思想发达史，所以截断众流，从老子、孔子讲起。

第三是平等的眼光(最重要的一点)。古代评判哲学的，不是墨非儒，就是儒非墨，且同是儒家，荀子非孟子，崇拜孟子的人，又非荀子。汉宋儒者，崇拜孔子，排斥诸子，近人替诸子抱不平，又有意嘲弄孔子，这都是闹意气罢了。适之先生此编，对于老子以后的诸子，各有各的短处，都还他一个本来面目，是很平等的。

第四是系统的研究。古人记学术的都用平行法，我已说过了。适之先生此编，不但孔、墨两家有师承可考的，一一显出变迁的痕迹，便是从老子到韩非，古人划分做道家和儒墨名法等家的，一经排比时代，比较论旨，都有第次演进的脉络可以表示，此真是古人所见不到的。(其实就是受进化论的影响)

用资产阶级观点系统地研究中国古代哲学史，胡适是第一人。至于他说今后研究中国哲学史，如果不走他的路，休想站得住，那是不确切的（狂言）。有人造谣说他（胡适）是偷窃父说，不可靠。

三、冯友兰：《中国哲学史自序》（一）：

吾于写此哲学史时，对于中国古代史，亦往往有自己之见解，积之既久，乃知前人对于古代事物之传统的说法，亦不能尽谓为完全错误。官僚查案报告中常有“事出有因，查无实据”之语，前人对于古代事物之传统的说法，近人皆知其多为“查无实据”者，然其同时亦多为“事出有因”，则吾人所须注意者也。

《中国哲学史自序》（二）：

（信古、疑古、释古）

此书第一篇出版后，胡适之先生以为书中之主要观点系正统派的，今此书第二编继续出版，其中之主要观点尤为正统派的，此不待别人之言，吾已自觉之。然吾之观是之为正统派的，乃系用批评的态度以得之者。故吾之正统派的观点，乃海格尔所说之“合”，而非其所说之“正”也。

吾作此书，见历史上能为一时之大儒自成派别者，其思想学说大多卓然有所树立，即以现在之眼光观之，亦有不可磨灭者。

它是中国人自著的第一部通史。

第八讲　论史料的引证

一、马列主义经典著作的引证

马列主义经典著作的翻译在不断提高中，以“五四”时期陈望道译《共产党宣言》始。一般说来，新中国成立后翻译的比新中国成立前的进步，当然个别的也有例外，如《资本论》郭大力、王亚南等人也有自己的特点。吴黎平译《反杜林论》。马恩全集的翻译，过去(新中国成立初)一段时间从俄文转译的多，俄译也不一定没有错，后来才注意从德文原本译出，再参考其他外文译本。列、斯的译本也不平衡，大体上可说斯大林的著作翻译得比列宁的好，一则有本来文字难易的不同，同时在新中国成立初期，翻斯大林著作也特别认真。中外文与专业必须结合，新的《列宁全集》自然又超过以往的。一般说来，全集本比过去一些单行本有提高，但后来出版的选集本比全集又有提高。选集出版后，个别著作又有研究，在提高，如我校成仿吾小组翻的《费尔巴哈与德国古典哲学的终结》。

论文引用体例，凡选集有的，一律用选集本(《马克思恩格斯选集》、《列宁选集》、《斯大林选集》)，凡选集没有的才用全集本。凡有改动，须加注明，不能以英文代替外文。先作者，次书名，再次选集或全集卷数、页码。如《资本论》23 卷、《唯批》14 卷、《哲学笔记》38 卷。凡对照原文(德、俄等)有不同意译文者，可以加注，但其他外文译本则从略(《资本论》的英译或法译的第一卷皆经本人校订)。凡引文最好引全句，非全句者应加删节号("……")。外文人名、地名，除常见者外宜附原文，不宜以英文代其他外文。凡经典著作引文较长者，须短二字空格。为表示醒目和重视，一般概用脚注。一句可注某某语。毛主席著作，著名者，单注作者及篇名亦可，如《实践论》、《矛盾论》、《新民主主义论》等；不常用者可加注《选集》卷数、页码，并须注明横排本，直排本与横排本页码不同，四卷本或一卷本则是一样的。单注一卷本或合订本不妥。其他国家领导人，必须以正式公开发行本为依据，否则不引证，但用其观点不必一一注明。

二、中国哲学史著作的引用、注释

本文的直接研究对象，如王弼、扬雄等，如新中国成立后有印本者，一般以新中国成立后印本为准，但须用全本。第一次注明书名，但以后只注篇名即可。新中国成立后无印者，则宜选一过去较好之印本为根据，第一次引文时亦须注明，改用其他版本时须注明。一般但在文中加括弧注明即可，不必用脚注，同文但注第一次即可。“文化大革命”时出版的各种选注本、活页文选等皆不足据。关键的引文，别本有文字不同且影响到理解的，可随文注明。有怀疑但无版本根据者，可写“疑作某”。在行文中，凡一些带关键性的词句，最好外加串讲，以减少读者困难。对直接表述和作者的间接叙述要加以区别，间接叙述时可以用批判分析的观点，即批判的分析。凡引用古今别人的重要成果，须加脚注，一般的话从略。此间又分为：①详见某书；②参看某书；③直接引用，则但注书名、卷数、页数即可。通常的注释书、白话译文等，不必注明。反驳者，除最有代表性者外，一般不必注明何人，但作“有人说”即可，但引文仍须注明出处，不提作者。反驳者，在人民内部须有商量态度，自己说话要谦虚，不能对别人轻易采取一棍子打死的办法，要摆事实讲道理。凡反驳别人的观点，必须尽可能吃透别人的意思，不能望文生义，或断章取义。有可能肯定者仍须肯定，可以一分为二。凡一切引文，有特难之字，可注音释，但须以本文的含义为根据，字典上的解析与原文不合者，不可乱用。重要年代按公元纪年注在括弧内，著名人物有生卒可查考者，亦须注明。凡先秦著作，书名与人名必须分别，如老子其人与其书必须用不同符号注明。一般思想家皆直呼其名，如孔丘、墨翟、庄周、孟轲之类。古地名有今地名可查考者，亦须在括弧内注明。不用“蒙元”、“满清”等字样。皇帝名与本人名可连用，如“明太祖朱元璋”、“宋太祖赵匡胤”之例。一般以用名为主，少用字号。《二十四史》一律用中华书局标点本。

三、清儒对理学的批评

清代学者，最初在明清之季总结明代亡国之教训，反对宋明理学之空疏，主张“经世致用”，如顾炎武主张：

> 古今安得别有所谓理学者？经学即理学也。自有舍经学以言

理学者，而邪说以起。①

此语有两病：其一，以经学代理学，是推翻一偶像而别供一偶像；其二，理学即哲学也。实应离经学而为一独立学科，虽然有清一代学术确在此旗帜之下而获一新生命。

阎若璩(1636—1704 年)之所以伟大，在其《尚书古文疏证》也；胡渭(1632—1714 年)之所以伟大，在其《易图明辨》也。

《尚书古文疏证》，专辨东晋晚出之《古文尚书》十六篇及同时出现之孔安国《尚书传》皆为伪书也。夫辨十数篇之伪书则何关轻重？殊不知此伪书者，千余年来，举国学子人人习之，七八岁便都上口，心目中恒视为神圣不可侵犯。

胡渭之《易图明辨》，大旨辨宋以来所谓《河图》、《洛书》者，传自邵雍，雍受诸李之才，之才受诸道士陈抟，非羲、文、周、孔所有，与《易》义无关。此似更属一局部之小问题，吾辈何故认为与阎书有同等之价值耶？须知所谓“无极”、“太极”，所谓《河图》、《洛书》，实组织宋学之主要根核，宋儒言理、言气、言数、言命、言心、言性，无不从此衍出。周敦颐自谓“得不传之学于遗经”，程朱辈祖述之，谓为道统所攸寄，于是占领思想界五六百年，其权威乃与经典相埒。渭之此书，以《易》还诸羲、文、周、孔，以《图》还诸陈、邵，并不为过情之抨击，而宋学已受“致命伤”。

凡欲一种学术之发达，其第一要件，在先有精良之研究法。清代考证学，顾、阎、胡、惠、戴诸师，实辟出一新途径。

而道统之传有自来矣。其见于经，则“允执厥中”者，尧之所以授舜也。“人心唯危，道心唯微，唯精唯一，允执厥中”者，舜之所以授禹也。(朱熹《中庸章句序》。按十六字心传见《古文尚书·大禹谟》)

① 转引自全祖望《亭林先生神道表》。

附录：梁启超论辨伪的方法

梁启超《古书真伪及其时代》，论辨别方法颇详，今节录于此，以供参考。

乙、思想方面

书籍是古代先哲遗留下来的东西，我们靠它以研究思想之发展及进步，如果有伪书参杂在里边，一则可以使时代思想紊乱，再则可以把学术源流混淆，三则令个人主张矛盾，四则害学者枉费精神。

一、时代思想紊乱：管仲是春秋初年的人，《管子》是战国时代的作品，《管子》之中有批评兼爱、非攻、息兵的话，这分明是战国初年墨家兴起之后才会成为问题。若认《管子》是管仲作的，则春秋初年即有人讲兼爱、非攻等问题，时代岂非紊乱？（石峻按：《管子》非全伪）

二、学术源流混淆：有一种书完全是假的，其毛病更大，学术源流都给弄乱了。譬如《列子》，乃东晋时张湛——即《列子注》的作者——采集道家之言凑合而成。真《列子》有八篇，《汉书·艺文志》尚存其目，后佚。张湛依八篇之目假造成书，并载刘向一序，大家以为刘向曾经见过，应该不会错了。按理，列御寇是庄周的同辈，其学说当然不带后代色彩。但《列子》中多讲两晋之佛教思想，并杂以许多佛教神话，显系后人伪托无疑。这样辗转附会，岂不把思想源流混淆？

三、个人主张矛盾：单就一个学者讲，以为有伪书的关系，可以使思想前后错乱矛盾。譬如《易经·系辞》究系何人所著，我们不敢确说。前人称为孔子所作，我始终不敢相信，因为里边有许多与《论语》冲突的话。孰为真孔，颇不易知。依《论语》所谓“未能事人，焉能事鬼”，“未知生，焉知死”，孔子是个现实主义者，不带宗教色彩。依《系辞》所谓“精气为物，游魂为变，是故知鬼神之情状”，孔子又是一个宗教家。到底哪几句话是孔子说的，这就成问题了。如果两书皆真，岂不是孔子自相矛盾？

四、学者枉费精神：佛教有一部最通行最有名的书，叫做《楞严经》，此书历宋元明清，直到现在，在佛学中势力还是很大，其中论佛理精辟之处固不少，但是与佛理矛盾冲突的地方亦是很多。如神仙之说是道家的主张，佛教本主无神论，然《楞严经》中不少谈及神仙的话，遂令道、佛界线弄得不清楚了。

附录1 石峻教授学术讲话要点记录[①]

牟钟鉴 整理

【整理者按语】

石峻教授去世十二年了，在这期间中国人民大学举办过追思与纪念活动，我因事未能参加，心实不安，因为我敬重石先生，接受过他的指教，留下了抹不掉的记忆。我在北京大学读哲学时即认识石先生，曾到人民大学听过他的讲座，但当时没有个人来往。石先生是汤用彤先生的弟子，对于汤先生的佛学、玄学研究成果多有继承和发挥。我有幸亲身聆听过汤老当面的教诲，又从汤老论著中受益良多，故而对石先生多了一层亲近感。改革开放以来，中国哲学史、思想史的研究日趋活跃，学术活动与交流频繁，我与石先生见面的次数多了起来。除了学术会议，平时也经常接触。石先生思想深沉，学术积累丰厚，名望很大，而为人质朴，平易真诚，对于后进关爱有加，青年学子愿意找他请教。记得有一次我到石先生家拜访，他热情接待，如朋友般作坦直交谈。我发现石先生不仅藏书丰富，而且阅读广博，他谈的许多学问对我是闻所未闻。例如谈到印度文化的性力崇拜，石先生随手从书柜上抽检出印度的《爱经》给我看，又做了详细的介绍，使我对印度文化的多样性有了新的认识。石先生独自撰述不多，但他带头编辑的《中国佛教思想资料选编》、《中国近代思想史参考资料简编》等书，对于我们这些经历了“文化大革命”十年浩劫、步入学术研

① 本文是牟钟鉴先生(中央民族大学教授)辑录的石峻先生生前的会议发言要点，原载于《石峻文脉》。——编者注

究之路不久的中青年学者，乃是极珍贵的学习与研究资料，因为它选编了中国佛教史和近代思想史上有代表性的作品，用起来方便，为我们节省了大量的精力和时间。而选编工作却需要深厚功底和宏大眼界。

石先生的学生们已经将石先生的论著结集为《石峻文存》，并由华夏出版社于2006年出版。书中任继愈先生的序言和附录二《学行记述》，已经对石先生的为人为学作了比较充分的论述和评价，我无法增补更多的见识。为了纪念石先生，翻检旧时笔记，找到七八十年代四次学术会议上石先生讲话要点记录，稍加整理，提供出来，或可作为《石峻文存》的一点小小补充。由于笔记简略，加以听写误差，所记难免挂一漏万或不够准确，仅供大家参考。但记录的基本观点不会有错，整理出来的主要目的是表达自己怀念石先生的真情实意。

中央民族大学宗教学系　牟钟鉴

2011年3月23日

1. 在"中国哲学史讨论会"讲话要点

（1979年10月10日，太原）

（1）研究中国哲学史必须坚持马克思主义，又要看到马列原典讲中国思想家较少。毛泽东著作具有理论启发性，可供参考，而讲古代的也不多。若只根据现成的经典来写中国哲学史是根本办不到的。一定要反对本本主义。

哲学史与宗教史、科学史、政治史等学科皆有密切联系。

考虑问题不能从抽象定义出发，更不能望文生义、断章取义。

柳宗元、刘禹锡、谭嗣同、章太炎赞扬过佛教。而宋明理学中佛老之成分远远超过他们。

（2）"哲学"一词是日本人翻译过来的。中国翻译为玄学、理学，皆不恰当。过去对中国古代是否有哲学？一种认为没有，一种认为比西方更高一层。不能用欧洲哲学史来比附中国哲学史。

(3)评价哲学家不能唯成分论。问题比较复杂。要注意思想的阶级分析，但不能说哲学史是剥削阶级的思想史。

(4)哲学与生产斗争的关系。哲学不是生产斗争直接的产物。有些哲学概念不是从生产斗争来的，如“阴阳”，到了阶级社会，董仲舒说阳为君、为父，阴为臣、为子，打上了阶级烙印。

科学的发展会引起哲学面貌的改观。要维护哲学与自然科学的联盟。

(5)日本的阳明学与中国的王学不一样。严复译《天演论》在当时中国起的作用与在西方的社会达尔文主义的作用不同。鲁迅早年称赞尼采的超人哲学，不同于西方法西斯提倡的权力意志论。中国佛教与印度佛教不同，在中国不同时期的影响也不完全一样。观世音菩萨在唐代是男性形象，后来在中国民间变成女性形象、送子观音，受了“不孝有三，无后为大”的影响。

(6)关于哲学思想的批判继承问题。唯物论对唯心论哲学有没有批判继承的问题？应该是有的，没有德国古典哲学(包括黑格尔哲学)就没有马克思主义哲学。对唯心主义体系可以解剖，利用其合理因素。唯心论与唯物论之间除了斗争一面，还有吸取、改造、利用等多方面的相互关系，不只是你死我活的关系。列宁说：聪明的唯心主义比愚蠢的唯物主义更接近辩证唯物主义。

2. 在“近现代哲学史讨论会”讲话要点

(1982年8月11日，密云水库)

(1)开展近代哲学史研究的重要性。

先秦与近代是最重要的两个阶段，后一阶段更重要，不是贫乏，而是复杂。

中国是在半封建半殖民地基础上建设社会主义现代化，离开这个基础，是割断历史。要吸取近代教训：向西方学习，又不能崇洋媚外；要发扬文化遗产，又要反对复古。

(2)难点。

第一，牵扯到中外古今。第二，半封建半殖民地社会，又历史悠久，有民族自豪感，不同民族、不同阶级，理解不同。第三，社会历史变化非常快，一个人一生经历都有很大不同。吴玉章经历了封建社会、改良维新、民主革命、社会主义。又有人如杨度，则从当初先进，后来保守，甚至反动。

(3)怎样掌握基本线索。

如何解决社会基本矛盾。地主阶级改良派(龚自珍、魏源)，农民阶级(洪秀全)，资产阶级改良派(康有为、梁启超)，资产阶级革命派(孙中山)，社会主义革命最后解决了这个矛盾。

反面线索：封建正统思想与外来资产阶级思想日益结合、融为一体的过程。

要总结规律：外来思想不与中国思想相结合，就发生不了影响。

3. 在“秦汉哲学史讨论会”讲话要点

(1982年9月25日，香山)

(1)两汉经学的概括问题。

梁启超最早作了分期，钱穆《国学概论》依据梁的分期。冯友兰分为子学时期、经学时期。也有人把先秦诸子与秦汉经学划归一个阶段。不能把两汉哲学史归结为两汉经学史。

(2)经学今古文之争。

过去经学家的著作陷于烦琐考据，今日应摆脱，抓斗争的本质。今文经学与神学化倾向密切，与统治政权联系紧，服务密切，是官方哲学家，有社会地位，有势力。古文经学与神学有一定的距离。两者既有地位上的差别，也有学术上的差别，不仅仅是义理派与训诂派的对立，还有政治上的背景与意义。谶纬经学更直接为统治阶级服务，更露骨、更荒诞。农民起义也加以利用。

(3)董仲舒的评价问题。

旧时代董仲舒作为正面人物无人怀疑。建国后是否定的，可以理解。后来觉得不妥。现在要实事求是，哪些方面肯定，哪些方面否定，要具体分析。唯心主义与进步的关系。董氏的进步性是否唯心主义在起作用?

(4)谶纬经学与科学的关系问题。

简单骂倒不行，它在历史上有影响，包括了一些天文、科学的内容。

(5)继承与发展。

汉代既有前进，又有后退。重点讲黄老，与老子不同；讲儒家与先秦不同。发展是第一位的，继承是第二位的。儒、道等一般名词少用，注重其新发展。

4. 在“魏晋哲学讨论会”讲话要点

(1984年11月22日，香山)

魏晋玄学是中国哲学史上比较复杂的一个阶段，过去研究不够。先是叫“名理”，后来称“玄远之学”，“玄远”来自《世说新语》。

(1)玄学的来源。

一方面来自汉代黄老之学，或叫黄老道家，是与现实政治联系密切的道家。王充、桓谭、扬雄既受黄老影响，又受古文经学影响。另一面来自谶纬迷信和今文经学。

政治上的影响：汉代察举制度腐朽，名实不符。汉末农民起义打垮了旧王朝，新的朝代不能不总结经验教训。

(2)玄学的特色。

形式上玄远，内容上实际，是两者的结合。玄学把汉代儒家的典章制度放置在黄老哲学的基础上。强调后者即道家，强调前者即儒家。

(3)玄学的阶段性。

何晏、王弼的贵无论与人君南面之术有密切关系，即无为而治，君无为，臣有为。

阮籍、嵇康。司马氏把篡位说成尧舜事业，名教虚伪到极点。阮、嵇家教是正统的，对现实不满，又不敢公开对抗，所以装疯卖傻。不是对周公、孔子不满，而是对打着周孔招牌干坏事的人不满，不能进，也不能退。

郭象的哲学叫奴才哲学。独化论一方面解放了思想，把贵无取消了，另一方面讲混饭吃的逍遥，境界不高，是司马氏的奴才。

玄学的变化不纯粹是理论问题，与现实斗争有关。

张湛的《列子注》又贵无，但与何晏、王弼不同，是个人生死解脱问题。

僧肇标志大乘空宗在中国取得一定地位。涅槃学讨论的是佛性问题，比六家七宗争论分派还要多，在南朝兴盛。玄学理想是内圣外王，佛教则是内圣(佛)，不一定外王。

南北朝最重要的是神灭神不灭的问题。

附录2 关于中国哲学研究的谈话①

董 群 记录

一、关于哲学的研究

研究什么就吹捧什么，这是一个毛病，不客观、全面。

哲学和政治问题的关系也很密切，要掌握分寸。要全面、历史、辩证地看问题，实事求是。

马列主义的研究和为学术而学术的研究不同，后者是为研究而研究，没有目的性，前者有一个现实的意义。要注意历史的情况、现实的影响和意义，古今不能划为两段。

非历史唯物主义的方法，从思想中讲思想的变化。历史唯物主义的方法，从社会历史根源讲思想变化。

中国哲学不能与西方的理论简单类比。西方认为中国的哲学是伦理型的，这一般讲，是指中国哲学重视人与人的关系，但他们认为是伦理型的，就贬低了中国哲学。人与人的关系是重要的问题，忽略这一点是个缺陷，我们对自然研究不够，但注重人与人的关系不能说是缺陷，中国哲学在这一方面有贡献。

---

① 本文是1991年12月至1993年2月期间石峻先生的谈话记录。谈话要点由当时石峻先生的博士生董群（现任东南大学教授）按时间顺序记录下来，后来又由人民大学博士生刘玉敏（现任浙江工业大学副教授）按照内容重新作了分类编排，收入《石峻文存》。此次又作了若干调整和修订。——编者注

哲学史家要研究哲学史的发展规律，思想规律不单纯是个概念性的问题，有经济、政治、社会的原因。越是抽象的问题，越要作具体的了解，从具体的了解再回到抽象。具体的事实又要提高到抽象的高度，作理论的概括。

在困难的状况下自己想办法解决，这就是禅，没有一个固定的教条。

研究方法，一是小中见大，反映整个时代的矛盾，二是站得高。

许多古籍经典中包含了糟粕，作者说些不明不白的话，讲些不明不白的道理。要防止看不到糟粕的研究方法。

铃木否认历史的研究，认为没有哲学史，只有哲学。雅斯伯斯就是这种观点，这比黑格尔还落后。但讲历史并不是没有思想，而是从历史的发掘中体现思想的规律。要从思想方面把理论和历史统一起来。避免简单的客观介绍式的写作方法，看不出任何规律，看不出思想如何解决社会问题。

二、关于概念的分析

比如体用，原为本末。从原始的意义讲到基本的意义，再分析不同的矛盾，而产生不同的理解。本末，原指一棵树，本为木之根，末为木之枝叶，就是最原始的意义。体用，体，原指人的身体，有了这个体，才有种种器官的作用(function)。西方哲学没有这样的理解，他们讲本质和现象，本质是substance，sub，在下，stand，站，站在底下托着。现象，appearance，即appear，表现出来，与古代的神话有关。后来发展出一与多的关系，水、冰、汽，是多，但都是水，是一，多是现象，一是本质。后来发展到心性问题。

儒家讲善恶，从自然现象的理解慢慢演化到人生、人性。有没有共同的性？如果同，又为何有不同？共同的性是善的，不同的表现是各人的物欲。那么共同的人性能离开具体的吗？于是程朱派倾向于有共同的理性，带来了理的客观性，客观唯心主义形成。一种观点，不能从具体的性来考察。

存在，一种是具体的存在，existence，另一种存在是 real，冯友兰将这两种存在结合起来，而有新理学。

心，中国的心，是指思维活动，但这个心又同具体的心相关，与科学不发达有关，但心在身体中的地位也是显而易见的。

个人的心和共同的心。陆王讲："人同此心，心同此理。"

这个概念对立统一，很复杂，理学中看到了一方面的问题，但又出现了另一方面的问题。抽象不能脱离具体。水平不高的理学家只在概念上做游戏，越做越糊涂。

三、关于写文章

写文章时要注重思想性，加以艺术加工，变换手法，引文不宜太多，只在关键的地方引用，引述的材料应该是最早的。

进去，即要知道其思想；出来，即要分析。

要有批判的和同情的态度。没有同情的态度，不知道真贡献；没有批判的态度，不能超过他。

四、关于宗教研究的方法

信仰者的方法，思想性受到限制。西方化的方法，如铃木大拙，以西方思想诠释禅学，适合西方人的心理。重历史的方法，如胡适，注重考证历史史实，轻阐发思想。罗列材料的方法，没有独立见解。这些均非科学方法。

宗是以心传心，教是经典、话语，为什么要汇合？后来宗教发生矛盾，宗教又分为许多不同的派别，相互矛盾。宗教内部的矛盾削弱了佛教的势力。

解决这个问题，最后归结到心和性，这就有继往开来的作用，把佛教归结为心性，理学即以心性为主要问题。

宗教斗争的背后常常是寺院经济继承权的斗争。宗门的不同不只是指理论的不同，也包含了势力范围的不同。宗门兴衰的原因，也有统治阶级利用的问题。

现在讲宗教都讲宗教是追求永恒、超越，这实际是美化宗教，为宗教辩护。宗教讲的越高超的东西，越要把它拉到地上来。现在的宗教研究忽略了宗教的庸俗的一面，例如宗密窝藏犯人，说明佛教也可以成为一些走投无路人的出路。

五、关于佛教

佛教传入的确切时间为何无法确立？佛教经丝绸之路传入，商人中有人信佛，不是大师自觉传入的，基督教传入泉州的情况就可以作为佐证。汉明帝梦佛的记载本身就有矛盾，证明在此之前已有佛教传入。

魏晋搞佛学的人，大多先读过《老子》、《庄子》，而且是读《老子》、《庄子》中的玄学，魏晋佛学带上玄学的特征。

玄学中的有无本末问题还带上政治色彩，把道家思想提高了，表面上还有儒学色彩，仁义比道德要低。本末有无论还影响了佛学，比如六家七宗。

僧肇的《不真空论》。当时中国真正了解印度佛教的是鸠摩罗什，罗什是正统的印度佛学家，未受中国玄学的影响，僧肇作为罗什的学生，对罗什的思想理解得比较准确，但他的老庄思想根底也很深，故能批评三家，以大乘佛教的观点批评带玄学观点的佛学及玄学本身。

本无也叫本空；即色，即色无，即是空；心无，心空。三家从本、现象、心的方面讲空。

“不真空”是正宗的大乘学说，冯友兰二卷本《中国哲学史》讲的真空，理解错误，现在一般的研究者也把僧肇理解为玄学了。僧肇从玄学的理论中达到印度大乘学说，运用了许多老庄的名相，是大乘佛教的中国化。

一般说来，魏晋佛学接近玄学。南北朝佛学注重佛性（佛教的人性论，佛教所讲的人的本性），辩论的方式还受玄学影响。南朝佛教重思辨，玄学的影响较深，北朝重修行。

隋唐统一帝国，佛教也统一起来，隋炀帝把南北大师召集在一起，建立统一的佛教。

宗派佛学和学派不同，学派只是学术观点的不同而已，宗派除了理论不同，还有势力范围(经济、戒律等)的不同。山头佛教，各山头都认为自身最高，利用判教来达到这一点。判教就是把别人压低，把自己抬高。禅宗的判教是宗、教之别，自称是教外别传，以心传心，不立文字。

宗派佛教与政治也有关系，这个皇帝表扬这个宗派，另一个皇帝起来，则表扬那个宗派。

三论宗与法相宗比较接近于印度佛教。唐代中叶以后，华严宗和禅宗影响最大，这两个宗派恰恰是中国特色最浓厚。中唐以后，儒家思想也起来了，道教的势力也难以取消。韩愈的治国平天下，受欢迎；道教由于皇帝姓李，也势力强大；佛教的许多派别贵族化和繁琐化，变成了书斋里的专家的学问。禅宗不谈经，不崇拜偶像，从事生产，影响较大。华严宗的影响也大，但总的来说是走下坡路，没有早期的影响大。

华严宗和唯识宗有矛盾，因此华严宗人往往贬低玄奘。玄奘作为翻译家，首要的就是要准确的翻译。玄奘的贡献要从其时代来看。隋唐佛教是要求统一，而印度佛教的分派，空有相争，玄奘强调不矛盾。玄奘的老师戒贤认为有一种人没有佛性，玄奘对此表示怀疑。华严宗和唯识宗的矛盾，除理论上之外，还有政治上的矛盾，唐太宗抬高唯识宗，而华严宗的后台是武则天。

吕澂推崇唯识而贬低华严，其实两宗的贡献是在不同方面。在系统、客观地介绍印度佛教方面，当然推玄奘；从中国思想的创造来看，当推法藏、惠能。

小乘佛教在唯识宗中为什么会得到地位？大乘有宗是在空宗基础上，把小乘的一些思想放在大乘的思想上加以解释，《俱舍论》七十五法，大乘有《百法明门论》，两者之中，具体讲法有许多相同，但理论体系已经改变了，解释也不一样。隋唐时期，出于宗派的需要，常抓住对方的缺陷，说玄奘是小乘，是贬低他。

六、关于禅宗的思想及研究

铃木、胡适两人曾相互攻击对方的观点，其争论反映了禅宗研究有什么问题？铃木的禅学影响到欧洲，西方资产阶级哲学家将西方哲学与禅学结合，铃木的禅实际上是西方资产阶级哲学，例如哥伦比亚大学的课程“存在主义与禅宗”。禅宗与存在主义有一些相似之处，但不等于存在主义。

禅宗思想，禅宗认为是不可说的，而我们要讲出来，不过讲了要有其道理。说惠能完全是文盲，不可信，可以说其文化程度不高。但说惠能是文盲，也有其用意，表示佛教的最高智慧不在于文字。道明将军拿不动袈裟，只表明你道明当不了传法人，不是真的拿不动。因此必须将这类说法改造，转化。

《坛经》的版本，在校刊不同的本子时，不能光看到文字的不同，也需要看到不同之中讲的同，同中见异，异中见同，从同异结合中看其思想变化，考虑这些思想中哪些具有重大的理论意义和历史意义，而有些问题，讲清楚了也没有意义。

研究禅宗，把外来的思想经过斗争、融合而体现来的规律揭示出来，看它如何改造印度佛教，变成中国式的佛教？不是孤立地讲一个人或一本书。

在印度佛教中，出家人不劳动，连父母也不拜，中国的习惯就不行了，就起了变化。惠能孝父母，尊礼长者。资本主义国家的佛教则模仿基督教。天主教在明末清初传入中国，罗马教皇规定只拜基督，不拜偶像，不许拜父母、皇帝等，触怒了康熙，结果被赶到了澳门。同是一棵树，这一段锯下做了菩萨，另一段则做了马桶。

禅宗认为思想观念对人是一种束缚，所以要破除文字。禅宗的这种反束缚思想也有一定意义。偶像在思想上束缚了你，所以要反对偶像崇拜。

在思想上有突出贡献的经典，在《大藏经》中也是不多见的。

七、关于宗密的重要性

胡适在《中国哲学史大纲》的序言中提到的几个重要的思想家，其中就有宗密。佛教对中国文化的影响，当推华严和禅宗最为重要，而宗密将两者结合，用来诠释整个中国文化(儒、释、道等)。宗密的独特性还在于，他不只是佛学思想家，还是个学者。惠能只是个思想家，而不是学者。所以研究其思想更有独特意义。

宗密在哲学史上的地位，宗密是一个点，还要了解线和面。

宗密的时代，想发扬、保持佛教的地位，同时想使宗派内部的矛盾减少，把宗派统一，巩固佛教的地位，甚至包含儒、道，“孔老释迦，皆是至圣”。他是华严宗和神会的嫡传，故统一两个传统，成就华严禅，再由华严禅对其他宗教和儒、道来个统一的看法。他搜集了禅宗各家语录，作成《禅源诸诠集》，会合各宗教。

《圆觉经》有人认为是宗密伪作，反正是中国人伪作的。这是一种观点，同《大乘起信论》的性质一样。吕澂认为此二经都是伪作，他认为印度佛教讲本寂，中国佛教讲本觉，《圆觉经》很明显讲本觉。这种看法有一定道理，但问题不那么简单。梁启超认为是中国人作的，并认为中国人作的很光荣。日本研究《起信论》同样有两派。有人认为《起信论》是真的，其重要的理由是，唐玄奘时，有人要求他把《起信论》翻译成梵文，如果是假的，唐玄奘就不用翻译了。问题很复杂，不能简单看待。印度人讲佛教史，还认为《起信论》是印度作的。这个问题有待进一步研究。

要了解宗密在中国佛教史、中国思想史上有怎样的地位。中外思想交流、影响，体现在宗密身上有什么样的规律？只有在唐中叶才出现宗密这样的和尚，为什么？宗密是个出家的和尚、博学的学者，又肯著述，要从思想规律来研究。注重社会历史条件、历史的发展、理论本身的意义、理论的现实意义(反对什么，达到什么目的)。

八、关于宗密及其《原人论》的研究

宗密是隋唐佛教发展到高峰以后的人，这时各宗都建立了。宗密死后不久就灭佛，他是佛教高峰时期的最后一位大师，他有这个条件对当时的佛教加以总结。宗密早年学儒、道，又归佛教，先学禅，后华严，本人也具有条件，是和尚，又是学者，是社会活动家，与裴休等大官僚都有往来。宗密是有点骨气的人，有气节，在佛教界得到许多人的尊敬。

思想来源，经典为《华严经》、《圆觉经》、《大乘起信论》。

汇合宗、教，其十大理由中有一些不一定站得住脚，例如“心口必一”，释迦牟尼时也没有禅宗，而且后来的许多经也不是释迦牟尼所做的。汇合宗、教的著作《禅序》，“都序”就是总序的意思，《禅序》要和《承袭图》结合来看。

《原人论》判教学说，最系统地发挥了思想。

1. 与过去的判教不同，其他都没有把儒、道放入，宗密把中国和印度思想都放进去了，是第一人。他找出了儒、道，特别是唯物主义理论的许多缺陷，他看出的许多社会伦理问题是对的，如天命论。元气是物质性的东西，物质性的东西如何产生道德性的东西？这个问题他抓对了，所以他贬低儒、道也不完全是瞎说。

2. 做《原人》，不做《原神》、《原鬼》，也大有文章。人有感情、善恶道德，“有情”而不问人是由什么做的。而问题是，有情的根源是什么？这是个十分复杂的问题，要从历史唯物主义关于意识产生的学说来“原人”。

3. 判教，中国人有民族情感，贬低儒、道不就是贬低孔、老？所以加以分析，孔、老、释迦皆是至圣。贬低儒道和抬高孔老，矛盾的观点，这是现实问题。

4. 融会本末。

《原人论》中有许多矛盾要分析，要做很多的文章。印度佛教发展的次序颠倒，本来是先有空宗，后有有宗，宗密给颠倒了，这是为了适合其判教的理论，故判教不完全是个科学的历史，而是根据其思想来组织的。

华严和禅综合起来的共同点，人人都有佛性，即本觉真心，即佛性。禅宗性善，人人成佛，唯识宗却讲有人不能成佛。华严宗讲理事，影响到理学。陆王将良知作为本体，与宗密的路数有关系，不过他们的理和良知与封建道德更有关系，但将理和良知提到本体的地位，思路与宗密相同。所以宗密的地位为继往开来，后来的禅僧很少作理论研究。

他的思想统一要结合唐朝的三教鼎立状况、佛教内部各派林立的状况来看。各宗的综合是唐朝后期的客观要求，统治阶级也有这种需要。宗密对唐朝的三教鼎立进行总结。宗密的总结比韩愈好，韩愈感情上强烈，但理论上粗糙，不解决问题，韩对佛、道也缺乏研究，没有条件做总结。

中国隋唐到宋的历史阶段，要系统研究。要分析宗密思想中的矛盾及其原因，消极的，正确的，有些是正确的。研究唐朝的禅宗，宗密的资料最重要。

对胡适的考证要作分析，至少应该承认，宗密的思想和菏泽神会是一个系统。不做信仰者的研究，瞎吹瞎捧；独立思考，多做理论矛盾的具体分析；适当结合唐代的时代背景，有些考据要留有余地。

《禅序》的内容复杂、丰富，是宗密对隋唐宗派哲学的总结。有明确的概念，什么叫宗、教，小乘和大乘，要结合《圆觉经大疏钞》、《承袭图》。

研究这样的书，首先要了解这本书的目的，在哲学史上的地位。

三宗三教的分法，体现宗密本身的思想，对此不能作现象的描述，他的划分思想是以禅宗南北和华严宗的统一为最高的佛教(每个字都要加以体会)。

参考今人的著作，讲到宗密的，吸收其成果，还要超过他，他讲得不够准确的，我比他更准确，不明确的，更明确，科学性比他更高。

宗密的判教，既批判，又会通，显出狡黠。

中国佛教，中国化色彩最浓厚的是华严和禅宗，其次是天台等，而宗密则加以融合，以此可以看出其地位，其《原人论》的影响之大不亚于《坛经》。

唐朝时，国际地位很高，没有自卑感。

宗密是学者和思想家。有的人有思想，但读书很少，有的人读书很多，但没有思想，是书柜子。

宗密把佛教中国化。中国哲学讲原人、原性、原道，宗密也讲原人，不讲天，不讲地狱，而专讲人。印度佛教讲天、地狱，而少讲人。这就中国化了。

《原人论》中对佛教的批评，对道家的批评，其中有合理之处，要具体分析。

《原人论》中对儒、道的批评，许多都是中国哲学史上讨论的问题，宗密作了自己的回答，不能指望宗密解决。

禅教合一的另一个问题，是将华严宗和禅结合起来。

菏泽到宗密的世系，要采用最流行的观点，稳妥的观点。

宗密是一个在中国佛教发展到高峰时出来总结的人物，很重要。

融合，在华严宗中有一个专有概念，叫圆融。圆融的英文应该叫作 perfect，即完善的。华严宗的判教有圆教，圆教就是最完美的一种宗教。

宗密对儒道的批评和总结，曲折地表现了他对社会问题，特别是社会苦难的分析。

宗密的融合，是要在佛教处在最高峰而要走向衰落的时候，提出的一种保持佛教发展的措施，佛教内部要统一起来，不分散力量，才能存在下去，这也是佛教的现实状况的反映。而要使佛教内部统一起来，又不是组成大杂烩，所以要进行各种流派的思想分析，按不同的层次进行排列。

九、关于理学研究的宏观问题

隋唐文化的发展为什么走到了不能适应宋朝的地步？儒家走向了

复古主义的路线，在思想上下工夫的人很少，考取进士的一大批人则作诗文，诗文只是点缀，对思想统治作用不大。隋唐佛教，一方面也搞上繁琐哲学，这是受汉学繁琐的影响，天台、唯识等，与《十三经注疏》差不多，繁琐的佛学也不能作为上层建筑，另一方面是走向禅宗的明心见性，禅宗虽然有其一定的意义，但不是一种统治思想。宋立国后，需要一种后期封建社会的统治思想。

理学不是凭空产生的，所讲的问题也不是完全与现实无关，不是空中楼阁。前期封建社会是贵族地主立国，而后期是一般封建地主立国。后期社会，贵族的特权减少，思想上的统治就要加强。

王安石想解决这个问题，把儒家思想与现实政治结合起来，国家考试已不考《五经正义》，而考王安石的《三经新义》，改变了唐朝的学风，属于开风气的人。王安石思想的特点，与现实结合得好，深刻的理论问题探索得不够，当然在哲学上有贡献。

周濂溪等作了这方面的努力。王安石是政治家，而周不是政治家，可以说是思想家。他在世时的地位并不太高，二程并不把他看得了不起，不尊重他。程颐说，道统自孔孟以后，就到他哥哥程颢了，他没有把周看成理学的开山祖师。周的地位提高，主要是朱熹的意思。朱熹为何要抬高周濂溪?

在不同的理学家中，既要看到其一致性，又要看到其差别性。封建时代的门户之见使他们故意夸大差别，实际上许多地方相同，同在都想解决封建社会的矛盾，用心是一致的。

理学与儒、佛、道关系的辩证考察，理学受佛、道影响而又坚决反对佛、道，反对得是否这样中肯？佛、道是否就如同他们所说的?并未击中佛、道的要害，要具体分析三者关系。

研究要防止两种倾向，一是认为理学是中国思想的最高峰。这是一种片面的看法，如果说它研究细密，理论分析比过去高是可以的，提高了理论思维水平，吸收了佛、道的材料，范畴之间的基本关系研究得比较好(入门书《北溪字义》)。但理学的理论分析是否就正确，就是另外一回事了。另一个极端是把理学说得一无是处，把它的理论思维的贡献也抹杀了。

理学的影响和意义，一方面从积极的方面看，对理论思维有贡献，与过去相比，在理论方面有所发展。另一方面，时代的局限，无法摆脱，比如封建道德(封建道德也不能全盘否定)。

官方宣扬理学，对理学有利于官方的一面加以提倡。皇帝讲的理学与朱熹讲的不一样，官方哲学和朱熹哲学不能划等号。

关于理学，有一种观点认为理学是三教的混合物。这种说法有一些合理之处，但理学坚决反对佛、道是很明显的，程朱视佛、道为洪水猛兽。有一种观点认为理学变成了一种宗教，这一看法也不妥当，唯心主义哲学和宗教有差别之处，唯心主义哲学可以引向宗教。

十、关于宋明理学的具体问题

朱熹只知道纲常的不变，但不知其变，其理论缺陷在于对理学根源探讨的错误，根源是在社会之中，而不是在天上。王阳明的良知，符合道德标准，是当时许多人的看法，但他认为良知是天理，忽略了良知也是社会历史的产物，不同的人有不同的良知。因此后来发展出了左派王学。

周濂溪的东西不多，却被推为理学初祖，除了朱熹的推崇外，关键在于其思想，他说静，静则一。实际上他的影响没有后人说的那么大，二程受其影响很有限。

二程与张载有矛盾，二程本身也有差别，过去从理、心、气区分三者，但伦理的方面是相同的。二程的差别也是大同小异，学术界夸大了两者的差别。

理学家本身的用意与后来的伪道学要区分开，但伪道学能打道学的招牌，说明两者也有联系，伪道学的产生也有封建社会历史的根源。

阳明讲良知，比较正统，他也痛恨胡作非为，超过道德范围的知行不合，他也反对。但他的良知是天生的道德，当然这个看法不能简单否定，社会上形成一个普遍的法则，类似于天生，实际上是社会的演进，因此良知不能简单地看成先天的。王阳明没有看到不同的人良知不一样，他的良知有平等的一面，但每个阶级的人的良知不一样。因此这样的良知可以发展出与官方不一样的思想，所以官方不敢用作正统。

理学演变成“以理杀人”，戴东原说“以理杀人”，很深刻，但不是所有的人都以理杀人。

理学不是脱离现实的空想的学问。理学一方面很抽象，另一方面又很现实。《近思录》说明，理学的道德是建立在抽象的本体论基础上的，没有这个更高的本体论基础就不叫理学。“太极”，实际上是至高无上，皇宫里有太极殿，体现着最高的权威。陆王的心即理，认为没有离开心而独立存在的理，这样就带来了新的问题，理不能离开心，趋向了主观唯心主义，抹杀了理的客观性。为何程朱成为官方哲学？程朱强调天理的不变，即维护封建秩序的不变，而良知不保险。

十一、关于现代新儒家

近代新儒家宣扬理学，作为理论思维经验的总结是可以的。但“五四”后产生了一个逆流，即强调中国传统哲学，其中一个是宋明理学，以宋明理学反对马克思主义，认为马克思主义不符合中国。

新儒家表扬理学，分为两种情况，一种是爱国的文化，另一种是反对马克思主义。

附录3　任继愈先生访谈录[①]

时间：2006年4月10日

地点：北京国家图书馆行政楼二层：任继愈先生办公室

参加人员：国家图书馆馆长：任继愈先生（下简称"任"）

　　中国人民大学哲学系教授：向世陵（下简称"向"）

　　中国人民大学哲学系博士研究生：杨名（下简称"杨"）

向：任公，我们是人民大学哲学系的。今年哲学系成立五十周年，刚好也是石峻先生他们五十年前到了人民大学，筹办哲学系的成立。但是我们只知道方立天老师、张立文老师他们，只知道后来的情况。开初石先生他们是怎么样研究中国哲学的，很多情况我们没有了解。原来我们还有个奢望，就是找机会联系到石公的儿子石山，从他那儿，通过他找到石先生早年的研究。因为他后来联系不上，石先生写的东西也就没法找[②]。

任：石老师他的夫人还在北京吧？

向：是这样，听说她大概是老年痴呆，但联系不上，我们现在也没法找。

任：哦……她是个大夫。

---

① 本文是2006年4月访问任继愈先生的谈话记录，原载于《石峻文脉》。当时的访问、记录及记录稿的整理，由人民大学向世陵教授和博士生杨名（现在陕西理工学院任教）共同承担。——编者注

② 在访谈之后不久，终于联系上石山学兄，并在其大力支持下，收集整理和出版了石峻先生的遗著。——整理者原注

向：对，大家都叫王医生、王大夫。她大概是在哪一个老人院里面，可能不愿意跟我们接触，石山把她送到里面的，他可能是隔一段去看看。但是据说因老年痴呆，王医生在里面，已经没法正常吃饭。

任：她跟石峻认识比较晚，她是石峻到了人大以后才开始认识的。

向：哦，王医生是吧？

任：哎，王医生。

向：后来她长期住在美国，晚年寂寞的时候，生病了，据说脾气也不太好。

任：石先生的儿子在美国定居了吗，他怎么样？

向：他是定居了，但据说他在国内办了几个公司，他有来有回，有来有往。

任：哦，两头跑？

向：哎，两头跑。但是呢，本来最早我们是和他联系好了的，他也很积极，但是后来他可能是忙于工作，一直没跟我们联系，我们想办法跟他联系也联系不上。我们就是想，比方说，石公他当年有什么笔记呀，或者有什么书信呀，那些东西收集起来做一个集子，因为他写的东西也不多，希望能找一些东西出来，比较容易找的一些东西。您能给我们介绍一下他的一些研究，或者是他当时的理论研究的情况，这对我们都非常宝贵的。

任：嗯……，石老师结婚晚，他那个孩子是在北京生的，但是早年的事他都没法知道，知道得很晚。

向：对，对。您能不能给我们介绍一下石先生他的一些中国哲学旧友的情况，以及交往都可以。

杨：因为现在石公以前的那些情况，就任先生您知道得最全面，了解得最多了。

任：啊，大学我们同年考上北大的，同一年入学的，始终想念哲学。他是一个，我也是一个。有的读哲学过渡一下，转转系什么的，他是一直搞这个。他的癖好就是特别爱书。

向：对。他临终写的那两个字也是“保书”。

任：他拿上新书以后先包书皮，包得很整齐，我就考验他，我说："你这书都包上皮以后，你怎么找呢？"他问我找什么书，我就指着说："这个是什么书？"他就知道那是什么书，他自己清楚。我就开玩笑说："你是有特异功能！"

杨：他不写书名？

任：在书架上搁着，平着摞的，不是直着摞的。

向：屋里摞的都是，他屋里都装满着书。

任：他很熟悉。

杨：经常看书，看得久了，只有他自己才知道这书是哪儿的，什么书放在哪儿。

任：嗯，不是，新书买了不久，他也是这样的，先包上书皮，然后再看。

向：但是他写的东西不多。

任：石公他眼界很高，一般他不写，可是别的东西他也看不上。

杨：我们现在这些后生就是特别感叹：石公留的东西太少，我们都没有怎么看到一些东西。

任：人大哲学史的博士点就是他在世的时候创建的。

向：对，对。

任：他做台柱子吧，这事情很快就批下来了。

向：不仅是中国哲学，实际上人大哲学系也都是他们（石峻先生、苗力田先生、杨宪邦先生）来了以后，帮忙创建的。

任：他是面很广、很博，念书念得很广，知道的也很多。来应聘的研究生给他介绍，你不用找他谈，你就跟他谈话就对你很有好处，就像一座富的矿山，随便挖挖就出来东西一样。正因为他眼界很高，有的看不上，自己写也不满意，索性也少写。

向：这也跟当时人大的环境有联系。

任：嗯。石公后来入党了。

向：我记得是八几年，就是。我都留校了。

任：你哪年毕业的？

向：我在人大研究生毕业是八七年，因为我是断断续续的，本科、研究生、博士生都是断断续续地念的。那个时候的话，就是留校过后，记得开教研室会和开党支部会才来讨论石先生的入党问题。我就想，石先生他一贯且很早就比较坚信马列，怎么这么晚才入党？当然是在那个时候，和现在又不一样，可能和岁数也有关系，真的是很晚了。我读博士比较晚，是九零年才读博士，先是跟张立文老师读硕士。还有董群，他也研究佛教。

任：他佛教的书也念得很多。

向：他早年研究僧肇的。

任：哎，对，对，跟汤用彤先生。

向：他好像是留下来作助教是吧？

任：哎，他作助教。我是考了研究生，还始终在一块儿，在昆明、西南联大。研究生嘛，念书机会比助教多。

向：呵呵，他有许多行政工作。那他最早对佛教、对哲学受汤先生影响还多吗？

任：受汤先生影响。这两个学校，北大和清华，都有哲学系，北大的哲学系注重哲学史，不管西方的和中国的，教员的阵容也是这么个状况。清华哲学系嘛，注重逻辑。在一个城里头，可是两个学校哲学系的学风很不一样。清华的学生喜欢出来以后创造一种体系，成一个哲学家吧。北大的出来搞哲学史的多。后来院系调整以后，全国哲学系都集中在北大，后来1956年就分开了，各校又恢复哲学系了，那时石峻就支援人大去了。

向：包括杨宪邦老师也分到一块儿了。

任：那时北大的学生分出去以后，教书一般都让教哲学史，人大出来以后一般都教理论，马列主义理论，那是名牌，人大是名牌。

杨：那时候界限很分明，分得比较清是吗？

任：到处都是共识，也是一种默契吧，就这么个状况，你到全国各地大学教政治课都是人大的。

向：当时由您出面，你们做那个《哲学史》是不是当时很多学者都参加了？石先生好像也参加了是不是？

任：嗯，人大那会儿有杨宪邦，还有孙长江，还有一个已不在的人，是个行政干部，没写东西。管理呀，领导呀。孙长江调走了，不在这儿了，以前也是人大的。

向：那个书影响很大，很多代人都读您那个教材，读那个《中国哲学史》。

杨：在路上我还跟向老师说您主编那个四卷本的《中国哲学史》，搞研究的他也看，不搞研究的他也看。

任：那时书出版得少，没有现在这么繁荣。

杨：那石公也参与了编写您的那个四卷本的《中国哲学史》吗？

任：好像没有，他在学校教课，是有什么任务。这是几个年轻的。

向：那方立天老师、张立文老师他们参与了吗？

任：方立天那时还没毕业呢，张立文是人大的，不是北大的。

向：（编写《中国哲学史》）那是1960年还是1961年？

任：1961年开始了。

向：它影响了几代人，不像现在每个学校都有自己的教材，那个时候基本上都是用那个。

任：我们上学那个时候，高中已经有这种倾向了，愿意干什么可以有个想法。那时候，跟我们一块儿考进去的，胡绳也是那一届的学生。他读一年就不想读了，他说这都是些唯心论，他不喜欢，他读了一年就走了。所以胡绳是个自学成才的人。

向：不过后来他参加革命，还到过延安什么的？

任：他就没到过延安，搞马列主义的没有到过延安的，只有胡绳一个人。别人都去过，他没去过。所以胡绳呢，一直在这个环境。有个特点呢，就是说理性比较强。在国民党统治区，你讲马列主义，你不能说某某违反马列，这个他不服气你，是不是？你要在逻辑上驳倒他，他才服你。你说他违反马列，他说我不信马列的，对吧？胡绳这个基本功做得比较好，扎实，环境需要他这么做，说理比较透。但是在延安出来的，有些就缺少他这个训练，说“人家恩格斯说的，你跟他不一样，所以你是错的”。你在解放区里可以这么说，你到重庆辩论，你就服不了他。

向：石先生他后来的一些研究，你们有一些交流或者讨论这种情况吗？

任：我们这个私人来往很多。我们老催他：你单身一个人不结婚，这是啥逻辑？这个都给他帮忙。后来找这个王大夫，我们大家都凑他。

向：他结婚比较晚，那个时候石公都四五十了。

任：这个王大夫在连云港，江苏连云港，花果山。

向：她后来才调到北京的吗？

任：因为结了婚，有这个关系，调到北京来的。

向：哦，我还以为她原来就在北京。

任：是调回来照顾石公。

杨：石峻先生当时是因为学术方面研究太专注，忘了自己个人的事情吗？

任：也不是。他也是标准很高，耽误了。

杨：理论要求和个人生活的要求都是这样。

任：哎，都是很高。那时候，老师汤用彤先生也很关心学生，找一些女同学到他家里吃饭，邀上石公，认识认识，见见面啦，给他机会。石公喜欢一个，而人家又不喜欢哲学，结果都不行。

向：那石先生他后来特别注重佛教，关于他这个兴趣的养成，有什么可以谈谈的吗？

任：他这个人兴趣比较广，他念的书也很广，谈话涉及各方面，我也在一起很受影响。

向：当时他到人大时，那还不叫“中国哲学史”，叫“哲学史教研室”，中、西哲一块儿，后来才分开。

任：人大对哲学史不像对马列主义原理那么重视，所以他来人大也就有点儿孤单。

向：再加上其他教研室的有些老师，来的时间比较长的，背景又都不一样，他又比较淡泊名利，像后来他编那个《汉英对照中国哲学名著选读》，要报评奖了，我们说把这个报上去吧，他说：“不报！不报！你们报别的吧。”大家都还是希望他能多写点东西。

任：他那个作风，有点像陶渊明那么一种作风，喜欢喝点酒，酒量也不大，而且一个人独来独往，散步也一个人散，有时候好几个小时的散，一边散一边想他自己的问题。

向：对，对，他一个散步，一个读书，这两个特点。

任：哎，多年来就养成这么个习惯。

杨：您刚才说他在人大显得孤单，但是他当时在北大，北大不是重视历史这个风格吗？那他要一直在北大，这个风气是不是正和他相吻合？

任：因为哲学史是大学里必须有的，必须派一个人来支援人大。人大没有这一方面的人才呀，他来了就能带着青年们，那个时候。

杨：那就是石公自愿到人大来的了？

任：不，不，那时候是不跟人商量，派谁就是谁，不像现在双向选择。那时候都是命令、分配，调谁就是谁。

杨：那石公就是既然来了，就好好地把人大这边组织一下、建设一下，是这个想法吗？

任：也没这个想法，那时候他也不是党员。

向：对，对。实际上原来，也就是最早的时候，他还是写作过的，但是后来他就很少写了。他关于僧肇还写过一些文章，后来反而就越来越写得少了，到去世前，八十来岁那个时候写过几篇。

任：在北大的时候写过《中国近代思想史讲稿》，三个人编的，他挂帅。旧知识分子里面出的第一部书就是那个《中国近代思想史》，一个是朱伯崑，一个是我，还有一个是石峻。上课是石峻去上，备课是我们三个人凑在一起，帮着把这个课备好。

向：那后来石先生走了以后，那个课还在继续吗？

任：后来我就不知道了，忘了是谁讲这个课了。

杨：那这个《中国近代思想史》是石公他主编的吗？

任：哎，这是讲稿，他这讲稿就一直是上课用。那个时候他比较勤快，上课逼着他，他也没办法。懒，他手里也总得拿着吧。

向：那个时候，他有一段时间是着重在研究近代哲学。

任：哎，近代哲学。这是新中国成立以后最早的一本近代思想史。那时候我们也请胡绳提提意见，参加参加，因为胡绳搞近代研究，他比较熟。

向：后来他们又继续往前做这个(编教学资料)，后来又编了《佛教思想资料选集》，近代方面好像也没有特别和专门地做。

任：他兴趣也不在这个上面，因为教学任务需要教这个课，他就参与这个课。也是系里分配的吧，说你们三个搞吧，我们也就做了。

向：那这个时候北大的哲学史教研室是……

任：教研室是冯友兰，冯友兰也不管分配，主要是支部书记汪子嵩。离休了，是老干部。

向：他是搞西方哲学的吧？

任：哎，西方哲学。他是受了处分以后，右倾机会主义、开除党籍什么的，他就没有书看，但基础他有，也是在西南联大当过研究生的，搞希腊哲学。离休以后才又开始，他基础是不错，你看成功的像《希腊哲学史》，好几本，挺厚的，没有人超过他那个书了。

向：那西方哲学的那个……好像张世英先生还写过什么。

任：张世英啊，张世英是贺麟先生的学生，也不是他的学生，他是跟着贺麟走那条路，搞黑格尔哲学。

向：他好像要晚一点。

任：我刚刚教书的时候，有三个学生我都记得，一个是张世英，一个是黄楠森，还有一个是汪子嵩，因为这三个学生都学得比较好，所以我也有印象，一般像别的就印象不深了，几十年了，现在这都八十多岁的人了。

向：那您刚才说教他们三个的时候，是在新北大以后还是以前？

任：这是我研究生刚毕业。

向：那还在西南联大？

任：在昆明、西南联大。那个时候，研究生刚毕业的青年老师不教普通课。中国哲学史这种大课由老教师教，什么普通物理、普通化学，这都是老教授教。青年老师嘛，教这个专业的，范围比较窄一点儿的。开这种课，选修课，不是必修课。

向：那石先生当时也教课吗？

任：他教伦理学，在西南联大。

向：哦，他当时还专门研究伦理学？这个我们还不知道。

任：伦理学是以冯友兰的那个《新事论》、《新世训》为基础吧，参照那个，再讲一讲自己的。这是大课。西南联大不讲国民党的党义，党义是国民党讲这个。西南联大就希望：既然培养学生嘛，我们换个别的课行不行？那时候对西南联大特别优待，所以就说那你自己定吧。就开了伦理学，是全校必修，属于大课，分成若干班，石公担负一班的伦理课。

向：唉，可就是他的那些东西我们没有，如果他有那些讲稿什么的①。

任：讲稿也可能弄丢了，反正好多运动啊。他从武大调到北京来的。

向：对，对，他先是在武大。

任：武大那个搞运动搞得极左，接收武大以后，徐懋庸当党代表。徐懋庸，就是鲁迅《答徐懋庸并关于抗日统一战线问题》的那个徐懋庸，后来批判的。双人徐，很早的，每当教授开会就训他一顿，灰溜溜的。

向：他那个时候好像在武大图书馆。

任：那我就不大知道了。他离开北大到了武大，最后又调到北大。那是全国统一分配，中央先抓哲学，说哲学很重要，思想也很复杂，集中起来，在一两年把全国大学哲学系副教授以上的都调到北京来了。那时候我们说这是世界上最大的哲学系，教授28个，没一个大学、没一个系有这么多教授的。

杨：在武大石公主要做什么？

任：在武大还是教中国哲学。

杨：主要还是教学？

任：对，教学，教学。他是先升副教授，武大请他做副教授。在北大是讲师，这样又出高价把他请了去。

杨：回北大后成教授，是这样吗？

---

① 后发现石峻先生的《伦理学讲义》手稿，惜不完整。已收入《石峻文存》。——整理者原注

向：那是后来，后来。

任：回来以后嘛，就跟大家一样嘛，是副教授，然后成教授。

杨：听您这样说，那就是石公教伦理学，又做中国近代思想史、佛教，搞马列，什么都搞。

任：他这个都能应付。

向：那个时候，是不是你们上课，教材不像现在有些比较严格的要求，讲稿还要审查什么的？还都是根据自己的讲？

任：没有没有。那个时候的风气是哪个教授不用现成的讲稿，不用人家的书，证明你有本事，你照人家书讲就是你自己没学问，没有自己的呀！这是鼓励他们有创见，不要大家一样，是这么个形势。这个也有好处，不要先写讲稿，也没人审查，好有个选择。学生都不选他的课，他就没办法了，是吧？

向：到了北大以后，上课是不是要审查讲稿了？

任：1952 年嘛，全国不是都变成一个哲学系吗？那时候他又回来了。刚解放的时候他在武汉，没有参加。我们参加一个叫做“双周座谈会”，那时候学新哲学的，有些哲学家们像侯外庐、何思敬、艾思奇、胡绳、范文澜等，这是一帮人。旧的哲学，大学来的人嘛，有冯友兰、贺麟、金岳霖、朱光潜这么一些人，还有我。定期两周在北大的孑民纪念堂聚会。清华有张岱年、任华、冯友兰、金岳霖。

向：那这都合到北大来了？

任：这是北京市的。

向：那这个学习了多久？

任：这个学习有规定嘛，每一次学习由一个人主讲，大家讨论。也一直想改造吧，这些旧知识分子们。讨论就和风细雨的。

向：但是后来两个学校就合在一块儿了，到 1952 年的时候。

任：1952 年。1949 年解放嘛，过渡时期，一解放石峻就回来了。那时候北大就搬到现在这个地方——燕京大学这个旧地址，教研室主任就是冯友兰。

向：这个格局大概就延续了比较长的时间吧？

任：到1956年。1956年又分开了，回广东的回广东，回武汉的回武汉。

向：那不光是调动几个人，等于又是个大调整。

任：等于是个学习班嘛，大学教授学了几年又分回去了。

杨：石公到了人大？

任：哎。贺麟就分到社科院，那时候叫“中国科学院哲学研究所”。哲学研究所，金岳霖是副所长，中国哲学史研究室就是冯友兰兼，北大也兼着，哲学所就这么成立起来的。哲学这一块就靠北大这些教员的支持。

向：对，都是从那儿出来的。

任：金岳霖原来是系主任，哲学系主任。后来调到社科院，有个所长叫潘梓年，是老党员了。他（金岳霖）是副所长，哲学所的业务就是他管。

向：那后来，也就是1956年以后，你们跟石先生还是经常来往吧？

任：哎，有些兴趣我就配合不了。你看，石公他喜欢旅游，他到大同呀、云冈呀，我就没有那个热情。他就约了齐良骥一块儿去，教康德的，不在了。齐良骥比我们高一班，“七·七”日本人占北京的时候，齐良骥就毕业了。我是大学三年级，我在湖南待了半年，又在云南待了半年才毕业。

向：那个时候石先生是跟你在一块儿？

任：哎，也是在一块儿，大学都在一块儿。

向：后来他当助教，你当研究生。

任：毕业以后嘛，学校留嘛，石峻成绩比较好，他就留下当助教。

杨：他当助教，您继续读研究生？

任：我没有，我隔了一年。第二年，嗯，1939年才开始招生。那一年我到了中央政治学校，我给贺麟当助教，待了一年。

向：那也是在昆明吗？

任：在重庆。那是国民党办的学校，是国民党的党校。

向：那就是后来成了他们的政治大学？现在台湾还有。

任：不是那个，不是那个，是中央政治学校。那时教务长是周炳琳。

周炳琳是北大的教授，他跟贺麟比较熟悉，贺先生可以带一个助手，我毕业就跟贺先生在那儿待了一年，贺先生回来，我也就跟着回来了。

向：他也回来了，他也没在那儿待。

任：周炳琳也没在那儿干了，因为周炳琳跟贺先生去的中央政治学校，周炳琳一看贺先生回来了，也就回来了。那时候正是北大招研究生，我就报考了研究生。我们差一年没在一起。有一年我们两个分开了，我在重庆，他在北京。

向：那个时候石先生做助教，好像后来研究佛教的那个黄心川先生也做过什么职务？

任：黄心川晚，黄心川没有，黄心川作过哲学系的秘书，行政方面的秘书。他是浙江大学外语系的学生，他后来参加学生运动，后来情况很紧，他就跑到新四军那儿去了，江南嘛，离新四军很近的。抗美援朝他也就去了，他去干什么呢？他学英语的，有美军俘虏，他就当翻译。

向：那他后来研究佛教就比较晚一点吧？

任：那是，他后来到北大就当秘书，他是地下党员嘛。1956 年嘛，全国招生“向科学进军”，招研究生，他是第一批研究生。

向：跟汤先生，也是？

任：哎，1956 年……。他英文底子很好，北大研究佛教比较容易。我那时入学，有好些研究这个的教员，周叔迦也是搞佛教的，讲天台宗，开些课。马叙论研究庄子的，他是章太炎的学生。他讲庄子，用佛教的观点来解释庄子。

向：那石先生他受到佛教这方面的教育比较多。

任：哎，石先生比较多的。因为北大就这么个传统，搞佛教的多。老师嘛，有汤用彤老师。

杨：他的主要兴趣所在吧？

向：主要还是在佛教上吗？

任：主要还是魏晋。汤先生那个佛教史也是这一段，写到魏晋南北朝就完了。再有就是另外的，不像汤先生在魏晋南北朝上花的时间那么多。

向：我记得您主编的那个《中国佛教史》好像也是到隋，三卷本。

任：啊，我这个没有写到唐。什么原因呢，就是中间增加了一个任务，编这个《中华大藏经》，这是个大的工程呀！还接着写，我还想把它接着完成了。

向：那前三卷出来很久了，后来就没有了，呵呵。

任：我那个《哲学发展史》也没写完，也是……

向：到唐。

任：哎，也是因为《中华大藏经》的任务嘛。

向：《大藏经》的任务也没有完吗？

任：这个完了，106本，16开的。

向：也跟那个《大正藏》的版本一样吗？

任，哎，也那么大。一本一千页吧，106本，很大的一个书。

向：哦，那就比那个还要多了。那这个106本都是中华的，没有日本的？

任：嗯。这个书搞了十多年。

向：那就是比那个《大正藏》的内容要丰富得多了。

任：有个什么特点呢？这个书。我找了九种版本的《大藏经》，已经出版的《大藏经》拿来对照，拿一本来做基础，对照着把它摆出来，一字一句对的，很费功夫。有这么一部书呢，就等于你同时有了九部《大藏经》在里面，就有这么一个好处，方便。

向：现在用嘛，都用的是日本的那个本子。

任：它出得早，断过句，错误也很多。日本主持这个事情的叫高楠顺次郎①，他就是包给一些学生，给你一块钱点一千字。学生的层次也不齐，大书嘛，也看得不仔细，错误难免。我们这个书没有标点。为什么没有标点呢？因为根据那个基础——《赵城金藏》，

① 此处原文作“铃木大作”，“作”字应为“拙”字之误。不过，《大正藏》的编纂负责人是高楠顺次郎，而非铃木大拙，任先生应是记错口误，今改之。——编者注

这是世界上唯一的一部书，这个书在我们馆是镇馆之宝，看都不容易看，别说不让人借了，有许多限制。我记得季羡林带个研究生需要查《赵城金藏》，研究生还没有资格借，让季羡林来借，用他的名义来看，也不能拿走啊。那个研究生来查，季羡林就来坐着陪着他。我说这个书再值钱，你不能锁着不让人看嘛，是吧！我这个《中华大藏经》就以这个为基础，拿它为主，其他八个版本来对。公开出版以后呢，《赵城金藏》就在里头了，看就没那么难了。

向：现在是最后全部完成，都出来了，还是只出来了一部分？

任：这个就完了，过去已经编好的，入《千字文》的，这个《中华大藏经》都有了，现在细节就是找那些过去没有包括，没有收入《大藏经》的，《大藏经》以外的东西，比如说经、史、子、集这些东西，非佛教徒写的佛教方面的文章，什么山志啊、碑刻啊、墓志铭啊。这个弄完了以后，还有新近翻译的东西，就是后来发现、翻译、印出的东西啊。又有新的东西，解放后还有。这个也把它收进去，这样就多一点。

向：那是不是把原来的续藏部分，《卍续藏》也包括到里面？

任：有一部分不是，《卍续藏》有它的标准，它们属于合成的东西，我们的范围更广一点，我们也收入与佛教辩论的一些东西。这个也是反映思想情况吧。这个很费事，下编刚刚开始，正编已经完了。

向：这个工作石先生他也参与了吗？

任：他没有参与。

向：另外，我们还想有一点比方文字方面的，比方说有没有当年石先生和您通信方面的一些材料。

任：没有。

向：呵呵，因为他写的东西少，所以总想找一点文字方面的东西，也很难找到。

任：石先生的小楷字写得很好，很工整，这是他的特点。原来有些写的字给我，后来“文化大革命”也毁掉了向：在您的印象中，石先生他讲课一般用讲稿还是不用讲稿？

任：这我就不知道了。

向：因为我们打算给他出一个集子吧，现在就是收集他的一些材料，就是他原来写过一些什么东西，收集起来，挖掘一下看看。当然，如果能找到他的孩子、同学也可以看一看，但是现在找不着也没办法。十月份哲学系五十周年的院庆，我们希望得到一些他的材料。任先生您知道什么能告诉我们，我们就可以把它做一部书。

杨：您刚才说马叙伦用佛教的观点来讲庄子，那石先生他的佛教造诣也很高深了，他解释中国哲学史其他的问题的话，有没有……

任：没有，没有，他就不喜欢动手，是这么个特点。

杨：那比如说讨论的时候，会不会涉及这些方面的问题？

任：也没有搞出些什么东西。

向：那个时候好像学术会议也比较少，不像现在经常开会。我感觉他是比较坚信马列的，研究中国哲学他也是用马列来指导，很强调这个方面。

任：我们实际上都是新中国成立后，跟着艾思奇开始学马列，是半路出家。不像胡绳，他一直都是多年坚持的。

向：哦，艾思奇那时候也给你们讲课呀？

任：那是新中国成立后的事了，他在北大开课，教原理。

向：他年龄也跟你们差不多吧？

任：他大，大一点。

向：我们当时到大学里学马列，就是他那本《辩证唯物主义和历史唯物主义》。

任：我们一起编书，有一批书，二百多本教材，文科教材。艾思奇就编那个书，我就是其他的书。

向：《毛泽东哲学批注集》里面也提到您那个书。毛泽东比较注重哲学史，“文革”中，说要读一二本哲学史，中国哲学史，西方哲学史。

任：毛泽东喜欢读历史，哲学史也是一部分，文学史他也关心。

向：这个哲学的发展，也跟领导人的喜好有关系，呵呵。

杨：那石公用马列方面的一些观点去影响佛教的多吗？

任：那倒没有看到他这个。《中国近代思想史》就是用马列主义的方法了，用马克思主义来写的。

向：后来他研究和带博士生主要的方向，最初也就是两个，一个是近代部分，一个是汉唐哲学，后来范围扩大了。那个时候第一批博导，有些老先生反而不在里面，冯友兰先生也不在里面，那时候很少，呵呵，现在就多了。

杨：我们就是想能有一些石先生的材料呀、讲稿呀这些东西。

向：对，对，再看看能不能把书信等找到。

任：他的哲学表现得很潇洒，在生活里头。

向：这么一个态度？

任：是这么一个人。

杨：他是个比较细心的人是不是？

任：他有些东西也不细心，有些细心。但书他很细心，他那个家庭他就不怎么细心。他的家里处理的关系也不是太好，家里完全不管，交给王大夫。

杨：很潇洒，甩得开手。

任：哎，甩得开。

杨：是不是有一种看见他这个人就能看见他的哲学风格的感觉？

任：哎，有这么个感觉。那时候王大夫在医院里当大夫也很累呀，石先生家务完全不管，他也不请人，结果王大夫回家以后就做饭呀、弄东西，弄得也很累，对石公也有意见。

向：对对对，后来这个跟晚年他们长期分居可能也有关系。

任：不管有什么急事儿，他该散步就散步去了，吃饭就回来吃啊。碗他也不洗，他放在那儿就走了，也不给她洗碗。所以王大夫对他有意见，呵呵。

向：那个时候散步，他身体挺好，到处走。

任：他散步还不是近处，他有时候走得很远，从人大可以走到玉渊潭去，紫竹院也就经常去。

向：那……行。任公，我们就了解了这么些情况，谢谢您！

任：没有满足你们的要求。

向：呵呵，我们能收集到什么程度，反正就尽量吧。因为他这个生活的特点，我们没法找到一些很详细的材料。到时候我们开会，您能……

任：到时候看情况吧，看情况，通知我一下。人大我有几个老的……苗力田还在吗？

向：也早不在了。他是第二年，石公去世的第二年去世了。

任：以前那个庞景仁？

向：那更早了。

任：哦，更早了。

向：其他都是您的晚辈、学生了，像方立天老师。我们在职的最老的也就是方立天老师、张立文老师、葛荣晋老师，其他的也就没有了，呵呵。

任：肖前呢？

向：对，他还在，但是他身体……

任：身体很坏，好多年以前就坐轮椅了，是吧？

向：对，对。

任：方华还在吗？

向：方华也去世了，基本没有你们那个时代的人了。杨宪邦老师他现在也都八十三了。

任：他上学晚，他是我们新中国成立后第一届大学毕业生。那时候他们毕业同班的有张岂之、汤一介、杨宪邦。

杨：任先生气色还很好。

向：哎，任先生气色挺好。

任：不行不行，外强中干。

向：没有没有，您这是快九十大寿了，能到这个程度非常好，很不容易。您还经常坚持到这里来呀？

任：我这就是星期一、星期四，一来我就坐在这里。因为我来的时候是有一些任务，那边又不同意放，说既然来嘛，你把任务带过来，所以研究生什么的都是在这儿毕业走的。后来就没有再招生了，就是因为《大藏经》呀，这类事务比较多，还有《大藏经》续编。

向：那我们就等着看任先生的大部头啊，够我们读的。

任：《二十四史》需要整理，我也参加了那个，也是国家的……

向：哦，对，那是个大工程。那这还要把《清史稿》重新整理，现在不又在编新的《清史》，那么还要整理《清史稿》?

任：《清史稿》是文言写的，完全是旧的体例，现在新编，这个完全是新的体例。新编这个规模很大，有三千万字呢，太大了。这样的话，《清史稿》淘汰不了，因为《清史稿》它比较简，没有这么厚。所以，不专门研究清史的，三千万字他没法看。

向：但是《清史稿》等于是比较匆忙编成的，这里面可能不准，所以人们看正史的时候还是用《二十四史》，而《清史稿》不把它当成一个比较权威的史书。

任：哎，作为参考可以，不能互相代替。

向：行，那我们就到这里。抱歉，打搅您!

附录4　石峻先生学述

杨庆中

石峻先生(1916—1999年)1916年10月25日生于湖南零陵(现永州市)一贫苦农民家庭，其父为人正直，同情革命，曾与朋友一同游历广东和香港，采办大量宣传革命的书籍带回家中，使石峻先生在幼时便有机会接触到新思想。

石峻先生上小学时，正值北伐前期，湖南农民运动高涨激烈，其父因接受过新思想，观念比较进步，被农民协会聘为小组长。不久，蒋介石背叛革命，湖南发生“马日事变”，一夜之间，许多革命者或亲革命者被杀头，学校也被迫停课。由革命到反革命，给幼年时期的石峻先生留下了深刻的印象。

石峻先生的中学时代是在长沙广义中学(今湖南师范大学附属中学)度过的。广义中学为辛亥烈士禹之漠创办，有革命传统。但当时主政湖南的军阀何健，对中学控制很严，学生根本无自由可言。高中二年级时，学校学生会组织了一次演讲比赛，石峻先生报名参加，演讲题目是《谈谈普罗文学》。当时的石先生并不懂马克思主义，只是同情革命，从报刊上了解到普罗文学(即无产阶级文学)，思想上引起一些共鸣。比赛的结果，石先生获得了第二名。

当时的中国刚刚创办高中(此前只有大学预科)，课程应该如何设置，尚处在探索阶段，教育部没有统一的规定和教学大纲。广义中学仿照大学预科课程设计教学计划，内容多而且深，如开有《逻辑学》、《微积分》、第二外国语及《国学概论》等课程。《国学概论》所用课本是钱穆编著的《国学概论》，石先生对这门课很感兴趣，因此又自学了梁启超的《清代学术概论》、胡适的《中国哲学大纲》。这是石先生第一次接触中国哲学。

当时的高中文理分科，学习好的学生多上理科。石先生的强项是数学和物理，校长很赏识他，于是读了理科。三年级时，学校新聘了一位刚从北大数学系毕业的数学教员，石先生向他请教考学的事，表示要学中国哲学，问他应看什么书，他推荐了冯友兰的《中国哲学史》(当时只出有上卷)，石先生便买来阅读，更增加了学习中国哲学的兴趣。

青年时期的石先生很有抱负，立志要到北京去读哲学系。当时有哲学系的大学很少，学文科的人多选择历史或文学，而社会风气是重理轻文，认为好学生应该考理科。因此，1934年石先生以优异成绩被北大哲学系录取时，竟使广义中学的校长感到非常遗憾。

当时的北大，课程安排不多，时间十分充足。学校离北京图书馆很近，学生可按照自己的兴趣借书来看，教员从不过问。各系课程也可以任意选听，还能免费得到讲义。1930年代是旧中国学术水准较高的时期，由于大学很少，所有教员差不多都是当时全国最著名的学者。北大文科著名教授的课，石先生几乎都选遍了。大学时代的石先生，没有什么嗜好和应酬，自思没有家学渊源，主要得靠自学来积累，所以求知的欲望一直很高。大学毕业后也仍然如此，继续不间断地选听著名学者讲课十年之久，直到晋升为副教授，等于做了十四年学生，这在国内恐怕是没有第二人的。石先生始终觉得自己像一个青年学生，从不自满。

石先生看书范围很广，除哲学外，诸如历史、文学等，都有涉猎。他虽然不搞文学，但鲁迅在《中国小说史略》中提到的每一本书他都读过，对普罗文学还有一定的研究，外国小说中看得最全的是托尔斯泰的作品。另外，对于理科的东西也依然有兴趣，由于中学时期的强项是数学和物理，在大学时期，对数理逻辑也很着迷。

1938年，经汤用彤先生推荐，石先生留校任教，为汤先生做助手。西南联大时期，石先生主要讲授《哲学概论》和《伦理学》，其间还曾代授中国哲学。时值抗战，生活十分艰苦，上课的地方距离住处很远，须步行来回。那时没有电灯，点菜油灯备课，每月所得薪水仅够一人生活。

十年之后，即1948年，石先生受聘到武汉大学哲学系任副教授，兼武汉大学图书馆主任。其间，曾参加中国共产党的外围组织新民主主义教育协会，为解放军接管武汉大学日夜忙碌，终于迎来新中国。

新中国成立初期，石先生任中南新哲学学会秘书长(潘梓年为会长，洪谦为副会长)，并在中原大学主讲逻辑学。当时由于受苏联的影响，一般的学校不敢开设此课，中原大学在当时几乎算是第一家。

1952年，石先生被调回母校北京大学哲学系任副教授、研究生导师。与冯友兰、张岱年一起承担中国哲学的教学工作，在国内首开中国近代哲学史课程，并系统学习马克思主义哲学，接受了马克思主义的立场、观点和方法。

1955年，石先生为筹建中国人民大学哲学系而调入该校，1956年任哲学史教研室主任、校学术委员，1963年晋升为教授，兼校务委员。鉴于当时“三年自然灾害”刚过不久，国家困难，石先生与全国六十名教授联名上书国务院，要求暂不享受正教授工资，以减轻国家负担。“文革”期间，人大解散，石先生和人大大部分教职员一起被下放到江西劳动改造。70年代后期回到北京，挂靠在北京师范大学，1978年人大复校，先生返回人大。1981年，被国务院学位委员会批准为我国首批中国哲学史专业博士生导师。

石峻先生历任中国人民大学哲学系教授、博士生导师、校学术委员会委员、中国哲学史学会顾问、中国现代哲学史研究会会长、中国宗教学会常务理事、中国伦理学会理事、国家古籍整理出版规划小组成员等。

石峻先生作为中国哲学史研究的大家、宗教史家、思想史家、教育家，在执教的六十年间，先后开设过哲学概论、伦理学、老庄哲学、孔孟哲学、逻辑学、史料学、中国近现代哲学、新民主主义论、印度哲学、中国佛学、中国哲学史原著选读等十余门课程。在哲学尤其是中国哲学的诸多领域，都有自己精深的见解和创获，许多方面还具有开拓意义。限于材料，下面仅就石先生的学术成就作一简要的介绍。

一、哲学史方法论

石峻先生从1930年代起开始研究哲学和哲学史，新中国成立后又认真学习马列主义，在哲学史方法论方面很有心得。早在1950年代，便撰写了《论有关中国哲学史的对象和范围的讨论及其目前存在的一些问题》的长文。1980年代初期，又发表了《有关中国哲学史研究方法的几个问题》、《中国哲学史研究要进一步科学化》、《哲学史研究随想录》、《开展中国近现代哲学思想史研究的重要意义》等文章，对于拨乱反正，促进中国哲学史研究的科学化起到了积极的作用。

(一)旧中国“中国哲学史”研究的得与失

反思中国哲学史学科发展的历程，探寻成败得失的经验，是石先生始终关注的问题。石先生认为，早在辛亥革命以前，我国一批受到西方资产阶级教育影响的前辈，已经开始了有关中国哲学的研究，特别是“五四”运动以后到新中国成立前的三十年间，不少学者参考西方哲学史的研究成果，冲破封建时代狭隘的“道统”观念，扩大了取材范围，取得了不少成绩。但由于受阶级和时代的局限，还存在许多缺点，石先生把它概括为以下三种情形：

其一，把西方资产阶级学者编排外国哲学史的形式，依主观意图制成套子，强加在中国哲学史的研究上，以迎和外国读者的口味，使中国哲学史变成了不完备的西方哲学史。这实际上等于取消了中国哲学的民族形式和本质特征，夸大了西方哲学的普遍性意义。这种脱离中国社会历史实际、抛弃中国民族文化特点的做法，使得中国哲学史的研究变成了宣传外国资产阶级哲学最理想的园地。如胡适的《中国哲学大纲》就被有的学者讥为“简直是介绍美国杜威一派实用主义的教科书”。其二，不注意本民族的文化遗产，认为只有像现代西方资产阶级学者所表述的那种形式、那种提出问题和解决问题的方法才算是真正的哲学。他们“偶尔翻翻中国古典哲学著作，感觉似懂非懂，面貌不同，从而肯定中国没有哲学，于是对中国哲学史的研究采取一种蔑视的态度”。其三，少数受过传统旧学训练的“国粹派”，一般不太了解西方哲学，因而对之采取抵制的态度。他们或者批评当时用西方学术方法研究中国哲学的“新”学者不懂中国哲学，或者根据这批“新”学者的中国哲学史著作中所引用的那点西方哲学的东西，指责西方哲学的浅薄，而主张中国哲学远远超过西方哲学。在石先生看来，上述三种情形，反映了半殖民地半封建的旧中国出现的形式主义地对待祖国哲学遗产的做法，它始终没有也不可能把中国哲学史的研究引向科学之途。

（二）中国哲学史研究的指导思想

那么，研究中国哲学史应当以什么为指导思想呢？石先生认为，要建立科学的中国哲学史，必须坚持以马克思主义的基本理论为指导，从客观历史事实出发，实事求是，彻底摆脱一切盲从和迷信，不仅从封建的、资产阶级的各种教条中解放出来，就是对无产阶级革命领袖的言论，也要采取科学分析的态度，力求做到一切以客观真理为依归。同时要占有经过批判审查的大量思想资料，理论联系实际，总结中国古代思想的发展规律。

对于中国哲学史研究的指导思想，石先生从六个方面进行了梳理：第一，在研究哲学史上的问题时，不能只着眼于一般概念，不能孤立地研究概念的发展史，而应当联系具体情况解决实际问题。第二，注意用发展的眼光研究中国哲学史，认识到没有根本不变的思想意识，科学的哲学史研究一向是摧毁所谓“顶峰论”等的最有力的思想武器。第三，注意阶级分析，根据社会发展的客观规律，实事求是地评价某些哲学家和某种思想体系在当时的地位和作用。第四，正确认识哲学与生产斗争的关系，注意哲学史上唯物主义与自然科学的联盟，以及唯心主义世界观对自然科学发展的阻碍作用。第五，正确认识哲学与阶级斗争的关系，注意理论体系方面“源”与“流”的关系。现实社会的矛盾斗争是“源”，过去思想资料的引用是“流”，万不可主次不分，“源”“流”倒置，以致将哲学战线上的根本对立，简单地归结为纯学术问题，而取消哲学的产生、发展与阶级斗争的关系。第六，正确处理哲学思想的批判继承问题。石先生强调，把马克思主义基本原理运用到具体学科的研究中去，比学习一般的马克思主义原理需要更高的马克思主义水平，因为具体问题总是比一般原理要丰富多彩。所以，在具体科学中体现马列主义的基本精神，而不是照搬教条，这才是学习马克思主义的根本目的。

(三)哲学史上的唯物主义与唯心主义

区分哲学史上唯物主义与唯心主义之间的关系，是马克思主义哲学史观的重要内容之一，石先生对此也进行了颇为深入的探讨。石先生认为，强调哲学史上唯心主义与唯物主义的斗争，并非一概否认唯心主义哲学体系中包含有价值的东西。唯心主义提出的问题，对于唯物主义得以自我完善和发展是有积极作用的，“相反相成的道理，依然可以适用于唯物主义反对唯心主义的斗争”。历史上有影响的唯心主义哲学体系是可以分析解剖的，是存在有可改造、可发掘的合理因素的。但是，对于这种相互间的作用和影响绝对不可片面夸大，唯物主义在反对唯心主义的斗争中不断得到发展，主要是由于生产斗争和阶级斗争中所产生的新问题，需要根据事实做出合理的解答，而“不应该只是唯心主义的一些抽象的错误观点”推动的。石先生指出，唯物主义与唯心主义之间也有批判继承关系，双方既有互相攻击对方弱点的一面．也有互相改造利用，真假颠倒，乃至于汲取提高，化腐朽为神奇的一面。因此，对于唯心主义，一方面要彻底粉碎其体系，另一方面，又要挽救其中正确可用的东西。例如，唯心主义夸大了人类认识的主观能动性．这是十分错误的；但反对这种错误，并不意味着要彻底否定人的主观能动性，而是要恰如其分地承认人的主观能动性。因此，必须认识到，并不是一切唯心主义哲学都是从天上掉下来或全是凭空而起，其内容也是有一定的客观基础的。唯物主义与唯心主义的斗争，不完全像两军鏖战沙场，只有你死我活一种结果。

(四)哲学史研究的范围、目的

哲学是自然、社会和人类思维的科学抽象和总结，但起初的哲学与各门具体科学几乎没有分别，随着人类认识的不断提高，各门具体科学如伦理学、美学、政治学以及物理学等才从哲学中独立出来。这就出现了一个问题，即研究哲学史，尤其是研究古代哲学史，是否也要包括对一些具体学科门类的研究？石先生认为，对于这个问题不应绝对地看，而要有辩证的眼光。

石先生指出，哲学史这门学科的特点，有点类似于边缘科学，跟很多学科的研究如社会史、经济史、科学史、宗教史等都有密切的关系，如果撇开了那些方面的研究成果，单凭哲学思想资料，有时很难作出客观全面的评价，因为影响哲学家思想的因素往往是多方面的。因此，哲学史的研究既要特别注意科学的抽象，又要注意它与具体情况的联系。一方面要防止把任何具体的内容无原则地一概搬进哲学史，另一方面也要反对把任何具体内容如伦理学、美学等都从哲学史中清洗干净的做法。“总之，我们要求理论必须结合实际，得通过具体的情况来说明抽象的法则，反对把兴趣只放在脱离实际的空洞的‘理论’上。但是也不能将涉及的社会政治思想、伦理学和美学的具体事例、抽象观点和更带有普遍规律性的世界观，在哲学史中并列起来。”石先生以中国哲学为例指出，中国历史上进步的哲学家有注重生活方式和工作态度的优良传统，他们更多地发挥了伦理（道德）和心理（精神）方面的思想，并特别注意“知”、“行”结合的修养功夫，如所讲动静、理气、性命等哲学范畴的关系，实际上并不限于专指外界事物的变化和构成（组合），而是往往包含了人们思想活动的某些更深刻的特点，乃至道德情操等。如果把这些问题完全排斥在理论研究范围之外，在哲学史著作中几乎一字不提，显然是不妥当的。从哲学史的角度看，对于哲学家的思想不能孤立地进行研究，必须把他的自然观、认识论和社会历史观结合起来研究。

至于哲学史研究的目的，石先生认为，除了系统地总结理论思维的经验教训之外，还有一个进一步发展哲学理论的任务。具体地说，中国哲学史的研究需要着眼于现实社会中出现的各种思想问题，理论联系实际，力求做到有的放矢，为现代化服务。

（五）中国哲学史研究应注意的问题

确立了指导原则和范围、目的，石先生还特别就中国哲学史研究应当注意的问题提出了自己的见解：

其一，正确对待马克思主义的指导作用。石先生认为，研究中国哲学史必须以马克思主义的理论为指导，但也要特别注意不能把这种指导简单化和庸俗化，因为马、恩、列、斯并没有仔细地研究过东方各国的哲学，对于中国哲学史的一系列问题，乃至一些历史上著名的哲学家，很少作过理论上的分析和科学的评价。就是毛泽东论述过的历史人物和思想，虽然很具有启发性，可供参考，但除近代部分以外，也非常有限。因此，要想根据这些革命导师的现成结论，来拼凑一部系统科学的中国哲学史，是根本不可能的。即使已有现成结论的问题，因为时代不同，需要不同，也仍有继续深入研究的必要，切不可把背诵的只言片语当作今天科学研究的最新成果。“我们要认真学习的，只是他们的立场、观点和方法。至于一些具体问题的解决，那只能是从当前的现实出发，以社会实践作为检验真理的标准。”

其二，反对教条主义。石先生认为，研究中国哲学史，最需要避免教条主义。教条主义者从不注意中国不同历史时期的特点，也不喜欢研究任何过去实际存在的具体问题，而总是简单地从抽象概念出发，看了书本上几句话，字面上好像可以把某人划归唯心主义阵营，就说他是代表没落贵族或大地主阶级的思想；或者看了书本上几句话，字面上好像可以把他划归唯物主义阵营，就说他是代表新兴地主阶级或中小地主的思想，或部分地反映了农民阶级的要求。对于哲学家们彼此间的争论，则往往归结为用一般概念来反驳一般概念，这就好比以这顶凭空扣上的帽子来抵抗那顶凭空扣上的帽子，结果是在做两顶帽子的空中对舞，从而使丰富多彩的哲学史变得枯燥没有内容。

其三，反对简单化和“应时主义”。石先生认为，研究哲学史，必须注意考察某一思想产生的社会历史条件。有的人在研究哲学家的思想时，停留在经验主义的描述上，“枯燥乏味和千篇一律地在介绍他们如何解决思维和存在的关系问题，有无包含自发的辩证法因素和朴素的唯物主义观点等”。还有的人习惯于一种形式主义的思想方法，说好就一切都好，绝对地好；说坏就一切都坏，绝对地坏。“于是对于一个历史上主观认为进步的哲学家也就无往而不向好的方面拉，相反的情形，则又无往而不向坏的方面拉。甚至有这样的现象，对同一个人，在作这篇文章时为了表扬就采取第一种办法，在作另一篇文章时为了批评就采取第二种办法”。这种研究的态度是十分有害的。石先生认为，马列主义要学活，如列宁关于哲学史圆圈问题的论述，实际上是要说明社会思想发展的曲折性，即反复性和非直线性。有的人把圆圈画得那么圆，就不是马列主义了。

其四，必须特别注意理论研究的现实意义。石先生认为，讲中国哲学，必须突出它的现实意义，“要在马克思主义普遍原理的指导下，根据当前国际国内的新情况来研究一系列的新问题”。石先生特别强调研究中国哲学史要把重点放在近代和现代。早在新中国成立初期，他就曾在武汉大学讲授毛泽东的《新民主主义论》。进入80年代，石先生提出：最好有人注意研究我国古代哲学家的思想在近现代的反应，它们是如何被改造和利用的，这对于进一步阐明我国哲学思想史的发展规律，肯定是会大有帮助的。

二、佛学研究

石峻先生在研究中国哲学史的过程中发现，过去有些人，甚至包括一些著名的学者，对中国哲学史“通”不下来，主要原因是不懂佛学。因此，石先生认为，佛学作为中国哲学史的一个十分重要的组成部分，是必须要弄懂的。

石先生从1930年代末期以来，一直把佛学研究作为自己中国哲学研究的一项重要内容，先后发表了一系列具有重大影响的学术论文。

(一)佛学研究的现状及其切入点

对于佛学研究的现状，石先生认为，中国人的研究主要存在两种情形：一是佛教徒式的，即站在信仰的立场上进行研究，这种研究一般解决不了什么学术问题，只是为信仰服务。但也不尽然，如台湾的现代佛教学者印顺法师对中国禅宗史的研究，就在阐明自己的信仰的同时，注意发掘中国禅宗思想与印度佛教的继承关系。二是学者式的，即站在非信仰的立场上用科学的方法进行研究，这种研究比较客观可信。但近代(1840—1949年)以来，除汤用彤、陈寅恪、吕逸秋等几位前辈学者作出的重要学术贡献之外，就一般情况而言是不尽如人意的。甚至有学者对佛教或佛学还存在着诸多幼稚错误的理解，如有人把佛教说成是古代印度思想文化的全貌，或者说成是所谓印度文化的基本精神；有的人自己搞什么就捧什么，只停留在感性的阶段，而不能进入实质性的研究，等等。这些都是与事实不符的，需要在进一步的研究中加以纠正。

外国人的研究，在石先生看来也存在两种情形。一是对中国佛学作孤立的研究，而不懂得佛教与中国传统思想、政治、哲学的关系。如在日本，研究佛学的人不懂中国哲学，研究中国哲学的人不懂佛学。即使是研究佛教的，也只是研究某一派，或某一派中的某一个小问题，甚至带着宗派主义的情绪进行研究，所以并不能真正理解中国佛教。二是有些学者从错误的立场、观点和方法出发，把中国佛教简单地当做印度佛教或哲学的附庸，甚至有人只把印度古代的佛教当做“真佛教”，贬低中国佛教的历史意义。石先生认为，这种观点是我们绝对不能接受的。

石先生强调，只有把佛教当做历史的、有规律的、有变化发展的现象，而不是当做一成不变的信念，才能避免上述种种偏见。因此，石先生在选择研究的切入点时，除了注意佛教的一般问题外，还特别注意研究中国佛教与印度佛教的异同，佛教对中国文化的影响，佛教在中国如何适应、如何发展、如何最终成为中国传统文化的一部分的过程，以及中国人在佛教或佛学的发展方面有哪些特点和贡献，中国的思想文化如何影响、改造了印度佛教，等等。

（二）佛教与佛教哲学

对于佛教与佛教哲学，石先生认为，佛教既不是某种孤立的社会现象，也不是哪一个人凭空创造的，它不是一种永恒不变的信仰。这种宗教哲学，由于长期的历史演变，逐步由简单走向复杂，形成非常精致的唯心主义体系。佛教哲学的中心问题依然是主观思想意识与外界客观存在的关系问题，它没有离开哲学基本问题，只是表现形式显得特别复杂而已。而佛教哲学与佛教信仰甚至佛教的修行方法之间，存在着内在的密切联系，从广义上说，佛教既是宗教，又是哲学。佛教哲学的体系，一般说来，当然是趋向唯心主义，而这种唯心主义也在不断得到发展。但就印度的全部哲学史来说，依然存在着唯物主义与唯心主义的斗争，这些情况在佛教内部的思想斗争中也有曲折的反映。因此，不能说佛教内部相互斗争的各派思想中完全没有唯物主义倾向。石先生认为，佛教哲学并不等于广义的佛学，它一向重视研究宇宙和人生中“常”与“变”的关系、一般和特殊的关系，重视研究各种对立的思想概念和范畴之间相互依存、不可分割的关系。因而，其中包含了丰富的辩证法因素。当然，这种辩证法主要是主观辩证法，而且由于佛教宗教神学唯心主义体系的束缚，使这种辩证法的发展受到了严重的限制。但是，只要人们实事求是地对它进行分析和批判，就可以在粉碎其思想体系的结构之后，利用和改造的它的一砖一瓦，从而丰富我们的思想文化建设。因此，只要我们“不是文化虚无主义者，那就不能对佛教思想文化简单地全盘抛弃”。石先生进而指出，研究佛教的历史，要注意从总的方面充分估计到佛教唯心主义及其消极的影响，这是很重要的；但也要从一些具体问题、具体方面看到它在历史上所发挥的积极作用，切不可用通常的教条主义的简单粗暴方法来对待民族文化遗产。佛教唯心主义不是一种简单的唯心主义，它之所以能蒙蔽不少信仰者，就是由于它保存了丰富的思想资料，也确实反映了在剥削制度下存在的各种社会人生问题，它的内容不是用“迷信”两个字就可以一概抹杀的。

（三）印度佛教

佛教产生于印度，石先生对于印度佛教早有研究。他认为，印度的原始佛教，既不是空谈，也不完全是迷信，它的教义主要是为了反对当时占统治地位的婆罗门教。它重视人生的实质问题，强调一个人说话、做事及各方面的行为活动都应合于正道，有规矩。它提倡过一种清静的生活，即所谓出家修道。其教义本来都非常简单，认为诸行无常，诸法无我，主张一切物理现象、心理现象都是变化不居的，在这个变动中，无一根本不变的东西。它提倡用思想的修炼和生活修养的方法来获得个人的解脱。

石先生探讨了印度佛教产生的原因，指出印度佛教是古代东方的历史产物，有它的文化背景和思想渊源，决不是孤立的现象，也决不是如有的人简单地认为的靠某一“先知”(释迦牟尼)坐在菩提树下空想出来的。石先生指出，佛教在印度也有先后不同时代、不同地域的特点，而且充满了各种矛盾。如释迦牟尼死后，佛教僧团组织一天天发展、分散，信仰佛教的人越来越多，于是内部矛盾也就一天天暴露出来。开始是由于各种生活方式的严格规定(即戒律)千篇一律，未考虑到不同年龄和不同生活习惯的人们的不同特点，有许多不近人情的地方；加之佛祖释迦牟尼的教义渐渐传播广泛，人们对教义也产生了不同的理解，思想发生分歧，再加上各种现实的矛盾，于是便引发了沙门团体组织的分裂。最早形成了上座部元老派与大众部的对立，随后产生了更多的派别，分成十八部或二十部，越分越多。这些构成了历史上部派佛教的时代。部派时代的思想又不断地结合各种现实矛盾而不断地发展。同时，为了与佛教以外的各种思想信仰作斗争，佛教徒就竭力宣传释迦牟尼的权威，将其进一步神化，佛教也就成为地地道道的神教，而与原始佛教不完全相同了。

对于大乘佛教，石先生指出，佛教为了适应在新的地区进一步发展的需要，不得不采取积极的态度，改变只满足于追求个人解脱的做法，针对一些复杂的现实情况，在理论上和思想上采取更灵活的态度，于是产生了大乘佛教。大乘佛教，其思辨哲学的成分增强了，理论也比较系统化了，而且把佛教以外的某些思想信仰融化到了佛教思想之中。例如早期大乘佛教(即般若空宗，也叫“中观学派”)，显然就受到了当时极有影响的婆罗门教商羯罗派中吠檀多一派的影响。后来大乘也有所发展，又产生了大乘有宗，它在印度叫“瑜伽行派”。这样，佛教理论发展到一个更高的阶段，变成了十足的烦琐哲学，成为一种唯心主义的经院神学。但佛教从此越发脱离社会现实，以后就日益走向下坡路，并且逐渐同一些民间迷信结合在一起，最后变成一种低级的信仰，如密宗等。公元9世纪，外来宗教侵入印度，佛教基本上被消灭。

石先生指出，佛教的经典并非都是其创始人释迦牟尼一个人的著作，事实上，大部分是后来的佛教学者或佛教徒伪造的，释迦牟尼本来就没有写过什么书，他生前的一些演讲录，先是口耳相传，以后再经过整理，就是佛教最早的经典。就是在这一部分经典中，真正属于释迦牟尼本人说的东西，应该说也不太多。石先生说，有些人（国内国外都有）往往冒充佛祖释迦牟尼来说话，那就更不可取了。

（四）中国佛教的发展历程及特点

佛教传入中国以后，逐步结合中国社会历史的特点，得到广泛的传播和发展，并且有许多创造，形成不同于印度的精神面貌。在不同的时期，它还有不同的特点。对此，石先生进行了深入细致的分析和研究。

关于汉代佛教，石先生认为，可以称之为“佛道时期”。这一时期，佛教刚传入中国，人们把佛教视为跟中国的道术一样。统治阶级所以信奉佛教，不过是为了延年益寿、多子多孙，或者想借助佛或神的力量来维护国家的安宁、长治久安罢了。魏晋南北朝佛教，石先生称为“佛玄时期”。这一时期，佛教受到玄学的影响，推动了自身的发展。玄学研究体用、有无、本末等一些比较抽象的论理，深深地影响了当时佛教的发展。隋唐时期的佛教，主要是为了适应中国当时大一统局面的需要，各派高僧和佛教学者都希望抬高自己一派的理论，同时也能将其他不同的佛教学说概括进去，从而建立一个庞大的宗教学术体系或宗教思想体系。他们所用的办法就是所谓“判教”。不同的宗派有不同的判教理论，就连主张不立文字、提倡顿悟的禅宗，把“宗”和“教”对立起来，其实也是一种判教，即把“宗”放在比“教”更高的地位。隋唐佛教的特点是系统性、宗派性，它的目的是想统一佛教，但事实上又不可能做到。宋元明清时期的佛教，石先生认为，这个时期，佛教由盛转衰（主要指汉族地区），佛教的一些信仰者，主要是证明其理论与正统儒家的思想并不违背，提倡儒、释、道三教合一，表面上以儒家思想为主，再掺以佛教的思想内容。与隋唐时期的佛教相比，这个时期的特点是结合了后期中国社会的政治、伦理思想，使之更加中国化了。至于近代佛教，石先生强调，中国近代普遍受到西方外来思想的冲击，佛教思想也同样受到外来资产阶级哲学的影响。从某种意义上说，佛教部分理论甚至成为沟通中国传统思想和西方外来思想的一个中间环节，特别是戊戌变法以后，一些资产阶级的哲学家利用佛学结合近代西方资产阶级哲学，同时也把佛学思想同他们的政治运动（无论是改良运动还是革命运动）结合在一起，这样便形成了中国佛学的新的历史时期。

（五）佛教与中国文化的关系

在石先生的佛教研究中，佛教与中国传统文化之间的关系始终受到重视。石先生认为，佛教与中国传统文化之间是相互影响的，不能只片面地强调外来宗教对古代中国文化的影响，还要更多地注意中国传统文化思想对外来思想的改造，从而使人们更加明白为什么过去的中国佛教思想是中国传统文化不可分割的一部分。

那么，佛教思想如何影响了中国文化呢？石先生认为，第一，关于善恶报应学说。中国早有善恶报应之说①，但在现实社会中，往往好人穷而命短，恶人富而长寿。因而，这一思想常常遭到人们的怀疑②。佛教传入中国以后，因果报应说得到了更加系统的发展，晋代南方佛教领袖慧远，为了解除一般人对善恶因果报应说的怀疑，著《三报论》，认为报应有三种：一是现报，二是生报（来生受报），三是后报（或许一代、或许两三代、或许千万代）。这种理论把善恶报应多样化，又把报应的时间拉得特别长，欺骗性很大，但是解决了中国传统报应论中好人没好报的理论困难，因此影响很大。

第二，对于维护中国传统的封建道德有很大的影响。佛教本来提倡出家，与我国传统道德有抵触，但寺院却设法安置那些为权贵们守寡的小老婆，缓解了家庭矛盾。又如我国过去祭祀祖先，提倡孝道，佛教的传入，使孝道的内容更加丰富，如七月中旬做盂兰会，或者在父母、先辈死后请和尚做法事，追荐亡灵等，这就为传统的孝道增加了更多的色彩。

第三，对于维护宗法经济有很大影响。中国封建社会的家庭经济有一个不同于其他国家的特点，即分家。作为一家一户的土地，即使再多也很难维持长久，加之改朝换代及社会动荡，所以难有不破产

---

① 参见《周易·文言》。

② 参见《史记·伯夷列传》。

的。但发达的寺院经济，其土地一般不准买卖，因而不存在土地分散化(如分家一样)的问题，加之佛教表面上对政治采取一种超然态度，受改朝换代的影响比较小，所以得以长期维持。僧侣作为变相的封建大地主，延缓了中国封建社会的发展，形成一种比一般地主阶级更加保守的顽固势力。

第四，对于中国哲学的发展有很大影响。我国隋唐大一统时期的佛教，继承了南北朝的不同传统，特别发达，各大宗派纷纷建立，为扩大亚洲各国的文化交流起到了较大的作用。佛教到了后期，它的理论思辨发达，其中包括对各种物理现象和心理现象的分析，甚至分析人的思想动机，这对于宋元明理学的形成和发展，都有很大的影响。如宋、明人所最爱说的“道统”，也是模仿佛教传代的“法统”而来的。

第五，寺院经济的发达，对于保存我国古代历史文物，也提供了某些有利的条件。封建时代，某些著名寺院往往成为当时传播历史文化的据点，这甚至影响了后来宋明书院制度的发展。同时它又为一部分失意政客多开辟了一条生路。有些人政治斗争失败以后，为了表示已经投降，只有出家。

第六，佛教传入后，外来用语、概念或范畴的运用，使我国思想史的内容和表达思想的方式也变得更加丰富。

除以上几点外，石先生还特别强调了佛教对中国的文学艺术等一些专门学科的影响，如文学中的夸张艺术，文献学中的音韵学，以及佛教寺院的雕塑、壁画、佛塔等。

至于中国传统思想如何影响了外来宗教，石先生指出，中国佛教有着不同于印度佛教的特点，这种不同正反映了中国思想对印度思想的改造。佛教思想的传播，不像一件具体东西的转移那样简单，别人可以一下子就整个地搬来。佛教作为一种思想信仰，不免要受到传播者本人民族思想文化传统的影响，自觉或不自觉地要带上各民族的特点，并且会打上信仰者所属阶级的烙印。通过翻译介绍而传入的这种外来宗教，必须适应不同地区不同民族社会历史条件的差异；信仰者集团为谋求自身的生存和发展，肯定又会产生新的分歧，因此中国的佛教必然要对印度的佛教进行改造。这种改造一方面与人们对佛教的理解有关，另一方面也与中国人的反佛教有关。石先生十分注重反佛教学者的观点与佛教信仰者的观点的比较研究，如关于禅宗的研究，石先生便注意从中国人如何反对佛教的角度考察禅宗的发展。例如中国人反对佛教的一个主要论据就是“夷夏之辩”，这是对外来文化表现出的一种狭隘态度。禅宗主张心即佛，没有东西南北之分，把“夷夏之辩”的问题给解决了。又如佛教本来不主张僧众从事生产劳动，即使到现在，在一些国家的佛教中依然保留着这个传统。中国人口众多，不劳动便无法维持生计，所以中国佛教必须放弃不从事生产劳动的旧习。禅宗提倡劳动和生产，如百丈怀海主张“一日不作，一日不食”，便解决了上述矛盾。又如中国人反对佛教徒不结婚，认为不孝有三，无后为大，禅宗认为佛教徒不一定要出家，在家也可以修行。石先生认为，在中国文化与印度文化的斗争中，佛教本身起了变化，所以禅宗是典型的中国佛教。

(六)魏晋佛学与玄学

玄学和佛学是我国魏晋时代意识形态领域的两大重要组成部分。但二者究竟是一种什么关系，学术界却有不同的看法。一种是“两者完全相异论”，笼统地认为佛教是古印度佛祖的“遗训”，早成了千古不变的神圣信条，不受我国魏晋时代社会历史条件的制约，不为世俗理论即所谓“玄学”所影响，这一时期的佛学和玄学是完全不同的两种思想；另一种是“二者简单等同论”，认为魂晋佛学，尤其是般若学各派就是魏晋玄学的翻版，般若学内部的分歧和斗争就是玄学的分歧和斗争，佛学只不过是玄学发展的一个阶段；把这一时期的佛学简单地等同于魏晋玄学。

石峻先生认为①，以上两种观点都是值得商榷的，魏晋玄学是我

① 本文对石先生关于魏晋佛学与玄学以及隋唐佛教宗派的形成及特点(见后)等方面的研究成果的介绍，主要参考了《论隋唐佛教宗派的形成》(哲学研究》1981 年第 8 期)和《论魏晋时代佛学和玄学的异同》(《哲学研究》1982 年第 12 期)两篇文章。这两篇文章由方立天先生执笔，以石峻、方立天二人名义发表，特此说明。

国固有的传统思想，是儒道思想的承袭和发展，有其深刻的社会经济、政治根源和思想根源。从何晏、王弼和向秀、郭象的有关传记来看，并没有阅览佛教典籍的记载，从他们著作的内容来考察，也看不出什么佛教思想的影响。

佛教自汉代传入我国，魏晋时期在玄学盛行的情况下，日益与玄学唯心主义思潮相结合，佛玄合流，后来它又反过来给玄学唯心主义以影响，丰富和发展了玄学唯心主义，并取代了玄学的地位而在南朝时一度成为最重要的社会统治思想。可以说，魏晋佛学广泛传播的过程，就是与中国固有思想相融合并不断发展创新的过程。二者之间相互影响的先后次序是：魏晋玄学先影响魏晋佛学，然后魏晋佛学再反过来影响魏晋玄学。

对于佛学与玄学的不同点，石先生从四个方面进行了剖析：首先，内容不同。魏晋佛学讲出世，即所谓众生如何成佛；魏晋玄学讲治世，讲封建最高统治者如何治理国家。前者以超政治面貌出现，后者则具有浓厚的政治色彩。因此，它们的哲学理论所赖以发挥的出发点是很不一样的。其次，思想渊源不同。魏晋玄学是由中国原有的儒、道等思想演变而成，魏晋佛学则是由印度佛教、魏晋玄学以及中国固有的传统迷信观念等演化而成，它既不同于印度佛教，又不同于魏晋玄学。再次，地位不同。二者虽然都受到统治者的提倡，但当时居于正统地位的是魏晋玄学。只是在东晋末年，尤其是南北朝时期，由于寺院经济的发展，佛教的地位才逐渐上升，几乎取代了玄学的地位。最后，作用不同。魏晋玄学对于人们摆脱两汉时期的神学目的论和烦琐哲学的支配，解放思想，发展哲学思维是起过积极作用的，而魏晋佛学作为麻醉人的思想的宗教信条，其消极作用是主要的。

佛学与玄学的相同点，石先生也列举了四个方面：首先，唯心主义的思想性质相同。其次，都具有较为丰富的辩证法因素。再次，对儒家思想的态度有相似之处，都力图调和与“名教”的矛盾。最后，都是门阀士族的统治工具。

(七)关于《肇论》的研究

在石峻先生的佛学研究中，关于《肇论》的研究是很值得一提的，汤用彤先生曾称他"素好肇公之学"。早在1938年，石先生便撰有《僧肇学述》一文(可惜已佚)，1944年又在《图书季刊》发表《读慧达肇论疏述所见》，对《肇论》中的诸多问题进行了探讨。1993年，在纪念汤用彤先生百年诞辰之际，石先生又撰《肇论思想研究》长文，评述《肇论》的成书、僧肇的思想及有关僧肇思想的研究情况。

关于《宗本义》的性质与作者。现行《肇论》开卷冠有《宗本义》一篇，但石先生研究发现，最早记载僧肇著作的南朝宋陆澄所撰《法论·目录》中,未录此篇。日本《续藏经》中所收陈慧达的《肇论疏》三卷也阙此篇，故知此文"或为后人篡入，非僧肇所作也"。就《宗本义》之思想体系言，其与僧肇《不真空论》中破斥心无、即色、本无三家义的思想根本不符。因此，石先生认为，此文绝非僧肇所作。然而《宗本义》究出何人之手，固然不可轻断，但慧达《肇论疏》中引庐山慧远法师"本无义"，说"本无"与"法性"同实而异名，则正是《宗本义》一文的核心思想，因此，石先生推测，此文目前虽然没有确证是慧远所作，但两者的思路非常接近，应该说不成问题。

关于《涅槃无名论》。此文的篇名早见于僧祐《出三藏记集》卷十二，载陆澄撰《法论·目录》第二帖《觉性集》中，梁慧皎《高僧传》卷七僧肇传中亦见征引，其出世当甚早。但石先生研究认为，其体裁、文笔与思想都和《肇论》其他三篇即《物不迁论》、《不真空论》、《般若无知论》等发明"空宗"的理论很不相同，加之僧肇早死，不可能在有生之年即已顺应我国佛学思潮发展的趋势，由主张"真空"转入"妙有"(涅槃学属于"有宗")。所以，如果肯定此文为僧肇所作，便难于对其思想上的内在矛盾及演变的缘由作出合理的解释。

《肇论》的中心思想。石先生认为，《肇论》的中心思想是以印度佛教大乘空宗的学说总结深受魏晋玄学影响的各派佛学理论，也就是企图化解各派的争论。它表明中国佛教开始从依附玄学理论的状态走向独立发展的道路。从佛学在中国的传播和发展的历史看，这无疑是一个前进过程中的转折点；但也正由于此，脱离了中国社会的背景和各方面思想上的联系，而使自己陷于孤立的境地，使此后南北朝时期的佛教理论不得不转变方向，即所谓从"真空"转入涅槃佛性学说的

“妙有”。

《肇论》在中国佛教思想史上的意义。石先生认为，《肇论》一书，应用中国传统文字和富有民族形式的语言，摆脱了外来“名相”(概念)的约束，比较准确地表达了印度大乘佛教“空宗”的思想，对外来佛教理论的中国化，做出了有价值的贡献。但石先生同时也指出，任何不能结合中国实际的外来思想和信仰，都不能生根开花，更不能产生广泛、深入而久远的社会影响。所以，尽管鸠摩罗什与僧肇(以及后来的玄奘和窥基)都曾忠实地介绍印度佛学，但都未能改变中国传统哲学的基本精神，未能改变中国佛教思想的发展方向。这说明思想意识对社会存在的直接影响终归是有限的。石先生得出结论：僧肇的佛学思想，一方面化解了我国前期受魏晋玄学影响的各派般若学的纷争，另一方面又为转入南北朝涅槃佛性学说的发展作了理论上的准备，这对于深入研究中印两国思想交流史极具重要意义。

(八)隋唐佛教宗派的形成及特点

关于隋唐佛教，石先生考察了隋唐佛教宗派形成的原因及其特点。南北朝时期，中国的佛教学者十分重视讲诵佛典，专攻不同的经论之风大盛，出现了若干知名的经师、论师。所以，当时的佛教便因对不同经论的讲解而形成了不同的学派。进入隋唐时期，佛教继续发展，形成了各种不同的佛教宗派。这种宗派形成的原因，石先生归结为五个方面：

第一，隋唐佛教宗派的形成是和当时我国从长期分裂到统一的政治局面直接相联系的。封建帝国的统一，需要有相应统一的宗教。但由于改朝换代，先后不同的统治集团对佛教的信仰不同，乃至与宗教领袖的关系不同，因而每一大的佛教宗派的建立，都各有自己的后台。这就决定了佛教必然形成不同的宗派。第二，隋唐的政治统一，也为佛教宗派的形成提供了新的历史条件。国家的统一，促进了各地文化的交流，使过去南北各有侧重的佛教信仰得以互相融合。隋唐各派佛教虽然自立门户，但又都在分别地吸收其他教派的教义，从事统一安排，即通过所谓“判教”来建立各自复杂庞大的思想体系。第三，寺院经济的高度发达是佛教宗派形成的经济基础。由于佛教寺院经济的强大，就和以往流动不定的各种师说、学派不同，提倡某一佛教学说的大师在一个地方固定下来，有了创立宗派的实力和手段。独立的寺院经济，为大师们独立地发挥佛教理论、制定独特的宗教规范制度、据有特定的势力范围，提供了物质基础。第四，由于寺院经济的日益庞大，佛教僧侣迫切需要采取宗派的形式来加强本集团的组织，以维护既得的经济利益和相应的社会地位，形成了一派佛教僧侣世代相承的世袭制度。这是形成佛教宗派的一个重要特征，也是魏晋时代门阀制度在僧侣统治阶级中变相的复活。第五，隋唐佛教宗派的形成，也是自汉以来佛教理论长期发展的逻辑结果。由于历史的长期演变，已形成佛教派别众多、经典浩繁且多歧义的局面。因此，要建立佛教宗派，从理论上来说，首先必须弥合佛教不同时期各类经典乃至各派在理解上长期存在的分歧，从而使本宗派有一个似乎可以贯通的理论体系，这个办法就是"判教"。由于先后出现不同的"判教"，隋唐时代才有许多大的佛教宗派相继成立。佛教学者从讲解到创新，从通晓一类书到博览群书，从偏于义理（"观"）或偏于实行（"行"）到义理、实行两者并重，逐渐由佛教学派发展成为佛教宗派，这正体现了中国佛教史的发展规律。

对于隋唐佛教宗派的特点，石先生认为，隋唐时期的佛教最富有宗教哲学理论色彩，而对中国思想史产生广泛而深远影响的宗派主要是天台宗、唯识宗、华严宗和禅宗。天台宗提倡"方便法门"和"一心三观"；唯识宗提倡"三性"说和唯识说；华严宗提倡"理事无碍"和"事事无碍"；禅宗则提倡明心见性，自悟成佛。各宗的共同特点，一是在思想方面独树一帜，突出宗派的独创性。隋唐佛教宗派虽然各有所尊崇的印度佛教经典（禅宗除外），但是为了创立宗派的需要，都对印度佛经不同程度地做出了自己的独立的评判。这种透过判教形式所树立的经典权威，对于其他大量的印度佛经的权威性实际有所贬低，表现了中国僧人的创见。二是在组织方面自立门户，也就是与上述独创性密切相联的排他性。隋唐佛教宗派都有自己的组织体系，即以分布在各地的名山或都市的寺院为据点，以名僧为中心组织庞大的僧团，形成一股股佛教宗派势力。他们还仿照门阀士族的陋习，编制本宗的历史和谱系，构成一个世代相传的传法系统。

（九）宋代正统儒家的反佛问题

对于宋代佛教，石先生曾撰文讨论宋代正统儒家的反佛问题，认为宋代佛教在我国学术思想史上的地位，既不同于汉代以佛教等同于道术的时期，又不同于魏晋南北朝佛教近于玄学的时期，也不同于三教（儒、释、道）鼎立的隋唐宗派佛教时期。从一方面说，它的社会地位相对地下降了，但从另一方面说，它的影响又比过去更加广泛和深入了，几乎浸透到文化生活的各个领域，构成了中国传统思想的一个组成部分。

石先生指出，由于宋代的社会经济、政治乃至学术等多方面的原因，隋唐时期形成的佛教各大宗派，如三论宗、天台宗、唯识宗、华严宗等，多已衰落，有的即使名义上依旧保留，但在思想信仰的内容上也起了变化。唯有以六祖慧能为真正创始人的禅宗南派，得到了进一步的发展，扩大了影响。这是因为它宣扬“见性成佛”，提倡破除偶像，不崇洋（印度）媚外，从而避开了历来反佛论者的种种非难。慧能本人是地道的劳动人民，据说又是孝子。后来禅院丛林就继承这个传统，规定出家人必须参加生产劳动，这跟过去中国变相僧侣贵族的信仰是不同的，也是对印度佛教的一种带根本性的变革，于是一向攻击佛教徒养尊处优，不耕而食，必将导致国家贫弱的论点，便没有了太多的根据。而唐末五代以后的一些佛学大师，为适应佛教在新时代的生存与发展，大多试图用佛教的信仰与学说来发挥儒家的伦理和政治，自甘做儒家思想的附庸。这一时期的正统儒家“出入佛、老”，在思想深处早已受到了无形的影响，同室操戈，反佛的理论自然也就有所提高，他们往往能从当时儒、佛共同关心的哲学问题，如心、性、理、欲等范畴的真实含义以及相互之间的逻辑结构，展开不同立场与观点的争论。

不过，石先生也特别指出，宋代正统儒家所接触到的其实还是那个时代社会上比较流行的佛教理论，特别是禅宗和华严宗，更多限于中国学者的理解与发挥，很少是认真系统地研究过印度佛教本来面目的，所以他们的反佛理论，自然是针对一些更多地带有中国思想特色的佛教信仰，而不一定是严格符合印度佛教本义的思想。石先生认为，这是在剖析宋代正统儒家反佛理论时应当特别注意的。石先生说，宋代正统儒家的开山人物周濂溪，未见公开发表过反佛教理论。张载极力反对佛教关于“空”的学说，这在当时社会政治上确有一定的积极意义，但在哲学理论上，他并没有完全击中佛教“空”论的要害。张载对佛教唯心主义认识论和本体论的批判虽有一定的道理，但是简单地用感性认识的大、小来比喻“物”与“心”的关系，显然是一种粗疏的理论，因此也不能说是很正确的。朱熹主要继承了二程的衣钵，用他的客观唯心主义观点反对佛教的“空”论，认为正统儒家与佛教的根本区别，就在于将“理”或“性”（性即理）看作实有还是空无。陆王心学虽然与程朱理学在观点上有所不同，但反佛的立场却很一致，他们认为，儒家的思想动机是站在“公”即“义”的一方面，外来佛教的思想动机则是站在“私”即“利”的一方面，前者是“经世”，后者是“出世”，因此是水火不相容的。石先生认为，这种对佛教的批判当然是不彻底的。

三、中国近现代哲学研究

在石峻先生的学术生涯中，开拓中国近现代哲学研究的新领域，是一个非常值得重视的问题。石先生是在大学里正式讲授近现代中国哲学史的第一人。石先生认为，过去讲中国哲学，只讲到近代以前，甚至有人只讲到王阳明，这是割断历史，应该对近现代的哲学问题给以特别的注意。只有对近现代的哲学有所研究，才能从整体上把握中国哲学。

（一）中国近代社会的特点

以唯物史观为指导，石先生考察了中国近代社会的特点。石先生认为，近代中国社会的复杂性，具体表现在由统一大帝国逐步沦为半殖民地半封建社会的过程。鸦片战争以后，中国虽然产生了民族资本主义经济，出现了资产阶级和无产阶级，但封建主义和帝国主义两个强大的敌对势力，在全国范围内仍占统治地位，使近代中国既不同于资本主义社会，也不同于封建主义社会，又不同于单独属于某一个帝国主义国家的殖民地，加之国内存在的民族压迫和从封建官僚转化来的跟帝国主义保持着千丝万缕联系的带有浓厚买办色彩的大资产阶级的排挤，民族资本主义的发展一直很缓慢。这使中国近代社会的主要矛盾和非主要矛盾呈现出复杂的情况。而与此相关的是，近代中国社会的历史，较之过去任何历史时期的变化都快，并表现出一种过渡性特点。一种新思想不久就会变成旧思想，被更新的思想所代替。因此，作为软弱的中国近代资产阶级的代言人，几乎没有时间建立起自己完整的哲学体系，他们往往从古今中外各个方面拼凑出一种观点，作为思想武器，仓促应战。因此，一个人前期和后期的思想变动往往很大。同时，近代中国资产阶级出现在西方资本主义社会开始走下坡路、工人运动兴起、科学社会主义出现后的时期，因此，思想家们从西方搬来的，主要已不限于资产阶级上升时期的革命的唯物主义，更多的乃是夹杂了一些流行的唯心主义如反马克思主义的思想体系。但是，由于中国近代民族资产阶级尚有进步的一面，所以又不可把他们完全等同于他们在西方的“老师”。加之中华民族历史悠久，又有抵抗外来侵略的传统，因此中国近代的进步思想并不都是从西方搬来的，我们不应抹杀我国进步思想的继承性，割断自己的历史，那是民族虚无主义的观点。但也要看到，近代中国的思想决不是孤立发展的，随时都受到外来思想的影响，如先进的中国人不断向西方学习，寻找救国救民的真理的努力，就是很好的证明。

（二）中国近代反帝反封建思想发展的基本线索

基于对中国近代社会特点的认识，石先生进一步梳理了中国近代反帝反封建思想发展的基本线索。

第一，鸦片战争时期，随着外国资本主义势力开始入侵，从封建统治阶级中分化出来的一部分比较开明的官僚和地主阶级知识分子，注意了解外国的情况和要求社会改革，他们跟当时封建统治集团内的顽固守旧派进行了斗争，成为后来改良主义思想的先驱。在这个时期，由于外国侵略者的暴行和清政府的卖国投降，又产生了中国人民抵抗外来侵略和反对卖国投降的思想。

第二，鸦片战争失败后，到十九世纪五十年代，爆发了中国近代史上第一次农民运动——太平天国革命，在反帝反封建的斗争中，产生了中国近代农民革命思想——空想的农业社会主义思想，并传播了资本主义思想，成为后来中国旧民主主义革命思想的先驱。

第三，19 世纪 60 年代以后，农民运动遭到失败，外国资产阶级在中国与封建统治势力联合起来，建立起半殖民地半封建的统治秩序。民族资本主义经济开始出现，一部分官僚、地主和商人向资产阶级转化，因而从封建统治阶级中初步分化出具有资产阶级观点的改良主义者。他们与当时封建顽固派和洋务派进行了思想斗争。中日甲午战争以后，由于洋务运动的破产，民族资本主义经济开始有了初步的发展，因而形成改良主义思想的高潮，推动了资产阶级性质的改良主义的政治运动——戊戌变法。

第四，19 世纪末 20 世纪初，改良主义的政治运动遭到失败，爆发了农民反帝反封建的义和团运动，资产阶级和小资产阶级的革命势力开始高涨，于是从资产阶级性质的改良主义者中分化出资产阶级和小资产阶级的革命派。革命派跟改良主义者进行了思想斗争，推动了资产阶级革命运动——辛亥革命。

第五，由于资产阶级革命的失败，到了第一次世界大战时期，中国工人阶级开始壮大，在俄国十月革命的影响下，从资产阶级和小资产阶级阵营中分化出初步具有共产主义思想的知识分子，传播了马克思主义，跟帝国主义和封建主义思想以及资产阶级右翼的改良主义思想进行了斗争，“五四”运动的爆发，揭开了中国新民主主义革命的序幕。

（三）中国近现代哲学

石先生指出，研究中国近现代哲学，就是研究从鸦片战争到 1949 年社会主义新中国成立这段历史时期的哲学发展历程，具体地说，就是对于中国在近现代如何变成半封建半殖民地社会，如何不断失败，又如何最终走向胜利等进行理论概括。

旧中国是半殖民地半封建社会，很多先进人物为了寻求救国救民的真理，向西方学习，吸取西方近代哲学和自然科学的一些成果，同时继承中国古代哲学的某些积极因素，形成了近代中国资产阶级的唯物论哲学，对于当时人们的解放思想，进行反帝反封的斗争，起到了积极的作用。但是中国近代资产阶级具有两面性，不能和封建主义和帝国主义完全割断联系，因而，在他们的哲学中，既有从封建传统中承袭下来的唯心主义的东西，也有从西方传来的资产阶级的反动哲学思想。他们不仅不能从政治上、哲学上完成反帝反封的任务，其中有的人后来反而陷入封建罗网，提倡尊孔读经，有的倒向帝国主义，崇洋媚外。

另外，中国的近现代是一个大动荡、大变革的时代，各阶级几乎都作了充分的表演，不同的阶级以至同一阶级的不同派别，其表现也前后相异。他们在寻找思想武器时，对古今中外的哲学各取所需，因而形成了庞杂的哲学思想和各种哲学思潮兴起交替、急速变化的状况。在哲学上，各阶级的代表人物，有的抱住古尸不放，有的坚持变革，有的从保守走向革命，有的从变革走向保守、反动。最后，马克思主义传入中国，战胜了各种反动和错误的哲学思潮，把中国引向了社会主义。

石先生认为，研究中国近现代哲学史，内容牵涉古今中外，只懂中国是不够的，还要懂得外国；只懂得中国的今天还不够，还要懂得中国的昨天和前天。当然，研究中国近现代哲学史也有一个十分有利的条件，那就是中国近现代史的很多问题都已有了定论，这是哲学研究之科学性的有力保证。不过，石先生也特别指出，近现代思想有一个复杂的问题：帝国主义和资本主义是我们的敌人，但经济上又比我们发达，我们要善于向敌人学习。学习他们的先进经验，是为了抵抗他们。全盘西化不对，国粹派也不对。石先生说，中国近现代哲学的发展历程，给我们留下的经验教训是十分深刻的。这将启发我们在进行社会主义现代化建设中，一方面必须努力学习外国的各种先进科学技术，同时又要坚决反对崇洋媚外，防止外来资产阶级思想的腐蚀，克服奴化思想。另一方面，必须注意发扬祖国的优秀思想文化遗产，不忘自己民族国家的地位，要强调学习历史，用马克思主义哲学批判地总结中国几千年的认识史，坚决反对一切变相的复古主义思想。

（四）研究中国近现代哲学应注意的问题

第一，作为中国近现代哲学研究领域的开拓者，石先生也特别重视总结研究中国近现代哲学应注意的问题。石先生认为，中国近现代是一个社会矛盾迅速激化、中外新旧思想交互激荡、前进很快的时代，一个人从青年、中年到晚年，往往经过几度转变，前后有很大的不同，其间既有从保守走向进步甚至革命的，也有走向相反方向的，在路边旁观的更是不计其数。有不少走过来的思想家或学者目前还健在，各人的经历和现状也并不完全一样，我们要对这些个别思想发展的道路作出完全合乎客观历史事实的正确评价，显然不是那么容易的，需要经过相当长时期的努力。

第二，中国近现代是半殖民地半封建社会，这种社会的性质决定了全部的哲学思想内容必然是混杂中外古今，因此牵涉的知识面很广。这些学术思想的渊源，可说是千头万绪，它们的产生既有历史的原因，又各自具有其当时产生的土壤与条件。因此要具体问题具体分析，不可笼统地混为一谈。

第三，作为哲学体系的唯心主义或形而上学，可能包含着合理的思想因素，这是需要深入发掘的，不能只从局部的表面现象看问题。一些封建的和资产阶级的学者，经常歪曲历史，我们不能因此便以为他们所说的每一句话都是错的，那是不妥当的。他们有可能并且确实在一些历史资料问题的研究方面，提供了若干基本可信的情况或论据。不承认这一点，便会走上历史虚无主义。

第四，由于近现代中国的贫弱，科学文化落后，在接触外来的各种思想时未能消化，精华糟粕难辨，致使某些人的哲学理论可能比他的政治主张还要落后。因而简单地用哲学路线的批判来代替对他政治方向的评价，显然不那么妥当。处理不当，必致妨碍人民内部的团结。同时各人思想发展的道路，也很难说是一样的，都需要结合时代和环境的特点，作全面而具体的分析，尤其要注意从发展的眼光看问题，决不能满足于扣几顶不同的帽子再加上若干标签，以为这样就可以解决学术思想问题。

第五，还要看到，由于当时处在无产阶级领导下实行武装革命的时代，对敌斗争占据压倒一切的重要地位，其他学术思想战线上的问题，暂时只能服从这个总的任务，因而无产阶级学者还来不及对各种思潮加以系统的总结。一些初步掌握了马列主义基本理论的人，当时限于主客观条件，还无暇从事大量搜集整理和研究这些方面的思想资料，进行由此及彼、由表及里的深入剖析工作。因此，在这一方面的研究中，仍然没有现成的结论，我们必须防止简单化和庸俗化的倾向。

第六，哲学研究必须要面向现代化、面向世界、面向未来，在提倡对外开放、加强国际交流的今天，大家都在强调虚心学习国外先进科研成果的时候，更需要注意熟悉国情，贯彻独立自主的原则，千万不可人云亦云。

(五)中国近现代历史上的改良主义

除了对中国近现代哲学的总体把握外，石先生还对近代哲学中一些重大的专题进行了探讨。例如对于改良主义的研究，石先生认为，从19世纪下半叶起，中国开始有一批向资产阶级转化的官僚、地主和商人，为了抵抗帝国主义的侵略和摆脱封建政治势力对工商业自由发展的控制，要求一定的政治地位来保护他们的经济利益。这样，就使这个时期初步具有资产阶级观点的改良主义思想更加流行起来。虽然这种思想与封建制度并不根本对立，但在当时的社会历史条件下，依然是有进步性的。

中日甲午战争前后，出版了许多宣传改良主义新思想的著作，如郑观应的《盛世危言》便是较为著名的一例。郑氏在此书中看到了外国资本主义侵略中国的目的在于夺取中国的经济利益，而这种经济侵略甚至比军事侵略更为可怕，因此他认为，中国要真正富强，必须和外国资本主义列强进行商战。他极力主张保护和发展民族资本主义。

这个时期的改良主义者已开始认识到，西方资本主义国家之所以富强，并不尽在于“炮船之坚利，器用之新奇”，而在于他们有保障资本主义利益的政治制度——议会。他们认为这是西方资本主义富强之“体”；至于新式武器和交通工具，只不过是他们的富强之“用”。他们批判当时害怕学习西方资产阶级政治制度的洋务派所搞的新政是

“遗其体而求其用”，指出所谓新政即便“铁舰成行，铁路四达”，也不足以抵抗外国侵略。不过，石先生也指出，早期资产阶级所设想的政治制度，只是像当时英国那样的建立在封建地主阶级和新兴资产阶级互相妥协之上的君主立宪制，他们对于封建官僚的腐败政治是不满的，所以主张“君民共主”，但他们所谓民主的一面，具体说来，就是要给“有财产身家，善读书负名望”的地方绅商以一定的政治地位，而不是直接为一般劳动人民争取权利。所以他们这种改良主义思想的进步性是有很大历史的和阶级的局限性的。

中法战争之后，由于民族危机加深和洋务运动开始破产，特别是封建买办官僚资本对民族资本自由发展的限制，使一些进步的改良主义者渐渐认识到没有政治的改革，是不能实现经济方面的理想要求的，于是主张改革封建的专制体制，这是改良主义思想的一个重要发展。但是他们这种政治主张，在半封建半殖民地的统治秩序下，企图依靠反动政府的庇护，走资本主义工业化的道路，使中国独立富强，是根本不能实现的幻想。

我国近代资产阶级改良主义路线，代表了民族资产阶级的利益，有反帝反封建的一面，在一段时期内是有其进步性的。但是，经过“五四”运动以后，我国无产阶级已空前壮大，成为独立的政治力量。在中国共产党的领导下，马克思主义已得到广泛的传播，各地人民反帝反封建的革命运动蓬勃发展，这时的资产阶级改良派如果不认清革命形势，仍一味坚持其原来的立场，就难免被前进的车轮扫进历史的垃圾堆。如以胡适为代表的资产阶级改良主义路线的彻底破产，就是很好的证明。

（六）中国近现代哲学中的实用主义

对于中国近现代哲学中的实用主义，石先生也有非常深入的研究。石先生讨论了“五四”运动前后，从外国进口的实用主义流行一时，在学术思想界发生广泛影响的原因。石先生认为，实用主义哲学产生于西方由资本主义向帝国主义过渡的时期，鸦片战争以后，中国逐渐沦为半封建半殖民社会，资本主义经济和资产阶级开始出现。在这种新形势下，资产阶级要想获得发展，适应新环境，必须建立一种新的宇宙观和人生观。而实用主义注意人的发展，不尚空谈理论，注重实际行动，正好可以暂时满足当时资产阶级的思想需要。而且，一般说来，实用主义提倡要随时随地考虑如何应付现状的问题，这对于迫切需要科学技术知识，以改变中国贫弱落后的面貌也是很有意义的。不过，实用主义认为一切学说的真实与否，完全看它的实用效果而定，只要事实上有方便就是好的，这与马克思主义的观点是尖锐对立的。围绕着马克思主义与实用主义的对立，当时理论战线上爆发了一场斗争，即所谓“问题与主义”的争论。虽说参加的人不多，但在“五四”新文化运动的过程中，却有着重要的甚至是划时代的意义。

四、伦理学与中国传统人性论研究

石峻先生在伦理学方面的贡献，多数人可能并不清楚。其实，在西南联大时期，石峻先生曾多次讲授《伦理学》。石先生虽然没有出版或发表什么作品，但却留下了一份体系完整且富有新意的讲义，即《伦理学讲义》，兹将其目录列在下面，以供参考：

第一编　绪论

第一部分　伦理学之性质与范围

一、何谓伦理学

（解释“伦理学”一名之字源与含义及其引申或演变）

二、伦理学研究之对象

（辨别“伦理学研究”不同一般自然科学之所在）

三、伦理学研究之方法

（说明伦理学何以应为哲学之一部门）

四、伦理学与其他科学之关系

（说明生活工具与目的或理想之关系）

五、伦理问题的各个方面

（归结各种不同伦理问题最后之通性）

第二部分　伦理社会“意识形态”之窥测

一、社会伦理与民族文化

（讨论“文化精神”与“文化类型”之区分。附例：比较希腊、犹太、印度之人生态度）

二、一般道德之进展与“知识”

三、论中国礼教

（除讲明中国各种礼制之“取义”，附论：何以儒学可以代表中国社会一般伦理思想之关键）

四、“革新”与“固有文化”之关系

（说明伦理学史家如何解出目前应行兴革之方案为过去吾人作合理一部分思想继续发展之事实，并其在“理论上之价值”与“实践意义”。附：新旧道德各问题）

第二篇　本论

第一部分　伦理问题之理论研究

一、论所谓“人生之意义”

（评“形式说”之空洞与不切实际）

二、“理想”与“实践”之关系

（述西洋伦理家所谓“自我实现”之要义）

三、斥“纵欲”与“厌世”之偏见

（评《杨朱篇》及西洋历史上类似此种思想者与叔本华厌世主义如何在宇宙论上有相同处而其人生论竟相背驰之偏见）

四、辨“苦乐”与“善恶”之本义

（评述英国功利派之伦理学；论“性”、“情”之转化；说体用，附论“变化气质”问题）

五、“理性法则”与“行为”

（评述康德派伦理学）

六、释“公”“私”

（论人我关系，并及“利己主义”与“利他主义”如何

可以不相冲突）

七、“知”“行”问题

（阐明王氏“知行合一”学说之真谛）

八、“自由”与“必然”

（略取斯宾诺莎《伦理学》并及大乘佛教“解脱论”之要义）

九、“平等”与“差异”

十、各种不同价值（合乎道德理想之行为）之冲突与谐调

第二部分　道德生活之实践的探讨

一、信仰与节制

（述在一般道德上之功用及因道德最后标准或归宿在外所引起的问题）

二、环境之改革

三、道德与知识

（论今日西洋一部分哲学家依知识深浅判道德高下的伦理史观的利弊）

四、意境问题——论人格之扩充

（“体验”与一般知见不同，“境界”之高下只有知之“性”的问题，没有知之“量”的问题）

五、社会机构与道德

六、道德理想与道德实践

七、论政治制度与自由发展二者之利弊

八、总结——实践道德的理论

（伦理学的先决问题何以即是人生最后问题之回溯）

众所周知，在中国，伦理学作为一门学科是20世纪初叶开始形成的，当时相关著作非常之少，石峻先生的这个《伦理学讲义》，放在当时的历史背景下，应当是十分有价值的。著名伦理学家焦国成教

授曾就石先生关于“善”的讨论作过这样的评价：“石峻先生不仅是一个学识渊博的中国哲学史家，还是一位有真知灼见的哲学、伦理学思想家，这在其关于‘善’的论说中可见一斑。石公论善，从生活至上目的、理想与其他学科的关系上论，从客观存在与理性自觉的结合上论，从理性自觉与内心真情相需上论，从善的确定与时变上论，从学理与社会历史现实的互证上论，形成了一个思想深邃而结构完整的理论体系。”①

石峻先生不仅对伦理学的一般问题深有研究，对于中国传统伦理思想，尤其是对与伦理学密切相关的人性论思想也进行了系统的梳理和考察。石峻先生认为，中国古代人性论与道德论密不可分。人性论中包含有伦理意蕴，讲伦理道德离不开人性分析。20 世纪 40 年代中期，石峻先生先后发表《略论中国人性学说之演变》及《略论两汉人性学说之演变》等文章(还有未刊稿《王荆公性情学说在宋明哲学中之意义》)，对中国哲学史上人性学说形成发展的历史进行了深刻的描述。在石先生之前，章太炎曾作《原性》，王国维曾作《论性》，但他们均未注意到中国人性学说的演变问题。所以，石先生的工作在当时可以算是具有开拓性的。兹分述如下：

(一)先秦人性学说之演变

石先生认为，中国传统思想的精神，无论任何一家，最后皆求切乎人事。儒家孔子说过“道不远人”的话，道家的老子也指出“吾言甚易知，甚易行”。墨家“尚同”，提倡“兼爱”、“非攻”，处处着眼于百姓的福利，就更不用说了。但墨家一派本是承袭儒家思想的一种“反动”，因过分注重实际的效用，对于纯哲学或一般所谓形上学的兴趣比较淡薄。所以，严格地说，中国先秦思想派别，大要不过儒、道两家而已。

儒家的孔子，对于人性善恶问题，虽然没有明确的议论，但他极端推崇“礼教”，因而其人生学说伦理意义特别深刻。他的后学孟子，

---

① 焦国成：《石公论善》，《石峻文脉》，华夏出版社，2012 年，第 317 页。

沿着这条思路，特别留意“人心之所同然”，提倡人性本善说。而荀子由于特别看重事实的结果，主张人性恶。孟、荀二人或道性善，或道性恶，表面上似乎冲突，实际上的目的却很一致，即都注意对道德行为根本的追求，只是由于着重的方面不同，遂得出相反的结论。

道家的老子以“静”为万物之“根”和人性(命)之本，叫人不必拘泥于形迹而无为无不为。庄子也以“静”、“动”解说人性问题，指出“正则静，静则明，明则虚，虚则无为而无不为也”。

比较先秦儒、道两家的人性学说，可以看出二者的不同：儒家多以“善”、“恶”说明人性，“伦理的”意义比较深刻；道家多以“静”、“动”说明人性，“心理的”意味比较丰富。

(二)秦汉之际人性学说之演变

当代多数学者把《礼记》和《易传》视作秦汉之际儒家的作品，从这两部书可以明显看出其关于人性的学说颇有调和折衷儒、道两家的倾向。以《礼记·乐记》为例，其中所谓“人生而静”、“感于物而动”等思想路数，实在可通于道家。而其又明白主张“夫物感人无穷，而人之好恶无节，即是物至而人化物也。人化物也者，灭天理而穷人欲也”，则与儒家思想又颇相合。其所谓“天命之谓性，率性之为道，修道之为教”的说法，既不用“善”、“恶”分别人性，又不用“静”、“动”加以说明，可谓与儒、道两家的思想都不冲突。

总之，秦汉之际的人性学说，从不严格的意义上说，皆可通于儒、道两家，我们或可谓之“在形式上求得一种暂时的‘混合’”，但“善”与“恶”、“动”与“静”究竟是何关系，并未明确说明。

(三)汉代人性学说之演变

汉代的人性学说，多本于其二元论的杂有阴阳家言的宇宙观，主张“性”、“情”对立，“性”阳“情”阴，以“善”归之于性，以“恶”归之于情，与先秦乃至秦汉之际的思想精神皆不契合。但他们依然从善恶方面讨论人性问题，特别重视伦理的意义，可以说仍是上接先秦儒家思想的。

汉代有今文古文之争，古文家解经不用或少用谶纬及阴阳家言，如刘向不以善恶论人性，并主张“性”阴“情”阳，可以说颇与道家相通。后来的古文经学大师如扬雄、王充等人，皆是继续这一精神，进一步用道家的自然主义代替今文学家的阴阳二元论及天人感应说。扬雄的人性说一方面可谓非“儒”、非“道”、非“阴阳”，另一方面则亦“道”、亦”儒”、亦“阴阳”，即是一种“杂牌”。之后的王充认为人性就是“禀气”，或清或浊，不可复变，后天教育也无能为力，这种观点从某种意义上说，可谓一种“个性论”，而且属于一种“命定论”。

汉代的人性论由先秦儒家的性善论或性恶论进而追寻到善恶起源的问题，可以说是一种进步，但他们很少讲“反本”或“复性”，致使荀子一派的势力较孟子一派为广大。而且，这个时期“命定论”的观点比较盛行，失掉了先秦儒家的根本精神。

（四）魏晋人性学说之演变

魏晋玄学上接古文经学家实事求是的精神，近本汉魏间流行的所谓“形名家”的政治理想，再折衷于道家老子的学说。其精神是由具体事物论到抽象原理，从注意外物的“杂多”归到看重神理的“单纯”，可谓汉学的一种合理的演化。

王弼、郭象是魏晋玄学中最大两派的代表人物，前者“贵无”，主“反本”，后者“崇有”，尚“独化”，学说的面目虽不同，但对于人性问题均注意其真伪方面，王弼可谓从宇宙不变的理则上求契于真（性）；郭象从变迁的形迹上说性（真）何得离。另外，二人又都认定“全”即是真。真即人“性”，都努力于“名教”之上更求“自然”作根据，可谓对先秦道家的进一步发挥，且有调和儒道的企图。这样，人的“性”、“情”问题在玄学中便转化成为本末有无之辩。

此后印度佛教传来，丰富了中国的人性学说，概括当时的人性论观点，对“因”情“果”性的辩证，这些辩证多以中国原有的人性善恶问题为背景。

魏晋玄学和佛学对于人性问题的贡献，在于把人之性与情的关系，根据一种形上学的眼光推广到宇宙的“性”、“相”关系，且从知识论上予以深刻的讨论，使汉代“个性论”或“性三品”说从此失去了哲学上的地位。

（五）隋唐人性学说之演变

隋唐是佛教在我国盛极转衰的时代，各宗并立，思想内容十分复杂，其中法相唯识宗因印度思想气味太深，可以不论，其他如华严、天台、禅宗等三大宗均可谓“中国的”佛教，对后来中国的思想发展影响很大。它们的共同特点是一方面看重智慧，另一方面注意修行，提倡“定慧双修”——即知即行。

华严宗讲“法界缘起”——理事无碍；天台宗讲“融通三谛”——即“假”即“空”即“中道”；禅宗讲“明心见性”。这些理论，严格说来，各有独特的精神和特殊的面目，但皆有“知行合一”的倾向。

隋唐一代思想的变迁，恰巧也是从注意知识或宇宙问题，转到人生或心性问题的。因而，后来关于“性”、“情”的问题便成了思想家讨论人性问题的中心。

与佛教平行发展的儒家思想，隋唐之际朝廷经学多事训诂，少可称述。王通以后有韩愈作《原道》、《原性》诸篇，思想浮泛，且其性三品说多半可能是抄袭王充的观点而来。但他一方面排斥佛老，一方面侈谈性道，可看出儒家人性学说即将变通的征兆。而实际完成这一工作的乃是李翱，他的《复性书》调和各家之说，上接佛学，下开理学，可谓中国哲学史上划时代的作品。《复性书》在人性论方面的贡献，一方面在于分别“性”与“情”，一方面在于主张“性”、“情”不可相无。他认为，“性”、“情”本为一体，对待立名，其所以必须分别，则归本于人的知识上有“明”、“昏”之异和“觉”、“惑”之别。这与禅宗及其他宗派所谓的“迷”、“悟”并无本质的不同。

（六）宋元明人性学说之演变

宋元明理学的根本精神，简括地说，在于把政治建筑在心性之学的基础之上，以人为本位，以求理想社会的实现。宋代早期的学者如胡安定、范仲淹、欧阳修、王安石等人虽都很博学，但多偏重于政治，在人性论方面少有可以称述者。至于正统的理学家，如早期的周濂溪、邵康节辈，若单从他们的宇宙观方面考察，实不脱汉代“构成论”的色彩，这可能是受唐末五代道教学说盛行一时的影响。但从其修养论来看，亦在承续隋唐的传统。因此，他们的思想可谓儒、释、道三教思想的大糅合。而后来张、程之分别“天地之性”和“气质之性”，就是在试图调和汉代思想中的宇宙构成论与唐末以后三教合流的人性学说。

张载认为，万物有形，是气的变化，太虚无形，是气的本体，有形是相对的，无形是绝对的。人性也因此而有“天地之性”和“气质之性”之分。同时的程颢则认为，“生之为性，性即气，气即性，生者谓也”，“有自幼而善者，有自幼而恶者，是气禀有然也。善故性也，然恶亦不可不谓之性也”，但他不敢公开反对孟子。直到程颐才明白，绝对的性善说是不能从经验上找到理论根据的，所以，他指出性无不善，并通过“性即是理”来论证性之善。但如果人的“气禀”与“理性”绝对对立，则“理性”亦会失其作用，因而程氏又说：“论性不论气不备，论气不论性不明，二之则不是。”

张子与程子皆有“变化气质”之说，是宋学人性论与汉学人性论的不同之处。

朱熹集诸家之大成，但更多本乎伊川，其论“理性”，一则有丰富的“伦理”意味，可以表征一种“外在的秩序”；再则又能憧憬行为者纯真的动机，乃至大公无私的心境。

陆象山不赞同分人性为两个方面，他认为“宇宙不曾限隔人，人人自限隔宇宙”。其后明代的王阳明明确提出“无善无恶是心之体”，把“性”看作一种超乎善恶之相对的绝对。同时他又反对以动静论人性，而改以“致良知”为教，并把“良知”作为本体，从而取消了程朱对人性的分别。

石峻先生的上述观点，应该说是很有特点的，诚如向世陵教授所说：“石先生倡导的这一思路，对于恰当地审视先秦以来中国人性学说的发展，或许有一种新的启迪。”①

对于伦理、人性等问题，新中国成立后，石先生在开拓中国哲学研究新领域的同时，继续从事伦理学的教育和研究。1980 年 6 月，参加了在江苏无锡召开的“全国第一次伦理学讨论会暨中国伦理学会

---

① 向世陵：《石峻先生〈略论中国人性论学说之演变〉研究》，《中国哲学史》2007 年第 1 期。

成立大会”。曾在第一、二次全国伦理学学术研讨会和《伦理学与精神文明》(后更名为《道德与文明》)杂志第一次顾问、编委会上，作有学术报告和讲话，就伦理学研究和道德建设问题，发表了许多很有价值的看法，表明了他对伦理学的研究素养和一贯关注。

五、中国哲学史史料学

中国哲学史史料学，是中国哲学史研究的基础学科之一，目的在于为中国哲学史的研究提供可靠根据。20世纪以来，中国哲学史研究的大家，都很重视史料及史料学方面的研究工作，如冯友兰、张岱年、朱谦之等著名学者，都曾撰写过中国哲学史史料学方面的著作。石先生也十分重视中国哲学史史料学的研究，并曾于1983年、1984年、1986年、1988年等，先后四次为中国人民大学哲学系研究生讲授《中国哲学史史料学》，影响很大。石先生生前虽未出版相关的著作，但其讲稿体系完整，内容丰富，特色鲜明。讲稿由八个部分构成，分别是：

第一讲　中国哲学史史料学的性质和范围
第二讲　有关工具书的使用
第三讲(上)　目录与版本
第三讲(下)　版本学略论
第四讲　校勘与训诂
第五讲　辨伪与辑佚
第六讲　分期与分类
第七讲　哲学理论与思想史料
第八讲　论史料的引证等

从这个简单的目录可以看出，与冯、张、朱等先生的《中国哲学史史料学》所讲内容有所不同，石先生的史料学研究是很有特色的。

石先生认为，中国古代哲学史料散见于实物史料、文字史料和口传史料之中，加之中国古代典籍常常是经学、史学，乃至于文学与哲学融为一体的特点，所以需要研究者本着实事求是的精神，博览群书，加以发掘、辑佚、鉴别、校勘、训诂等。石先生指出："实事求是是从事中国哲学史史料学研究的基本指导思想。在博览群书和深入研究的过程中，坚持严谨的态度和历史主义的观点至关重要。一个证据可证的范围有一定限度，不随意扩大，也不随意缩小；信则传信，疑则传疑；证据不足时不轻下判断，这是从事史料学研究的基本方法和态度。中国古代典籍都具有自身的特点，坚持实事求是的思想方法，就需要尊重历史的本来面目，用历史发展的观点对待史料，不用其他时代的思想和观点去涂改史料，不把后人的思想观点灌注于前人留下的史料中。"①相反，如果不坚持历史主义的观点，有十分之六七的根据，就忙下结论，妄称"十分之见"，就容易流于"华而不实"，导致用其他时代的思想观点涂改史料，或用后人的思想观点曲解史料，混淆历史本来面目的可悲后果。石先生的这些观点对于中国哲学史史料学的学科建设，是有重要意义的。

归纳石先生的史料学研究，可以发现四方面的特点：实证精神、国学传统、现代眼光和贯通意识。关于这方面，笔者曾有撰文讨论②，兹不烦论。

另外，石峻先生还曾为《中国大百科全书·哲学卷》撰写《中国哲学史史料学》词条，简明扼要地讨论了史料学之于中国哲学的意义，以及中国哲学史史料学的具体内涵。石先生指出，中国哲学史史料学就是关于中国哲学史史料的收集、整理、研究、分析、鉴别和使用的科学，它是中国哲学史研究的基础学科之一，目的在于为中国哲学史的研究提供可靠根据。

（一）对象与范围

石先生认为，中国历史上有哲学意义的文字记载、文物以及口头传说，是中国哲学史史科学的研究对象。就形式而言，包括文字史

① 石峻：《中国哲学史史料学》，《中国大百科全书·哲学卷》，中国大百科全书出版，1987年，第1222～1223页。

② 杨庆中：《石峻先生的中国哲学史史料学研究》，见《中国哲学史》2007年第1期。

料、实物史料和口传史料；就内容而言，包括具有自然观、认识论、伦理学、社会历史观等方面的史料。在中国古代典籍中，经学、史学和哲学常常融为一体，不少哲学家通过注释典籍表述自己的哲学思想，所以许多文史典籍和典籍注释也属于中国哲学史的史料。

（二）任务与方法

发掘隐没的史料、辑佚、鉴别真伪善否、校勘、训诂等，都是中国哲学史史料学的主要任务。所谓发掘，主要是从两方面进行，一是地下发掘，二是从书海中发掘。地下发掘往往能起到判定时代和鉴定真伪的作用，是中国哲学史史料研究的重要手段之一。从书海中发掘，具体方法可分两步，第一步是泛观博览，第二步是深入研究。泛观博览可以从查阅历代图书目录开始，然后查阅历代史籍的有关论述、总集类书、古典注释等，这需要熟悉中国的目录学。泛观博览是发掘史料的一种普查工作，要辨别一书的史料价值，更需要深入研究。中国古代的哲学思想与政治、教育、文化思想往往汇于一书之中，对于重要的学术著作，只有经过细心钻研，了解其精义邃旨之后，才能确定其理论价值，辨明有无哲学意义。

所谓辑佚，是指一些典籍在历史上遗失了，但在遗失之前曾被其他书籍引用过，把这些被引用的文句搜集编排起来，可以反映出原书的梗概。辑佚需要广泛了解各种典籍的内容，要知晓引文的出处，就需要有博览群书的工夫。辑佚还需要依靠可靠的资料，需要一定的版本学知识。

中国古代有一些著作是依托他人姓名而著述出来的，人们往往称之为“伪书”。要研究一部著作的哲学意义及其社会作用，确定该书的作者及成书时代很重要，这种工作称为“辨伪”或“证真”。

鉴别真伪主要有两种方法：一是从本书内容进行分析，看书中的事实、谥号、避讳、制度、官称、习惯用语、文体等是否符合作者的时代；二是与历史记载相对照，看有无不可圆说的矛盾处。此外，出土文献往往可以起到确证的作用。

除上述以外，石先生认为，版本的鉴别、校勘以及文字的训诂，也都是中国哲学史史料学的基本任务之一。

总之，实事求是是从事中国哲学史史料学研究的基本指导思想。在博览群书和深入研究的过程中，坚持严谨的态度和历史的观点至关重要。一个证据可证的范围有一定限度，不随意扩大，也不随意缩小，信则传信，疑则传疑；证据不足时不轻下判断，这是从事史料学研究的基本方法和科学态度。中国古代典籍都具有自身的时代特点，坚持实事求是的思想方法，就需要尊重历史的本来面目，用历史发展的观点对待史料，万不可用其他时代的思想观点去涂改史料，不可把后人的思想观点灌注于前人留下的史料当中。

六、中国哲学的世界化探索

石先生的导师汤用彤先生是学贯中西印的哲学大师，受其影响，石先生也十分注意研究中西印哲学的会通问题。石先生学习过英、德、俄、梵四种文字，西方哲学与印度哲学的造诣极深，直到晚年还能用英文大段背诵法国著名哲学家笛卡尔（1596—1650年）的《形而上学的沉思》中的主要篇章。

石先生认为，会通中西印哲学，不仅在于丰富和发展中国哲学，还在于向世界介绍中国哲学。早在1940年代初，他就撰有《读近译〈道德经〉三种》，关心用外国文字介绍中国哲学的事业。50、60年代，他应邀为《人民中国》、《中国建设》及《今日中国》等刊物用英文撰写多篇介绍中国哲学的论文。还为《苏联大百科全书》用俄文撰写有关中国近代思想史的条目。晚年又主编出版了目前国内唯一的一部《汉英对照中国哲学名著选读》（上下卷）。石先生孜孜不倦地向世界介绍中国哲学，出于两个目的，一是为了抵制哲学史研究中的“欧洲中心论”，二是为了把中国哲学史的成就放在世界哲学范围内来加以总结。应该说，石先生的这种努力，对于外国学者正确认识中国哲学的本来面目，对于中国哲学的世界化是具有重要意义的。

以上仅据笔者所见到的石先生的学术论文和讲义等，对他的学术思想作了非常简略的介绍。正如本文开头所说，作为一代中国哲学史大家，石峻先生在中国哲学的许多领域都有建树，有些领域的研究还具有开拓性，但由于石先生慎言行，重学行而少著述，所以他的许多观点未能形诸文字、公诸世人，这是十分可惜的。

石峻先生一生执教于高校，弟子满天下，他的学术成果和学术贡献，是中国现代学术史上的宝贵遗产。作为晚生后辈，我们应当继承他的治学精神，总结他的学术成就，为中国哲学史的研究作出更大的贡献。